2ª EDIÇÃO REVISADA

G. W. LEIBNIZ

ENSAIOS DE *TEODICEIA*

TRADUÇÃO:
WILLIAM DE SIQUEIRA PIAUÍ
JULIANA CECCI SILVA

KOTTER
EDITORIAL

Coordenação editorial: Sálvio Nienkötter
Editor-executivo: Daniel Osiecki
Editora-assistente: Franciele Cunico
Produção: Cristiane Nienkötter
Capa e design editorial: Carlos Garcia Fernandes
Preparação de originais e revisão: O tradutor / William de Siqueira Piauí

Dados Internacionais de Catalogação na Publicação (CIP)
Angelica Ilacqua CRB-8/7057

Piaui, William de Siqueira / G. W. Leibniz.
Ensaios de Teodiceia / William de Siqueira Piaui e Juliana Cecci Silva. – 2. ed --- Curitiba: Kotter Editorial, 2022.
506 p.

ISBN 978-65-89624-99-8

1. Teodicéia 2. Teísmo 3. Filosofia I. Título

CDD 231.8

22-0889

Kotter Editorial Ltda.
Rua das Cerejeiras, 194
CEP: 82700-510 - Curitiba - PR
Tel. + 55(41) 3585-5161
www.kotter.com.br | contato@kotter.com.br

Feito o depósito legal
2ª Edição revisada
2022

2ª EDIÇÃO REVISADA

G. W. LEIBNIZ

ENSAIOS DE *TEODICEIA*

TRADUÇÃO:
WILLIAM DE SIQUEIRA PIAUÍ
JULIANA CECCI SILVA

SUMÁRIO

Apresentação da tradução dos *Ensaios de Teodiceia*

Prof. Dr. Marcio Gimenes de Paula

A obra *Ensaios de teodiceia* do filósofo Gottfried Wilhelm Leibniz (1646-1716) foi publicada no ano de 1710 e em idioma francês. Curiosamente ela traz consigo um subtítulo extremamente importante para o qual, nem sempre, estamos atentos: *sobre a bondade de Deus, a liberdade do homem e a origem do mal.* São problemas imensos, metafísicos e sobre os quais nunca cessou de haver grande discussão e controvérsia. Em outras palavras, o subtítulo é, no fundo, talvez a melhor descrição do conteúdo da própria obra e trata, por assim dizer, de temas capitais da história do pensamento, isto é, o cerne da própria concepção de teodiceia só pode ser plenamente compreendido no escopo de uma discussão sobre a bondade divina, a liberdade humana e acerca da origem do mal.

Rigorosamente falando, a própria concepção de teologia racional ou natural, muito antes de estar próxima da tese judaico-cristã, já tinha proximidade com a metafísica aristotélica. Logo, quando na modernidade, Leibniz denomina um projeto como *teodiceia* não o faz de modo gratuito ou *inventado*, mas por haver um suporte para tal concepção. É o mesmo tipo de suporte que permitirá a Hegel, já no século XIX, articular sua proposta de filosofia da religião. Por isso, Heine parece perspicaz em sua percepção sobre Hegel e Leibniz: "Eis o grande Hegel, o maior filósofo que a Alemanha já produziu desde Leibniz (HEINE, 1991, p. 122-123). Note-se aqui o duplo elogio.

Contudo, o mesmo autor, também na célebre *Contribuição à história da religião e da filosofia na Alemanha*, apresenta, ao menos a um primeiro olhar, um juízo não muito favorável ao pensador. Para ele, Leibniz é herdeiro da tradição idealista de Descartes e com suas doutrinas matemáticas e, notadamente com a explicação sobre as mônadas, causa impacto no ambiente filosófico alemão e europeu. Todavia, segundo ele, os *Ensaios de teodiceia*, a despeito de ter sido bastante discutida na Alemanha, foi seu trabalho menos satisfatório: "Entre todos os escritos de Leibniz, *Teodiceia* foi o mais discutido na Alemanha. E, no entanto, sua obra filosófica mais fraca" (Heine, 1991, p. 58). A suposta fraqueza da obra de Leibniz se deve ao fato de que a mesma tenta articular uma resposta racional para diversas questões centrais do cristianismo num tempo onde isso não parece ser bem recebido. Por isso, não fortuitamente, o destino dela foi receber a mais severa crítica dos seus contemporâneos.

Contudo, não devemos pensar mal de Heine e nem de Leibniz de modo apressado, pois, nessa mesma obra, aparecem elogios a dois pensadores influenciados por Leibniz: Wolff e Lessing. Do primeiro, diz Heine: "... seu mérito consiste em ter-nos estimulado a também filosofar em nossa língua materna. Se até Lutero só soubéramos tratar de teologia em latim, da mesma forma foi só em latim que, até Wolff, soubemos tratar de filosofia (Heine, 1991, p. 69). Já acerca do segundo autor nele percebemos a clara influência de Espinosa que, em toda a sua obra. é marcante. Entretanto, sua interpretação de Leibniz será ainda mais forte. Para Lessing, tal como para Leibniz, existiam duas modalidades de razão: verdades de fato e verdades de razão. O cristianismo estaria ligado ao primeiro tipo, enquanto a matemática estaria ligada ao segundo tipo. Com tal distinção, Lessing cria um espaço racional para a fé cristã, mas, ao mesmo tempo, aponta que há um grande fosso que separa fé e razão. Curiosamente, tal divisão é, por exemplo, muito utilizada por Kierkegaard, atento leitor de Lessing e de Leibniz, no seu *Temor e tremor*, onde se notabiliza a ideia do salto da fé. Por isso, o cristianismo seria uma proposta paradoxal que se chocaria com a razão e, nesse sentido, sua tese rememora também o pensamento de Pascal, mas antecipa o pensamento do filósofo dinamarquês, que considera o cristianismo como um escândalo (visto que supera qualquer lei) e como uma loucura (visto que ultrapassa a racionalidade à moda grega), tal como se pode perceber tanto nas suas *Migalhas filosóficas* como no seu *Pós-Escrito às Migalhas filosóficas*.

Mas voltemos ao tema principal da nossa apresentação. Um problema central dos séculos XVII e XVIII é o problema da teodiceia. Tal temática sempre estará presente em qualquer discussão que almeje investigar um pouco mais detidamente o tema do *Deus dos filósofos*, tão caro à filosofia moderna. Contudo, como bem salienta Cassirer, "o século XVIII não formulou espontaneamente o problema da teodiceia" (Cassirer, 1997, p. 218). Além disso, ele também não o resolve, mas o empurra para o século seguinte e aqui ocorre algo que nos interessa observar de perto: uma virada de página na própria filosofia alemã, isto é, uma reconciliação do protestantismo com o Humanismo. Com efeito, a face mais visível talvez se possa observar no modo como Hegel, nas suas *Lições sobre a História da filosofia*, claramente aponta a conversão do protestantismo na religião da liberdade. Assim, "ao reconciliar-se com o Humanismo, o protestantismo converteu-se na religião da liberdade" (Cassirer, 1997, p. 220). Contudo, é igualmente correto que alguns poderiam argumentar, quiçá, que o tema da liberdade, antes mesmo da afirmação do protestantismo, poderia em Leibniz igualmente ser lido pela ótica da influência das teses agostinianas, o que seria igualmente muito rico de ser investigado.

Logo nos primeiros cinco parágrafos dos *Ensaios de teodiceia*, após o prefácio, aparecem, talvez, as perguntas mais incisivas com as quais o filósofo se depara, ainda na parte denominada *Discurso preliminar sobre o acordo da fé com a razão*, as quais se seguem as três grandes partes que compõe o livro. A primeira aponta para o fato de que a razão serve aos objetivos da fé, em outras palavras, há aqui um claro pressuposto medieval. A dúvida sobre a conciliação entre a liberdade humana e a ação divina, isto é, o problema da presciência, igualmente aparece aqui. Dentro de tal complexo quadro, o pensador depara-se com este questionamento tão antigo quanto a própria história do homem: como podemos entender a "bondade de Deus" em nosso mundo? Note-se aqui que há um claro embate entre a liberdade humana e a predeterminação e a discussão sobre o que seria um homem "programado" pela divindade. Em tal contexto, seria possível advogarmos uma moral? Mais uma vez, o tema agostiniano parece ressoar com toda a sua força.

Contudo, um ponto instigante reside aqui: o homem é corrompido e pecador. Mas Deus criou o homem para pecar? Sua soberania admitiria tal coisa, mas para nós a questão talvez seja embaraçosa. Tal Deus submeteria os homens a pecados que eles não poderiam suportar? Notemos que nesses primeiros parágrafos dos *Ensaios de teodiceia*, Leibniz repete uma estrutura medieval de argumentação, começa seus argumentos em contrário aos parágrafos precedentes.

Assim começam a se desenvolver a partir daqui aquelas que serão as suas teses: Deus afirma-se como razão primeira. Ele sempre escolhe o melhor dos mundos possíveis e nele até mesmo o pecado é medido. Logo esse é o melhor dos mundos possíveis. Foi preciso que houvesse Adão para que o advento de Cristo se confirmasse. Leibniz afirma aqui, inclusive, a tese da culpa feliz.

Curiosamente a posição leibniziana parece concorde com a lógica de Lutero, que também julgava que onde o pecado é abundante a graça divina é ainda maior. Assim, de modo muito instigante, é como se o mundo ficasse "melhor" com o pecado, o que certamente daria muito coisa para se pensar.

Segundo Cassirer, já havia nos séculos XVII e XVIII "uma religião dentro dos limites da humanidade" (Cassirer, 1997, p. 194). Assim não parece fortuito que é necessário que investiguemos o conceito de pecado como um tema também filosófico e não apenas teológico. Talvez esta seja uma ótima chave de leitura para os *Ensaios de teodiceia.* Afinal, não se pode compreender boa parte da moderna filosofia – e aqui também nos referimos a Espinosa e Descartes- se este não for um procedimento. Aqui reside talvez a principal diferença entre católicos e protestantes e entre aquilo que Cassirer denominou como a diferença central entre humanismo renascentista e a temática da Reforma Protestante. No seu entender, o Renascimento, com forte matriz católica, ainda almeja uma reconciliação do homem com Deus e, mesmo ciente da importância do pecado original, não parece conferir-lhe o mesmo peso que a tradição protestante o que, por sua vez, dificulta a reconciliação ao estilo humanista. Por isso, não fortuitamente, o Renascimento é aliado do humanismo e o protestantismo parece aliado do agostinianismo:

> O âmago do conflito pode definir-se numa expressão: *o pecado original*, a propósito do qual o Humanismo e a Reforma têm posições radicalmente diferentes. O Humanismo, bem entendido, jamais ousou atacar frontalmente o dogma da queda original, mas toda a sua orientação espiritual tende a abrandar o rigor do dogma, a privá-lo de sua força" (Cassirer, 1997, p. 195)

A tese de um pouco de mal para a percepção mais clara do bem é talvez também a mais criticada em Leibniz. Em qualquer discussão acerca de uma teodiceia muitos parecem se lembrar do *Candido* de Voltaire, onde, por intermédio do professor Pangloss (e também do próprio Candido) a expressão de que "tudo ocorre para o melhor na vida dos homens e que este é o melhor dos mundos possíveis" é algo corrente. Leibniz afirma que temos mais bens do que males, isto é, mais saúde do que doença. No seu entender há um equilíbrio da saúde pelas forças da natureza, uma espécie de *vacum formarum.* Assim, é como se Lebniz melhor elucidasse os seus objetivos: é melhor dissertar sobre o bem do que dissertar sobre o mal, uma vez que o bem é em maior número no mundo.

Entretanto, é certo que há uma pergunta de difícil resolução e Leibniz não foge dela: como os bons podem entender, aceitar e conviver com os maus? Certamente, há uma infelicidade das pessoas de bem em tal contexto. Por isso o tema é fortemente teológico. A redenção leibniziana ocorre num outro mundo e o debate entre salvação e perdição só pode ser efetivamente percebido no âmbito do cristianismo. Nesse mesmo escopo é que se compreende, por exemplo, a longa narrativa de Leibniz sobre Lúcifer e a salvação (e justiça) de Deus, bem como o número de salvos e dos condenados e salta aos olhos de Leibniz, e quiçá aos nossos, a ignorância dos antigos, incluindo-se aqui Agostinho, acerca do mundo e da sua pluralidade.

Chegamos, então, à dúvida metafísica, problema central da obra leibniziana: de onde procede o mal? Este parece um ponto capital que assinala, talvez, como nenhum outro, a diferença entre modernos e antigos acerca da causa. No entender de Leibniz o mal possui três dimensões: metafísica, física e moral. A metafísica seria a fonte das demais e, assim sendo, e seguindo a tradição, o filósofo percebe o mal como privação ou deficiência, ele só pode concluir que Deus age para o bem do homem e que também permite a presença do mal, ou seja, estamos aqui na polêmica tese do livre-arbítrio, igualmente explorada por Agostinho no seu *Livre-Arbítrio* que, não fortuitamente, também busca uma resposta metafísica para tal dilema. Aos olhos de Leibniz, o mal físico existe como que por um "contraste" para que as coisas boas possam ser reconhecidas enquanto tal e apreciadas, já o mal moral está intrinsicamente ligado com o livre-arbítrio humano e com nossas escolhas. É certo que tais questões são objeto de discussão até os dias atuais e certamente assim seguirão. Entretanto, Cassirer parece ter razão em seu juízo sobre Leibniz: "Retoma-se constantemente os argumentos de Leibniz, reinterpretados de mil maneiras, mas não se faz nenhum esforço para compreendê-los na unidade viva dos conceitos e dos princípios fundamentais da sua filosofia" (Cassirer, 1997, p. 206).

Assim, mais do que avaliarmos o filósofo pelo que outros deles disseram ou por leituras já sedimentas, é conveniente examinar os seus próprios textos e, desse modo, ouvir o que ele nos diz. Nesse sentido, a tradução brasileira, agora na segunda edição, é um convite para que o façamos com o rigor que nos pede um texto filosófico de tal envergadura. Sem medo de filosofar. Uma ousadia no exercício do livre pensamento.

Brasília, 02 de agosto de 2021

Marcio Gimenes de Paula
Universidade de Brasília

Referências bibliográficas

Cassirer, E. *Filosofia do Iluminismo*. Campinas: Unicamp, 1997.

Heine, H. *Contribuição à história da religião e da filosofia na Alemanha*. São Paulo: Iluminuras, 1991.

Sobre a tradução

A presente tradução dos Ensaios de *Teodiceia*, acompanhada de seus três apêndices, foi feita a partir da edição Garnier-Flammarion (Paris, 1969), que traz introdução e cronologia escritas por Jacques Bruschwig. Nos valemos também das informações fornecidas pela tradução de Massino Marilli (Milão, 2004) e de Luis M. de Cadiz (Buenos Aires, 1946); é claro que procuramos, toda vez que julgamos necessário, buscar informações em outros tipos de fonte para fornecer informações suficientes a uma leitura de texto sem grandes percalços.

TEODICEIA

Prefácio

Em todos os tempos temos visto que o comum dos homens tem colocado a devoção nas formalidades: *a piedade sólida*, isto é, a luz da virtude, jamais pertenceu à maioria. Não é preciso estranhar isso, nada é tão conforme à fraqueza humana; somos afetados pelo exterior e o interno demanda uma discussão para a qual poucas pessoas se mostram capazes. Como a verdadeira piedade consiste nos sentimentos e na prática, *as formalidades de devoção* a imitam, e são de duas classes; umas pertencem às *práticas cerimoniais* e as outras aos *formulários da fé*. As cerimônias assemelham-se às ações virtuosas, e os formulários são como sombras da verdade, e aproximam-se mais ou menos da pura luz. Todas essas formalidades seriam louváveis se aqueles que as inventaram tivessem-nas tornado próprias para manter e expressar o que elas imitam; se as cerimônias religiosas, a disciplina eclesiástica, as regras das comunidades, as leis humanas sempre representassem um abrigo para a lei divina, para nos distanciar das proximidades do vício, nos acostumar ao bem e para nos tornar familiar a virtude. Este era o objetivo de Moisés e de outros bons legisladores, dos sábios fundadores das ordens religiosas e, sobretudo, de Jesus Cristo, divino fundador da religião mais pura e mais esclarecida. O mesmo ocorre com os formulários de crença; eles seriam aceitáveis se nada houvesse neles que não fosse conforme à verdade que salva, ainda que não existisse neles toda a verdade. Mas acontece muito frequentemente de a devoção ser sufocada pelos modos, e de a luz divina ser obscurecida pelas opiniões dos homens.

Os pagãos, que ocupavam a terra antes do estabelecimento do cristianismo, tinham apenas uma única espécie de formalidades; eles realizavam cerimônias no seu culto, mas não conheciam artigos de fé, e jamais tinham sonhado criar formulários de sua teologia dogmática. Eles não sabiam se seus deuses eram personagens verdadeiros ou símbolos dos poderes naturais, como do sol, dos planetas, dos elementos. Seus mistérios não consistiam em dogmas difíceis, mas em certas práticas secretas, nas quais os profanos, isto é, aqueles que não eram iniciados, jamais deviam participar. Estas práticas com muita frequência eram ridículas e absurdas, e era preciso ocultá-las para protegê-las do menosprezo. Os pagãos tinham suas superstições, vangloriavam-se de seus milagres; para eles tudo estava repleto de oráculos, de agouros, presságios, de adivinhações; os sacerdotes inventavam sinais da cólera ou da bondade dos deuses, dos quais eles pretendiam ser os intérpretes. Isso tendia a governar os espíritos pelo medo e pela esperança dos eventos humanos; mas a grande perspectiva de uma outra vida não era em absoluto considerada, não se tinha dado ao trabalho de dar aos homens verdadeiras opiniões sobre Deus e a alma.

De todos os povos antigos, sabe-se que apenas os hebreus tiveram dogmas públicos em sua religião. Abraão e Moisés estabeleceram a crença em um único Deus, fonte de todo bem, autor de todas as coisas. Os hebreus falam da soberana substância de uma maneira muito digna e ficamos surpresos ao ver os habitantes de um pequeno canto da terra mais esclarecidos que o restante do gênero humano. Os sábios de outras nações podem ter dito o mesmo algumas vezes, mas não tiveram a felicidade de serem suficientemente seguidos e de transformar o dogma em lei. Contudo, Moisés não incluiu em suas leis a doutrina da imortalidade das almas: ela era conforme com suas opiniões, era passada de pessoa para pessoa, mas não era autorizada de uma maneira popular; até o momento em que Jesus Cristo levantou o véu e, sem ter o poder em suas mãos, ensinou com toda a firmeza de um legislador que as almas imortais passam para uma outra vida, na qual devem receber o salário por suas ações. Moisés já tinha fornecido belas ideias sobre a grandeza e sobre a bondade de Deus, com as quais muitas nações civilizadas concordam atualmente; mas Jesus Cristo estabeleceu todas as consequências disso e fazia ver que a bondade e a justiça divinas repercutem perfeitamente no que Deus prepara às almas. Eu não entro aqui nas outras questões da doutrina cristã e apenas faço ver como Jesus Cristo acabou por transformar a religião natural em lei, e lhe conferir autoridade de um dogma público. Ele fez sozinho o que tantos filósofos em vão tinham tentado fazer; e os cristãos tiveram enfim a preeminência no império romano, senhor da melhor parte da terra conhecida; a religião dos sábios tornou-se a dos povos. Maomé, desde então, não se separou destes grandes dogmas da teologia natural. Seus seguidores os propagaram até entre as nações mais distantes da Ásia e da África onde o cristianismo não tinha sido levado; e aboliram em muitos países as superstições pagãs, contrárias à verdadeira doutrina da unidade de Deus e da imortalidade das almas.

Vemos que Jesus Cristo, ao finalizar aquilo que Moisés tinha começado, quis que a divindade fosse o objeto não apenas do nosso temor e de nossa veneração, mas também de nosso amor e de nosso carinho. Isso era tornar antecipadamente os homens bem-aventurados e lhes dar aqui na terra uma amostra da felicidade futura. Pois não há nada mais agradável do que amar o que é digno de amor. O amor é aquela afeição que nos faz descobrir prazer nas perfeições daquilo que amamos, e não há nada mais perfeito do que Deus, nem nada mais agradável. Para amá-lo, basta considerar suas perfeições; o que é fácil, porque descobrimos em nós suas ideias. As perfeições de Deus são aquelas das nossas almas, mas ele as possui sem limites; ele é um oceano do qual só recebemos gotas: em nós, existe algum poder, algum conhecimento, alguma bondade; mas em Deus eles existem plenamente. A ordem, as proporções, a harmonia nos encantam, a pintura e a música são exemplos disso; Deus é todo ordem, sempre mantém a justeza das proporções, e faz a harmonia universal: toda beleza é uma efusão dos seus raios.

Segue-se evidentemente que a verdadeira piedade, e mesmo a verdadeira felicidade, consistem no amor de Deus, mas em um amor esclarecido, cujo ardor esteja acompanhado de luz. Tal espécie de amor faz surgir este prazer nas boas ações que dá relevo à virtude e, relacionando tudo a Deus, como ao centro, transporta o humano ao divino. Pois ao fazermos nosso dever, ao obedecermos à razão, cumprimos as ordens da suprema razão, dirigimos todas nossas intenções ao bem comum que não é diferente da glória de Deus; descobrimos que não há maior interesse particular do que desposar o [interesse] geral, e nós mesmos nos satisfazemos ao termos prazer em proporcionar as verdadeiras vantagens dos homens. Quer consigamos, quer não consigamos, ficamos contentes com o que acontece quando somos obedientes à vontade de Deus e quando sabemos que o que ele quer é o melhor; mas, antes que ele declare sua vontade por meio do que acontece, tentamos encontrá-la fazendo o que parece mais conforme às suas ordens. Quando estamos imbuídos deste espírito, não somos desencorajados pelos insucessos, só nos lamentamos por nossas faltas; e a ingratidão dos homens não nos faz relaxar quanto ao exercício da nossa disposição para fazer o bem (*bienfaisante*). Nossa caridade é modesta e plena de moderação, ela não pretende dominar. Igualmente atentos às nossas falhas e aos talentos de outrem, somos levados a criticar nossas ações e a desculpar e retificar as dos outros: isto para aperfeiçoarmos a nós mesmos e para não prejudicar ninguém. Não existe piedade onde não existe caridade, e sem sermos prestativos e dispostos a fazer o bem, não poderíamos mostrar uma devoção sincera.

A boa disposição natural (*le bon naturel*), a educação vantajosa, a frequentação de pessoas piedosas e virtuosas podem contribuir muito para colocar as almas nesta bela situação, mas o que mais as aproxima disso são os bons princípios. Eu já disse, é preciso associar a luz ao ardor, é preciso que as perfeições do entendimento façam cumprir as da vontade. A prática da virtude, tanto quanto a do vício, pode ser o resultado de um simples hábito; podemos pegar gosto por isso; mas quando a virtude é racional, quando ela se relaciona a Deus que é a suprema razão das coisas, ela está fundada em conhecimento. Não se poderia amar Deus sem conhecer suas perfeições, e este conhecimento encerra *os princípios* da verdadeira piedade. *O objetivo da verdadeira religião* deve ser de imprimi-los nas almas; mas não sei como aconteceu que os homens, que os doutores da religião, com tamanha frequência tenham se afastado tanto deste objetivo. Contra a intenção do nosso divino mestre, a devoção foi conduzida de volta às cerimônias e a doutrina se encheu de fórmulas. Com muita frequência estas cerimônias não eram muito adequadas para sustentar o exercício da virtude, e as fórmulas algumas vezes não eram muito claras. Como acreditar nisso? Cristãos pensavam que poderiam ser devotos sem amar seu próximo e piedosos sem amar a Deus; ou mesmo acreditou-se poder amar seu próximo sem servi-lo e poder amar a Deus sem conhecê-lo. Muitos séculos passaram sem que o público se apercebesse bem desta falha; e há ainda muitos vestígios do reino das trevas. Vemos algumas vezes pessoas que falam muito sobre a piedade, sobre a devoção e sobre a religião que estão, de fato, ocupadas em ensiná-las; mas não as achamos nem um pouco instruídas quanto às perfeições divinas.[1] Elas concebem mal a bondade e a justiça do soberano do universo; elas imaginam um Deus que não merece ser imitado nem amado. É isso que me pareceu uma consequência perigosa, já que é de extrema importância que a fonte mesma da piedade não esteja corrompida. Os antigos erros daqueles que acusaram a divindade, ou daqueles que fizeram disso um mau princípio, foram renovados algumas vezes em nossos dias: recorreu-se ao poder invencível de Deus quando se tratava, sobretudo, de fazer ver sua bondade suprema; e empregou-se um poder despótico quando devíamos conceber um poder regulado pela mais perfeita sabedoria. Eu observei que estas opiniões, capazes de prejudicar, estavam apoiadas particularmente sobre noções confusas (*embarrassées*) que tinham sido formadas com relação à liberdade, à necessidade e ao destino; e peguei a pena em mais de uma ocasião para fornecer esclarecimentos sobre estas importantes matérias. Mas, por fim, fui obrigado a

[1] Esta é uma questão amplamente discutida na filosofia de Leibniz; cf. nota 706.

reunir meus pensamentos sobre todos estes assuntos ligados entre si, e partilhá-los com o público. É isso que comecei a empreender nos *Ensaios* que ofereço aqui, *sobre a bondade de Deus, a liberdade do homem e a origem do mal.*

Existem dois famosos labirintos[2] onde nossa razão se perde muitas vezes; um diz respeito à grande questão do livre e do necessário, sobretudo quanto à produção e quanto à origem do mal; o outro consiste na discussão do *contínuo* (*continuité*) e dos *indivisíveis* que constituem seus elementos, e no qual deve entrar a consideração do *infinito*. O primeiro embaraça praticamente todo o gênero humano, o outro influencia somente os filósofos. Talvez eu tenha uma outra oportunidade para me explicar sobre o segundo, e de fazer observar que na falta de conceber mais adequadamente a natureza da substância e da matéria, assumiu-se falsas opiniões que levam a dificuldades intransponíveis, cujo verdadeiro uso deveria ser o inverso destas mesmas opiniões. Mas se o conhecimento do contínuo é importante para a especulação, o da necessidade não o é menor para a prática; e este será o objeto deste tratado, com as questões que a ele estão ligados, a saber, a liberdade do homem e a justiça de Deus.

Os homens de quase todos os tempos foram perturbados por um sofisma que os antigos chamavam de *raciocínio preguiçoso*[3], porque ele levava a fazer nada ou, no mínimo, a não se preocupar com nada, e a não seguir senão a inclinação para os prazeres presentes. Pois, diziam, se o futuro é necessário, o que deve acontecer

[2] Além dos textos de Bayle, é claro que a referência mais próxima de Leibniz era o livro do físico e teólogo de orientação jansenista Libertus Fromundus (ou Fromundos, Libert Froidmont, 1587-1653; que publicou em 1640 o *Augustinus* de Jansenius), importante correspondente de Descartes, que tinha por título *Labirynthus, sive de compositione continui liber unus*, publicado em 1631, e que tratava dos dois labirintos; obra mencionada em seus *Novos ensaios* (livro II, cap. XXIII); mas, também é verdade que a associação do problema da liberdade e o do contínuo ao labirinto já havia sido feita: a primeira, por Boécio no livro III de sua *A consolação da filosofia* e, a segunda, por Galileu na primeira jornada de seu *Duas novas ciências*.

[3] Cícero apresenta no seu *De fato*, XII, 28, o antigo modo de pensar este raciocínio: "com efeito, os filósofos chamam de λόγος ἄργος (raciocínio preguiçoso) àquele que, se o aceitássemos, nada faríamos em nossa vida e argumentam assim: 'se o teu destino é se recuperar desta doença, tenha consultado um médico ou não, você se recuperará, do mesmo modo, se o teu destino é não se recuperar desta doença, tenha você consultado um médico ou não, não se recuperará, já que o teu destino é outro; portanto, é indiferente consultar um médico'."

acontecerá independente do que eu possa fazer. Acontece que o futuro, diziam, é necessário, seja porque a divindade prevê tudo e mesmo o preestabelece ao governar todas as coisas do universo; seja porque tudo acontece necessariamente pelo encadeamento das causas; seja, enfim, pela própria natureza da verdade que é determinada nas enunciações que podemos formar sobre os eventos futuros, como ela o é em todas as outras enunciações, visto que a enunciação sempre deve ser verdadeira ou falsa nela mesma, ainda que não conheçamos sempre qual o seu [valor de verdade]. E todos estes motivos de determinação que parecem diferentes concorrem enfim como linhas para um mesmo centro: pois há uma verdade no evento futuro, que é predeterminada pelas causas, e Deus a preestabelece ao estabelecer as causas.

A ideia da necessidade quando mal compreendida, sendo empregada na prática, fez surgir o que denomino *fatum mahumetanum*[4], o destino à maneira turca; pois se atribui aos turcos o não evitar os perigos e até o não abandonar os lugares infectados com alguma peste, baseados em raciocínios semelhantes àqueles que acabamos de relatar. Pois o que denominamos *fatum stoïcum* não era tão odioso quanto se pinta: ele não desviava os homens da preocupação com os seus afazeres; mas tendia a lhes oferecer a tranquilidade em relação aos eventos, a partir da consideração da necessidade que torna nossas preocupações e nossas tristezas inúteis: no que esses filósofos não se distanciam inteiramente da doutrina do nosso Senhor, que dissuade estas preocupações em relação ao amanhã, ao compará-las com os sofrimentos inúteis que se daria um homem que trabalhasse para aumentar o seu porte.[5]

É verdade que os ensinamentos dos estoicos (e talvez também de alguns filósofos célebres do nosso tempo), se limitando a esta suposta necessidade, não podem oferecer senão uma paciência forçada; enquanto nosso Senhor inspira pensamentos mais sublimes, e até nos ensina o modo de adquirir contentamento quando nos

---

[4] Entenda-se *fatum mahumetanum* por "destino maometano"; um pouco mais abaixo *fatum stoïcum* por "destino estóico" e, no fim do parágrafo seguinte, *fatum christianum* por "destino cristão".

[5] Cf. Mt 7: 25 e Lc 12: 22.

assegura que Deus, perfeitamente bom e sábio, tendo cuidado de tudo, não negligenciando sequer um cabelo da nossa cabeça[6], devemos confiar nele inteiramente: de modo que, se fossemos capazes de compreendê-lo, veríamos que não há de fato meio de desejar algo melhor (tanto absolutamente quanto para nós) que aquilo que ele faz. É como se disséssemos aos homens: façam o seu dever e fiquem contentes com o que vai acontecer, não somente porque vocês não poderiam resistir à providência divina ou à natureza das coisas (o que pode bastar para estar *tranquilo*, mas não para estar contente), mas também porque vocês têm obrigação para com um bom mestre. E é isso que podemos denominar *fatum christianum*.

Entretanto, acontece que a maioria dos homens, e mesmo dos cristãos, incluem em sua prática alguma mistura do destino à maneira turca, ainda que não o reconheçam. É verdade que eles não ficam na inação e na negligência quando perigos evidentes ou esperanças grandes e manifestas se apresentam; pois não deixarão de sair de uma casa que vai cair, e de se desviar de um precipício que veem em seu caminho; e cavarão a terra para desenterrar um tesouro parcialmente à mostra, sem esperar que o destino acabe de fazê-lo sair. Mas quando o bem ou o mal está distante e incerto, e o remédio penoso, ou pouco conforme ao nosso gosto, o raciocínio preguiçoso nos parece bom; por exemplo, quando se trata de conservar sua saúde e mesmo sua vida mediante um bom regime, as pessoas a quem damos conselhos a este respeito muito frequentemente respondem que nossos dias estão contados e que não serve de nada querer lutar contra aquilo que Deus nos destina. Mas estas mesmas pessoas correm para os remédios, até para os mais ridículos, quando o mal que tinham negligenciado se aproxima. Pensamos quase da mesma maneira quando a deliberação é um pouco espinhosa, como, por exemplo, quando se pergunta *quod vitae sectabor iter*?[7] Que ocupação devemos escolher, quando temos um casamento que se deve realizar, uma guerra que devemos empreender, uma batalha que se deve dar; pois nesses casos muitos serão levados a evitar o trabalho da discussão e a se abandonarem

[6] Cf. Lc 12: 7.

[7] "Que vida eu devo seguir?"; cf. § 100, nota 292.

à sorte, ou à inclinação, como se a razão só devesse ser empregada nos casos fáceis. Então, com bastante frequência pensaremos à maneira turca (mesmo que inapropriadamente digamos que isso se refere à Providência, o que propriamente tem lugar quando satisfizemos nosso dever) e empregaremos o raciocínio preguiçoso, pensado a partir do destino ao qual não se pode resistir, para se isentar de raciocinar como é preciso; sem considerar que se esse raciocínio contra o uso da razão fosse bom, ele sempre teria lugar, quer a deliberação fosse fácil ou não. É essa preguiça que em parte é a fonte das práticas supersticiosas dos adivinhos, às quais os homens se entregam tão facilmente quanto à pedra filosofal, porque eles desejam os caminhos mais curtos para se dirigir sem esforço à felicidade.

Eu não falo aqui daqueles que se entregaram à sorte, porque antes disso eles foram felizes, como se existisse nisso algo seguro. Seu raciocínio do passado para o futuro é tão pouco fundado quanto os princípios da astrologia e de outros sistemas divinatórios; e não consideram que existe ordinariamente um fluxo e refluxo na sorte, *una marea*[8], como os italianos têm costume de chamá-la jogando o *bassette*[9], e nisso eles fazem observações particulares nas quais, entretanto, eu não aconselharia a ninguém que confiasse demais. Contudo, esta confiança que se tem em sua sorte serve frequentemente para dar coragem aos homens, sobretudo aos soldados, e efetivamente lhes faz ter essa boa sorte que eles se atribuem, como as predições fazem com que frequentemente aconteça aquilo que foi predito, assim como dizemos que a opinião que os maometanos têm do destino os torna determinados. Desta forma, algumas vezes até os erros têm sua a utilidade, mas comumente servem para remediar outros erros e a verdade é preferível absolutamente.

Mas se abusa sobretudo desta suposta necessidade do destino, quando dela nos servimos para desculparmos nossos vícios e nossa libertinagem. Muitas vezes ouvi dizer a jovens atentos, que queriam inflamar um pouco os espíritos, que é inútil pregar

---

[8] Em italiano no texto, quer dizer é "uma maré", seja de sorte ou de azar.

[9] O *bassette* é um antigo jogo de cartas semelhante ao bacará.

a virtude, repreender o vício, esperar recompensas e temer castigos, pois podemos dizer que aquilo que no livro dos destinos está escrito, está escrito, e que nossa conduta em nada poderia mudar isso; e que, então, o melhor [a fazer] é seguir sua tendência e não se prender senão àquilo que pode nos contentar no presente. Eles refletiam sobre as consequências estranhas deste argumento, que provaria demais, já que provaria (por exemplo) que devemos tomar uma bebida agradável ainda que saibamos que está envenenada. Pois, a partir do mesmo raciocínio (se ele fosse válido), eu poderia dizer: se está escrito nos arquivos das Parcas[10] que o veneno me matará no presente, ou me fará mal, isso acontecerá ainda que eu não tome essa bebida; e se isso não está escrito, não acontecerá, ainda que eu tomasse esta mesma bebida; e consequentemente eu poderia seguir impunemente a minha tendência para tomar o que é agradável, por mais pernicioso que isso seja; o que comporta um evidente absurdo. Esta objeção os deteria um pouco, mas eles sempre retornariam ao seu raciocínio, alterado de diferentes maneiras, até o momento que lhes fizéssemos compreender em que consiste a falha do sofisma. O fato é que é falso que o evento aconteça independente do que se faça; ele acontecerá porque fazemos o que leva a isso; e se o evento está escrito, a causa que o fará acontecer está escrita também. Deste modo, a ligação dos efeitos e das causas, bem longe de estabelecer a doutrina de uma necessidade prejudicial à prática, serve para destruí-la.

Mas sem ter más intenções e [sem ser] conduzidas à libertinagem, as estranhas consequências de uma necessidade fatal podem ser examinadas de outro modo, considerando que ela destruiria a liberdade do arbítrio, tão essencial à moralidade da ação; pois a justiça e a injustiça, o elogio e a repreensão, a pena e a recompensa não poderiam ter lugar em relação às ações necessárias e que ninguém poderá ser obrigado a fazer o impossível ou a não fazer o que é absolutamente necessário. Não temos a intenção de abusar desta reflexão para favorecer a desordem, mas não deixaremos de ficar algumas vezes embaraçados quando se tratar de julgar ações de outrem, ou ainda de responder às objeções, dentre as quais há

[10] Parcas ou Moiras, deusas do destino; cf. nota 476.

aquelas que levam em conta mesmo as ações de Deus, das quais falarei em breve. E como uma necessidade intransponível abriria a porta para a impiedade, quer pela impunidade que poderíamos inferir disso, quer pela inutilidade que existiria em querer resistir a uma torrente que a tudo arrasta, é importante assinalar os diferentes graus da necessidade e de notar que existem aqueles que não poderiam prejudicar, como existem outros que não poderiam ser admitidos sem dar lugar a consequências prejudiciais.

Alguns vão ainda mais longe, não se contentando em se servir do pretexto da necessidade para provar que a virtude e o vício não causam nem o bem nem o mal, têm o atrevimento de tornar a divindade cúmplice das suas desordens e imitam os antigos pagãos que atribuíam aos deuses a causa de seus crimes, como se uma divindade os motivasse a agir mal. A filosofia dos cristãos, que identifica melhor que a dos antigos a dependência das coisas (com relação) ao primeiro autor e seu concurso para com todas as ações das criaturas, parece ter aumentado este embaraço. Algumas pessoas hábeis do nosso tempo chegaram a subtrair toda a ação das criaturas; e o Sr. Bayle, que ia um pouco de encontro a essa extraordinária opinião, se serviu disso para restabelecer o dogma [já] em desuso dos dois princípios, ou dos dois deuses, um bom e um mal, como se esse dogma satisfizesse melhor às dificuldades sobre a origem do mal[11]; embora reconheça, a propósito, que essa seja uma opinião insustentável e que a unidade do princípio está fundada incontestavelmente em razões *a priori*; mas ele quer inferir disso que nossa razão se confunde e não saberia satisfazer às objeções, e que não se deve deixar por [causa] disso de se manter firme quanto aos dogmas revelados, que nos ensinam a existência de um único deus, perfeitamente bom, perfeitamente poderoso e perfeitamente sábio. Mas muitos dos leitores que estariam persuadidos quanto à não solução destas objeções e que acreditariam que elas [são] pelo menos tão fortes quanto às provas da verdade da religião, extrairiam delas consequências perniciosas.

Quando não houvesse concurso de Deus para as más ações, não deixaríamos de encontrar dificuldade no fato que ele as prevê e

[11] Cf. Pierre Bayle, *Dicionário histórico e crítico*, artigo *Maniqueus*.

que ele as permite, podendo impedi-las mediante sua onipotência. É isso que faz com que alguns filósofos, e mesmo alguns teólogos, tenham preferido recusar-lhe o conhecimento do detalhe das coisas e, sobretudo, dos eventos futuros, ao invés de admitir aquilo que acreditavam ofender a sua bondade. Os socinianos[12] e Conrad Vorstius tendem para este lado; e Thomas Bonartes, pseudônimo de um jesuíta inglês muito sábio, que escreveu um livro *De concordia scientiae cum fide*, do qual falarei mais adiante, também parece insinuá-lo.

Eles, sem dúvida, cometeram grande engano, mas outros não fizeram menos, persuadidos que nada é feito sem a vontade e o poder de Deus, atribuem-lhe intenções e ações tão indignas do maior e do melhor de todos os seres, que diríamos que esses autores de fato renunciaram ao dogma que reconhece a justiça e a bondade de Deus. Eles acreditavam que sendo senhor soberano do universo, poderia, sem qualquer prejuízo à sua santidade, fazer com que pecados fossem cometidos, somente porque isso lhe agrada, ou para ter o prazer de punir; e até mesmo que Ele poderia ter prazer em eternamente afligir inocentes, sem cometer qualquer injustiça, porque ninguém tem direito ou poder de controlar suas ações. Alguns até chegaram a dizer que Deus efetivamente faz isso; sob pretexto que nós somos como um nada em relação a ele, comparando-nos aos vermes da terra, os quais os homens não se preocupam em esmagar enquanto caminham, ou em geral aos animais que não são de nossa espécie, os quais nós não temos escrúpulo algum em maltratar.

Eu creio que muitas pessoas, bem intencionadas aliás, chegam estupidamente a estes pensamentos, porque elas não conhecem suficientemente as suas consequências. Elas não veem que

[12] Ambos são discípulos do protestante italiano Lelius Socin (Lelio Sozzini) (1525) e de seu sobrinho Fauste Socin (1539-1604), iniciadores de uma heresia antitrinitista conhecida como socinianismo, doutrina oposta ao fatalismo de Lutero e de Calvino. Conrad (ou Konrad) Vorst, mais conhecido como Vorstius (1569-1622), teólogo sociniano, professor em Leyde, onde substitui seu amigo Arminius; ele escreveu o *Tractatus de Deo, sive de Natura et atributis Dei.* Thomas Bonart, pseudônimo de Thomas Barton, teólogo monarquista inglês (morto em 1681 ou 1682); seu *De concordia scientiae cum fide* foi publicado em Colônia em 1659; Leibniz, mais abaixo, voltará a tratar deste autor e de seu livro (cf.: *Discurso sobre o acordo da fé com a razão*, § 86).

isto significa propriamente destruir a justiça de Deus, pois qual noção nós atribuiríamos a uma tal espécie de justiça, que não tem senão a vontade como regra; quer dizer, onde a vontade não é dirigida pelas regras do bem e mesmo se dirige diretamente ao mal; a menos que essa seja a noção contida na definição tirânica do Trasímaco de Platão[13]; que dizia que *justo* não é outra coisa senão aquilo que agrada ao mais poderoso? Ao que vão de encontro aqueles que, sem pensar nisso, fundam toda a obrigação sobre a coação e, consequentemente, tomam o poder como medida do direito. Mas logo abandonaremos máximas tão estranhas e tão pouco apropriadas para tornar os homens bons e caridosos a partir da imitação de Deus, no momento em que tivermos considerado de forma adequada que um Deus que se deleita com o mal de outrem não poderia ser diferenciado do princípio mau dos maniqueístas[14], supondo que este princípio tivesse se tornado o único mestre do universo; e que, consequentemente, é preciso atribuir ao verdadeiro Deus concepções que o tornem digno de ser chamado de o princípio bom.

Felizmente esses dogmas escandalosos quase não subsistem mais entre os teólogos; entretanto, algumas pessoas espirituosas que têm prazer em causar dificuldades, fazem com que sejam ressuscitados: tentam aumentar nosso embaraço juntando as controvérsias que a teologia cristã faz nascer às contestações da filosofia. Os filósofos consideraram as questões da necessidade, da liberdade e da origem do mal, os teólogos juntaram a elas as do pecado original, da graça e da predestinação. A corrupção original do gênero humano, advinda do pecado original, nos parece ter imposto uma necessidade natural de pecar sem o auxílio da graça divina; mas, sendo a necessidade incompatível com a punição, inferiríamos disso que uma graça suficiente deveria ter sido dada a todos os homens; o que não parece muito conforme à experiência.

---

[13] *República*, I, 338 c.

[14] Termo cunhado para nomear a doutrina do sacerdote Mani que viveu na Pérsia entre 240 e 274 d.C.. Trata-se de uma mistura de elementos gnósticos, cristãos e orientais, pensados a partir do dualismo da religião de Zoroastro; ela defende que o mundo é dominado pela oposição de dois princípios, o do Bem (associado à alma luminosa) e o do Mal (associado à alma corpórea).

Mas a dificuldade é grande, sobretudo em relação ao que destina Deus quanto à salvação dos homens. Há poucos salvos ou eleitos[15]; Deus não tem, então, a vontade decretória de eleger muitos. E já que admitimos que aqueles que ele escolheu não o merecem mais do que os outros e mesmo no fundo não são menos ruins, o que eles têm de bom vindo apenas do dom de Deus, com isso a dificuldade aumenta. Onde está então sua justiça (diríamos), ou antes de tudo, onde está sua bondade? A parcialidade ou *estima* (*acception*) *pelas pessoas* se dirige contra a justiça; e aquele que limita sem motivo sua bondade não deve ter o bastante dela. É verdade que aqueles que não são eleitos estão perdidos por sua própria falta; carecem de boa vontade ou de fé viva; mas só havia Deus para lhes dar. Sabemos que, além da graça interna, ordinariamente são as ocasiões externas que distinguem os homens e que a educação, o diálogo, o exemplo frequentemente corrigem ou corrompem a índole natural (*le naturel*). Acontece que Deus, fazendo surgir circunstâncias favoráveis a uns e abandonando os outros a situações que contribuem para a sua infelicidade; não teríamos motivo para nos espantarmos com isso? E não é suficiente (ao que parece) dizer com alguns que *a graça interna* é universal e igual para todos, já que esses mesmos autores são obrigados a recorrer às afirmações de São Paulo e dizer: – *Ó que profundo!*[16] quando consideram, por assim dizer, quanto os homens são diferenciados pelas graças externas, quer dizer, que aparecem na adversidade circunstâncias que Deus faz nascer, das quais os homens não são os mestres e que, entretanto, exercem uma influência muito grande sobre aquilo que diz respeito à sua salvação.

Não avançaríamos mais se disséssemos, com santo Agostinho, que os homens, postos em danação devido ao pecado de Adão, poderiam todos ser deixados por Deus em sua miséria e que, deste modo, é graças a uma bondade pura que Ele retira alguns dela. Pois, além do fato de que é estranho que o pecado de outrem deva danar alguém, sempre permanece a questão: por que Deus não

[15] Cf. [Mt 22: 14].

[16] É provável que Leibniz se refira à fala do apóstolo Paulo em Rm 11: 33.

retira a todos, por que retira a menor parte deles, e por que uns em vez de outros? Ele é o mestre deles, é verdade, mas é um mestre bom e justo, seu poder é absoluto, mas sua sabedoria não permite que exerça de uma maneira arbitrária e despótica que, com efeito, seria tirânica.

Além disso, a queda do primeiro homem não tendo acontecido senão com a permissão de Deus, e Deus não tendo decidido permiti-la senão depois de ter examinado suas consequências, que são a corrupção da massa do gênero humano e a escolha de um pequeno número de eleitos, com o abandono de todos os outros; é inútil dissimular a dificuldade limitando-se à massa já corrompida, pois é necessário, apesar do que acontecera, remontar ao conhecimento das consequências do primeiro pecado, anterior ao decreto pelo qual Deus o permitiu, e, a partir do qual ele permitiu, ao mesmo tempo, que os reprovados fossem envolvidos na massa de perdição e dela não fossem mais retirados; pois Deus e o sábio não decidem nada sem considerar as sua consequências.

Esperamos eliminar todas essas dificuldades. Faremos ver que a *necessidade absoluta*, a qual também chamamos de lógica e metafísica, e algumas vezes geométrica, que seria a única a ser temida, não se encontra nas ações livres; e que, desse modo, a liberdade é isenta não apenas da coerção, mas também da verdadeira necessidade. Faremos ver que mesmo Deus, ainda que escolhesse sempre o melhor, não age por uma necessidade absoluta; e que as leis que Deus prescreveu à natureza, fundadas na conveniência, se encontram no meio entre as verdades geométricas, absolutamente necessárias, e os decretos arbitrários; o que Sr. Bayle e outros novos filósofos não compreenderam suficientemente. Faremos ver também que há alguma indiferença na liberdade, porque não há necessidade absoluta para uma ou outra escolha; mas que, entretanto, jamais há uma indiferença de perfeito equilíbrio. Mostraremos também que existe nas ações livres uma perfeita espontaneidade, além de tudo aquilo que até aqui concebemos quanto a isso. Por fim, faremos considerar que a necessidade hipotética e a necessidade moral que permanecem nas ações livres não apresentam inconvenientes e que o *raciocínio preguiçoso* é um verdadeiro sofisma.

E quanto à origem do mal, em relação a Deus, fazemos uma apologia de suas perfeições, que não atesta menos a sua santidade, sua justiça e sua bondade, do que sua grandeza, seu poder e sua independência. Fazemos ver como tudo depende dele, que ele concorre para todas as ações das criaturas, que ele até cria continuamente as criaturas, se assim o quiser, mas que, no entanto, não é o autor do pecado. Onde também mostramos como se deve conceber a natureza privativa do mal. Fazemos muito mais; mostramos como o mal tem uma outra fonte que não a vontade de Deus e que, por isso, tem-se razão de dizer, no que se refere ao mal da culpa, que Deus não o quer e que ele apenas o permite. Mas o que é mais importante, mostramos que Deus podia permitir o pecado e a miséria, e mesmo concorrer e contribuir para isso, sem prejuízo de sua santidade e de sua bondade supremas; ainda que absolutamente falando, ele pudesse ter evitado todos esses males.

E quanto à matéria da graça e da predestinação, justificamos as expressões mais recorrentes, por exemplo: que nós não somos convertidos senão pela graça solícita (*prévenante*) de Deus e que nós não saberíamos fazer o bem exceto com sua ajuda; que Deus quer a salvação de todos os homens e que ele não leva à danação senão aqueles que possuem má vontade; que a todos dá uma graça suficiente, contanto que queiram usá-la; que sendo Jesus Cristo o princípio e o centro da escolha, Deus destinou os eleitos à salvação, porque previu que eles se ligariam à doutrina de Jesus Cristo por uma fé viva; embora seja verdade que esta razão da escolha não é a última razão, e que mesmo esta previsão é ainda uma consequência de seu decreto anterior; visto que a fé é um dom de Deus e que ele os predestinou a ter a fé por razões de um decreto superior, que distribui as graças e as circunstâncias segundo a profundidade de sua sabedoria suprema.

Mas, como um dos mais hábeis homens de nosso tempo, cuja eloquência era tão grande quanto a sua perspicácia, e que deu grandes provas de uma erudição muito vasta, se esforçou, por meio de não sei qual inclinação, a destacar de maneira maravilhosa todas as dificuldades sobre essa matéria que acabamos de tratar superficialmente; encontramos um belo campo para agir ao entrar com ele nos detalhes. Reconhecemos que o Sr. Bayle (pois é fácil ver que é a ele que nos referimos) tem ao seu lado todas as vantagens, salvo aquela do fundamento da coisa; mas esperamos que a verdade (que ele próprio reconhece encontrar-se do nosso lado) prevaleça nua e crua sobre todos os ornamentos da eloquência e da erudição, desde que seja desenvolvida como se deve; e esperamos conseguir nisso tanto mais posto que é a causa de Deus que defendemos e que uma das máximas que sustentamos aqui considera que a assistência de Deus não falta àqueles que não carecem de boa vontade. O autor desse discurso crê ter dado provas disso aqui a partir do zelo com o qual considerou este assunto. Ele meditou sobre ela desde sua juventude, discutiu a este respeito com alguns dos melhores homens de seu tempo e também estudou fazendo a leitura de bons autores. E o sucesso que Deus lhe deu ([segundo] a opinião de muitos juizes competentes) em algumas outras meditações profundas, nas quais há quem tenha muita influência sobre essa matéria, talvez dê a ele algum direito de se gabar da atenção dos leitores que amam a verdade e que são capazes de pesquisá-la.

Ele também teve razões particulares assaz consideráveis que o convidaram a pegar na pena [para escrever] sobre essa matéria. As conversas que teve a esse respeito com algumas pessoas de letras e da corte, na Alemanha e na França, e sobretudo com uma princesa[17] que está entre as maiores e mais perfeitas, o determinaram mais de uma vez a isso. Ele teve a honra de dizer a essa princesa quais as suas opiniões sobre muitas passagens do maravilhoso dicionário do Sr. Bayle, no qual a religião e a razão parecem se opor, e no qual o Sr. Bayle quer fazer calar a razão depois de muito tê-la feito falar; o que ele chama de o triunfo da fé.[18] O autor fez conhecer desde então que ele era de uma outra opinião, mas que não deixava de ficar satisfeito que um tão belo gênio tivesse dado ocasião

[17] Princesa Sofia Carlota [Charlotte] (1668-1705), filha de Ernesto Augusto e de sua esposa Sofia. Que mais tarde se casaria com o rei da Prússia Frederico III e se tornaria mãe de Frederico Guilherme I. Foi especialmente a pedido dela que Leibniz, o Filósofo (*Monsieur le philosophe*), escreveu grande parte da *Teodiceia*, uma resposta ao *Dictionnaire* de Bayle, o qual, a partir de sua segunda edição, fora lido e discutido por ela e uma pequena corte na casa real da Prússia.

[18] Cf. o *Dicionário* de Bayle, artigo *Pirrone*, notas B e C.

de aprofundar estas matérias tão importantes quanto difíceis. Ele admitiu tê-las examinado também por muito tempo e que algumas vezes tinha deliberado publicar sobre este assunto pensamentos cujo objetivo principal deveria ser o conhecimento de Deus, do modo que é preciso para excitar a piedade e para alimentar a virtude. Esta princesa muito o exortou a executar seu antigo projeto, alguns amigos se uniram a isso, e ele estava cada vez mais tentado a fazer o que lhe exigiam, já que tinha motivos para esperar que na sequência do exame os conhecimentos do Sr. Bayle muito o ajudariam a colocar tal matéria sob o aspecto que ela poderia receber por seus cuidados. Mas muitos impedimentos concorreram para o seu insucesso e a morte daquela incomparável rainha não foi o menor. Entretanto, aconteceu que o Sr. Bayle foi atacado por excelentes homens que se dispuseram a examinar o mesmo assunto; ele lhes respondeu amplamente e sempre engenhosamente. Estivemos atentos à sua disputa e mesmo a ponto de nos misturarmos a ela. Eis como:

Eu tinha publicado um novo sistema[19] que parecia apropriado para explicar a união da alma e do corpo; ele foi bastante aplaudido mesmo por aqueles que não se mantinham de acordo, e pessoas hábeis me confessaram já ter sido da minha opinião, sem terem chegado a uma explicação tão distinta, antes de ter visto o que eu havia escrito sobre isto. O Sr. Bayle o examinou em seu *Dicionário histórico e crítico*, [no] artigo *Rorário*.[20] Ele acreditou que os caminhos que eu abri mereciam ser cultivados; enfatizou sua utilidade para certas considerações, e também apresentou aquilo que ainda poderia dar algum trabalho. Eu não poderia deixar de responder da maneira que é preciso a expressões tão gentis e a considerações tão instrutivas quanto as suas e, para aproveitar mais delas, publiquei alguns esclarecimentos na *História das obras dos sábios*, em julho

[19] Leibniz certamente se refere ao texto publicado no *Journal des Savants*, de 27 de junho de 1695, e que tinha por título *Système nouveau de la nature et de la communication des substances, aussi bien que de l'union qu'il y a entre l'âme et le corps*.

[20] Artigo *Rorarius*, que se refere a Gerolamo Rorario (1485-1556), cardeal italiano, autor da obra intitulada *Quod animalia bruta sæp eratione utantur melius homine*, escrita em 1544 e publicada em Paris em 1648. Nas notas de seu artigo, Bayle discute a concepção leibniziana da união da alma e do corpo.

de 1698.[21] O Sr. Bayle [publicou] uma primeira réplica na segunda edição de seu dicionário. Eu lhe enviei uma segunda resposta, que ainda não veio à luz; e eu não sei se ele fez uma segunda réplica.

Entretanto, aconteceu que o Sr. Le Clerc[22] tendo inserido na sua *Biblioteca escolhida* um trecho do *Sistema intelectual* do falecido Sr. Cudworth[23], e tendo tratado de algumas naturezas plásticas, de que esse excelente autor se servia na formação dos animais, o Sr. Bayle acreditou que (veja-se a *Continuation des pensées diverses*, cap. 21, art. II) ao estabelecer que essas naturezas carecem de conhecimento, se enfraquecia o argumento que prova, pela maravilhosa formação das coisas, que é preciso que o universo tenha uma causa inteligente. O Sr. Le Clerc respondeu (*Biblioth. choisie*, 5° tomo, 4° artigo) que essas naturezas tinham necessidade de serem conduzidas pela sabedoria divina. O Sr. Bayle insistiu (*Hist. des ouvr. des savants*, outubro 1704, 7° artigo) que o simples conduzir não seria suficiente para uma causa desprovida de conhecimento, a menos que não a tomássemos como um puro instrumento de Deus, para cujo caso ela seria inútil. Meu sistema foi aí mencionado superficialmente; e isso me deu motivo para enviar uma pequena dissertação ao célebre autor da *História das obras dos sábios*, que ele inseriu no mês de maio de 1705, no art. 9°[24], na qual me empenhei em fazer ver que na verdade o mecanismo (*mécanisme*) é suficiente para produzir os corpos orgânicos dos animais, sem que tenhamos necessidade de outras naturezas plásticas, contanto que acrescentemos a isso a *pré-formação* já toda orgânica nas sementes (*semence*) dos corpos que nascem, contidas nas dos corpos a partir dos quais eles nasceram, até as sementes primeiras; o que não podia vir senão do autor das coisas, infinitamente poderoso e infinitamente sábio, o qual

---

[21] Leibniz se refere à carta que tem por título *Lettre du M. L. à l'Auteur, contenant um Eclaircissement des difficultés que M. Bayle a trouvées dans le système nouveau de l'union de l'âme et du corps.*

[22] Jean Le Clerc (1657-1736), teólogo arminiano, erudito e crítico, editor da *Biblioteca universal e histórica* (1686-1693), em seguida da *Biblioteca escolhida* (1703-1713), escreve também a obra *Lógica* (1700); cf. nota 157.

[23] Cudworth (1617-1688), filósofo da escola platônica de Cambridge, autor do *The true intellectual system of the universe*, publicado em Londres em 1678.

[24] Leibniz se refere ao texto *Considérations sur les principes de vie et sur les natures plastiques.* Com a expressão "célebre autor", ele se refere a Basnage de Beuval (1685-1710), editor da *Histoire des Ouvrages des Savants.*

fazendo tudo no mesmo instante, inicialmente com ordem, tinha estabelecido aí toda ordem e todo artifício futuro. Não existe caos no interior das coisas, e o oraganismo está, em toda parte, em uma matéria cuja disposição vem de Deus. Isso tanto mais se mostraria quanto mais longe fôssemos na anatomia dos corpos; e continuaríamos a observá-lo, ainda que pudéssemos ir ao infinito, como a natureza, e continuar a subdivisão a partir do nosso conhecimento, como de fato ela continua.

Como para explicar esta maravilha *da formação dos animais* eu me servia de uma harmonia preestabelecida, isto é, do mesmo meio de que me servira para explicar uma outra maravilha que é a *correspondência da alma com o corpo*, em que fazia notar a uniformidade e a fecundidade dos princípios que eu tinha empregado, parece que isso fez com que o Sr. Bayle se recordasse do meu sistema, que dá motivo a esta correspondência e que outrora ele tinha examinado. Ele declarou (*Rép. aux questions d'un provinc.*, tomo II, cap. 180, p. 1.253) que não lhe parecia que Deus pudesse dar à matéria ou a qualquer outra causa a capacidade (*faculté*) de organizar, sem lhe comunicar a ideia e o conhecimento da organização; e que ainda não estava disposto a crer que Deus, com todo seu poder sobre a natureza e com toda a presciência que tem sobre os acidentes que podem acontecer, pudesse ter disposto as coisas de modo que, exclusivamente pelas leis da mecânica, um navio (por exemplo) seguisse para o porto ao qual ele está destinado, sem estar governado, durante sua trajetória, por algum comandante inteligente. Eu fiquei surpreso de ver que foram colocados limites para o poder de Deus, sem oferecer prova alguma disso, e sem demonstrar que não havia contradição a temer quanto ao objeto, nem qualquer imperfeição quanto a Deus; embora, em um outro momento, eu tivesse mostrado na minha réplica que até os homens com frequência fazem por meio de autômatos algo semelhante aos movimentos que vêm da razão, e que um espírito finito (mas muito acima do nosso) poderia até executar aquilo que o Sr. Bayle acredita [ser] impossível para a Divindade; além do fato que Deus, regulando antecipadamente todas as coisas de uma [só] vez, a justeza do caminho deste navio não seria mais estranha do que a de uma espoleta que seguiria ao longo de um estopim de um fogo de artifício, todos os regulamentos (*règlement*) de todas as coisas tendo uma perfeita harmonia entre eles e se determinando mutuamente.

Essa declaração do Sr. Bayle me obrigava a [dar] uma reposta, e eu tinha intenção de lhe mostrar que a menos que o próprio Deus forme os corpos orgânicos graças a um milagre contínuo, ou que tenha dado esta atenção à [certas] inteligências cujo poder e ciência são quase divinos, é preciso julgar que Deus *pré-formou* as coisas de modo que os novos organismos (*organisations*) não sejam senão uma consequência mecânica de uma constituição orgânica precedente; como quando as borboletas surgem do bicho-da-seda, em que o Sr. Swarmmerdam[25] mostrou que há apenas desenvolvimento. E eu teria acrescentado que nada é mais capaz de confirmar meu sistema da harmonia preestabelecida entre a alma e o corpo do que a pré-formação das plantas e dos animais, em que o corpo por sua constituição original é levado a executar, com a ajuda das coisas externas, tudo o que ele faz segundo a vontade da alma; como por sua constituição original as sementes executam naturalmente as intenções de Deus mediante um artifício ainda maior do que aquele que faz com que dentro do nosso corpo tudo seja executado em conformidade com as resoluções de nossa vontade. E já que o próprio Sr. Bayle julga com razão que há mais artifício na organização dos animais do que no mais belo poema do mundo, ou na mais bela invenção de que o espírito humano é capaz, segue-se que meu sistema do comércio da alma com o corpo seja tão fácil quanto a opinião comum da formação dos animais, pois essa opinião (que me parece verdadeira) sustenta, com efeito, que a sabedoria de Deus criou a natureza de modo que ela seja, em virtude de suas leis, capaz de formar os animais; e eu o esclareci e fiz ver melhor a sua possibilidade por meio da *pré-formação*. Depois do quê não teremos mais motivo de achar estranho que Deus tenha feito o corpo de modo que, em virtude de suas próprias leis, ele possa executar os desígnios da alma racional, visto que tudo aquilo que a alma

[25] Jan Swammerdam (1637-1680), célebre anatomista e entomologista holandês, considerado um dos mais notáveis microscopistas clássicos. Sua principal obra é a *Biblia naturæ*, publicada em 1737.

racional pode ordenar (*commander*) ao corpo é menos difícil do que a organização que Deus ordenou às sementes. O Sr. Bayle afirma (*Rép. aux questions d'un provinc.*, cap. 182, p. 1.294) que só há pouco tempo surgiram pessoas que compreenderam que a formação dos corpos vivos não poderia ser uma obra natural; o que, seguindo seus princípios, ele também poderia dizer sobre a correspondência da alma e do corpo, já que Deus faz todo o seu comércio a partir do sistema das causas ocasionais adotado por este autor. Mas, a esse respeito, eu não admito o sobrenatural, a não ser no começo das coisas, [ou seja], em relação à primeira formação dos animais ou em relação à constituição originária da harmonia preestabelecida entre a alma e o corpo; depois do que eu considero que no momento a formação dos animais e a relação entre a alma e o corpo são algo de tão natural quanto as outras operações mais comuns da natureza. É mais ou menos como comumente pensamos sobre o instinto e sobre as operações maravilhosas dos animais irracionais (*bêtes*). Reconhecemos isso quanto à razão, não nos animais irracionais, mas naquele que os formou. Em relação a isso eu estou, portanto, com a opinião comum; mas espero que minha explicação lhe dê mais ênfase e clareza, e mesmo mais alcance.

Acontece que, devendo justificar meu sistema contra as novas dificuldades do Sr. Bayle, eu tinha, ao mesmo tempo, intenção de lhe comunicar os pensamentos que tive há muito tempo sobre as dificuldades que ele tinha sublinhado contra aqueles que se empenham em conciliar a razão com a fé no que diz respeito à existência do mal. Com efeito, talvez existam poucas pessoas que tenham trabalhado nisso mais do que eu. Com dificuldade aprendi a entender de uma maneira aceitável os livros latinos, os quais tive a comodidade de folhear em uma biblioteca: onde passei de livro em livro; e como as matérias sobre as quais meditava me agradavam do mesmo modo que as histórias e as fábulas, fiquei encantado com a obra de Lorenzo Valla contra Boécio, e com a de Lutero contra Erasmo[26], embora eu bem percebesse que faltava a eles um

[26] Primeiramente, trata-se da obra *Dialogus de libero arbitrio* composta em 1439 por Lorenzo Valla, humanista italiano (1407-1457), obra escrita contra o filósofo e lógico romano, famoso comentador da lógica aristotélica, Boécio (470-524), autor da *Philosophiæ consolatio*. A obra de Martinho Lutero (1483-1546), reformador alemão, nascido e morto em Eisleben, que

pouco de doçura. Eu não me abstinha dos livros de controvérsia e, dentre outros escritos desta natureza, os Autos do Colóquio de Montbéliard[27], que tinham reanimado a disputa, pareceram-me instrutivos. Eu não negligenciava os ensinamentos dos nossos teólogos, e a leitura de seus adversários, bem longe de me confundir, servia para me confirmar nas concepções moderadas das igrejas da Confissão de Ausburgo.[28] Em minhas viagens, tive a ocasião de discutir com alguns excelentes homens de diferentes partidos, como com o Sr. Pierre de Wallenbourg[29], sufragâneo de Mayence; com o Sr. Jean-Louis Fabrice[30] primeiro teólogo de Heidelberg; e, enfim, com o célebre Sr. Arnauld[31], a quem eu até cheguei a comunicar um diálogo latino de minha autoria[32] sobre esta matéria, por volta de 1673, onde eu já assumia como fato que Deus tendo escolhido o mais perfeito de todos os mundos possíveis, tinha sido levado por sua sabedoria a permitir o mal que estava ligado a ele, mas o que não impedia que, tudo calculado e acertado, este mundo fosse o melhor que pudesse ser escolhido. Desde então, eu já li toda sorte de bons autores sobre essas matérias, e me empenhei em avançar nos conhecimentos que me parecem adequados para eliminar tudo aquilo que pudesse obscurecer a ideia da soberana perfeição que é preciso reconhecer em Deus. Eu não negligenciei examinar os autores mais rígidos e que levaram mais longe a necessidade das coisas, tais como Hobbes e Espinosa, dos quais o primeiro sustentou

escreveu uma obra intitulada *De servo arbitrio*, publicada em 1525, contra a *Diatribe de libero arbitrio* do humanista holandês Desidério Erasmo de Rotterdam (1469?-1536), sendo está última escrita em atenção ao pedido de Henrique VIII, que reinou na Inglaterra de 1509 a 1547.

[27] O Colóquio de Montbeliard (1586), realizado no território do duque de Wurtemberg, reuniu representantes dos luteranos (Jacques Andreæ) e dos calvinistas (Teodoro de Bèze).

[28] Conjunto de preceitos redigidos pelos alemães Philip Melanchthon (1497-1560) e Joachim Camerarius (1500-1574) e apresentado à dieta reunida por Carlos V em 1530, em Ausburgo. Composta de 28 artigos e escrita em alemão e em latim, ela representa a principal profissão de fé dos luteranos.

[29] Peter Walenburg, teólogo católico alemão, morto em 1675, autor do *Tractatus de controversiis fidei*, publicado entre 1669 e 1670.

[30] Johan Ludwig Fabricius (1632-1696), membro de uma dinastia célebre de teólogos protestantes, professor de língua e literatura grega na Universidade de Heidelberg.

[31] Antoine Arnauld (1612-1694), o "*Grand Arnauld*", ilustre teólogo e filósofo jansenista francês.

[32] Leibniz se refere ao texto *Confessio Philosophi*.

a necessidade absoluta, não somente nos seus *Elementos físicos*[33] e em outros lugares, mas ainda precisamente em um livro contra o bispo Bramhall. E Espinosa (como um antigo peripatético chamado Estratão[34]) quer praticamente que tudo surja da causa primeira ou da natureza primitiva por meio de uma necessidade cega e totalmente geométrica, sem que esse primeiro princípio das coisas seja capaz de escolha, de bondade e de entendimento.

Ao que me parece, eu encontrei o modo de mostrar o contrário de uma maneira que esclarece e que, ao mesmo tempo, faz com que adentremos no interior das coisas. Pois, tendo feito novas descobertas sobre a natureza da força ativa e sobre as leis do movimento, fiz ver que elas não se ligam a uma necessidade absolutamente geométrica, como parece ter acreditado Espinosa; e tampouco que elas sejam também puramente arbitrárias, ainda que esta seja a opinião do Sr. Bayle e de alguns filósofos modernos; mas que elas dependem da *conveniência*, como já indiquei acima, ou do que eu chamo de o *princípio do melhor*; e que reconhecemos nisso, como em qualquer outra coisa, as características da primeira substância, da qual as produções atestam uma sabedoria soberana e constituem a mais perfeita das harmonias. Eu também fiz ver que ainda é esta harmonia que constitui a ligação, tanto do futuro com o passado quanto do [que está] presente com aquilo que está ausente. A primeira espécie de ligação une os tempos e a outra os lugares. Essa segunda ligação se mostra na união da alma com o corpo e geralmente no comércio das verdadeiras substâncias entre elas com os fenômenos materiais. Mas a primeira ocorre na pré-formação dos corpos orgânicos, ou melhor, de todos os corpos, visto que por toda parte há organismo, embora todas as massas não componham corpos orgânicos: como uma represa pode muito bem estar cheia de peixes ou de outros corpos orgânicos, ainda que ela mesma não seja um animal ou corpo orgânico, mas somente uma massa que os contém. E visto que eu tinha me empenhado em construir

33 Leibniz se refere ao *De corpore* de Hobbes (Londres, 1655), primeira parte de seus *Elementa philosophiae*; quanto ao restante, cf. § 72 da primeira parte e também o apêndice *Reflexões sobre a obra que o Sr. Hobbes publicou em inglês sobre a liberdade, a necessidade e o acaso.*

34 Estratão de Lampsaco, filósofo grego do século III a.C. (morto em meados de 269), foi o segundo sucessor de Aristóteles à frente do Liceu.

sobre tais fundamentos, estabelecidos de uma maneira demonstrativa, todo um corpo dos principais conhecimentos que a pura razão (*raison tout pure*) pode nos ensinar; um corpo, digo, do qual todas as partes estivessem bem ligadas, e que pudesse satisfazer às dificuldades mais consideráveis dos antigos e dos modernos; por conseguinte, formei para mim um certo sistema sobre a liberdade do homem e sobre o concurso de Deus. Esse sistema me parecia distante de tudo aquilo que pode ofender a razão e a fé, eu tinha vontade de fazê-lo passar sob os olhos do Sr. Bayle, bem como [sob os olhos] daqueles que discutiam com ele. Mas, ele acaba de nos deixar, e não é uma perda pequena a de um autor cuja doutrina e perspicácia existiam poucos iguais; mas, como esse assunto está no centro, como hábeis pessoas ainda trabalham nele, e como o público está atento a isso, eu acreditei que era preciso se servir da ocasião para fazer aparecer uma amostra dos meus pensamentos.

Talvez ainda seja bom observar, antes de terminar este prefácio, que ao negar a influência física da alma sobre o corpo ou do corpo sobre a alma, isto é, uma influência que faça com que um perturbe as leis do outro, de modo algum nego a união de um com o outro que nele é uma parte constitutiva, mas esta união é algo de metafísica que não muda nada nos fenômenos. É isso que eu já disse ao responder ao que o R. P. de Tournemine[35], cujo espírito e saber não são comuns, tinha me objetado nas *Memórias de Trévoux*. E por este motivo também podemos dizer, em um sentido metafísico, que a alma age sobre o corpo e o corpo sobre a alma. Portanto, é verdade que a alma é a enteléquia ou o princípio ativo, enquanto o corporal sozinho ou o simplesmente material não contém senão o passivo, e que, por conseguinte, o princípio da ação está nas almas, como eu já o expliquei mais de uma vez no *Jornal de Leipzig*, mas mais particularmente ao responder ao falecido Sr.

[35] René-Joseph de Tournemine (1661-1739), jesuíta francês, autor de numerosos artigos publicados nas *Mémoires de Trévoux*, uma das mais importantes revistas intelectuais da época. Seu principal escrito tem por título *Conjecture sur l'union de l'âme et des corps*, publicado na revista em 1703; a resposta de Leibniz tem por título *Remarque de l'auteur du Système de l'harmonie préetablie sur un endroit des Mémoires de Trévoux de mars 1704* publicada nas *Mémoires de Trévoux*, de março 1708.

Sturm[36], filósofo e matemático de Altdorf, a quem eu cheguei a demonstrar que se os corpos fossem apenas passivos, seus diferentes estados seriam *indiscerníveis*. Nesta ocasião, eu também direi que tendo sido informado que o hábil autor do livro sobre o *Conhecimento de si mesmo*[37] fizera algumas objeções neste livro contra meu sistema da harmonia preestabelecida, eu tinha enviado uma resposta a Paris, que fez ver que ele me atribuiu opiniões das quais estou bem distante; como há pouco também fez um doutor anônimo da Sorbonne sobre um outro tema. Estes mal-entendidos ficariam explícitos aos olhos do leitor no mesmo instante, se minhas próprias palavras tivessem sido reconstituídas, [palavras] sobre as quais cremos que podemos nos apoiar.

Esta disposição dos homens a se enganar quando representam as opiniões de outrem, faz também com que eu observe que, quando disse em algum lugar que na conversão o homem se serve do socorro da graça, quero apenas dizer que ele aproveita disso por meio da interrupção da resistência superada, mas sem cooperação alguma de sua parte; do mesmo modo não há cooperação no gelo quando ele é quebrado. Pois a conversão é pura obra da graça de Deus, na qual o homem não concorre senão resistindo; mas sua resistência é mais ou menos grande conforme as pessoas e as ocasiões. As circunstâncias também contribuem mais ou menos para nossa atenção e para os movimentos que nascem na alma; e o concurso de todas essas coisas unidas ao quanto se está impressionado e ao estado da vontade determina o efeito da graça, mas sem torná-lo necessário. Eu me expliquei o bastante em outro lugar que, em relação às coisas relativas à salvação, o homem não regenerado deve ser considerado como morto, e estou de pleno acordo

---

[36] Leibniz se refere ao cartesiano e ocasionalista Johann Christophorus Sturm (1635-1703), filósofo e sábio alemão que, no texto *De naturæ agentis idolo* de 1692, sustentava que apenas Deus pode ser considerado o agente; contra esta opinião, Leibniz escreveu o opúsculo *De ipsa natura, sive de vi insita actionibusque creaturarum*, publicado nos *Acta eruditorum* de setembro de 1698, que levava em conta também a controvérsia entre Sturm e G. Chr. Schlhammer que se deu durante os anos 1697 e 1698.

[37] Trata-se da obra *De la connaissance de soi-même* do beneditino Dom François Lami (1636-1711), que foi publicada em 5 volumes em Paris, de 1694 a 1698. A resposta de Leibniz tem por título: *Addition à l'explication du Système nouveau touchant l'union de l'âme et du corps, envoyée à Paris à l'occasion d'un livre intitulé Connaissance de soi-même.*

com a maneira pela qual os teólogos da Confissão de Ausburgo se explicam sobre esses temas. Entretanto, esta corrupção do homem não regenerado, a propósito, não o impede de ter virtudes morais verdadeiras e de praticar algumas vezes boas ações na vida civil que vêm de um bom princípio, sem qualquer má intenção e sem mistura com [um] pecado atual. No que eu espero que me seja perdoado, se ousei me distanciar da opinião de santo Agostinho, sem dúvida um grande homem, e de um maravilhoso espírito, mas que algumas vezes parece ser levado a exagerar as coisas, especialmente no calor dos seus engajamentos. Eu tenho muita estima por alguns indivíduos que transformam em ocupação o fato de serem discípulos de santo Agostinho, dentre outros o R. P. Quesnel[38], digno sucessor do grande Arnauld, na perseguição das controvérsias que cometeram contra a mais célebre das companhias. Mas descobri que comumente nos combates entre pessoas de um mérito insigne (das quais nesse caso sem dúvida há dos dois lados), a razão está tanto com um lado quanto com o outro, mas em diferentes pontos, e que ela está com as defesas mais do que com os ataques, ainda que a maldade natural do coração humano geralmente torne mais agradáveis para o leitor os ataques do que as defesas. Eu espero que o R. P. Ptolomei[39], ornamento de sua companhia, ocupado em preencher os vazios deixados pelo célebre Bellarmin[40], nos dará sobre tudo isso esclarecimentos dignos de sua perspicácia e de seu saber e, até ouso acrescentar, [também] de sua moderação. E é preciso crer que entre os teólogos da Confissão de Ausburgo algum novo Chemnice[41] ou algum novo Calixte surja; como é oportuno julgar

[38] Pasquier Quesnel (1634-1719), teólogo jansenista francês, autor de um *Nouveau Testament en français avec des réflexions morales*, publicado a partir de 1671. Suas opiniões foram condenadas em 1708 e em 1713 pela célebre bula *Unigenitus*.

[39] Cardeal italiano Giovan Batista Tolomei (1653-1726), teólogo e filósofo escolástico que buscava conciliar as filosofias aristotélica e cartesiana. Com este objetivo, escreveu sua principal obra *Philosophia mentis et sensuum secundum ultramque Aristotelis methodum per tractata methaphysise et impirice*, publicada em 1696; publicou também um *Suplemento às controvérsias de Bellarmin,* que permaneceu inédito.

[40] Cardeal Bellarmin (1542-1621), teólogo célebre pelo papel que desempenhou nos processos de Giordano Bruno e de Galileu, autor das *Disputationes de controviersiis fidei christianæ*, publicada em 1613.

[41] Martin Chemnitz (ou Chemnice; 1522-1586), teólogo luterano, discípulo de Melanchton (cf. nota 77), autor de um *Exame do Concílio de Trento* (1585) – Georges Callisen, cohecido como

que certos Usserius ou certos Daillés renascerão entre os reformados, e que todos trabalharão cada vez mais para remover os mal-entendidos dos quais este assunto está carregado. Além do mais, eu ficaria bastante satisfeito com aqueles que quiserem dissecá-lo lendo as objeções postas em forma, com as respostas que forneci para elas no pequeno escrito que eu coloquei no fim da obra, para fazer como que um sumário.[42] Eu me empenhei em prevenir o surgimento de algumas novas objeções; tendo explicado, por exemplo, porque tomei a vontade antecedente e consequente como inicial e final, a exemplo de Tomás, de Scot[43] e de outros; como é possível que exista incomparavelmente mais bem na glória de todos os que alcançaram a salvação do que exista [mais] mal na miséria de todos os que estão em danação, embora exista mais dos últimos; de maneira que, ao dizer que o mal foi permitido como uma condição *sine qua non* do bem, eu quero dizer não segundo o princípio do necessário, mas segundo os princípios do conveniente; de modo que a predeterminação que admito é sempre inclinante e jamais necessitante; de modo que Deus não recusará novas luzes necessárias àqueles que usaram muito as que eles tinham; sem falar de outros esclarecimentos que me esforcei para dar a respeito de algumas dificuldades que me foram levantadas há pouco. E eu ainda segui o conselho de alguns amigos que acreditaram, oportunamente, que eu [deveria] acrescentar dois *apêndices*: um sobre a agitada *controvérsia entre o Sr. Hobbes e o bispo Bramhall*, concernente ao livre e ao necessário; o outro sobre a sábia obra a respeito da *Origem do mal*, publicada há pouco na Inglaterra[44]. Enfim, empenhei-me em tudo

---

Calixtus (1586-1656), teólogo luterano de tendências conciliadoras; Leibniz tinha lido suas primeiras obras com um vivo interesse. – James Ussher, conhecido como Usserius (1580-1656), teólogo anglicano, arcebispo de Armagh e primado da Irlanda.-Jean Daillé (1594-1670), pastor de Charenton, teólogo protestante francês que abertamente se confessou a favor das ideias de Amyrant, teólogo associado à Academia de Saumur.

[42] Trata-se do *Abregé de la controverse réduite à des arguments en forme*, que é o primeiro apêndice da *Teodiceia*; na presente edição, recebeu o título *Resumo da controvérsia reduzido a argumentos em forma* e foi colocado logo após a terceira parte; cf. nota 673.

[43] Duns Scot (1274-1308), célebre filósofo escocês, sustentou a liberdade absoluta de Deus.

[44] Leibniz se refere aos textos *Réflexions sur l'ouvrage que M. Hobbes a publié en anglais, de la liberté, de la nécessité e du hasard* e *Remarques sur le livre de l'origine du mal, publié depuis peu en Angleterre*, que se refere ao livro *De origene mali*, publicado em Londres em 1702, escrito pelo teólogo e arcebispo de Dublin William King (1650-1729); na presente tradução eles foram colocados

relacionar à edificação; e se forneci algo à curiosidade é porque acreditei que seria preciso animar uma matéria na qual a seriedade pode repugnar. É com vistas a isso que fiz incluir nesse discurso a agradável quimera de uma certa Teologia Astronômica, não tendo motivo de me preocupar que ela seduza alguém, e julgando que recitá-la e refutá-la é a mesma coisa. Ficção por ficção, em lugar de achar que os planetas foram sóis, poderíamos conceber que eles foram massas fundidas no sol e lançados para fora, o que destruiria o fundamento desta teologia hipotética. O antigo erro dos dois princípios que os orientais distinguiam pelos nomes de Oromasdes e de Arimanius[45], fez-me esclarecer uma conjectura sobre a história remota dos povos, parecendo se tratar dos nomes de dois grandes príncipes contemporâneos: um, monarca de uma parte da alta Ásia, onde desde então existiram outros com esse nome; o outro, rei dos celta-citas, provocando a invasão súbita nos Estados do primeiro e, aliás, conhecido entre as divindades da Germânia. De fato, parece que Zoroastro empregou os nomes desses príncipes como símbolos dos poderes invisíveis, os quais, na opinião dos asiáticos, suas proezas os faziam assemelhar. Embora pareça, a partir dos relatos dos autores árabes que poderiam estar mais bem informados que os gregos sobre algumas particularidades da antiga história oriental, que este Zerdust ou Zoroastro, que eles fazem contemporâneo do grande Dario[46], não considerou esses dois princípios como inteiramente primitivos e independentes, mas como dependentes de um supremo princípio único; e que ele acreditou, conforme à cosmogonia de Moisés, que Deus, que não tem par, criou tudo e separou a luz das trevas; que a luz estava conforme ao seu desígnio

---

logo após o *Resumo* e receberam os títulos *Reflexões sobre a obra que o Sr. Hobbes publicou em inglês sobre a liberdade, a necessidade e o acaso* e *Observações quanto ao livro sobre a origem do mal, publicado há pouco na Inglaterra.* Cf. notas 33, 693 e 709.

[45] Na teologia dualista de Zoroastro (Zaratustra), religião iraniana, Ahura-Mazdâ (ou Ohrmazd) e Ahriman são príncipes do Bem (a luz) e do Mal (as trevas). Para formular as "conjecturas sobre a história remota dos povos" que seguirão, Leibniz se valerá de um vasto material acumulado em sua troca de correspondência com, dentre muitos outros, o sueco estudioso das línguas orientais Sparvenfeld e que versava sobre a história das línguas; de modo que boa parte do que é dito aqui será repetido no *Breve plano das reflexões sobre as origens dos povos traçado principalmente a partir das indicações [contidas] nas línguas*, publicado em 1710; cf. *Kairos Revista de Filosofia & Ciência* – Universidade de Lisboa, nº 4, 2012, pp. 119-149

[46] Certamente Leibniz se refere a Dario I, rei da Pérsia que viveu de 521 a 486 a.C.

original, mas que as trevas vieram por consequência como a sombra segue do corpo, e que isso não é outra coisa a não ser privação. O que isentaria este antigo autor dos erros que os gregos lhe atribuem. Seu grande saber fez com que os orientais o comparassem com o Mercúrio ou [com o] Hermes dos egípcios e dos gregos; tal como os setentrionais compararam seu Wodan ou Odin com este mesmo Mercúrio. Foi por isso que a quarta-feira (*le mercredi*), ou o dia de Mercúrio, foi chamada de *Wodansdag* pelos setentrionais, mas dia de *Zerdust*, pelos asiáticos, visto que ele é chamado *Zarschamba* ou *Dsearschambe* pelos turcos e pelos persas, *Zerda* pelos húngaros vindos do Oriente Setentrional e *Sreda* pelos eslavônios, desde os confins da grande Rússia até os Wendes[47] da terra de Lunebourg; os eslavônios o tendo aprendido também dos orientais. Essas observações talvez não desagradem aos curiosos; e me orgulho de que o pequeno diálogo, que encerra os Ensaios contrários ao Sr. Bayle, trará algum contentamento àqueles que estão satisfeitos em ver verdades difíceis, mas importantes, expostas de uma maneira fácil e familiar. Escrevemos em uma língua estrangeira, com a chance de cometer muitos erros, porque essa matéria foi tratada há pouco por outros, e é mais lida por aqueles a quem desejaríamos ser útil por meio deste pequeno trabalho. Esperamos que os erros de linguagem que surjam não apenas da impressão e do copista, mas também da precipitação do autor, que foi bastante distraído, sejam perdoados; e se algum erro foi inserido nas opiniões [dos outros], o autor estará entre os primeiros a corrigi-las, depois de estar mais bem informado: que tendo dado em outro lugar tais testemunhos de seu amor pela verdade, ele espera que não tomemos esta declaração como uma felicitação (*compliment*).

[47] Na Idade Média, antigo nome dado pelos alemães a todos os eslavos estabelecidos entre os rios Odra (ou Oder) e o Elba.

Discurso [preliminar] sobre o acordo da fé com a razão

1. Eu começo pela questão preliminar *do acordo da fé com a razão*, e do uso da filosofia na teologia, porque ela exerce muita influência sobre a principal matéria que iremos tratar, e porque é introduzida pelo Sr. Bayle em toda parte. Eu suponho que duas verdades não poderiam se contradizer; pois o objeto da fé é a verdade que Deus revelou de uma maneira extraordinária e a razão é o encadeamento das verdades, mais particularmente (quando ela é comparada à fé) daquelas em que o espírito humano pode chegar naturalmente, sem ser ajudado pela luz da fé. Esta definição da razão, isto é, *da reta e verdadeira razão*, surpreendeu algumas pessoas acostumadas a pronunciar contra a razão tomada em um sentido vago. Elas me responderam que jamais entenderam por que lhe atribuímos esta significação; isto ocorre porque jamais discutiram com as pessoas que compreendem claramente estas matérias. Elas me confessaram, entretanto, que não se podia censurar a razão, tomada no sentido que eu lhe dava. É neste mesmo sentido que se opõe algumas vezes a razão à experiência. A razão, que consiste no encadeamento

das verdades, ainda tem direito de ligar aquelas que a experiência lhe forneceu, para delas tirar conclusões mistas; mas a razão pura e simples (*pure et nue*), distinta da experiência, não se ocupa senão das verdades independentes dos sentidos. E podemos comparar a fé com a experiência, já que a fé (quanto aos motivos que a vivificam) depende da experiência daqueles que viram os milagres sobre os quais a revelação está fundada, e da tradição digna de crença que os fez chegar até nós, seja por meio das Escrituras, seja por meio do relato daqueles que os conservaram, mais ou menos como nós nos baseamos na experiência daqueles que viram a China e na credibilidade de seu relato, quando acrescentamos fé às maravilhas que nos são contadas sobre este país distante. Sem falar em outra parte do movimento interior do Espírito Santo, que se apodera das almas e as persuade e as conduz ao bem, isto é, à fé e à caridade, sem jamais precisar de motivos.

2. Acontece que as verdades da razão são de dois tipos: umas são daquele [tipo] que chamamos de *verdades eternas*, que são absolutamente necessárias, de modo que o oposto implica contradição; e tais são as verdades cuja necessidade é lógica, metafísica ou geométrica, que não poderíamos negar sem sermos levados a absurdos. Há outras que podemos chamar de *positivas*, pois são as leis que agradou a Deus dar à natureza, ou porque elas dependem dele. Nós as apreendemos ou pela experiência, quer dizer, *a posteriori*, ou pela razão e *a priori*, quer dizer, por considerações da conveniência segundo a qual foram escolhidas. Esta conveniência também tem suas regras e razões; mais é a escolha livre de Deus, e não uma necessidade geométrica, que faz preferir o conveniente e o leva à existência. Deste modo, podemos dizer que a *necessidade física* está fundada sobre a *necessidade moral*, quer dizer, sobre a escolha do sábio digno de sua sabedoria; e que tanto uma quanto a outra devem ser diferenciadas da *necessidade geométrica*. Esta necessidade física é o que faz a ordem da natureza e consiste nas regras do movimento e em algumas outras leis gerais que agradou a Deus dar às coisas ao lhes dar o ser. É verdade, então, que não é sem razão que Deus lhes deu; pois ele nada escolheu por capricho e como por acaso ou por uma pura indiferença; mas as razões gerais do bem e da ordem que

o levaram a isso podem ser vencidas, em alguns casos, por razões maiores de uma ordem superior.

3. Isso mostra que Deus pode dispensar as criaturas das leis que lhes prescreveu e produzir então aquilo que sua natureza não comporta ao realizar um *milagre*; e quando elas são elevadas a perfeições e a faculdades mais nobres do que aquelas que podem atingir por sua natureza, os escolásticos chamam esta faculdade de uma *capacidade obediente* (*puissance obédientielle*), isto é, que a coisa adquire obedecendo ao comando daquele que pode dar o que ela não tem, ainda que estes escolásticos comumente deem exemplos desta capacidade, os quais considero impossíveis, como quando pretendem que Deus pode dar à criatura a faculdade de criar. É possível que existam milagres que Deus realiza pelo ministério dos anjos, em que as leis da natureza não são violadas, não mais que quando os homens ajudam a natureza pela arte, o artifício dos anjos não se diferenciando do nosso senão pelo grau de perfeição; entretanto, continua sempre verdadeiro que as leis da natureza estão sujeitas à distribuição do legislador, enquanto as verdades eternas, assim como as da geometria, são completamente indispensáveis e a fé não poderia ser contrária a isso. Portanto, não é possível fazer com que exista uma objeção invencível contra a Verdade, pois se for uma demonstração fundada em princípios ou em fatos incontestáveis, formada por um encadeamento de verdades eternas, a conclusão é certa e indispensável, e o que lhe é contrário deve ser falso; de outro modo, duas contraditórias poderiam ser verdadeiras ao mesmo tempo. Pois se a objeção não for demonstrativa, ela só pode formar um argumento verossímil que não tem força contra a fé, desde que se admita que os mistérios da religião são contrários às aparências. Acontece que o Sr. Bayle declara, na sua resposta póstuma ao Sr. Le Clerc[48], que ele não pretende que existam demonstrações contra as verdades da fé; e, por isso, todas estas dificuldades invencíveis, estes supostos combates da razão contra a fé desaparecem.

---

[48] Leibniz se refere ao *Entretiens de Máxime et de Thémiste*, de 1706, e que tinha por subtítulo *Réponse à ce que M. Le Clerc a écrit dans son X. Tome de la Bibliothèque choisie contre M. Bayle* (Rotterdam, 1707). Sobre Le Clerc, cf. nota 22.

Hi motus animorum atque hæc discrimina tanta
Pulveris exigui jactu compressa quiescunt.[49]

4. Os teólogos protestantes, assim como aqueles do partido de Roma, quando tratam a matéria com cuidado, admitem algumas máximas que eu acabei de mencionar; e tudo o que se diz contra a razão não tem vez senão contra uma suposta razão corrompida e enganada por falsas aparências. O mesmo ocorre com as noções da justiça e da bondade de Deus. Algumas vezes fala-se desse assunto, como se não tivéssemos qualquer ideia ou definição dele; mas neste caso nós não teríamos motivo para lhe conferir estes atributos ou para louvá-lo por isso. Sua bondade e sua justiça, do mesmo modo que sua sabedoria, não diferem das nossas a não ser quanto ao fato de serem infinitamente mais perfeitas. Desta forma, as noções simples, as verdades necessárias e as consequências demonstrativas da filosofia não poderiam ser contrárias à revelação. E quando algumas máximas filosóficas são rejeitadas em teologia, significa considerar que elas têm apenas uma necessidade física ou moral, a qual não revela senão aquilo que acontece comumente e se baseia, portanto, nas aparências, mas que pode deixar de existir se Deus o considerar bom.

5. Parece, a partir do que acabei de dizer, que geralmente há um pouco de confusão nas expressões daqueles que supõem a filosofia associada à teologia, ou a fé à razão; eles confundem *explicar*, *compreender*, *provar*, *sustentar*. E acredito que o Sr. Bayle, por mais perspicaz que seja, nem sempre está isento desta confusão. Os mistérios podem ser *explicados* tanto quanto é preciso para que se acredite neles; mas não saberíamos *compreendê-los* nem fazer entender como eles acontecem; é desta forma que mesmo em física nós explicamos até certo ponto muitas qualidades sensíveis, mas de uma maneira imperfeita, pois não as compreendemos. Tampouco nos é possível provar os mistérios pela razão; pois tudo que pode ser provado *a priori*, ou pela razão pura, pode ser compreendido. Tudo o que nos resta, então, após ter acreditado nos mistérios quanto às

[49] "Estes tumultos de ânimos e este alge do conflito, abafados por um pouco de pó que nelas [as abelhas] é lançado, se aquietam." (Virgílio, *Geórgicas*, IV, vv. 86-87).

provas da verdade da religião (que são chamados de *motivos de credibilidade*), é poder sustentá-los contra as objeções; sem o que não estaríamos justificados (*fondés*) por neles acreditarmos; tudo aquilo que pode ser refutado de uma maneira sólida e demonstrativa não pode deixar de ser falso; e as provas da verdade da religião, que só podem dar uma *certeza moral* seriam abaladas e mesmo ultrapassadas pelas objeções que dariam uma *certeza absoluta*, se elas fossem convincentes e inteiramente demonstrativas. Este pouco poderia nos bastar para levantar as dificuldades sobre o uso da razão e da filosofia em relação à religião, se com frequência não tivéssemos que tratar com pessoas prevenidas. Mas como a matéria é importante e como ela foi bastante emaranhada, será oportuno entrar em maiores detalhes.

6. A *questão da conformidade da fé com a razão* sempre foi um grande problema. Na Igreja primitiva[50], os mais hábeis autores cristãos se adaptavam aos pensamentos dos platônicos que mais lhes inspiravam confiança e que mais estavam em voga no momento. Pouco a pouco Aristóteles tomou o lugar de Platão, quando o gosto pelos sistemas começou a reinar e quando a própria teologia se tornou mais sistemática pelas decisões dos concílios gerais, os quais forneciam formulários precisos e positivos. Santo Agostinho, Boécio e Cassiodoro no Ocidente, e são João Damasceno no Oriente, [foram os que] mais contribuíram para reduzir a teologia à forma de ciência; sem falar de Bède, Alcuino[51], santo Anselmo e alguns outros teólogos versados na filosofia; até o momento em que finalmente os escolásticos surgiram e que o prazer dos claustros dando seguimento às especulações, ajudadas pela filosofia de Aristóteles traduzida do árabe, terminou por fazer um composto de teologia e de filosofia, no qual a maior parte das questões vinham da preocupação que se tinha em conciliar a fé com a razão. Mas isso não aconteceu com todo o sucesso que era de se esperar, pois a teologia tinha sido muito corrompida pelo infortúnio dos tempos, pela

[50] *La primitive Eglise*: aquela dos primeiros séculos do cristianismo.

[51] Cassiodoro, escritor e teólogo que viveu entre meados de 468 e após 562. São João Damasceno, teólogo influenciado por Aristóteles (676-meados de 760). Bède (675-735), conhecido especialmente por sua atividade de escritor de crônicas, fez também comentários sobre o *Antigo* e o *Novo testamento*. Alcuino (735-804), célebre sábio, colaborador de Carlos Magno.

ignorância e pela teimosia; e porque a filosofia, além dos seus próprios defeitos, que eram muito grandes, encontrava-se sobrecarregada pelos da teologia, que, por sua vez, se ressentia da associação com uma filosofia muito obscura e muito imperfeita. Entretanto, é preciso admitir com o incomparável Grotius[52] que algumas vezes há ouro escondido sob as indecências do latim bárbaro dos monges, o que me fez desejar mais de uma vez que um homem hábil cuja função tivesse obrigado a aprender a linguagem da escola, tivesse pretendido extrair dela o que há de melhor, e que um outro Petau ou Thomassin[53] tivessem feito, quanto aos escolásticos, o que estes dois sábios homens fizeram quanto aos padres. Esta seria uma obra bastante singular e muito importante para a história eclesiástica, e que continuaria a dos dogmas até o momento do restabelecimento das belas-letras, por meio das quais as coisas assumiram outra feição, e mesmo mais do que isso. Pois muitos dogmas, como os da predeterminação física[54], da ciência média, do pecado filosófico, das precisões objetivas e muitos outros dentro da teologia especulativa e também as *questões de consciência*[55] da teologia prática foram colocados em voga, mesmo após o Concílio de Trento.

7. Um pouco antes destas mudanças e antes da grande cisão do Ocidente, que ainda perdura, havia na Itália uma seita de filósofos que combatia esta conformidade da fé com a razão

---

[52] Hugo Grotius, ou Grócio, (1535-1645), homem de Estado e escritor holandês, ilustre jurista e filósofo do Direito, foi também um teólogo e um historiador erudito; cf. nota 244.

[53] Denis Petau, conhecido como Petavius (1583-1652), teólogo e historiador, jesuíta membro da Companhia de Jesus, muito polemizou contra Grotius e Arnauld; publicou suas *Theologica dogmata* em Paris (1644-1650). Louis Thomassin (1619-1695), orador, continuou a obra de Petau nos seus *Dogmes théologiques* (1680-1689); além de ter publicado uma obra com o título *Mémoires sur la grâce* (1668), na qual busca um meio termo entre as teses molinistas e jansenistas a respeito da graça.

[54] Predeterminação física: capacidade de agir que a criatura recebe de Deus, a partir de decretos infalivelmente determinantes; tese sustentada pelos seguidores de Domingo Bañez (1528-1604). Esta foi a tese sustentada contra a ciência média do jesuíta Luis de Molina (1535-1600). Sobre predeterminação física e ciência média, cf. também o §39 da primeira parte. Pecado filosófico: ofensa à natureza racional, por oposição ao pecado teológico, ofensa a Deus. Esta distinção, exposta pelo jesuíta Musnier em 1686, denunciada por Arnauld em 1689 e condenada em Roma em 1690, foi o objeto de uma grande querela (ligada à questão dos ritos chineses) entre os jesuítas e os jansenistas.

[55] *Cas de conscience* (não está em itálico no original): dificuldade sobre o que a religião ou a moral permitem ou proíbem em certas circunstâncias.

que nós sustentamos.[56] Eram chamados de *averroístas*, pois se ligavam a um célebre autor árabe, chamado de o comentador por excelência, e que entre os da sua nação parecia ser o que melhor alcançava o sentido [da filosofia] de Aristóteles. Este comentador, continuando aquilo que os intérpretes gregos já tinham ensinado, pretendia que, segundo Aristóteles e mesmo segundo a razão (o que então era considerado como praticamente a mesma coisa), a imortalidade da alma não podia subsistir. Eis aqui seu raciocínio: o gênero humano é eterno, segundo Aristóteles; então, se as almas particulares não perecem, é preciso chegar à metempsicose rejeitada por este filósofo; ou, se sempre há novas almas, é preciso admitir a infinidade destas almas conservadas por toda eternidade; mas a infinidade atual é impossível, segundo a doutrina do mesmo Aristóteles: então, é preciso concluir que as almas, quer dizer, as formas dos corpos orgânicos, devem perecer com estes corpos, ou em todo caso, o intelecto passivo que pertence em particular a cada um. De modo que restará apenas o intelecto ativo, comum a todos os homens, que Aristóteles dizia vir de fora, e que deve operar em todo lugar em que os organismos estão dispostos, como o vento produz uma espécie de música quando é impelido para dentro dos tubos bem ajustados de [um] órgão.

8. Não havia nada de mais fraco do que esta suposta demonstração; não ocorre que Aristóteles tenha refutado suficientemente a metempsicose, nem que tenha provado a eternidade do gênero humano; e, depois de tudo, é bem falso que um infinito atual seja impossível. Entretanto, esta demonstração era considerada invencível entre os aristotélicos, e lhes fazia crer que havia uma certa inteligência sublunar cuja participação fazia nosso intelecto ativo. Mas outros, menos ligados a Aristóteles, se deparavam com uma alma universal, que era o oceano de todas as almas particulares, e acreditavam ser esta alma universal a única capaz de subsistir, enquanto as almas particulares nasciam e morriam.

---

[56] A doutrina que não pode haver um acordo entre as verdades da fé e as verdades da razão, ou seja, da dupla verdade, foi sustentada na Idade Média por Siger de Brabant e teve numerosos representantes na Escola de Pádua, do século XIV ao XVI.

Seguindo esta opinião, as almas dos animais nascem ao se desprenderem como gotas deste oceano, quando encontram um corpo que podem animar; e quando o corpo se desfaz morrem ao se unirem ao oceano das almas, como os riachos se perdem no mar. E muitos chegavam a acreditar que Deus é esta alma universal, embora outros tenham acreditado que ela era subordinada e criada. Esta doutrina nociva é muito antiga e bastante capaz de fascinar o comum [dos homens]. Ela está expressa nestes belos versos de Virgílio (*Eneida*, VI, v. 724):

Principio cœlum ac terram camposque liquentes,
Lucentemque globum Lunæ, Titaniaque astra,
Spiritus intus alit, totamque infusa per artus
Mens agitat molem et magno se corpore miscet.
Inde hominum pecudumque genus vitæque volantum.[57]

E ainda em outro lugar (*Georg.* IV, v. 221):

Deum namque ire per omnes
Terrasque tractusque maris cœlumque profundum:
Hinc pecudes, armenta, viros, genus omne ferarum,
Quemque sibi tenues nascentem arcessere vitas.
Scilicet huc reddi deinde ac resoluta referri.[58]

9. A alma do mundo de Platão foi tomada neste sentido por alguns; contudo mais parece que eram os estoicos que iam a encontro desta alma comum que absorve todas as outras. Aqueles que são desta opinião poderiam ser chamados de monopsiquistas[59], pois, segundo eles, só existe verdadeiramente uma alma

---

[57] "No princípio, o espírito alimenta profundamente o céu, a terra e as líquidas planícies (o mar), o globo luminoso da lua e os titânicos astros; difundido em todas as articulações; [essa] inteligência põe em movimento a massa e se mistura a este grande corpo. Dela se originam os homens e os animais que voam."

[58] "E ao perpassar terra, mar e céu profundo, tudo Deus influencia; de onde, os animais, os rebanhos, os homens, todas as feras que foram geradas, extraem ao nascer sopros tênues de vida. Certamente, depois de dissolvidos novamente a ele se dirigem."

[59] Monopsiquistas: de "mono" um, uma e de "psique" alma; os que acreditavam em uma alma única.

única que subsiste. O Sr. Bernier[60] observa que esta é uma opinião aceita quase universalmente entre os sábios na Pérsia e nos estados do grão-mogol[61]; parece mesmo que ela foi aceita entre os cabalistas e entre os místicos. Um certo alemão, nativo da Souabe[62], tornou-se juiz há alguns anos, e dogmatizando sob o nome de Moses Germanus[63], vinculado aos dogmas espinosanos, acreditou que Espinosa renova a antiga Cabala dos Hebreus; e um erudito homem, que refutou este prosélito judeu, parece ser da mesma opinião. Sabemos que Espinosa reconhece apenas uma única substância no mundo, a partir da qual as almas individuais não são senão modificações passageiras. Valentin Weigel[64], pastor de Tschopa em Misnie, homem de espírito e que o tinha em demasia, embora se tenha pretendido fazê-lo passar por um entusiasta, talvez o fosse em alguma medida; assim como aquele que se nomeia Johannes Angelus Silesius[65], autor de alguns pequenos versos alemães de devoção muito bonitos, em forma de epigramas, que acabam de ser reimpressos. E geralmente a deificação dos místicos podia receber este mal sentido. Gerson[66] já escreveu contra Rusbrock, autor

[60] François Bernier (1620-1688), conhecido como filósofo gassendista, também como filósofo viajante, conhece a Palestina, o Egito, a Pérsia e é o primeiro francês a entrar em Caxemira; a relação das vigens que realizou foi publicada em 1699.

[61] Soberano do império fundado no Norte da Índia pelos mongóis, no século XVI.

[62] Região histórica da Alemanha nos confins da Baviera e do Bade-Wurtemberg. Transformada em um ducado no século X, a Souabe esteve nas mãos dos Hohenstaufen de 1079 a 1268. Ela foi desmantelada com os tratados de Westphalie em 1648.

[63] O verdadeiro nome de Moses Germanus (morto em 1701) era Johan Peter Speeth ou Spaeth. Quanto ao "homem erudito" que o refutou, trata-se do teólogo Johann-Georg Wachter (1663-1757); que tinha começado por atacar Espinosa e a Cabala em um livro entitulado *Der spinozismus in judenthuoder die von dem heutigen jundenthem u. dessen geheimer Cabbala vergoetterte welt* (Amsterdam, 1699); mais tarde, ele defendeu ambos por terem confundido Deus e o mundo, no *seu De recondita hebrærum philosophia*; Leibniz comenta este último livro em uma *Réfutation inédite de Spinoza*, publicada por Foucher de Careil em 1854.

[64] Valentin Weigel (1533-1588), filósofo e místico tedesco, via no luteranismo oficial a traição do autêntico espírito religioso protestante; suas obras, que foram de grande influência, só foram publicadas em 1618.

[65] Johann Scheffler (1624-1677), conhecido como Angelus Silesius, célebre poeta místico que abandonou o protestantismo para abraçar a religião católica em 1653. Sua principal obra em verso tinha por título *Der cherubinischer wandersmann*, uma coletânea de seus poemas intitulada *Heilige Seelen-Lust* foi reimpressa em Berlim em 1702.

[66] Jean Gerson (1363-1429), teólogo e chanceler da Universidade de Paris, também chamado *Doctor christianissimus*; suas críticas se dirigem contra Ruybrœck, escritor místico flamenco

místico, cuja intenção aparentemente era boa e de quem as expressões são desculpáveis, mas é preferível escrever de uma forma que não precise ser desculpada. Embora eu também confesse que geralmente as expressões exageradas e, por assim dizer, poéticas, têm mais força para tocar e para persuadir [as pessoas] do que aquilo que se diz com frequência.

10. A destruição daquilo que nos pertence em particular, levada bem longe pelos quietistas[67], bem poderia ser ainda uma impiedade disfarçada entre alguns; como aquilo que se conta do quietismo de Föe[68], autor de uma grande seita da China, o qual, após ter pregado sua religião durante quarenta anos, sentindo-se próximo da morte, declarou aos seus discípulos que lhes tinha escondido a verdade sob o véu das metáforas, e que tudo se reduzia ao nada (*néant*), que dizia ser o primeiro princípio de todas as coisas. Era ainda pior, ao que parece, do que a opinião dos averroístas. Ambas as doutrinas são insustentáveis e mesmo extravagantes; entretanto, alguns modernos não tiveram dificuldade em adotar esta alma universal e única que absorveu as outras. Ela só encontrou aplausos entre os supostos livres pensadores (*esprits forts*), e o Sr. (*Sieur*) de Preissac[69], soldado e homem de espírito, que se ocupava de filosofia, em tempos remotos a expôs publicamente em seus discursos. O sistema da *harmonia preestabelecida* é o mais capaz de curar esse mal. Pois ele mostra que há necessariamente substâncias simples e sem extensão, espalhadas por toda a natureza; que estas substâncias sempre devem subsistir independentemente de qualquer outra [coisa], a não ser de Deus, e que jamais estão separadas de algum corpo organizado. Aqueles que creem que almas capazes de

---

(1294-1381), e notadamente contra uma de suas obras intitulada *L'Ornement des noces spirituelles*.

[67] O quietismo defendia a total passividade da alma para que o homem alcançasse a felicidade; essa doutrina, que levanta uma célebre querela no fim do século XVII, em torno dos personagens de Madame Guyon e de Fénelon havia, sido reafirmada pelo sacerdote espanhol Miguel de Molinos (1628-1696) em seu *Guia espiritual*, obra em que defendia as teses que seriam condenadas por Inocêncio XI em 1687.

[68] Foë ou Fo é o nome chinês de Buda.

[69] Com a denomniação *Sieur* – qualificação da qual se faz preceder um nome próprio de homem em estilo jurídico – *de Preissac* (ou Praissac), Leibniz se refere a Jean-Aimerec de Preissac, marquês de Eslignac, autor de *Discours militaires*, de *Epîtres* e de *Libres Discours* (1618).

sentimento, mas incapazes de razão, são mortais, ou que sustentam que somente as almas racionais podem ter sentimento, concedem muito aos monopsiquistas; pois sempre será difícil persuadir os homens de que os animais irracionais nada sentem[70]; e uma vez admitido que o que é capaz de sentimento pode perecer, é difícil manter por meio da razão a imortalidade das nossas almas.

11. Eu fiz esta pequena digressão porque me pareceu vir a calhar em um tempo em que se tem muita disposição para subverter até os fundamentos da religião natural, e eu me refiro aos averroístas, que se persuadiam que o seu dogma era demonstrado conforme a razão, o que lhes fazia propor que segundo a filosofia a alma do homem é mortal, enquanto protestavam contra a submissão à teologia cristã, que a declara imortal. Mas esta distinção foi considerada suspeita, e este divórcio da fé e da razão foi abertamente rejeitado pelos prelados e pelos doutores daquele tempo, e condenado no último Concílio de Latrão[71] sob [o papado de] Leão X, no qual os sábios foram exortados a trabalhar para superarem as dificuldades que pareciam atingir a teologia e a filosofia ao mesmo tempo. A doutrina de sua incompatibilidade não deixou de ser mantida incógnita; suspeitou-se que Pomponazzi[72] a defendesse, embora ele tenha se explicado de outro modo; e a própria seita dos averroístas se conservou por tradição. Acredita-se que Cesare Cremonini[73], filósofo famoso em seu tempo, foi um de seus pilares (*arcs-boutants*). Andrea Cesalpino[74], médico (autor de mérito, e que mais se aproximou da [compreensão] da

---

[70] Como pretendiam os cartesianos.

[71] O quinto Concílio de Latrão (1512-1517) condenou o averroísmo paduano e a teoria da dupla verdade.

[72] Pietro Pomponazzi (1462-1525), filósofo italiano, autor de um *Tratado sobre a imortalidade da alma* (1516), onde ele sustenta que a razão é incapaz de provar este dogma.

[73] Cesare Cremonini (1550-1631), filósofo e médico, um dos últimos representantes do aristotelismo paduano.

[74] Andrea Cesalpino (1519-1603), filósofo italiano, aristotélico, médico, botânico, espírito audacioso e inovador. Miguel Servet (1509-1553), teólogo e médico espanhol, conhecido, sobretudo, por sua condenação à morte na Genebra de Calvino e por sua teoria, defendida em seu *Christianismo restitutio*, sobre a circulação do sangue. Nicolas Oechslein (1547-1606), conhecido como Taurel ou Taurello (latinização de Oeschlein), filósofo, teólogo, médico; o título *Alpes Caesae*, que surge em 1597, é um jogo de palavras sobre o nome de Cesalpino.

circulação do sangue, depois de Miguel Servet), foi acusado por Nicolas Taurel (em um livro intitulado *Alpes cæsæ*) de estar entre os peripatéticos contrários à religião. Também são encontrados traços desta doutrina no *Circulus pisanus Claudii Berigardi*[75], que foi um autor de origem francesa, transferido para a Itália e que ensinou filosofia em Pisa; mas, sobretudo os escritos e as cartas de Gabriel Naudé[76], tanto quanto as *Naudeana*, mostram que o averroísmo ainda subsistia quando este sábio médico estava na Itália. A filosofia corpuscular, introduzida um pouco depois, parece ter extinguido esta seita excessivamente peripatética, ou talvez tenha se misturado a ela; e é possível que existam atomistas que estariam dispostos a dogmatizar como estes averroístas, se a conjuntura o permitisse; mas este abuso não poderia prejudicar aquilo que há de bom na filosofia corpuscular, que pode muito bem ser combinada com o que há de sólido em Platão e em Aristóteles, e conciliar ambos com a verdadeira teologia.

12. Os reformadores e, sobretudo, Lutero, como já observei, falaram algumas vezes como se rejeitassem a filosofia e como se a julgassem inimiga da fé. Mas para bem compreendê-lo, vemos que Lutero não entendia por filosofia senão o que é conforme ao curso ordinário da natureza, ou mesmo talvez o que se ensinava nas escolas; como quando diz que é impossível em filosofia, quer dizer, na ordem da natureza, que o Verbo se faça carne e quando sustenta que o que é verdadeiro em física poderia ser falso em moral. Aristóteles foi o objeto de sua cólera, e desde o ano de 1516 ele tinha a intenção de purgar a filosofia, talvez quando ainda não havia pensado em reformar a Igreja. Mas, enfim, ele se tornou mais doce e tolerou que na apologia da Confissão de Ausburgo se falasse vantajosamente de Aristóteles e de sua

[75] Claude Guillermet de Beauregard (c. 1578-1667), conhecido como Bérigard, filósofo e sábio francês, professor em Pisa e Pádua. Seu *Circulus pisanus seu de veteri et peripatetica philosophia dialogi*, publicados em Udine em 1643, é um comentário sobre o conjunto dos tratados físicos de Aristóteles.

[76] Gabriel Naudé (1600-1653) estudou de medicina, curso que terminou em 1626 na Universidade de Pádua, antes de se tornar célebre como bibliotecário de Richelieu e Mazarino. Suas cartas foram publicadas em 1667. Os *Naudaeana et Patiniana*, ou *Singularités remarquables prises des conversations de MM. Naudé et Patin*, foram publicadas em 1701.

moral. Mélanchthon[77], espírito sólido e moderado, realizou pequenos sistemas das partes da filosofia, adaptados às verdades da revelação e úteis à vida civil, que ainda agora merecem ser lidos. Depois dele, surgiu Pierre de La Ramée[78]: sua filosofia esteve muito em voga, a seita dos ramistas foi poderosa na Alemanha e muito seguida entre os protestantes, e também foi empregada em teologia até o momento em que a filosofia corpuscular fosse ressuscitada, o que fez esquecer a de La Ramée e enfraqueceu o crédito dos peripatéticos.

13. No entanto, muitos teólogos protestantes, distanciando-se o mais que podiam da filosofia da escola a qual reinava no partido oposto, chegavam mesmo a menosprezar a filosofia, que para eles era suspeita; e a contestação estourou enfim em Helmstedt graças à animosidade de Daniel Hofman[79], teólogo hábil a propósito, e que tinha adquirido em tempos remotos a reputação na conferência de Quedlinbourgo, onde Tileman Heshusius e ele tinham ficado do lado do duque Jules de Brunswick, quando se recusou a receber a Fórmula de concórdia. Não sei como o doutor Hofman se motivou contra a filosofia, ao invés de se contentar em repreender os abusos que os filósofos cometem contra ela; mas ele tinha em mente Jean Caselius[80], homem célebre, estimado pelos príncipes e pelos sábios de seu tempo; e o duque de Brunswick Henri-Jules (filho de Jules, fundador da universidade), tendo ele assumido para

[77] Philippe Schwarzerd, conhecido como Melanchton (1497-1560) não foi apenas o companheiro de Lutero e o teólogo da Confissão de Ausburgo, mas um humanista de valor. Sem dúvida, Leibniz pensa na sua *Philosophiæ moralis epitome*, publicada em Lyon em 1538, e em outras obras do mesmo gênero sobre a física, a dialética e a retórica. Cf. nota 41.

[78] O lógico antiaaristotélico francês Pierre de La Ramée, também chamado de Petrus Ramus (1515-1572), tornou-se conhecido sobretudo por ter escrito *Dialecticae istitutiones* (1543); converteu-se ao protestantismo e viajou através da Alemanha, onde obteve um grande sucesso (1568).

[79] Daniel Hofman (1538-1621), teólogo luterano, discípulo de Melanchthon; sobre as discussões que ele manteve, cf. *Novos ensaios*, IV, cap. XVII, §23. Tileman Hesshus (1526-1588), conhecido como *Hesshusius*, teólogo luterano professor da Universidade de Hidelberg que participou de numerosas disputas religiosas. A conferência de Helmstaedt ocorre de 14 a 16 de junho de 1583, onde se discute a Fórmula de Concórdia: espécie de legislação de reunificação das diversas tendências luteranas, que havia sido publicada em Dresden em 1580.

[80] Jean Chessel (1533-1633), conhecido como Caselius, professor na Universidade de Helmstaedt e um dos últimos discípulos de Melanchton.

si o trabalho de examinar a matéria, condenou o teólogo. Depois aconteceram algumas disputas semelhantes, mas sempre se pensou que eram mal-entendidos. Paul Slevogt[81], célebre professor em Iena, Thuringe, e de quem as dissertações que nos restam também testemunham o quanto ele era versado na filosofia escolástica e na literatura hebraica, tinha publicado na sua juventude, sob o título *Pervigilium*, um pequeno livro *De dissidio theologi et philosophi in utriusque principiis fundato*, a propósito da questão se Deus é causa por acidente do pecado. Mas via-se bem que sua meta era mostrar que algumas vezes os teólogos abusam dos termos filosóficos.

14. Para chegar ao que aconteceu no meu tempo, eu me lembro que em 1666, quando Ludowijk Meyer[82], médico de Amsterdã, publicou anonimamente o livro intitulado *Philosophia Scripturæ interpres* (que muitos, aliás, atribuíram sem razão ao seu amigo Espinosa), os teólogos da Holanda se agitaram, e seus escritos contra este livro fizeram nascer grandes discussões entre eles; muitos julgando que os cartesianos, ao recusar o filósofo anônimo, tinham concedido demais à filosofia. Jean de Labadie[83] (antes que tivesse se separado das igrejas reformadas, sob o pretexto de alguns abusos que dizia terem se instalado na prática pública, e que julgava insuportáveis) atacou o livro do Sr. de Wolzogue[84] e o considerou pernicioso; e de um outro lado o Sr. Vagelsang, o Sr. Van der Weye e alguns outros *anticocceianos*[85] combateram também o mesmo livro com muita aspe-

[81] Paul Slevogt (1596-1655), humanista e filósofo aristotélico. As dissertações das quais fala Leibniz são suas *Disputationes Academicæ* (Iena, 1656).

[82] Ludowijk Meyer, médico holandês, discípulo, correspondente e amigo de Espinosa, editou suas *Obras postumas*. Seu próprio livro, *A filosofia interprete das escrituras* (1666), leva o seguinte sub-título: *Dissertação paradoxal, na qual é apodicticamente demonstrado que a verdadeira filosofia é a norma infalível da interpretação dos Livros Sagrados, e nos quais se expõe e refuta as opiniões opostas àquela.*

[83] Jean de Labadie (1610-1674), místico e protestante francês, sucessivamente jesuíta, pastor e fundador de uma seita de iluminados. Suas desavenças com os reformados da Holanda tiveram como origem sua denúncia do racionalismo de Wolzogen, feita em sua obra: *Censura libri Wolzogeniani de interprete scripturarum.*

[84] Louis Wolzogue (ou Wolzogen, 1632-1690), professor de Teologia em Amsterdã, respondeu ao livro de Ludowijk Meyer em seu *De scripturarum interprete adversus exercitatorem paradoxum libri duo* (1667); ele também fez críticas a Labadie em sua obra: *Fides orthodoxa* (1668).

[85] Reiner Vagelsang (ou Vogelsang, 1640-1679), autor da obra: *Responsio ad praefationem Ludivici Wolzogii* e Van der Weyen (1676-1716), da: *Pro vera et genuina reformatorum sententia, praesertium in negotio de interprete scripturae*, ambos teólogos reformados. Os coceianos eram discípulos

reza; mas o acusado ganhou sua causa em um sínodo. Desde então, falou-se na Holanda de *teólogos racionais* e *não-racionais*, distinção de partido à qual o Sr. Bayle comumente faz menção, declarando-se enfim contra os primeiros; mas ainda não parece que se tenha adequadamente dado as regras precisas nas quais ambos concordam ou não concordam em relação ao uso da razão na explicação da Sagrada Escritura.

15. Ainda há pouco uma disputa semelhante pareceu perturbar as igrejas da Confissão de Ausburgo. Alguns mestres nas artes da universidade de Leipzig, dando aulas particulares nas suas [próprias] casas aos estudantes que iam procurá-los a fim de aprender aquilo que é chamado de a *filologia sagrada* segundo o uso desta universidade e de algumas outras, onde este gênero de estudo não é reservado à faculdade de teologia; estes mestres, digo, comprimiram o estudo das Sagradas Escrituras e o exercício da piedade mais do que outros mestres tinham o costume de fazer. E acreditou-se que eles tinham exagerado certas coisas e criado suspeitas de alguma novidade na doutrina, o que lhes conferiu o nome de pietistas[86], como de uma nova seita; nome que depois provocou tanto rumor na Alemanha, e foi aplicado bem ou mal àqueles de quem se suspeitava ou àqueles de quem pareciam ter suspeitas de fanatismo ou mesmo de hipocrisia escondida sob alguma aparência de reforma. Mas, alguns dos auditores destes mestres tendo se diferenciado demais graças [às suas] maneiras que foram consideradas chocantes, e dentre outras pelo menosprezo quanto à filosofia, da qual se dizia que eles tinham queimado os cadernos de lições, acreditou-se que seus mestres rejeitavam a filosofia; mas se justificaram muito bem quanto a isso, e não foi possível convencê-los nem deste erro, nem das heresias que se lhes imputava.

16. A questão do uso da filosofia na teologia foi muito agitada entre os cristãos, e foi difícil reconhecer os limites desse uso,

---

de Jean Koch (1603-1669), conhecido como Cocceius (Juan Cocceios), teólogo de tendência racionalista e antiprédeterminista, inventor de um "sistema federal", uma teoria da aliança feita entre Deus e o homem.

[86] O movimento pietista, para o qual Leibniz contribui no seu início, exerceu seus efeitos sobre o luteranismo alemão desde o final do século XVII e durante todo o XVIII.

quando se entrou em [seu] detalhe. Os mistérios da Trindade, da Encarnação e da Santa Ceia foram os que mais ocasionaram controvérsias. Os novos fotinianos[87], combatendo os dois primeiros mistérios, serviam-se de certas máximas filosóficas das quais André Kesler, teólogo da Confissão de Ausburgo, forneceu o manual nos diversos tratados que publicou sobre as partes da filosofia sociniana. Mas, quanto à sua metafísica, era possível se instruir mais [a respeito] dela mediante a leitura daquela do sociniano Christophe Stegman[88], que ainda não está impressa, que eu tinha visto na minha juventude e que ainda há pouco me foi comunicada.

17. Calovius e Scherzerus[89], autores bastante versados na filosofia da Escola, e muitos outros teólogos hábeis responderam amplamente aos socinianos e normalmente com sucesso, não se contentando com respostas gerais, um pouco indelicadas, das quais se serviam ordinariamente contra aqueles, e que equivaliam a dizer que suas máximas eram boas em filosofia mas não em teologia; que era o defeito quanto à heterogeneidade que se chama μετάβασις ἐις ἄλλο γένος[90], se alguém as empregava quando se tratava daquilo que ultrapassa a razão; e que a filosofia devia ser tratada como serva e não como patroa em relação à teologia, conforme o título do livro do escocês Robert Baronius[91], intitulado: *Philosofia theologiæ ancillans*; enfim, que era uma Agar junto de Sara[92], que por sua insubordinação era preciso expulsá-la da casa com seu Ismael. Há alguma coisa de bom nestas respostas; mas como se poderia

[87] Adepto de Fotínio de Sírmio (300-376), que defendia ser Jesus filho de José, ou seja, filho de homem, negando ao Espírito Santo a personalidade divina. Os "novos fotinianos" são os socinianos (cf. nota 12) que foram chamados assim devido ao nome de uma heresia do século IV que eles fizeram reaparecer. Andréas Kessler (1595-1643) escreveu, contra os socinianos, os *Exames* da física, da metafísica e da lógica socinianas.

[88] Se trata da *Diade filosofica*; *Christophe Stegmann*, autor de uma *Metaphysica repurgata* (1635).

[89] Abraham Calov (1612-1685), professor de Teologia em Wittemberg, autor do *Systema locorum theologicorum*, obra em que defende o luteranismo e polemiza com os socinianos. Jean-Adam Schertzer (1628-1683), professor de Teologia e autor de um *Collegium antisocinianum*.

[90] Passagem (ilegítima) para um outro gênero de discurso.

[91] Robert Baron (c. 1593-1639), professor de Teologia em Aberdeen. Sua obra, *Filosofia serva da Teologia*, foi publicada em 1621.

[92] Agar ou Hagar, Sara ou Sarai, personagens referentes ao Gn 16,1 e 21,9

abusar delas e designar sem razão as verdades naturais e as verdades reveladas, os sábios se esforçam em distinguir o que há de necessário e de indispensável nas verdades naturais ou filosóficas daquilo que não é.

18. Os dois partidos protestantes estão suficientemente de acordo entre eles quando se trata de fazer a guerra aos socinianos; e como a filosofia desses últimos não é das mais exatas, conseguiu-se com mais frequência levá-la a ruína. Mas os próprios protestantes se confundiram entre eles no que diz respeito ao sacramento da eucaristia quando parte daqueles que se chamam reformados (quer dizer, aqueles que quanto a isso seguem Zwingle[93] em vez de Calvino) pareceu reduzir a participação do corpo de Jesus Cristo na Santa Ceia a uma simples representação simbólica (*de figure*), ao se servir da máxima dos filósofos que sustenta que um corpo só pode estar em um único lugar de cada vez, enquanto os *evangélicos* (que se chamam assim em um sentido particular, por se diferenciarem dos reformados) estando mais ligados ao sentido literal, julgaram com Lutero que esta participação era real e que havia nisso um mistério sobrenatural. Eles rejeitam, é verdade, o dogma da transubstanciação o que eles acreditam estar pouco estabelecido no texto, e tampouco eles aprovam o da consubstanciação ou da *impanation*[94], ao que não se pode acusar senão da falta de estarem bem informados quanto às [consequências de] sua opinião, pois eles não admitem a inclusão do corpo de Jesus Cristo no pão, e mesmo não exigem nenhuma união de um com o outro; mas, em todo caso, eles exigem uma [certa] concomitância, de modo que estas duas substâncias sejam recebidas ambas ao mesmo tempo. Eles acreditam que a significação comum das palavras de Jesus Cristo em uma ocasião tão importante quanto aquela, na qual se tratava de expressar suas últimas vontades, deve ser conservada; e para

[93] Ou Zwingli (1484-1531), reformador da Suíça.

[94] A transubstanciação é a transformação do pão em corpo de Cristo, transformação que só deixa subsistir as aparências do pão. A consubstantiação ou impanação é a conjugação da presença real e substancial do corpo do Cristo com a permanência igualmente substancial do pão. Mais abaixo, a teoria da ubiquidade (proposta por Lutero, mas não aceita universalmente no luteranismo) consiste em dizer que em Cristo a natureza humana se encontra inseparavelmente unida à natureza divina, ela se encontra em toda parte, como a própria divindade.

assegurar que este sentido fique isento de qualquer absurdo que nos poderia afastar dele, eles sustentam que a máxima filosófica que limita a existência e a participação dos corpos a um único lugar não é senão o resultado do curso ordinário da natureza. Por isso eles não destroem a presença ordinária do corpo do Nosso Senhor de tal modo que ela possa ser conveniente ao corpo mais glorificado. Eles se valem de não sei que tipo de difusão de ubiquidade (*ubiquité*) que o dissiparia e não o deixaria encontrar em parte alguma, e tampouco admitem a replicação múltipla (*réplication multipliée*) de alguns escolásticos, como se um mesmo corpo estivesse sentado aqui e ao mesmo tempo de pé em outro lugar. Enfim, eles se explicam de tal modo que a muitos parece que a opinião de Calvino, autorizada por muitas confissões de fé das igrejas que receberam a doutrina deste autor, quando ele estabeleceu uma participação da substância, não está tão distante da Confissão de Ausburgo quanto poderíamos pensar, e talvez não se distinga senão naquilo que por esta participação ele exige a verdadeira fé, além da recepção oral dos símbolos, e exclui, portanto, os indignos.

19. Vemos por causa disso que o dogma da participação real e substancial pode ser sustentado (sem recorrer às estranhas opiniões de alguns escolásticos) por uma analogia compreendida corretamente entre a *operação imediata* e a *presença*. E como muitos filósofos julgaram que, mesmo na ordem da natureza, um corpo pode operar imediatamente a distância sobre muitos corpos afastados ao mesmo tempo, eles creem, com a mais forte razão, que nada pode impedir a onipotência divina de fazer com que um corpo esteja presente em vários corpos ao mesmo tempo, não existindo um grande trajeto da operação imediata até a presença, e talvez uma dependente da outra. É verdade que, após algum tempo, os filósofos modernos rejeitaram a operação natural imediata de um corpo sobre um outro corpo afastado, e eu confesso que compartilho desta opinião. Entretanto, a operação a distância acaba de ser reabilitada na Inglaterra pelo excelente Sr. Newton, que sustenta que é da natureza dos corpos se atraírem e [exercerem] peso uns sobre outros, conforme a proporção da massa da cada um e dos raios de atração que eles recebem; sobre o que o célebre Sr. Locke

declarou, ao responder ao bispo Sr. Stillingfleet[95], que depois de ter visto o livro do Sr. Newton, ele se retratou quanto ao que ele próprio tinha dito, conforme a opinião dos modernos, no seu *Ensaio sobre o entendimento*, a saber, que um corpo não pode operar imediatamente sobre um outro a não ser ao tocá-lo em sua superfície e ao empurrá-lo por seu movimento e ele reconhece que Deus pode colocar tais propriedades na matéria que a fazem operar a distância. É assim que os teólogos da Confissão de Ausburgo sustentam que depende de Deus, não apenas que um corpo opere imediatamente sobre muitos outros afastados entre eles, mas mesmo que ele existe junto deles e que o recebe de maneira tal que os intervalos dos lugares e as dimensões dos espaços não tomam parte. E ainda que este efeito ultrapasse as forças da natureza, eles não creem que se possa mostrar que ele ultrapassa o poder do autor da natureza, a quem é fácil fazer desaparecer as leis que ele deu ou fazer com que elas apareçam como bem lhe convém, da mesma maneira que ele pôde fazer o ferro flutuar sobre a água e suspender a operação do fogo sobre o corpo humano.

20. Eu descobri, confrontando o *Rationale theologicum* de Nicolaus Vedelius[96] com a refutação de Joannes Musæua, que estes dois autores, dos quais um morreu quando era professor em Franeker depois de ter ensinado em Geneva[97] e o outro se tornou, por fim, o primeiro teólogo em Iena, concordam muito sobre as regras principais do uso da razão; mas é na aplicação das regras que eles discordam. Pois concordam que a revelação não poderia ser contrária às verdades cuja necessidade é pelos filósofos chamada de *lógica* ou *metafísica*, quer dizer, cujo oposto implica contradição, e ambos admitem ainda que a revelação poderá combater máximas

[95] Edward Stillingflee (1635-1699), teólogo anglicano, bispo de Worcester; é lembrado, sobretudo, pela polêmica que manteve com Locke; o primeiro pensava que a filosofia do segundo ameassace alguns dogmas religiosos fundamentais, dentre eles, o da Trindade; sobre a polêmica entre ambos cf. os *Novos ensaios*, prefácio.

[96] Vodelius (1596-1642) publicou em 1628 o *Rationale Theologicum*, que tinha o subtitulo *De la nécessité et du véritable usage des principes de la raison dans les controverses théologiques*. Jean Musæus (1613-1681) lhe respondeu em um livro intitulado *De usu principiorum rationis et philosophiae in controversiis theologicis* (1644). Há um resumo mais detalhado dessa discussão nos *Novos ensaios*, IV, cap. XVIII.

[97] Suíça.

cuja necessidade é chamada *física*, que não está fundada senão sobre as leis que a vontade de Deu prescreveu à natureza. Desta forma, a questão se a presença de um mesmo corpo em muitos lugares é possível na ordem sobrenatural, diz respeito apenas a aplicação da regra; e para decidir demonstrativamente esta questão pela razão, seria preciso explicar exatamente em que consiste a essência do corpo. Os próprios reformados não concordam entre eles a este respeito; os cartesianos reduzem à extensão (*étendue*), mas seus adversários se opõem a isso; e eu até acredito ter observado que Gisbertus Voetius[98], célebre teólogo de Utrecht, duvidava da suposta impossibilidade da pluralidade dos lugares.

21. Aliás, embora os dois partidos protestantes concordem que é preciso diferenciar estas duas necessidades que acabo de assinalar, isto é, a necessidade metafísica e a necessidade física; e que a primeira é indispensável, mesmo nos mistérios; eles ainda não estão suficientemente de acordo quanto às regras de interpretação que podem servir para determinar em qual caso é permitido abandonar a letra, quando não se está asseguro que ela é contrária às verdades indispensáveis, pois se concorda que há casos em que é preciso rejeitar uma interpretação literal que não é absolutamente impossível, quando ela é, aliás, pouco conveniente. Todos os intérpretes concordam, por exemplo, que quando nosso Senhor diz que Herodes era uma raposa[99], quis dizê-lo metaforicamente; e é preciso entender assim, a menos que se acredite, com alguns fanáticos que, pelo tempo que duraram as palavras de nosso Senhor, Herodes foi transformado efetivamente em raposa. Mas o mesmo não acontece com os textos fundamentais sobre os mistérios, nos quais os teólogos da Confissão de Ausburgo julgam que é preciso se ater ao sentido literal; e esta discussão, pertencendo à arte de interpretar, e não ao que é propriamente da lógica, nós não a examinaremos aqui, porquanto ela nada tem de comum com as disputas que há pouco surgiram sobre a conformidade da fé com a razão.

[98] Gisbertus Voetius (1588-1676), teólogo e reitor da Universidade de Utrecht, célebre pelas querelas que manteve com Descartes (1596-1650), pois achava que a filosofia do último era irreconciliável com a teologia reformada.

[99] Herodes Antipas, governador da Galileia e da Péreia, Leibniz se refere ao episódio narrado em Lc 13, 32.

22. Eu acredito que os teólogos de todos os partidos concordam (exceto apenas os fanáticos), em todo o caso, que nenhum artigo de fé poderia implicar contradição nem transgredir as demonstrações tão exatas quanto as das matemáticas, nas quais o contrário da conclusão pode ser reduzido *ad absurdum*, isto é, à contradição; e santo Atanásio zombou com razão do galimatias[100] de alguns autores de seu tempo que tinham sustentado que Deus tinha padecido sem paixão. *Passus est impassibiliter. O ludicram doctrinam, ædificantem simul et demolientem!*[101] Segue-se daí que alguns autores se dispuseram muito facilmente a admitir que a Santa Trindade é contrária a este grande princípio que sustenta que duas coisas que são as mesmas em relação a uma terceira são também as mesmas entre si; isto é, se A é o mesmo em relação a B, e se C é o mesmo em relação a B, então é preciso que A e C sejam também os mesmos entre si. Pois este princípio é uma consequência imediata daquele da contradição e faz o fundamento de toda a lógica; e se ele deixa de valer, não há meio de raciocinar com certeza. Desta forma, quando se diz que o Pai é Deus, que o Filho é Deus e que o Espírito Santo é Deus, e que, no entanto, há apenas um Deus, ainda que estas três pessoas difiram entre si, é preciso considerar que esta palavra *Deus* não possui o mesmo significado no começo e no fim desta expressão. Com efeito, ela significa ora a substância divina, ora uma pessoa da divindade. E geralmente pode-se dizer que é preciso tomar cuidado para jamais abandonar as verdades necessárias e eternas a fim de sustentar os mistérios, por medo que os inimigos da religião tenham direito quanto a isso de depreciar seja a religião, seja os mistérios.

23. A distinção que se tem costume de fazer entre o que está *acima da razão* e o que está *contra a razão* está bastante de acordo com a distinção que se acaba de fazer entre as duas espécies de necessidade; pois aquilo que está contra a razão está contra as verdades absolutamente certas e indispensáveis, e aquilo que está acima da

[100] Discurso verborrágico, esquisito, hermético, incompreensível.

[101] "Padeceu sem paixão. Oh ridícula doutrina, que ao mesmo tempo constrói e destrói!". Santo Atanásio (ca. 295-373), bispo de Alexandria que transformou a luta contra o arianismo em sua bandeira.

razão é contrário apenas àquilo que se tem o costume de experimentar ou de compreender. É por isso que eu me surpreendo que haja pessoas de espírito que combatam esta distinção, e que o Sr. Bayle pertença a este grupo de pessoas. Seguramente ela é muito bem fundada. Uma verdade está acima da razão quando nosso espírito, ou mesmo todo espírito criado, não saberia compreendê-la. E, na minha opinião, assim é a Santa Trindade, assim são os milagres reservados exclusivamente a Deus, como, por exemplo, a criação; assim é a escolha da ordem do universo, que depende da harmonia universal e do conhecimento distinto de uma infinidade de coisas a um só tempo. Mas uma verdade jamais poderia estar contra a razão; e bem longe de um dogma combatido e vencido pela razão ser incompreensível, pode-se se dizer que nada é mais fácil de ser compreendido nem mais manifesto do que seu absurdo. Pois, eu observei primeiramente que, por meio da razão, não se quer dizer aqui as opiniões e os discursos dos homens, nem mesmo o hábito que eles adquiriram de julgar coisas segundo o curso ordinário da natureza, mas o encadeamento inviolável das verdades.

24. Agora, é preciso chegar à grande questão que há pouco o Sr. Bayle apresentou, a saber, se uma verdade, e especialmente uma verdade de fé, poderá estar sujeita a objeções sem solução. Este excelente autor parece sustentar abertamente a afirmativa desta questão: ele cita teólogos graves de seu partido[102], e mesmo do [partido] de Roma, que parecem dizer aquilo que ele pretende; e lembra de filósofos que acreditaram que há mesmo verdades filosóficas, cujos defensores não saberiam responder às objeções que lhes são feitas. Ele acredita que na teologia a doutrina da predestinação é desta natureza e a da composição do *continuum* na filosofia. Estes são, com efeito, os dois labirintos que sempre motivaram os teólogos e os filósofos. Libertus Fromondus[103], teólogo de Louvain (grande amigo

[102] Bayle (1647-1706) nasceu em Carla, um pequeno povoado de Foix, onde seu pai era pastor; depois de ter saído da Academia Protestante de Puylaurens passa a frequentar as aulas, como externo, em um colégio jesuíta de Toulouse, quando abraça o catolicismo em março de 1699; volta ao protestantismo em 1670 e por conta dessas mudanças de filiação passou a ser visto como relapso e passível de perseguições.

[103] Cf. nota 2 e nosso artigo “Leibniz e as duas vias do labirinto do contínuo: uma introdução”, In Mônada e ainda uma vez substância individual. Porto Alegre, RS: Ed. Fi, 2021.

de Jansênio[104], de quem ele até publicou o livro póstumo intitulado *Augustinus*), que considerou intensamente a questão da graça e que também fez um livro expressamente intitulado *Labyrinthus de compositione continui*, experimentou bastante as dificuldades de ambos; e o famoso Ochino[105] representou muito bem aquilo que ele chama de os *labirintos da predestinação.*

25. Mas estes autores não negaram que seja possível encontrar um fio no labirinto, e tinham reconhecido a dificuldade, mas da dificuldade não tinham concluído a impossibilidade. Da minha parte, confesso que não saberia ser da opinião daqueles que sustentam que uma verdade pode sofrer objeções invencíveis; pois uma objeção é outra coisa além de um argumento do qual a conclusão contradiz a nossa tese? E um argumento invencível não é uma demonstração? E como podemos conhecer a certeza das demonstrações, senão ao examinar seu argumento em detalhe, a forma e a matéria, a fim de ver se a forma é adequada e, em seguida, se cada premissa é ou reconhecida, ou provada por um outro argumento de força semelhante até o momento que só se tenha necessidade de premissas reconhecidas? Mas se existe uma tal objeção contra nossa tese, é preciso dizer que a falsidade desta tese está demonstrada, e que é impossível que nós possamos ter razões suficientes para prová-la; de outra forma, duas contraditórias seriam verdadeiras simultaneamente. Sempre é preciso ceder às demonstrações, quer sejam propostas com intuito de afirmar, quer elas sejam propostas em forma de objeções. E é injusto e inútil querer enfraquecer as provas dos adversários sob o pretexto de que são apenas objeções; pois o adversário tem o mesmo direito, e pode inverter as denominações honrando seus argumentos com nome de *provas* e inferiorizando as nossas com a fraca denominação de *objeções.*

26. É uma outra questão se sempre somos forçados a examinar as objeções que nos podem fazer e conservar alguma dúvida quanto a nossa opinião, ou aquilo que é chamado de *formidinem*

---

[104] Jansenius: Cornélio Jansênio (1585-1638)

[105] Bernardino Ochino (1487-1564), monge e predicador popular italiano, convertido à Reforma em 1542; autor do livro intitulado *Laberinti Del libero over servo arbitrio, prescienza, predestinatione e libertà divina, e del modo per uscirne* (Basileia 1561), ao qual Leibniz se referirá em seguida.

oppositi[106], até o momento que se tenha feito este exame. Eu ousaria dizer que não, pois, de outra forma, não se chegaria jamais à certeza e nossa conclusão seria sempre provisória: e acredito que os hábeis geômetras não se inquietaram com as objeções de Joseph Scaliger[107] contra Arquimedes, ou com aquelas do Sr. Hobbes contra Euclídes; mas isso acontece porque eles estão bem seguros das demonstrações que compreenderam. Entretanto, algumas vezes é bom ter a complacência de examinar algumas objeções: pois além de poder servir para tirar as pessoas de seus erros, pode acontecer que nós próprios aproveitemos isso; pois os paralogismos falaciosos geralmente encerram alguma abertura útil e fornecem a ocasião para resolver algumas dificuldades consideráveis. É por isso que eu sempre amei objeções engenhosas contra minhas própria opiniões, e jamais as examinei sem [obter] frutos: testemunham-nos aquelas que o Sr. Bayle fez outrora contra meu sistema da harmonia preestabelecida, sem falar aqui daquelas que o Sr. Arnauld, o abade Sr. Foucher e o padre beneditino Lami[108] me fizeram sobre o mesmo assunto. Mas para voltar à questão principal, eu concluo, pelas razões que acabo de relatar, que quando se propõe uma objeção contra alguma verdade, sempre é possível respondê-la como é preciso.

27. Pode ser também que o Sr. Bayle não tome as *objeções sem solução* no sentido que acabo de expor; e observo que ele muda, pelo menos em suas expressões; pois, em sua resposta póstuma ao Sr. Le Clerc[109], ele não admite que se possa opor demonstrações às verdades da fé. Parece, então, que ele só toma por invencíveis as objeções em relação ao nosso conhecimento atual (*lumière présentes*), e ele não perde a esperança nesta resposta, p. 35, que alguém possa um dia encontrar uma solução pouco conhecida até aqui. Ainda falaremos mais sobre isso abaixo. Entretanto, eu sou de uma

---

[106] O medo do oposto, significa o medo que o oposto daquilo que se acredita seja verdadeiro.

[107] Giuseppe Giusto Scaliger (ou Scaligero, 1540-1609) filho de Giulio Cesare Scaligero, ilustre filólogo; ele criticou as demonstrações de Arquimedes nas suas *Cyclometrica Elementa* (Leyde, 1594), daí a menção a Hobbes (1588-1679) que também criticou a obra de Euclides; quanto a isto, vale a pena ver a nota D, do artigo Hobbes, do dicionário de Bayle.

[108] Sobre Arnauld, cf. nota 31. O abade Simon Foucher (1644-1696) escreveu algumas objeções contra o sistema leibniziano no *Journal des Savants*. Sobre o Padre Lami, cf. nota 37.

[109] Cf. notas 22 e 48.

opinião que talvez surpreenda: é que acredito que esta solução está totalmente descoberta, e não é mesmo das mais difíceis, e que um gênio medíocre, capaz de bastante atenção, e se servindo exatamente das regras da lógica vulgar, está em condições de responder à objeção mais constrangedora contra a verdade, quando a objeção não é obtida senão graças à razão, e quando se pretende que esta seja uma demonstração. E independente do desprezo que hoje o comum dos modernos tenha pela lógica de Aristóteles, é preciso reconhecer que ela ensina meios infalíveis de resistir ao erro nestas ocasiões. Pois só temos que examinar o argumento seguindo as regras, e sempre haverá meio de ver se ele falha na forma, ou se há premissas que ainda não foram provadas por um bom argumento.

28. É coisa completamente diversa quando se trata apenas de verossimilhanças; pois a arte de julgar razões verossímeis não está ainda bem estabelecida, de modo que nossa lógica a este respeito é ainda muito imperfeita e até aqui praticamente nós só temos a arte de julgar demonstrações. Mas esta arte é suficiente aqui; pois quando se trata de opor a razão a um artigo de nossa fé, não há dificuldades com as objeções que resultam apenas em verossimilhança: pois todos concordam que os mistérios são contra as aparências e não têm nada de verossímil quando os vemos apenas pelo lado da razão; mas é suficiente que não haja nada de absurdo. Desta forma, é necessário demonstrações para refutá-los.

29. E é assim, sem dúvida, que se deve compreender quando a Sagrada Escritura nos adverte que a sabedoria de Deus é uma loucura aos olhos dos homens, e quando são Paulo observou que o Evangelho de Jesus Cristo é uma loucura para os gregos, do mesmo modo que é um escândalo para os judeus[110], pois, no fundo, uma verdade não poderia contradizer a outra; e a luz da razão não é menos um dom de Deus do que a da revelação. Além do mais, é algo que não encontra dificuldade entre os teólogos que entendem seu ofício, que os *motivos de credibilidade* justificam, de uma vez por todas, a autoridade da Sagrada Escritura diante do tribunal da razão, a fim de que a razão lhe ceda em seguida, como a uma nova luz, e lhe sacrifique todas suas verossimilhanças. É quase como um

---

[110] ICor 1: 23.

novo comandante enviado pelo príncipe que deve mostrar suas patentes na assembleia a qual deverá presidir. É para esse lado que se dirigem muitos bons livros que nós temos sobre a verdade da religião, como aqueles de Augustinus Steuchus[111], de Du Plessis-Mornay, ou de Grotius: pois é imprescindível que ela tenha características que as falsas religiões não têm; do contrário, Zoroastro, Brâman[112], Somonacodom e Maomé seriam tão passíveis de se crer quanto Moisés e Jesus Cristo. Entretanto, a própria fé divina, quando se acende no interior da alma, é algo mais que uma opinião, e não depende das ocasiões ou dos motivos que a fizeram nascer; ela vai além do entendimento, e apodera-se da vontade e do coração para nos fazer agir com calor e prazer, como a lei de Deus o manda, sem que se tenha mais necessidade de pensar nas razões, nem de se imobilizar frente às dificuldades de raciocínio que o espírito possa ter em conta.

30. Assim, isto que acabamos de dizer sobre a razão humana, que ora é exaltada, ora é degradada, e às vezes sem regra e sem medida, pode nos mostrar nossa pouca exatidão e o quanto somos cúmplices de nossos erros. Não haveria nada de mais fácil que terminar estas disputas sobre os direitos da fé e da razão, se os homens quisessem se servir das regras mais vulgares da lógica e raciocinar por menor que seja a atenção. Ao invés disso, eles se confundem com expressões ardilosas e ambíguas, que lhes dão uma liberdade considerável para declamar, para valorizar seu espírito e sua doutrina: de modo que parece que eles não têm vontade de ver a verdade nua e crua, talvez porque temam que ela seja mais desagradável do que o erro, falta-lhes conhecer a beleza do autor de todas as coisas, que é a fonte da verdade.

[111] Agostino Steuco (1496-1549), filólogo e erudito italiano, foi bispo e bibliotecário do vaticano, autor de um tratado *Pro religione Christiana contra Lutheranos*, publicado em Bolonha em 1530; sua obra mais importante é o *De perenni philosophia*, publicada em 1540. Philippe Du Plessis-Mornay (1549-1623), homem de Estado na França, amigo e conselheiro de Henri IV, calvinista fervoroso; ele escreveu um livro *De la vérité de la religion chrétienne* (Anvers, 1581) e uma *Athéomachie* (1582). Sobre Grotius, cf. nota 80; dentre suas obras teológicas (4 vol., Amsterdã, 1679) consta um *De veritate religionis christianæ*.

[112] Acreditava-se no século XVIII que Brama (ou Brâman) fosse o seu fundador, não o Deus supremo do bramanismo. Segundo Bayle, que devia esta informação ao viajante e diplomata Simon de la Loubère, os siameses chamavam de Sommona-Codom "um certo homem extraordinário que eles acreditavam ter alcançado a suprema felicidade".

31. Esta negligência é um defeito geral da humanidade, que não deve ser reprovado em ninguém. *Abundamus dulcibus vitiis*[113], como Quintiliano dizia no estilo de Sêneca; e nos deleitamos em nos desviar deles. A exatidão nos incomoda e as regras nos parecem puerilidades. É por isso que a lógica vulgar (a qual, no entanto, é quase suficiente para o exame dos raciocínios que tendem à certeza) é dirigida aos estudantes; e mesmo não se atentou para aquela que deve regrar o peso das verossimilhanças, que seria tão necessária nas deliberações de importância. Tanto é verdade que nossas faltas, na maioria das vezes, veem do desprezo ou da falta da arte de pensar (*l'art de penser*); pois não há nada de mais imperfeito que nossa lógica, quando vamos além dos argumentos necessários; e os mais excelentes filósofos de nosso tempo, tais como os autores da *Arte de pensar*, da *Procura pela verdade*, e do *Ensaio sobre o entendimento*[114], estiveram muito longe de nos indicar os verdadeiros meios adequados para ajudar esta faculdade que nos deve fazer examinar as aparências do verdadeiro e do falso: sem falar da *Arte de inventar*, onde é ainda mais difícil de chegar e da qual se tem apenas exemplos muito imperfeitos nas matemáticas.

32. Uma das coisas que mais poderia ter contribuído para fazer com que o Sr. Bayle acreditasse que não seria possível satisfazer às dificuldades da razão contra a fé, é que ele parece exigir que Deus seja justificado de maneira semelhante àquela da qual nos servimos comumente para defender a causa de um homem acusado diante de seu juiz. Mas ele não se lembrou que nos tribunais dos homens, os quais não poderiam ter na totalidade do tempo acesso à verdade, normalmente se é forçado a se regular a partir dos indícios e a partir das *verossimilhanças*, e, sobretudo, a partir das *presunções*[115] ou *prejulgamentos*[116]; enquanto admite-se, como nós já observamos, que

[113] "Estamos cheios de amáveis vícios [defeitos]". Quintiliano, *Institutio oratoria*, X, I, 125.

[114] Leibniz se refere respectivamente às obras de Arnauld e Nicole (autores da *Lógique de Port-Royal*, outro título de *L'art de penser*), Malebranche e Locke.

[115] Termo jurídico: consequência que a lei faz deduzir de certos atos ou fatos e que fica estabelecida como verdadeira, às vezes até mesmo havendo prova em contrário.

[116] Termo jurídico: pronunciamento antecipado feito pelas câmaras reunidas de um tribunal de justiça, ou pelo órgão competente das justiças especiais, sobre a interpretação de alguma norma jurídica se houver entendimentos diferentes desta nas diversas turmas julgadoras; ou interpretação (de uma norma) em prejulgado.

os mistérios não são verossímeis. Por exemplo, o Sr. Bayle não quer que se possa justificar a bondade de Deus na permissão do pecado, porque a verossimilhança seria contra um homem que se encontrasse em um caso que nos parecesse semelhante a esta permissão. Deus prevê que Eva será enganada pela serpente, se a coloca nas circunstâncias em que ela se encontrou desde então; e, todavia, ele a colocou nelas. Ora, se um pai ou um tutor fizesse o mesmo com seu filho ou com seu pupilo, um amigo com relação a um jovem de quem ele cuida do comportamento, o juiz não se satisfaria com desculpas de um advogado que diria que apenas permitiu o mal, sem praticá-lo, nem querê-lo; ele tomaria esta mesma permissão como um testemunho da vontade perversa, e ele a consideraria como um pecado de omissão, que tornaria aquele que estivesse convencido disto cúmplice do pecado de comissão[117] de um outro.

33. Mas é preciso considerar que quando se previu o mal, que não se impediu, embora pareça que se podia tê-lo feito facilmente, e inclusive que se fez coisas que o facilitaram, não segue por isso *necessariamente* que se seja o cúmplice disso; isso é apenas uma presunção muito forte, que comumente assume o lugar da verdade nas coisas humanas, mas que seria destruída por uma discussão exata do fato, se nós fossemos capazes disso em relação a Deus; pois se chama *presunção* entre os jurisconsultos aquilo que deve passar como verdade por provisão (*pour verité par provision*), no caso que o contrário não se prova; e isso diz mais do que *conjectura*, embora o Dicionário da Academia não tenha examinado minuciosamente a diferença. Sem dúvida, acontece que é oportuno julgar que se aprenderia por meio desta discussão, se nela pudéssemos chegar, já que razões muito justas e mais fortes do que aquelas que parecem contrárias a isso obrigaram o mais sábio a permitir o mal, e até a fazer coisas que o facilitaram. Faremos algumas considerações sobre isso mais abaixo.

34. Não é muito fácil, eu admito, que um pai, que um tutor, que um amigo possa ter tais razões no caso de que se trata. Entretanto, a coisa não é absolutamente impossível, e um hábil produtor de romances talvez pudesse encontrar um caso extraordinário, que

[117] Termo jurídico: ato doloso positivo de cometer um crime.

justificaria até um homem nas circunstâncias que acabo de assinalar; mas, com relação a Deus, não se tem necessidade de acreditar ou de verificar razões particulares que pudessem tê-lo levado a permitir o mal; as razões gerais bastam. Sabe-se que ele cuida de todo o universo, no qual todas as partes são ligadas; e disso devemos inferir que teve uma infinidade de cuidados, cujo resultado lhe fez considerar que não era oportuno impedir certos males.

35. Até devemos dizer que é preciso necessariamente que tenha existido grandes, ou melhor, invencíveis razões, que levaram a divina sabedoria à permissão do mal, por isso mesmo, nos espanta que esta permissão tenha acontecido; pois nada pode vir de Deus que não seja perfeitamente conforme à bondade, à justiça e à santidade. Desta forma, nós podemos julgar a partir do fato (ou *a posteriori*) que esta permissão era indispensável, embora não nos seja possível mostrá-lo (*a priori*) com detalhes razões que Deus pode ter tido para tal; como tampouco é necessário que nós o mostrássemos a fim de justificá-lo. O próprio Sr. Bayle diz muito bem a respeito disso (*Rép. aux questions d'un provinc.*, t. 3, cap. 165, p. 1.067): o pecado foi introduzido no mundo, então Deus pôde permiti-lo sem transgredir suas perfeições: *ab actu ad potentiam valet consequentia.*[118] Em Deus esta consequência é boa. Ele o fez, então ele o fez bem. Não significa então que nós não tenhamos alguma noção da justiça em geral, que possa concordar também com a de Deus; e tampouco significa que a justiça de Deus tenha outras regras diferentes da justiça conhecida dos homens, mas significa que o caso do qual se trata é totalmente diferente daqueles que são comuns entre os homens. O direito universal é o mesmo para Deus e para os homens; mas o fato é totalmente diferente no caso de que se trata.

36. Nós até podemos supor ou fazer de conta (como já observei) que exista algo de semelhante entre os homens no que se refere a este caso que ocorre com Deus. Um homem poderia dar tão grandes e tão fortes provas de sua virtude e de sua santidade, que todas as razões mais manifestas que pudessem ter serventia contra ele a fim de acusá-lo de um suposto crime, por exemplo, de um roubo, de um assassinato, mereceriam ser rejeitadas como calúnias

[118] "Do ato para o poder, a consequência é boa".

de alguns falsos testemunhos, ou como um jogo extraordinário do acaso, que algumas vezes faz suspeitar dos mais inocentes. De modo que, em um caso no qual qualquer outro estaria em risco de ser condenando, ou de ser colocado sob interrogatório[119] (segundo os direitos de cada localidade), este homen seria absolvido pelos juízes por unanimidade. Acontece que, neste caso, que de fato é raro, mas que não é impossível, poderia ser dito de alguma maneira (*sano sensu*)[120] que existe um combate entre a razão e a fé, e que em relação a este personagem as regras do direito são diferentes das que dizem respeito ao restante dos homens; mas isso bem explicado apenas significará que aparências de razão cedem aqui à fé que se deve à palavra e à probidade deste grande e santo homem, e que ele é privilegiado em relação aos outros homens, não como se existisse uma outra jurisprudência para ele, ou como se não se compreendesse o que é a justiça em relação a ele, mas porque as regras da justiça universal não encontram aqui a aplicação que elas recebem em outro lugar, ou preferivelmente porque bem longe de sobrecarregá-lo elas o favorecem, visto que há qualidades tão admiráveis neste personagem que, em virtude de uma boa lógica das verossimilhanças, deve-se ter mais fé em sua palavra do que na de muitos outros.

37. Já que aqui é permitido fazer ficções possíveis, não podemos acreditar que este homem incomparável seja o adepto ou o possuidor

> *Da pedra benta*[121]
> *Que sozinha pode enriquecer todos os reis da terra,*

e que ele faça todos os dias despesas prodigiosas para nutrir e para tirar da miséria uma infinidade de pobres? Ou se havia não sei quantas testemunhas, ou não sei quais aparências que tendessem a provar que este grande benfeitor do gênero humano acaba de

---

[119] Momento processual em que autoridade judicial argúi o réu sobre sua identidade e sobre fatos relacionados à acusação que lhe é feita.

[120] "No sentido correto, no bom sentido do termo".

[121] "A pedra filosofal".

cometer algum roubo, não é verdade que toda a terra zombaria da acusação, por mais enganadora que ela pudesse ser? Acontece que Deus está infinitamente acima da bondade e do poder deste homem, e, por conseguinte, não há razões, por mais manifestas que sejam, que possam resistir contra a fé, quer dizer, contra a segurança ou contra a confiança em Deus, com a qual nós podemos e devemos dizer que Deus fez tudo como é preciso. As objeções, então, não são sem solução: elas contêm somente prejulgamentos e verossimilhanças, mas que são destruídos por razões incomparavelmente mais fortes. Tampouco é preciso dizer que aquilo que chamamos de *justiça* nada é em relação a Deus, pois ele é o mestre absoluto de todas as coisas, podendo inclusive condenar os inocentes sem violar sua justiça, ou, enfim, que lhe é um tanto arbitrária a justiça, expressões ousadas e perigosas, para as quais alguns se deixaram arrastar com o prejuízo dos atributos de Deus: pois neste caso não haveria motivo para louvar sua bondade e sua justiça, e tudo seria como se o espírito mais maldoso, o príncipe dos gênios malignos, o princípio mau dos maniqueístas fosse o único mestre do universo, como já observarmos acima: pois que meio haveria para discernir o verdadeiro Deus do falso deus de Zoroastro, se todas as coisas dependiam do capricho de um poder arbitrário, sem que houvesse nem regra nem consideração para o que quer que fosse?

38. Então, é mais do que visível que nada nos força a nos engajar em uma doutrina tão estranha, já que é suficiente dizer que nós não conhecemos suficientemente o fato, quando se trata de responder às verossimilhanças que parecem colocar em dúvida a justiça e a bondade de Deus, e que desapareceriam se o fato nos fosse bem conhecido. Nós tampouco temos necessidade de renunciar à razão para escutar a fé, nem de vazarmos nossos olhos para ver claro, como dizia a rainha Cristina[122]. é suficiente rejeitar as aparências comuns, quando elas são contrárias aos mistérios, o que não é contrário à razão, já que mesmo nas coisas naturais graças à

[122] Leibniz se refere à expressão utilizada pela rainha Cristina da Suécia (1626-1689), mulher culta e protetora das artes, convida numerosos artistas e pensadores, como Descartes e Grotius, a se fazerem presentes em sua corte; ela se converte ao catolicismo depois de ter abdicado ao trono e abjurado o luteranismo (1654).

experiência ou a razões superiores com frequência nos desiludimos bastante das aparências. Mas tudo isso só foi adiantado aqui para melhor fazer compreender em que consiste a falha das objeções, e o abuso da razão, no caso presente, em que se pretende que ela combata a fé com mais força: nós chegaremos, em seguida, a uma discussão mais exata sobre aquilo que diz respeito à origem do mal e a permissão do pecado com suas consequências.

39. Por ora, será bom continuar a examinar a importante questão sobre o uso da razão na teologia e de fazer reflexões sobre o que o Sr. Bayle disse a esse respeito em diversos lugares de suas obras. No seu *Dicionário histórico e crítico*, por exemplo, ele se empenhou em publicar as objeções dos maniqueístas e as dos pirrônicos[123], e como este projeto fora censurado por algumas pessoas que zelam pela religião, ele colocou uma dissertação ao fim da segunda edição desse dicionário, que se destinava a mostrar a partir de exemplos, autoridades e razões, a inocência e a utilidade de se seu procedimento.[124] Eu estou persuadido (como já disse acima) que as objeções enganadoras que podemos opor à verdade são muito úteis, e que servem para confirmá-la e esclarecê-la, dando ocasião às pessoas inteligentes de encontrar novas saídas ou de confirmar as antigas. Mas o Sr. Bayle procura aí uma utilidade inteiramente oposta, que seria [a] de mostrar o poder da fé, mostrando que as verdades que ela ensina poderiam sustentar os ataques da razão, e que ela não deixa de se manter no coração dos fiéis. O Sr. Nicole[125] parece chamar aquilo de o *triunfo da autoridade de Deus sobre a razão humana*, nas palavras que o Sr. Bayle dele repete, no 3º tomo de sua *Respostas às questões de um provinciano* (cap. 177, p. 1.201). Mas como a razão é um dom de Deus assim como a fé, o seu combate faria Deus combater contra Deus; e se as objeções da razão contra

[123] Ligados à doutrina do pensador grego Pírro de Élis que morreu por volta de 270 a.C., fundador da escola filosófica chamada *ceticismo*, que defendia o cultivo de um estado permanente de dúvida, de suspensão do juízo. Para uma compreensão adequada dessa parte do texto seria necessário ir ao dicionário de Bayle e ler os artigos *Maniquei*, *Pauliciani* e *Pirrone*.

[124] Leibniz se refere ao fato de o dicionário de Bayle ter sido criticado oficialmente pelo Conselho de Roterdam, o que o obrigou a escrever quatro "Esclarecimentos" presentes na II edição da mesma obra.

[125] Pierre Nicole (1625-1695), moralista e teólogo jansenista; o livro citado por Bayle é o seu tratado *De l'unité de l'Église* (1687), escrito contra o protestante Jurieu.

algum artigo de fé são sem solução, será preciso dizer que este suposto artigo é falso e não revelado: ele é uma quimera do espírito humano, e o triunfo desta fé poderá ser comparado às excitações de alegria que se fazem depois de ter sido combatido. Tal é a doutrina da danação das crianças não batizadas, a qual o Sr. Nicole quer fazer passar por uma consequência do pecado original; tal seria a condenação eterna dos adultos os quais teriam tido iluminação necessária para obter a salvação.

40. Entretanto, ninguém tem necessidade de entrar em discussões teológicas; e pessoas cuja capacidade é pouco compatível com as pesquisas [mais] exatas, devem se contentar com os ensinamentos da fé, sem se inquietarem com as objeções: e se por acaso alguma dificuldade muito grande viesse a afligi-las, poderiam afastar o seu espírito dela, fazendo a Deus um sacrifício de sua curiosidade, pois quando se está seguro de uma verdade, de fato não se tem necessidade de escutar as objeções. E como há muita gente cuja fé é muito pequena e muito pouco enraizada para sustentar esses tipos de provações perigosas, eu acredito que não é preciso lhes apresentar o que poderia ser um veneno para elas; ou se não se pode esconder delas aquilo que é demasiadamente público, é preciso fornecer para isso o antídoto, quer dizer, é preciso se empenhar a fim de fornecer a solução da objeção, bem longe de descartá-la como impossível.

41. As passagens dos excelentes teólogos que falam desse triunfo da fé podem e devem receber um sentido conveniente aos princípios que acabo de estabelecer. Em alguns temas da fé encontram-se duas qualidades capazes de fazê-la triunfar sobre a razão; uma é a *incompreensibilidade*, a outra é *o mínimo de aparência*. Mas é bastante necessário evitar acrescentar a isso a terceira qualidade, da qual o Sr. Bayle fala, e dizer que aquilo que se crê é *insustentável*, pois isto significaria fazer a razão triunfar de uma maneira que destruiria a fé. A incompreensibilidade não nos impede de crer mesmo nas verdades naturais; por exemplo, (como eu já assinalei) nós não compreendemos a natureza dos odores e dos sabores e, entretanto, somos persuadidos por uma espécie de fé que devemos aos testemunhos dos sentidos, de que estas

qualidades sensíveis estão fundadas na natureza das coisas, e que não são ilusões.

42. Há também coisas *contrárias às aparências* que nós admitimos quando elas estão bem verificadas. Há um pequeno romance recolhido do espanhol, cujo título sustenta que jamais é preciso crer naquilo que se vê. O que haveria de mais aparente que a mentira do falso Martin Guerre[126], que fez com que a mulher e os pais dele o reconhecessem como o verdadeiro [marido], e fez balançar por muito tempo [a opinião] dos juízes e dos pais, mesmo depois da chegada do verdadeiro? Entretanto, a verdade foi enfim reconhecida. O mesmo acontece com a fé. Eu já fiz notar que as coisas que podemos opor à bondade e à justiça de Deus são apenas aparências, que teriam força contra um homem, mas que se tornam nulas quando aplicadas a Deus, e quando colocadas na balança com as demonstrações que nos asseguram quanto à perfeição infinita dos seus atributos. Desta forma, a fé triunfa sobre as falsas razões, por meio de razões sólidas e superiores, que nos têm feito abraçá-la: mas ela não triunfaria se a opinião contrária tivesse por si razões tão fortes quanto, ou mesmo mais fortes que aquelas que fazem o fundamento da fé, isto é, se houvesse objeções invencíveis e demonstrativas contra a fé.

43. Também é bom observar aqui que aquilo que o Sr. Bayle chama de *triunfo da fé* é em parte um triunfo da razão demonstrativa contra razões aparentes e enganosas, que se opõe inoportunamente às demonstrações. Pois é preciso considerar que as objeções dos maniqueístas não são de forma alguma contrárias à teologia natural mas à teologia revelada. E se lhes deixássemos a Sagrada Escritura, o pecado original, a graça de Deus em Jesus Cristo, as penas do inferno e os outros artigos de nossa religião, não se livraria por causa disso de suas objeções: pois não se poderia negar que no mundo há mal físico (isto é, sofrimentos) e mal moral (isto é, crimes), e mesmo que o mal físico não é sempre distribuído neste mundo conforme a proporção do mal moral, como parece que a justiça o exige. Resta, então, a seguinte questão da teologia natural: como

[126] Personagem de um processo célebre ocorrido em 1650 ao qual Leibniz também alude nos *Novos ensaios*, III, cap. III, §8.

um princípio único, inteiramente bom, inteiramente sábio e onipotente pôde admitir o mal, e, sobretudo, como ele pôde permitir o pecado e como em muitos casos ele pôde decidir tornar os maus felizes e os bons infelizes?

44. Acontece que nós não temos necessidade da fé revelada para saber que existe um tal princípio único de todas as coisas, perfeitamente bom e sábio. A razão nos faz compreendê-lo mediante demonstrações infalíveis; e, por conseguinte, todas as objeções tomadas do vir a ser das coisas, em que observamos imperfeições, estão fundadas apenas sobre falsas aparências. Pois, se fossemos capazes de entender a harmonia universal, veríamos que aquilo a que somos tentados a criticar está associado ao plano mais digno de ser escolhido; em uma palavra, *veríamos*, e não apenas *acreditaríamos*, que aquilo que Deus fez é o melhor. Aqui, denomino *ver* àquilo que se conhece *a priori* pelas causas; e *crer* àquilo que não se julga senão pelos efeitos, ainda que um seja tão seguramente conhecido quanto o outro. E aqui ainda podemos aplicar o que diz são Paulo (2Cor: 5-7): que nós caminhamos pela *fé* e não pela da *visão*. Pois a sabedoria infinita de Deus nos sendo conhecida, julgamos que os males que experimentamos devem ter sido permitidos, e nós o julgamos pelo próprio efeito ou *a posteriori*, isto é, porque eles existem. É o que o Sr. Bayle reconhece; e ele devia se contentar com isso, sem pretender que se deva fazer cessar as falsas aparências que são contrárias a isso. É como se exigíssemos que não houvesse mais sonhos, nem ilusões de ótica.

45. E não é necessário duvidar que esta fé e esta confiança em Deus, que nos faz levar em consideração sua bondade infinita, e nos prepara para seu amor, apesar das aparências de dureza que podem nos desencorajar, não sejam um exercício excelente das virtudes da teologia cristã, quando a divina graça em Jesus Cristo excita estes movimentos em nós. Foi isso que Lutero bem observou contra Erasmo, dizendo que o máximo do amor é amar aquele que parece tão pouco amável à carne e ao sangue[127], tão rigoroso para com os miseráveis e tão pronto para levar à danação aqueles que se deixam seduzir por falsas razões, e isso propriamente devido aos

[127] Leibniz certamente se refere a Mt 14: 17.

males dos quais ele parece ser o motivo ou o cúmplice. De modo que se pode dizer que o triunfo da verdadeira razão esclarecida pela graça divina é ao mesmo tempo o triunfo da fé e do amor.

46. O Sr. Bayle parece tê-lo considerado totalmente de outro modo: ele se declara contra a razão, quando podia se contentar em censurar seu abuso. Ele cita as palavras de Cotta em Cícero[128], que chega a dizer que se a razão fosse um presente dos deuses, a Providência seria censurável por tê-la dado, já que [tal presente] volta-se para nosso mal. o Sr. Bayle também crê que a razão humana é um princípio de destruição e não de edificação (*Dictionn.*, col. 2, p. 2.026), que é uma corredora que não sabe onde parar, e que, como uma outra Penélope, destrói o seu próprio trabalho:

Destruit, ædificat, mutat quarata rotundis.[129]

(*Rép. aux questions d'un provinc.*, t. 3, p. 725). Mas ele se dedica, sobretudo, a amontoar muitas autoridades umas sobre as outras para mostrar que os teólogos de todas as partes rejeitam o uso da razão tanto quanto ele, e irradiando a luminosidade que se levanta contra a religião somente para sacrificá-la pela fé por meio de uma simples recusa, e respondendo a isso a partir somente da conclusão do argumento que se lhes é contraposto. Ele começa pelo Novo Testamento. Jesus Cristo se contentava em dizer: *Siga-me* (Lc 5: 27; 9: 59). Os Apóstolos diziam: *Creia e será salvo* (At 16: 3[1]).[130] São Paulo reconhece que *sua doutrina é obscura* (1Cor 13: 12); que *nela nada se pode compreender* a menos que Deus comunique um discernimento espiritual, e sem isso ela não passa de loucura (1Cor 2:

[128] Cícero, *De natura deorum*, III, 28, 31. Provavelmente extraído do *Dicionário* de Bayle, artigo *Pauliciani*, nota E. [Aurélio] Cotta é o porta-voz da Nova Academia, contra a teoria estóica da providência.

[129] "Ela destrói, ela constrói, ela transforma os quadrados em círculos." (*De natura deorum*, III, 27, 69 e Horácio, *Epístolas*, I, 1, 100).

[130] Como não conseguimos saber se o erro é de tipografia ou do próprio Leibniz, preferimos fazer os seguintes comentários ou correções: quanto ao Act 16: 3 [1], está claro que não se trata do versículo 3, mas sim do 31; já quanto ao 1Cor 2: 8, apesar do sentido do todo do texto ter a ver com a afirmação feita por Leibniz, preferimos acreditar que se trata de Cl 2: 8, a saber: "Tomais cuidado para que ninguém vos escravize por vãs e enganosas especulações da Filosofia, segundo a tradição dos homens, segundo os elementos do mundo, e não segundo Cristo"; aqui, parece que o nome está errado e o número está correto.

14). Ele exorta os fiéis a *desconfiarem da filosofia* (1Cor 2: 8) e a evitar as contestações desta ciência, que tinha levado algumas pessoas a perderem a fé.

47. Quanto aos padres da Igreja, o Sr. Bayle nos remete ao compêndio de suas passagens contra o uso da filosofia e da razão que o Sr. de Launoy[131] fez (*De varia Aristotelis fortuna*, cap. 2) e, particularmente, às passagens de santo Agostinho recolhidas pelo Sr. Arnauld (contra Mallet)[132] que sustentam que os julgamentos de Deus são impenetráveis; que eles não são menos justos por nos serem desconhecidos; que se trata de um profundo abismo que não se pode sondar sem se submeter à sorte de cair no precipício; que não podemos querer explicar o que Deus quis manter oculto sem temeridade; que sua vontade não poderia ser senão justa; que muitos pretendendo dar razão a esta incompreensível profundidade, caíram em imaginações vãs e em opiniões plenas de erro e de perturbação.

48. Os escolásticos falaram do mesmo modo; o Sr. Bayle repete uma bela passagem do cardeal Caetano[133] (*Summ.*, p. I, q. 22, art. 4) neste sentido: "Nosso espírito, diz ele, repousa não sobre a evidência da verdade conhecida, mas sobre a profundidade inacessível da verdade oculta. E como disse são Gregório, aquele que só crê, no que diz respeito à divindade, naquilo que ele pode medir com seu espírito, diminui a ideia de Deus. Entretanto, não presumo que

[131] Jean De Launoy (1602-1678), historiador e teólogo francês; como o próprio título deixa claro, o livro citado é um estudo sobre a diversidade do que se defendia ou pensava a partir da filosofia aristotélica na Universidade de Paris na Idade Média.

[132] O abade Charles Mallet (1608-1680) teve uma polêmica com Arnauld relativa à versão francesa do Novo Testamento, conhecida como *version de Mons*, à qual Arnauld tinha colaborado (cf. seu *Examen de quelques passages de la traduction française du Nouveau Testament... contre le livre de M. Mallet*, e *Continuation de la nouvelle défense...*, Colônia, 1680). Entretanto, não é neste livro, mas nas suas *Réflexions philosophiques et théologiques sur le nouveau système de la nature et de la grâce* [de Malebranche] (Cologne, 1685-1686) que ele recolheu as passagens de santo Agostinho concernentes à impenetrabilidade dos julgamentos de Deus (t. II, p. 129 e segs.); no curso desta discussão, ele retorna a sua obra contra Mallet; mas à propósito das fórmulas de são Paulo sobre o mesmo assunto (op. cit., p. 131); Leibniz parece ter interpretado mal as referências exatas dadas por Bayle, *Rép. aux questions d'un provinc.*, t. III, p. 995, notas A e B.

[133] Tommaso De Vio, chamado Caetano ou Cajetan (1468-1534), cardeal italiano, filósofo e mestre geral dos dominicanos. Sua obra mais famosa tem por título *Commento* à *Summa theologiae* de Tomás de Aquino.

seja preciso negar alguma das coisas que sabemos, ou que vemos pertencer à imutabilidade, à atualidade, à certeza, à universalidade etc., de Deus: mas penso que há aqui algum segredo, ou no tocante à relação que existe entre Deus e os fatos, ou relativamente àquilo que liga o próprio fato com a sua previsão. Assim, considerando que o intelecto de nossa alma é o olho da coruja, eu não encontro seu repouso senão na ignorância. Pois, seja para a fé católica, seja para a fé filosófica, é preferível confessar nossa cegueira a assegurar como coisas evidentes aquilo que não tranquiliza nosso espírito, visto que é a evidência que o coloca em tranquilidade. Nem por isso acuso de presunção a todos os doutores que, balbuciando, empenharam-se como puderam em insinuar a imobilidade e a eficácia soberana e eterna do entendimento, da vontade e do poder de Deus pela infalibilidade da escolha e da relação divina com todos os fatos. Nada disso prejudica a minha suposição de que há alguma profundidade que nos está oculta." Esta passagem de Caetano seria ainda mais considerável, se fosse um autor capaz de aprofundar a matéria.

49. O livro de Lutero contra Erasmo está repleto de observações vivas contra aqueles que querem submeter as verdades reveladas ao tribunal de nossa razão. Calvino frequentemente fala no mesmo tom contra a audácia curiosa daqueles que buscam penetrar nos conselhos de Deus. Ele declara no seu *Tratado da predestinação*, que Deus teve motivos justos para reprovar uma parte dos homens, mas *a nós desconhecidos.* Enfim, o Sr. Bayle cita diversos modernos que falaram com a mesma intenção (*Rép. aux questions d'un provinc.*, cap. 160 e seguintes).

50. Mas todas estas expressões e uma infinidade de [outras] semelhantes não provam a insolubilidade das objeções contrárias à fé, que o Sr. Bayle tem em vista. É verdade que os conselhos de Deus são impenetráveis, mas não há objeção invencível que possa concluir que são injustos. O que parece injustiça do lado de Deus e loucura do lado da fé, é apenas aparente. A famosa passagem de Tertuliano[134] (*De carne Christi*), *mortuus est Dei Filius, credibile est, quia*

[134] Relativo a ou adepto de Quinto Séptimo (ou Septímio) Florente Tertuliano (c. 150-c. 220), teólogo romano que combatia o abandono dos costumes, se opunha ao perdão dos

ineptum est; et sepultus revixit, certum est, quia impossibile, é um atrevimento que não pode ser entendido senão a partir das aparências de absurdo. Há semelhantes a esta no livro de Lutero sobre o arbítrio servil, como quando ele diz [no] capítulo 174: *Si placet tibi Deus indignos coronans, non debet displicere immeritos damnans.* O que sendo reduzido a expressões mais moderadas, quer dizer: se você aprova que Deus dá a glória eterna àqueles que não são melhores que os outros, você não deve desaprovar que ele abandone os que não são piores que os outros. E com o objetivo de julgar que ele não fala senão das aparências de injustiça, tem-se somente que pesar estas palavras do mesmo autor, tiradas do mesmo livro: "Em todo o resto, diz ele, nós reconhecemos em Deus uma majestade suprema, somente à justiça é que ousamos nos opor: e nós não queremos crer provisoriamente (*tantisper*)[135] que ele seja justo, embora ele nos tenha prometido que virá o tempo em que sua glória sendo revelada, todos os homens verão claramente que ele foi e que ele é justo".

51. Descobriremos também que quando os padres entravam em discussão, eles não rejeitavam simplesmente a razão. E, disputando contra os pagãos, comumente se esforçam para mostrar quanto o paganismo é contrário à razão, e quanto a religião cristã tem vantagem sobre ele mesmo neste aspecto. Orígenes mostrou a Celso como o cristianismo é racional e por que, apesar disso, a maior parte dos cristão devem crer sem exame. Celso zombava da conduta dos cristãos, "que não querendo, dizia ele, nem escutar vossas razões, nem dar a vós daquilo que eles creem, se contentam em vos dizer: não examinai, apenas acreditai; ou melhor, vossa fé vos salvará; e eles têm por máxima que a sabedoria do mundo é um mal".[136]

---

cristãos relapsos ou renegados; embora tenha caído em heresia é considerado um dos padres da Igreja; é em uma de sua obras que se encontra as frases citadas aqui: "O Filho do Deu está morto, se deve crer, pois é absurdo; sepultado, ele ressuscitou, isto é certo, porque é impossível" e, mais abaixo, "Se você está contente com um Deus que coroa [de loros] aqueles que não são dignos disso, você não deve estar descontente com um Deus que conduz à danação aqueles que não merecem".

[135] *Tantisper*: advérbio latino que quer dizer, durante tanto tempo, ou durante todo este tempo.

[136] Leibniz se refere à obra *Dottrina vera*, escrita pelo filósofo pagão Celso por volta de 178, contra a qual Orígenes (185-254), célebre teólogo alexandrino, perto do fim de sua vida escreveu a obra *Contra Celso*.

52. Orígenes responde a isso como sábio (liv. I, cap. 2) e de uma maneira conforme aos princípios que estabelecemos acima. É que a razão, bem longe de ser contrária ao cristianismo, serve de fundamento para esta religião, e fará com que seja aceita por aqueles que possam examiná-la. Mas como poucas pessoas são capazes disso, o dom celeste de uma fé nua e crua que leva ao bem basta para a maioria. "Se fosse possível, diz ele, que todos os homens que negligenciam os compromissos da vida se aplicassem no estudo e na meditação, não seria preciso buscar outra via para lhes fazer receber a religião cristã. Pois, para não dizer algo que ofenda alguém" (ele insinua que a religião pagã é absurda, mas aqui não quer dizer isso expressamente), "não se encontrará aqui menos exatidão que em outra parte; seja na discussão de seus dogmas, seja no esclarecimento das expressões enigmáticas de seus profetas, seja na explicação das parábolas dos seus evangelhos, e de uma infinidade de outras coisas que aconteceram ou foram ordenadas simbolicamente. Mas, já que as necessidades da vida e as enfermidades dos homens permitem apenas a um número muito pequeno de pessoas de se aplicarem ao estudo, qual meio poderíamos encontrar que fosse mais proveitoso para todo o restante do mundo, senão aquele que Jesus Cristo quis que se empregasse para a conversão dos povos? E eu preferiria que me respondessem – quanto ao motivo do grande número daqueles que creem, e que por isso são colocados para fora do lamaçal dos vícios onde eles no passado estavam atolados – o que é melhor: ter a sorte mudado seus modos e corrigido sua vida, ao crer sem exame que há castigos para os pecados e recompensas para as boas ações; ou ter aguardado para se converter, quando não se acreditaria apenas, mas quando se tivesse examinado com cuidado os fundamentos destes dogmas? É certo que seguindo este método, haveria bem poucos que chegariam até onde sua fé nua e crua os conduz, mas que a maioria continuaria em sua corrupção [habitual]".

53. O Sr. Bayle (no seu esclarecimento relativo às objeções dos maniqueístas, que colocou no fim da segunda edição do *Dictionnaire*) toma estas palavras, nas quais Orígenes assinala que a religião está à prova da discussão dos dogmas, como se isso não estivesse de

acordo em relação à filosofia, mas somente em relação à exatidão com a qual se estabelece a autoridade e o verdadeiro sentido da Sagrada Escritura. Mas não há nada que assinale esta restrição. Orígenes escrevia contra um filósofo que ela não teria acomodado. E parece que este padre quis provar que entre os cristãos não se era menos exato do que entre os estoicos e entre alguns outros filósofos que estabeleciam a sua doutrina, tanto pela razão quanto pelas autoridades, como fazia Crisipo, que ainda pensava sua filosofia a partir dos símbolos da Antiguidade pagã.[137]

54. Celso fez, na mesma passagem, ainda uma outra objeção aos cristãos: "Se eles se limitam, diz ele, em geral ao seu *Não examinai, apenas acreditai*, é preciso que me digam antes de tudo quais são as coisas que querem que eu acredite". Sem dúvida ele tem razão, e isso vai contra aqueles que diriam que Deus é bom e justo e que sustentariam, entretanto, que nós não temos noção alguma da bondade ou da justiça quando nós lhe atribuímos estas perfeições. Mas não é necessário exigir sempre aquilo que eu chamo de *noções adequadas* e que não envolvem nada que não esteja explicado; pois mesmo as qualidades sensíveis, como o calor, a luz, a doçura, não nos poderiam dar tais noções. Desta forma, nós admitimos que os mistérios recebem uma explicação, mas esta explicação é imperfeita. Basta que tenhamos alguma capacidade de conhecer por analogia (*intelligence analogique*) um mistério, tal como a Trindade e como a encarnação, afim de que ao recebê-lo nós não pronunciemos palavras inteiramente destituídas de sentido: mas não é necessário que a explicação vá tão longe quanto seria de se desejar, isto é, que ela vá até a compreensão e ao *como*.

55. Então, parece estranho que o Sr. Bayle recuse o tribunal das *noções comuns* (*Rép. aux questions d'un provinc.*, t. 3, p. 1.062, 1.140), como se não se devesse consultar a ideia de bondade quando se responde aos maniqueístas; enquanto ele mesmo tinha se expressado de forma totalmente diversa no seu dicionário; e é bastante necessário que aqueles que estão em querela sobre a questão – se há apenas um único princípio inteiramente bom, ou se há dois, um bom e o outro mau – concordem sobre o que quer dizer *bom* e *mau*.

[137] O estoico Crisipo (280-200 a.C.) pensava sua filosofia a partir da mitologia tradicional.

Nós entendemos alguma coisa por união, quando nos falam daquela de um corpo com um outro corpo, ou de uma substância com seu acidente, de um sujeito com seu adjunto, do lugar com o corpo em movimento, do ato com a potência; também entendemos alguma coisa, quando nos falam da união da alma com o corpo para fazer deles uma única pessoa. Pois, mesmo que eu não considere que a alma muda as leis do corpo, nem que o corpo muda as leis da alma, e que eu tenha introduzido a harmonia preestabelecida para evitar tal desarranjo, não deixo de admitir uma verdadeira união entre a alma e o corpo, que os torna cúmplices. Esta união conduz ao metafísico, enquanto uma união de influência conduziria ao físico. Mas quando nós falamos da união do Verbo de Deus com a natureza humana, nós devemos nos contentar com um conhecimento por analogia, tal qual a comparação da união da alma com o corpo é capaz de nos dar; e nós devemos, além disso, nos contentar em dizer que a encarnação é a união mais estreita que pode existir entre o criador e a criatura, sem que seja necessário ir mais além.

56. O mesmo acontece com outros mistérios, nos quais os espíritos moderados sempre encontrarão uma explicação suficiente para crer mas jamais o tanto que é preciso para compreender. Basta-nos um certo *o que isto é* (τί εστι); mas o *como* (πῶς) nos ultrapassa, e não nos é necessário. Pode-se dizer das explicações dos mistérios que correm por aí, o que a rainha da Suécia fez gravar em uma medalha sobre a coroa que ela tinha renunciado, *non mi bisogna, e non mi basta.*[138]

Nós tampouco temos necessidade, como já observei, de provar os mistérios *a priori* ou de dar razão a eles; basta-nos que a coisa seja assim (τὸ ὅτι) sem saber o *porquê* (τὸ διότι) que Deus reservou para si. Estes versos que Joseph Scaliger fez a este respeito são belos e famosos:

Ne curiosus quære causas omnium,
Quæcumque libris vis Prophetarum indidit
Afflata cœlo, plena veraci. Deo:

[138] Em italiano no texto: "Nem me falta, nem me é suficiente". Leibniz se refere à Cristina da Suécia; Cf. nota 149.

Nec operta sacri supparo silentii
Irrumpere aude, sed pudenter præteri.
Nescire velle, quæ Magister optimus
Docere non vult, erudita inscitia est.[139]

O Sr. Bayle, que os expõe (*Rép. aux questions d'un provinc.*, t. 3, p. 1.055), muito provavelmente julga que Scaliger os fez por ocasião das contendas entre Arminius[140] e Gomarus. Eu creio que o Sr. Bayle lhes tenha recitado de memória, pois ele coloca *sacrata* no lugar de *afflata*. Mas é por erro do impressor aparentemente que há *prudenter* no lugar de *pudenter* (isto é, modestamente) que o verso exige.

57. Não há nada de tão justo quanto o conselho que estes versos contêm, e o Sr. Bayle tem razão de dizer (p. 729) que "aqueles que pretendem que a conduta de Deus no que diz respeito ao pecado e às consequências do pecado não tenha nada de que não lhe seja possível dar a razão, se deixando à mercê do seu adversário". Mas aqui ele não tem motivo para combinar duas coisas tão diferentes, *dar razão* de uma coisa, e *sustentá-la contra as objeções*; como ele faz principalmente quando acrescenta: "Eles são forçados a segui-lo (seu adversário) por todos os lugares onde ele os quiser conduzir, e eles se recolheriam humildemente e se aquartelariam, se reconhecessem que nosso espírito é fraco demais para resolver plenamente todas as instâncias de uma filosofia".

58. Aqui parece que, segundo o Sr. Bayle, *dar razão* é menos que *responder às instâncias*, pois ele ameaça aquele que buscasse

[139] "Não busque com curiosidade as causas de todas as coisas, pois o que o poder dos profetas, inspirado pelo céu, colocou nos livros, está pleno de Deus; nem ouse penetrar o que está encoberto pelo véu de um silêncio sagrado; modestamente [ou prudentemente, como quer Bayle] passa ao largo, desejar não saber o que o melhor dos Mestres não quis revelar é uma douta ignorância". Sobre Joseph Scaliger, cf. nota 107.

[140] Jacques Harmensen (1560-1609) ou Jakobus Armenszoon, conhecido como Arminius, célebre teólogo holandês e professor em Leyden, tendia a reabilitar o livre-arbítrio a partir de sua tese da predestinação condicionada. Seu adversário Franz Gomar (ou Franciscus Gomarus, 1565-1641) defendia uma predestinação mais rigorosa. As controvérsias entre os arminianos (ou *remontrants*, termo cunhado a partir do *Remontrances* apresentadas em 1610 aos Estados da Holanda) e os gomaristas (ou *contra-remonstrants*) tiveram um primeiro desfecho com a conclusão do Sínodo de Dordrecht (1618-1619) que condenava aos arminianos, mas continuaram agitando a Holanda durante todo o século XVII.

realizar o primeiro com a obrigação de se engajar a chegar ao segundo. Mas é totalmente o contrário: alguém que sustente[141] algo (*respondens*) não está obrigado a dar a razão de sua tese, mas ele está obrigado a satisfazer às instâncias de um opositor. Um acusado pela justiça, geralmente, não está obrigado a provar seu direito ou apresentar o título de sua propriedade; mas está obrigado a responder às razões do queixoso. E me espantei inúmeras vezes que um autor tão exato e tão perspicaz quanto o Sr. Bayle confundisse tão frequentemente as coisas em que há tanta diferença quanto há entre estes três atos da razão: compreender, provar e responder às objeções; como se, quando se trata do uso da razão em teologia, um valesse tanto quanto o outro. É assim que, nas suas *Entrevistas Póstumas*, p. 73, diz: "Não há princípio que o Sr. Bayle tenha mais frequentemente inculcado do que este, que a incompreensibilidade de um dogma e a não solução das objeções que o combatem não é uma razão legítima para rejeitá-lo". Passa por *incompreensibilidade*, mas não é o mesmo que a *não solução*. E isso de tal maneira, com efeito, que se dizia que uma razão invencível contra uma tese não é uma razão legítima a ponto de rejeitá-la. Então, que outra razão legítima podemos encontrar para rejeitar uma opinião, se um argumento contrário [a ela e] invencível não é capaz? E que outro meio teremos, depois disto, para demonstrar a falsidade e mesmo o absurdo de alguma opinião?

59. Também é bom observar que aquele que prova uma coisa *a priori*, dá razão a isso a partir da causa eficiente; e toda pessoa que pode dar de uma maneira exata e suficiente tais razões também está em condições de compreender a coisa. É por isso que os teólogos escolásticos já tinham repreendido Raimundo Lullo[142] por ter procurado realizar a demonstração da Trindade com o auxílio da filosofia. Encontra-se esta suposta demonstração nas suas obras e

---

141 *Soutenant*: pessoa que sustenta, que afirma uma tese; a palavra latina *respondens* dá o seu significado jurídico: alguém que responde a questionamentos na justiça.

142 Raimundo Lúlio (Lullo, ou Lulle, 1235-1351), célebre filósofo e lógico, expusera esta demonstração em sua *Disputatio fidei et intellectus*; foi com a intenção de provar racionalmente as verdades da fé que ele criou o método universal de descoberta e de demonstração ao qual ele deu o nome de *Grande Arte*.

Bartholomeu Keckermann[143], autor famoso entre os reformados, tendo feito uma tentativa muito parecida sobre o mesmo mistério, quanto a isso não foi menos censurado por alguns teólogos modernos. Assim, serão repreendidos aqueles que quiserem dar razão deste mistério e torná-lo compreensível, mas serão louvados aqueles que trabalharem para sustentá-lo contra as objeções dos adversários.

60. Eu já disse que os teólogos geralmente distinguem aquilo que está acima da razão daquilo que está contra a razão. Eles colocam *acima da razão* aquilo que não se poderia compreender e do qual não se poderia dar razão. Mas *contra a razão* será toda opinião que é combatida por razões invencíveis, ou mesmo da qual a contraditória pode ser provada de uma maneira exata e sólida. Eles reconhecem, então, que os mistérios estão acima da razão, mas não admitem que sejam contrários a ela. O autor inglês de um livro engenhoso, mas desaprovado, cujo título é *Christianity not mysterious*[144], quis combater esta distinção; mas não me parece que lhe tenha trazido algum dano. O Sr. Bayle também não está totalmente contente com a distinção aceita. Eis aqui o que ele diz sobre isso (*Rép. aux questions d'un provinc.*, t. 3, cap. 159). Primeiramente (p. 998), ele distingue com o Sr. Saurin[145] entre estas duas teses: uma, "todos os dogmas do cristianismo concordam com a razão"; outra, "a razão humana entende que eles concordam com a razão". Ele admite a primeira e nega a segunda. Eu sou da mesma opinião se, ao dizer que *um dogma concorda com a razão*, entende-se que é possível dar a sua razão, ou explicar pela razão o como [se dá]; pois Deus poderia fazê-lo sem dúvida, mas

[143] Bartholomeu Keckermann (1571-1609), filósofo e erudito alemão, Questiona a demonstração de Lulio em seu *Systema theologicum* (Genebra, 1614).

[144] A obra *Cristianismo não misterioso* (que tinha como subtítulo: *Tratado mostrando que não existe nada nas escrituras que seja contrário à razão, nem que esteja acima delas, e que nenhum dogma cristão pode ser chamado propriamente de um mistério*), de John Toland (1670-1722), foi publicada em Londres em 1696 contra a separação entre razão e dogma feita por Norris (1657-1711); essa obra foi condenada pelo parlamento irlandês em 9 de setembro de 1697 e deu ocasião a uma celebre contenda entre Locke e o bispo Stillingfleet, cf. nota 122.

[145] Elie Saurin (1639-1703), teólogo protestante francês estabelecido na Holanda. A obra citada por Bayle é *Défense de la véritable doctrine* de *l'Église réformée sur le principe de la foi* (Utrecht, 1697).

nós não podemos. Mas eu creio que é preciso afirmar ambas as teses se, por *entender que um dogma concorda com a razão*, queremos dizer que podemos mostrar se for preciso que não existe contradição entre este dogma e a razão, afastando as objeções daqueles que pretendem que este dogma seja um absurdo.

61. O Sr. Bayle se expressa aqui de uma maneira não satisfatória. Ele reconhece muito bem que nossos mistérios são conformes à razão suprema e universal que está no entendimento divino, ou na razão em geral; entretanto, nega que eles pareçam conformes a esta porção de razão da qual o homem se serve para julgar certas coisas. Mas como esta porção de razão que nós possuímos é um dom de Deus e consiste na luz natural que nos restou em meio à corrupção [do gênero humano]; esta porção está conforme ao todo, e só difere daquela que está em Deus da mesma maneira que uma gota d'água difere do oceano, ou ainda como o finito do infinito. Desta forma, os mistérios podem ultrapassá-la, mas não poderiam ser contrários a ela. Não se poderia ser contrário a uma parte sem o ser inteiramente. O que contradiz uma proposição de Euclides é contrário aos *Elementos* de Euclides. O que, em nós, é contrário aos mistérios, não é a razão, nem a luz natural, nem o encadeamento das verdades; é a corrupção, é o erro ou o preconceito, são as trevas.

62. O Sr. Bayle (p. 1.002) não está satisfeito com a opinião de Josua Stegman[146] e do Sr. Turretin, teólogos protestantes que ensinam que os mistérios são contrários apenas à razão corrompida. Zombando, ele pergunta se pela razão reta entende-se talvez a de um teólogo ortodoxo e pela razão corrompida a de um herético; e ele objeta que a evidência do mistério da Trindade não era maior na alma de Lutero do que na alma de Socin[147]. Mas, como o Sr. Descartes[148] observou muito bem, o bom senso foi dado para ser compartilhado com todos; assim, é preciso acreditar que os

---

[146] Josua Stegman (1588-1632), teólogo anti-sociniano; a obra citada por Bayle é sua *Photinianissimus, hoc est succinta refutatio errorum photinianorum* (1623). Francesco Torretin (ou Turrettini, 1623-1687), teólogo calvinista de origem italiana, residente em Genebra; Bayle se refere às suas *Institutiones theologiæ elenchticæ*, publicadas em Genebra em 1679.

[147] Cf. nota 12.

[148] Cf. o início de seu *Discurso do Método.*

ortodoxos e os heréticos estão dotados dele. A reta razão é um encadeamento de verdades, a razão corrompida está misturada com preconceitos e com paixões, e para discernir uma da outra só se tem que proceder por ordem, não admitir tese alguma sem prova, e não admitir prova alguma que não esteja na forma adequada segundo as regras mais comuns da lógica. Não se tem necessidade de outro *critérion*[149] nem de outro *juiz de controvérsias* em matéria de razão. E foi apenas por falta desta consideração que fornecemos matéria aos céticos e que, mesmo em teologia, François Véron[150] e alguns outros, que ultrajaram a disputa contra os protestantes até se abandonarem à chicana, caíram de cabeça no ceticismo para provar a necessidade de se alcançar um juiz exterior infalível; no que eles não tem a aprovação das pessoas mais hábeis, mesmo dentro de seu partido. Calixte e Daillé zombaram deles como é preciso, e Bellarmin[151] pensou de forma totalmente diferente.

63. Agora, vamos àquilo que o Sr. Bayle diz (p. 999) sobre a distinção da qual se trata. "Parece-me (diz-ele) que foi introduzido um equívoco na famosa distinção que se estabelece entre as coisas que estão acima da razão e as coisas que são contra a razão. Os mistérios do Evangelho estão acima da razão, se diz comumente, mas eles não são contrários à razão. Eu acredito que, na primeira parte deste axioma, não se dá o mesmo sentido à palavra razão que se dá na segunda; e que, na primeira, compreende-se a razão do homem ou a razão *in concreto*; e na segunda, a razão em geral ou a razão *in abstracto*. Pois, supondo que sempre se compreende a razão em geral ou a razão suprema, a razão universal que está em Deus, é igualmente verdade que os mistérios evangélicos não estão acima da razão e que eles não estão contra a razão. Mas se compreendemos em ambas as partes do axioma a razão humana, não vejo bem qual a solidez da distinção; pois os mais ortodoxos admitem que nós não conhecemos a conformidade dos nossos

[149] Do grego *kritêrion* "faculdade de julgar, regra para distinguir o verdadeiro do falso", mantido no latim tardio como *criterium*, daí critério.

[150] François Véron (1575-1640), controversista católico francês; Leibniz certamente se refere à sua obra *Méthode de traiter des controverses de religion par la seule Écriture Sainte* (Amiens, 1615).

[151] Cf. notas 39 e 40.

mistérios com as máximas da filosofia. Parece-nos, então, que eles não são conformes à nossa razão. Mas, aquilo que nos parece não ser conforme à nossa razão nos parece contrário à nossa razão: certamente do mesmo modo que aquilo que não nos parece conforme à verdade nos parece contrário à verdade: e, portanto, por que não se diria igualmente que os mistérios são contra nossa frágil razão e que eles estão acima de nossa frágil razão?" Eu respondo, como já fiz, que a razão aqui é o encadeamento das verdades que nós conhecemos pela luz natural e, neste sentido, o axioma aceito é verdadeiro sem qualquer equívoco. Os mistérios ultrapassam nossa razão, pois eles contêm verdades que não estão compreendidas neste encadeamento; mas eles não são contrários à nossa razão, e não contradizem nenhuma das verdades para as quais este encadeamento pode nos conduzir. Não se trata aqui, então, da razão universal que está em Deus, mas da nossa. Quanto à questão, se nós conhecemos a conformidade dos mistérios com nossa razão, eu respondo que, em todo caso, nós jamais [chegamos a] conhecer que exista alguma desconformidade, nem alguma oposição entre os mistérios e a razão; e como sempre podemos superar a suposta oposição, se chamamos a isso de conciliar ou concordar a fé com a razão, ou conhecer a conformidade delas, é preciso dizer que nós podemos conhecer esta conformidade e este acordo. Mas, se a conformidade consiste em uma explicação racional do como, nós não poderíamos conhecê-la.

64. O Sr. Bayle faz ainda uma objeção engenhosa, que ele toma do exemplo do sentido da visão. "Quando uma torre quadrada (diz ele) nos parece redonda de longe, não apenas nossos olhos testemunham muito claramente que não apercebem nada de quadrado nesta torre, mas também que descobrem aí uma figura redonda, incompatível com a figura quadrada. Pode-se dizer, então, que a verdade, que é a figura quadrada, está não apenas acima, mas também contra o testemunho de nossa frágil visão." É preciso reconhecer que esta observação é verdadeira; e embora seja verdade que a aparência de redondeza vem exclusivamente da privação da aparência dos ângulos que a distância faz desaparecer, não deixa de ser verdade que o redondo e o quadrado são coisas opostas.

Então, eu respondo a esta instância que a representação dos sentidos, mesmo quando fazem tudo aquilo que deles depende, é normalmente contrária à verdade; não é o mesmo caso da faculdade de pensar, desde que ela faça seu dever, pois um raciocínio exato não é outra coisa que um encadeamento das verdades. E quanto ao sentido da visão em particular, é bom considerar que há ainda outras falsas aparições que não vêm da fragilidade dos nossos olhos, nem daquilo que desaparece com o distanciar-se, mas da própria natureza da visão, por mais perfeita que ela seja. É deste modo que o círculo, por exemplo, visto de lado é transformado em uma espécie de oval que é chamada de elipse entre os geômetras e algumas vezes até em parábola, ou em hipérbole, e até mesmo em linha reta, como testemunha o anel de Saturno.

65. Os *sentidos exteriores*, propriamente falando, não nos enganam. É *nosso sentido interno* que nos faz com frequência ir rápido demais; e isso se encontra também nos animais irracionais, como quando um cão late para sua imagem no espelho: pois os animais irracionais têm encadeamento de percepções que imitam o raciocínio, e que também se encontram no sentido interno dos homens, quando eles agem somente como *empíricos*. Mas os animais irracionais não fazem nada que nos obrigue a crer que tenham o que merece ser chamado propriamente de um *raciocínio*, como mostrei em outro lugar. Note-se que quando o entendimento emprega e segue a falsa determinação do sentido interno (como quando o célebre Galileu acreditou que Saturno tinha duas alças), ele se engana pelo julgamento que faz quanto ao efeito das aparências, e infere disso mais do que elas contêm. Pois as aparências dos sentidos não nos prometem em absoluto a verdade das coisas, tampouco os sonhos. Somos nós que nos enganamos pelo uso que fazemos disso, isto é, por nossos encadeamentos. Acontece que nos deixamos enganarr a partir de argumentos prováveis e somos levados a crer que os fenômenos que encontramos frequentemente ligados são sempre [deste modo]. Assim como acontece que comumente aquilo que parece sem ângulos não os tem, cremos facilmente que sempre é assim. Tal erro é perdoável e algumas vezes inevitável, quando é preciso agir prontamente e escolher o mais aparente; mas quando

temos a possibilidade e o tempo de nos recolher, cometemos uma falta, se tomamos por certo aquilo que não é. É verdade, então, que normalmente as aparências são contrárias à verdade; mas nosso raciocínio jamais o é, quando é exato e conforme às regras da arte do raciocinar. Se por razão entendia-se em geral a faculdade de raciocinar bem ou mal, eu admito que ela poderia nos enganar e de fato nos engana, e que as aparências de nosso entendimento são com frequência tão enganosas quanto aquelas dos sentidos: mas trata-se aqui do encadeamento das verdades e das objeções em forma adequada, e nesse sentido é impossível que a razão nos engane.

66. Vê-se também por tudo isso que acabo de dizer, que o Sr. Bayle leva muito longe o *ser acima da razão*, como se ele limitasse a insolubilidade das objeções, pois, segundo ele (*Rép. aux questions d'un provinc.*, t. 3, cap. 130, p. 651): "a partir do momento que um dogma está acima da razão, a filosofia nem poderia explicá-lo, nem compreendê-lo, nem responder às dificuldades que o atingem". Eu concedo quanto ao *compreender*; mas já mostrei que os mistérios recebem uma *explicação* necessária das expressões (*mots*), afim de que não sejam *sine mente soni*, palavras (*parole*) que nada significam: e mostrei também que é necessário que se possa responder às objeções e que, de forma diversa, seria preciso rejeitar a tese.

67. Ele alega as autoridades dos teólogos, que parecem reconhecer a não solução das objeções contra os mistérios. Lutero é um dos principais; mas eu já respondi no § 12, à passagem em que ele parece dizer que a filosofia contradiz a teologia. Há uma outra passagem (*De servo arbítrio*, cap. 246) na qual ele diz que a injustiça aparente de Deus é provada por argumentos tomados da adversidade das pessoas de bem e da prosperidade dos maus, a que razão alguma, nem a luz natural, podem resistir (*Argumentis talibus traducta, quibus nulla ratio aut lumen naturæ potest resistere*).[152] Mas um pouco depois ele mostra que não compreende senão àqueles que ignoram a outra vida, visto que acrescenta que uma pequena expressão do Evangelho dissipa esta dificuldade nos ensinando que há uma outra vida, na qual aquilo que não foi punido e recompensado nesta

[152] "[Doutrina] exposta a partir de argumentos aos quais nenhuma razão ou luz natural é capaz de resistir".

aqui [nela] o será. Então, a objeção não é de forma alguma invencível e mesmo sem a ajuda do Evangelho seria possível se dar conta desta resposta. Alega-se também (*Rép. aux questions d'un provinc.*, t. 3, p. 652) uma passagem de Martin Chemnice, criticada por Vedelius e defendida por Jean Musæus[153], na qual este célebre teólogo parece dizer claramente que há verdades na palavra de Deus que estão, não apenas acima da razão, mas também contra a razão: mas esta passagem só deve ser entendida quanto aos princípios da razão conforme à ordem da natureza, como Musæus também o explica.

68. É verdade, no entanto, que o Sr. Bayle encontra algumas autoridades que lhe são mais favoráveis. A do Sr. Descartes é uma das principais. Este grande homem diz expressamente (*Princípios*, I parte, art. 41) que não teremos qualquer trabalho para nos livrar da dificuldade (que se poderia ter para colocar em acordo a liberdade da nossa vontade com a ordem da providência eterna de Deus) "se observarmos que nosso conhecimento é finito e assim como a sabedoria (*science*) e a onipotência (*toute-puissance*) de Deus é infinita, a partir do que ele tem, desde toda a eternidade, não apenas conhecimento de tudo aquilo que é ou que pode ser, mas também o quis; o que faz com que nós tenhamos inteligência suficiente para conhecer clara e distintamente que este poder (*puissance*) e esta ciência (*science*) está em Deus, mas que nós não a possuímos o suficiente para compreender sua extensão de tal maneira que pudéssemos saber como elas deixam as ações dos homens inteiramente livres e indeterminadas. Entretanto, o poder e a ciência de Deus não devem nos impedir de crer que temos uma vontade livre, pois estaríamos enganados ao duvidar daquilo que apercebemos interiormente, e sabemos por experiência estar em nós, porque não compreendemos uma outra coisa que sabemos [ser] incompreensível por sua natureza."

69. Esta passagem do Sr. Descartes, defendida por seus seguidores (que raramente se atrevem a duvidar daquilo que ele propõe), sempre me pareceu estranha. Não se limitando a dizer que não vê o meio de conciliar os dois dogmas, ele coloca todo o gênero humano e mesmo todas as criaturas racionais no mesmo caso.

---

[153] Cf. nota 96.

Entretanto, poderia ele ignorar que é impossível que haja uma objeção invencível contra a verdade? Visto que tal objeção não poderia ser senão um encadeamento necessário de outras verdades, cuja conclusão seria contrária à verdade que sustentamos, e, portanto, haveria contradição entre as verdades, o que é o pior absurdo. No entanto, embora nosso espírito seja finito e não possa compreender o infinito, ele não deixa de ter demonstrações sobre o infinito, das quais compreende a força ou a fraqueza; por que, então, não compreenderia ele a das objeções? E como o poder e a sabedoria de Deus são infinitos e compreendem tudo, não há mais lugar para duvidar da extensão de ambos. A propósito, o Sr. Descartes anseia por uma liberdade da qual não se tem necessidade, ao querer que as ações da vontade dos homens sejam inteiramente indeterminadas, o que jamais acontece. Enfim, o próprio Sr. Bayle pretende que esta experiência ou este sentimento interior de nossa independência, sobre o qual o Sr. Descartes funda a prova de nossa liberdade, não prove a mesma, pois do fato que nós não nos apercebemos das causas das quais dependemos, não resulta que sejamos independentes. Mas é disso que falaremos em tempo oportuno.

70. Parece que o Sr. Descartes também confessa em uma passagem dos seus *Princípios* que é impossível responder às dificuldades sobre a divisão da matéria ao infinito, o que, no entanto, ele reconhece como verdadeiro. Arriaga[154] e outros escolásticos fizeram quase a mesma confissão; mas se tivessem o trabalho de dar às objeções a forma que elas devem ter, veriam que há falhas na consequência, e algumas vezes falsas suposições que confundem. Eis um exemplo disso: um hábil homem um dia me fez esta objeção: seja seccionada a linha reta B A em duas partes iguais pelo ponto C, e a parte C A pelo ponto D, e a parte D A pelo ponto E, e assim ao infinito; todas as metades B C, C D, D E, etc., fazem juntas o todo B A; então, é preciso que haja uma última metade, pois a linha reta B A termina em A. Mas, a existência desta metade última é absurda; pois uma vez que ela é uma linha, ainda poderemos seccioná-la

[154] Rodriguez de Arriaga (1592-1667), jesuíta espanhol, filósofo e teólogo, professor e conselheiro da Universidade de Praga a partir de 1625; sua obra de maior sucesso foi o *Cursus philosophicus* (1632), também escreveu a *Disputationes thologicæ* onde considerava a *Suma teológica* de Tomás de Aquino.

em duas. Logo, a divisão ao infinito não poderia ser admitida. Mas, eu o fiz observar que não se tem direito de inferir que seja preciso a existência de uma metade última, embora exista um último ponto A, pois este último ponto convém a todas as metades de seu lado. E meu próprio amigo reconheceu, quando se empenhou em provar esta inferência por meio de um argumento em forma, que ao contrário, pelo próprio fato de a divisão ir ao infinito, não há metade última alguma. E embora a linha reta A B seja finita, não resulta que a divisão que fizemos tenha um último termo. Ficamos embaraçados, da mesma maneira, nas séries dos números que vão ao infinito. Concebe-se um último termo, um número infinito ou infinitamente pequeno; mas tudo isso não passa de ficção. Todo número é finito e passível de especificação (*assignable*), toda linha também o é, e os infinitos ou infinitamente pequenos significam aí apenas grandezas que se pode tomar [por] tão grandes ou tão pequenas quanto se queira, para mostrar que um erro é menor do que o que foi especificado (*a assignée*), isto é, que não há erro algum; ou bem se entende pelo infinitamente pequeno o estado de desaparecimento ou aparecimento de uma grandeza, pensados a partir da imitação das grandezas já formadas.

71. Entretanto, é bom considerar a razão que o Sr. Bayle alega para mostrar que não se poderia satisfazer às objeções que a razão opõe aos mistérios. Ela se encontra no seu Esclarecimento sobre os maniqueístas (*Dicionário*, 2ª edição, p. 3140). "Basta-me (diz ele) que se reconheça unanimemente que os mistérios do Evangelho estão acima da razão. Pois resulta disso, necessariamente, que é impossível resolver as dificuldades dos filósofos e, por conseguinte, que uma disputa que só se utilize das luzes naturais sempre chegará ao seu fim com a desvantagem dos teólogos que se verão forçados a dar no pé e se refugiarem sob o cânone da luz sobrenatural". Eu me admiro que o Sr. Bayle fale de forma tão geral, já que ele mesmo reconheceu que a luz natural é por unidade de princípio contra os maniqueístas e que a bondade de Deus é provada invencivelmente pela razão. No entanto, eis como ele prossegue:

72. "É evidente que a razão jamais poderia alcançar aquilo que está acima dela. Acontece que se ela pudesse fornecer

respostas às objeções que combatem o dogma da Trindade e o da união hipostática, ela alcançaria aqueles dois mistérios, os sujeitaria a ela e os dobraria até às últimas confrontações com seus primeiros princípios ou com os aforismos que nascem das noções comuns; e até o momento em que, enfim, ela tivesse concluído que eles se harmonizam com a luz natural. Ela faria, então, aquilo que ultrapassa suas forças, e se elevaria acima de seus limites, o que é formalmente contraditório. É preciso dizer, então, que ela não saberia fornecer respostas a suas próprias objeções e que, desta forma, elas permaneceriam vitoriosas, enquanto não se recorresse à autoridade de Deus e à necessidade de tornar cativo o seu entendimento sob a obediência da fé." Eu não acredito que exista qualquer força neste raciocínio. Podemos alcançar aquilo que está acima de nós, não ao penetrá-lo, mas ao sustentá-lo; como podemos alcançar o céu pela visão, mas não pelo toque. Isso tampouco é necessário exceto a fim de responder às objeções que são feitas contra os mistérios, se subjugássemos estes mistérios e os submetêssemos à confrontação com os primeiros princípios que nascem das noções comuns; pois, se aquele que responde às objeções precisasse ir tão longe, seria necessário que o que propõe a objeção o fizesse primeiro; pois é [função] da objeção atingir a matéria, e basta àquele que responde dizer sim ou não; dado que no lugar de especificar, basta-lhe, a rigor, negar a universalidade de alguma proposição da objeção, ou criticar a sua forma; e tanto um quanto o outro pode ser feito sem ir além da objeção. Quando alguém me propõe um argumento que pretende ser invencível, posso me calar obrigando-o somente a provar de forma adequada todas as enunciações que ele propõe e que me pareçam, por pouco que seja, duvidosas; e, só com o fim de duvidar, não tenho necessidade de penetrar o interior da coisa; ao contrário, quanto mais ignorante eu for, mais estarei no direito de duvidar. O Sr. Bayle continua assim:

73. "Esforcemo-nos por tornar isso mais claro: se algumas doutrinas estão acima da razão, elas estão além da sua competência, ela não poderia alcançá-las; se não pode alcançá-las, não pode compreendê-las." (Ele poderia começar aqui pelo *compreender*,

dizendo que a razão não pode compreender o que está acima dela). "Se ela não pode compreendê-las, ela não poderia encontrar aí ideia alguma" (*Non valet consequentia*: pois para compreender alguma coisa, não basta que se tenha algumas ideias ao seu respeito; é preciso tê-las todas de tudo aquilo que tem a ver com isso, e é preciso que todas estas ideias sejam claras, distintas, adequadas. Existem mil objetos da natureza dos quais entendemos algo, mas que nem por isso nós o compreendemos. Temos algumas ideias dos raios da luz, fazemos até certo ponto demonstrações a este respeito; mas sempre resta alguma coisa que nos faz reconhecer que ainda não compreendemos toda a natureza da luz), "nem qualquer princípio que seja uma fonte de solução" (por que não se encontrariam princípios evidentes, misturados aos conhecimentos obscuros e confusos?); "e, por conseguinte, as objeções que a razão elaborar permanecerão sem resposta" (nada menos que isso; a dificuldade está sobretudo do lado do opositor. É ele que deve procurar um princípio evidente, que seja fonte de alguma objeção; e tanto mais ele terá dificuldade para encontrar um tal princípio quanto mais a matéria for obscura; e quando a tiver encontrado, terá ainda mais dificuldade para mostrar uma oposição entre o princípio e o mistério; pois se acontecesse que o mistério fosse evidentemente contrário a um princípio evidente, isso não seria um *mistério obscuro*, seria um absurdo manifesto) "ou, o que é a mesma coisa, se responderá a isso mediante alguma distinção tão obscura quanto a própria tese que tiver sido atacada." A rigor podemos nos abster das especificações negando ou alguma premissa ou alguma consequência; e quando se duvida do sentido de algum termo empregado pelo opositor, podemos lhe pedir sua definição. De modo que aquele que sustenta [alguma tese] não tem necessidade de dispensar seus esforços quando se trata de responder a um adversário que pretende nos opor um argumento invencível. Mas mesmo quando o que sustenta [a tese], [ou] por alguma complacência, ou com o objetivo de fazer uma redução, ou [ainda] porque ele se sente forte o suficiente, quisesse ele próprio se encarregar de mostrar o equívoco oculto na objeção e de superá-la fazendo alguma especificação a seu respeito, de modo algum é necessário que esta especificação conduza a alguma coisa mais clara que a primeira tese, pois ele não está obrigado a esclarecer o próprio mistério.

74. "Ora, é muito certo (é o Sr. Bayle que continua) que uma objeção fundada sobre noções bem distintas permaneça igualmente vitoriosa, quer você não responda nada, quer você dê uma resposta da qual ninguém possa compreender nada. Pode uma disputa ser igual entre um homem que objeta contra você aquilo que ambos concebem muito nitidamente e você que não pode se defender senão a partir de respostas que nem um nem outro compreendem?" (Não basta que a objeção esteja fundada sobre noções bem distintas também é preciso que se faça a aplicação contra a tese. E quando eu respondo a alguém negando-lhe alguma premissa, para obrigá-lo a prová-la, ou [negando-lhe] alguma consequência, para obrigá-lo a colocá-la em forma adequada, não se pode dizer que eu nada respondo ou que eu não respondo nada de inteligível. Pois como o que nego é a premissa duvidosa do adversário, minha negação será tão inteligível quanto sua afirmação. Por fim, quando faço a gentileza de me explicar por meio de alguma especificação, é suficiente que os termos que emprego tenham algum sentido, como no próprio mistério; desta forma, alguma coisa na minha resposta será compreendida; mas não é necessário que se compreenda tudo aquilo que ela envolve, de outra forma se compreenderia também o mistério.)

75. O Sr. Bayle assim continua: "Toda disputa filosófica supõe que as partes que disputam concordam a respeito de certas definições" (isto seria de se desejar, mas comumente é apenas na própria disputa que se chega à isso se for necessário), "e que elas admitem as regras dos silogismos, e as marcas nas quais se conhece os raciocínios mal [elaborados]. Depois disso, tudo consiste em examinar se uma tese está conforme mediata ou imediatamente aos princípios admitidos" (o que é feito a partir dos silogismos daquele que faz as objeções), "se as premissas de uma prova (propostas pelo opositor) são verdadeiras, se a consequência está deduzida adequadamente, se foi utilizado um silogismo a quatro termos, se não se violou algum aforismo do capítulo *de oppositis* ou *de sophisticis*

elenchis"[155] etc. (em poucas palavras, basta negar alguma premissa ou alguma consequência, ou, enfim, explicar ou fazer explicar algum termo ambíguo); "obtém-se a vitória, ou mostrando que o sujeito da disputa não tem qualquer ligação com os princípios dos quais estava convencido" (isto é, mostrando que a objeção nada prova e, então, o defensor ganha a causa) "ou reduzindo o defensor ao absurdo" (quando todas as premissas e todas as consequências estão bem provadas); "acontece que se pode reduzi-lo [ao absurdo], quer lhe seja mostrado que as consequências da sua tese são o sim e o não, quer ele seja constrangido a não responder senão coisas ininteligíveis". (É este último inconveniente que ele sempre pode evitar, porque ele não tem necessidade de propor novas teses.) "A meta desta espécie de disputas é esclarecer as obscuridades e alcançar a evidência." (É a meta do opositor, pois ele quer tornar evidente que o mistério é falso; mais esta não poderia ser aqui a meta do defensor, pois, admitindo o mistério, assume que não poderia torná-lo evidente). "Vem daí que julgamos que no curso do processo, declaramos a vitória mais ou menos do que sustenta [a tese] ou daquele que se opõe [a ela], à medida que exista mais ou menos clareza nas proposições de um do que nas proposições do outro." (É falar como se o que sustenta e o que se opõe devessem ser igualmente descobertos; mas o primeiro é como um comandante que coberto por suas defesas sitia um lugar e é [dever] daquele que ataca arruiná-las. O que sustenta não necessita aqui de evidência, e não a procura; mas é [dever] do opositor encontrá-la contra aquele, e fazer com que suas baterias sejam combatidas, a fim de que o primeiro não tenha mais proteção).

76. "Enfim, julga-se que a vitória se declara contra aquele cujas respostas são tais que nada se compreende" (é uma marca bem equivocada da vitória; seria, portanto, preciso perguntar aos ouvintes se eles compreenderam algo daquilo que foi dito e com frequência suas opiniões estariam divididas. A ordem das disputas formais é de proceder por argumentos em forma adequada e responder a isso negando ou fazendo especificações) e "que reconhece

[155] Sobre os opostos, ou sobre as refutações sofísticas, parte da obra lógica de Aristóteles, de seu *Organon.*

que elas são incompreensíveis". (É permitido àquele que sustenta a verdade de um mistério reconhecer que ele é incompreensível; e se este reconhecimento bastasse para o declarar vencido, não se teria necessidade de objeção. Uma verdade poderá ser incompreensível, mas jamais ela será o suficiente para se dizer que não se compreende absolutamente nada. Ela seria, neste caso, aquilo que as antigas escolas chamavam de *scindapsus* ou *blityri*[156] (Clem. Alex. *Strom.* VIII, 2), isto é, palavras vazias de sentido). "Está condenado, a partir disso, pelas regras da adjudicação com respeito à vitória, e ainda que não possa ser perseguido na névoa em que se escondeu, que forma uma espécie de abismo entre ele e seus antagonistas, acredita-se nele completamente, comparando-o a um exército que, tendo perdido a batalha, escapa da perseguição do vencedor somente por causa da noite". (para pagar alegoria com alegoria, eu diria que o que sustenta não está vencido enquanto permanecer protegido por suas trincheiras; e se ele arriscar alguma saída além do que é preciso, lhe é permitido se retirar para o seu forte sem que se possa censurá-lo por isso).

77. Eu quis assumir o trabalho de fazer a anatomia dessa longa passagem, na qual o Sr. Bayle estabeleceu aquilo que ele podia dizer de mais forte e de melhor raciocinado em favor de sua opinião; e espero ter mostrado claramente como esse excelente homem se deixou enganar. O que acontece muito facilmente às pessoas mais espirituosas e às mais perspicazes quando dão livre curso à sua imaginação, sem ter toda a paciência necessária para cavar até os fundamentos de seu sistema. O detalhe em que entramos aqui servirá de resposta para alguns outros raciocínios sobre esse assunto que se encontram dispersos nas obras do Sr. Bayle; como quando ele diz na sua *Respostas às questões de um provinciano* (t. 3, cap. 133, p. 685): "Para provar que a razão e a religião foram colocadas em acordo, é preciso mostrar não somente que se têm máximas filosóficas favoráveis à nossa fé, mas também que as máximas particulares que nos são objetadas como não conformes ao nosso catecismo lhe

[156] O primeiro se refere a um instrumento musical; o segundo diz respeito ao som das cordas da harpa; ambos eram considerados exemplos tradicionais de palavras que só possuem um som e que nada significam; Leibniz faz lembrar a obra *Stromates*, (VIII, 2) de Clemente de Alexandria.

são efetivamente conformes de uma maneira a serem entendidas distintamente". Eu não vejo que se tenha necessidade de tudo isso, a não ser que se pretenda levar o raciocínio até o como do mistério. Quando se fica contente de sustentar a sua verdade, sem se ocupar com querer fazê-la compreender, não se tem necessidade de recorrer às máximas filosóficas, gerais ou particulares, para a prova; e quando um outro nos opõe algumas máximas filosóficas, não é nosso dever provar de uma maneira clara e distinta que essas máximas são conformes ao nosso dogma, mas é nosso adversário quem deve provar que elas lhe são contrárias.

78. Na mesma passagem o Sr. Bayle continua da seguinte maneira: "Para este efeito, nós temos necessidade de uma resposta que seja tão evidente quanto a objeção." Eu já mostrei que isto acontece quando se nega certas premissas; mas que no mais não é necessário que aquele que sustenta a verdade do mistério sempre proponha proposições evidentes, pois a tese principal que diz respeito ao próprio mistério não é evidente. Ele acrescenta ainda: "Se é preciso fazer uma réplica ou contra-réplica, nós jamais devemos ficar em dívida, nem pretender que tenhamos conseguido nosso objetivo enquanto nosso adversário nos responder com coisas tão evidentes quanto o poderiam ser nossas razões." Mas não é o que sustenta [a tese] que deve alegar razões; basta-lhe responder àquelas de seu adversário.

79. Por fim, o autor conclui: "Teria sido injusto se pretendesse que fazendo uma objeção evidente ele deveria se contentar com uma resposta que nós não podemos dar senão como uma coisa possível, mas que nós não compreendemos." Ele o repete nos seus *Diálogos póstumos*, contra o Sr. Jaquelot[157], p. 69. Eu não

[157] Trata-se da obra *Etretiens de Maxime e de Thémiste*, publicada postumamente, ela foi escrita por Isaac Jaquelot (1647-1708), teólogo protestante francês residente em Berlim. Ele e Le Clerc (cf. nota 49) tiveram uma longa polêmica com Bayle, cujas etapas são as seguintes: (1) Jaquelot escreveu *Conformité de la foi avec la raison*, ou *Défense de la religion contre les principales difficultés répandues dans le dictionnaire historique et critique de M. Bayle* (Amsterdã, 1705); (2) Bayle, *Réponses aux questions d'un provincial*, t. III, cap. 128-168 (Rotterdam, 1706); (3) Jaquelot, *Examen de la théologie de M. Bayle, répandue dans son dictionnaire critique, dans ses pensées sur les comètes et dans ses réponses à un provincial, où l'on défend la conformité de la foi avec la raison corntre sa réponse* (Amsterdã, 1706); (4) Bayle, *Entretetiens de Maxime et de Thémiste, ou Réponse à l'Examen de la Théologie de M. Bayle par M. Jaquelot* (Rotterdam, 1707, publicação

sou desta opinião. Se a objeção fosse de uma evidência perfeita, ela seria vitoriosa e a tese seria destruída. Mas quando a objeção só está fundada nas aparências ou nos casos que acontecem mais frequentemente, e que aquele que a faz quer tirar dela uma conclusão universal e certa; aquele que sustenta o mistério pode responder pela instância de apenas uma possibilidade, já que uma tal instância é suficiente para mostrar que aquilo que se queria inferir das premissas não é certo nem geral; e basta àquele que luta pelo mistério manter que ele é possível, sem que tenha necessidade de manter que ele é verossímil. Pois, como eu disse com frequência, concorda-se que os mistérios são contra as aparências. Aquele que sustenta o mistério não teria mesmo necessidade de alegar uma tal instância; e, se ele o faz, pode-se dizer que isto é uma obra de supererrogação, ou que é um meio de confundir ainda mais o adversário.

80. Há passagens do Sr. Bayle, na resposta póstuma que ele escreveu ao Sr. Jaquelot, que ainda me parecem dignas de serem examinadas. O Sr. Bayle (é dito pp. 36, 37) "constantemente estabelece, no seu *Dicionário*, todas as vezes que o assunto o permite, que nossa razão é mais capaz de refutar e destruir, do que de provar e construir; que quase não existe matéria filosófica ou teológica, sobre a qual ela não elabora grandes dificuldades; de maneira que se quiséssemos segui-la com um espírito de disputa, tão longe quanto ela possa ir, com frequência, encontrar-nos-íamos reduzidos a desagradáveis embaraços; enfim, que há doutrinas certamente verdadeiras, mas ela luta por objeções sem solução." Eu acredito que o que se diz aqui para repreender a razão é proveitoso para ela. Quando destrói alguma tese, ela edifica a tese oposta. E quando parece que ela destrói ao mesmo tempo as duas teses opostas, é, então, que ela nos promete alguma coisa de profundo, contanto que nós a sigamos tão longe quanto ela possa ir, não com um espírito de disputa, mas com um desejo ardente de pesquisar e de esclarecer a verdade, que será sempre recompensado com alguns consideráveis sucessos.

---

póstuma); (5) Jaquelot, *Réponse aux Entretiens composés par M. Bayle, contre la conformité de la foi avec la raison, et l'Examen de sa théologie* (Amsterdã, 1707).

81. O Sr. Bayle continua: "que é preciso, então, zombar destas objeções, reconhecendo os limites estreitos do espírito humano." Quanto a mim, acredito, bem distante disso, que é preciso reconhecer as marcas da força do espírito humano, que o faz penetrar no interior das coisas. São novas frestas e, por assim dizer, raios da aurora do dia que nos prometem uma luz maior; eu o percebo nas matérias filosóficas ou na teologia natural; mas quando estas objeções se fazem contra a fé revelada, é suficiente que possamos recusá-las, contanto que isso seja feito com um espírito de submissão e de zelo com o objetivo de manter e de exaltar a glória de Deus. E quando se conseguir isso no que diz respeito a sua justiça, ficar-se-á igualmente impressionado por sua grandeza e seduzido por sua bondade que surgem em meio a nuvens de uma razão aparente, enganada por aquilo que ela vê, à medida que o espírito se elevar pela verdadeira razão àquilo que nos é invisível e não menos certo.

82. "Desta forma" (para continuar com o Sr. Bayle) "a razão será obrigada a depor as armas e a se colocar cativa sob a obediência da fé; o que ela pode e deve fazer, em virtude de algumas de suas máximas mais incontestáveis; e, desta forma, renunciando a algumas de suas outras máximas, não deixa de agir segundo aquilo que ela é, ou seja, em razão." Mas é preciso saber que "as máximas da razão, às quais é preciso renunciar neste caso, são apenas aquelas que nos fazem julgar a partir das aparências, ou conforme o curso ordinário das coisas"; o que a razão nos ordena, mesmo nas matérias filosóficas, quando há provas invencíveis do contrário. É deste modo que estando assegurados pelas demonstrações da bondade e da justiça de Deus, nós menosprezamos as aparências de dureza e de injustiça, que vemos nesta pequena parte de seu reino que se oferece aos nossos olhos. Até aqui nós nos esclarecemos pela *luz da natureza* e da *graça*, mas ainda não pela da *glória*. Neste mundo, vemos a injustiça aparente, contudo, nós cremos e até mesmo conhecemos a verdade da justiça oculta de Deus; mas veremos esta justiça, quando o sol da justiça se apresentar tal como ele é.

83. É certo que o Sr. Bayle não pode ser compreendido senão a partir destas *máximas de aparência*, que devem ceder às verdades eternas; pois ele reconhece que a razão não é verdadeiramente

contrária à fé. E, nos seus *Diálogos póstumos* (contra o Sr. Jaquelot, p. 74), queixa-se de ser acusado de crer que nossos mistérios são verdadeiramente contra a razão, e (contra o Sr. Le Clerc, p. 9) porque se pretende que aquele que reconhece que uma doutrina está exposta a objeções sem solução, reconhece também, por uma consequência necessária, a falsidade desta doutrina. Entretanto, ter-se-ia razão de pretendê-lo, se a falta de solução fosse mais que aparente.

84. Então, é possível que depois de ter disputado muito tempo contra o Sr. Bayle, a propósito do uso da razão, venhamos a descobrir que, no final das contas, suas opiniões não eram no fundo tão distantes das nossas quanto suas expressões, que forneceram matéria para as nossas reflexões, puderam torná-las críveis. É verdade que com mais frequência ele parece negar em absoluto que jamais se possa responder às objeções da razão contra a fé e pretende que para poder fazê-lo seria preciso compreender como o mistério acontece ou existe. Entretanto, há passagens em que ele se torna mais doce e se contenta em dizer que as soluções destas objeções lhe são desconhecidas. Eis aqui uma passagem bem precisa, tirada deste mesmo *Esclarecimento sobre os maniqueístas*, que se encontra no fim da segunda edição de seu *Dicionário*: "Para uma satisfação mais ampla dos leitores mais escrupulosos, quero muito declarar aqui (diz ele, p. 3148) que em toda parte do meu *Dicionário* em que se observar que tais ou tais argumentos não têm solução, eu não espero que [o leitor] se convença que eles o são efetivamente. Não quero dizer outra coisa senão que me parecem sem solução. Isto não tem consequências graves: cada um poderá achar, se lhe agrada, que eu o julgo assim devido a minha pouca perspicácia." Não é o que eu acho, sua grande perspicácia me é muito conhecida: mas acredito que tendo revirado seu espírito completamente afim de reforçar as objeções, não lhe restou atenção suficiente para aquilo que serve para resolvê-las.

85. Aliás, O Sr. Bayle reconhece, na sua obra póstuma contra o Sr. Le Clerc, que as objeções contra a fé não têm a força das demonstrações. É então *ad hominem* apenas, ou mesmo *ad*

homines, isto é, em relação ao estado em que o gênero humano se encontra, que ele julga [serem] sem solução estas objeções e a matéria inexplicável. Há mesmo uma passagem em que ele dá a entender que não se aflige que se possa encontrar nisso a solução ou a explicação e até mesmo em nossos dias. Pois eis o que ele diz na sua resposta póstuma ao Sr. Le Clerc (p. 35): "O Sr. Bayle pode ter esperado que seu trabalho excitaria a honra de alguns destes grandes gênios que elaboram novos sistemas e que eles poderiam inventar um desfecho até agora desconhecido." Parece que por este desfecho ele entende uma explicação sobre o mistério, que iria até o *como*; mas isso não é necessário para responder às objeções.

86. Muitos se empenharam em fazer compreender esse *como* e em provar a possibilidade dos mistérios. Um certo autor, que se chama Thomas Bonartes Nordtanus Anglus[158], no seu *Concordia scientiæ cum fide*, pretendeu isso. Esta obra me pareceu engenhosa e sábia, mas ácida e confusa, e chega mesmo a conter opiniões insustentáveis. Eu soube a partir da *Apologia Cyriacorum* do dominicano P. Vincent Baron[159] que aquele livro era censurado em Roma, que o autor foi jesuíta, e que teve aborrecimentos por tê-lo publicado. O R. P. des Bosses[160], que agora ensina teologia no colégio dos jesuítas de Hildesheim, e que acrescentou uma erudição pouco comum a uma grande perspicácia que manifesta em filosofia e em teologia, ensinou-me que o verdadeiro nome de Bonartes era Thomas Barton e que, tendo saído da companhia[161], se retirou na Irlanda, onde morreu de uma maneira que fez julgar favoravelmente suas últimas opiniões. Eu lamento pelas hábeis pessoas que atraem para si desgostos por conta de seu trabalho e de seu zelo. Algo semelhante aconteceu outrora a Pedro Abelardo, a Gilbert de La Porrée, a John Wycliffe, e nos nossos

---

[158] Cf. nota 12.

[159] Trata-se da obra *De immunitate autorum Cyriacorum a censura* (1662), escrita por Vincent Baron (1604-1674), teólogo francês, controversista anti-protestante.

[160] Des Bosses, teólogo e matemático, trocou com Leibniz uma importante correspondência nos anos 1706-1716; foi o tradutor da *Teodiceia* para o latim (com o título: *Gothofredi Guillelmi Leibnitii tentamina theodicaeae de bonitate Dei, libertate hominis et origine mali*).

[161] Referência à Copanhia de Jesus, ordem secular fundada por Inácio de Loyola em 1540.

dias ao inglês Thomas Albius, e a outros que foram demasido fundo na explicação dos mistérios.[162]

87. Entretanto, santo Agostinho, tanto quanto o Sr. Bayle, não perde a esperança de que se possa encontrar no mundo o desfecho que se anseia; mas este padre acredita que ele está reservado a algum santo homem esclarecido por uma graça inteiramente particular: "*Est aliqua causa fortassis occultior, quæ melioribus sanctiorisbusque reservatur, illius gratia potius quam meritis illorum*" (*in Genes. ad litteram,* liv. XI, cap. 4).[163] Lutero reserva o conhecimento do mistério dos eleitos para a academia celeste (*De servo arbitrio,* c. 174). "*Illic* [Deus] *gratiam et misericordiam spargit in indignos, hic iram et severitatem spargit in immeritos; utrobique nimius et iniquus apud homines, sed justus et verax apud se ipsum. Nam quomodo hoc justum sit ut indignos coronet, incomprehensibile est modo, videbimus autem, cum illuc venerimus, ubi jam non credetur, sed revelata facie videbitur. Ita quomodo hoc justum sit, ut immeritos damnet, incomprehensibile est modo, creditur tamen, donec revelabitur filius hominis.*"[164] É de se esperar que o Sr. Bayle se encontre agora cercado destas luzes as quais carecemos aqui na terra, pois é oportuno supor que ele nunca deixou de ter boa vontade.

---

[162] Pedro Abelardo (ou Abaelardus, 1079-1142), filósofo e teólogo ilustre, além de sua *História de minhas calamidades*, também ficou conhecido por ter sido acusado de opiniões heterodoxas sobre a Trindade; foi condenado pelos Concílios de Soissons (1121) e de Sens (1140). Gilbert de la Porrée (1070-1154) foi denunciado em Roma em 1146 por suas opiniões sobre a Trindade; suas doutrinas foram longamente discutidas nos Concílios de Paris (1147) e de Reims (1148); ele teve que assinar uma profissão de fé rejeitando as proposições de que foi acusado. John Wycliffe (morto em 1384), reformador inglês, importante tradutor da Bíblia, foi condenado ao Concílio de Blackfriars (1382). Thomas White, conhecido como Albius (1593-1676), teólogo e controversista católico; suas opiniões sobre diversos assuntos teológicos e políticos, notadamente sobre o estado das almas depois da morte, levantaram violentas discussões.

[163] "[Portanto] existe uma causa certamente mais oculta, que está reservada aos melhores e aos mais santos, mais por obra da graça do que por seus [próprio] méritos".

[164] "Aqui Deus derrama sua graça e sua misericórdia sobre aqueles que são dignos delas, lá derrama sua cólera e sua severidade sobre aqueles que não as merecem; aos [olhos dos] homens em um e em outro é excessivo e injusto, porém aos seus próprios [olhos] é justo e verdadeiro. De fato, como poderia ser justo que ele coroasse os indignos é incompreensível no momento, mas nós o veremos quando estivermos lá onde não se acreditará mais, mas onde se verá face a face. Da mesma maneira, como poderia ser justo que ele levasse à danação homens que não o merecem é incompreensível no momento, todavia [também] se crê, quando o filho do homem se revelará".

Candidus insueti miratur limen Olympi,
Sub pedibusque videt nubes et sidera Daphnis.
(Virgílio)

... *Illic postquam se lumine vero*
Implevit, stellasque vagas miratur et astra
Fixa polis, vidit quanta sub nocte jaceret
Nostra dies
(Lucano).[165]

[165] "Dafne resplandencente admira a desconhecida entrada do Olimpo; sob seus pés vê as nuvens e os astros". Vírgilio, *Bucólicas*, V, vv. 56-57. "Lá, uma vez pleno da luz verdadeira, quando ele admira os astros errantes e as estrelas fixas nos pólos, ele vê o quanto sob a noite encontra-se o nosso dia". Lucano, *De bello civili*, IX, vv. 55-57.

Primeira Parte

1. Depois de ter estabelecido (*réglé*) os direitos da fé e da razão de uma maneira que faz a razão servir à fé, bem longe de lhe ser contrária; veremos como elas exercem estes direitos para manter e juntas conciliar aquilo que a luz natural e a luz revelada nos ensinam sobre Deus e sobre o homem com relação ao mal. Podemos separar as *dificuldades* em duas classes. As da primeira nascem da liberdade do homem, a qual parece incompatível com a natureza divina; mas a liberdade é considerada necessária para que o homem possa ser considerado culpado e passível de punição. As da segunda compreendem a conduta de Deus, que parece fazê-lo tomar parte demais na existência do mal, ainda que o homem fosse livre e também assumisse aí sua parte. E esta conduta parece contrária à bondade, à santidade e à justiça divina, já que Deus concorre para o mal, tanto físico quanto moral; e que ele concorre para ambos tanto de uma maneira moral quanto de uma maneira física; e parece que estes males se mostram na ordem da natureza, do mesmo modo que na da graça; e na vida futura e eterna, do mesmo modo e até mais do que nesta vida passageira.

2. Para apresentar estas dificuldades de forma resumida, é preciso observar que a liberdade se choca, aparentemente, com a determinação ou com a certeza, independente do que ela seja,

e, entretanto, o dogma comum dos nossos filósofos sustenta que a verdade dos futuros contingentes é determinada. A presciência de Deus também torna todo o futuro certo e determinado; mas sua providência e sua preordenação, sobre a qual a própria presciência parece estar fundada, faz bem mais: pois Deus não é como um homem que pode observar os eventos com indiferença, e que pode suspender seu julgamento; já que nada existe senão como consequência dos decretos de sua vontade e pela ação de seu poder. E ainda que se fizesse abstração do concurso de Deus, tudo estaria ligado perfeitamente na ordem das coisas, pois nada poderia acontecer sem que existisse uma causa disposta como é preciso para produzir o efeito; o que não tem menos lugar nas ações voluntárias do que em todas as outras. A partir disso, parece que o homem está obrigado a fazer o bem e o mal que faz; e que, portanto, não merece nem recompensa nem castigo por isso, o que destrói a moralidade das ações e ofende toda a justiça divina e humana.

3. Mas quando fosse concedido ao homem esta liberdade com a qual ele se protege de sua danação (*à son dam*), a conduta de Deus não deixaria de fornecer motivos para a crítica, sustentada pela presunçosa ignorância dos homens que desejariam se desculpar de tudo ou de uma parte às custas de Deus. Objeta-se que toda a realidade, e aquilo que é chamado de a substância do ato, no próprio pecado, é uma produção de Deus, pois todas as criaturas e todas as suas ações obtêm dele o que elas recebem de real; de onde se pretenderia inferir não apenas que ele é a causa física do pecado, mas também que é a sua causa moral, já que age muito livremente, e não faz nada sem um perfeito conhecimento da coisa e das consequências que ela pode ter. E não basta dizer que Deus fez para si uma lei para concorrer com as vontades ou resoluções do homem, seja conforme a opinião comum, seja conforme o sistema das causas ocasionais[166]; pois, além do fato de que se achará estranho que ele tenha feito para si tal lei, da qual ele não ignoraria as

[166] Sistema defendido por Malebranche (1638-1715), filósofo francês, prelado do Oratório, sua obra girava em torno da filosofia cartesiana e da justificação do cristianismo; foi convencido por Leibniz a rever sua adesão à filosofia cartesiana do movimento e teve uma polêmica importantante com Arnauld (cf. notas 114, 132, 261, 375, 428, 431, 591 e 597).

consequências, a principal dificuldade é que parece que mesmo a má vontade não poderia existir sem alguma participação (*concurs*), e mesmo sem alguma predeterminação de sua parte, que contribui para fazer nascer esta vontade no homem ou em alguma outra criatura racional; pois uma ação, por ser má, não é menos dependente de Deus. Donde se pretenderia concluir, enfim, que Deus faz tudo indiferentemente, o bem e o mal, a não ser que se queira dizer, com os maniqueístas, que há dois princípios, um bom e outro mau. Além disso, segundo a opinião comum dos teólogos e dos filósofos, sendo a conservação uma criação contínua, dir-se-á que o homem é criado continuamente corrompido e pecador. Além do fato que há cartesianos modernos[167] que pretendem que Deus seja o único ator, do qual as criaturas são apenas os órgãos puramente passivos, e não é pouco que o Sr. Bayle os apoia.

4. Mas quando Deus somente devesse concorrer para as ações de um concurso geral, ou em absoluto, em todo caso para as más [ações], afirmar-se-á que é suficiente para a imputação e para torná-lo causa moral, que nada aconteça sem sua permissão. E para não falar sobre a queda dos anjos; ele conhece tudo o que acontecerá, se ele coloca o homem nestas e naquelas circunstâncias após tê-lo criado; e ele não deixa de colocá-lo. O homem é exposto a uma tentação perante a qual se sabe que sucumbirá, e que por isso ele será a causa de uma infinidade de males aterrorizantes; que por causa desta queda todo o gênero humano será contaminado e colocado em uma espécie de necessidade de pecar, o que é chamado de o pecado original; que o mundo será colocado por causa disso em uma estranha confusão; que por este meio a morte e as doenças serão introduzidas com mil outros infortúnios e misérias que normalmente afligem os bons e os maus, que mesmo a maldade reinará e que a virtude será aniquilada neste mundo, e que deste modo quase não parecerá que uma Providência governa as coisas. Mas é bem pior quando se considera a vida que está por vir, pois só haverá uma pequena quantidade de homens salvos, e que todos os outros perecerão eternamente; além do fato que aqueles homens destinados à salvação terão sido retirados da massa corrompida

[167] Modernos: certamente no sentido de atuais.

mediante uma eleição[168] sem razão, quer seja dito que Deus teve consideração ao escolhê-los devido às suas boas ações futuras, à sua fé ou às suas obras, quer se pretenda que ele lhes quis dar estas boas qualidades e estas ações porque os predestinou à salvação. Pois ainda que se diga no sistema mais brando, que Deus quis salvar todos os homens, e que ainda se reconheça nos outros que são comumente admitidos, que ele fez seu filho assumir a natureza humana para expiar seus pecados, de modo que todos aqueles que crerem nele com uma fé viva e extrema serão salvos, sempre continua verdadeiro que esta fé viva é um dom de Deus; que nós morremos para todas as boas obras; que é preciso que uma graça complacente excite até nossa vontade; e que Deus nos dá o querer e o fazer. E quer isso seja feito mediante uma graça eficaz por si mesma, isto é, por um movimento divino interior que determina inteiramente nossa vontade ao bem que ela faz; quer exista apenas uma graça suficiente, mas que não deixa de levar a termo e de se tornar eficaz pelas circunstâncias internas e externas nas quais o homem se encontra e nas quais Deus o colocou; sempre é preciso voltar a dizer que Deus é a razão última da salvação, da graça e da eleição em Jesus Cristo. E quer a eleição seja a causa ou a consequência do desígnio de Deus de dar a fé, continua sempre verdadeiro que ele dá a fé ou a salvação a quem bem entenda, sem que apareça razão alguma de sua escolha, a qual só recai sobre uma quantidade muito pequena de homens.

5. De modo que é um julgamento terrível que Deus, dando seu único filho para todo o gênero humano e sendo o único autor e mestre da salvação dos homens, salve, entretanto, tão poucos e abandone todos os outros ao seu inimigo diabo, que os atormenta eternamente e os faz maldizerem o seu criador, embora tenham sido todos criados para difundir e manifestar a sua bondade, a sua justiça e as suas outras perfeições; e este evento imprime tanto medo, que todos estes homens só são infelizes por toda a eternidade porque Deus expôs seus antepassados a uma tentação a qual ele sabia que eles não resistiriam; que este pecado é inerente e imputado aos homens antes que a vontade deles

[168] Mantivemos "eleição" por conta de se referir à escolha dos eleitos.

tivesse parte nisso; que este vício hereditário determina a vontade deles a cometer pecados no presente; e que uma infinidade de homens, crianças ou adultos, que jamais ouviram falar de Jesus Cristo, salvador do gênero humano, ou não ouviram suficientemente, morrem antes de receber os auxílios necessários para se retirar deste abismo do pecado; e são condenados a serem para sempre rebeldes para com Deus e mergulhados nas misérias mais horríveis, com as mais maldosas de todas as criaturas; ainda que, no fundo, estes homens não tenham sido mais maldosos que outros; e que muitos dentre eles talvez tenham sido menos culpados que uma parte deste pequeno número de eleitos que foram salvos por uma graça sem motivo; e que por causa disso desfrutam de uma felicidade eterna que eles não mereceram. Eis um resumo das dificuldades que muitos consideraram; mas o Sr. Bayle foi um daqueles que as levou mais longe, como aparecerá em seguida, quando nós examinarmos seus textos. Presentemente, eu acredito ter relatado o que há de mais essencial nas suas dificuldades; mas julguei oportuno me abster de algumas expressões e exageros que poderiam ter escandalizado e que não teriam tornado as objeções mais fortes.

6. Agora, viremos a medalha e apresentemos também aquilo que pode responder a estas objeções, em que será necessário se fazer compreender a partir de um discurso mais amplo; pois é possível dispor muitas dificuldades em poucas palavras; mas para realizar a discussão sobre elas é preciso se estender. Nossa meta é afastar os homens das ideias falsas que lhes representam Deus como um príncipe absoluto, usando de um poder despótico, pouco apropriado para ser amado e pouco digno de ser amado. Estas noções são tanto mais inadequadas em relação a Deus quanto o essencial da piedade é não apenas temê-lo, mas também amá-lo sobre todas as coisas; o que não é possível sem que se conheça as perfeições capazes de excitar o amor que ele merece e que faz a felicidade daqueles que o amam. E nos encontrando animados por um zelo que não pode deixar de lhe agradar, temos motivo para esperar que ele nos esclarecerá, e que ele mesmo nos auxiliará na execução de um desígnio empreendido para sua glória e para o

bem dos homens. Uma causa tão boa traz confiança; se há aparências plausíveis contra nós, há demonstrações ao nosso lado; e eu ousaria dizer a um adversário:

Aspice, quam mage sit nostrum penetrabile telum.[169]

7. *Deus é a razão primeira das coisas*: pois aquelas que são limitadas, como tudo aquilo que vemos e experimentamos, são contingentes e não têm nada nelas que torne a sua existência necessária, sendo manifesto que o tempo, o espaço e a matéria, unidos e uniformes neles mesmos e indiferentes a tudo, podiam receber totalmente outros movimentos e figuras, e em uma outra ordem. Então, é preciso procurar a *razão da existência do mundo*, que é a completa reunião das coisas *contingentes*, e é preciso procurá-la na *substância que traz em si mesma a razão de sua existência,* a qual, portanto, é *necessária* e eterna. É preciso também que esta causa seja *inteligente*; pois este mundo que existe sendo contingente, e uma infinidade de outros mundos sendo igualmente possíveis e pretendentes igualmente à existência tanto quanto ele, por assim dizer, é preciso que a causa do mundo tenha tido consideração ou relação com todos estes mundos possíveis, a fim de determinar um deles. E esta consideração ou relação de uma substância existente com as simples possibilidades não pode ser outra coisa senão o *entendimento* que contém as ideias delas e determina uma delas; não pode ser outra coisa senão o ato da *vontade* que escolhe. E é o *poder* desta substância que torna a sua vontade eficaz. O poder vai ao *ser*, a *sabedoria* ou o entendimento ao *verdadeiro*, e a vontade ao *bem*. E esta causa inteligente deve ser, de todas as maneiras, infinita e absolutamente perfeita em *poder*, em *sabedoria* e em *bondade*, visto que ela alcança tudo aquilo que é possível. E como tudo está ligado, não há lugar para admitir mais de uma. Seu entendimento é a fonte das *essências*, e sua vontade é a origem das *existências*. Eis em poucas palavras a prova de um Deus único com suas perfeições, e a partir dele a origem das coisas.

[169] "Veja quanto o nosso dardo é mais penetrante". O que o texto de fato diz é: *Adspice, num mage sit nostrum penetrabile telum*. (Virgílio, *Eneida*, X, v. 481).

8. Acontece que esta suprema sabedoria, unida a uma bondade que não é menos infinita do que ela, não pôde deixar de escolher o melhor. Pois como um mal menor é uma espécie de bem, do mesmo modo um bem menor é uma espécie de mal, se ele impede um bem maior; e haveria algo a corrigir nas ações de Deus, se houvesse meio de fazer melhor. E como nas matemáticas, quando não há o *maximun* nem o *minimum*, enfim nenhuma diferença, tudo se faz igualmente; ou quando isso não é possível, absolutamente nada é feito; pode-se dizer da mesma maneira em matéria de perfeita sabedoria, que não é menos regrada do que as matemáticas, que se não houvesse o melhor (*optimum*) entre todos os mundos possíveis, Deus não teria produzido nenhum. Eu chamo de *mundo* toda a sequência e toda a coleção de todas as coisas existentes, afim de que não se diga que muitos mundos podiam existir em diferentes tempos e diferentes lugares. Pois seria preciso contá-los todos juntos como um mundo, ou, se você deseja, como um universo. E quando se preenchesse todos os tempos e todos os lugares, continuaria sempre verdadeiro que se poderia tê-los preenchido de uma infinidade de maneiras, e que há uma infinidade de mundos possíveis dos quais é preciso que Deus tenha escolhido o melhor, pois ele não faz nada sem agir segundo a suprema razão.

9. Algum adversário, não podendo responder a este argumento, talvez responda à conclusão mediante um argumento contrário, dizendo que o mundo podia ter existido sem o pecado e sem os sofrimentos; mas eu nego que assim ele teria sido *melhor*. Pois é preciso saber que em cada um dos mundos possíveis tudo está ligado: o universo, independente de qual ele possa ser, é uma peça inteiriça, como um oceano; o menor movimento expande seu efeito por qualquer que seja a distância, ainda que este efeito se torne menos sensível à medida que aumenta a distância; de modo que Deus regrou tudo isso antecipadamente de uma vez, tendo previsto as preces, as boas e as más ações, e todo o resto; e cada coisa contribuiu *idealmente* antes de sua existência para a decisão que foi tomada quanto à existência de todas as coisas. De modo que nada pode ser mudado no universo (tampouco em um

número) salvo sua essência, ou se você preferir, salvo sua *individualidade numérica*. Deste modo, se o menor mal que acontece no mundo deixasse de existir, esse não seria mais este mundo, o qual, todo calculado, todo ponderado, foi considerado o melhor pelo criador que o escolheu.

10. É verdade que se pode pensar mundos possíveis sem pecado e sem infortúnio, e se poderia fazer isso como romances, *Utopias*, *Sévérambes*[170]; mas esses mesmos mundos seriam, a propósito, muito inferiores quanto ao bem [se comparados] ao nosso. Eu não saberia mostrar no detalhe; pois poderia eu conhecer e representar infinitos e compará-los ao mesmo tempo? Mas, como eu, você deve julgá-lo *ab effectu*[171], já que Deus escolheu este mundo tal como ele é. Nós sabemos, aliás, que frequentemente um mal causa um bem, o qual não teria acontecido sem este mal. Comumente até dois males podem ocasionar um grande bem:

Et si fata volunt, bina venena juvant.[172]

Como dois licores algumas vezes produzem um corpo seco, testemunha o espírito de vinho e o espírito de urina misturados por van Helmont[173]; ou como dois corpos frios e escuros podem produzir um grande fogo, testemunha um licor ácido e um óleo aromático combinados pelo Sr. Hofmann.[174] Um general do exército algumas vezes comete um erro feliz, que causa vitória de uma grande batalha; ora, e não se canta na véspera da Páscoa nas igrejas do rito romano:

---

[170] Leibniz se refere ao *De optimo reipublicae, deque nova insulta utopia* (1516) de Tommaso Moro, e a *L'Histoire des sévérambes*, publicada em Paris em 1677, que inicialmente havia sido publicada em inglês (Londres 1675), do escritor protestante Denys Veiras ou Vairasse (c.1635-c.1685); a última é um romance utópico que apresenta o povo imaginário dos Sevarambes, que tem sua origem no nome do herói imaginário Sevarias, criado por anagrama a partir do sobrenome do autor.

[171] Pelo efeito, a partir do efeito.

[172] "E se os destinos o querem, dois venenos acabam por ser úteis".

[173] Jean Baptist Helmont (1577-1644), médico e naturalista célebre, principalmente por suas pesquisas em química, suas obras foram editadas por seu filho François-Mercure (ou Franciscus Mercurius) Helmont (1618-1699), também naturalista.

[174] Gaspar Hofmann (1572-1648) professor de medicina em Altdorf.

O certe necessarium Adæ peccatum,
Quod Christi morte deletum est!
O felix culpa, quæ talem ac tantum
Meruit habere Redemptorem![175]

11. Os ilustres prelados da igreja galicana que escreveram ao papa Inocente XII contra o livro do cardeal Sfondrate[176] sobre a Predestinação, como seguem os princípios de santo Agostinho, disseram coisas muito apropriadas para esclarecer esta grande questão. O cardeal parece preferir o estado das crianças mortas sem batismo ao próprio reino dos céus, já que o pecado é o maior dos males e elas morreram inocentes de todo pecado atual. Falaremos mais sobre isso a seguir. Os senhores prelados observaram bem que esta opinião está mal fundada. O apóstolo, dizem eles (Rm 2: 8), tem razão de desaprovar que se façam males, com o objetivo de que coisas boas aconteçam; mas não se pode desaprovar que Deus, por seu supereminente poder, obtenha com a permissão dos pecados bens muito maiores do que aqueles que aconteceram antes dos pecados. Não quer dizer que deveríamos ter prazer com o pecado, a Deus isso não agrada! Mas acontece que nós acreditamos no mesmo apóstolo, que diz (Rm 5: 20) que lá onde o pecado foi abundante, a graça foi superabundante, e nós nos lembramos que o próprio Jesus Cristo nos foi enviado por ocasião do pecado. Desta forma, vê-se que a opinião destes prelados chega a sustentar que uma sequência de coisas na qual o pecado esteja incluído pôde ser e efetivamente foi melhor que uma outra sequência sem o pecado.

12. Sempre nos servimos de comparações tomadas dos prazeres dos sentidos, misturados com aquilo que se aproxima da dor, por julgar que há alguma coisa de semelhante nos prazeres intelectuais. Um pouco de ácido, de acre ou de amargo em muitos casos

[175] "Oh verdadeiramente necessário pecado de Adão, que a morte do Cristo fez desaparecer! Oh culpa feliz, que mereceu ter um tal e tão grande Redentor!"

[176] Leibniz se refere ao livro *Nodus ipisius praædestinationisex s. literis doctrinaque SS. Augustinus et Thomae, quantum homini licet dissolutus* do beneditino e professor de Direito Canônico em Salisburg, Celestino Sfondrati (1644-1696), publicada em Roma em 1697; Bossuet e alguns outros bispos, especialmente o cardeal De Noailles, solicitaram a sua condenação a Inocente XII, papa de 1692 a 1700.

agrada mais do que o doce; as sombras realçam as cores e mesmo uma dissonância colocada onde é preciso dá relevo à harmonia. Nós queremos ser surpreendidos pelos acrobatas que estão prestes a cair da corda e queremos que as tragédias nos façam quase chorar. A saúde é bastante apreciada; por acaso se rendem muitas graças a Deus sem nunca ter ficado doente? E mais comumente, não é preciso que um pouco de mal nos torne o bem mais sensível, isto é, maior?

13. Mas, dirão que os males são grandes e em grande número, em comparação aos bens: enganam-se. É somente a falta de atenção que diminui nossos bens, e é preciso que esta atenção nos seja dada por alguma mistura de males. Se estivéssemos constantemente doentes e raramente em boa saúde, sentiríamos maravilhosamente este grande bem, e sentiríamos menos nossos males; mas não é melhor, todavia, que a saúde seja constante e a doença rara? Preenchamos, então, por nossa reflexão, o que falta em nossa percepção, a fim de nos tornar mais sensíveis ao bem da saúde. Se nós não tivéssemos o conhecimento da vida futura, acredito que se encontrariam poucas pessoas que estivessem contentes em retomar a vida na proximidade da morte, com a condição de passar novamente pela mesma escala de bens e de males; especialmente se não fossem do mesmo tipo: se contentariam com variar, sem exigir uma condição melhor do que aquela em que se tinha estado.

14. Também quando se considera a fragilidade do corpo humano, admira-se a sabedoria e a bondade do autor da natureza, que o tornou tão durável e sua condição tão tolerável. É isso que comumente me fez dizer que eu não me espanto se os homens ficam doentes algumas vezes, mas que me espanto que eles o fiquem tão pouco, e que não o fiquem sempre; e também é isso que deve nos fazer estimar mais o divino artifício do mecanismo dos animais, cujo autor fez máquinas tão frágeis e tão sujeitas à corrupção e, entretanto, tão capazes de se manter; pois é mais a natureza que nos cura do que a medicina. Acontece que esta mesma fragilidade é uma consequência da natureza das coisas, a menos que se queira que apenas esta espécie de criatura, que raciocina e que é revestida

de carne e de osso, não esteja no mundo. Mas aparentemente isto seria um defeito que alguns filósofos de outrora tinham chamado de *vacuum formarum*, um vazio na ordem das espécies.

15. Aqueles que estão dispostos a se mostrarem satisfeitos com a natureza e a fortuna, e não em se queixar delas, ainda que não fossem os que mais se beneficiaram na sua partilha, parecem-me preferíveis aos outros; pois, além do fato de que essas queixas são mal fundadas, isso quer dizer, efetivamente, murmurar contra as ordens da Providência. Naturalmente, não é preciso ser do número dos insatisfeitos na república em que se está, e de forma alguma é preciso ser na cidade de Deus, onde não é possível sê-lo senão com injustiça. Os livros da miséria humana, tais como aquele do papa Inocente III[177], não me parecem dos mais úteis; os males são duplicados quando lhes são dados a atenção que deveria ser deslocada para os bens que muito sobrepujam [tais males]. Eu aprovo ainda menos os livros tais como aquele do Abade Esprit, *Sobre a falsidade das virtudes humanas*[178], do qual recentemente nos deu um resumo, semelhante livro servindo para direcionar tudo para o lado do mal e para tornar os homens tais como ele os representa.

16. É preciso reconhecer, entretanto, que há certas desordens nesta vida, que se mostram particularmente na prosperidade de muitas pessoas más e na infelicidade de muitas pessoas de bem. Há um provérbio alemão que chega a atribuir a vantagem aos maus, como se normalmente eles fossem os mais felizes:

> *Je krummer Holz, je bessre Krucke:*
> *Je ärger Schalck, je grösser Glucke.*[179]

E seria de se esperar que esta sentença de Horácio fosse verdadeira aos nossos olhos:

---

[177] Leibniz se refere ao *Liber miserae humanae conditionis* de Giovani Lotário (1160-1216) que, em 1198, foi nomeado Papa Inocente III.

[178] Jacques Esprit (1611-1678). O livro *La fausseté des vertus humaines*, inspirado em La Roche-Foucauld, foi publicado em Paris em 1678; sua versão resumida foi publicada em Paris em 1702 com o título de *L'art de connaître les hommes*.

[179] "Quanto mais curvada a madeira, tanto melhores são as muletas; quanto mais perfeito o canalha, tanto maior é a sua felicidade."

Raro antecedentem scelestum
Deseruit pede pœna claudo.[180]

Entretanto, também acontece com frequência; embora talvez isso não seja o mais frequente,

Que aos olhos do universo o céu se justifique,

E que se possa dizer com Claudiano[181]:

Abstulit hunc tandem Rufini pœna tumultum,
Absolvitque deos.[182]

17. Mas quando não acontecesse aqui, o remédio está inteiramente pronto na outra vida. A religião e mesmo a razão nos ensinam isso, e nós não devemos murmurar contra um pequeno prazo que a sabedoria suprema achou bom dar aos homens para se arrependerem. Todavia, é aí que, de um outro lado, as objeções se reiteram quando se considera a salvação e a danação; pois parece estranho que, mesmo no imenso futuro da eternidade, o mal deva ter vantagem sobre o bem, sob a autoridade suprema daquele que é o soberano bem; pois muitos serão chamados e poucos eleitos ou salvos. É verdade que se vê em alguns versos de Prudêncio[183] (*Hymn. ante Somnum*):

[180] "Raramente o castigo que caminha com dificuldade não alcança o crime a sua frente." (Horácio, *Odi*, III, 2, vv. 31-32).

[181] Claudio Claudiano, um dos últimos representantes da poesia latina, nascido em torno de 365 d.C. na Alexandria; poeta oficial de Stilicon e do filho do imperador Teodósio o Grande, Honorius; Claudiano entra em querela com o outro filho de Teodósio, Rufino (Flavius Rufinus), tutor de Arcadius, que seria assassinado pelos soldados de Stilicon em 395, depois ter sido imperador do Oriente.

[182] "Por fim, o castigo de Rufino aplaca o tumulto, e aos deuses absolve." (Claudiano, *In Rufinum*, I, vv. 20-21).

[183] "Contudo, este vingador benévolo conteve sua cólera, e é pequeno o número de ímpios que ele deixa perecer por toda a eternidade." (*Cathemerinon*, 6, 94). Versos do poeta latino cristão Prudêncio (nascido em 348), que escreveu uma coletânea de hinos e de preces para todas as horas do dia, o *Cathemerinon*, que continha o *Hino antes do sono* (*Hymus ante sommnium*), de onde os versos citados foram tirados.

Idem tamen benignus
Ultor retundit iram,
Paucosque non piorum
Patitur perire in ævum;

a partir do que muitos de seu tempo acreditaram que seria bem pequeno o número daqueles que serão maldosos o bastante para serem passíveis de danação; e, segundo alguns, acreditava-se então em um meio entre o inferno e o paraíso; que o mesmo Prudêncio fala como se estivesse satisfeito com este meio; que são Gregório de Nissa também tende para este lado, e que são Jerônimo[184] inclina-se para a opinião que afirma que todos os cristãos seriam, por fim, recebidos na graça. Uma sentença de são Paulo, que ele mesmo considera misteriosa, que sustenta que toda Israel será salva[185], forneceu o material para muitas reflexões. Muitas pessoas piedosas, e mesmo sábias, mas audaciosas, ressuscitaram a opinião de Orígenes, que afirma que no tempo oportuno o bem terá vantagem, em tudo e por toda parte, e que todas as criaturas racionais se tornarão, enfim, santas e bem-aventuradas, mesmo os maus anjos. O livro do *Evangelho eterno*[186], publicado recentemente em alemão, e sustentado por uma grande e sábia obra intitulada Ἀποκατάστασις πάντων, fez muito estardalhaço sobre este grande paradoxo. O Sr. Le Clerc[187] também defendeu engenhosamente a causa dos origenistas, mas sem se declarar por eles.

18. Há um homem de espírito[188] que, conduzindo meu princípio da harmonia até suposições arbitrárias que eu absolutamente não aprovo, elaborou para si uma teologia como que astronômica.

---

[184] São Gregório de Nissa (340-400), certamente um dos mais famosos padres da Igreja, grande adversário da heresia ariana. São Jerônimo (331-420), tradutor da Bíblia para o latim.

[185] Rm 11: 25-26. Sobre Orígenes, cf. nota 136.

[186] Leibniz se refere ao *Das ewige Evangelium der allgemeinen Wiederbringung aller Creaturen*, opúsculo anônimo publicado em 1699, atribuído a Jean-Guillaume Petersen (1649-1727), também autor do *Ἀποκατάστασις πάντων* (Mistério da apocatástase – restauratio/ restauração – de todas as coisas), obra em 3 volumes publicada em Frankfurt de 1700 a 1710. A expressão "restauração" (apocatástase) de todas as coisas faz lembrar o At 3: 21.

[187] Cf. notas 22, 48, 109, 157, 187, 514.

[188] O "homem de espírito" não foi identificado; sobre essa questão, cf. G. Grua *Jurisprudence universelle et Théodicée selon Leibniz*, p. 394.

Ele crê que a desordem presente deste mundo inferior começou quando o anjo governante do globo terrestre, o qual ainda era um sol (isto é, uma estrela fixa e luminosa por ela mesma), cometeu um pecado com alguns anjos menores de seu departamento, talvez se rebelando, sem motivo, contra um anjo de um sol maior; que ao mesmo tempo, a partir da *harmonia preestabelecida* dos reinos da *natureza* e da *graça*, e, portanto, a partir das causas naturais que ocorrem no instante determinado, nosso globo foi coberto de sombras, tornou-se opaco e foi expulso [da sua posição]: o que o fez se tornar uma estrela errante ou planeta, isto é, satélite de um outro sol, e talvez até daquele do qual seu anjo não queria reconhecer a superioridade. E que é nisto que consiste a queda de Lúcifer, que agora [é] o chefe dos maus anjos, chamado na Sagrada Escritura de o príncipe, e mesmo o deus deste mundo; levando com os anjos de sua comitiva a inveja (*envie*) a este animal racional que caminha sobre a superfície deste planeta; e que Deus, talvez com o objetivo de reparar a queda deles, trabalha para torná-lo cúmplice de seus crimes e participante de seus infortúnios. Jesus Cristo veio lá do alto para salvar os homens. É o filho eterno de Deus enquanto filho único; mas (segundo alguns antigos cristãos, e segundo o autor desta hipótese), a princípio estando revestido, desde o começo das coisas, da mais excelente natureza dentre as criaturas para torná-las todas mais perfeitas, ele se colocou dentre elas; e é a segunda filiação, segundo a qual ele é o primogênito (*premier-né*) dentre todas as criaturas. É isso que os cabalistas chamavam de *Adam Cadmon*.[189] Talvez ele tivesse o seu santuário instalado neste grande sol que nos ilumina; mas, enfim, ele veio para este planeta onde estamos, aqui nasceu da Virgem, e assumiu a natureza humana para salvar os homens das mãos do inimigo deles e do seu. E quando o tempo do julgamento se aproximar, quando a atual face do nosso planeta estiver a ponto de perecer, ele retornará visivelmente para retirar daqui os bons, transplantando-os, talvez, para o sol, e para aqui punir os maus com os demônios que os seduziram; então, o globo terrestre começará a pegar fogo

[189] Os cabalistas chamavam de *Adam Cadmon*, ou *Kadmon*, ao homem originário, que representa o corpo da divindade (o macrocosmo, a criação).

e talvez se torne um cometa. Este fogo durará não sei quantas eras (*æones*). A cauda do cometa é caracterizada pela fumaça que será produzida incessantemente, seguindo o Apocalipse[190], e este incêndio será o inferno, ou a segunda morte de que fala a Sagrada Escritura. Mas, por fim, o inferno devolverá seus mortos, a própria morte será destruída, a razão e a paz voltarão a reinar nos espíritos que foram pervertidos; eles perceberão seus erros, eles adorarão o seu Criador, e até começarão a amar quanto mais perceberem a grandeza do abismo do qual eles saem. Ao mesmo tempo (em virtude do *paralelismo harmônico* dos reinos da natureza e da graça) este longo e grande incêndio terá purgado o globo terrestre de suas sombras. Ele voltará a ser um sol; seu anjo governante retomará seu lugar com os anjos de sua comitiva; os homens [antes] em danação integrarão com eles o número dos bons anjos; este dirigente do nosso planeta renderá homenagens ao Messias, mestre das criaturas: a glória deste anjo reconciliado será maior do que ela tinha sido antes da sua queda.

Inque Deos iterum fatorum lege receptus
Aureus æternum noster regnabit Apollo.[191]

A visão me pareceu agradável, e digna de origenistas; mas nós não temos necessidade de tais hipóteses ou ficções, nas quais o engenho (*l'esprit*) tem mais participação do que a revelação, e nas quais até a razão não encontra inteiramente sua serventia; pois não parece que haja um lugar principal no universo conhecido que mereça, mais do que os outros, ser a sede da mais velha das criaturas, e, seja como for, não é o sol do nosso sistema.

19. Então, ao nos mantermos na doutrina estabelecida, que o número dos homens danados eternamente será incomparavelmente maior do que aquele dos salvos, é preciso dizer que o mal não deixaria de parecer insignificante em comparação ao bem, quando

---

[190] Leibniz certamente se refere ao *Apocalipse* 19, 3 : "Dela sobe a fumaça pelos séculos dos séculos".

[191] "E novamente incluido entre os Deuses, de acordo com a lei dos destinos, nosso cintilante Apolo reinará pela eternidade".

for considerada a verdadeira grandeza da cidade de Deus. Cœlius Secundus Curio[192] escreveu um pequeno livro [chamado] *De amplitudine regni cœlestis* que foi reimpresso não faz muito tempo; mas falta muito para que tenha compreendido a extensão do reino dos céus. Os antigos tinham uma pequena ideia das obras de Deus, e santo Agostinho, sem conhecer as descobertas modernas, tinha muita dificuldade quando se tratava de justificar a predominância (*prévalence*) do mal. Aos antigos parecia que de habitada só existia a nossa terra, tinham inclusive medo dos antípodas; o resto do mundo era [composto de], segundo eles, alguns globos luminosos e algumas esferas cristalinas. Atualmente, independente dos limites que se confere ou não ao Universo, é preciso reconhecer que há um número incontável de globos, iguais e maiores que o nosso, que têm o mesmo direito de ter habitantes racionais, embora não resulte que estes sejam homens. É apenas um planeta, isto é, um dos seis satélites principais do nosso Sol; e como todos os fixos são sóis também, vê-se quanto nossa Terra é pouca coisa em relação às coisas visíveis, pois ela não é senão um apêndice de um dentre eles. É possível que todos os sóis não sejam habitados senão por criaturas felizes, e nada nos força a crer que neles existam muitos em danação, pois poucos exemplos ou poucas amostras bastam para a utilidade que o bem extrai do mal. Além disso, como não há razão alguma que leve a crer que existam estrelas em toda parte, não é possível que houvesse um grande espaço além da região das estrelas? Que este seja o céu empíreo (*empyrée*) ou não, este espaço imenso que circunda toda esta região sempre poderá ser preenchido de felicidade e de glória. Ele poderá ser concebido como o Oceano, para o qual seguem os rios de todas as criaturas bem-aventuradas, quando elas tiverem chegado à sua perfeição no sistema das estrelas. O que seria então a consideração do nosso globo e de seus habitantes? Não seria algo incomparavelmente menor que um ponto físico, já que nossa Terra é como um ponto com relação ao valor da distância de alguns fixos? Assim, a proporção da parte

[192] Célio Secundo Curione (1503-1569), teólogo humanista e reformador italiano de tendência liberal anticalvinista. A obra citada, *De amplitudine beati regni Dei* foi publicada em 1554 e reeditada em 1614 e 1617.

do Universo que nós conhecemos, quase se perdendo no nada em relação àquilo que nos é desconhecido, e que, todavia, nós temos motivo para admitir; e todos os males que podem nos ser objetados não estando senão neste quase nada; é possível que todos os males não sejam mais que um quase nada em comparação aos bens que estão no Universo.

20. Mas ainda é preciso satisfazer às dificuldades mais especulativas e mais metafísicas das quais se fez menção e que têm relação com a causa do mal. Pergunta-se inicialmente de onde vem o mal. *Si Deus est, unde malum? Si non est, unde bonum?*[193] Os antigos atribuíam a causa do mal à matéria, pois acreditavam ser incriada e independente de Deus; mas nós, que derivamos de Deus todo o ser, onde encontraremos a fonte do mal? A resposta é que ela deve ser procurada na natureza ideal da criatura, desde que esta natureza esteja encerrada nas verdades eternas que estão no entendimento de Deus independentemente da vontade dele. Pois é preciso considerar que há uma *imperfeição original na criatura* antes do pecado, porque a criatura é essencialmente limitada, de onde vem que ela não poderia saber tudo, e que ela pode se enganar e cometer outras faltas. Platão disse no *Timeu*[194] que o mundo tinha sua origem do entendimento associado à necessidade. Outros associaram Deus e a natureza. Pode-se dar um bom sentido a isso. Deus seria o entendimento, e a necessidade, isto é, a natureza essencial das coisas, seria o objeto do entendimento, enquanto ele consiste nas verdades eternas. Mas este objeto é interno e se encontra no entendimento divino. E é lá que se encontra não apenas a forma primitiva do bem, mas ainda a origem do mal: é a *região das verdades eternas* que é preciso ser colocada no lugar da matéria, quando se trata de procurar a fonte das coisas. Esta região é, por assim dizer, a *causa ideal* do mal tanto quanto do bem; mas, propriamente falando, o que há de formal no mal não tem nada de *eficiente,* pois ele consiste na privação, como nós veremos, isto é, naquilo que a causa eficiente não faz. É por isso que os escolásticos têm costume de chamar a causa do mal de *deficiente.*

---

[193] "Se Deus existe, de onde vem o mal? Se Ele não existe, de onde vem o bem?"

[194] *Timeu,* 30 b.

21. Podemos considerar o mal de maneira metafísica, física e moral. O *mal metafísico* consiste na simples imperfeição, o *mal físico* no sofrimento, e o *mal moral* no pecado. Ora, ainda que o mal físico e o mal moral não sejam necessários, é suficiente que em virtude das verdades eternas eles sejam possíveis. E como esta imensa região das verdades contém todas as possibilidades, é preciso que haja uma infinidade de mundos possíveis, que o mal entre em muitos deles, e que mesmo o melhor de todos o encerre; é isto que determinou Deus a permitir o mal.

22. Mas alguém me dirá: Por que você nos fala de *permitir*? Deus não faz o mal e ele não o quer? É aqui que será necessário explicar o que significa *permissão*, a fim de que se veja que não é sem razão que se emprega este termo. Mas antes é preciso explicar a natureza da vontade, que tem seus graus; e no sentido geral, pode-se dizer que a vontade consiste na inclinação a fazer algo proporcionalmente ao bem que ele encerra. Esta vontade é chamada de *antecedente* quando ela está solta, e considera à parte cada bem enquanto bem. Neste sentido, pode-se dizer que Deus tende a todo bem enquanto bem, *ad perfectionem simpliciter simplicem*[195], no falar escolástico, e isso por uma vontade antecedente. Ele tem uma firme inclinação para santificar e para salvar todos os homens, para excluir o pecado e impedir a danação. Pode-se mesmo dizer que esta vontade é eficaz *por si* (*per se*), isto é, de modo que o efeito se daria, se não houvesse alguma razão mais forte que o impedisse; pois esta vontade não chega ao último esforço (*ad summum conatum*), do contrário ela jamais deixaria de produzir seu efeito pleno, sendo Deus o mestre de todas as coisas. O sucesso total e infalível não pertence senão à *vontade consequente*, como é chamada. É ela que é plena, e em sua consideração esta regra tem lugar: que nunca se deixa de fazer o que se quer quando se pode [fazê-lo]. Ora, esta vontade consequente, final e decisiva, resulta do conflito de todas as vontades antecedentes, tanto daquelas que tendem ao bem quanto daquelas que resistem ao mal; e é do concurso de todas estas vontades particulares que vem a vontade total, como na mecânica o movimento composto resulta de todas

[195] "À perfeição simplesmente simples".

as tendências que concorrem em um mesmo [corpo] em movimento (*mobile*) e satisfaz igualmente a cada uma, na medida em que seja possível fazer tudo de uma só vez. E é como se o corpo em movimento se dividisse entre estas tendências, seguindo o que eu mostrei anteriormente em um dos jornais de Paris (de 7 de setembro de 1693)[196], ao expressar nele a lei geral das composições do movimento. E é ainda neste sentido que se pode dizer que a vontade antecedente é de alguma maneira eficaz, e mesmo efetiva com sucesso.

23. Disto resulta que Deus quer *antecedentemente* o bem e, *consequentemente*, o melhor. E no que diz respeito ao mal, Deus não quer de modo algum o mal moral, e não quer de maneira absoluta o mal físico ou os sofrimentos; é por isso que não há predestinação absoluta para a danação; e se pode dizer do mal físico que Deus o quer geralmente como um castigo por causa da culpa, e também geralmente como um meio próprio para um fim, isto é, para impedir maiores males ou para obter bens maiores. A pena também serve para a correção e para o exemplo, e o mal serve geralmente para apreciar melhor o bem, e algumas vezes também contribui para uma maior perfeição daquele que o sofre, como o grão que se semeia está sujeito a uma espécie de corrupção para que germine: é uma bela comparação da qual Jesus Cristo se serviu pessoalmente.[197]

24. No que diz respeito ao pecado ou ao mal moral, embora também aconteça muito frequentemente que ele possa servir de meio para obter um bem ou para impedir um outro mal, não é isso, entretanto, o que o torna um objeto suficiente da vontade divina ou mesmo um objeto legítimo de uma vontade criada; é preciso que ele só seja admitido ou permitido na qualidade de ser considerado como uma sequência certa de um dever indispensável, de modo que aquele que não quisesse permitir o pecado de outrem faltaria ele próprio com aquilo que deve; como se um oficial que tivesse de guardar um posto importante o deixasse,

[196] Em 7 de setembro de 1695 (e não 93) é publicado no *Jornal des Savants* o artigo de Leibniz *Règle générale de la composition des mouvements*.

[197] Leibniz certamente se refere ao *Evangelho segundo são João* (João 12: 24).

especialmente em um tempo de perigo, para impedir em uma vila uma querela entre dois soldados da guarnição prestes a se matarem.

25. A regra que sustenta *non esse facienda mala, ut eveniant bona*[198], e que chega a defender a permissão de um mal moral para se obter um bem físico, bem longe de ser violada é confirmada aqui, e dela se mostra a origem e o sentido. Não se aprovará que uma rainha pretenda salvar o seu Estado cometendo um crime e nem mesmo permitindo um. O crime é certo, e o mal do Estado é duvidoso; além do fato que esta maneira de autorizar crimes, se fosse aceita, seria pior que a desordem de algum país, que já é frequente sem isso, mas aconteceria talvez mais por um determinado meio escolhido para impedi-la. Porém, no que diz respeito a Deus, nada é duvidoso, nada poderia ser contrário à *regra do melhor*, que não sofre qualquer exceção nem dispensa. E é neste sentido que Deus permite o pecado; pois falharia com o que ele deve, com o que deve a sua sabedoria, a sua bondade, a sua perfeição, se não seguisse o forte resultado de todas as suas tendências para o bem, e se não escolhesse aquilo que é absolutamente o melhor, não obstante o mal da culpa que aí se encontra envolvido pela necessidade suprema das verdades eternas. De onde é preciso concluir que Deus quer todo o bem em si *antecedentemente*, que ele quer o melhor *consequentemente* como um fim, que ele quer algumas vezes o indiferente e o mal físico como um meio, mas que ele só quer permitir o mal moral a título de *sine qua non* ou da necessidade hipotética que o liga com o melhor. É por isso que a *vontade consequente* de Deus, que tem o pecado por objeto, é apenas permissiva.

26. Ainda é bom considerar que o mal moral não é um mal tão grande, exceto porque é uma fonte de males físicos que se encontram em uma criatura das mais poderosas e das mais capazes de provocá-lo. Pois uma má vontade é, no seu departamento, aquilo que o princípio mau dos maniqueístas seria no Universo;

---

198 Leibniz se refere à *Epistola aos* Romanos III, 8: "[E porque] não haveríamos [nós – como aliás alguns afirmam caluniosamente que nós (os cristãos) ensinamos] de fazer o mal para que aconteça o bem".

e a razão, que é uma imagem da divindade, fornece às almas más grandes meios de causar muito mal. Um simples Calígula, ou Nero, provocou mais [mal] que um tremor de terra. Um homem mau se compraz em fazer sofrer e em destruir, e encontra muitas ocasiões [para isso]. Mas Deus, sendo levado a produzir mais bem do que é possível, e tendo toda a ciência e todo o poder necessários para isto, é impossível que haja nele defeito, culpa, pecado; e quando ele permite o pecado, é sabedoria, é virtude.

27. É indubitável, com efeito, que seja preciso abster-se de impedir o pecado de outrem, quando não podemos fazê-lo sem que nós mesmos pequemos. Mas talvez alguém nos responda que é o próprio Deus que age e que faz tudo o que há de real no pecado da criatura. Esta objeção nos leva a considerar o *concurso físico* de Deus para com a criatura, depois de ter examinado o *concurso moral* que mais perturbava. Alguns acreditaram com o célebre Durand de Saint-Portien[199] e o cardeal Aureolus[200], escolástico famoso, que o concurso de Deus para com a criatura (quero dizer o concurso físico) não é senão geral e mediato; e que Deus cria as substâncias e lhes dá a força da qual elas necessitam; e que depois disso ele as deixa à vontade (*il les laisse faire*), e só as conserva sem ajudá-las em suas ações. Esta opinião foi refutada pela maioria dos teólogos escolásticos, e parece que anteriormente foi desaprovada por Pelágio.[201] Entretanto, um capuchinho que se chama Louis Pereir de Dole[202], por volta do ano de 1630, tinha escrito um livro com o propósito de ressuscitá-la, em todo caso em relação aos atos livres. Alguns modernos se inclinam para ela, e o

---

[199] Guillerme Durand de Saint-Portien (ou Pourçain) (c. 1270-c. 1332), teólogo domenicano, autor de um *Comentário sobre as sentenças*, inspirado na doutrina dos universais de Duns Scot.

[200] Pierre Auriol (c. 1280-1322), teólogo e filósofo franciscano, também autor de um *Comentário sobre as sentenças*, onde segue as ideias de Durand.

[201] Pelágio (c. 380-c. 430), monge inglês iniciador da heresia pelagiana, muitas vezes combatida por santo Agostinho; Pelágio defendia a ideia de que a atribuição do pecado de Adão a todo o gênero humano estava errada e prejudicava a correta compreensão do livre-arbítrio humano.

[202] Louis Pereir (ou Bereur) de Dole (morto em 1636), filósofo e teólogo que escreveu a *Disputatio quadripartita de modo conjuntionis concursuum Dei et creaturae ad actus liberos ordinis naturalis, praesertim vero et pravos, adversus praedeterminantium et assertorum scientiae mediae modernorum opniones* publicada em Lyon em 1634. Sobre Bernier, cf. nota 87; Leibniz se refere ao livro *Traité du libre et du volontaire* (Amsterdam 1685).

Sr. Bernier a sustenta em um pequeno livro intitulado *Sobre o livre e sobre o voluntário*. Mas não se saberia dizer, em relação a Deus, o que significa *conservar* sem voltar à opinião comum. É preciso também considerar que a ação de Deus que conserva deve ter relação com aquilo que é conservado, tal como ele é, e conforme o estado em que se encontra; deste modo, ela não poderia ser geral ou indeterminada. Estas generalidades são abstrações que não se encontram na verdade das coisas singulares, e a conservação de um homem em pé é diferente da conservação de um homem sentado. Ele não seria assim, se ela não consistisse senão no ato de impedir e de separar alguma causa estranha que poderia destruir aquilo que se quer conservar, como acontece em muitos casos quando os homens conservam algo; mas, além do fato de que algumas vezes nós somos pessoalmente forçados a alimentar aquilo que conservamos, é preciso saber que a conservação de Deus consiste nesta influência imediata perpétua que a dependência das criaturas exige. Esta dependência ocorre não apenas em consideração à substância, mais ainda à ação, e talvez só fosse possível explicá-la melhor dizendo, com o comum dos teólogos e dos filósofos, que é uma criação contínua.

28. Será objetado, então, que Deus agora crie o homem pecador, ele que o criou inicialmente inocente. Mas é aqui que é preciso dizer, quanto à moral, que Deus sendo soberanamente sábio, não pode deixar de observar certas leis e de agir segundo as regras, tanto físicas quanto morais, que sua sabedoria lhe fez escolher; e a mesma razão que lhe fez criar o homem inocente, mas pronto para sucumbir, faz com que recrie o homem quando este cai, pois sua ciência faz com que o futuro lhe seja como o presente, e que ele não poderia se retratar das resoluções tomadas.

29. E quanto ao concurso físico, é aqui que é preciso considerar esta verdade que já provocou tanto barulho nas escolas, desde que santo Agostinho a fez notar, segundo a qual o mal é uma privação do ser, enquanto a ação de Deus é positiva. Esta resposta parece ser uma escapatória e mesmo algo de quimérico na imaginação de muita gente; mas eis um exemplo bastante semelhante que poderá esclarecê-los.

30. O célebre Kepler[203] e depois dele o Sr. Descartes (nas suas *Cartas*) falaram da *inércia natural dos corpos*, e é algo que pode ser considerado como uma imagem perfeita e mesmo como uma amostra da limitação original das criaturas, por indicar que a privação constitui o formal das imperfeições e dos inconvenientes que se encontram na substância tanto quanto nas suas ações. Admitamos que a corrente de um mesmo rio leva consigo muitos barcos que não diferem entre si senão pela carga, uns estando carregados de madeira, outros de pedra, e uns mais, outros menos. Sendo assim, acontecerá que os barcos mais carregados seguirão mais lentamente que os outros, desde que se suponha que o vento, ou o remo, ou algum outro meio semelhante não os ajude. Não é propriamente o peso a causa deste retardamento, já que os barcos descem ao invés de subir, mas é a mesma causa que aumenta também o peso nos corpos que têm mais densidade, isto é, que são menos esponjosos e mais carregados de matéria do que lhes é apropriado; pois aquela que passa através dos poros não recebendo o mesmo movimento não deve ser levada em conta. Acontece, então, que a matéria é levada originariamente à lentidão ou à falta de velocidade, não para diminuí-la por si mesma quando já recebeu esta velocidade, pois isto seria agir, mas para moderar por meio de sua receptividade o efeito da impressão quando ela deve recebê-lo. E, por conseguinte, visto que há mais matéria movida pela mesma força da corrente quando o barco está mais carregado, é preciso que ele siga mais lentamente. Além disso, as experiências do choque dos corpos, associadas à razão, mostram que é preciso empregar duas vezes mais força para dar uma mesma velocidade a um corpo de mesma matéria, mas duas vezes maior; o que não seria necessário se a matéria fosse absolutamente indiferente ao repouso e ao movimento, e se não tivesse esta inércia natural da qual nós acabamos de falar, que lhe dá uma espécie de repugnância a ser movida.[204] Comparemos

[203] Johanes Kepler (1571-1630), astrônomo alemão; em 1609 demonstrou que as órbitas formavam elipses e não círculos. Leibniz se refere à correspondência de Descartes, notadamente as cartas a F. de Beaunedo (30 de abril de 1639) e a Newcastle (de março ou abril de 1648).

[204] Leibniz retoma aqui parte importante de sua Dinâmica, algo que já havia deixado claro no *Discurso de metafísica* § 17 e que, em parte, dizia respeito à controvérsia que teve início,

agora a força que a corrente exerce sobre os barcos e que lhes comunica com a ação de Deus que produz e conserva o que há de positivo nas criaturas, e lhes dá a perfeição do ser e da força; comparemos, quero dizer, a inércia da matéria com a imperfeição natural das criaturas, e a lentidão do barco carregado com os defeitos que se encontram nas qualidades e na ação da criatura, e nós descobriremos que não há nada de mais justo que esta comparação. A corrente é a causa do movimento do barco, mas não de seu retardamento; Deus é a causa da perfeição na natureza e nas ações da criatura, mas a limitação da receptividade da criatura é a causa dos defeitos existentes na sua ação. Deste modo, os platônicos, santo Agostinho e os escolásticos tiveram razão quando disseram que Deus é a causa do material do mal, que consiste no positivo, mas não do formal, que consiste na privação, como se pode dizer que a corrente é a causa do [que há de] material no retardamento, sem o ser do [que há de] formal, quer dizer, ele é a causa da velocidade do barco, sem ser a causa das limitações desta velocidade. E Deus é tão pouco a causa do pecado quanto a corrente do rio é a causa do retardamento do barco. A força também é em relação à matéria o que o espírito é em relação à carne; o espírito é capaz (*prompt*) e a carne é incapaz (*infirme*), e os espíritos agem.

Quantum non noxia corpora tardant.[205]

31. Há, então, uma relação bastante semelhante entre esta ou aquela ação de Deus e esta ou aquela paixão ou recepção da criatura, que somente é aperfeiçoada no curso ordinário das coisas à medida de sua *receptividade*, como é chamada. E quando se diz que a criatura depende de Deus a partir do fato que ela existe e a partir do fato

principalmente, a partir da publicação em março de 1686, na *Ata dos eruditos*, do seu artigo *Brevis demonstratio erroris memorabilis Cartesii*; neste artigo Leibniz mostrava, contra Descartes, que a fórmula $f=m.v$ não estava correta e devia ser substituída pela da força viva (*vis viva*) $f=m.v^2$ (ou $f=1/2m.v^2$), essa sim corresponderia corretamente ao que se conserva no universo; vale lembrar, que sua fórmula também não coincide com a de Newton $f=m.a$, a primeira se tornará a expressão da quantidade de movimento, a segunda a da energia cinética e a terceira é a que foi considerada a correta expressão da força. Cf. também o § 61 da primeira parte.

[205] "Quanto os não culpados corpos retardam". (Virgílio, *Eneida*, VI, v. 731).

que ela age, e mesmo que a conservação seja uma criação contínua, é porque Deus sempre dá à criatura e produz continuamente o que existe de positivo, de bom e de perfeito nela, todo dom perfeito vindo do pai das luzes; enquanto as imperfeições e os defeitos das operações vêm da limitação original que a criatura não pôde deixar de receber com o primeiro começo de seu ser pelas razões ideais que a limitam. Pois Deus não podia lhe dar tudo sem fazer dela um Deus; seria preciso, então, que houvesse diferentes graus na perfeição das coisas, e que também houvesse limitações de toda sorte.

32. Esta consideração servirá também para satisfazer alguns filósofos modernos que chegam a dizer que Deus é o único protagonista (*acteur*). É verdade que Deus é o único cuja ação é pura e sem mistura daquilo que se chama *padecer*; mas isto não impede que a criatura também tenha parte nas ações, já que a *ação* da criatura é uma modificação da substância que dela decorre naturalmente, e que encerra uma variação não apenas nas perfeições que Deus comunicou à criatura, mas também nas limitações que ela fornece a partir dela mesma, por ser o que ela é. O que mostra também que existe uma distinção real entre a substância e suas modificações ou acidentes contra o opinião de alguns modernos, e particularmente do falecido Sr. duque de Buckingham[206], que falou disso em um pequeno discurso sobre a religião, reimpresso recentemente. Então, o mal é como as trevas, e não apenas a ignorância, mas também o erro e a malícia consistem formalmente em uma certa espécie de privação. Eis um exemplo do erro, do qual nós já nos servimos: eu vejo uma torre que de longe parece redonda, embora ela seja quadrada. O pensamento de que a torre é o que ela parece decorre naturalmente daquilo que eu vejo; e quando me mantenho neste pensamento, [quando isso se torna] uma afirmação, é um falso julgamento; mas se insisto no exame, se alguma reflexão faz com que me aperceba que as aparências me enganam, vejo-me diante do erro. Continuar em um certo lugar determinado ou não ir mais longe, não se dar conta de alguma observação, são estas as privações.

[206] George Villiers de Buckingham (1627-1688), ministro de Carlos II, escreveu *A short discourse upon the reasonableness of men having a religion or worship of God*, publicado em Londres em 1686 e reeditado em 1707, em uma coletânea intitulada *The Phoenix, or a revival of scarce and valuable pieces.*

33. O mesmo acontece com relação à malícia ou à má vontade. A vontade tende ao bem em geral; ela deve seguir no sentido da perfeição que nos convêm, e a suprema perfeição está em Deus. Todos os prazeres têm em si mesmos algum sentimento de perfeição; mas quando se limita aos prazeres dos sentidos ou a outros em prejuízo dos bens maiores, como da santidade, da virtude, da união com Deus, da felicidade, é nesta privação de uma tendência posterior que o defeito consiste. Em geral, a perfeição é positiva, é uma realidade absoluta; o defeito é privativo, ele vem da limitação e tende a novas privações. Assim, é um ditado tão verdadeiro quanto velho: *Bonum ex causa integra, malum ex quolibet defectu*, como também aquele que sustenta: *Malum causam habet non efficientem, sed deficientem.*[207] E espero que o sentido destes axiomas seja melhor compreendido depois do que acabo de dizer.

34. O concurso físico de Deus e das criaturas com a vontade também contribui para as dificuldades com relação à liberdade. Eu sou da opinião que nossa vontade não apenas é isenta da coação, mas, além disso, da necessidade. Aristóteles já observou que há duas coisas na liberdade, a saber, a espontaneidade e a escolha[208]; e é nisto que consiste nosso domínio sobre nossas ações. Quando agimos livremente, não somos forçados, como aconteceria se fôssemos empurrados em direção a um precipício e fossemos jogados do alto para baixo; não somos impedidos de ter o espírito livre quando deliberamos, como aconteceria se nos fosse dado uma bebida alcoólica que tirasse nossa capacidade de julgar. Existe contingência nas incontáveis ações da natureza; mas quando o julgamento não está naquele que age, não existe liberdade. E se tivéssemos um julgamento que não fosse acompanhado de alguma inclinação para agir, nossa alma seria um entendimento sem vontade.

35. Entretanto, não é preciso achar que nossa liberdade consiste em uma indeterminação ou em uma *indiferença de equilíbrio*; como se fosse preciso ser igualmente inclinado para o lado do sim e do não, e para o lado dos diferentes partidos, quando há muitos

[207] "O bem vem de uma causa plena; o mal de alguma carência"; e "O mal não tem uma causa eficiente, mas deficiente".

[208] Cf. *Ética a Nicomaco*, III, 1, 110 a 1.

a serem escolhidos. Em qualquer sentido este equilíbrio é impossível; pois se fôssemos igualmente levados pelas partes A, B e C, nós não poderíamos ser igualmente levados por A e por não-A. Além do mais, este equilíbrio é absolutamente contrário à experiência, e, quando for examinado, se descobrirá que sempre existiu alguma causa ou razão que nos inclinou para o partido que se escolheu, embora muito frequentemente não nos apercebamos do que nos move; do mesmo modo não nos apercebemos nem um pouco porque, ao sair de uma porta, o pé direito foi colocado na frente do esquerdo, ou o esquerdo na frente do direito.

36. Mas vamos às dificuldades. Atualmente os filósofos concordam que a verdade dos futuros contingentes é determinada, isto é, que os futuros contingentes são futuros, ou mesmo que eles serão, que eles acontecerão; pois que o futuro será também é certo assim como é certo que o passado foi. Que eu hoje escreveria já era verdadeiro há cem anos, como depois de cem anos será verdadeiro que eu escrevi. Assim, o contingente, por ser futuro, não é menos contingente; e a *determinação*, que se fosse conhecida seria chamada de *certeza*, não é incompatível com a contingência. Com frequência toma-se o *certo* e o *determinado* por uma mesma coisa, porque uma verdade determinada está em estado de poder ser conhecida, de modo que é possível dizer que a *determinação* é uma certeza objetiva.

37. Esta determinação vem da própria natureza da verdade e não poderia comprometer a liberdade; mas, a propósito, há outras determinações que se assume, e primeiramente a da presciência de Deus, a qual muitos acreditaram [ser] contrária à liberdade. Pois eles dizem que o que está previsto não pode deixar de existir, e dizem a verdade; mas não se segue que aquilo seja necessário, pois a *verdade necessária* é aquela cujo contrário é impossível ou implica contradição. Porém, esta verdade, que estabelece que amanhã eu irei escrever, não é desta natureza, logo, não é necessária. Mas supondo que Deus a prevê, é necessário que ela aconteça; isto é, a consequência é necessária, a saber, que ela exista, já que foi prevista, pois Deus é infalível; é isso que é chamado de uma *necessidade hipotética*. Contudo, não é dessa necessidade que se trata; é de uma necessidade absoluta que se precisa para poder dizer que uma ação

é necessária, que ela não é contingente, que não é o efeito de uma escolha livre. E, a propósito, é muito fácil julgar que a presciência em si mesma não acrescenta nada à determinação da verdade dos futuros contingentes, a não ser que esta determinação é conhecida, o que aumenta a determinação ou *a futuração* (*la futurition*)[209], como é chamada, destes eventos, sobre os quais nós inicialmente concordamos.

38. Esta resposta é, sem dúvida, muito justa: reconhece-se que a presciência em si mesma não torna a verdade mais determinada; ela é prevista porque é determinada, porque é verdadeira; mas ela não é verdadeira porque é prevista; e nisso o conhecimento do futuro não tem nada que também esteja no conhecimento do passado ou do presente. Mas eis o que um adversário poderia afirmar: concordo com você que a presciência em si mesma não torna a verdade mais determinada, mas é a causa da presciência que o faz. Pois é preciso evidentemente que a presciência de Deus tenha seu fundamento na natureza das coisas, e este fundamento, tornando a verdade *predeterminada*, a impedirá de ser contingente e livre.

39. É esta dificuldade que fez nascer dois partidos: o dos *predeterministas* (*prédéterminateurs*) e o dos defensores da *ciência média*.[210] Os dominicanos e os agostinianos são partidários da predeterminação, os franciscanos e os jesuítas modernos são mais favoráveis à ciência média. Estes dois partidos surgiram aproximadamente no meio do século dezesseis, e um pouco depois. O próprio Molina, que, com Fonseca[211], talvez seja um dos primeiros que colocou esta questão em [forma de] sistema, e que chamou os outros de molinistas, diz no livro que escreveu *Sobre a concordância do livre-arbítrio com a graça*, por volta do ano de 1570, que os doutores espanhóis (ele quer dizer principalmente os tomistas), que escreveram há vinte anos, não

[209] A *suposição* de que há de ser, a suposição de que está por vir.

[210] Cf. notas 45, 211 e 212.

[211] Luis Molina (1536-1600), ilustre teólogo jesuita espanhol. O título completo de seu livro é *Acordo do livre-arbítrio com os dons da graça, a preciência divina, a providência, a predestinação e a reprovação* (Lisboa, 1588). Pedro de Fonseca (1528-1599), teólogo jesuita português, comentador de Aristóteles que antecipara parte importante dos conceitos teológicos utilizados para caracterizar a "ciência média", autor de *Intitutions dialectiques*; foi um dos redatores dos célebres cursos de filosofia da Universidade de Coimbra (*Commentarii Conimbricenses*).

encontrando meio para explicar como Deus podia ter uma ciência certa dos futuros contingentes, introduziram as predeterminações como necessárias às ações livres.

40. Quanto a ele, acreditou ter encontrado um outro meio. Considera que há três objetos da *ciência divina*: os possíveis, os eventos atuais e os eventos condicionais, os quais aconteceriam em consequência de uma certa condição, se ela fosse reduzida em ato. A ciência das possibilidades é o que é chamado de a *ciência de simples inteligência*[212]; aquela que se refere aos eventos que acontecem na sequência atual do Universo, é chamada de a *ciência de visão*. E como há uma espécie de meio entre o simples possível e o evento puro e absoluto, a saber, o evento condicional, também será possível dizer, segundo Molina, que há uma *ciência média* entre a da visão e a da inteligência. Apresentamos aqui o famoso exemplo de Davi que pergunta ao oráculo divino se os habitantes da cidade de Kégila, onde ele pretendia se refugiar, o entregariam a Saulo, caso Saulo sitiasse a cidade; Deus respondeu que sim, e a este respeito Davi tomou uma outra decisão[213]. Acontece que alguns defensores desta ciência consideram que Deus, prevendo o que os homens fariam livremente, caso fossem colocados nestas ou naquelas circunstâncias, e sabendo que eles usariam mal o seu livre-arbítrio, decreta (*décerne*) lhes recusar graças e circunstâncias favoráveis; e ele pode decidir isso de maneira justa, já que tanto estas circunstâncias quanto estas ajudas de nada teriam servido para eles. Mas Molina se contenta em encontrar uma razão em geral dos decretos de Deus, fundada sobre o que a criatura livre faria nestas ou naquelas circunstâncias.

41. Eu não entro nos detalhes desta controvérsia; basta-me dar uma amostra. Alguns antigos, com os quais santo Agostinho e seus primeiros discípulos não ficaram satisfeitos, parecem ter tido pensamentos muito próximos aos de Molina. Os tomistas

---

212 "Ciência de simples inteligência" e "ciência de visão"; trata-se de distinção escolática que diz respeito ao modo como Deus conhece; a primeira indica o conheccimento divino daquilo que é apenas possível e a segunda diz respeito a tudo aquilo que foi, que é ou será; ambas estão caracterizadas na *Suma teológica* de Tomás (p. I, q. 14, a. 9).

213 Kégila, Kila, Ceila, ou Queila e Saulo ou Saul; trata-se do evento narrado na Bíblia em 1Sm 23: 1-13

e os que se denominam discípulos de santo Agostinho, mas que seus adversários chamam de jansenistas, combatem esta doutrina de maneira filosófica e teológica. Alguns pretendem que a ciência média deve estar compreendida na ciência de simples inteligência. Mas a principal objeção vai contra o fundamento desta ciência. Pois que fundamento pode haver no fato de Deus ver o que fariam os habitantes de Kégila? Um simples ato contingente e livre não tem nada em si que possa conferir um princípio de certeza, a não ser que seja considerado como predeterminado pelos decretos de Deus e pelas causas que disso dependem. Logo, a dificuldade que diz respeito às ações livres atuais se encontrará, também, nas ações livres condicionais, isto é, Deus não os conhecerá senão sob a condição de suas causas e de seus decretos, que são as primeiras causas das coisas. E não se poderá separá-los disso para conhecer um evento contingente de uma maneira que seja independente do conhecimento das causas. Logo, seria preciso reduzir tudo à predeterminação dos decretos de Deus, então esta ciência média, dir-se-á, nada resolverá. Os teólogos que professam estar ligados a santo Agostinho também pretendem que o procedimento dos molinistas faria descobrir a fonte da graça de Deus nas boas qualidades do homem, o que eles julgam contrário à honra de Deus e à doutrina de são Paulo.

42. Seria longo e entediante entrar aqui nas [várias] objeções e contra-objeções que são feitas de ambas as partes, e bastará que eu explique como penso que há verdade nos dois lados. Em vista do que, retorno ao meu princípio de uma infinidade de mundos possíveis, representados (*représentés*) na região das verdades eternas, isto é, no objeto da inteligência divina, onde é preciso que todos os futuros condicionais estejam compreendidos. Pois o caso da ocupação de Kégila é a parte de um mundo possível, *que não difere do nosso senão em tudo aquilo que tem ligação com esta hipótese*, e a ideia deste mundo possível representa o que aconteceria neste caso. Então, nós temos um princípio da ciência certa dos contingentes futuros, quer eles aconteçam atualmente, quer devam acontecer em um certo sentido. Pois, na *região* dos possíveis, são representados tais como eles são, isto é, contingentes livres. Então, não é a presciência dos

futuros contingentes nem o fundamento da certeza desta presciência que deve nos embaraçar ou que pode prejudicar a liberdade. E quando fosse verdade e possível que os futuros contingentes, que consistem nas ações livres das criaturas racionais, fossem inteiramente independentes dos decretos de Deus e das causas externas, haveria meio de prevê-los; pois Deus os veria tais como eles são na região dos possíveis, antes que ele decidisse admiti-los à existência.

43. Mas se a presciência de Deus não tem nada em comum com a dependência ou independência de nossas ações livres, não é o mesmo caso com respeito à preordenação de Deus, de seus decretos e da sequência das causas que eu sempre acredito contribuir para a determinação da vontade. E se estou com os molinistas quanto ao primeiro ponto, estou com os predeterministas quanto ao segundo; mas sempre observando que a predeterminação não seja necessitante. Em uma palavra, sou da opinião que a vontade sempre se inclina para o partido que ela escolhe, mas que ela nunca está na necessidade de escolhê-lo. É certo que ela escolherá este partido, mas não é necessário que o escolha. É como uma imitação deste famoso provérbio: *Astra inclinant, non necessitant*[214]; embora aqui o caso não seja inteiramente semelhante. Pois o evento para onde os astros levam, falando com o comum, como se houvesse algum fundamento na Astrologia, não acontece sempre; enquanto o partido para o qual a vontade se inclina nunca deixa de ser escolhido. Além disso, os astros não constituiriam mais que uma parte das inclinações que concorrem para o evento; mas quando se fala da maior inclinação da vontade, fala-se do resultado de todas as inclinações, quase da mesma maneira que falamos acima da vontade consequente em Deus, que resulta de todas as vontades antecedentes.

44. Entretanto, a certeza objetiva ou a determinação não torna a necessidade da verdade determinada. Todos os filósofos o reconhecem admitindo que a verdade dos futuros contingentes é determinada, mas que eles continuam sendo contingentes. É que a coisa não implicaria qualquer contradição nela mesma, se o efeito não se realizasse; e é nisso que consiste a *contingência*. Para melhor

[214] "Os astros inclinam, mas não obrigam (não determinam)."

compreender este ponto é preciso compreender que há dois grandes princípios de nossos raciocínios: o primeiro é o *princípio de contradição*, que sustenta que de duas proposições contraditórias, uma é verdadeira, a outra falsa; o outro *princípio* é o de *razão determinante*, a saber: que jamais algo acontece sem que haja uma causa ou, em todo caso, uma razão determinante, isto é, alguma coisa que possa servir para dar razão *a priori*, porque de preferência isso existe ao invés de não existir, e porque de preferência isso é assim ao invés de qualquer outro modo. Este grande princípio está presente em todos os eventos, e jamais será dado um exemplo em contrário; e, embora muito frequentemente estas razões determinantes não nos sejam conhecidas o bastante, nós não deixamos de pressentir que elas existem. Sem este grande princípio, jamais poderíamos provar a existência de Deus, e perderíamos uma infinidade de raciocínios muito justos e muito úteis, dos quais ele é o fundamento; e ele não sofre qualquer exceção, pois, de outro modo, sua força seria enfraquecida. Além do mais, não há nada de mais fraco que estes sistemas onde tudo fica oscilando e [está] repleto de exceções. Não é o defeito deste que eu aprovo, no qual tudo segue regras gerais, que no máximo se limitam entre elas.

45. Assim, não é preciso pensar com alguns escolásticos que, meio estupidamente, vão de encontro à quimera que os futuros contingentes livres sejam privilegiados contra esta regra geral da natureza das coisas. Sempre existe uma razão predominante (*prévalente*) que leva a vontade a sua escolha, e basta para conservar sua liberdade que esta razão incline, sem determinar (*nécessiter*). É também a opinião de todos os antigos, de Platão, de Aristóteles, de santo Agostinho. Nunca a vontade é levada a agir senão pela representação do bem, que predomina sobre as representações contrárias. Admite-se isso mesmo em relação a Deus, bons anjos e almas bem-aventuradas; e se reconhece que elas não estão menos livres disso. Deus não deixa de escolher o melhor, mas ele não é obrigado a fazê-lo e mesmo não há necessidade no objeto da escolha de Deus, pois uma outra sequência das coisas é igualmente possível. É por isso mesmo que a escolha é livre e independente da necessidade, porque ela se faz entre muitos possíveis, e que a vontade não

é determinada senão pela bondade predominante do objeto. Isto não é, então, um defeito em relação a Deus e aos santos; mas, ao contrário, isto seria um grande defeito, ou melhor, um absurdo manifesto, se fosse de outro modo, mesmo nos homens deste mundo, e se eles fossem capazes de agir sem qualquer razão inclinante. É por isso que jamais será encontrado exemplo algum; e quando se toma um partido por capricho para mostrar que se tem liberdade, o prazer ou a vantagem que se acredita encontrar nesta disposição (*affectation*) é uma das razões que levam a isso.

46. Existe, então, uma liberdade de contingência, ou, de alguma maneira, de indiferença, contanto que se entenda por *indiferença* que nada nos obriga (*nécessite*) [a assumir] um ou outro partido; mas jamais há *indiferença de equilíbrio*, isto é, onde tudo seja perfeitamente igual de ambas as partes, sem que haja mais inclinação para um lado. Uma infinidade de grandes e de pequenos movimentos internos e externos concorrem conosco, dos quais o mais frequente é não se aperceber; eu já disse que, quando se sai de um quarto, existem certas razões que nos determinam a colocar um ou outro pé na frente, sem que se reflita sobre isso. Pois não existe em todos os lugares um escravo, como na casa de Trimalcião, da obra de Petrônio, que nos grita: *o pé direito na frente*.[215] Tudo o que acabamos de dizer também está perfeitamente de acordo com as máximas dos filósofos, que ensinam que uma causa não poderia agir, sem ter uma disposição para a ação; e é esta disposição que contém uma predeterminação, quer o agente a tenha recebido de fora quer ele a tenha obtido em virtude de sua própria constituição anterior.

47. Portanto, não se tem necessidade de recorrer, com alguns novos tomistas, a uma predeterminação nova imediata de Deus, que faça a criatura sair livre de sua indiferença, e a um decreto de Deus para predeterminá-la, que dá a Deus o meio de conhecer o que ela fará; pois é suficiente que a criatura seja predeterminada por seu estado precedente, que a inclina mais para um partido do que para outro; e todas estas ligações das ações da criatura e de todas as criaturas estavam representadas no entendimento divino, e eram conhecidas por Deus por intermédio da ciência da simples

[215] Leibniz se refere ao que é dito em Petrônio, *Satyricon*, XXX, 6; e ao que já havia dito no § 35.

inteligência, antes que ele tivesse decidido dar a eles a existência. O que mostra que a fim de dar razão à presciência de Deus é possível abster-se, tanto da ciência média dos molinistas quanto da predeterminação, assim como um Bañez ou um Álvares ensinaram (autores que, a propósito, são muito profundos).[216]

48. Por conta desta falsa ideia de uma indiferença de equilíbrio, os molinistas se embaraçaram muito. Perguntava-se a eles não só como era possível conhecer em que se determinaria uma causa absolutamente indeterminada, mas também como era possível que aí resultasse enfim uma determinação, da qual não há fonte alguma; pois dizer com Molina que é o privilégio da causa livre, não quer dizer nada: é lhe dar o privilégio de ser quimérico. É um prazer ver como se atormentam para sair de um labirinto do qual não existe qualquer saída. Alguns ensinam que antes que a vontade se determine formalmente é preciso que ela se determine virtualmente a sair de seu estado de equilíbrio; e o padre Louis de Dole[217], em seu livro sobre o *Concurso de Deus*, cita certos molinistas que se empenham em se salvar por este meio; pois eles são obrigados a reconhecer que é preciso que a causa esteja disposta a agir. Mas eles não ganham nada com isso; apenas evitam a dificuldade; pois, da mesma maneira, seria-lhes perguntado como a causa livre vem a se determinar virtualmente. Então, jamais sairão desse problema a menos que reconheçam que há uma predeterminação no estado precedente da criatura livre, que a inclina a se determinar.

49. É isso que faz também com que *o caso do asno de Buridan entre dois prados*[218], igualmente propenso a um e a outro, seja uma ficção que não poderia ocorrer no universo, na ordem da natureza, ainda que o Sr. Bayle seja de uma outra opinião. É verdade, se o caso

---

[216] Domingo Bañez (1528-1604), teólogo dominicano espanhol, era tomista e antimolinista. Diego Alvarez, (meio do século XVI-1635), teólogo dominicano espanhol autor da obra *De concordia liberi arbitrii cum praedetinatione*, defendeu as teses tomistas contra os molinistas quando das congregações *De Auxiliis* (cf. nota 250, 258 e 560).

[217] Cf. nota. 202.

[218] A obra de Jean Buridan, filósofo escolástico do século XIV, reitor da Universidade de Paris em 1327, não contém o famoso exemplo do asno, que diante de dois montes de feno perfeitamente iguais ou de um recipiente de água e de aveia, morreria de fome por não conseguir saber por qual se decidir; trata-se do que Bayle discute no artigo Buridan de seu dicionário.

fosse possível, que seria preciso dizer que ele se deixaria morrer de fome; mas no fundo, a questão diz respeito ao impossível, a menos que Deus produza a coisa intencionalmente. Pois o Universo não poderia ser dividido [no exato meio] (*mi-parti*) por um plano obtido a partir do meio do asno, cortado verticalmente segundo seu comprimento, de modo que tudo seja igual e semelhante em ambos os lados; como uma elipse, ou qualquer figura no plano que pertence àquelas que chamo de *amphidextres*[219], pode ser dividida ao meio, portanto, por alguma linha reta que passe pelo seu centro; pois nem as partes do Universo, nem as vísceras do animal são semelhantes, nem situadas igualmente dos dois lados deste plano vertical. Então, sempre haverá muitas coisas no asno e fora do asno, embora não pareça, que o determinarão a ir mais para um lado do que para outro; e ainda que o homem seja livre, o que o asno não é, não deixa de ser verdadeiro, pelo mesmo motivo, que no homem o caso de um perfeito equilíbrio entre dois partidos também é impossível; e que um anjo, ou Deus, em todo caso, sempre poderia dar a razão do partido que o homem escolheu, atribuindo uma causa ou uma razão inclinante que o levou verdadeiramente a escolhê-lo, mesmo que esta razão fosse em muitos casos bastante composta e inconcebível para nós, porque o encadeamento das causas ligadas umas às outras vai longe.

50. É por isso que a razão que o Sr. Descartes alegou, para provar a independência de nossas ações livres a partir de um suposto sentimento vivo interno, não tem força. Nós não podemos sentir propriamente nossa independência, e nunca nos apercebemos das causas, geralmente imperceptíveis, das quais nossa resolução depende. É como se a agulha imantada tivesse prazer em girar para o Norte; pois ela acreditaria girar independentemente de alguma outra causa, não se apercebendo dos movimentos insensíveis da matéria magnética. Entretanto, nós veremos mais abaixo em que sentido é muito verdadeiro que, com relação às suas ações, a alma humana seja inteiramente seu próprio princípio natural, dependente dela mesma e independente de todas as outras criaturas.

[219] De dois lados idênticos.

51. Quanto à própria *volição*, é algo impróprio dizer que ela é um objeto da vontade livre. Falando adequadamente, nós queremos agir, mas não queremos querer; de outro modo, ainda poderíamos dizer que queremos ter a vontade de querer, e isto iria ao infinito. A propósito, não seguimos sempre o último julgamento do entendimento prático quando nos determinamos a querer, mas sempre seguimos querendo o resultado de todas as inclinações que surgem, tanto do lado das razões quanto das paixões, o que normalmente se faz sem um julgamento expresso do entendimento.

52. Tudo é, então, antecipadamente certo e determinado no homem, como em qualquer outro lugar; e a alma humana é uma espécie de *autômato espiritual*, embora as ações contingentes em geral, e as ações livres em particular, não sejam por isso necessárias a partir de uma necessidade absoluta, a qual seria verdadeiramente incompatível com a contingência. Portanto, nem a futuração (*futurition*)[220] em si mesma – por mais certa que seja –, nem a previsão infalível de Deus, nem a predeterminação das causas, nem a dos decretos de Deus destruiriam esta contingência e esta liberdade. Admite-se isso no que diz respeito à futuração e à previsão, como já foi explicado; e já que o decreto de Deus consiste unicamente na resolução que ele assume, depois de ter comparado todos os mundos possíveis, de escolher aquele que é o melhor, e de admiti-lo à existência pela expressão todo-poderosa *Fiat*[221], com tudo aquilo que este mundo contém; é visível que este decreto nada muda na constituição das coisas, e que ele as deixa tais como eram no estado de pura possibilidade, isto é, que ele nada muda, nem na essência ou natureza delas, nem mesmo em seus acidentes, já perfeitamente representados na ideia deste mundo possível. Deste modo, o que é contingente e livre não permanece menos sob os decretos de Deus do que sob a previsão.

53. Mas o próprio Deus, perguntarão, não poderia, então, mudar nada no mundo? Seguramente ele não poderia mudá-lo agora, salvo sua sabedoria[222], pois ele previu a existência deste mundo e

[220] Cf. o § 37 e a nota 209.

[221] "Faça-se".

[222] Salvo sua sabedoria: sem violar o que determina sua sabedoria.

daquilo que ele contém, e mesmo porque ele tomou a resolução de fazê-lo existir; pois ele não poderia nem se enganar, nem se arrepender, e não é seu dever assumir uma resolução imperfeita que considerasse uma parte, e não o todo. Deste modo, tudo sendo regulado (*réglé*) no início, é somente esta necessidade hipotética, com a qual todo mundo concorda, que faz com que depois da previsão de Deus ou depois da sua resolução, nada pudesse ser mudado; e, entretanto, os eventos permanecem neles mesmos contingentes. Pois, colocando à parte esta suposição da futuração da coisa e da previsão ou da resolução de Deus, suposição que já estabelece efetivamente que a coisa acontecerá, e depois da qual é preciso dizer: "*Unumquodque, quando est, oportet esse, aut unumquodque, siquidem erit, oportet futurum esse*"[223], não há nada no evento que o torne necessário, e que não permita pensar que qualquer outra coisa pudesse acontecer em seu lugar. E quanto à ligação das causas com os efeitos, ela predispunha somente o agente livre, sem obrigá-lo (*le nécessiter*) como nós acabamos de explicar; portanto, ela não constitui de fato uma necessidade hipotética, a não ser associando a isso algo de externo, a saber, esta própria máxima que a inclinação predominante (*prévalente*) sempre se efetiva.

54. Além do mais, será dito que se tudo é regulado (*réglé*), Deus, então, não poderia fazer milagres. Mas é preciso saber que os milagres que acontecem no mundo também estavam compreendidos (*enveloppés*) e representados como possíveis neste mesmo mundo, considerado no estado de pura possibilidade; e Deus, que os fez desde que escolheu este mundo, a partir deste momento, decidiu consequentemente fazê-los. Também se objetará que os votos e as preces, os méritos e os deméritos, as boas e as más ações de nada servem, pois nada pode ser mudado. Esta objeção embaraça mais o vulgo, e, ainda assim, é puro sofisma. Estas preces, estes votos, estas boas e más ações que acontecem hoje, já estavam diante de Deus quando ele assumiu a resolução de regular as coisas. Aquelas que acontecem no mundo atual estavam representadas na ideia deste mesmo mundo ainda possível, com seus efeitos e suas

[223] "O que é, quando é, deve ser; o que será, se [de fato] será, deve vir a ser"; cf. também, segunda parte, § 132, nota 220, 326, 391 e 608.

consequências; elas estavam representadas clamando a graça de Deus, seja natural, seja sobrenatural, exigindo os castigos, pedindo as recompensas; tal qual efetivamente acontece neste mundo depois que Deus o escolheu. A prece e a boa ação constituíam, consequentemente, uma *causa* ou *condição ideal*, isto é, uma razão inclinante que podia contribuir para a graça de Deus ou para a recompensa, como ela o faz agora de maneira atual. E como tudo está sabiamente ligado no mundo, é visível que Deus, prevendo o que aconteceria livremente, ainda a esse respeito regulou antecipadamente o resto das coisas, ou, o que é a mesma coisa, ele escolheu este mundo possível onde tudo estava regulado deste modo.

55. Esta consideração faz cair ao mesmo tempo o que era chamado pelos antigos de *sofisma preguiçoso* (λόγος ἄργος)[224], que levava ao nada fazer: pois, dizia-se, se o que eu quero deve acontecer, acontecerá, mesmo que eu nada faça; e se não deve acontecer, jamais acontecerá, independente do esforço que eu empregue para obtê-lo. Esta necessidade poderia ser chamada, desde que pensada nos eventos separadamente de suas causas, de *fatum mahometanum*, como já observei acima[225], porque se diz que um argumento semelhante faz com que os turcos não evitem os lugares onde uma peste provoca devastação. Mas, a resposta está perfeitamente pronta; o efeito sendo certo, a causa que o produzirá o é também; e se o efeito ocorre, isso se dará por uma causa que lhe é proporcional (*proporcionnée*). Deste modo, talvez a sua preguiça faça com que não obtenha nada do que deseja e com que caia nos males que teria evitado se você tivesse agido com cuidado. Vê-se, então, que a *ligação das causas com os efeitos*, bem longe de causar uma fatalidade insuportável, fornece, ao contrário, um meio de superá-la. Existe um provérbio alemão que diz que a morte sempre quer ter uma causa; e não há nada de tão verdadeiro. Você morrerá neste dia (suponhamos que isso aconteça e que Deus o preveja), sim, sem dúvida; mas isto acontecerá porque irá fazer o que te conduzirá a isso. É o mesmo caso quanto aos castigos de Deus que dependem também das suas causas, e será com o propósito de relacionar àquilo

[224] Cf. nota 3.

[225] Cf. nota 4.

essa passagem famosa de santo Ambrósio (*in* cap. I *Lucæ*): *Novit Dominus mutare sententiam, si tu noveris mutare delictum*[226], que não deve ser entendido a partir da reprovação, mas a partir da cominação[227], como aquela que Jonas[228] fez em nome de Deus aos Ninivitas. E este provérbio popular: *Si non es prædestinatus, fac ut prædestineris*[229], não deve ser tomado ao pé da letra; seu verdadeiro sentido sendo que aquele que duvida se é predestinado só tem que fazer o que é preciso para sê-lo pela graça de Deus. O sofisma que leva a não se inquietar com nada, talvez seja útil algumas vezes para levar certas pessoas a se dirigirem cegamente para o perigo sem se preocuparem com isso; e particularmente foi afirmado dos soldados turcos. Mas, parece que nesse caso o Maslach[230] tem mais participação que este sofisma; além do fato que este espírito de determinação dos turcos está bastante desmentido nos nossos dias.

56. Um sábio médico da Holanda, chamado João de Beverwyck[231], teve a curiosidade de escrever *de termino vitæ*, e de reunir muitas respostas, cartas e discursos de alguns sábios homens de seu tempo sobre este tema. Este compêndio está impresso, é espantoso ver quão frequentemente nele se muda de opinião e como se complicou um problema que, para tomá-lo adequadamente, é o mais fácil do mundo. A ponto de ficarmos espantados, depois disso, que haja um grande número de dúvidas do qual o gênero humano consiga sair. A verdade é que adoramos nos perder, e que é uma espécie de distração do espírito que não quer se sujeitar à atenção, à ordem, às regras. Parece que somos tão acostumados

226 Santo Ambrósio (c. 340-397), um dos Padres da Igreja, bispo de Milão em 374; entre seus numerosos escritos exegéticos figura um importante comentário sobre o Evangélio segundo são Lucas (publicado entre 385 e 387). Para explicar o texto segundo o qual Zacarias, por sua incredulidade diante da profecia proferida pelo anjo Gabriel, ficou mudo até o nascimento de seu filho João Batista (Lc 1: 20), Santo Ambrósio comentou: "o Senhor sabe mudar sua sentença (sua opinião), se você souber reparar seu erro".

227 Entre os católicos, trata-se do temor por conta da ameaça de castigo.

228 Cf. Jn 1: 2; 3: 4.

229 "Se não és predestinado, fazes como se tivesse sido predestinado".

230 Maslach, maslac, ou matslac, substância entorpecente mais conhecida como haxixe.

231 Jan van Beverwijck, conhecido como Beverovicius (1594-1647), autor de uma *Epistolica quæstio de vitæ termino, fatali, mobili, cum doctorum responsis*, publicada em Dordrecht em 1634 (teve uma segunda edição aumentada em 1636 e um terceira, também aumentada, em 1639).

ao jogo e à brincadeira que nos divertimos até nas ocupações mais sérias e quando pensamos menos nisso.

57. Eu receio que na última disputa que ocorreu entre os teólogos da Confissão de Ausburgo *de termino pœnitentiœ peremptorio*, que produziu tantos tratados na Alemanha, também tenha se imiscuído em algum mal entendido, mas de uma outra natureza. Os limites (*les termes*) prescritos pelas leis são chamados de *fatalia* entre os jurisconsultos. Pode-se dizer, de alguma maneira, que o *limite último* (*terme péremptoire*)[232], prescrito ao homem para se arrepender e se corrigir, é certo por parte de Deus, ao lado de que tudo é certo. Deus sabe quando um pecador se tornará tão insensível (*endurci*) que depois desse momento não haverá mais nada a fazer por ele, não que seja impossível que ele faça penitência, ou que seja preciso que a graça suficiente lhe seja recusada após certo limite, graça que jamais deixa de existir, mas porque haverá um tempo depois do qual ele não se aproximará mais das vias da salvação. Mas nós jamais temos os sinais certos para conhecer estes limites, e jamais temos o direito de considerar um homem como totalmente abandonado: isso seria exercer um julgamento temerário. Sempre é melhor estar no direito de ter esperança, e é nesta ocasião e em inúmeras outras em que nossa ignorância é útil.

> *Prudens futuri temporis exitum*
> *Caliginosa nocte premit Deus.*[233]

58. Todo futuro está determinado, sem dúvida; mas como não sabemos como ele é, nem o que está previsto ou decidido, devemos

---

[232] Do latim *terminus, i,* (sub. masc.): termo, limite, extremo; e *peremptorius, a, um* (adj.): mortal, final; daí: limite último, sentença final. Limite além do qual há *perempção* ou *prescrição*, termo além do qual toda penitência se torna inútil. A doutrina do "terminismo", segundo o qual há um período determinado de validade da graça, além do qual o homem não pode mais retornar a Deus, está ligada ao pietismo; Leibniz certamente se refere ao fato que essa doutrina foi bastante debatida em torno dos anos 1701-1702, ocasião em que foram catalogados mais de 100 escritos relativos a esta questão. Os principais autores que participaram desse debate foram Spener, o promotor do pietismo (1635-1705); Böse (1662-1700), cujo *Terminus peremptorius salutis humanœ* data de 1698; Rechenberg (1642-1712); e Ittig (1643-1710).

[233] "Deus, em sua prudência, reveste com uma espessa noite o [que virá a ser no] futuro." (Horácio, *Odes*, III, 29, vv. 29-30).

fazer nosso dever segundo a razão que Deus nos deu e segundo as regras que ele nos prescreveu e, depois disso, devemos ter o espírito tranquilo e deixar ao próprio Deus a responsabilidade pelo êxito (*succès*); pois ele jamais deixará de fazer aquilo que considera o melhor, não apenas pelo geral, mas também por aqueles em particular que têm uma verdadeira confiança nele; isto é, uma confiança que não difere em nada de uma piedade verdadeira, de uma fé viva e de uma caridade fervorosa; e que não nos deixa omitir nada daquilo que pode depender de nós em relação ao nosso dever e ao seu serviço. É verdade que nós não podemos lhe prestar favores, pois ele não tem necessidade de nada; mas o servir-lhe, na nossa linguagem, se dá quando nos empenhamos em executar sua *vontade presuntiva*, concorrendo para o bem que conhecemos e para o qual podemos contribuir; pois devemos presumir sempre que ele é levado a isso; até o momento em que o evento nos faça ver que teve razões mais fortes, mesmo que talvez nos sejam desconhecidas, que o fizeram postergar este bem que nós procuramos por conta de um outro maior o qual ele mesmo se propôs, e que não terá deixado ou deixará de efetuar.

59. Eu acabo de mostrar como a ação da vontade depende de suas causas, que não há nada de tão conveniente à natureza humana quanto esta dependência de nossas ações, e que de outro modo se cairia em uma fatalidade absurda e insuportável, isto é, no *fatum mahometanum*, que é o pior de todos, porque elimina a previsão e o bom conselho. Entretanto, é bom mostrar como esta dependência das ações voluntárias não impede que no fundo das coisas haja em nós uma *espontaneidade* maravilhosa, a qual, em um certo sentido, torna a alma, nas suas decisões, independe da *influência física* de todas as outras criaturas. Esta espontaneidade pouco conhecida até aqui, que eleva nosso domínio sobre nossas ações tanto quanto é possível, é uma consequência do *sistema da harmonia preestabelecida*, sobre o qual é necessário dar alguma explicação aqui. Os filósofos da escola acreditavam que havia uma influência física recíproca entre o corpo e a alma; mas desde que se bem considerou que o pensamento e a massa extensa não têm qualquer relação um com

o outro, e que são as criaturas que diferem *toto genere*[234], muitos modernos reconheceram que não existe qualquer comunicação física entre a alma e o corpo, ainda que a *comunicação metafísica* sempre subsista, que faz com que alma e o corpo componham um mesmo *cúmplice* (*suppôt*)[235], ou o que é chamado de uma *pessoa*. Esta comunicação física, se existisse, faria com que a alma mudasse o grau da velocidade e a linha de direção de alguns movimentos que estão no corpo, e que *vice-versa* o corpo mudaria a sequência dos pensamentos que estão na alma. Mas, não se saberia tirar este efeito de noção alguma que se concebe no corpo e na alma, embora nada nos seja mais bem conhecido do que a alma, pois ela nos é íntima, isto é, íntima a si mesma.

60. O Sr. Descartes quis capitular e fazer com que dependesse da alma uma parte da ação do corpo. Ele acreditava conhecer uma regra da natureza que sustente, segundo ele, que a mesma quantidade de movimento se conserva no corpo. Ele não achou possível que a influência da alma violasse esta lei dos corpos, mas acreditou que a alma poderia, entretanto, ter o poder de mudar a direção dos movimentos que se fazem no corpo; quase como um cavaleiro que, embora não imprima força no cavalo que monta, não deixa de governá-lo, dirigindo esta força para o lado que melhor lhe pareça. Mas, como isso se faz mediante freio, cabresto, esporas e outros auxílios materiais, se concebe como isto é possível; mas não há instrumentos dos quais a alma possa se servir para este efeito, nada enfim, nem na alma, nem no corpo, isto é, nem no pensamento, nem na massa, que possa servir para explicar esta mudança de um para outro. Em uma palavra, que a alma mude a quantidade da força e que ela mude a linha de direção, estas são duas coisas igualmente inexplicáveis.

61. Além do fato que foram descobertas duas verdades importantes sobre este assunto desde o Sr. Descartes; a primeira é que a quantidade da força absoluta que se conserva de fato é diferente da

[234] "De toda a extensão do gênero".

[235] Conceito escolástico que indica o ser de uma determinada coisa em sua totalidade. Fora da escolástica pode ser encontrado em Descartes, Pascal e Leibniz como indicador de pessoa, de agente.

quantidade de movimento, como eu já demonstrei em um outro lugar[236]; a segunda descoberta é que também se conserva a mesma direção em todos os corpos juntos que se supõe agirem entre si, seja qual for a maneira como eles se chocam. Se esta regra tivesse sido conhecida pelo Sr. Descartes, ele teria tornado a direção do corpo tão independente da alma quanto a sua força, e eu acredito que isso o teria levado diretamente à hipótese da harmonia preestabelecida, ao que estas mesmas regras me levaram. Pois, além do fato de que a influência física de uma destas substâncias sobre a outra é inexplicável, considerei que, sem um desajuste completo das leis da natureza, a alma não poderia agir fisicamente sobre o corpo.[237] E não acreditei que aqui fosse possível escutar alguns filósofos, muito hábeis por sinal, que fazem vir um Deus, como em uma máquina de teatro[238], para fazer o desenlace da peça, sustentando que Deus se aplica de propósito a mudar os corpos como a alma o quer, e a dar certas percepções à alma como o corpo solicita; uma vez que este *Sistema*, que é chamado de sistema das *causas ocasionais* (porque ele ensina que Deus age sobre o corpo por ocasião da alma, e vice-versa), além de introduzir milagres perpétuos para fazer o comércio destas duas substâncias, não salva o desajuste das leis naturais estabelecidas em cada uma destas mesmas substâncias, que a sua influência mútua causaria na opinião comum.

62. Assim, estando persuadido, aliás, do princípio da *harmonia* em geral e, por conseguinte, da *pré-formação* e da harmonia preestabelecida de todas as coisas entre si; entre a natureza e a graça, entre

---

[236] Leibniz retoma a discussão do § 30 da primeira parte, cf. nota 204.

[237] Em seu *Tratado do Homem* Descartes afirmava que: "À medida que estes espíritos [animais] (cf. notas 660 e 737) penetram nas cavidades do cérebro, vão progressivamente se introduzindo nos poros de sua substância e dos nervos; estes espíritos, à medida que penetram ou tendem a ele em maior ou menor quantidade, segundo o caso, têm força para variar (*force de changer*) a forma dos músculos onde se encontram estes nervos; deste modo dão lugar ao movimento (*faire mouvir*) de todos os membros". *Traité de l'Homme*, Adam-Tannery, t. XI, p. 130. Isso quer dizer que os "espíritos animais" que sobem até o cérebro podem receber uma mudança de direção por influência da alma, isto é, podem ser direcionados pela glândula pineal (imediatamente ligada ao que quer e ao que sofre a alma) que, assim, mudaria a direção do movimento; cf. também *As paixões da alma*, primeira parte, art. 31 e segs.

[238] Leibniz se refere ao recurso do *Deus ex machina*, o deus que desse a partir de um mecanismo; trata-se de um desenlace extraordinário, inesperado e pouco verossímil de um espetáculo.

os decretos de Deus e nossas ações previstas, entre todas as partes da matéria e mesmo entre o futuro e o passado; tudo estando conforme à soberana sabedoria de Deus, cujas obras são as mais harmônicas que se é possível de conceber; eu não podia deixar de voltar a este sistema, o qual sustenta que Deus criou a alma primeiramente de tal maneira que ela deve se produzir e se representar ordenadamente (*par ordre*) o que ocorre no corpo, e o corpo de tal maneira que também ele deve fazer a partir de si mesmo o que a alma ordena. De modo que as leis que ligam os pensamentos da alma na ordem das causas finais, e segundo a evolução das percepções, devem produzir imagens que vão de encontro e concordem com as impressões dos corpos conforme nossos organismos, e que as leis dos movimentos no corpo, que interagem na ordem das causas eficientes, também vão de encontro e de tal modo concordam com os pensamentos da alma que o corpo é levado a agir no tempo que a alma quer.

63. E bem longe de prejudicar a liberdade, nada lhe poderia ser mais favorável. E em seu livro sobre *A conformidade da fé com a razão* o Sr. Jaquelot[239] mostrou muito bem que é como se aquele que sabe tudo o que ordenarei a um serviçal no dia seguinte, ao longo do dia, fizesse um autômato que se assemelhasse perfeitamente a este serviçal, e que, no dia seguinte, no momento preciso, executasse tudo o que eu ordenasse; o que não me impediria de ordenar livremente tudo aquilo que me agradasse, mesmo que a ação do autômato a me servir nada tivesse de livre.

64. A propósito, tudo o que se passa na alma dependendo apenas dela, conforme este sistema, e seu estado seguinte não vindo senão dela e de seu estado presente; como é possível lhe dar uma maior *independência*? É verdade que ainda resta alguma imperfeição na constituição da alma. Tudo o que acontece à alma depende dela, mas não depende sempre de sua vontade; isto seria demais. Não é de fato sempre conhecido ou apercebido distintamente por seu entendimento. Pois nela há não apenas uma ordem de percepções

[239] *Conformité de la foi avec la raison, ou défense de la religion contre les principales difficultés répandues dans le Dictionnaire historique et critique de M. Bayle* (Amsterdam, 1705) escrito pelo ministro protestante Isaac Jaquelot; Cf. nota 157.

distintas que faz seu domínio, mas ainda uma sequência de percepções confusas ou de paixões, que ocasiona sua escravidão, e não é preciso estranhar isso; a alma seria uma divindade, se ela tivesse apenas percepções distintas. Ela tem, no entanto, algum poder também sobre estas percepções confusas, mesmo que de uma maneira indireta; pois embora ela não possa mudar suas paixões prontamente, ela pode trabalhar nisso com considerável antecedência com bastante sucesso e se dar novas paixões, e mesmo [novos] hábitos. Ela tem até um poder semelhante sobre as percepções mais distintas, podendo se dar indiretamente opiniões e vontades, e se impedir de ter estas ou aquelas e suspender ou emitir seu julgamento. Pois nós podemos antecipadamente procurar meios, com o objetivo de nos determos na ocasião de um passo arriscado de um julgamento temerário; nós podemos encontrar algum incidente para adiar nossa resolução, ainda que o caso pareça estar pronto para ser julgado; e mesmo que nossa opinião e nosso ato de querer não sejam diretamente dos objetos da nossa vontade (como eu já observei), não se deixa de tomar, algumas vezes, medidas para querer e mesmo para crer, com o tempo, naquilo que não se quer ou não se crê presentemente. Tão grande é a profundidade do espírito do homem.

65. Enfim, para concluir este ponto sobre a *espontaneidade*, é preciso dizer que, considerando as coisas com rigor, a alma tem nela o princípio de todas as suas ações e até de todas as suas paixões; e que o mesmo é verdade em todas as substâncias simples espalhadas por toda a natureza, embora só haja liberdade naquelas que são inteligentes. Contudo, no sentido popular, falando conforme as aparências, nós devemos dizer que a alma depende de alguma maneira do corpo e das impressões dos sentidos, semelhante ao que falamos com Ptolomeu e Tycho[240] no uso ordinário, e pensamos com Copérnico, quando se trata do nascer ou do pôr do sol.

66. Pode-se, no entanto, dar um sentido verdadeiro e filosófico a esta *dependência mútua* que nós concebemos entre a alma e

[240] Tycho-Brahe (1546-1601), célebre astrônomo, se manteve fiel ao geocentrismo de Ptolomeu contra o sistema heliocêncrico de Copérnico; mas, a precisão com que realizou suas observações astronômicas, comunicadas ao seu aluno Kepler, permitiu a este último descobrir as leis que levam seu nome.

o corpo. Acontece que uma destas substâncias depende da outra idealmente, enquanto a razão do que se faz em uma pode corresponder ao que está na outra; aquilo que já teve lugar nos decretos de Deus, desde o instante em que Deus regrou antecipadamente a harmonia que haveria entre elas. Como este autômato, que exerceria a função de serviçal, dependeria de mim idealmente, em virtude da ciência daquele que, prevendo minhas ordens futuras, o teria tornado capaz de me servir no momento exato durante todo o dia seguinte; o conhecimento de minhas vontades futuras teria movido este grande artesão, que em seguida teria criado o autômato; assim, minha influência seria objetiva e a dele física. Pois, como a alma tem perfeição e pensamentos distintos, Deus acomodou o corpo à alma e antecipadamente fez com que o corpo fosse estimulado a executar suas ordens; e como a alma é imperfeita e suas percepções são confusas, Deus acomodou a alma ao corpo, de modo que a alma se deixe inclinar pelas paixões que nascem das representações corporais, o que provoca o mesmo efeito e a mesma aparência como se um dependesse do outro imediatamente e mediante uma influência física. E é propriamente por meio de seus pensamentos confusos que a alma representa os corpos que a cercam. E a mesma coisa deve se entender de tudo aquilo que se concebe das ações das substâncias simples umas sobre as outras. É que se supõe cada uma agir sobre a outra à medida da sua perfeição, embora isto não ocorra senão idealmente e nas razões das coisas, desde que Deus regrou (*réglé*) inicialmente uma substância a partir da outra, segundo a perfeição ou imperfeição existente em cada uma, mesmo que a ação e a paixão sempre sejam mútuas nas criaturas, porque uma parte das razões que servem para explicar distintamente o que se faz, e que serviram para fazê-lo existir, está em uma destas substâncias, e uma outra parte destas razões está na outra, as perfeições e as imperfeições estando sempre misturadas e divididas. É isto que nos faz atribuir a *ação* a uma e a *paixão* a outra.

67. Mas, por fim, alguma dependência que seja concebida nas ações voluntárias, e ainda que houvesse uma necessidade absoluta e matemática (o que não é o caso), não teria por resultado a não existência de tanta liberdade quanto seria preciso para dar as

recompensas e as penas justas e razoáveis. É verdade que normalmente se fala como se a necessidade da ação fizesse cessar todo merecimento e todo desmerecimento, todo direito de louvar e de reprovar, de recompensar e de punir; mas é preciso admitir que esta consequência não é nem um pouco justa. Eu estou muito distante das opiniões de Bradwardine[241], Wycliffe, Hobbes e Espinosa, que ensinam, ao que parece, esta necessidade inteiramente matemática a qual eu acredito ter refutado suficientemente, e talvez mais claramente do que se costumava fazer; entretanto, sempre é preciso dar testemunho à verdade, e não imputar a um dogma o que não se segue. Além do fato que estes argumentos provam demais, já que provariam o mesmo contra a necessidade hipotética e justificariam o sofisma preguiçoso. Pois a necessidade absoluta da sequência das causas nada acrescentaria à certeza infalível de uma necessidade hipotética.

68. Primeiramente, por conseguinte, é preciso reconhecer que é permitido matar um [indivíduo] furioso quando não é possível se defender dele de outro modo. Reconhecer-se-á também que é permitido e mesmo necessário, em muitos casos, destruir animais venenosos ou extremamente nocivos, ainda que não sejam assim por sua culpa.

69. Em segundo lugar, infligimos penas a um animal irracional, embora seja destituído de razão e de liberdade, quando se julga que isso pode servir para corrigi-lo; é desta forma que se punem os cães e os cavalos, e isso com muito sucesso. As recompensas não nos servem menos para governar os animais e, quando um animal tem fome, o alimento que lhe é fornecido lhe faz realizar aquilo que jamais se obteria dele por outro modo.

70. Em terceiro lugar, ainda infligiríamos aos animais irracionais penas capitais (em que não se trata mais da correção do animal irracional que é punido), se esta pena pudesse servir de exemplo ou provocar terror aos outros a fim de fazê-los parar de fazer o mal.

---

[241] Thomas Bradwardine (1290-1349), teólogo, filósofo e matemático, arcebispo de Canterbury a partir de 1348, autor de uma obra intitulada *De causa Dei contra Pelagium et de virtute causarum*, na qual ele sustentava a ação infalível e a vontade onipotente de Deus; ele inspirou Wycliffe (cf. nota 162, 400 e 699), e indiretamente, Lutero.

Rorário, no seu livro sobre a razão dos animais irracionais[242], diz que se crucificavam os leões na África para afastar os outros leões das cidades e dos lugares frequentados, e que ele tinha observado, ao passar pela terra de Juliers, que neste lugar os lobos eram enforcados para tornar os estábulos mais seguros. Há pessoas nas vilas que pregam aves de rapina às portas das casas, acreditando que outros pássaros semelhantes aí não virão tão facilmente. E estes procedimentos estariam sempre bem fundados se dessem resultado.

71. Então, em quarto lugar, visto que é seguro e experimentamos que o pavor dos castigos e a esperança das recompensas serve para fazer os homens se absterem do mal e os obriga a se empenharem em fazer o bem, ter-se-ia razão e direito de se servir disso, ainda que os homens agissem obrigatóriamente por alguma espécie de necessidade que isso pudesse ser. Objetar-se-á que se o bem ou o mal é necessário, é inútil se servir dos meios para obtê-lo ou para impedi-lo; mas contra o sofisma preguiçoso a resposta já foi dada acima. Se o bem ou o mal fossem necessários sem estes meios, eles seriam inúteis; mas não é assim [que se dá]. Estes bens e estes males não acontecem senão pela assistência destes meios, e se estes eventos fossem necessários, os meios seriam uma parte das causas que os tornariam necessários; pois a experiência nos ensina que normalmente o medo ou a esperança impede o mal ou promove o bem. Esta objeção, então, em quase nada difere do sofisma preguiçoso que se opõe à certeza tanto quanto à necessidade dos eventos futuros. De modo que se pode dizer que estas objeções se chocam contra a necessidade hipotética e igualmente contra a necessidade absoluta, e que elas provam tanto contra uma quanto contra a outra, quer dizer, [provam] absolutamente nada.

72. Houve uma grande contenda entre o bispo Bramhall e o Sr. Hobbes[243], que começou quando ambos estavam em Paris, e que continuou depois de seu retorno à Inglaterra; encontram-se todas as suas partes recolhidas em um volume in-4º publicado em

[242] Trata-se do livro *Quod animalia bruta saepe ratione utantur melius homine*, (cf. liv. II, p. 109); sobre Rorário, cf. nota 20.

[243] Cf. nota 693 e o III apêndice, ou seja, as *Reflexões sobre a obra que o Sr. Hobbes publicou em inglês sobre a liberdade, a necessidade e o acaso* na presente obra.

Londres, no ano de 1650. Elas estão todas em inglês e não foram traduzidas, pelo que eu saiba, nem inseridas na coletânea das obras latinas do Sr. Hobbes. Em tempos remotos, li estas partes e depois eu as reencontrei, e tinha inicialmente observado que ele não tinha provado completamente a necessidade absoluta de todas as coisas, mas que tinha mostrado suficientemente que a necessidade não inverteria todas as regras da justiça divina ou humana, e não impediria o exercício desta virtude inteiramente.

73. Contudo, existe uma espécie de justiça e certos tipos de recompensa e de punição que não parecem tão aplicáveis àqueles que agiriam por uma necessidade absoluta, se ela existisse. É esta espécie de justiça que não tem por meta nem a correção nem o exemplo, nem mesmo a reparação do mal. Esta justiça não está fundada senão na conveniência, a qual exige uma certa satisfação pela expiação de uma má ação. Os socinianos, Hobbes e alguns outros, não admitem esta justiça punitiva, que é propriamente vingativa e que em muitos casos Deus guardou para si, mas que ele não deixa de comunicar àqueles que têm direito de governar os outros e que ele a exerce por intermédio deles, contanto que ajam pela razão e não pela paixão. Os socinianos acreditam que ela não tem fundamento; mas sempre está fundada em uma relação de conveniência que satisfaz não apenas o ofendido, mas ainda os sábios que a veem: como uma bela música ou mesmo uma boa arquitetura satisfaz os espíritos bem constituídos. E o sábio legislador tendo ameaçado e, por assim dizer, tendo prometido um castigo, o seu comum (*il est de sa constance*) é não deixar a ação inteiramente impune, ainda que a pena não mais servisse para corrigir alguém. Mas, quando ele nada tivesse prometido, bastaria que existisse uma conveniência que o poderia ter levado a fazer esta promessa, pois, além do mais, o sábio não promete senão aquilo que é conveniente. E se pode até dizer que há aqui uma certa compensação do espírito que a desordem ofenderia, se o castigo não contribuísse para estabelecer a ordem. Pode-se, ainda, consultar aquilo que Grotius[244]

[244] Cf. nota 52. Dentre as obras teológicas de Grotius figura uma *Defensio fidei catholicæ de satisfactione Christi adversus Faustum Socinum*, Leyde 1617; nela ele responde ao teólogo Johan Crell, mais conhecido como Crellius (1590-1633), teólogo sociniano alemão, residente na Polônia; sua *Reponsio* à obra de Grotius foi publicada em 1623 na Cracóvia.

escreveu contra os socinianos sobre a satisfação de Jesus Cristo, e aquilo que Crellius respondeu a isto.

74. É assim que as penas dos que estão em danação continuam, mesmo se elas não servem mais para afastar do mal; e que do mesmo modo as recompensas dos bem-aventurados continuam, mesmo se elas não servem mais para confirmar no bem. Pode-se dizer, contudo, que os danados sempre atraem para si novas dores mediante novos pecados, que os bem-aventurados sempre atraem para si novas alegrias mediante novos progressos no bem, ambos estando fundados no *princípio da conveniência*, que fez com que as coisas tivessem sido regradas de modo que a má ação devesse atrair para si um castigo. Pois é oportuno julgar segundo o paralelismo dos dois reinos, daquele das causas finais e daquele das causas eficientes, que Deus estabeleceu no universo uma conexão entre a pena ou a recompensa, e entre a má ou boa ação, de modo que a primeira sempre seja atraída pela segunda, e que a virtude e o vício deem origem à recompensa e ao castigo deles, em consequência da sequência natural das coisas, que ainda contêm uma outra espécie de harmonia preestabelecia além daquela que aparece no comércio da alma e do corpo. Pois, finalmente, tudo que Deus faz é harmônico em perfeição, como eu já constatei. É possível, então, que esta conveniência cessasse em relação àqueles que agissem sem a verdadeira liberdade, isenta da necessidade absoluta, e que neste caso exclusivamente a justiça corretiva teria lugar, e não a justiça vingativa. Esta é a opinião do célebre Conringius[245] em uma dissertação que publicou sobre o que é justo. E, com efeito, as razões das quais Pomponazzi já se serviu no seu livro sobre o destino para provar a utilidade dos castigos e das recompensas, ainda que tudo acontecesse nas nossas ações por uma necessidade fatal, só consideram a correção e não a satisfação, κόλασιν, οὐ τιμωρίαν. Assim, não é senão como instrumento que matamos os animais cúmplices de

[245] Hermann Conring (1606-1687), erudito e sábio holandês, correspondente de Leibniz. A dissertação citada é a *Disputatio philosophica de jure*, tese sustentada sob a direção de Conring por Bernhardt Faul, foi publicada em Helmstadt em 1637; no §15 desta obra, encontra-se efetivamente uma alusão precisa ao livro e ao argumento de Pomponazzi. Sobre este último, cf. nota 72; trata-se da obra *De fato, libero arbitrio, praedestinatione et providentia Dei*, publicada em 1525.

certos crimes, como demolimos as casas dos rebeldes, ou seja, para provocar terror. Desta forma, é um ato da justiça corretiva em que a justiça vingativa não tem parte.

75. Mas nós não nos distrairemos agora discutindo uma questão [que é] mais curiosa do que necessária, pois mostramos suficientemente que não há tal necessidade nas ações voluntárias. Entretanto, foi bom mostrar que a simples *liberdade imperfeita*, isto é, que é isenta somente da coerção, bastaria para fundar esta espécie de castigos e de recompensas que tendem para que o mal e a correção sejam evitados. Vê-se também por causa disso que algumas pessoas de espírito que se persuadem de que tudo é necessário estão erradas ao dizer que ninguém deve ser louvado nem censurado, recompensado nem punido. Aparentemente, elas não o dizem senão para exercer o seu belo espírito; o pretexto é que tudo sendo necessário, nada estaria em nosso poder. Mas este pretexto está mal fundado; as ações necessárias ainda estariam em nosso poder, ao menos na qualidade de que nós poderíamos fazê-las ou omiti-las, quando a esperança ou o medo do elogio ou da censura, do prazer ou da dor levasse nossa vontade para isso; quer elas necessariamente a conduzissem para isso, quer conduzindo para isso elas deixassem em sua integridade igualmente a espontaneidade, a contingência e a liberdade. De modo que os elogios e as censuras, as recompensas e os castigos manteriam sempre uma grande parte de seu uso, ainda que houvesse uma verdadeira necessidade nas nossas ações. Nós podemos elogiar e censurar também as boas e as más qualidades naturais, em que a vontade não tem parte, em um cavalo, em um diamante, em um homem; e aquele que disse de Canton d'Utique que ele agia virtuosamente pela bondade de sua natureza, e que lhe era impossível usá-la de outro modo, acreditou elogiá-lo mais.

76. As dificuldades às quais nós temos nos esforçado para satisfazer até aqui, quase todas são comuns à teologia natural e à revelada. Agora, será necessário voltar àquilo que diz respeito a uma questão revelada, que é a eleição ou a reprovação dos homens com a economia ou o emprego da graça divina em relação a estes atos da misericórdia ou da justiça de Deus. Mas, quando

nós respondemos às objeções precedentes, abrimos um caminho para satisfazer aquelas que restam; o que confirma a observação que fizemos acima (*Discours prélimin.*, § 43)[246], que de preferência existe um combate entre as verdadeiras razões da teologia natural e as falsas razões das aparências humanas do que existe entre a fé revelada e a razão. Pois quase não há qualquer dificuldade contra a revelação, quanto a este assunto, que seja nova e que não tire sua origem daquelas que se pode objetar contra as verdades conhecidas pela razão.

77. Mas, como os teólogos de quase todos os partidos estão divididos entre eles quanto a este tema da predestinação e da graça, que, segundo seus princípios diversos, frequentemente dão respostas diferentes às mesmas objeções, não se poderia se dispensar de tocar nos desacordos (*différends*) que estão em voga entre eles. Pode-se dizer, no geral, que uns consideram Deus de uma maneira mais metafísica e outros de uma maneira mais moral; e outrora já foi observado que os gomaristas (*contreremontrants*) assumiam o primeiro partido e os arminianos (*remontrants*)[247] o segundo. Mas, para fazer adequadamente, é preciso igualmente sustentar de um lado a independência de Deus e a dependência das criaturas; e, do outro lado, a justiça e a bondade de Deus, que o faz depender de si mesmo, [faz depender] sua vontade de seu entendimento, [isto é,] de sua sabedoria.

78. Alguns autores hábeis e bem intencionados, querendo representar a força das razões dos dois partidos principais para convencê-los de uma tolerância mútua, julgam que toda a controvérsia se reduz a este ponto capital, a saber: qual foi a meta principal de Deus ao fazer seus decretos no que se refere ao homem; se ele os fez unicamente para estabelecer sua glória manifestando seus atributos, e formando, para então atingir o grande projeto da criação e da providência; ou se, de preferência, ele considerou os movimentos voluntários das substâncias inteligentes que ele tinha intenção de criar considerando o que elas queriam e fariam nas diferentes

---

[246] Com isso Leibniz se refere ao *Discurso [preliminar] sobre o acordo da fé com a razão.*

[247] De forma resumida, *contraremontrants* significa gomaristas (partidários de François Gomar), enquanto *remontrants* significa arminianos (partidários de Jacobus Arminius), cf. nota 140.

circunstâncias e situações em que ele poderia colocá-las, a fim de tomar uma decisão conveniente a este respeito. Parece-me que as duas respostas que, assim, são dadas a esta grande questão, como opostas entre elas, são fáceis de serem conciliadas, e que, consequentemente, os partidos estariam no fundo de acordo entre eles, sem que houvesse necessidade de tolerância, se tudo se reduzisse a este ponto. É verdade que Deus, ao formar a intenção de criar o mundo, se propôs unicamente manifestar e comunicar suas perfeição da maneira mais eficaz e mais digna de sua grandeza, de sua sabedoria e de sua bondade. Mas isso mesmo o fez considerar todas as ações das criaturas ainda no estado de pura possibilidade para formar o projeto mais conveniente. Ele é como um grande arquiteto que se propõe como meta a satisfação ou a glória de ter construído um belo palácio, e que considera tudo aquilo que deve fazer parte deste edifício: a forma e os materiais, o lugar, a situação, os meios, os operários, a despesa; antes de tomar uma decisão absoluta. Pois um sábio, ao formar seus projetos, não saberia separar o fim dos meios: ele não se propõe fim sem saber se há meios de chegar nele.

79. Eu não sei se ainda existem pessoas que acreditam que sendo Deus o mestre absoluto de todas as coisas, talvez, possa ser inferido disso que tudo aquilo que está fora dele lhe é indiferente; que ele apenas considerou a si próprio, sem se preocupar com os outros, e que desta forma ele tornou uns felizes e outros infelizes, sem motivo algum, sem escolha, sem razão; mas professar isso sobre Deus, seria lhe subtrair a sabedoria e a bondade. E basta que observemos que ele considera a si mesmo, e que nada negligencia daquilo que ele deve fazer, para que julguemos que considera também suas criaturas, e que ele se serve delas da maneira mais conforme à ordem. Pois quanto mais um grande e bom príncipe se preocupar com a sua glória, mais ele pensará em tornar seus dependentes felizes, ainda que ele fosse o mais absoluto de todos os monarcas, e mesmo se seus dependentes fossem escravos natos, homens de sua propriedade particular (*des hommes propres*)[248] (como dizem os jurisconsultos), pessoas inteiramente submissas

[248] Que lhe pertence particularmente, sua propriedade particular, seu bem próprio.

ao [seu] poder arbitrário. O próprio Calvino, e alguns outros grandes defensores do decreto absoluto declararam veementemente que Deus teve grandes e justas razões na eleição e na distribuição das graças deles, embora estas razões nos sejam desconhecidas nos detalhes; e é preciso julgar caridosamente que os mais rígidos predestinadores têm muita razão e muita piedade para se distanciarem desta opinião.

80. Então, não haverá controvérsia que seja agitada a este respeito, como eu espero, com [quaisquer] pessoas por pouco que sejam sensatas; mas sempre ainda haverá muita entre aqueles que se denominam universalistas e particularistas[249], em relação àquilo que eles ensinam sobre a graça e sobre a vontade de Deus. Contudo, tenho alguma predisposição a acreditar que, em todo caso, a disputa tão entusiástica entre eles sobre a vontade de Deus de salvar todos os homens e sobre o que disso depende (quando se separa a *de auxiliis*[250], ou da assistência da graça) consiste mais nas expressões do que nas coisas; pois basta considerar que Deus e qualquer outro sábio benfazejo está predisposto a todo bem que é factível, e que esta predisposição está em proporção com a excelência deste bem; e isso (tomando o objeto precisamente e em si) por uma *vontade antecedente*[251], como é chamada, mas que nunca tem seu completo efeito, porque este sábio deve ter ainda muitas outras predisposições. Assim, é o resultado de todas as predisposições a um só tempo que faz sua vontade plena e decretória, como nós a explicamos acima. Então, pode-se dizer muito bem com os antigos que Deus quer salvar todos os homens segundo sua vontade antecedente, e não segundo sua vontade consequente, que jamais deixa de ter seu efeito. E se aqueles que negam esta vontade universal não querem permitir

---

249 Universalistas: pessoas que sustentam que há em Deus a vontade de salvar *todos* os homens; e particularistas: pessoas que sustentam que há em Deus a vontade de salvar *cada* homem.

250 De 1598 a 1602, diversas assembleias se realizam em Roma *de auxiliis*, a fim de examinar e discutir as teses de Molina defendidas em sua *Concordia* (cf. nota 258).

251 Leibniz distingue em Deus uma vontade *antecedente*, que tem em vista o bem em geral, e uma vontade *consequente*, que tem em vista o maior bem, o melhor em absoluto; tal diferenciação é necessária porque nem todo bem particular, ligado à vontade antecedente, é *compossível* com outros, nem todo bem particular pode se ajustar à vontade consequente (cf. §§ 21 e 22).

que a predisposição antecedente seja chamada de uma vontade, embaraçam-se apenas com uma questão de nome.

81. Mas há uma questão mais real com respeito à predestinação à vida eterna e quanto à qualquer outra [forma de] destino [conferido] por Deus, a saber, se esta forma de destino é absoluta ou relativa. Há destinação para o bem e para o mal; e como o mal é moral ou físico, os teólogos de todos os partidos concordam que não existe destinação para o mal moral, isto é, que ninguém está destinado a pecar. Quanto ao maior mal físico, que é a danação, pode-se distinguir entre destinação e predestinação, pois a predestinação parece encerrar em si uma destinação absoluta e anterior à consideração das boas ou das más ações daqueles que ela leva em conta. Desta forma, pode-se dizer que os reprovados estão *destinados* a caírem em danação, porque eles são reconhecidamente impenitentes (*connus impeniténts*). Mas não se pode dizer tão bem que os reprovados estão *predestinados* à danação, pois não há reprovação absoluta, seu fundamento sendo a impenitência final prevista.

82. É verdade que há autores que afirmam que Deus querendo manifestar sua misericórdia e sua justiça, conforme razões dignas dele, mas que nos são desconhecidas, escolheu os eleitos e, consequentemente, rejeitou os reprovados antes de toda consideração do pecado, mesmo de Adão; que depois desta resolução ele achou bom permitir o pecado para poder exercer estas duas virtudes, e que ele concedeu graças em Jesus Cristo a uns para salvá-los e recusou aos outros para poder puni-los; e é por isso que estes autores são chamados de *supralapsários*[252], porque o decreto de punir precede, segundo eles, o conhecimento da existência futura do pecado. Mas a opinião mais comum, atualmente, entre aqueles que são chamados de reformados, e que é facilitada pelo sínodo

[252] *Supralapsários* e *infralapsários* eram correntes teológicas nascidas no interior das Igrejas reformadas dos Paises Baixos, relacionadas à doutrina da dupla predestinação defendida por Calvino que, na *De institutione christiana* (III, cap. 21, 5), estabelecia que certos homens estão destinados à vida eterna, outros à danação. Os supralapsários defendiam, com Calvino e Zwingle (cf. nota 120), a versão mais radical dessa tese, ou seja, que antes mesmo da previsão do pecado de Adão aquela divisão já estava estabelecida; os infralapsários defendiam, com Lutero, que aquela divisão se ligava imediatamente à previsão do pecado de Adão.

de Dordrecht[253], é a dos *infralapsários*, bastante conforme à opinião de santo Agostinho, que sustenta que Deus tendo resolvido permitir o pecado de Adão e a corrupção do gênero humano, por razões justas, mas ocultas, sua misericórdia o fez escolher alguns [indivíduos] da massa corrompida para serem salvos gratuitamente pelo mérito de Jesus Cristo, e sua justiça fez com que decidisse punir os outros pela danação que mereciam. É por isso que entre os escolásticos apenas os salvos eram chamados de *prædestinati* e os reprovados eram chamados de *præsciti*.[254] É preciso admitir que alguns infralapsários e outros falam algumas vezes da predestinação para a danação, a exemplo de Fulgêncio[255] e do próprio santo Agostinho; mas para eles isso significa o mesmo que destinação, e de nada serve disputar sobre palavras, ainda que outrora se tenha feito disso um motivo para maltratar Godescalcoo[256] que fez algum barulho por volta do meio do século IX, e que assumiu o nome de Fulgêncio para dar testemunho que ele imitava este autor.

83. Quanto à destinação dos eleitos à vida eterna, os protestantes, tanto quanto os da igreja romana, discutem intensamente entre eles se a eleição é absoluta, ou se está fundada sobre a previsão da fé viva final. Aqueles que são chamados de evangélicos, isto é, os da Confissão de Ausburgo, defendem este último partido: eles acreditam que não se deve ir às causas ocultas da eleição, enquanto se pode encontrar nela uma causa manifesta assinalada na Sagrada Escritura, que é a fé em Jesus Cristo; e lhes parece que a previsão da causa é também a causa da previsão do efeito. Aqueles que são chamamos de reformados são de uma outra opinião: eles reconhecem que a salvação vem da fé em Jesus Cristo; mas observam que

[253] Reunião ocorrida em 1618-1619, que, assim como a Confissão Gallicana, conclui em favor das teses gomaristas (cf. nota 140) e infralapsárias (cf. nota 252).

[254] Conhecidos de antemão, predestinados; ver mais acima o final do § 81 sobre os impenitentes conhecidos (*connus impeniténts*).

[255] Fulgêncio, bispo e teólogo (c. 467-532 ou 33), fiel defensor das ideias de santo Agostinho contra o pelagianismo; em seu *De veritate praedestinationis et gratiae Dei* defende a tese da dupla predestinação.

[256] Gotescalco ou Gottschalk de Orbais (c. 801-868 ou 869), monge saxão, partidário da predestinação absoluta; foi condenado no sínodo de Magonza em 849; foi submetido a maus tratamentos e perseguições incessantes, cujo animador principal era o bispo de Reims, Hincmar; contra ele, Scotus Erigena escreveu *De divina praedestinatione*.

frequentemente a causa, que na execução é anterior ao efeito, na intenção é posterior; como quando a causa é o meio, e o efeito é o fim. Deste modo, a questão é se a fé ou se a salvação é anterior na intenção de Deus, isto é, se Deus tem em vista salvar o homem ao invés de torná-lo fiel.

84. Vê-se, por isso, que as questões entre os supralapsários e os infralapsários por um lado, e em seguida entre estes e os evangélicos, equivalem a bem conceber a ordem existente nos decretos de Deus. Talvez se pudesse fazer cessar esta disputa de uma vez, dizendo que para compreendê-la corretamente, todos os decretos de Deus dos quais se trata são simultâneos, não apenas em relação ao tempo, com o que todo mundo concorda, mas também *in signo rationis*[257], ou na ordem da natureza. Com efeito, a Fórmula de Concórdia, segundo algumas passagens de santo Agostinho, compreendeu no mesmo decreto da eleição a salvação e os meios que levam a isso. Para mostrar esta simultaneidade das destinações ou dos decretos em questão, é preciso voltar ao expediente do qual me servi mais de uma vez, que sustenta que Deus, antes de decidir qualquer coisa, considerou, entre outras sequências possíveis das coisas, aquela que aprovou desde então, na ideia em que está representada a [maneira] como os primeiros ancestrais pecam e corrompem a sua posteridade; como Jesus Cristo perdoa os pecados do gênero humano; como alguns, ajudados por estas ou aquelas graças, alcançam a fé final e a salvação; e como outros, com ou sem estas ou aquelas graças, não as alcançam, permanecem sob o pecado e são danados; desde que Deus não dá sua aprovação a esta sequência senão depois de ter considerado em todos os seus detalhes, e que, deste modo, ele não pronuncia nada de definitivo sobre os que serão salvos ou danados sem ter tudo pesado, e mesmo comparado com outras sequências possíveis. Assim, o que ele pronuncia considera toda a sequência de só uma vez (*à la fois*), da qual ele não faz senão decidir a existência. Para salvar outros homens ou [fazê-lo] de modo diferente seria preciso escolher uma sequência geral totalmente outra, pois tudo está ligado em cada sequência. E nesta maneira de considerar a coisa que é a mais digna

[257] *In signo rationis*: Logicamente. Sobre a Fórmula de Concórdia, cf. nota 79 e 654.

do mais sábio, na qual todas as ações estão ligadas o mais que é possível, haveria apenas um único decreto total que é o de criar um determinado mundo; e este decreto total compreende igualmente todos os decretos particulares, sem que haja ordem entre eles; embora, além disso, possa-se dizer que cada ato particular da vontade antecedente, que entra no resultado total, tem seu preço e ordem, à medida do bem para o qual este ato inclina. Mas estes atos de vontade antecedente não são chamados de decretos, pois ainda não são infalíveis; o sucesso dependendo do resultado total. E nesta maneira de considerar as coisas, todas as dificuldades que se pode apresentar a este respeito voltam àquelas que já foram feitas e superadas, quando se examinou a origem do mal.

85. Resta apenas uma discussão importante que tem suas dificuldades particulares; é a da atribuição dos meios e das circunstâncias que contribuem para a salvação e para a danação; o que compreende entre outros o assunto dos auxílios da graça (*de auxiliis gratiæ*) sobre a qual Roma – desde a congregação *de auxiliis*[258] sob Clemente VIII, onde foi discutido entre os dominicanos e os jesuítas – não permite que se publiquem livros facilmente. Todo mundo deve convir que Deus é perfeitamente bom e justo, que sua bondade o faz contribuir o mínimo possível para aquilo que pode tornar os homens culpados, e o máximo possível para o que serve para lhes salvar (possível, eu digo, salvo a ordem geral das coisas[259]); que sua justiça o impede de danar inocentes, e de deixar boas ações sem recompensa; e que ele até mantém uma justa proporção entre as punições e as recompensas. Entretanto, esta ideia que se deve ter da bondade e da justiça de Deus não aparece suficientemente naquilo que nós conhecemos de suas ações em relação à salvação e à danação dos homens; e é isso que constitui as *dificuldades* que dizem respeito ao pecado e seus remédios.

86. A primeira dificuldade é: como a alma pôde ser infectada pelo pecado original, que é a raiz dos pecados atuais, sem que Deus tivesse sido injusto por expô-la a isso. Esta dificuldade fez surgir três opiniões sobre a origem da alma mesma: a da *preexistência das*

[258] Cf. nota 250.

[259] Mantendo a ordem geral das coisas.

almas humanas em um outro mundo ou em uma outra vida na qual elas tinham pecado, e por causa disso tinham sido condenadas a esta prisão do corpo humano; opinião dos platônicos, que é atribuída a Orígenes, e que ainda hoje encontra seguidores. O doutor inglês Henri Morus[260] sustentou parte deste dogma em um livro específico. Alguns daqueles que sustentam esta preexistência concluíram pela metempsicose. O Sr. Van Helmont, o filho, era desta opinião, e o engenhoso autor de algumas meditações metafísicas publicadas em 1678, sob o nome de Guillaume Wander[261], parece ter predisposição para isso. A segunda opinião é a da *tradução*, como se a alma das crianças fosse gerada (*per traducem*) a partir da alma ou das almas daqueles de cujo corpo é gerada.[262] Santo Agostinho foi levado a ela para salvar o pecado original de forma mais adequada. Esta doutrina também é ensinada pela maior parte dos teólogos da Confissão de Ausburgo. Entretanto, ela não está inteiramente estabelecida entre eles, pois as universidades de Iena, de Helmstadt e de outras foram contrárias a ela desde muito tempo. A terceira opinião, e a mais aceita atualmente, é a da criação; ela é ensinada na maioria das escolas cristãs, mas ela contém mais dificuldade no que se refere ao pecado original.

87. Nesta controvérsia dos teólogos sobre a origem da alma humana, entrou a discussão filosófica sobre a *origem das formas*. Aristóteles e a escola depois dele chamaram de forma o que é um princípio de ação e encontra-se naquele que age. Este princípio interno é, ou substancial, que é chamado de alma, quando está

---

[260] Henry More (1614-1688), filósofo e teólogo, um dos membros da escola platônica de Cambridge, influenciou determinantemente a filosofia inglesa posterior por defender que a substância de Deus se ligava ao espaço infinito e ao tempo eterno; a obra citada é sua *Immortalitas animæ, quatenus ex cognitione naturæ rationisque lumine est demonstrabilis*, publicada em 1659. Em seguida, François-Mercure van Helmont (1618-1699), filósofo e químico, editou as obras de seu pai, famoso médico e químico; cf. nota 173.

[261] Guillaume Wander, pseudônimo do abade de Lanion, filósofo e matemático cartesiano próximo de Malebranche; suas *Méditations sur la métaphysique*, publicadas efetivamente em Paris em 1678, foram reeditadas em uma coletânea estabelecida com os cuidados de Bayle, publicada em Amsterdã em 1684 sob o título *Recueil de quelques pièces curieuses concernants la philosophie de M. Descartes.*

[262] "Por transmissão": chamada de *traducionismo* ou *geracionismo*, essa doutrina se opõe à do *criacionismo*; trata-se da doutrina que estabelece que a alma é transmitida aos filhos pelos pais a partir do corpo, ela foi sustentada por Tertuliano em seu *De anima.*

em um corpo orgânico, ou acidental, que se costuma chamar de *qualidade*. O mesmo filósofo deu à alma o nome genérico de enteléquia ou de ato. Esta palavra, *enteléquia*, aparentemente tem sua origem da palavra grega que significa perfeito, e é por isso que o célebre Hermolaus Barbarus a expressou ao pé da letra em latim por *perfectihabia*, pois o ato é a realização da potência (*puissance*); e ele não tinha necessidade de consultar o diabo, como fez, conforme o que se diz, para aprender apenas isso.[263] Acontece que o filósofo estagirita acredita que existam duas espécies de atos, o ato permanente e o ato sucessivo. O *ato* permanente, ou durável, não é outra coisa senão a *forma* substancial ou acidental: a forma substancial (como a alma, por exemplo) é completamente permanente, pelo menos em minha opinião, e o acidental não o é senão por algum tempo. Mas o ato inteiramente passageiro, cuja natureza é transitória, consiste na própria *ação*. Eu mostrei em outro lugar que a noção de enteléquia não deve ser inteiramente menosprezada[264], e que sendo permanente, ela traz consigo não apenas uma simples *faculdade* ativa, mas também o que se pode chamar de *força*, *esforço*, *conatus*, do que a própria ação deve seguir se nada a impede. A faculdade não é senão um *atributo*, ou algumas vezes até um *modo*; mas a força, quando não é um ingrediente da própria substância, isto é, a *força* que não é *primitiva*, mas *derivativa*, é uma *qualidade* que é distinta e separável da substância. Eu também mostrei como se pode conceber que a alma é uma força primitiva que se modifica e varia a partir das forças derivativas ou qualidades, e exercida nas ações.

88. Acontece que os filósofos se atormentaram intensamente com o assunto da origem das formas substanciais. Pois dizer que o composto da forma e da matéria é produzido, e que a forma é somente *co-produzida* (*comproduite*) era o mesmo que dizer nada. A

[263] Ermolao Barbaro (1454-1495), humanista italiano; contava-se que desesperado para saber do diabo qual o sentido do termo aristotélico *enteléquia*, ele o invocou e obteve dele a resposta citada. Mais à frente, "o filósofo estagirita" se refere a Aristóteles.

[264] A *Entelequia* – termo utilizado por Aristóteles em sua *Metafísica* (IX, 8, 1050) – é um conceito chave na filosofia leibniziana; está definido de forma exemplar no § 18 da *Monadologia* (de 1714); é amplamente utilizado no texto *De primae philosophiae emendatione et notione substantiae* de 1694, certamente ao qual Leibniz se refere; cf. também a correspondência de Leibniz com Jakob Thomasius de 20 a 30 de abril de 1669.

opinião comum foi de que as formas eram tiradas da potência da matéria, o que é chamado de *edução* (*éduction*): com efeito, isso ainda não era dizer nada, mas se esclarecia de algum modo pela comparação com [o caso] das figuras; pois a de uma estátua não é produzida senão ao extrair o mármore desnecessário. Esta comparação poderia ocorrer se a forma consistisse em uma simples limitação, como a figura. Alguns acreditaram que as formas eram enviadas do céu, e até criadas expressamente, quando os corpos são produzidos. Giulio Scaliger[265] insinuou que era possível que as formas fossem preferivelmente retiradas da potência ativa da causa eficiente (isto é, ou da de Deus em caso de criação, ou das outras formas em caso de geração) ao invés da potência passiva da matéria quando uma geração é feita, e isso era voltar à tradução. Daniel Sennert[266], médico e físico célebre em Wittemberg, cultivou esta opinião, sobretudo no que se refere aos corpos animados que são multiplicados pelos sêmens. Um certo Giulio Cesare della Galla[267], italiano que morava na Holanda, e um médico de Groningue, chamado Johann Freitag[268], escreveram contra ele de uma maneira muito violenta; e Johann Sperling, professor em Wittemberg, fez a apologia de seu mestre, e discutiu, por fim, com Johann Zeisold, professor em Iena que defendia a criação da alma humana.

89. Mas a tradução e a edução são igualmente inexplicáveis, quando se trata de encontrar a origem da alma. Não é o mesmo

---

[265] Giulio Cesare Scaliger (1484-1558), médico, filólogo e humanista célebre; cf. nota 107.

[266] Daniel Sennert (1572-1637), célebre médico alemão, procurou unir as doutrinas dos Antigos com as dos alquimistas como Paracelso; sua obra mais importante é *Hypomnemata physicae*, Winttenberg 1636.

[267] Giulio Cesare della Galla, autor do *De phaenomenis in orbe lunae* (1612).

[268] Johann Freitag (1581-1641), medico alemão, defensor de Aristóteles e de Galeno, foi um dos principais opositores de Sennert, escreveu uma *Detectio et solida refutatio novæ sectæ Sennerto-paracelsicæ* (Amsterdã, 1637). Johann Sperling (1603-1658), médico e zoologista alemão, tomou em muitas de suas obras a defesa de Sennert contra Freitag; ele escreveu um tratado *Defensio tractatus de origine formarum pro Daniele Sennerto, contra D. Johannen Freitag*, Amsterdam 1634. Johann Zeisold (1599-1667), físico e médico; muitas de suas obras tratam do assunto que aqui interessa a Leibniz: *De animæ rationalis productione et propagatione*, segunda edição, Iena 1659; *Diatribe historico-elenctica de setentiæ creationem animæ rationalis statuentis antiquitate et veritate, necnon de sententiae propagationem animae rationalis per traducem statuentis novitate et absurditate*, Iena 1662. Suas polêmicas com Sperling aparecem dentro de outros títulos, como: *Examen physicæ Sperlingianæ*, Iena 1653; *Processus disputandi sperlingianus monstratus*, Iena 1650.

caso das formas acidentais, pois estas são apenas modificações da substância, e a origem delas pode ser explicada pela edução, isto é, pela variação das limitações, tal como a origem das figuras. Mas é completamente diverso quando se trata da origem de uma substância, cujo começo e destruição são igualmente difíceis de serem explicados. Sennert e Sperling não ousaram admitir a subsistência e a indestrutibilidade das almas dos animais irracionais ou de outras formas primitivas, mesmo que as reconheçam como indivisíveis e imateriais. Mas acontece que eles confundiram a indestrutibilidade com a imortalidade, segundo a qual se compreende que no homem subsiste não somente a alma, mas também a personalidade; isto é, ao dizer que a alma do homem é imortal, faz-se subsistir aquilo que faz com que ela seja a mesma pessoa, a qual mantém suas qualidades morais, conservando a consciência ou o sentimento reflexivo interno daquilo que é; o que a torna capaz de castigo e de recompensa. Mas esta conservação da personalidade não ocorre na alma dos animais irracionais; é por isso que prefiro dizer que elas são imperecíveis ao invés de chamá-las de imortais. Entretanto, este mal entendido parece ter sido causa de uma grande inconsequência na doutrina dos tomistas e de outros bons filósofos, que reconheceram a imaterialidade ou indivisibilidade de todas as almas, sem querer reconhecer a indestrutibilidade delas, com grande prejuízo para imortalidade da alma humana. Johannes Scotus[269], isto é, o escocês (o que antigamente significava o hibérnico ou o Erígena), autor célebre do tempo de Luis I, o Piedoso[270], e de seus filhos, acreditava na conservação de todas as almas; e não vejo por que seria menos inconveniente fazer durar os átomos de Epicuro ou de Gassendi[271], do que fazer

[269] Johannes Scotus Erígena (morto c. 880), filósofo irlandês que fez carreira na corte de Carlos o Calvo; fortemente influenciado pelas doutrinas antigas da Alma do Mundo e da animação universal; em 851, a pedido dos bispos de Reims e de Laon, escreveu o *De divina praedestinatione* contra a tese da dupla destinação de Godescalco (cf. nota 256). "Hibérnico", de Hibernia: nome latino da Irlanda.

[270] Imperador do Ocidente (814-840), filho e sucessor de Carlos Magno, contribuiu grandemente com o renascimento carolíngio.

[271] Gassendi (1592-1665), sábio e filósofo célebre, promotor de um renascimento do epicurismo no século XVII por conta de suas obras sobre Epicuro: *De vita, moribus et plactis Epicuri*, Lyon 1667, e *Syntagma philosiphiæ Epicuri*, La Haye 1665.

subsistir todas as substâncias verdadeiramente simples e indivisíveis, que são os únicos e verdadeiros átomos da natureza. E Pitágoras tinha razão no geral ao dizer em Ovídio:

Morte carent animæ.[272]

90. Ora, como eu gosto das máximas que sustentam a si mesmas, e nas quais há o mínimo de exceções possível, eis o que me pareceu mais sensato em qualquer sentido sobre esta importante questão. Eu assumo que as almas, e geralmente as substâncias simples, não poderiam começar a não ser pela criação, nem deixar de existir a não ser pela aniquilação; e como a formação dos corpos orgânicos animados não parece explicável na ordem da natureza, senão quando se supõe uma *pré-formação* já orgânica; disso inferi que o que chamamos de geração de um animal é apenas uma transformação e crescimento; deste modo, visto que o mesmo corpo já era organizado, é de se acreditar que ele já fosse animado, e que ele tinha a mesma alma, da mesma maneira que eu julgo em *vice-versa*, quanto à conservação da alma que ela é criada uma vez, que o animal também é conservado, e que a morte aparente não é senão um encobrimento (*enveloppement*); não sendo senão aparência que na ordem da natureza existam almas inteiramente separadas de algum corpo, e [não sendo senão aparência] que o que não começa naturalmente possa cessar pelas forças da natureza.

91. Depois de ter estabelecido uma ordem tão bela, e regras tão gerais no que se refere aos animais, não parece racional que o homem esteja inteiramente excluído dela, e que tudo se faça nele por milagre com relação a sua alma. Por isso, fiz notar mais de uma vez, que é da sabedoria de Deus que em suas obras tudo seja harmônico, e que a natureza esteja em paralelo com a graça. Deste modo, eu acreditaria que as almas que um dia serão almas humanas, assim como as das outras espécies, estiveram [como que] nas sementes e nos ancestrais até Adão, e existiram, consequentemente, desde o começo das coisas, sempre em uma espécie de corpo organizado.

[272] "As almas não morrem." (Ovídio, *Metamorfoses*, XV, v. 158).

No que parece que o Sr. Swammerdam[273], o R. P. Malebranche, o Sr. Bayle, o Sr. Pitcarne, o Sr. Hartsoeker, e um grande número de outras pessoas muito hábeis são de minha opinião. E esta doutrina está suficientemente confirmada pelas observações microscópicas do Sr. Leuwenhoeck[274] e de outros bons observadores. Mas ainda me parece conveniente por diversas razões que [essas sementes] não existissem então, a não ser em almas sensitivas ou animais, dotadas de percepção e de sentimento, mas destituídas de razão; e que elas permaneceram neste estado até o tempo da geração do homem a quem elas deviam pertencer, mas que nesse momento elas receberam a razão; quer houvesse um meio natural de elevar uma alma sensitiva à condição de alma racional (o que eu tenho dificuldade em conceber), quer Deus tenha dado a razão a esta alma mediante uma operação particular, ou se você quiser, mediante uma espécie de *transcriação*.[275] O que é ainda mais fácil de ser admitido [do] que muitas outras operações imediatas de Deus sobre nossas almas que a revelação ensina. Esta explicação parece superar os embaraços que se apresentam em Filosofia ou em Teologia, visto que a dificuldade sobre a origem das formas cessa inteiramente, desde que é muito mais conveniente à justiça divina dar à alma – já corrompida fisicamente ou de uma maneira animal (*animalement*) pelo pecado de Adão – uma nova perfeição que é a razão, do que colocar uma alma racional por criação ou, de outro modo, em um corpo onde ela deva estar corrompida moralmente.

92. Ora, a alma estando uma vez sob o domínio do pecado, e pronta a cometê-lo atualmente, assim que o homem estiver em estado de exercer a razão, é uma nova questão se esta disposição

[273] Jan Swammerdam (cf. nota 25). Archibald Pitcairne (1652-1713), médico escossês que tentou utilizar a mecânica e a geometria no domínio da medicina, autor da *Dissertationes medicae*, Edimburgo 1701. Hartsœker (1656-1725), matemático e físico holandês, se correspondeu com Leibniz; suas principais obras são: *Essais de Dioptrique* (Paris 1694), *Conjectures physiques* (Amsterdã 1706) e *Cours de physique* (Haye 1730).

[274] Antony von Leuwenhœcke (1632-1723), célebre naturalista holandês, utilizou o microscópio para estudar a fecundação e descobriu, em 1679, o *animalculi*, o que hoje chamamos de espermatozóide.

[275] "Transcriação": termo usado por Leibniz para indicar a ação com que Deus dá razão à alma sensível ou animal. Leibniz prefere esta à hipótese segundo a qual alma animal se eleva à razão por meios puramente naturais, Cf. a "Carta de Leibniz a Des Bosses de 31 de julho de 1709".

de um homem que não foi regenerado pelo batismo basta para colocá-lo em danação, ainda que ele jamais chegasse ao pecado atual, como pode acontecer e geralmente acontece, quer morra antes da idade [em que se faz uso] da razão, quer se torne imbecilizado antes de fazer uso dela. Sustenta-se que são Gregório de Nazianzo[276] o negue (*Oratio de baptismo*); mas santo Agostinho o defende, e pretende que somente o pecado original baste para fazer merecer as chamas do inferno; embora esta opinião seja bem dura, para não dizer mais do que isso. Quando falo aqui da danação e do inferno, eu quero dizer dores, e não uma simples privação da felicidade suprema; eu quero dizer *pœnam sensus non damni*.[277] Gregório de Rimini[278], geral dos agostinianos, com poucos outros, seguiu santo Agostinho contra a opinião recebida das escolas de seu tempo, e por isso era chamado de o torturador das crianças, *tortor infantum*. Os escolásticos, ao invés de enviá-las às chamas do inferno, lhes concederam um limbo manifesto, onde elas não sofrem, e não são punidas senão pela privação da visão beatífica. As Revelações de santa Brigite[279] (como são chamadas), muito estimadas em Roma, também defendem este dogma. Salmeron e Molina, depois de Ambrósio Catarino e outros, concedem a elas uma certa beatitude natural; e o cardeal Sfondrat, homem de saber e de piedade, que a aprova, recentemente chegou a preferir de certa maneira o estado delas, que é o estado de uma inocência feliz, àquele de um pecador salvo; como se vê no seu *Nodus prædestinationis solutus*; mas parece

[276] São Gregório de Nazianzo (c. 329-c. 390), um dos Padres da Igreja; foi padre da igreja grega admirador de Orígenes, ficou conhecido como "o Teólogo". A obra citada é seu Discurso XL, sobre o santo batismo.

[277] "Sofrimento sensível, e não por prejuízo".

[278] Gregório de Rimini (morto em 1358), teólogo e filósofo italiano, agostiniano de estrita observância; seu sobrenome lhe foi dado por Paolo Sarpi (1552-1623), historiador do Concílio de Trento, a partir de um jogo de palavras com seu nome de família, Tortoricci.

[279] Santa Brigite, princesa sueca (c. 1303-1373); suas *Revelationes coelestes*, recolhidas por Pierre de Skeninge e Pierre Olafsson, atacadas por Gerson (cf. nota 66) em 1415, foram aprovadas pelo Concílio de Bâle, sob influência do cardeal Jean de Torquemada, e publicadas diversas vezes (Lubeck 1492; Paris 1624; Roma 1628). Salmeron (1515-1585), teólogo jesuíta espanhol, um dos primeiros companheiros de Inácio de Loyola. Sobre Molina, cf. notas 54, 211 e 250. Lancelot Politi (1483 ou 1487-1553), Ambrogio Chatarino era seu nome religioso, dominicano italiano assim chamado em honra de sua compatriota Santa Catarina de Sienne, autor de um *Tratado sobre a graça* que insiste sobre a responsabilidade moral do homem e pode ser considerado pré-molinista. Sobre Sfondrate, cf. nota 176.

que é um pouco demais. É verdade que uma alma suficientemente esclarecida não iria querer pecar, mesmo se pudesse obter por este meio todos os prazeres imagináveis; mas o caso de escolher entre o pecado e a verdadeira beatitude é um caso quimérico, e é preferível obter a beatitude (ainda que depois da penitência) do que ser privado dela para sempre.

93. Muitos prelados e teólogos da França, que estão satisfeitos por se distanciarem de Molina, e por se ligarem a santo Agostinho, parecem tender para a opinião deste grande doutor, que condena às chamas eternas as crianças mortas na idade da inocência antes de ter recebido o batismo. É o que parece a partir da carta citada acima[280], que cinco insignes prelados da França escreveram ao papa Inocente XII contra este livro póstumo do cardeal Sfondrat; mas na qual eles não ousaram condenar a doutrina que as crianças mortas sem batismo só sofrem a pena da privação [da beatitude], vendo-a aprovada pelo venerável Tomás de Aquino, e por outros grandes homens. Eu não falo daqueles que, por um lado, são chamados de jansenistas, e, por outro, de discípulos de santo Agostinho, pois eles se declaram inteiramente e intensamente pela opinião deste padre. Mas é preciso reconhecer que esta opinião não tem fundamento suficiente, nem na razão, nem na Escritura, e que ela é de uma dureza das mais chocantes. Em seu livro sobre a *Unidade da Igreja*, um livro contrário ao Sr. Jurieu, o Sr. Nicole[281] justifica muito mal aquela opinião, embora o Sr. Bayle assuma seu partido (*Réponse aux questions du provincial*, tomo 3, cap. 178). O Sr. Nicole se serve do pretexto que ainda há outros dogmas na religião cristã que parecem duros. Mas além do fato de que multiplicar estas durezas sem prova é uma consequência que não se deve permitir, é preciso considerar que os outros dogmas que o Sr. Nicole alega, que são o pecado original e a eternidade das penas, não são duros e injustos senão em aparência; enquanto a danação das crianças mortas sem um pecado atual e sem regeneração o seria verdadeiramente, e que, com efeito, isso seria levar à danação os inocentes.

---

[280] Cf. nota anterior.

[281] Trata-se do livro *De l'unité de l'église, ou refutation du nouveau système de M. Jurieu*, Paris 1687. Sobre Nicole, cf. nota 125

E isso me faz crer que o partido que sustenta esta opinião jamais terá vantagem completamente dentro da própria igreja romana. Os teólogos evangélicos têm o costume de falar com muita moderação sobre este assunto, e de abandonar estas almas ao julgamento e à clemência do seu criador. E nós não conhecemos todas as vias extraordinárias de que Deus pode se servir para esclarecer as almas.

94. Pode-se dizer que aqueles que defendem a danação tão-só pelo pecado original, e que consequentemente atribuem danação às crianças mortas sem batismo, ou fora da Aliança, caem sem pensar em um determinado uso da disposição do homem e da presciência de Deus, que desaprovam em outros: eles não querem que Deus recuse suas graças àqueles que ele prevê que devem resistir, nem que esta previsão e esta disposição sejam causa da danação destas pessoas; e, entretanto, eles afirmam que a disposição que provoca o pecado original, e na qual Deus prevê que a criança pecará assim que se encontrar na idade [em que se faz uso] da razão, basta para danar esta criança antecipadamente. Aqueles que sustentam um e rejeitam outro não guardam muita uniformidade e conexão dentro de seus dogmas.

95. Não há muito menos dificuldade quanto à questão daqueles que chegam à idade de discernimento e mergulham no pecado seguindo a inclinação da natureza corrompida, se eles não recebem a ajuda da graça [a qual é] necessária para se deter diante da propensão para o precipício, ou para tirar a si [mesmos] do abismo em que caíram. Pois parece duro daná-los eternamente por terem feito o que não tinham o poder de parar de fazer. Aqueles que danam até as crianças incapazes de discernimento se preocupam ainda menos com os adultos, e diríamos que eles se tornam insensíveis de tanto pensar ver as pessoas sofrerem. Mas não é o mesmo caso dos outros, e eu concordaria mais com aqueles que concedem a todos os homens uma graça suficiente para tirá-los do mal, contanto que tenham disposição suficiente para tirar proveito deste auxílio, e para não rejeitá-la voluntariamente. Objeta-se que houve e que há ainda uma infinidade de homens entre os povos civilizados e entre os bárbaros que jamais tiveram este conhecimento de Deus e de Jesus Cristo, do qual se tem necessidade para ser salvo pelas vias

ordinárias. Mas sem perdoá-los pela pretensão de um pecado puramente filosófico e sem se deter em um simples castigo de privação, coisas que não cabe discutir aqui, pode-se duvidar do fato; pois, como saber se eles não recebem auxílios ordinários ou extraordinários que nos são desconhecidos? Esta máxima, *Quod facienti quod in se est, non denegatur gratia necessaria*[282], parece-me de uma verdade eterna. Tomás de Aquino, o arcebispo Bradwardine[283] e outros, insinuaram que no íntimo acontecia alguma coisa que nós não sabemos (Tomás, *quæst.* 14, *de Veritate*, artic. II, *ad* I *et alibi*. Bradwardine, *de causa Dei, non procul ab initio*). E diversos teólogos bastante autorizados na própria igreja romana ensinaram que um ato sincero de amor a Deus acima de todas as coisas basta para a salvação, quando a graça de Jesus Cristo faz excitar. O padre Francisco Xavier[284] respondeu aos japoneses que se seus ancestrais tivessem usado bem das suas luzes naturais, Deus lhes teria dado as graças necessárias para serem salvos; e o bispo de Genebra, Francisco de Sales[285], muito aprova esta resposta (*De l'amour de Dieu*, liv. 4, cap.5).

96. É isso que em tempos remotos respondi ao excelente Sr. Pélisson[286], a fim de lhe mostrar que a igreja romana, indo mais longe que os protestantes, não dana de modo algum aqueles que estão fora de sua comunhão, e mesmo fora do cristianismo, ao lhes medir apenas pela fé explícita; e ele não se recusou a falar adequadamente na resposta muito gentil que dirigiu a mim, e que inseriu na quarta parte de suas *Reflexões*, na qual me fez a honra de anexar o meu texto. Eu lhe fiz considerar então o que um famoso teólogo português chamado Diogo Payva Andradius[287], enviado ao Concílio de Trento, escreveu aí contra Chemnice durante este

---

282 "Para aquele que faz o que deve, não é recusada a graça necessária."

283 Cf. nota 241.

284 São Francisco Xavier (1506-1552), célebre missionário jesuíta.

285 São Francisco de Sales (1567-1622), bispo de Genebra em 1602; seu *Traite de l'amour de Dieu* foi publicado em Lyon em 1616.

286 Paul Pellisson-Fontanier (1624-1693), homem de letras e historiador francês, protestante convertido ao catolicismo em 1670; no entanto, por vários anos teve relações com Leibniz por ocasião de projetos relacionados à busca da unidade das igrejas; em 1692 publibou sua correspondência com Leibniz sob o título *De la tolérance des religions*.

287 Diogo Paiva (ou Paya) de Andrade (1528-1575), autor de *Explicationes orthodoxae* (Veneza 1564), dirigidas contra o teólogo protestante Martin Chemnitz (cf. nota 41).

mesmo Concílio. E agora, sem citar muitos outros autores, eu me contentarei em designar o padre jesuíta Frederico Spee[288] como um dos mais excelentes homens de sua sociedade, que também foi desta comum opinião da eficácia do amor de Deus, como parece a partir do prefácio do belo livro que ele escreveu em alemão sobre as virtudes cristãs. Ele fala desta observação como de um segredo de piedade muito importante, e se estende muito distintamente sobre a força do amor divino de apagar o pecado sem mesmo a intervenção dos sacramentos da igreja católica; contanto que não sejam menosprezados, o que não seria compatível com este amor. E um grande personagem, cujo caráter era um dos mais elevados que se possa ter na igreja romana, me forneceu o primeiro conhecimento disso.[289] O padre Spee era de uma família nobre de Westfália, e morreu em estado de perfeição espiritual, segundo o testemunho daquele que, com a aprovação de superiores, publicou este livro em Colônia.

97. A memória deste excelente homem ainda deve ser preciosa às pessoas de saber e de bom senso, porque ele é o autor do livro intitulado *Cautio criminalis circa processus contra sagas*[290], que fez muito barulho e que foi traduzido para diversas línguas. Eu escutei do grande Eleitor de Mayence, Jean-Philippe de Schönborn[291] – tio do atual Eleitor, o qual segue gloriosamente o rastro deste digno predecessor –, que este padre encontrando-se em Francônia quando aí lançava-se a queimar supostos bruxos e tendo acompanhado muitos até a fogueira, os quais teria reconhecido como inocentes por meio das confissões e por meio das pesquisas que tinha feito a este respeito, foi tão tocado por isso que, apesar do perigo que nesse momento havia de dizer a

[288] Frederico Spée (1591-1635), teólogo e filósofo alemão; o livro citado é seu *Goldines Tugendbuch, das ist Werkcke und unbung der dreyen göttlichen Tugenden*; poema em 28 cantos sobre as virtudes teologais, composto em 1631 e publicado em Colônia em 1649 por Wilhelm Frissen; Leibniz traduziu o seu prefácio para o francês.

[289] Leibniz se refere ao cardeal Tolomei; cf. nota 39.

[290] *Caution criminalis, seu de processibus contra sagas liber*, obra publicada em 1631 em Frankfurt como se tivesse sido escrita por um teólogo romano anônimo.

[291] Jean-Philippe de Schönborn (1605-1673), tio de Lothar-Franz de Schönborn (1655-1729), eleitor de Mayence, príncipe e bispo de Bamberg. O título de "eleitor" se refere a príncipe ou bispo que participava da eleição do imperador, na Alemanha antiga.

verdade, ele decidiu compor esta obra (sem, no entanto, dizer seu nome) a qual fez muito barulho, e que converteu sobre este capítulo este Eleitor, até então ainda um simples cônego, e depois bispo de Wurzbourg, e por fim também arcebispo de Mayence; o qual fez cessar estas fogueiras tão logo alcançou a regência. No que foi seguido pelos duques de Brunswick e, enfim, pela maioria dos outros príncipes e estados da Alemanha.

98. Esta digressão me pareceu oportuna, porque este autor merece ser mais conhecido; e retorno ao assunto, ao qual acrescentarei que, ao supor que hoje um conhecimento de Jesus Cristo do ponto de vista da carne é necessário para a salvação – como de fato é o mais seguro a ser ensinado –, poderá ser dito que Deus a dará a todos aqueles que fazem o que depende humanamente deles, ainda que fosse preciso fazê-lo por milagre. Desta forma, não podemos saber o que acontece nas almas na proximidade da morte; e se diversos teólogos sábios e graves sustentam que as crianças recebem uma espécie de fé no batismo, mesmo que não se lembrem depois quando interrogadas a este respeito; por que se pretenderia que nada de parecido, ou mesmo de mais manifesto, pudesse ser feito quanto aos moribundos já que não podemos interrogá-los após a morte? De modo que há uma infinidade de caminhos abertos para Deus que lhe conferem o meio de satisfazer a sua bondade; e tudo aquilo que pode ser objetado é que nós não sabemos de qual via ele se serve, o que é uma objeção bastante aceitável.

99. Tratemos daqueles que não carecem do poder de se corrigir, mas [carecem] de boa intenção; eles são imperdoáveis, sem dúvida; mas sempre permance aí uma grande dificuldade no que diz respeito a Deus, pois dependia dele lhes dar inclusive esta boa vontade. Ele é o senhor das vontades, os corações dos reis e os dos outros homens estão em suas mãos. A Sagrada Escritura chega a dizer que, algumas vezes, para mostrar sua força, ele endurece os maus punindo-os. Este endurecimento não deve ser entendido como se, de maneira extraordinária, Deus imprimisse aí uma espécie de antigraça (*antigrâce*), isto é, uma repugnância ao bem ou mesmo uma inclinação para o mal, como a graça que ele dá é uma inclinação para o bem; mas acontece que Deus, tendo considerado

a sequência das coisas que ele estabeleceu, achou conveniente, por razões superiores, permitir que o Faraó, por exemplo, estivesse nas *circunstâncias* que aumentassem sua maldade; e que a divina sabedoria quis obter um bem deste mal.

100. Assim, o todo normalmente retorna às circunstâncias que fazem uma parte do encadeamento das coisas. Há uma infinidade de exemplos destas pequenas circunstâncias que servem para converter ou perverter. Nada é mais conhecido do que o *Tolle, lege* (Toma e lê)[292], que santo Agostinho escutou gritar de uma casa próxima, quando deliberou sobre o partido que devia tomar entre os cristãos divididos em seitas, e se perguntando:

Quod vitæ sectabor iter?

o que o levou a abrir ao acaso o livro das Divinas Escrituras que ele tinha a sua frente, e de ler o que apareceu diante de seus olhos; e foram estas as palavras que acabaram por determiná-lo a deixar o maniqueísmo. O bom Sr. Stenonis[293], dinamarquês, bispo titular de Titianópolis, e vigário apostólico (como se diz) em Hanôver e nas redondezas, quando havia um duque regente de sua religião, nos dizia que lhe tinha acontecido algo semelhante. Ele era grande anatomista e altamente versado no conhecimento da natureza; mas infelizmente abandonou esta pesquisa, e de um grande físico se transformou em um teólogo medíocre. Ele praticamente não queria mais ouvir falar das maravilhas da natureza, e seria preciso uma ordem formal do Papa[294] *in virtute sanctæ obedientiæ*[295], para obter dele as observações que o Sr. Thévenot lhe pedia. Ele nos contou então que aquilo que contribuiu muito para se decidir a assumir o partido

[292] "Que [tipo de] vida eu devo seguir"; santo Agostinho, *Confissões*, VIII, 12, 29. Cf. nota 7.

[293] Niels Steensen, conhecido como Stenon (1638-1686), luterano dinamarquês convertido ao catolicismo, autor de obras científicas e religiosas; ele próprio contou as circunstâncias de sua conversão em seu *Epistola de propria conversione* (Florença 1677), esteve em contato com Leibniz em Hanôver.

[294] Inocêncio XI.

[295] "Em virtude da santa obediência". Melchisédeck Thévenot (c. 1620-1692), viajante e erudito francês, bibliotecário de Luís XIV; conhecia numerosos sábios de seu tempo e as reuniões científicas que aconteciam em sua residência acabaram por incluí-lo na fundação da Academia das Ciências.

da igreja romana tinha sido a voz de uma dama em Florença, que tinha lhe gritado de uma janela: "Não siga na direção em que você quer ir, senhor, siga na outra direção". – Esta voz me impressionou – dizia ele – porque naquele momento eu estava em meditação sobre a religião –. Esta dama sabia que ele procurava um homem na casa onde ela estava, e, vendo-o tomar um caminho por outro, queria lhe mostrar o quarto de seu amigo.

101. O padre jesuíta Jean Davidius[296] escreveu um livro intitulado: *Veridicus christianus*, que é como uma espécie de bibliomancia, onde se toma as passagens ao acaso, a exemplo do *Tolle, lege* de santo Agostinho, e se faz como que um jogo de devoção. Mas os acasos em que nós nos encontramos contra nossa vontade contribuem demais para aquilo que dá ou retira a salvação dos homens. Imaginemos duas crianças gêmeas polonesas, uma capturada pelos tártaros, vendida aos turcos, levada à apostasia, mergulhada na impiedade, morrendo no desespero; a outra salva por algum acaso, caindo em seguida em boas mãos para ser instruída como é preciso, instruída das mais sólidas verdades da religião, cultivada nas virtudes que ela nos recomenda, morrendo com todas as opiniões de um bom cristão: lamentar-se-á o infortúnio da primeira que uma pequena circunstância talvez tivesse impedido de se salvar tanto quanto seu irmão, e se estranhará que este pequeno acaso devesse ter decidido sua sorte em relação à eternidade.

102. Talvez alguém diga que pela ciência média Deus previu que a primeira teria também sido má e levada à danação se ela tivesse continuado na Polônia. Talvez haja ocasiões em que alguma coisa como essa aconteça. Mas então se dirá que é uma regra geral, e que nenhum daqueles que entre os pagãos foram levados à danação teria sido salvo, se ele estivesse entre os cristãos? Isso não seria contradizer o Nosso Senhor, que diz que Tiro e Sidom teriam aproveitado melhor das suas predicações do que Cafarnaum, se eles tivessem tido a felicidade de escutá-las?[297]

---

[296] Jean David, conhecido como *Davidius* (1546-1637), jesuíta belga, autor de obras sobre espiritualidade; seu *Veridicus christianus* foi publicado em Anvers em 1601. "Bibliomancia": adivinhação pelo livro.

[297] "Sidom" ou "Sidônia"; cf. Mt 11,20-24; Lc 10, 13-15

103. Mas mesmo quando se admitisse este uso da ciência média contra todas as aparências, ela sempre supõe que Deus considera aquilo que o homem faria nestas ou naquelas circunstâncias, e sempre continua verdadeiro que Deus poderia tê-lo colocado em outras mais salutares, e lhe dar auxílios internos ou externos, capazes de vencer a mais profunda malícia que poderia se encontrar em uma alma. Responderão para mim que Deus não é obrigado a isso, mas isso não basta; é preciso acrescentar que razões maiores o impedem de fazer com que todos sintam toda sua bondade. Deste modo, é preciso que haja escolha, mas eu não penso que se deva em absoluto procurar a razão disso na boa ou na má natureza (*naturel*) dos homens: pois se supomos, com alguns, que Deus, escolhendo o plano que produz o máximo de bem, mas que envolve o pecado e a danação, foi levado por sua sabedoria a escolher as melhores naturezas para delas fazer objetos de sua graça, parece que a graça de Deus não será tão gratuita, e que o próprio homem se distinguirá por meio de uma espécie de mérito inato; o que parece distante dos princípios de são Paulo, e mesmo dos da soberana razão.

104. É verdade que há razões para a escolha de Deus, e é preciso que a consideração do objeto, isto é, da natureza do homem, seja levada em conta; mas não parece que essa escolha possa ser submetida a uma regra que nós sejamos capazes de conceber, e que possa enaltecer o orgulho dos homens. Alguns célebres teólogos acreditam que Deus oferece mais graças, ou de uma maneira mais favorável, àqueles que ele prevê deverem resistir menos, e que ele abandona os outros a sua teimosia (*opiniâtreté*); é oportuno acreditar que frequentemente ele age assim quanto a isso, e este expediente, entre aqueles que fazem com que o próprio homem se reconheça por aquilo que há de favorável em sua natureza, se distancia o máximo do pelagianismo.[298] Entretanto, eu também não ousaria fazer disso uma regra universal. E a fim de que tenhamos motivo para nos glorificar, é preciso que ignoremos as razões da escolha de Deus; além do mais, elas são excessivamente variadas para caírem em nosso conhecimento, e

[298] Cf. nota 201.

é possível que Deus mostre algumas vezes o poder de sua graça vencendo a mais teimosa resistência, com o fim de que ninguém tenha motivo para se desesperar, como ninguém deve ter de se enaltecer quanto a isso. E parece que são Paulo teve este pensamento quando, a esse respeito, se propôs como exemplo: – Deus – diz ele – teve misericórdia de mim, para dar um grande exemplo de paciência.[299]

105. Pode ser que no fundo todos os homens sejam igualmente maus, e, portanto, fora do estado de se distinguirem por suas boas ou menos más qualidades naturais; mas eles não são maus de uma maneira semelhante; pois há uma diferença individual originária entre as almas, como a harmonia preestabelecida o mostra. Uns são mais ou menos levados em direção a um determinado bem ou em direção a um determinado mal, ou em direção contrária a eles, e tudo segundo as suas disposições naturais; mas, dado o plano geral do Universo que Deus escolheu por razões superiores fazendo com que os homens se encontrem em diferentes circunstâncias, aqueles [homens] que se encontram mais passivos a sua natureza se tornarão mais facilmente os menos maus, os mais virtuosos, os mais felizes; mas sempre pela assistência das impressões da graça interna que Deus a elas associa. Também chega a acontecer algumas vezes no curso da vida humana que uma natureza mais excelente consiga menos, [por] falta de cultura ou de ocasiões. Pode-se dizer que os homens são escolhidos e ordenados não tanto conforme a sua excelência, mas conforme a conveniência que eles têm com o plano de Deus; como é possível que uma pedra menos boa seja empregada em uma construção ou em uma composição porque acredita-se que é esta que preenche um certo vazio.

106. Mas, enfim, todas estas tentativas de raciocínios, em que não se tem necessidade de se fixar inteiramente sobre certas hipóteses, não servem senão para fazer entender que há uma infinidade de meios para justificar a conduta de Deus; e que todos os inconvenientes que nós vemos, todas as objeções de que fomos

[299] Leibniz certamente se refere a 1Tm 1: 16 (na Bíblia de Jerusalém encontra-se o termo "longanimidade" em vez de "paciência").

vítimas, todas as dificuldades que podem ser elaboradas, não impedem que se deva acreditar racionalmente, quando não poderíamos aliás sabê-lo demonstrativamente, como nós já o mostramos, e como ficará ainda mais manifesto na sequência, que não há nada de tão elevado quanto a sabedoria de Deus, nada de tão justo quanto seus julgamentos, nada de tão puro quanto sua santidade, e nada de mais imenso que sua bondade.

Segunda Parte

107. Até aqui nos esforçamos em apresentar uma exposição ampla e distinta sobre todo este assunto e, mesmo que ainda não tenhamos falado particularmente das objeções do Sr. Bayle, nos empenhamos em preveni-las, e em fornecer os meios de responder a elas. Mas como nos responsabilizamos por zelar da satisfação disso nos detalhes, não só porque talvez ainda existam passagens que merecem ser esclarecidas, mas também porque suas instâncias estão geralmente plenas de espírito e de erudição e servem para dar uma maior clareza a esta controvérsia, será bom relacionar a elas as principais que se encontram dispersas nas suas obras e de juntar a elas nossas soluções. Nós observamos inicialmente: "que Deus concorre para o mal moral e para o mal físico, e para ambos de uma maneira moral e de uma maneira física; e que o homem também concorre para isso moralmente e fisicamente de uma maneira livre e ativa, que o torna repreensível e passível de punição". Mostramos também que cada questão tem sua dificuldade, mas a maior é a de sustentar que Deus concorre moralmente para o mal moral, isto é, para o pecado sem ser autor do pecado, e mesmo sem ser cúmplice dele.

108. Ele o faz ao permiti-lo justamente, e ao conduzi-lo sabiamente para o bem, como nós o mostramos de uma maneira que

parece bastante inteligível. Mas como é principalmente nisso que o Sr. Bayle se garante a ponto de arrasar aqueles que sustentam que não há nada na fé que não possa concordar com a razão, é também particularmente aqui que é preciso mostrar que nossos dogmas estão munidos de uma muralha, de razões capazes de resistir mesmo ao ataque de suas mais fortes baterias, para nos servirmos de se sua alegoria. Ele as direcionou contra nós no capítulo 144 de sua *Resposta às questões de um provinciano* (tom. 3, p. 812), onde inclui a doutrina teológica em sete proposições, e a ela contrapõe dezenove máximas filosóficas, também como grandes canhões capazes de abrir buracos em nossa muralha. Comecemos pelas proposições teológicas.[300]

109. I. "Deus – diz ele – o ser eterno e necessário, infinitamente bom, santo, sábio e poderoso, possui por toda eternidade uma glória e uma beatitude que nunca podem nem crescer nem diminuir." Esta proposição do Sr. Bayle não é menos filosófica do que teológica. Dizer que Deus possui uma glória quando está só, é isso que depende da significação do termo. Pode-se dizer com alguns que a glória é a satisfação que se encontra no conhecimento de suas próprias perfeições; e neste sentido Deus sempre a possui; mas quando a glória significa que os outros tomam conhecimento disso. Pode-se dizer que Deus só a adquire quando se faz conhecer às criaturas inteligentes; embora seja verdadeiro que Deus não obtenha por meio disso um novo bem, mas, que de preferência, são as criaturas racionais que se sentem bem, quando consideram a glória de Deus como é preciso.

110. II. "Ele decidiu livremente quanto à produção das criaturas, e ele escolheu entre uma infinidade de seres possíveis aqueles que lhe agradou, para lhes dar a existência e compor o universo deles, e deixou todos os outros na não-existência (*néant*)." Esta proposição é também muito conforme a esta parte da Filosofia que é denominada de Teologia Natural, tal como a precedente. É preciso insistir um pouco sobre o que é dito aqui, que ele escolheu os seres possíveis *que lhe agradou*. Pois é preciso considerar que quando eu

[300] Trata-se da apresentação de sete proposições teológicas, do § 109 ao § 115; depois, no § 116, começa a exposição das dezenove máximas filosóficas, que vai até o § 134.

digo, *isto me agrada*, equivale a dizer, eu o acho bom. Desta forma, é a bondade ideal do objeto que agrada, e que o faz escolher entre muitos outros que não agradam ou que agradam menos, isto é, que compreendem menos desta bondade que me toca. Mas somente os verdadeiros bens são capazes de agradar a Deus; e, consequentemente, o que mais agrada a Deus, e que se faz escolher, é o melhor.

111. III. "A natureza humana estando incluída entre aqueles seres que ele quis produzir, ele criou um homem e uma mulher, e lhes concedeu entre outros favores o livre (*franc*) arbítrio; de modo que tinham a capacidade de lhe obedecer; mas os ameaçou de morte, se desobedecessem a ordem que ele lhes deu de se absterem de um certo fruto". Esta proposição é em parte revelada, e deve ser admitida sem dificuldade, contanto que o livre-arbítrio seja compreendido como se deve, seguindo a explicação que nós demos sobre ele.

112. IV. "Entretanto, eles o comeram, e desde então, eles e toda a sua posteridade, foram condenados às misérias desta vida, à morte temporal e à danação eterna, e submetidos a uma certa inclinação para o pecado, ao qual se entregam quase sem fim e sem parar." Há motivos para julgar que a ação proibida provocou por ela mesma resultados prejudiciais em virtude de uma consequência natural, e que isto aconteceu por isto mesmo, e não por um decreto puramente arbitrário, pelo qual Deus a tinha proibido; semelhante ao caso em que se proíbe as crianças [de brincar] com faca. O famoso inglês Fludd[301], ou De Fluctibus, escreveu faz algum tempo um livro *De vita, morte et resurrectione*, sob o pseudônimo R. Otreb, no qual sustenta que o fruto da árvore proibida era um veneno; mas nós não podemos entrar nestes detalhes. É suficiente que Deus tenha proibido uma coisa nociva; logo, não é necessário acreditar que Deus simplesmente tenha desempenhado aí o papel de legislador, que dá uma lei puramente positiva, ou de juiz que impõe e infringe uma pena mediante uma ordem de sua vontade, sem que haja conexão entre o mal da culpa e o mal da pena.

[301] Robert Fludd (*De Fluctibus*, 1574-1637), médico e teósofo inglês; sua principal obra é a *Philosophia moysaica*; o livro citado, publicado sob o pseudônimo de Rudolphus Otreb, tem por título exato *Tratactus theologo-philosophicus, in libros tres distributus* (Oppenheim 1617); as teses de Fludd foram duramente criticadas por Kepler, Gassendi e Mersenne.

E não é necessário imaginar que Deus irritado justamente tenha colocado expressamente uma corrupção na alma e no corpo do homem, por meio de uma ação extraordinária, a fim de puni-lo; semelhantemente aos atenienses que davam o suco da cicuta aos seus criminosos. O Sr. Bayle o assume deste modo, ele fala como se a corrupção original tivesse sido colocada na alma do primeiro homem por uma ordem e por uma operação de Deus. É isto que lhe faz objetar (*Rép. aux questions d'un provinc.*, t. 3, cap. 178, p. 1.218) que "a razão não aprovaria o monarca que, para castigar um rebelde, condenasse este e seus descendentes a serem predispostos a se rebelarem". Mas este castigo acontece aos maus naturalmente, sem que um legislador de maneira alguma ordene, e eles tomam gosto pelo mal. Se os bêbados gerassem crianças propensas ao mesmo vício por uma sequência natural daquilo que se passa no corpo, isto seria uma punição dos seus progenitores, mas isto não seria um castigo da lei. Há algo similar nos resultados do pecado do primeiro homem, pois a contemplação da divina sabedoria nos leva a crer que o reino da natureza serve ao [reino] da graça e que Deus considerado como arquiteto fez tudo conforme convinha a Deus considerado como monarca. Nós não conhecemos o bastante nem a natureza do fruto proibido, nem a da ação, nem seus efeitos, para julgar detalhadamente este assunto; entretanto, é preciso reconhecer os méritos de Deus, em vez de crer que ela encerraria alguma outra coisa além da que os pintores representam para nós.

113. V. "Agradou-lhe por sua infinita misericórdia libertar um número muito pequeno de homens desta condenação; e ao deixá-los expostos à corrupção do pecado e à miséria durante esta vida, ele lhes ofereceu assistências que os colocam em estado de obter a beatitude do paraíso que jamais terá fim". Muitos antigos duvidaram se o número dos que se encontram em danação é tão grande quanto se imagina, como eu já observei a este respeito; e parece que eles acreditaram que há algum meio entre a danação eterna e a beatitude perfeita. Mas nós não precisamos destas opiniões, e basta nos atermos às opiniões aceitas na Igreja; onde é bom observar que esta proposição do Sr. Bayle é concebida conforme os princípios da graça suficiente oferecida a todos os homens, e que

lhes basta, contanto que tenham uma boa vontade. E embora o Sr. Bayle particularmente defenda o partido oposto, ele quis (como diz à margem) evitar os termos que não conviriam ao sistema dos decretos posteriores à previsão dos eventos contingentes.

114. VI. "Ele previu eternamente tudo aquilo que aconteceria; ele regrou todas as coisas e colocou-as cada uma em seu lugar, e ele as dirige e governa continuadamente conforme seu prazer; a tal ponto que nada é feito sem sua permissão ou contra sua vontade, e que ele pode impedir como bem lhe pareça, tanto e todas as vezes que bem lhe pareça, tudo aquilo que não lhe agrada, portanto o pecado, que é a coisa do mundo que o ofende e que ele mais detesta; e produzir em cada alma humana todos os pensamentos que ele aprova". Esta tese é ainda puramente filosófica, isto é, passível de ser conhecida pelas luzes da razão natural. Também é oportuno insistir aqui – como na tese II se insistiu sobre aquilo *que agrada* – sobre aquilo *que parece bom*, quer dizer, sobre aquilo que Deus acha bom fazer. Ele pode evitar ou rejeitar, como *bem lhe pareça*, tudo aquilo *que não lhe agrade*; entretanto, é preciso considerar que alguns objetos distantes dele, como certos males, e sobretudo o pecado que sua vontade antecedente repudiava, não puderam ser rejeitados por sua vontade consequente ou decretória, a não ser na medida em que o considerasse a regra do melhor, que o mais sábio devia escolher, depois de ter levado tudo em conta. Quando se diz que é o pecado que mais o ofende, e o que ele mais detesta, estas são maneiras humanas de falar, pois Deus, propriamente falando, não poderia ser ofendido, isto é, lesado, incomodado, irritado, ou encolerizado; e ele não detesta nada que existe, supondo que detestar alguma coisa seja vê-la com abominação, e de uma maneira que nos provoque algum desgosto, que nos cause muito sofrimento, provoque náuseas; pois Deus não poderia padecer nem de tristeza, nem de dor, nem de incômodo; e ele é sempre perfeitamente contente e satisfeito. Contudo, estas expressões em seu sentido verdadeiro são bem fundadas. A soberana bondade de Deus faz com que sua vontade antecedente repudie todo mal, mas o mal moral mais do que qualquer outro mal; além do mais, ela não o admite, a não ser por razões superiores invencíveis e com grandes correções que

reparam os seus maus efeitos com vantagem. Também é verdade que Deus poderia produzir em cada alma humana todos os pensamentos que ele aprova; mas isto seria agir por milagre, mais do que seu plano comporta, por mais bem concebido que seja possível.

115. VII. "Ele oferece graças às pessoas que ele sabe que não devem aceitá-las, e que devem se tornar, por esta recusa, mais criminosas do que elas o seriam se ele não as tivesse lhes ofertado; ele lhes declara que deseja ardentemente que elas as aceitem, e ele não lhes dá as graças que ele sabe que elas aceitariam". É verdade que estas pessoas se tornam mais criminosas por sua recusa do que se nada lhes tivesse sido ofertado, e que Deus o sabe bem; mas é preferível permitir o crime delas a agir de uma maneira que tornaria o próprio Deus repreensível, e faria com que os criminosos tivessem algum direito de se lamentar, dizendo que não lhes era possível fazer melhor, embora eles o desejassem ou tivessem desejado. Deus quer que eles recebam suas graças, das quais são capazes, e que as aceitem; e particularmente quer lhes dar aquelas que prevê que aceitariam; mas é sempre por uma vontade antecedente, separada ou particular, cuja execução nem sempre poderia ter lugar no plano geral das coisas. Esta tese está também entre aquelas que a Filosofia não estabelece menos do que a revelação, como as três outras das sete que nós acabamos de apresentar aqui; não sendo senão a terceira, a quarta e a quinta que tinham necessidade da revelação.

116. Eis agora as dezenove máximas filosóficas que o Sr. Bayle opõe às sete proposições teológicas.[302]

I. "Como o Ser infinitamente perfeito encontra em si mesmo uma glória e uma beatitude que nunca podem nem diminuir, nem aumentar, somente sua bondade o determinou a criar este universo: a ambição de ser louvado, qualquer motivo de interesse em conservar ou aumentar sua beatitude e sua glória, não tiveram parte nisso."

Esta máxima é muito boa: os louvores a Deus não lhe servem de nada, mas servem aos homens que o louvam, e ele quis o bem deles. Contudo, quando se diz que unicamente a bondade

[302] Trata-se das dezenove máximas que terminam de ser enunciadas no § 134.

determinou Deus a criar este universo, é bom acrescentar que sua BONDADE o levou *antecedentemente* a criar e a produzir todo bem possível; mas que sua SABEDORIA fez a sua triagem, e foi a causa por que ele *consequentemente* escolheu o melhor; e por fim que seu PODER lhe deu o meio de executar atualmente o grande desígnio que ele formou.

117. II. "A bondade do Ser infinitamente perfeito é infinita, e não seria infinita se uma bondade maior do que a sua pudesse ser concebida. Esta característica de infinitude convém a todas suas outras perfeições, ao amor da virtude, ao ódio do vício etc., elas devem ser as maiores que se possa conceber (veja-se o Sr. Jurieu[303] nas três primeiras seções do seu *Julgamento sobre os métodos*, no qual ele continuamente raciocina sobre este princípio, como sobre uma primeira noção; veja-se também do Sr. Wittichius[304], o *de Providentia Dei*, n. 12, estas palavras de santo Agostinho, no livro I do *De doctrina christ.*, cap. 7: *Cum cogitur Deus, ita cogitatur, ut aliquid, quo nihil melius sit atque sublimius. Et paulo post: Nec quisquam inveniri potest, qui hoc Deum credat esse, quo melius aliquid est*)."[305]

Esta máxima me agrada totalmente, e dela tiro a seguinte consequência, que Deus faz o melhor que é possível; de outro modo, seria limitar o exercício de sua bondade, o que seria limitar sua própria bondade; se ela não o levasse a isso, se ele carecesse de boa vontade; ou até mesmo seria limitar sua sabedoria e seu poder, se ele carecesse do conhecimento necessário para discernir o melhor e para encontrar os meios de obtê-lo; ou se ele carecesse das forças necessárias para empregar estes meios. Contudo, há ambiguidade quando se diz que o amor da virtude e o ódio do vício são infinitos em Deus: se isso fosse absolutamente verdade e sem restrição, no

[303] Pierre Jurieu (1637-1713), célebre teólogo e controversista francês que se refugiou na Holanda; foi um dos maiores defensores da causa protestante francesa na época da revogação do edito de Nantes; a obra citada é seu *Jugement sur les méthodes rigites et relâchées de expliquer la Providence et la Grâce, pour trouver un moyen de réconciliation entre les protestants qui suivent la Confession d'Augsbourg et les réformés* (Rotterdam, 1688).

[304] Christoph Wittich (1625-1687), teólogo reformado, professor de Teologia na universidade de Leyde, partidário do cartesianismo.

[305] "Quando se pensa em Deus, pensa-se em algo tal que nada é melhor nem mais sublime que ele. Um pouco depois: não se pode encontrar ninguém que creia que Deus seja tal que se possa encontrar algo melhor".

próprio exercício, não haveria vício no mundo. Mas, embora cada perfeição de Deus seja infinita nela mesma, ela só é exercida à proporção do objeto e como a natureza das coisas o estabelece; deste modo, o seu amor pelo melhor no todo prevalece sobre todas as outras inclinações ou ódios particulares; ele é o único cujo exercício de fato é absolutamente infinito, nada podendo impedir Deus de se declarar pelo melhor; e encontrando-se algum vício ligado com o melhor plano possível, Deus o permite.

118. III. "Uma bondade infinita tendo dirigido o Criador na produção do mundo, toda sorte de ciência, de habilidade, de poder e de grandeza que se manifesta na sua obra é destinada à felicidade das criaturas inteligentes. Ele não quis fazer conhecer suas perfeições senão com a finalidade de que esta espécie de criatura encontrasse a felicidade dela no conhecimento, na admiração e no amor do soberano Ser."

Esta máxima não me parece suficientemente exata. Eu concordo que a felicidade das criaturas inteligentes é a principal parte dos desígnios de Deus, pois elas se assemelham mais a ele; mas não vejo, todavia, como se possa provar que este seja seu único objetivo. É verdade que o reino da natureza deve servir ao reino da graça; mas, como no grande desígnio de Deus tudo está ligado, é preciso crer que o reino da graça está também, de alguma maneira, acomodado ao da natureza; de tal modo que este conserva o máximo de ordem e de beleza, a fim de tornar a composição dos dois a mais perfeita possível. E não é oportuno julgar que Deus a fim de subtrair algum mal moral, eliminasse toda a ordem da natureza. Cada perfeição ou imperfeição na criatura tem seu valor; mas não há nada nela que tenha um valor infinito. Assim, o bem e o mal moral ou físico das criaturas racionais definitivamente não ultrapassa o bem e o mal que é apenas metafísico, isto é, aquele que consiste na perfeição das outras criaturas; o que, todavia, seria preciso dizer se a presente máxima fosse a rigor verdadeira. Quando Deus explicou ao profeta Jonas[306] a razão do perdão que ele tinha concedido aos habitantes de Nínive, ele considerou inclusive o interesse dos animais irracionais que teriam sido envolvidos na

[306] Cf. Jn 4: 11

destruição desta grande cidade. Nenhuma substância é totalmente menosprezável nem [totalmente] preciosa frente a Deus. E o abuso ou a extensão exagerada da presente máxima parece ser em parte a fonte das dificuldades que o Sr. Bayle propõe. É certo que Deus considera mais um homem do que um leão; entretanto, não sei se sob todos os aspectos podemos garantir que Deus prefere um único homem à toda espécie dos leões; mas se fosse assim não resultaria que o interesse de um certo número de homens prevaleceria sobre a consideração de uma desordem geral propagada em um número infinito de criaturas. Esta opinião seria um resquício da antiga máxima bastante criticada, segundo a qual tudo é feito unicamente para o homem.

119. IV. "Os benefícios que ele comunica às criaturas que são capazes de felicidade não tendem senão ao contentamento delas. Ele não permite, portanto, que eles sirvam para torná-las descontentes; e se o mau uso que elas fizessem disso fosse capaz de fazê-las se perderem, ele lhes forneceria meios seguros para sempre fazerem um bom uso deles; pois sem isso não seriam verdadeiros benefícios, e sua bondade seria menor do que aquela que nós podemos conceber em um outro benfeitor (quero dizer, em uma causa que acrescentaria aos seus presentes a habilidade adequada para se servir bem deles)."

Eis então o abuso ou o mau efeito da máxima precedente. A rigor, não é verdade (ainda que pareça plausível) que os benefícios que Deus comunica às criaturas que são capazes de felicidade se destinem unicamente à felicidade delas. Na natureza tudo está ligado; e se um hábil artesão, um engenheiro, um arquiteto, ou um político sábio frequentemente faz com que uma mesma coisa sirva a muitos fins, se ele acerta dois alvos como uma pedra só, já que isto é tranquilamente possível, pode-se dizer que Deus, cuja sabedoria e poder são perfeitos, o faz sempre. Isso significa cuidar do terreno, do tempo, do lugar, da matéria que são, por assim dizer, suas despesas. Deste modo, Deus tem mais de um propósito em seus projetos. A felicidade de todas as criaturas racionais é um dos objetivos que ele visa; mas ela não é seu único objetivo, nem mesmo seu objetivo último. É por este motivo que o descontentamento de algumas destas criaturas pode ocorrer concomitantemente, e como uma consequência de outros maiores bens; é isto que eu já expliquei acima, e o Sr. Bayle o reconheceu de algum modo. Os bens, na qualidade de bens, considerados neles mesmos, constituem o objeto da vontade antecedente de Deus. Deus produzirá tanta razão e conhecimento no Universo quanto seu plano pode admitir. Um meio pode ser concebido entre uma vontade antecedente inteiramente pura e primitiva, e entre uma vontade consequente e final. A *vontade antecedente primitiva* tem por objeto cada bem e cada mal em si, separado de toda combinação, e tende a propor o bem e a impedir o mal: a *vontade média* se dirige às combinações, como quando se liga um bem a um mal; e então a vontade terá alguma tendência para esta combinação quando o bem ultrapassa o mal; mas a *vontade final* e decisiva resulta da consideração de todos os bens e todos os males que entram em nossa deliberação; ela resulta de uma combinação total. O que mostra que uma vontade média, embora possa, de alguma maneira, passar por consequente com relação a uma vontade antecedente pura e primitiva, deve ser considerada como antecedente com relação à vontade final e decretória. Deus dá a razão para o gênero humano; os infortúnios os atingem concomitantemente. Sua vontade antecedente pura tende a dar a razão como um grande bem, e a impedir os males em questão; mas quando se trata dos males que acompanham este presente que Deus nos deu que é a razão, a composição, feita da combinação da razão e destes males, será o objeto de uma vontade média de Deus, que tenderá a produzir ou impedir esta composição à medida que o bem ou o mal prevaleça. Mas mesmo que acontecesse que a razão fizesse mais mal do que bem aos homens (com o que, todavia, eu não concordo), em cujo caso a vontade média de Deus a recusaria com estas circunstâncias; entretanto, poderia ser que fosse mais conveniente para a perfeição do Universo dar a razão aos homens, não obstante todas as más consequências que ela pudesse ter a seu respeito; e, consequentemente, a vontade final ou o decreto de Deus, resultante de todas as considerações que ele pode ter, seria a de lhes dar. E, bem longe de poder ser repreendido por isso, seria passível de repreensão se ele não o fizesse. Deste modo, o mal ou a mistura de bens e de males em que o mal prevalece não acontece senão por concomitância, porque ele está ligado com os maiores bens que estão fora desta mistura. Esta mistura, então, ou esta composição, não deve ser considerada como uma graça ou como um presente que Deus nos dá; mas o bem que se encontra aí misturado não deixará de sê-lo. Tal é o presente da razão que Deus dá àqueles que a usam mal. É sempre um bem em si; mas a combinação deste bem com os males que vêm de seu abuso não é um bem em relação àqueles que por isso se tornam infelizes; contudo, isso acontece por concomitância, porque ele serve a um maior bem em relação ao Universo; e sem dúvida é isto que levou Deus a dar a razão àqueles que fizeram disso um instrumento de sua infelicidade, ou, para falar mais exatamente segundo nosso sistema, tendo Deus encontrado entre os seres possíveis algumas criaturas racionais que abusam do seu raciocínio, deu a existência àquelas que estão compreendidas no melhor plano possível do Universo. Assim, nada nos impede de admitir que Deus faz bens que se tornam males por causa da falha dos homens, o que lhes acontece frequentemente por[307] uma justa punição do abuso que eles fizeram de suas graças. Aloysius Novarinus[308] escreveu um livro *De occultis Dei beneficiis*; a partir dele poderia ser feito um *De occultis Dei pœnis*. Esta sentença de Claudiano apareceria nele em atenção a alguns:

> *Tolluntur in altum,*
> *Ut lapsu graviore ruant.*[309]

Mas dizer que Deus não devia dar um bem do qual ele sabe que uma má vontade abusará, quando o plano geral das coisas exige que ele o dê, ou mesmo dizer que ele devia dar meios seguros para impedi-lo, contrários a esta mesma ordem geral, é querer (como

[307] Certamente houve aqui um erro tipográfico na versão de J. Brunschwig: faz mais sentido *par* do que *pas*.

[308] Ou Luigi Novarino (1594-1650), teólogo italiano; o livro citado é seu *De occultis Dei beneficiis*, que tem por subtítulo *Deliciæ divini amoris*, (Lyon 1641); a tradução dos títulos pode ser: "Benefícios ocultos de Deus" e "Penas (castigos) ocultas de Deus".

[309] "São lançados ao alto, para que a queda seja mais forte". (*Rufinum*, I, vv. 22-23; cf. nota 181).

eu já observei) que o próprio Deus se torne passível de repreensão para impedir que o homem não o seja. Objetar que a bondade de Deus seria menor do que a de um outro benfeitor o qual daria um presente mais útil, como é feito aqui, é não considerar que a bondade de um benfeitor não é medida por um único benefício. Facilmente acontece que o presente de um particular seja maior do que o de um príncipe, mas todos os presentes deste particular serão bem inferiores a todos os presentes do príncipe. Deste modo, não se saberia estimar suficientemente os bens que Deus faz exceto quando se considera toda a sua extensão relacionando-os ao Universo inteiro. No mais, pode-se dizer que os presentes que são dados prevendo que prejudicarão são os presentes de um inimigo, ἐχθρῶν δῶρα ἄδωρα.

Hostibus eveniant talia dona meis.[310]

Mas isso se percebe quando há malícia ou culpa naquele que os dá, como o havia em Eutrapelus sobre quem fala Horácio[311], o qual fazia bem às pessoas a fim de dar a elas o meio de se perderem. A intenção dele era má; mas a de Deus não poderia ser melhor do que é. Será preciso estragar o seu sistema? Será preciso que haja menos beleza, perfeição e razão no Universo, porque existem pessoas que abusam da razão? Os provérbios populares têm lugar aqui: *Abusus non tollit usum*. Há *scandalum datum*, et *scandalum acceptum*.[312]

120. V. "Um ser malfeitor é bastante capaz de cobrir de dons magníficos seus inimigos quando sabe que eles farão um uso deles que os levará à perdição. Então, não pode agradar ao ser infinitamente bom dar às criaturas um livre (*franc*) arbítrio do qual ele saberia muito certamente que elas fariam um uso que as tornariam infelizes. Logo, se ele lhes dá o livre-arbítrio, junta a isso a arte de se servir sempre dele a propósito, e não permite que elas

[310] "Os dons de um inimigo não são dons". (Sófocles, *Ajax*, v. 665). "Que meus inimigos recebam tais dons". Figura retórica muito comum, que pode ser encontrada em textos como os de Ovídio, Virgílio, Horácio, Terêncio e outros.

[311] Horácio, *Epístola*, I, 18, vv. 31 e segs.

[312] "O abuso não suprime o uso"; e "Escândalo dado, escândalo recebido" (Escândalo no sentido de armadilha, obstáculo que faz cair no mal).

negligenciem a prática desta arte em nenhuma ocasião; e se não havia meio seguro de fixar o bom uso deste livre-arbítrio, ele antes eliminaria delas esta faculdade do que permitiria que ela fosse a causa do seu infortúnio. Isto é tanto mais manifesto quanto o livre-arbítrio é uma graça que ele lhes deu por sua própria escolha e sem que eles a exigissem; de modo que ele seria mais responsável pelo infortúnio que ela lhes traria do que se ele só a tivesse concedido para inconveniência (*importunité*) das suas preces."

O que foi dito ao fim da observação sobre a máxima precedente deve ser repetido aqui, e basta para satisfazer à máxima presente. Além disso, sempre se supõe esta falsa máxima que foi proposta como terceira, que sustenta que a felicidade das criaturas racionais é o único objetivo de Deus. Se fosse isso, talvez não acontecesse nem pecado, nem infortúnio, nem mesmo por concomitância; Deus teria escolhido uma sequência de possíveis na qual todos estes males estariam excluídos, mas Deus faltaria para com aquilo que é devido ao Universo, isto é, com aquilo que ele deve a si mesmo. Se existissem apenas espíritos, eles existiriam sem a ligação necessária, sem a ordem dos tempos e dos lugares. Esta ordem exige a matéria, o movimento e suas leis; ao regulá-los com os espíritos o melhor que é possível, acabaríamos por dar no nosso mundo (*on reviendra à notre monde*). Quando as coisas são analisadas somente de modo genérico, mil coisas são concebidas como factíveis, as quais não poderiam ocorrer como é preciso. Querer que Deus não dê o livre (*franc*) arbítrio às criaturas racionais é querer que estas criaturas não existam; e querer que Deus as impeça de abusar disso, é querer que só existam exclusivamente estas criaturas, com aquilo que só seria feito por elas. Se Deus só tivesse estas criaturas em vista, sem dúvida ele as impediria de se perderem. Em um sentido, todavia, pode-se dizer que Deus deu a estas criaturas a arte de sempre se servir bem do seu livre-arbítrio, pois a luz natural da razão é esta arte: seria preciso apenas ter sempre a vontade de fazer bem, mas frequentemente falta às criaturas o meio de se dar a vontade que se deveria ter; e mesmo geralmente lhes falta a vontade de se servir dos meios que indiretamente dão uma boa vontade, sobre o que eu já falei mais de uma vez. É preciso reconhecer este defeito, e mesmo é preciso reconhecer que Deus talvez pudesse ter isentado as criaturas dele, já que nada impede, ao que parece, que a natureza seja a de sempre ter uma boa vontade. Mas respondo que não é necessário, e que não foi factível que todas as criaturas racionais tivessem uma perfeição tão grande, a qual as aproximasse tanto da divindade. Inclusive, talvez aquilo não seja possível senão por uma graça divina especial; mas, neste caso, seria de forma intencional que Deus a consentisse a todos, isto é, que ele agisse sempre miraculosamente em relação a todas as criaturas racionais? Nada seria menos racional do que estes milagres perpétuos. Existem graus nas criaturas: a ordem geral o exige; e parece muito conveniente à ordem do governo divino que o grande privilégio da permanência no bem seja dado mais facilmente àqueles que tiveram uma boa vontade quando estavam em um estado mais imperfeito, no estado de combate e de peregrinação, *in Ecclesia militante, in statu viatorum*.[313] Até os anjos bons não foram criados com a impecabilidade. Entretanto, eu não ousaria afirmar que não existam criaturas nascidas bem-aventuradas, ou que não pecam e que sejam santas por sua natureza. Talvez existam pessoas que dão este privilégio à santa Virgem, visto que a propósito a igreja romana a coloca hoje acima dos anjos; mas nos basta que o Universo seja bem grande bem variado; querer limitá-lo é ter pouco conhecimento sobre ele. Mas (continua o Sr. Bayle) Deus deu o livre (*franc*) arbítrio às criaturas capazes de pecar sem que elas lhe exigissem esta graça. E aquele que desse um tal presente seria mais responsável do infortúnio que ele levaria àqueles os quais se serviriam disso, do que se ele só tivesse cedido à inconveniência das preces deles. Mas a inconveniência das preces não faz nada em relação a Deus; ele sabe melhor do que nós o que nos falta, e ele só consente o que convém ao todo. Parece que o Sr. Bayle faz aqui com que o livre (*franc*) arbítrio consista na faculdade de pecar; no entanto, em outra passagem ele reconhece que Deus e os santos são livres sem ter esta faculdade. Seja como for, eu já mostrei suficientemente que Deus, fazendo o que sua sabedoria e sua bondade juntas ordenam, não é responsável pelo mal que permite. Até os homens, quando

313 "Dentro da igreja militante, no estado de peregrino".

fazem o seu dever, não são responsáveis pelos eventos, quer eles prevejam quer não prevejam.

121. VI. "É um meio tão seguro de tirar a vida de um homem dando-lhe um cordão de seda do qual se sabe certamente que ele se servirá livremente para se enforcar, quanto de apunhalá-lo por um estranho. Não se quer menos sua morte quando nos servimos da primeira maneira do que quando empregamos a outra das duas; parece até que a quisemos com uma intenção mais maligna, pois tendemos a lhe deixar toda a falta e toda a pena de sua ruína."

Aqueles que tratam dos deveres (*de officiis*), como Cícero, santo Ambrósio, Grotius, Opalenius, Sharrok, Rachelius, Pufendorf[314], assim como os casuístas, ensinam que há casos nos quais não se é obrigado a devolver o depósito a quem ele pertence; por exemplo, não se devolverá um punhal quando se sabe que quem o colocou em depósito quer apunhalar alguém. Façamos de conta que eu tenha entre as minhas mãos o tição fatal do qual a mãe de Meléagro[315] se servirá para matá-lo; a lança encantada que Céfalo empregará, sem o saber, para matar sua Prócris; os cavalos de Teseu que despedaçarão seu filho Hipólito. Exigem-me novamente estas coisas, e tenho direito de recusar-me a dá-las, sabendo o uso que se fará delas. Mas o que acontecerá se um juiz competente me ordena a sua restituição quando eu não saberia lhe provar o que eu sei quanto às más consequências que ela terá, talvez tendo Apolo me dado

---

[314] Santo Abrósio (cf. nota 253) escreveu um *De officiis ministrorum* (*Sobre o dever dos ministros* – no sentido religioso do termo), uma transposição cristã da obra de Cícero. Sobre Grotius, cf. nota 52. Lucas (Lucasz) Opalinski (1612-1662), conhecido como *Opalenius*, escritor e homem político polonês, autor de um *De officis* publicado em Amsterdã em 1668. Robert Sharrock (1630-1684), jurista, sábio e teólogo inglês, autor de um livro intitulado *Hypothesis de officio secundum jus naturæ contra Hobbesium* (Hobbes), Oxford, 1660. Samuel Rachelius (1628-1691), moralista e jurista alemão, autor de uma edição do *De officiis* de Cícero contendo um comentário filosófico e jurídico (Helmstadt 1661). Samuel von Pufendorf (1632-1694), historiador e jurista, teórico do Direito Natural, autor de um *De officiis hominis et civis juxta legem naturalem libri duo*, Lund, 1673, reeditado e traduzido muitas vezes.

[315] Meléagro, herói mitológico filho de Euneu, rei da Calidônia; o Destino queria que ele vivesse o tempo que durasse um tição que começou a queimar no momento de seu nascimento; a sua mãe o apagou e o guardou com cuidado. Mais tarde, durante uma disputa, Meléagro matou dois irmãos de sua mãe; esta, furiosa, jogou o tição no fogo, e ele morreu no mesmo instante. Céfalo, herói lendário, que acidentalmente matou sua mulher, Prócris, com um golpe de lança. Contra seu filho Hipólito, Teseu tinha atraído a cólera de Poseidon que fez com que um monstro marinho assustasse os cavalos de Hipólito que morreu ao se chocar contra os rochedos.

o dom da profecia, como a Cassandra, com a condição de que não acreditarão em mim? Eu serei obrigado, então, a fazer a restituição, não podendo me defender disso sem me perder; deste modo, eu não posso me dispensar de contribuir para o mal. Outra comparação: Júpiter promete a Sêmele, o Sol a Faetonte, o Cupido a Psique, conceder a graça que se pedirá. Eles juram por Styx,

> *Di cujus jurare timent et fallere numen.*[316]

Pretendia-se interromper o pedido pronunciado pela metade, mas tarde demais,

> *Voluit deus ora loquentis*
> *Opprimere; exierat jam vox properata sub auras.*[317]

Pretendia-se recuar depois do pedido feito, fazendo observações inúteis; mas pressionamos, dizemos a vocês:

> Vocês fazem juramento para não cumpri-los?[318]

A lei de Styx é inviolável; é preciso suportá-la. Se a abandonamos ao fazer o juramento, abandonaríamos mais ao não mantê-lo: é preciso cumprir a promessa, por mais perniciosa que seja àquele que a exige; ela lhes seria perniciosa se vocês não a executassem. Parece que a moral destas fábulas insinua que uma suprema necessidade pode obrigar a condescender com o mal. Na verdade, Deus não conhece outro juiz que possa coagi-lo a dar aquilo que pode se transformar em mal: ele não é como Júpiter, que teme o Styx.[319] Mas sua própria sabedoria é o maior juiz que ele pode encontrar; seus julgamentos são sem apelação: são as sentenças do destino

---

[316] "Divindade (Númen) para a qual os deuses temem jurar e falhar" (Virgílio, *Eneida*, VI, v. 324).

[317] "O deus quis calar sua boca; mas a sua voz já tinha escapado rapidamente pelos ares". (Ovídio, *Metamorfoses*, III, vv. 295-296).

[318] "*Faites vous des serments pour n'y pas satisfaire?*", Trecho provavelmente extraído da obra *Psiché*, escrita por Moliére em colaboração com Thomas Corneille e Philippe Quinault.

[319] Provável alusão à teoria cartesiana da criação das verdades eternas (cf. Descartes, carta a Mersenne, 15 de abril de 1630).

(*destinées*). As verdades eternas, objeto de sua sabedoria, são mais invioláveis do que o Styx. Estas leis, este juiz, não obrigam (*contraignent*); [as sentenças] são mais fortes, pois persuadem. A sabedoria só faz mostrar a Deus o melhor exercício possível de sua bondade; depois disso, o mal que é admitido é uma consequência indispensável do melhor. Eu acrescentarei algo mais forte: permitir o mal como Deus o permite é a maior bondade.

> *Si mala sustulerat, non erat ille bonus.*[320]

Seria preciso ser do contra para dizer, depois disso, que é mais maldoso deixar a alguém toda falha e toda a pena de sua ruína. Quando Deus a deixa a alguém, ela lhe pertence antes da sua existência; ela estava desde então na sua ideia ainda puramente possível, antes do decreto de Deus que o faz existir: pode-se deixá-la ou dá-la a um outro? É dizer tudo.

122. VII. "Um verdadeiro benfeitor dá prontamente, e não espera para dar até que aqueles que ele ama tenham sofrido de longas misérias devido à privação daquilo que podia desde o início lhes comunicar muito facilmente e sem causar para si qualquer incômodo. Se a limitação de suas forças não lhe permite fazer o bem sem fazer com que se sinta a dor ou algum outro incômodo, ele aceita isso (veja-se o *Dictionnaire historique et critique*, p. 2.261 da segunda edição); mas só acontece a contragosto, e ele jamais emprega esta maneira de se tornar útil, quando pode sê-lo sem misturar qualquer espécie de mal aos seus favores. Se o proveito que se poderia tirar dos males que ele faria sofrer pudesse surgir tão facilmente de um bem completamente puro quanto daqueles males, tomaria o caminho reto do bem completamente puro, e não o caminho enviesado que levaria do mal para o bem. Se ele cobre de riquezas e de honras, não é com a finalidade de que aqueles que se beneficiaram disso, vindo a perdê-las, fiquem aflitos por mais sensivelmente que estivessem acostumados ao prazer, e que por isso se tornaram mais infelizes do que as pessoas que sempre foram privadas destas vantagens. Por este preço, um ser maligno cobriria de bens as pessoas

[320] "Ele não seria bom se tivesse impedido os males".

a quem ele teria mais ódio. Acrescente a isso esta passagem de Aristóteles (*Retor.*, l. 2, c. 23, p. m. 446): Οἷον εἰ δοίη ἄν τίς τινι ἵνα ἀφελόμενος λυπήσῃ, ὅθεν καὶ τοῦτ' εἴρηται.

> Πολλοῖς ὁ δαίμων οὐ κατ' εὔνοιαν φέρων
> Μεγάλα δίδωσιν εὐτυχήματ', ἀλλ' ἵνα
> Τὰς συμφορὰς λάβωσιν ἐπιφανεστέρας.

Id est: Veluti si quis alicui aliquid det, ut (postea) hoc (ipsi) erepto (ipsum) afficiat dolore. Unde etiam illud est dictum:

> *Bona magna multis non amicus dat Deus,*
> *Insigniore ut rursus his privet malo.*[321]

Todas estas objeções versam quase sobre o mesmo sofisma; elas mudam e deformam o fato, elas só apresentam as coisas pela metade. Deus cuida dos homens, ama o gênero humano, quer seu bem, nada de tão verdadeiro. No entanto, deixa os homens caírem, geralmente os deixa morrer, dá-lhes bens que se transformam em sua ruína; e quando torna alguém alegre, é depois de muitos sofrimentos. Onde está sua afeição, onde está sua bondade, ou mesmo onde está seu poder? Vãs objeções, que suprimem o principal, que fingem que é de Deus de que se fala. Parece que isto se refere a uma mãe, um tutor, um governador, cujo cuidado quase único visa a educação, a conservação, o contentamento da pessoa da qual se trata, e que negligenciam o seu dever. Deus cuida do Universo; ele nada negligencia, escolhe absolutamente o melhor. Se alguém é mal e descontente com isto, tinha de sê-lo. Deus, dizem, podia dar o contentamento a todos; ele podia dá-lo prontamente e facilmente, e sem causar para si qualquer incômodo, pois tudo pode. Mas deve? Já que ele não o faz, é um sinal de que devia fazê-lo de forma completamente diferente. Inferir disso ou que é a contragosto e

[321] "Como se a alguém fosse dado algo, com o objetivo de que a perda desse algo o aflija; o que levou a dizer o seguinte: Para muitos a divindade (ὁδαίμων - *Deus*) concede grandes comodidades, não por benevolência, mas porque a perda delas traz uma desventura ainda maior". (Aristóteles, *Retórica*, II, 23, 1399 b 22-26; citação extraída de uma tragédia desconhecida).

por uma falta de força que ele deixa de tornar os homens contentes, e desde o início [deixa] de dar o bem e sem mistura de mal; ou mesmo que ele carece de boa vontade para pura e seriamente dá-lo; é comparar nosso Deus verdadeiro com o deus de Heródoto: cheio de desejo; ou como o *daímon*[322] do poeta, sobre o qual Aristóteles relata os iambos que nós acabamos de traduzir para o latim, que dá bens, a fim de que ao tirá-los ele aflija mais. Significa ridicularizar Deus se valendo de antropomorfismos sem fim; significa representá-lo como um homem que se dedica inteiramente ao que está em questão, que não deve o exercício principal de sua bondade a não ser aos tão só objetos que nos são conhecidos, e que carece de capacidade ou de boa vontade. Deus não carece disso; ele poderia fazer o bem que desejássemos; ele até o quer, ao tomá-lo em separado; mas preferivelmente não deve fazê-lo com relação a outros bens maiores que a ele se opõe. Além do mais, não há motivo algum para se lamentar de que ordinariamente só se alcança a salvação a partir de muitos sofrimentos e carregando a cruz de Jesus Cristo; estes males servem para tornar os eleitos imitadores do seu mestre e para aumentar seu contentamento.

123. VIII. "A maior e a mais sólida glória que aquele que é o mestre dos outros pode adquirir é a de manter entre eles a virtude, a ordem, a paz, o contentamento de espírito. A glória que ele obteria da infelicidade deles só poderia ser uma falsa glória."

Se nós conhecêssemos a cidade de Deus tal como ela é, veríamos que é o estado mais perfeito que pode ser concebido; pois nela reinam a virtude e a felicidade, tanto quanto é possível, segundo as leis do melhor; pois nela o pecado e a infelicidade (que razões de ordem suprema não permitiam excluir inteiramente da natureza das coisas) não significam quase nada em comparação ao bem, e até favorecem maiores bens. Mas, dado que estes males deviam existir, seria muito necessário que existissem alguns que lhe fossem sujeitos; e nós somos estes alguns. Se fossem outros, não existiria a mesma aparência do mal? Ou melhor, estes outros não seriam o que chamamos de nós? Quando Deus obteve

[322] Não está em itálico no original; como se trata de um livro de temas de teologia, preferimos lembrar o termo grego para não forçar a identificação com o demônio cristão.

alguma glória do mal por tê-lo feito servir a um maior bem, ele devia obtê-lo disso. Portanto, não é uma falsa glória, como seria a de um príncipe que bagunçasse seu Estado com o intuito de ter a honra de endireitá-lo.

124. IX. "O maior amor que este mestre pode mostrar pela virtude é de fazer, se ele puder, com que ela sempre seja praticada sem qualquer mistura de vício. Se lhe é fácil propiciar esta vantagem para esses indivíduos, e todavia permite ao vício que levante a cabeça, por fim puni-lo somente depois de tê-lo tolerado por muito tempo, sua afeição pela virtude não é a maior que se possa conceber; logo, ela não é infinita."

Eu ainda não estou na metade das dezenove máximas, e já me deixo refutar e responder sempre a mesma coisa. O Sr. Bayle multiplica sem necessidade suas supostas máximas, opostas aos nossos dogmas. Quando se separa as coisas ligadas entre si, as partes de seu todo, o gênero humano do Universo, os atributos de Deus uns dos outros, o poder da sabedoria, é permitido dizer que Deus pode fazer com que a virtude esteja no mundo sem qualquer misto de vício, e até que ele possa fazê-lo facilmente. Mas, como ele permitiu o vício, é preciso que a ordem do Universo, considerada preferível a qualquer outro plano, o tenha exigido. É preciso julgar que não é permitido fazer de outro modo, já que não é possível fazer melhor. Esta é uma necessidade hipotética, uma necessidade moral, a qual, bem longe de ser contrária à liberdade, é o efeito de sua escolha. *Quæ rationi contraria sunt, ea nec fieri a sapiente posse credendum est.*[323] Objeta-se aqui que a afeição de Deus pela virtude não é, portanto, a maior que se possa conceber, que ela não é infinita. Já respondemos a isso quando tratamos da segunda máxima, ao dizer que a afeição de Deus por qualquer que seja a coisa criada é proporcional ao valor da [própria] coisa. A virtude é a mais nobre qualidade das coisas criadas, mas esta não é a única boa qualidade das criaturas; há uma infinidade de outras que fazem a inclinação de Deus; de todas estas inclinações resulta o máximo de bem que é possível; e acontece que se houvesse apenas a virtude, se houvesse apenas criaturas racionais, haveria menos de bem. Quando só

323 "O que é contrário à razão, devemos crer que nem o sábio pode fazê-lo."

tinha ouro, Midas se viu menos rico. Além do fato que a sabedoria deve variar. Reproduzir unicamente a mesma coisa, por mais nobre que possa ser, seria uma superfluidade, seria uma pobreza: ter mil Virgílios bem encadernados em sua biblioteca, sempre cantar as árias da Ópera de Cadmus e de Hermione, quebrar todas as porcelanas para só ter xícaras de ouro, não ter senão botões de diamantes, comer apenas perdizes, só beber vinho da Hungria ou de Shiras; chamaríamos isso de razão? A natureza teve necessidade de animais, de plantas, de corpos inanimados; há nestas criaturas não racionais maravilhas que são úteis para exercer a razão. O que faria uma criatura inteligente, se não houvesse coisas não-inteligentes? Em que pensaria ela, se não houvesse nem movimento, nem matéria, nem os sentidos? Se ela só tivesse pensamentos distintos, seria um deus, sua sabedoria seria sem limites; esta é uma das conclusões das minhas meditações. Desde que exista uma combinação de pensamentos confusos, eis os sentidos, eis a matéria. Pois estes pensamentos confusos vêm da relação de todas as coisas entre elas conforme a duração e a extensão. É isto que faz com que na minha filosofia não exista criatura racional sem algum corpo orgânico, e que não exista espírito criado que seja inteiramente separado da matéria. Mas estes corpos orgânicos não diferem menos em perfeição do que os espíritos aos quais eles pertencem. Então, visto que para a sabedoria de Deus é preciso um mundo de corpos, um mundo de substâncias capazes de percepção e incapazes de razão; enfim, visto que seria preciso escolher, entre todas as coisas, aquilo que causasse o melhor efeito a um só tempo, e que o vício tenha entrado aí por esta porta; Deus não teria sido perfeitamente bom, perfeitamente sábio, se ele o tivesse excluído.

125. X. "A maior aversão que se pode mostrar pelo vício não é deixá-lo reinar por muito tempo e, em seguida, castigá-lo, mas destruí-lo antes do seu nascimento, isto é, impedir que se apresente em qualquer parte. Um rei que, por exemplo, colocasse suas finanças dentro de uma ordem tão boa, que nunca se envolveu com qualquer desvio de fundos, faria surgir mais aversão pela injustiça dos companheiros do que se, depois de ter permitido que engordassem às custas do sangue do povo, ele os prendesse."

É sempre a mesma história, é puro antropomorfismo. O que um rei, no geral, deve manter mais fortemente em seu coração é o isentar seus súditos da opressão. Um dos seus maiores interesses é colocar em boa ordem as suas finanças. Entretanto, há momentos em que é obrigado a tolerar o vício e as desordens. Tem-se uma grande guerra nas mãos, encontra-se exausto, não se tem generais para escolher, é preciso administrar os que se tem, e que exercem uma grande autoridade entre os soldados; um Braccio, um Sforza, um Wallenstein.[324] Falta dinheiro para as necessidades mais urgentes, é preciso recorrer aos ricos financistas (*gros financiers*) que possuem crédito comprovado e, ao mesmo tempo, é preciso ser cúmplice de seus desvios de fundos. É verdade que esta infeliz necessidade vem mais frequentemente das faltas precedentes. O mesmo não acontece com Deus, ele não necessita de ninguém, não comete falta alguma, sempre faz o melhor. Não se pode mesmo esperar que as coisas sigam melhor quando são compreendidas, e seria um vício no autor das coisas se ele quisesse excluir o vício que aí se encontra. Este Estado de um perfeito governo, em que se quer e se faz o bem tanto quanto é possível, em que até o mal é útil para o maior bem, é comparável ao Estado de um príncipe cujos negócios estão arruinados, e que se salva como pode? Ou com o de um príncipe que favorece a opressão para puni-la, e se deleita com a visão dos pequenos na miséria e dos grandes na guilhotina?

126. XI. "Um mestre ligado aos interesses da virtude, e ao bem dos seus súditos, oferece todos seus cuidados para fazer de modo que eles jamais desobedeçam às suas leis, e, se for preciso que os castigue por causa de sua desobediência, ele o faz de modo que a pena os salve da tendência para o mal, e restabeleça em suas almas uma firme e constante disposição para o bem, longe de querer que a pena pelo erro os incline cada vez mais na direção do mal".

A fim de tornar os homens melhores, Deus faz tudo o que deve ser feito; e mesmo tudo o que é possível da sua parte, mantido (*sauf*) o que deve ser feito. O objetivo mais comum da punição é a

[324] Braccio (1368-1424), comandante italiano. Sforza (1369-1424), outro comandante, adversário do precedente, originário de uma família italiana ilustre. Wallenstein (1583-1634), célebre general de origem tcheca, que serviu ao imperador da Áustria Ferdinando II, com o qual ele teve fortes desentimentos.

correção; mas não é o único objetivo, nem o que é sempre proposto. Eu disse alguma coisa a este respeito acima. O pecado original, que torna os homens predispostos ao mal, não é uma simples pena do primeiro pecado, ele é uma consequência natural dele. Também foi dito alguma coisa ao fazer uma observação sobre a quarta proposição teológica. É como a embriaguez, que é uma pena por beber em excesso e é, ao mesmo tempo, uma consequência natural que facilmente leva a novos pecados.

127. XII. "Permitir o mal que se poderia impedir é não se preocupar que ele seja cometido ou que não seja cometido, ou mesmo desejar que seja cometido."

De modo algum. Quantas vezes os homens permitem males que poderiam impedir se dirigissem todos os seus esforços para este lado? Mas outras preocupações mais importantes os impedem. Raramente se tomará a decisão de reparar as desordens da moeda enquanto se tem uma grande guerra nas mãos. E aquilo que a este respeito um parlamento da Inglaterra fez, um pouco antes da paz de Ryswyck, será mais louvado do que imitado. E disso se pode concluir que o Estado não se preocupa com esta desordem ou até que ele a deseja? Deus tem uma razão bem mais forte, e bem mais digna dele, para tolerar os males. Ele não somente obtém deles maiores bens, mas também os considera ligados com os maiores de todos os bens possíveis; de modo que seria um defeito não permiti-los.

128. XIII. "É um defeito muito grande naqueles que governam o de não se importarem que haja ou que não haja desordem nos seus Estados. O defeito é ainda maior se eles querem e se contam com a desordem. Se por vias ocultas e indiretas, mas infalíveis, eles excitavam uma revolta nos seus Estados a fim de levá-los bem próximos de sua ruína, com o fim de proporcionar a si próprios a glória de mostrar que têm a coragem e a prudência necessárias para salvar um grande reinado prestes a perecer, eles seriam muito condenáveis. Mas se excitavam esta revolta porque não existiria outro meio, a não ser o de prevenir a ruína total dos seus súditos e de consolidar sobre novos fundamentos, e por muitos séculos, a felicidade das pessoas, seria preciso lastimar-se da infeliz necessidade

(ver acima, p. 84, 86, 140, o que foi dito sobre a força da necessidade) à qual eles teriam sido reduzidos e elogiá-los pelo uso que teriam feito daquilo."

Esta máxima, com muitas outras que são expostas aqui, não é aplicável ao governo de Deus. Além do fato que é apenas a partir de uma parte muito pequena de seu reinado que nos são objetadas as desordens, é falso que ele não se importe com os males, que ele os deseja, que ele os faça nascer para ter a glória de abrandá-los. Deus quer a ordem e o bem; mas às vezes acontece que aquilo que é desordem na parte é ordem no todo. Nós já alegamos este axioma do Direito: *Incivile est nisi tota lege inspecta judicare.*[325] A permissão dos males vem de uma espécie de necessidade moral: Deus é obrigado a isso por sua sabedoria e por sua bondade; esta necessidade é feliz, enquanto a do príncipe, da qual fala a máxima, é infeliz. Seu Estado é um dos mais corrompidos; e o governo de Deus é o melhor Estado possível.

129. XIV. "A permissão de um determinado mal só é justificável desde que se pudesse remediar sem introduzir um mal maior; mas ela não poderia ser justificável entre aqueles que têm em mãos um remédio muito eficaz contra este mal, e contra todos os outros males que poderiam nascer da supressão deste."

A máxima é verdadeira, mas ela não pode ser alegada contra o governo de Deus. A suprema razão o obriga a permitir o mal. Se Deus escolhesse aquele que não seria o melhor absolutamente e em tudo, isto seria um mal maior do que todos os males particulares que ele poderia impedir por este meio. Esta má escolha arruinaria sua sabedoria ou sua bondade.

130. XV. "O ser infinitamente poderoso e criador da matéria e dos espíritos faz tudo o que quer dessa matéria e desses espíritos. Não há situação ou figura que ele não possa comunicar aos espíritos. Se ele permitisse, portanto, um mal físico ou um mal moral, isto não aconteceria porque sem aquilo algum outro mal físico ou moral ainda maior seria completamente inevitável. Nenhuma das razões da mistura do bem e do mal, fundadas sobre a limitação das forças dos benfeitores, não lhe poderia convir."

[325] "É incorreto julgar sem que toda a lei seja levada em consideração."

É verdade que Deus faz da matéria e dos espíritos tudo o que quer; mas ele é como um bom escultor que só quer fazer de seu bloco de mármore aquilo que julga [ser] o melhor, e que julga adequado. Deus faz da matéria a mais bela de todas as máquinas possíveis; faz dos espíritos o mais belo de todos os governos concebíveis; e acima disso tudo, estabelece para a sua união a mais perfeita de todas as harmonias, segundo o sistema que eu propus. Mas, como o mal físico e o mal moral encontram-se nesta obra perfeita, devemos julgar quanto a isso (contra o que o Sr. Bayle afirma aqui) que sem aquilo um mal ainda maior teria sido completamente inevitável. Este imenso mal teria lugar se Deus tivesse escolhido mal, se tivesse escolhido de modo diverso do que escolheu. É verdade que Deus é infinitamente poderoso; mas seu poder é indeterminado, a bondade e a sabedoria unidas o determinam a produzir o melhor. Em uma outra passagem, o Sr. Bayle faz uma objeção que lhe é particular, a qual ele obtém a partir das opiniões dos cartesianos modernos, que dizem que Deus poderia dar às almas os pensamentos que quisesse, sem fazer com que dependessem de qualquer relação com os corpos; por este meio se pouparia as almas de um grande número de males que não vêm senão da desordem dos corpos. Falaremos mais sobre isso abaixo, agora basta considerar que Deus não poderia estabelecer um sistema ligado de maneira imperfeita e repleto de dissonâncias. Em parte é da natureza das almas representar os corpos.

131. XVI. "Somos a causa de um evento tanto quando o ocasionamos por vias morais como quando o ocasionamos por vias físicas. Um ministro de Estado, que sem sair de seu gabinete e apenas se servindo das paixões dos líderes de uma conspiração arruinasse todos os seus complôs, não seria menos o autor da ruína desta conspiração do que se a destruísse aos murros."

Eu não tenho nada a dizer contra esta máxima. Sempre se imputa o mal às causas morais e jamais se imputa às causas físicas. Quanto a isso só observo que se eu apenas pudesse impedir o pecado de outrem cometendo eu mesmo um pecado, teria razão de permiti-lo, e não seria cúmplice disso, nem sua causa moral. Em Deus, todo defeito assumiria o lugar de pecado; seria até mais do que pecado, pois destruiria a divindade. E seria um grande defeito dele não escolher o melhor. Eu já disse isso diversas vezes. Portanto, ele impediria o pecado por alguma coisa ainda pior que todos os pecados.

132. XVII. "É totalmente a mesma coisa, empregar uma causa necessária e empregar uma causa livre, escolhendo os momentos em que a sabemos determinada. Se suponho que a pólvora tem o poder de se inflamar ou de não se inflamar quando é tocada pelo fogo, e que eu certamente saiba que ela estará pronta para se inflamar às oito horas da manhã, tanto serei a causa dos seus efeitos ao lhe colocar fogo a esta hora, quanto o serei na suposição verdadeira, que ela é uma causa necessária. Pois, do meu ponto de vista, ela não seria mais uma causa livre; eu a tomaria no momento em que a soubesse obrigada (*nécessitée*) por sua própria escolha. É impossível que um ser seja livre ou indiferente no que diz respeito àquilo a que ele já está determinado, e quanto ao tempo para o qual ele está determinado àquilo. Tudo o que existe, existe necessariamente enquanto existe" (Τὸ εἶναι τὸ ὂν ὅταν ᾖ, καὶ τὸ μὴ ὂν εἶναι ὅταν μὴ ᾖ, ἀνάγκη: *Necesse est id quod est, quando est, esse; et id quod non est, quando non est, non esse.*[326] Aristóteles, *de Interpretatione*, § 9 [19a 23]). "Os nominalistas adotaram esta máxima de Aristóteles. [Duns] Escoto e vários outros escolásticos parecem rejeitá-la, mas, no fundo, suas diferenças dão na mesma coisa. Veja-se os jesuítas de Coimbra sobre esta passagem de Aristóteles, p. 380 e segs."

Esta *máxima* também pode passar, eu queria apenas mudar algo nas frases; não tomarei *livre* e *indiferente* por uma mesma coisa, e não faria a oposição entre *livre* e *determinado*. Jamais se é perfeitamente indiferente de uma indiferença de equilíbrio; sempre somos mais inclinados e, consequentemente, mais determinados para um lado que para outro, mas jamais somos obrigados (*nécessité*) às escolhas que fazemos. Refiro-me aqui a uma *necessidade* absoluta e *metafísica*; pois é preciso reconhecer que Deus, que o sábio, é levado ao melhor por uma necessidade *moral*. É preciso reconhecer também

[326] "O que é, quando é, é necessario que seja; e o que não é, quando não é, é necessário que não seja". (Aristóteles, *De interpretatione*, §9, 19 a 23-24; cf. também § 53, primeira parte, e nota 223). Sobre os jesuítas de Coimbra, cf. nota 211.

que somos obrigados a uma escolha por uma necessidade hipotética. Quando fazemos atualmente a escolha e mesmo anteriormente, somos obrigados a isso pela própria verdade do que está por vir (*la futurition*), pois o faremos. Estas necessidades hipotéticas não atrapalham. Eu falei bastante sobre isso acima.

133. XVIII. "Quando todo um grande povo se tornou culpado de uma rebelião, não é clemência bastante perdoar a milionésima parte, e fazer morrer todo o resto, sem deixar de lado as crianças que ainda mamam no peito."

Parece que se supõe aqui que existam cem mil vezes mais indivíduos em danação do que salvos, e que as crianças mortas sem batismo estão entre os primeiros. Uma e outra são contraditórias, e especialmente a danação destas crianças. Eu falei sobre isso acima. O Sr. Bayle expressa a mesma objeção em outra passagem (*Rép. aux questions d'un provinc.*, t. 3, cap. 178, p. 1.223). "Nós vemos de forma manifesta – diz ele – que um soberano que quer exercer a justiça e a clemência, quando uma cidade se rebelou, deve se contentar com a punição de um pequeno número de rebelados e perdoar a todos os outros; pois se o número daqueles que são castigados é como mil para um em comparação àqueles a quem ele concede a graça, não pode passar por benévolo, mas passa por cruel. Ele passaria, com toda certeza, por um tirano abominável se escolhesse castigos de longa duração, e se só poupasse o sangue porque estivesse persuadido de que seria preferível a morte a uma vida miserável, e também se, por fim, o desejo de se vingar fizesse mais parte dos seus rigores do que o desejo de fazer servir ao bem público a pena que ele sentenciaria a quase todos os rebeldes. Considera-se que os malfeitores que são executados, por perderem a vida, expiam todos os seus crimes tão plenamente, que o público não exige mais do que isso, e por isso fica indignado quando os carrascos são estúpidos. Seriam linchados se se soubesse, expressamente, que eles dão muitos golpes de machado; e os juizes que assistem à execução não estariam fora de perigo se acreditassem que eles se deleitam com esta brincadeira maldosa dos carrascos e que os exortaram secretamente a se servirem dela" (Note que isso aqui não deve ser entendido universalmente de forma rigorosa. Há casos em que o povo aprova a morte lenta[327] para certos criminosos, como quando Francisco I[328] mandou matar deste modo algumas pessoas acusadas de heresia, depois dos famosos editos do ano de 1534. Não houve qualquer piedade para com Ravaillac, que foi torturado de diversas maneiras horríveis. Veja-se o *Mercúrio francês*, t. 1, fol. m. 455 e segs. Veja-se também Pierre Matthieu[329] no seu *História da morte de Henrique IV*, e não se esqueça o que ele diz na p. m. 99 quanto ao que os juizes discutiram a respeito do suplício deste parricida). "Enfim, é notório a ponto de quase não ter igual, que os soberanos que se basearíam em são Paulo, quero dizer que condenariam ao pior suplício todos aqueles que ele condenasse à morte eterna, passariam por inimigos do gênero humano e por destruidores das sociedades. É incontestável que as suas leis, bem longe de serem próprias para o objetivo dos legisladores de manter a sociedade, seriam a sua inteira ruína (apliquemos aqui estas palavras de Plínio, o Jovem, epístola 22, livro 8: *Mandemus memoriæ quod vir mitissimus, et ob hoc quoque maximus, Thrasea crebro dicere solebat: Qui vitia odit, homines odit*)." [330] Ele acrescenta que se dizia que as leis de Dracon, legislador dos atenienses, não tinham sido escritas com tinta, mas com sangue, porque elas puniam todos os pecados com o pior suplício, e que a danação é um suplício infinitamente maior do que a morte. Mas é preciso considerar que a danação é uma consequência do pecado e, no passado, eu respondi a um amigo que me objetou a desproporção existente entre uma pena eterna e um crime limitado, que não há injustiça quando a continuação da pena não é senão uma consequência da continuação do pecado; ainda falarei disso mais abaixo. No que diz respeito ao número dos que estão em danação, quando fosse incomparavelmente maior entre os homens do que o número dos salvos, isso não impediria que no Universo as criaturas felizes

---

[327] Morte em fogo lento: "*mort à petit feu*"; morte lenta e com muito sofrimento.

[328] Francisco I da França (1494 - 1547); Coroado rei da França em de na Catedral de Reims, governou a França até a sua morte.

[329] Pierre Matthieu (1563-1621), historiador francês e autor de uma *Histoire de la mort déplorable de Henri IV* (Henrique IV), Paris 1611.

[330] "Mantenhamos na memória o que dizia Trasea, este homem tão pacífico, e, por isso mesmo, tão grande: quem odeia os vícios, odeia os homens". Plíno, o Jovem (51-103).

sobrepujassem infinitamente em número as que são infelizes. Quanto ao exemplo de um príncipe que pune somente os chefes dos rebeldes, ou de um general que dizima um regimento, estes exemplos não provocam qualquer consequência aqui. O interesse próprio obriga o príncipe e o general a perdoar os culpados, ainda que permanecessem maus; Deus só perdoa aqueles que se tornam melhores; pois, ele pode discerni-los, e esta severidade é mais conforme à justiça perfeita. Mas se alguém pergunta por que Deus não dá a todos a graça da conversão, cai em uma outra questão que não tem relação com a máxima presente. Nós já respondemos a isso de alguma maneira, não para encontrar as razões de Deus, mas para mostrar que ele não poderia falhar nisso e que não há contrários que pudessem ser válidos aí. Além do mais, nós sabemos que algumas vezes cidades inteiras são destruídas e que os habitantes são atravessados a fio de espada para causar terror aos outros. Aquilo pode servir para abreviar uma grande guerra ou rebelião, e isto é conter o sangue enquanto se o espalha. Não existe dizimação nesse caso. Nós não podemos assegurar, é verdade, que os maldosos do nosso planeta são punidos tão severamente com o intuito de intimidar os habitantes dos outros planetas e com o intuito de torná-los melhores, mas muitas outras razões da harmonia universal que nos são desconhecidas – porque não conhecemos suficientemente a extensão da cidade de Deus, nem a forma da república geral dos espíritos, nem mesmo toda a arquitetura dos corpos – podem causar o mesmo efeito.

134. XIX. "Os médicos que, entre muitos remédios capazes de curar um doente, e dos quais existem vários dos quais estariam muito seguros que [o doente] tomaria com prazer, escolhessem precisamente aquele que eles soubessem que ele se recusaria a tomar, em vão se esforçariam em exortá-lo e em implorar-lhe que não recusasse [o remédio]; ter-se-ia, entretanto, um motivo justo para acreditar que eles não tinham qualquer desejo de curá-lo; pois se desejavam fazê-lo, escolheriam um desses medicamentos bons que soubessem que ele gostaria muito de tomar. Que se, além do mais, sabiam que a recusa do remédio que lhe ofereceriam aumentaria sua doença até torná-la mortal, não se poderia impedir de

dizer que apesar de todas as suas exortações, eles não deixavam de desejar a morte do doente."

Deus quer salvar todos os homens; isto quer dizer que ele os salvaria se os próprios homens não o impedissem, e não se recusassem a receber suas graças; e ele nem é obrigado nem levado pela razão a sempre vencer sua má vontade. Ele o faz, entretanto, algumas vezes, quando razões superiores o permitem, e quando sua vontade consequente e decretória, que resulta de todas as suas razões, o determina à eleição de um certo número de homens. Ele oferece assistência a todos com o intuito de se converterem e perseverarem, e estas assistências são suficientes aos que têm boa vontade, mas não são sempre suficientes para dá-la. Os homens obtêm esta boa vontade, seja por assistências particulares, seja por circunstâncias que fazem conseguir as assistências gerais. Ele não pode se impedir de oferecer também remédios que sabe que serão recusados e que por esse motivo ficarão mais culpados. Mas se desejará que Deus seja injusto, afim de que o homem seja menos criminoso? Sem contar que as graças que não servem a um podem servir a outro e, de fato, sempre servem ao plano de Deus em seu todo (*intégrité*), o mais bem concebido possível. Deus não faria a chuva, porque há lugares baixos que ficarão incomodados com isso? O Sol não iluminará o tanto que é preciso para o geral, porque há lugares que com isso ficarão ressecados demais? Enfim, todas as comparações das quais tratam estas máximas que o Sr. Bayle acaba de dar, de um médico, de um benfeitor, de um ministro de Estado, de um príncipe, capengam muito, visto que se conhecem seus deveres e aquilo que pode e deve ser o objeto das suas preocupações; eles praticamente só têm uma obrigação, e por negligência ou por malícia frequentemente faltam com ela. O objetivo de Deus tem algo de infinito, suas atenções abraçam o Universo; o que conhecemos dele é quase nada, e pretendemos medir sua sabedoria e sua bondade por meio do nosso conhecimento: que temeridade, ou melhor, que absurdo! As objeções supõem falsamente; é ridículo julgar do direito quando não se conhece o fato. Dizer com são Paulo: *O altitudo divitiarum et sapientiæ*[331],

[331] "Ó abismo da riqueza, da sabedoria [, e da ciência de Deus]". Rm 11: 33

não significa renunciar à razão, significa antes empregar as razões que conhecemos; pois elas nos ensinam essa imensidade de Deus da qual o apóstolo fala; mas é reconhecer nossa ignorância sobre os fatos, é reconhecer, entretanto, de preferência a ver, que Deus faz todo melhor possível, segundo a sabedoria infinita que regula as suas ações. É verdade que já temos provas e verificações disso diante dos nossos olhos, quando vemos alguma coisa por inteiro, algum todo realizado em si, e isolado, por assim dizer, no interior das obras de Deus. Tal todo, formado, por assim dizer, pela mão de Deus, é uma planta, um animal, um homem. Nós não saberíamos admirar suficientemente a beleza e o artifício de sua estrutura. Mas quando vemos um osso quebrado, um pedaço de carne dos animais, um galho de uma planta, só parece [haver] desordem, a menos que um excelente anatomista o observe, e até ele nada reconheceria se antes não tivesse visto pedaços semelhantes unidos ao seu todo. Da mesma maneira é o governo de Deus; pois, o que nós podemos observar dele até aqui não é um pedaço suficientemente grande para reconhecer a beleza e a ordem do todo. Desta forma, a própria natureza das coisas sustenta que esta ordem da cidade divina, que nós ainda não vemos neste mundo, seja um objeto de nossa fé, de nossa esperança, de nossa confiança em Deus. Se há aqui os que julgam isso de outro modo, tanto pior para eles, esses são os insatisfeitos com o Estado do maior e do melhor de todos os monarcas, e estão errados em não aproveitar os exemplos que ele lhes deu de sua sabedoria e de sua bondade infinita com o objetivo de se fazer conhecer, não apenas admirável, mas ainda amável acima de todas as coisas.

135. Eu espero que se perceba que nada daquilo que está compreendido nestas dezenove máximas do Sr. Bayle, as quais acabamos de considerar, tenha ficado sem uma resposta necessária. Parece que tendo com frequência meditado no passado sobre esta matéria, ele teria colocado o que acreditava ser o mais forte no tocante à causa moral do mal moral. Entretanto, a esse respeito ainda se encontra aqui e ali muitas passagens nessas obras as quais não será bom deixar no silêncio. Com bastante frequência ele exagera a dificuldade que acredita existir quanto ao colocar Deus a salvo da

imputação do pecado. Ele observa (*Rép. aux questions d'un provinc.*, cap. 161, p. 1.024) que, apesar de Molina admitir o livre-arbítrio com a presciência, não admitiu a bondade e a santidade de Deus com o pecado. Ele louva a sinceridade daqueles que reconhecem prontamente, como pretende que Piscator[332] o fez, que tudo recai enfim sobre a vontade de Deus, e que afirmam que Deus não deixaria de ser justo ainda que fosse ele o autor do pecado, ainda que condenasse inocentes. E por outro lado ou em outras passagens, parece que ele aplaude mais as opiniões daqueles que salvam sua bondade em detrimento de sua grandeza, como faz Plutarco em seu livro contra os estoicos[333]. "Seria mais racional – diz ele – dizer com os epicuristas que partes inumeráveis ou átomos dando voltas ao acaso por um espaço infinito, sua força prevalecendo à fraqueza de Júpiter, fizessem, em oposição a ele e contra sua natureza e vontade, muitas coisas más e absurdas, do que permanecer concordando que não existe nem confusão nem maldade de que ele não seja o autor". O que pode ser dito por uma e outra dessas partes dos estoicos ou dos epicuristas parece ter levado o Sr. Bayle ao ἐπέχειν dos pirrônicos, à suspensão do juízo com relação à razão, tanto que a fé é colocada à parte, à qual ele professa se submeter sinceramente.

136. Contudo, perseguindo seus raciocínios, ele chegou mesmo a quase querer fazer ressuscitar aqueles dos seguidores de Mani[334], persa herético do século III depois de Cristo, ou de um certo Paulo, o líder dos maniqueístas na Armênia no século VII, que lhes fez dar o nome de *paulicianos*. Todos esses heréticos renovaram o que um antigo filósofo da alta Ásia, conhecido sob o nome de Zoroastro[335], tinha ensinado sobre o que se chama de os dois princípios inteligentes de todas as coisas, um bom, o outro

[332] Johann Piscator (1547-1626), teólogo reformado, fez uma tradução da Bíblia que continha um extenso comentário.

[333] Plutarco, *De communibus notitiis adversus Stoicos*, cap. XXXIV.

[334] Mani, fundador do maniqueísmo (cf. nota 14). Paulo de Samosate (ou Samosata, morto após 272), heresiarca que negava a trindade e a divindade de Cristo; seus seguidores, os paulicianos, floresceram até o século VII.

[335] Antiga religião persa fundada no século VII a.C. por Zoroastro (ou Zaratustra), caracterizada pelo dualismo ético, cósmico e teogônico que implica a luta primordial entre dois deuses, representantes do bem e do mal, presentes e atuantes em todos os elementos e esferas do

mau; dogma que talvez tenha surgido dos indianos, onde há ainda uma porção de pessoas ligadas a este erro, muito apropriado para surpreender a ignorância e a superstição humana, já que uma porção de povos bárbaros, mesmo na América, chegaram a ele sem ter tido necessidade de filósofo. Os eslavos, segundo Helmond[336], tinham seu *Zernebog*, isto é, deus negro. Os gregos e os romanos, por mais sábios que parecessem, tinham um Vejovis ou Anti-Júpiter, chamado de maneira diversa de Plutão, e uma porção de outras divindades malfeitoras. A deusa Nêmesis[337] se deleitava em humilhar aqueles que estavam felizes demais; e Heródoto insinua em algumas passagens que ele acreditava que toda divindade é invejosa, o que, entretanto, não está de acordo com a doutrina dos dois princípios.

137. Plutarco, no seu tratado *Sobre Isis e sobre Osíris*, não conhece autor mais antigo que os tenha ensinado do que Zoroastro, o mágico, como ele o denomina. Trogus[338], ou Justino, o fez rei dos bactrianos, vencidos por Ninus ou Semiramis; lhe atribuindo o conhecimento da Astronomia e a invenção da magia; mas esta magia era aparentemente a religião dos adoradores do fogo, e parece que ele considerava a luz ou o calor como o bom princípio; mas acrescentava o mal, isto é, a opacidade, as trevas, o frio. Plínio[339] relata o testemunho de um certo Hermippe, intérprete dos livros de Zoroastro, que o fazia discípulo na mágica arte de um tal Azonace, contanto que este nome não seja a degeneração do de Oromase, do qual falaremos daqui a pouco, e que Platão no *Alcibiades* o fez pai de Zoroastro. Os orientais modernos chamam de Zerdust aquele

---

Universo, incluindo o âmbito da subjetividade e das relações humanas. O zoroastrismo influenciou em diversos aspectos doutrinários a tradição judaico-cristã.

[336] Helmond (ou Helmold), cronista do século XII; ele fala do deus negro ou deus do mal *Zcerneboch* no cap. I, 52, de sua crônica.

[337] A deusa Nêmesis, filha da Noite e do Oceano (ou de Júpiter e da Necessidade), foi amada por Zeus-cisne, antes de Leda, e se tornou mãe de Helena de Ramnunte; por esse motivo, vela escrupulosamente pela lei e é considerada a deusa da vingança.

[338] Trogo Pompeo, historiador da época de Augusto, autor de uma *História universal* da qual não resta senão um resumo feito por Justino Juniano, historiador do século II.

[339] Plínio, o Antigo, *História natural*, XXX, 2. Hermippe, biógrafo alexandrino do século III a.C., que se interessou pelas possíveis relações entre a filosofia grega e a sabedoria oriental. Platão, *Alcibíades I*, 122 a.

que os gregos chamavam de Zoroastro. Fizeram-no corresponder a Mercúrio, porque entre alguns povos a quarta-feira (*mercredi*) deriva dele o seu nome. É difícil elucidar sua história e o tempo em que viveu. Suidas[340] o faz anterior em quinhentos anos à Tomada de Troia; e os antigos, segundo Plínio e segundo Plutarco, também dizem isso muitas vezes. Mas Xantos, o lídio, no prefácio de Diógenes Laércio, só o faz anterior em seiscentos anos à expedição de Xerxes. Platão declara na mesma passagem, como o Sr. Bayle observa, que a magia de Zoroastro não era outra coisa senão o estudo da religião. O Sr. Hyde[341], no seu livro sobre a religião dos antigos persas, se esforça para justificá-la e para purificá-la, não apenas do crime de impiedade, mas também do de idolatria. O culto do fogo era aceito entre os persas e entre caldeus; acredita-se que Abrão o abandonou quando saiu de Ur, na Caldéia. Mitra[342] era o Sol, e ele era também o deus dos persas, e no relato de Ovídio os cavalos eram oferecidos em seu sacrifício:

> *Placat equo Persis radiis Hyperiona cinctum,*
> *Ne detur celeri victima tarda Deo.*[343]

Mas o Sr. Hyde crê que eles se serviam do Sol e do fogo no seu culto apenas como símbolos da divindade. Talvez seja preciso distinguir, como em um outro lugar, entre os sábios e o povo. Existem nas admiráveis ruínas de Persépolis ou de Tschelminaar – que quer dizer quarenta colônias – representações de suas cerimônias em escultura. Um embaixador da Holanda fez com que fossem desenhadas com uma grande despesa por um pintor que tinha empregado nisso um tempo considerável; mas não sei por qual acidente

---

340 Por muito tempo se designou sob o nome de um suposto *Suidas* uma espécie de dicionário grego intitulado *A souda*, que foi composto no fim do século X d.C. Xantos da Lídia, historiador ioniano do século V a.C., que escreveu quatro livros intitulados *Lydiaca*.

341 Thomas Hyde (1636-1703), orientalista inglês cuja maior obra é uma *Historia religionis veterum Persarum et Parthorum et Medorum* (Oxford 1700).

342 Mitraísmo: culto masculino de adoração à divindade Mitra, o deus do Sol, da guerra e da verdade, na Pérsia pré-zoroástrica; culto que floresceu especialmente no Império Romano tardio (século II e III d.C.), antes da adoção do cristianismo.

343 "Com um cavalo o persa apazigua ao radiante Hipérion; não se deve dar (no sentido de sacrificar) uma vítima lenta a um Deus veloz". (Ovídio, *Fasti*, I, vv. 385-386).

estes desenhos caíram nas mãos do Sr. Chardin[344], conhecido por suas viagens, segundo o que ele próprio relatou; seria uma pena se eles se perdessem. Estas ruínas estão entre os mais antigos e mais belos monumentos da Terra, e admiro a pouca curiosidade que um século tão curioso quanto o nosso tem por elas.

138. Os antigos gregos e os orientais modernos concordam em dizer que Zoroastro chamava o deus bom de *Oromazes*, ou melhor, *Oromasdes*, e o deus mau de *Arimanius*. Quando eu observei que grandes príncipes da alta Ásia tiveram o nome de *Hormisdas*, e que Irmin ou Hermin foi o nome de um deus ou antigo herói dos Celto-Citas, isto é, dos germanos, veio-me em pensamento que aquele Arimanius ou Irmin poderia ter sido um grande conquistador muito antigo vindo do Ocidente; como Gengis Khan e Tamerlan, vindos do Oriente, o foram a partir deste momento. Ariman teria, portanto, vindo do Ocidente boreal, isto é, da Germânia e da Sarmácia, em favor dos Alanos e Massagetas invadir subitamente os estados de um [certo] Hormisdas, grande rei na alta Ásia, como outros Citas o fizeram desde o tempo de Cyaxare, rei dos Médas, no relato de Heródoto.[345] Nada mais natural que o monarca, governando povos civilizados e trabalhando para defendê-los dos bárbaros, na posteridade teria assumido, entre os mesmos povos, o lugar

---

[344] Jean Chardin (1643-1713), viajante célebre cujo texto *Journal de Voyage en Perse et aux Indies orientales*, foi publicado em 1686.

[345] *Cyaxare* ou Cissare, cf. Heródoto, *História*, I, 103. Boa parte do que será dito a partir desse momento Leibniz havia considerado no livro III dos NE, especialmente capítulos I-III, mas também reproblematizará em seu *Breve plano das reflexões sobre as origens dos povos traçado principalmente a partir das indicações [contidas] nas línguas*, também de 1710 (obra que também traduzimos e foi publicada na *Kairos – revista de Filosofia e Ciência*, nº 4, 2012, pp. 119-149) e *Sobre a origem dos francos* (*De origine francorum*) de 1715. Trata-se de uma série de considerações a partir do significado de determinados nomes que encontram respaldo em muitas autoridades (§ 142) em História, Filologia e Etmologia; a esse respeito, Leibniz trocou uma vasta correspondência com muitas das autoridades que viviam em sua época; nelas estava em jogo principalmente sua hipótese de que a partir da história das línguas e das conexões entre elas podemos ter mais sucesso em reconstituir a historia dos povos e conexões entre eles bem como a hipótese de que os germanos tinham origem nos povos celto-citas, sendo um dos povos mais antigos da Europa; hipótese defendida também por Goropius Becanus e Adrianus Rodornius Scrieckius mas que refutava, dentre muitos outros, as de Matthaeus Pretorius, Louis Thomassin de Eynac, Samuel Borchardt, Paul-Yves Pezron (abade da Charmoye), Ericus Johanis Schroderus, Olaus Johannis Rudbeck e Johan Gabriel Sparvenfeld; hipótese que compreendia a questão da origem adâmica das línguas e a predominância do império germânico na Europa.

do deus bom; mas o líder destes destruidores terá se tornado o símbolo do princípio mau. A partir desta mitologia parece até que estes dois príncipes lutaram por muito tempo, mas que nenhum dos dois foi o vencedor. Assim, eles se mantiveram, os dois, do mesmo modo como os dois princípios partilharam o império do mundo, segundo a hipótese atribuída a Zoroastro.

139. Resta provar que um antigo deus ou herói dos germanos foi chamado de Herman, Ariman ou Irmin. Tácito[346] relata que os três povos que compunham a Germânia, os ingevões, os istevões e os hermiones ou hermiões, foram chamados deste modo pelos três filhos de Mannus. Seja isso verdadeiro ou não, ele sempre quis indicar que existiu um herói chamado Hermin, do qual se lhe tinha dito que os hermiones extraiam seu nome. *Hermiones*, *hermenner*, *hermunduri* são a mesma coisa, e significam soldados. Até o medievo os *Arimanni*[347] eram *viri militares*, e existe o *feudum Arimandiæ* no direito lombardo.

140. Eu mostrei em outra passagem que aparentemente o nome de uma parte da Germânia foi dado ao todo, e que [a partir] destes *herminones* ou *hermunduri* todos os povos teutônicos foram chamados *hermanni* ou *germani*; pois a diferença destas duas palavras está apenas na força da aspiração; como difere a inicial nos *germani* dos latinos e nos *hermanos* dos espanhóis, ou como no *gammarus* dos latinos e no *hummer* (que significa caranguejo de mar) do baixo-alemão. E é muito comum que uma parte de uma nação dê o nome ao todo, como todos os germanos foram chamados de alemães pelos franceses e, todavia, este nome só pertence aos souabes e aos suíços, conforme o antigo estilo. E ainda que Tácito não tenha conhecido bem a origem do nome dos germanos, ele disse alguma coisa de favorável à minha opinião, quando assinala que este era um nome que provocava terror; recebido ou dado *ob metum*. É que ele significa um guerreiro: *Heer*, *Hari*, significa exército, de onde vem *hariban* ou *clamor de haro*, isto é, uma ordem comum

346 Tácito, *Germania*, cap. 2.

347 Os *arimanni* constituiam um tipo de milícia de homens livres; protegidos pelo monarca, ficavam estabelecidos em terras fiscais para compensar os serviços que prestavam. Seu estatuto era uma das questões bastante discutidas pelos historiógrafos da alta Idade Média italiana.

para se dirigir ao exército, que se degenerou em *arrière-ban.* Desta forma, Hariman ou Ariman, German, Guerreman é um soldado. Pois como *Hari*, *Heer* é exército, desta forma *Wehr* significa armas, *wehren* combater, fazer a guerra; a palavra *guerre*, guerra, vindo sem dúvida da mesma fonte. Eu já falei do *feudum Arimandiæ*, e não apenas Hermiones ou Germanos queriam dizer outra coisa, mais também este antigo Herman, suposto filho de Mannus, aparentemente teve este nome como se tivessem querido nomeá-lo guerreiro por excelência.

141. Ora, não é apenas a passagem de Tácito que nos indica este deus ou herói; não podemos duvidar que tenha existido aí um destes nomes entre estes povos, já que Carlos Magno descobriu e destruiu, próximo do Weser, a colônia chamada Irmin-Sul, fundada em honra a este deus. E isso, ligado à passagem de Tácito, nos faz julgar que este culto não se relacionava com o célebre Arminius[348], inimigo dos romanos, mas com um herói maior e mais antigo. Arminius levava o mesmo nome, como fazem ainda hoje aqueles que levam o de Herman. Arminius não foi muito grande, nem muito feliz, nem muito conhecido por toda a Germânia para obter a honra de um culto público, mesmo dos povos distantes, como dos saxões, que chegaram muito tempo depois dele na terra dos queruscos. E nosso Arminius, considerado o deus mau pelos asiáticos, é um acréscimo de confirmação à minha opinião. Pois nestes assuntos ambas conjecturas se confirmam sem associação lógica, quando os seus fundamentos tendem a um mesmo objetivo.

142. Não é inconcebível que o Hermes (isto é, Mercúrio) dos gregos seja o mesmo Hermim ou Ariman. Ele pode ter sido inventor ou promotor das artes, e de uma vida um pouco mais civilizada entre aqueles de sua nação, e nas regiões onde ele era o mestre; enquanto era considerado autor da desordem entre os seus inimigos. Quem sabe se ele não chegou até o Egito, como os citas que perseguiram Sesostres e chegaram perto dali? *Theut*, *Menes* e *Hermes* foram conhecidos e honrados no Egito. Eles poderiam ser *Tuiscão*, seu filho *Mannus* e *Herman*, filho de Mannus, seguindo a genealogia

[348] O Comandante germânico, vencedor das legiões de Varus no ano 9 d.C.; foi vencido pelo general romano Germanus, membro da famlília de Augusto.

de Tácito. *Menes* passa por ser o mais antigo rei dos egípcios, *Theut* era um nome de Mercúrio entre eles. Em todo caso Theut ou Tuiscão, do qual Tácito faz descender os germanos, e dos quais os teutões, Tuitsche (isto é, germanos) ainda hoje têm o nome, ocorreu o mesmo com este Teutates[349] que Lucano faz os gauleses adorarem, e que César tomou *pro Dite Patre*, por Plutão, por causa da semelhança de seu nome latino com o de *Teut* ou *Thiet*, Titã, Theodon, que antigamente significou homens, povo, e ainda um homem excelente (como a palavra barão), enfim, um príncipe. E há autoridades para todos estes significados; mas não é preciso parar por aqui. O Sr. Otto Sperling[350], conhecido por muitos escritos sábios, mas que ainda têm muitos outros prontos para serem publicados, escreveu uma dissertação específica sobre este Teutates, deus dos celtas; e algumas observações que lhe comuniquei a este respeito foram incluídas nas *Notícias Literárias do mar Báltico*, assim como sua resposta. Ele compreende de forma um pouco diversa da minha esta passagem de Lucano:

> *Teutates pollensque feris altaribus Hesus,*
> *Et Taramis Scythicæ non mitior ara Dianæ.*[351]

Aparentemente, Hesus era o deus da guerra, o qual era chamado *Ares* pelos gregos e *Erich* pelos antigos germanos, do qual resta ainda *Erich-tag*, terça-feira (*mardi*). As letras R e S, que são de um mesmo órgão, substituem-se facilmente, por exemplo, *Moor* e *Moos*, *Geren* e *Gescht*, *Er war* e *Er was*, *Fer*, *Hierro*, *Eiron*, *Eisen*. Para os antigos romanos, *Item Papisius*, *Valesius*, *Fusius*, no lugar de *Papirius*, *Valerius*, *Furius*, segundo os antigos romanos. Quanto ao *Taramis*, ou talvez *Taranis*, sabe-se que *Taran* era o Trovão (*Tonerre*), ou o

349 Lucano, *A Farsália*, I, 444 (cf. n. 276). César, *Guerra dos Gauleses*, VI, 18, 1.

350 Otto Sperling (1634-1715), numismata e historiador da antiguidade escandinava; sua dissertação, intitulada *De origine veterum Gallorum a Dite, h. e Germanis et Septentrionalibus*, foi publicada nos *Nova literaria Maris Balthici et Septentrionis* de junho de 1699. A publicação de agosto continha as observações de Leibniz e a de dezembro a resposta de Sperling.

351 "Teutates (Mercúrio) e o temível Hesus (ou Eso, Marte) de terríveis altares, bem como Taramis (ou Taranis, Júpiter) cujo altar não é menos cruel que o altar da cítica Diana". Lucano, *A Farsália*, I, vv. 444-445.

deus do *Trovão*, entre os antigos celtas, chamado de *Thor* pelos germanos setentrionais, do qual os ingleses conservaram *Thursday*, quinta-feira *(jeudi)*, *diem Jovis*. E a passagem de Lucano mostra que o altar de *Taran*, deus dos celtas, não era menos cruel que o da Diana Taurica, *Taranis aram non mitiorem ara Dianæ Scythicæ fuisse.*

143. Não é impossível também que tenha existido um tempo em que príncipes ocidentais ou celtas tivessem se tornado senhores da Grécia, do Egito e de uma boa parte da Ásia, e que seu culto tenha continuado nestes países. Quando se considerar a rapidez com que os hunos, os sarracenos e os tártaros conquistaram uma grande parte do nosso continente, se ficará menos espantado; e este grande número de palavras da língua alemã e da língua grega, que se harmonizam tão bem entre elas, confirma isso. Calímaco[352], em um hino à honra de Apolo, parece insinuar que os celtas que atacaram o templo Délfico, sob seu Brennus, ou líder, vieram depois dos antigos titãs e gigantes que fizeram a guerra contra Júpiter e contra os outros deuses, isto é, contra os príncipes da Ásia e da Grécia. É possível que o próprio Júpiter seja descendente dos Titãs ou Theodones, quer dizer, dos príncipes celto-citas anteriores, e o que o falecido Sr. Abade de La Charmoye recolheu nas suas *Origens célticas* ajusta-se a isso, embora exista, a propósito, opiniões nesta obra deste sábio autor que não me parecem verossímeis, particularmente quando ele exclui os germanos do número dos celtas, não se lembrando bem das autoridades dos antigos, mas desconhecendo bastante a relação da antiga língua gaulesa com a língua germânica. Acontece que os supostos gigantes, que queriam escalar o céu, eram novos celtas que seguiam a pista dos seus antigos ancestrais; e Júpiter, mesmo que parente deles, por assim dizer, foi obrigado a resistir a eles, como os visigodos estabelecidos na Gália se opunham, com os romanos, a outros povos da Germânia e da Cítia que chegavam depois deles sob o comando de Átila, então mestre das nações cítica, sarmática e germânica desde as fronteiras da Pérsia até o Reno. Mas o prazer que sentimos quando

[352] Calímaco (c. 305-c. 240), célebre poeta, crítico literário e bibliógrafo alexandrino; no seu Hino IV (a Délos), v. 171 e segs., ele faz alusão à invasão da Grécia pelos gauleses e à queda deles diante de Delfos (277-276 a.C.), em 390 *a.C., um exército gaulês sob o comando do líder Brennus, ou Brenno-nome dado pelos romanos e que significa chefe-chegou a Roma e tomou a cidade.*

acreditamos encontrar nas mitologias dos deuses algum traço da antiga história dos tempos fabulosos, talvez tenha me levado para longe demais, e eu não sei se eu teria encontrado melhor do que Goropius Becanus, do que Schrieckius, do que o Sr. Rudbeck, e do que o abade Sr. de La Charmoye.[353]

144. Retornemos a Zoroastro[354], que nos levou a Oromasdes e a Arimanius, autores do bem e do mal, e suponhamos que ele os tenha considerado como dois princípios eternos, opostos um ao outro, embora possamos duvidar disso. Acredita-se que Marcião[355], discípulo de Cerdão, foi desta opinião antes de Mani. O Sr. Bayle reconhece que estes homens raciocinaram de uma maneira lastimável; mas crê que eles não conheceram o bastante suas vantagens, nem souberam fazer funcionar sua máquina principal, que era a dificuldade sobre a origem do mal. Ele acha que um homem hábil do seu partido teria confundido bastante os ortodoxos, e parece que, na falta de um outro, ele próprio quis se encarregar de uma preocupação tão pouco necessária, de acordo com o julgamento de muitas pessoas. "Todas as hipóteses (diz ele, *Dictionnaire*, art. *Marción*, p. 2.039) que os cristão estabeleceram os protegem mal dos golpes dirigidos contra eles; pois, todas triunfam, quando agem ofensivamente, mas perdem toda a sua vantagem quando é preciso que elas suportem o ataque." Ele admite que os dualistas (como ele e o Sr. Hyde os chama), isto é, os defensores de dois princípios, logo teriam sido colocados em fuga por razões *a priori*, tomadas

---

[353] Jean Becan van Gorp, conhecido como Goropius Becanus (1518-1572), médico e literato flamengo; suas pesquisas sobre a antiguidade das línguas germânicas se encontram em um livro intitulado *Hermathena* (1580); suas etimologias "estranhas e frequentemente ridículas" tinham dado nascimento ao verbo "goropisar" (cf. Leibniz, *Novos ensaios*, III, cap. 11, §1). Adrian Schrieck (1560-1621), historiador e filólogo flamengo, em sua obra *Du commencement des premiers peuples de l'Europe et en particulier de l'origene des Pays-Bas* (Ypres 1614), sustentava que o flamengo é a fonte de todas as outras línguas. Olaus (ou Olof) Rudbeck (1630-1702), médico e erudito sueco, em sua obra *Atlântica*, defendia que a Suécia era a Atlântida de Platão e o berço da civilação (Upsal 1675). Paul-Yves Pezron (1639-1706), eleito abade da Charmoye em 1697, filólogo e cronologista, autor de um livro intitulado *Antiquité de la nation et de la langue des Celtes, autrement appelés Gaulois* (Paris 1703).

[354] Retomada do parágrafo 136.

[355] Marcião de Sinope (c. 110-160), heresiarca do século II, opunha o Deus do Antigo Testamento e o do Novo Testamento a partir da ideia que o primeiro era o princípio do mal e o outro o do bem. Cerdão, herético da primeira metade do século II, antecipava esta doutrina quando opunha o Deus dos judeus e o Deus bom dos cristãos.

da natureza de Deus; mas ele acha que eles triunfam na vez deles quando se chega às razões *a posteriori*, tomadas da existência do mal.

145. Ele dá amplos detalhes desse assunto no seu *Dicionário*, artigo *Maniqueístas*, p. 2.025, no que é preciso entrar um pouco a fim de melhor esclarecer toda esta matéria. "As ideias mais seguras e as mais claras da ordem nos ensinam – diz ele – que um ser que existe por ele próprio, que é necessário, que é eterno, deve ser único, infinito, onipotente, e dotado de todos os tipos de perfeições." Este raciocínio teria merecido ser um pouco melhor desenvolvido. "Agora, é preciso ver – continua ele – se os fenômenos da natureza podem ser comodamente explicados pela hipótese de um princípio único." Nós o temos explicado suficientemente, mostrando que há casos em que alguma desordem na parte é necessária para produzir a maior ordem no todo; mas parece que o Sr. Bayle exige um pouco demais disso, queria que lhe fosse mostrado nos pormenores como o mal está ligado com o melhor projeto possível do universo, o que seria uma explicação perfeita do fenômeno; mas nós não pretendemos dá-la, e tampouco somos obrigados a isso, pois não se está obrigado àquilo que nos é impossível na situação em que nos encontramos; basta fazer observar que nada impede que um certo mal particular esteja ligado àquilo que é o melhor em geral. Esta explicação imperfeita, que deixa alguma coisa a ser descoberta na outra vida, é suficiente para a solução das objeções, mas não para uma compreensão da coisa.

146. "Os céus e todo o resto do universo" – acrescenta o Sr. Bayle – "pregando a glória, o poder, a unidade de Deus", precisava extrair a seguinte consequência disso (como já observei acima), que é porque se vê nesses objetos alguma coisa de inteira e de isolada, por assim dizer, e todas as vezes que vemos uma tal obra de Deus, a consideramos tão [bem] realizada, que é preciso admirar seu artifício e sua beleza; mas quando não se vê uma obra inteira, quando se depara apenas com farrapos e fragmentos, é um fato extraordinário se a boa ordem transparece. O sistema dos nossos planetas compõe uma tal obra única e perfeita quando tomado à parte. Cada planta, cada animal, cada homem fornece um [sistema], até um determinado ponto de perfeição;

assim, reconhece-se aí o maravilhoso artifício do autor; mas o gênero humano, do modo que conhecemos, é apenas um fragmento, uma pequena porção da cidade de Deus ou da república dos espíritos. Ela é extensa demais para nós, e conhecemos muito pouco para conseguirmos observar a sua maravilhosa ordem. "Exclusivamente o homem – diz o Sr. Bayle – esta obra-prima de seu criador entre as coisas visíveis, exclusivamente o homem, digo, fornece objeções excessivamente grandes contra a unidade de Deus." Claudiano fez a mesma observação liberando seu coração por meio destes conhecidos versos:

Sæpe mihi dubiam traxit sententia mentem, etc.[356]

Mas a harmonia que se encontra em todo o resto é um grande prejulgamento já que ela se encontraria também no governo dos homens, e geralmente no dos espíritos, se a [obra] total nos fosse conhecida. Seria preciso julgar as obras de Deus tão sabiamente quanto Sócrates julgou as de Heráclito quando disse: O que eu entendi delas me agrada, creio que o restante não me agradaria menos se eu o entendesse.

147. Eis aqui novamente uma razão particular da desordem aparente no que se refere ao homem. É que Deus lhe presenteia com uma imagem da divindade quando lhe oferece a inteligência. De algum modo, ele o deixa fazer no seu pequeno departamento, *ut Spartam quam nactus est ornet.*[357] Ele não entra aí senão de uma maneira oculta, pois fornece ser, força, vida, razão, sem se fazer ver. É aí que o livre (*franc*) arbítrio joga seu jogo; e Deus se diverte, por assim dizer, com estes pequenos deuses que achou bom produzir, do mesmo modo como nos divertimos com crianças que inventam ocupações as quais secretamente favorecemos ou impedimos,

[356] "Muitas vezes essa sentença seduziu minha mente indecisa (em dúvida, quanto à crença na existência de uma Providência ou a de um mundo deixado à sorte cega)". (Claudiano, *Contra Rufino*, I, 1). Mais abaixo, a expressão de Sócrates foi citada por Diógenes Laércio, *Vidas dos filósofos ilustres*, II, 5, 22.

[357] "A fim de que ele enfeite Esparta, que foi adquirida por ele". Estas palavras são uma alusão a um verso de *Télefo*, tragédia perdida de Eurípides, que se tornou um provérbio (citada por Cícero, *Epistola ad Atticum*, IV, 6); na tragédia, Agamenon dizia ao seu irmão Menelau: "Você conquistou Esparta, agora cuide dela".

conforme nosso agrado. O homem, então, é aí como um pequeno deus no seu próprio mundo, ou microcosmo, pois ele governa ao seu modo; algumas vezes faz aí maravilhas, e sua arte geralmente imita a natureza:

> *Jupiter, in parvo cum cerneret æthera vitro,*
> *Risit, et ad Superos talia dicta dedit:*
> *Huccine mortalis progressa potentia, divi?*
> *Jam meus in fragili luditur orbe labor.*
> *Jura poli rerumque fidem legesque deorum*
> *Cuncta Syracusius transtulit arte senex.*
> *Quid falso insontem tonitru Salmonea miror?*
> *Æmula naturæ est parva reperta manus.*[358]

Mas ele [o homem] também comete grandes faltas, porque se rende às paixões, e porque Deus o abandona aos seus sentidos; ele o pune por isso também, ora como um pai ou preceptor, exercitando ou castigando os filhos, ora como um justo juiz punindo aqueles que o abandonam; e o mal acontece mais comumente quando estas inteligências ou seus pequenos mundos se chocam entre si. O homem sente-se mal por isso à medida que erra; mas Deus, a partir de uma maravilhosa arte, transforma todos os defeitos destes pequenos mundos no maior ornamento de seu grande mundo. É como nessas invenções de perspectiva em que alguns belos desenhos só parecem confusão, até o momento em que o verdadeiro ponto de vista deles é encontrado, ou que sejam observados fazendo uso de um determinado vidro ou espelho.[359] É no colocá-los e no se servir

---

[358] Versos tirados de um poema de Claudiano (Sobre a esfera de Arquimedes-*In sphaeram Archimedes* –, *Carmina minora*, 51, 1-6 e 13 –14), sobre um modelo mecânico dos movimentos celestes, construído pelo grande sábio do século III a.C.: "Júpiter, observando o céu limitado por um pequeno [globo de] vidro, riu e dirigiu aos deuses a seguinte fala: 'A que ponto chegou a capacidade dos mortais, oh Deuses? Minha obra foi transformada no brinquedo de um frágil globo; a legislação do céu, a fé nas coisas, as leis dos deuses; todas as coisas o velho [Arquimedes] de Siracusa transcreve com sua arte. [...] Por que me espantar que o inocente Salmoneu tenha imitado o trovão. Eis agora que uma frágil mão se considerou êmulo da (comparável à) natureza'." Salmoneu: herói mitológico que, com a ajuda de tochas acesas e caldeirões de bronze, quis se igualar a Júpiter ao imitar o trovão.

[359] Trata-se de figuração que só se torna legível quando vista de um ângulo particular, ou em um espelho que tem forma particular, como no caso da anamorfose cilíndrica; esse tipo

deles adequadamente que viram enfeite de um escritório. Desta forma, as deformações aparentes dos nossos pequenos mundos se reagrupam em belas [formações] no grande, e não existe nada que se oponha à unidade de um princípio universal infinitamente perfeito; ao contrário, eles aumentam a admiração de sua sabedoria, que faz com que o mal sirva ao maior bem.

148. O Sr. Bayle continua: "que o homem é mal e infeliz; que há por toda parte prisões e hospitais; que a história é apenas uma coleção dos crimes e dos infortúnios do gênero humano". Creio que há exagero nisso: há incomparavelmente mais bem do que mal na vida dos homens, como há incomparavelmente mais casas dos que prisões. No que diz respeito à virtude e ao vício, reina aí uma certa mediocridade. Maquiavel já observou que há poucos homens muito maus e muito bons, e que isso faz deixar de existir um bom número de grandes realizações. Acho que é uma falha dos historiadores se ligarem mais ao mal do que ao bem. A meta principal da história, tanto quanto da poesia, deve ser a de ensinar a prudência e a virtude a partir de exemplos e, depois, mostrar o vício de uma maneira que provoque aversão a ele, e que leve ou sirva para evitá-lo.

149. O Sr. Bayle admite "que por toda parte se encontra seja do bem moral seja do bem físico, alguns exemplos de virtude, alguns exemplos de felicidade, e que é isto que causa a dificuldade; pois se houvesse apenas maldosos e infelizes – diz ele – não seria preciso recorrer à hipótese dos dois princípios." Eu me admiro que este excelente homem pôde testemunhar tanta inclinação para esta opinião dos dois princípios, e estou surpreso de que ele não tenha considerado que este romance da vida humana, que faz a história universal do gênero humano, encontrava-se já inventado no entendimento divino com uma infinidade de outros, e que a vontade de Deus apenas decidiu a existência dele, porque esta sequência de eventos devia condizer melhor com o resto das coisas para fazer resultar no melhor. E estes defeitos aparentes do mundo inteiro, estas manchas de um sol do qual o nosso é apenas um raio,

de figuração era muito requisitada na época e os especialistas em perspectiva tinham estudado os procedimentos necessários para construí-las.

revelam sua beleza, bem longe de diminuí-la, e contribuem para ela propiciando um bem maior. Há verdadeiramente dois princípios, mas eles estão todos os dois em Deus, a saber, seu entendimento e sua vontade. O entendimento fornece o princípio do mal, sem ser ofuscado por isso, sem ser malvado; ele representa as naturezas como elas são nas verdades eternas; nele está contida a razão pela qual o mal é permitido, mas a vontade só se dirige para o bem. Acrescentamos um terceiro princípio, [que] é o poder; ele precede até o entendimento e a vontade; mas age como um o mostra e como o outro o exige.

150. Alguns, como Campanella[360], chamaram estas três perfeições de Deus de as três *primordialidades*. Muitos até acreditaram que havia em seu interior uma secreta relação com a Santa Trindade; pois o poder se relaciona com o Pai, isto é, com a fonte da divindade; a sabedoria com o Verbo eterno, que é chamado de λόγος pelo mais sublime dos evangelistas[361]; e a vontade ou o amor ao Espírito Santo. Quase todas as expressões ou comparações tomadas da natureza da substância inteligente tendem para isso.

151. Parece-me que se o Sr. Bayle tivesse considerado o que acabamos de dizer sobre os princípios das coisas, ele teria respondido às suas próprias questões, ou, em todo caso, não teria continuado a questionar, como ele o faz, na seguinte interrogação: "Se o homem é a obra de um único princípio soberanamente bom, soberanamente santo, soberanamente poderoso, pode estar exposto às doenças, ao frio, ao calor, à fome, à sede, à dor, à tristeza? Pode ter tantas más inclinações? Pode cometer tantos crimes? Pode a soberana santidade produzir uma criatura infeliz? O soberano poder, unido a uma bondade infinita, não cobrirá de bens sua obra, e não afastará tudo aquilo que poderia ofendê-la ou entristecê-la?" Prudêncio representou a mesma dificuldade no seu Hamartigenia:

---

360 Tommaso Campanella (1568-1639), nome que assumiu depois de se tornar frade domenicano; antes seu nome era Giovanni Domenico, filósofo italiano do Renascimento que defendia ideias antiaristotélicas; autor de um tratado sobre a predestinação, a eleição, a reprovação e os auxílios da graça divina.

361 Leibniz se refere ao prólogo do *Evangelho segundo são João* e à introdução de sua primeira epístola.

Si non vult Deus esse malum, cur non vetat? Inquit.
Non refert auctor fuerit, factorve malorum,
Anne opera in vitium sceleris pulcherrima verti,
Cum possit prohibere, sinat; quod si velit omnes
Innocuos agere Omnipotens, nec sancta voluntas
Degeneret, facto nec se manus inquinet ullo.
Condidit ergo malum Dominus, quod spectat ab alto,
Et patitur, fierique probat, tanquam ipse crearit.
Ipse creavit enim, quod si discludere possit,
Non abolet, longoque sinit grassarier usu.[362]

Mas nós já respondemos suficientemente a isso. O próprio homem é a fonte dos seus males: assim como é, ele já [o] era nas ideias. Deus, movido por razões indispensáveis da sabedoria, decidiu que ele passasse à existência tal como é. Talvez o Sr. Bayle tivesse se apercebido desta origem do mal que eu estabeleço se tivesse unido aqui a sabedoria de Deus ao seu poder, à sua bondade e à sua santidade. Acrescentarei, superficialmente, que sua santidade não é outra coisa senão o supremo grau da bondade, como o crime, que lhe é oposto, é aquilo que há de pior no mal.

152. O Sr. Bayle faz o filósofo grego Melisso[363], defensor da unidade do princípio e talvez até da unidade da substância, combater contra Zoroastro, como contra o primeiro autor da dualidade. Zoroastro reconhece que a hipótese de Melisso é mais conforme à ordem e às razões *a priori*, mas ele nega que ela seja conforme à experiência e às razões *a posteriori*. "Eu supero vocês" – diz ele – "na explicação dos fenômenos, que é a principal característica de um bom sistema." Mas, em minha opinião; não é uma explicação

[362] Prudêncio, *Hamartigenia*, vv. 640-649: "Se Deus não quer a existência do mal – diz ele –, por que não a impede? Pouco importa se ele é o autor ou o criador dos males, ou que ele permita que suas obras mais belas sejam desviadas para fins viciosos e criminosos. Ele que é onipotente, se quisesse que todos vivessem na inocência, não se veria a boa vontade se perverter, nem as mãos se sujarem com alguma maldade. Logo, é o Senhor que estabeleceu o mal, que o observa do alto do céu, que o tolera, e que permite que ele seja feito, como se ele próprio o tivesse criado. E de fato ele o criou, visto que, podendo excluí-lo do mundo, ele não o aboliu, e deixa propagar longamente seus danos".

[363] Melisso de Samos, filósofo grego do século V a.C., discípulo e continuador de Parmênides de Eleia.

muito bela de um fenômeno, quando lhe é atribuído um princípio preciso: ao mal, um *principium maleficum*; ao frio, um *primum frigidum*; não existe nada de tão elementar, nem nada de tão insignificante. É quase como se alguém dissesse que os peripatéticos superam os novos matemáticos na explicação dos fenômenos dos astros ao dar-lhes inteligências particulares que os conduzem; porque, depois disso, é bem fácil conceber por que os planetas fazem o seu caminho com tanta exatidão; enquanto é preciso muita geometria e meditação para entender como a partir da gravidade (*pesanteur*) dos planetas que os leva em direção ao Sol, associada a algum turbilhão que os arrasta, ou à própria impetuosidade deles, pode vir o movimento elíptico de Kepler, que satisfaz tão bem às aparências. Um homem incapaz de experimentar as especulações profundas aplaudirá inicialmente os peripatéticos, e tratará nossos matemáticos como sonhadores. Algum velho galenista[364] fará o mesmo em relação às faculdades da escola, admitirá um quilificativo (*chylifique*), um quimificativo (*chymifique*) e um sanguificativo (*sanguifique*)[365], e lhes atribuirá precisamente cada operação; acreditará ter feito maravilhas, e zombará daquilo que irá chamar de as quimeras dos modernos, que pretendem explicar mecanicamente o que se passa no corpo de um animal.

153. A explicação da causa do mal por um princípio particular, *per principium maleficum*, é da mesma natureza. O mal não tem necessidade disso, tampouco o frio e as trevas: não existe *primum frigidum*, nem princípio das trevas. O mal mesmo só vem da privação; o positivo só entra aí por concomitância, como o ativo entra por concomitância no frio. Nós vemos que a água, ao se congelar, é capaz de romper um cano de mosquete[366] no qual está depositada;

---

[364] Galenismo: sistema do médico grego Galeno (Nicon de Pérgamo, 131-210), baseado na teoria dos quatro humores hipocráticos (sangue, fleuma, bile amarela e bile negra).

[365] Quilificativo vem de quilo: líquido leitoso secretado pelos vasos quilíferos do intestino durante a digestão, consistindo em linfa e gordura, e conduzido pelo canal torácico até a veia subclávia esquerda, onde volta a misturar-se com o sangue; quimificativo vem de quimo: pasta na qual os alimentos são transformados após sua passagem do estômago para o duodeno De sanguificação: transformação do sangue venoso em arterial, por meio de oxigenação nos pulmões.

[366] Arma de fogo similar a uma espingarda, usado sobre um apoio ou forquilha por pesar demasiado.

e, todavia, o frio é uma certa privação da força; ele não vem senão da diminuição do movimento que separa as partículas dos fluídos. Quando este movimento separador se enfraquece na água devido ao frio, as parcelas do ar comprimido ocultas na água se juntam e, tornando-se maiores, elas se tornam mais capazes de agir no exterior graças à sua fluidez (*ressort*). Pois a resistência que as superfícies das partes de ar encontram na água e que se opõe ao esforço que estas partes fazem para se dilatar e, consequentemente, o efeito das [parcelas] maiores de ar em grandes bolhas de ar é bem menor do que nas pequenas, ainda que ligadas entre si essas pequenas [bolhas] constituíssem a mesma massa que as grandes; porque as resistências, isto é, as superfícies, crescem como os quadrados; e os esforços, isto é, os conteúdos, ou a solidez (*les solidités*) das esferas de ar comprimido, crescem como os cubos do diâmetro. Deste modo, é por acidente que a privação envolve a ação e a força. Eu já mostrei acima como a privação basta para causar o erro e a malícia; e como Deus é levado a permiti-los sem que haja maldade nele. O mal vem da privação; o positivo e a ação nascem dele por acidente, como a força nasce do frio.

154. O que o Sr. Bayle faz dizer aos paulicianos (p. 2.323) não é conclusivo, a saber, que o livre (*franc*) arbítrio deve vir de dois princípios, para que possa se dirigir para o bem e para o mal; pois, sendo simples em si mesmo, ele deveria preferivelmente vir de um princípio neutro, se este argumento tivesse lugar. Mas o livre-arbítrio se dirige para o bem e se ele dá no mal é por acidente, é que este mal está oculto por detrás do bem, e como que mascarado [por ele]. Estas palavras que Ovídio faz Medeia dizer,

> *Video meliora proboque,*
> *Deteriora sequor*[367],

significam que o bem honesto é superado pelo bem agradável, que causa mais impressão nas almas quando elas se encontram agitadas pelas paixões.

[367] "Vejo o melhor e o aprovo, [mas] sigo o pior". (Ovídio, *Metamorfoses*, VII, 20).

155. No mais, o próprio Sr. Bayle fornece uma boa resposta a Melisso; mas a combate um pouco depois. Eis suas palavras (p. 2.025): "Se Melisso consulta as noções de ordem, ele responderá que o homem não era mal quando Deus o fez; ele dirá que o homem recebeu de Deus uma condição feliz, mas que não tendo seguido as luzes da consciência, as quais deviam conduzi-lo pelo caminho da virtude, segundo a intenção de seu autor, ele se tornou mal e mereceu que Deus, soberanamente bom, o fizesse sentir os efeitos de sua cólera. Então, não é Deus que é a causa do mal moral; mas é a causa do mal físico, isto é, da punição do mal moral, punição que, bem longe de ser incompatível com o princípio soberanamente bom, emana necessariamente de um dos seus atributos, quero dizer, de sua justiça, que não lhe é menos essencial que sua bondade. Esta resposta, a mais racional que Melisso poderia fazer, é no fundo bela e sólida; mas ela pode ser combatida por alguma coisa mais especiosa e mais fascinante. Acontece que Zoroastro objeta que *o princípio infinitamente bom deveria criar o homem, não apenas sem o mal atual, mas também sem a inclinação para o mal; que Deus, tendo previsto o pecado com todas as suas consequências, deveria impedi-lo; que ele deveria determinar o homem ao bem moral, e não lhe deixar força alguma para se dirigir ao crime.*" Isto é bem fácil de se dizer, mas não é factível quando se segue os princípios da ordem: isso não poderia ter sido executado sem milagres perpétuos. A ignorância, o erro e a malícia acontecem naturalmente aos animais feitos como nós somos; seria preciso, então, que esta espécie deixasse de existir no universo? Eu não duvido que, apesar de todas as suas fraquezas, ela seja importante demais para que Deus pudesse consentir em aboli-la.

156. O Sr. Bayle, no artigo intitulado *Paulicianos*, que incluiu no seu *Dicionário*, continua o que pronunciou no artigo sobre os maniqueístas. Segundo ele (p. 2.330, let. H), os ortodoxos parecem admitir dois princípios primeiros quando tornam o diabo autor do pecado. O Sr. Becker[368], antes ministro de Amsterdã, autor do livro que tem por título o *Mundo encantado*, ressaltou este pensamento a

[368] Balthazar Becker (1634-1698), pastor sociniano holandês; escreveu uma obra intitulada *De philosophia cartesiana admonitio sincera* (Wessel 1688); a obra citada, escrita em holandês, foi publicada em 1691 em Leeuwarden e sua versão francesa apareceu em 1694; suas teses acabaram por levá-lo ao exílio.

fim de fazer compreender que não se devia dar um poder e uma autoridade ao diabo que o colocasse lado a lado com Deus; no que tem razão, mas ele leva muito longe as consequências disso. E o autor do livro intitulado Ἀποκατάστασις πάντων[369] crê que se o diabo nunca fosse vencido e despojado, se ele sempre mantivesse sua presa, se o título de invencível lhe pertencesse, isso causaria prejuízo à glória de Deus. Mas é uma vantagem miserável manter aqueles que se seduziu para sempre ser punido com eles. E quanto à causa do mal, é verdade que o diabo é o autor do pecado; mas a origem do pecado vem de mais longe, sua fonte está na imperfeição original das criaturas: isso as torna capazes de pecar; e há circunstâncias, no encadeamento das coisas, que fazem com que esta capacidade (*puissance*) seja colocada em ação.

157. Os diabos, antes da sua queda, eram anjos como os outros e acredita-se que o seu mestre era um dos principais deles; mas a Escritura não se explica o suficiente a este respeito. A passagem do Apocalipse, que fala da batalha contra o dragão como de uma visão, deixa aí muitas dúvidas, e não desenvolve suficientemente uma coisa da qual os outros autores sagrados quase não falam.[370] Não é aqui o lugar para entrarmos nesta discussão, e sempre é preciso reconhecer aqui que a opinião comum convém melhor ao texto sagrado. O Sr. Bayle examina algumas respostas de são Basílio, de Lactâncio[371] e de outros sobre a origem do mal; mas, como elas discorrem sobre o mal físico, eu me oponho a falar disso e continuarei a examinar as dificuldades sobre a causa moral do mal moral, que se encontram em diversas passagens das obras do nosso hábil autor.

158. Ele combate a permissão deste mal, ele desejaria que se reconhecesse que Deus o quer. Ele cita estas palavras de Calvino (sobre o Gênesis, cap. 3): “Os ouvidos de alguns são ofendidos quando se diz que Deus o quis. Mas, eu vos pergunto, que outra

[369] Cf. nota 186.

[370] Leibniz se refere a *Ap*, XII, 7.

[371] São Basílio (329-379), padre da igreja grega, bispo de Cesareia da Capadócia, autor de um grande número de discursos e cartas. Lactâncio (c. 260-c. 325), apologista cristão, autor das *Instituições divinas*, uma defesa do cristianismo contra o paganismo; em seu tratado *Sobre a cólera de Deus*, ele sustenta a doutrina da Providência contra as objeções de Epicuro.

coisa é a permissão daquele que tem direito de defender, ou melhor, que tem a coisa em mãos, senão um querer?" O Sr. Bayle explica estas palavras de Calvino e as que precedem como se ele reconhecesse que Deus tivesse desejado a queda de Adão, não como se ela fosse um crime, mas sob alguma outra noção que não nos é conhecida. Ele cita os casuístas um pouco desatentos que dizem que um filho pode desejar a morte de seu pai, não enquanto um mal para si, mas enquanto um bem para seus herdeiros (*Rép. aux questions d'un provinc.*, cap. 147, p. 850). Eu acho que Calvino diz apenas que Deus desejou que o homem caísse por uma determinada causa que nos é desconhecida. No fundo, quando se trata de uma vontade decisiva, isto é, de um decreto, estas distinções são inúteis; a ação é desejada com todas suas qualidades, se é verdade que se a deseja. Mas quando é um crime, Deus pode apenas desejar permiti-lo; pois, o crime não é fim nem meio, ele é apenas uma condição *sine qua non*; deste modo, ele não é objeto de uma vontade direta, como eu já mostrei acima. Deus não o pode impedir sem agir contra aquilo que tem de fazer, sem realizar algo que seria pior do que o crime do homem, sem violar a regra do melhor; o que seria destruir a divindade, como já observei. Portanto, Deus é obrigado por uma necessidade moral que se encontra nele mesmo a permitir o mal moral das criaturas. É precisamente este o caso em que a vontade de um sábio é apenas permissiva. Eu já o disse: ele é obrigado a permitir o crime de outrem quando não pudesse impedi-lo sem faltar ele mesmo para com aquilo que tem de fazer.

159. "Mas entre todas as combinações infinitas – diz o Sr. Bayle, página 853 – agradou a Deus escolher uma na qual Adão devesse pecar, e ele a fez futura por meio do seu decreto, de preferência a todas as outras." Muito bem, isso é falar minha língua, contanto que se entenda as combinações que compõe todo o Universo. "Vocês nunca compreenderão – acrescenta ele – que Deus não desejou que Eva e Adão pecassem, já que rejeitou todas as combinações em que eles não tivessem pecado." Mas, por tudo aquilo que acabamos de dizer, a coisa é, em geral, muito fácil de ser compreendida. Esta combinação, que faz todo o Universo, é a melhor; Deus, então, não pode evitar de escolhê-la sem cometer uma

infração; e mais do que de cometer uma, o que lhe é absolutamente inconveniente, ele permite a infração ou o pecado do homem, que está compreendida nesta combinação.

160. O Sr. Jaquelot[372], com outros homens hábeis, não se distancia da minha opinião, como quando diz na página 186 do seu *Tratado da conformidade da fé com a razão*: "Aqueles que se embaraçam por conta dessas dificuldades parecem ter a visão limitada demais, e [parecem] querer reduzir todos os desígnios de Deus a seus próprios interesses. Quando Deus formou o Universo, ele não tinha outro julgamento senão o dele mesmo e sua própria glória; de modo que se tivéssemos o conhecimento de todas as criaturas, de suas diversas combinações e de suas diferentes relações, nós compreenderíamos sem dificuldade que o Universo responde perfeitamente à sabedoria infinita do Todo-Poderoso." Ele diz em outra passagem (p. 232): "Supondo, por absurdo, que Deus possa ter impedido o mau uso do livre (*franc*) arbítrio sem destruí-lo, admitir-se-á que sua sabedoria e sua glória tendo determinado a formar criaturas livres, esta poderosa razão deveria prevalecer sobre as desagradáveis consequências que poderia ter esta liberdade." Eu me empenhei para desenvolvê-la ainda mais a partir da razão do melhor e da necessidade moral existente em Deus de fazer esta escolha, apesar do pecado de algumas criaturas que se liga a isso. Acredito ter cortado até a raiz da dificuldade; no entanto, estou bem satisfeito por proporcionar mais clareza ao assunto, de aplicar meu princípio de solução às dificuldades particulares do Sr. Bayle.

161. Eis uma, proposta nos seguintes termos (cap. 148, p. 856): "Seria da bondade de um príncipe, 1º dar a cem mensageiros o mesmo dinheiro que é preciso para uma viagem de duzentos lugares; 2º prometer uma recompensa a todos aqueles que acabassem a viagem sem ter recebido nada e ameaçar de prisão todos aqueles a quem o dinheiro não tivesse sido suficiente; 3º fazer a escolha de cem pessoas das quais certamente ele sabia que haveria apenas dois que mereceriam a recompensa, as noventa e oito outras devendo encontrar no percurso ou uma amante, ou um jogador, ou

[372] Cf. nota 157.

alguma outra coisa que lhes obrigaria a gastar, e que ele mesmo teve o cuidado de dispor em certos lugares da estrada; 4° aprisionar noventa e oito destes mensageiros assim que eles estivessem de volta? Não é da máxima evidência que ele não teria qualquer bondade para com eles, mas que, ao contrário, lhes destinava, não a recompensa oferecida, mas a prisão? Eles a mereceriam, seja; mas aquele que tivesse desejado que a merecessem e que os teria colocado no infalível caminho de merecê-la, seria ele digno de ser chamado bom, sob pretexto de que teria recompensado os dois outros?" Não seria esta a razão, sem dúvida, que lhe faria merecer o título de bom; mas outras circunstâncias podem concorrer para isso, as quais seriam capazes de torná-lo digno de louvor, porque ele se serviu deste artifício para conhecer essas pessoas e para fazer uma triagem delas, como Gideão se serviu de alguns meios extraordinários para escolher os mais valentes e menos delicados entre seus soldados.[373] E quando o príncipe já conhecesse o natural de todos estes mensageiros, não poderia ele colocá-los a esta prova para fazê-los conhecer também aos outros? E, embora essas razões não sejam aplicáveis a Deus, elas não deixam de fazer compreender que uma ação como a deste príncipe pode parecer absurda quando se a separa das circunstâncias que podem mostrar a sua causa. A mais forte razão deve ser julgada a de que Deus fez bem, e que nós veríamos isso se conhecêssemos tudo o que fez.

162. O Sr. Descartes, em uma carta à princesa Elizabeth[374] (vol. I, carta 10), se serviu de uma outra comparação para fazer concordar a liberdade humana com a onipotência de Deus. Ele supõe "um monarca que proibiu os duelos, e que sabendo que certamente dois cavalheiros vão duelar, caso se encontrem, toma medidas infalíveis para fazer com que se encontrem. Eles se encontram [e], de fato, duelam: sua desobediência à lei é um efeito do seu livre-arbítrio; eles merecem punição. O que um rei pode fazer quanto a isso – ele acrescenta – no tocante a algumas ações livres de seus súditos, Deus, que tem presciência e poder infinitos, o faz infalivelmente no tocante a todas as [ações] dos homens. E antes que nos tivesse

[373] Cf. Jz 7: 2; Gideão ou Gedeão.

[374] Carta de janeiro de 1646, ed. Adam-Tannery, t. IV, carta 419, p. 351 e segs.

enviado para este mundo, sabia exatamente quais seriam todas as inclinações da nossa vontade, foi ele mesmo quem as colocou em nós, foi ele também que dispôs todas as outras coisas que estão fora de nós com o intuito de fazer com que tais e tais objetos se apresentassem aos nossos sentidos neste e naquele tempo, na ocasião dos quais ele soube que nosso livre-arbítrio nos determinaria a esta ou aquela coisa, e ele assim o quis; mas não quis por isso constrangê-lo a tal. E como podemos distinguir neste rei dois diferentes graus de vontade: um pela qual ele quis que estes cavalheiros duelassem, já que fez com se encontrassem; e a outra pela qual não o quis, já que proibiu os duelos; deste modo, os teólogos distinguem em Deus uma vontade absoluta e independente, pela qual ele quer que todas as coisas sejam feitas como elas são feitas; e uma outra que é relativa, e que se liga ao mérito ou demérito dos homens, pela qual quer que as suas leis sejam obedecidas". (Descartes, carta 10 do vol. I, p. 51, 52. Correlacione a isso o que o Sr. Arnauld nas suas *Réflexions sur le système de Malebranche*[375], t. 2, p. 288 e seguintes, cita de Tomás de Aquino quanto à vontade antecedente e consequente de Deus).

163. Eis o que o Sr. Bayle responde quanto a isso (*Rép. aux questions d'un provinc.*, cap. 154, p. 943): "Este grande filósofo se ilude muito, ao que me parece. Não haveria qualquer gradação de vontade neste monarca, nem pequena, nem grande, que estes dois cavalheiros obedecessem à lei, e não duelassem. Ele queria plena e unicamente que eles duelassem. Isto não os desculparia; pois, eles seguiram apenas a paixão deles; eles ignorariam que se conformam à vontade de seu soberano; mas esta seria verdadeiramente a causa moral do seu combate, e ele não o desejaria mais plenamente, ainda que lhes inspirasse o desejo disso, ou que lhes desse a ordem de [fazê-lo]. Imagine dois príncipes dos quais cada um deseja que seu filho mais velho se envenene. Um emprega a força, o outro se contenta em suscitar clandestinamente uma tristeza que ele sabe ser suficiente para levar seu filho a se envenenar. Duvidará você que a vontade do último seja menos completa do que a vontade do

375 *Réflexions philosophiques et théologiques sur le nouveau système de la nature et de la grâce* (Colônia, 1685-1686).

outro? O Sr. Descartes supõe, então, um fato falso e não resolve a dificuldade".

164. É preciso reconhecer que o Sr. Descartes fala um pouco asperamente da vontade de Deus no que diz respeito ao mal, quando não só diz que Deus soube que nosso livre-arbítrio nos determinaria a tal ou tal coisa, mas também que ele assim o quis, embora não tenha desejado em razão disso constranger-nos a tal. Ele não fala menos duramente quando diz, na oitava carta do mesmo volume, que no espírito do homem não entra o menor pensamento que Deus não deseje e não tenha desejado eternamente que nele entrasse. Calvino jamais disse algo de mais duro; e tudo aquilo só poderia ser perdoado se subentendêssemos uma vontade permissiva. A solução do Sr. Descartes retorna à distinção entre a vontade do [que é] assinalado e a vontade do bel-prazer (*inter voluntatem signi e beneplaciti*)[376], que os modernos tomaram dos escolásticos quanto aos termos, mas à qual eles deram um sentido que não é comum entre os antigos. É verdade que Deus pode ordenar alguma coisa sem querer que isso seja feito; como quando ele ordenou a Abrão que sacrificasse seu filho: ele queria a obediência, mas não queria a ação.[377] Contudo, quando Deus ordena a ação virtuosa e proíbe o pecado, ele quer exatamente aquilo que ordena; mas é apenas por uma vontade antecedente, como eu já o expliquei mais de uma vez.

165. A comparação do Sr. Descartes, portanto, não é satisfatória, mas pode vir a ser. Seria preciso mudar um pouco o fato, inventando alguma razão que obrigasse o príncipe a fazer ou a permitir que os dois inimigos se encontrassem. É preciso, por exemplo, que eles se encontrem juntos no exército, ou em outras funções indispensáveis, o que o príncipe particularmente não pode impedir sem expor seu Estado; como, por exemplo, se a falta de um ou de outro fosse capaz de fazer eclipsar do exército grande número de pessoas do seu partido, ou faria os soldados se queixarem, e causaria

[376] Com respeito à vontade de Deus, os escolásticos distinguiam a vontade de *beneplacito*, segundo a qual Deus quer aquilo com o que ele se compraz (esta é a vontade em sentido próprio, e se atribui propriamente a Deus); e a vontade de *signo*, segundo a qual os atos a ela associados são denominados ligados à vontade dos homens, são signos da nossa vontade (esta é a vontade de Deus apenas em sentido metafórico).

[377] Leibniz se refere ao livro do Gn 22: 1 e segs.

alguma grande desordem. Neste caso, então, pode-se dizer que o príncipe não quer o duelo; ele sabe dele, mas, todavia, o permite; pois prefere permitir o pecado de outrem a ele próprio cometê-lo. Deste modo, esta comparação retificada pode servir, contanto que se note a diferença existente entre Deus e o príncipe. O príncipe é obrigado a esta permissão devido a sua impotência; um monarca mais poderoso não teria necessidade de todos estes cuidados; mas Deus, que pode tudo aquilo que é possível, só permite o pecado porque é absolutamente impossível para quem quer que seja fazer melhor. A ação do príncipe talvez não seja sem tristeza e sem pesar. Este pesar vem de sua imperfeição, da qual ele tem consciência; é nisto que consiste o desprazer. Deus é incapaz de ter isso, e também não encontra motivo para isso; ele sente infinitamente sua própria perfeição, e até se pode dizer que a imperfeição nas criaturas separadas, para ele, se torna perfeição com relação ao todo, e que ela é um acréscimo de glória para o Criador. O que mais se pode querer quando se possui uma sabedoria imensa, e quando se é tão poderoso quanto sábio; quando se pode tudo, e quando se tem o melhor?

166. Depois de ter compreendido estas coisas, parece-me que estamos suficientemente aguerridos para [lutar] contra as objeções mais fortes e mais vivas. Nós não as dissimulamos, mas há algumas delas que não faremos senão tocar, porque são odiosas demais. Os arminianos (*remontrants*) e o Sr. Bayle (*Rép. aux questions d'un provinc.*, t. 2, cap. 152, fim, p. 919) mencionam santo Agostinho, dizendo, *crudelem esse misericordiam velle aliquem miserum esse ut ejus miserearis*[378]: no mesmo sentido cita-se Sêneca, *de Benef.*, liv. 6, cap. 36, 37. Eu reconheço que se teria alguma razão para opor isso àqueles que acreditassem que Deus não teve outro motivo para permitir o pecado senão a intenção de ter por que exercer a justiça punitiva contra a maior parte dos homens e sua misericórdia para com um pequeno número de eleitos. Mas é preciso considerar que Deus teve razões para sua permissão do pecado, mais dignas dele e mais profundas em relação a nós. Ousou-se comparar ainda o

[378] "É uma misericórdia cruel [Bayle utiliza *benevolentiam*: uma benevolência cruel] desejar a miséria (a infelicidade) de alguém para ter piedade dele".

procedimento de Deus ao de um Calígula, que faz escrever seus éditos com uma letra tão pequena e os faz afixar em um lugar tão alto que não é possível lê-los; ao de uma mãe que negligencia a honra de sua filha para atingir seus objetivos interesseiros; ao da rainha Catarina de Médicis, que se diz ter sido cúmplice das aventuras das suas damas[379] para aprender as intrigas dos grandes; e mesmo ao de Tibério, que, por meio do extraordinário ministério do carrasco, fez de modo que a lei que proibia a submissão de uma virgem ao suplício comum não tivesse vez no [caso] da filha de Sejanus.[380] Esta última comparação foi alegada por Pierre Bertius[381], então arminiano, mas que, por fim, entrou para a comunhão romana. E foi feito um paralelo chocante entre Deus e Tibério, o qual é citado em completo pelo Sr. André Caroli[382], em seu *Memorabilia ecclesiastica* do século passado, como o Sr Bayle o observa. Bertius empregou-a contra os gomaristas.[383] Eu acredito que esses tipos de argumentos não têm lugar, exceto contra aqueles que pretendem que a justiça é uma coisa arbitrária em relação a Deus; ou que ele tenha um poder despótico, de tal modo que possa chegar a poder danar inocentes; ou, enfim, que o bem não é o motivo de suas ações.

167. Neste mesmo período, foi feita uma sátira engenhosa contra os gomaristas intitulada *Fur prædestinatus*, *De gepredestineerde Dief*[384], na qual é introduzido um ladrão condenado à forca que atribui a Deus tudo o que fez de mal, que se considera predestinado à salvação não obstante suas más ações, que acredita que este crédito lhe basta, e que derrota por meio de argumentos *ad hominem*

[379] Jovem que não é casada, senhoritas.

[380] Lucius Ælius Sejanus (20 a.C.-31 d.C.).

[381] Pieter Beerts, conhecido como Pierre Bertius (1565-1629), teólogo, historiador, geógrafo; condenado por suas opiniões arminianas (cf. nota 168), se refugiou na França, onde se converteu ao catalocismo e foi nomeado historiógrafo de Luis XIII.

[382] Andréas Carolus (1632-1704), historiador e teólogo luterano; o livro citado, *Memorabilia Ecclesiastica sæculi a Christo nato decimi septimi* foi publicado em Tubingen em dois volumes (1697 e 1702).

[383] Seguidores de Franciscus Gomarus, cf. notas 168 e 281.

[384] Este panfleto em forma de diálogo, *Le voleur predestine*; Leibniz provavelmente se refere ao publicado em latim em 1651 (Londres) e que havia sido publicado inicialmente em flamengo em 1619 (Anvers); ele é atribuído ao controversista arminiano Henri Slatius (1580-1623).

um ministro gomarista (*contre-remontrant*) chamado para prepará-lo para a morte; mas este ladrão é, enfim, convertido por um antigo pastor deposto por causa do arminianismo, que o carcereiro, tendo piedade do criminoso e da fraqueza do ministro, tinha conduzido a ele em segredo. Respondeu-se a este libelo, mas as respostas às sátiras jamais agradam tanto quanto as próprias sátiras. O Sr. Bayle (*Rép. aux questions d'un provinc.*, t. 3, cap. 154, p. 938) diz que este livro foi impresso na Inglaterra no tempo de Cromwell, e ele parece não ter sido informado de que este era somente uma tradução do bem mais antigo original flamengo. Ele acrescenta que o doutor George Kendal[385] fez sua recusa em Oxford, no ano de 1657, sob o título de *Fur pro tribunali*, e que o diálogo encontra-se aí inserido. Este diálogo pressupõe, contra a verdade, que os gomaristas (*contre-remontrants*) fazem de Deus a causa do mal e ensinam uma espécie de predestinação à maometana, na qual é indiferente fazer bem ou mal, e na qual, para ser predestinado, basta convencer-se de que se é. Eles não ousam ir tão longe; entretanto, é verdade que existe entre eles alguns supralapsários[386] e outros que tiveram dificuldade em discorrer adequadamente sobre a justiça de Deus e sobre os princípios da piedade e da moral do homem, porque eles concebem um despotismo em Deus, e exigem que o homem se persuada sem razão da certeza absoluta de sua eleição, o que está sujeito a consequências perigosas. Mas todos aqueles que reconhecem que Deus produz o melhor plano, que escolheu entre todas as ideias possíveis do Universo; que aí encontra o homem levado pela imperfeição original das criaturas a abusar de seu livre-arbítrio e a se afundar na miséria; que Deus impede o pecado e a miséria tanto quanto a perfeição do Universo, que é uma expansão da sua, pode permiti-lo; aqueles lá, eu digo, fazem ver mais distintamente que a intenção de Deus é a mais reta e a mais santa do mundo, que somente a criatura é culpada, que sua limitação ou imperfeição original é a fonte da sua malícia, que sua má vontade é a única causa

[385] George Kendal (1610-1663), teólogo presbiteriano, adversário do arminianismo; o título da obra citada significa "O ladrão frente ao tribunal" (*Fur pro tribunali, seu examen dialogismi qui inscribitur fur praedestinatus*-1657).

[386] Cf. nota 252.

da miséria, que não se poderia estar destinado à salvação sem o ser também à santidade dos filhos de Deus, e que toda a esperança que se pode ter de ser eleito só pode estar fundada na boa vontade que sentimos por meio da graça de Deus.

168. Considerações metafísicas também são dirigidas contra a nossa explicação da causa moral do mal moral; mas elas nos embaraçam menos, pois descartamos as objeções tiradas das razões morais, que impressionam mais. Estas considerações metafísicas têm em vista a natureza do *possível* e do *necessário*; vão contra o fundamento que nós estabelecemos, que Deus escolheu o melhor de todos os universos possíveis. Existiram filósofos que sustentaram que não há nada de possível exceto aquilo que efetivamente acontece. São os mesmos que acreditaram, ou poderiam ter acreditado, que tudo é absolutamente necessário. Alguns foram desta opinião porque admitiam uma necessidade bruta e cega como causa da existência das coisas; e são aqueles que nós temos mais motivo para combater. Mas há outros que só se enganam porque abusam dos termos. Eles confundem a necessidade moral com a necessidade metafísica; acreditam que Deus não podendo deixar de fazer o melhor, isso lhe tira a liberdade e dá às coisas esta necessidade que os filósofos e os teólogos esforçam-se para evitar. Contra estes autores, há somente uma disputa de palavras, com a condição de que eles efetivamente admitam que Deus escolhe e faz o melhor. Mas há outros que vão mais longe; eles acreditam que Deus poderia ter feito melhor; e é uma opinião que deve ser rejeitada; pois embora não suprima completamente a sabedoria e a bondade de Deus, como fazem os defensores da necessidade cega, impõe limites a elas; o que significa prejudicar a sua suprema perfeição.

169. A questão da possibilidade das coisas que não acontecem já foi examinada pelos antigos. Parece que Epicuro, a fim de conservar a liberdade e a fim de evitar uma necessidade absoluta, sustentou, após Aristóteles, que os futuros contingentes não eram capazes de uma verdade determinada. Pois se era verdade ontem que eu escreveria hoje; logo, não poderia deixar de acontecer: já era necessário; e, pela mesma razão, o era eternamente. Deste modo, tudo o que acontece é necessário e é impossível que possa ocorrer

de outra forma. Mas não sendo assim, se seguiria, segundo ele, que os futuros contingentes não têm verdade determinada. Para sustentar esta opinião, Epicuro se descuidou ao negar o primeiro e o maior princípio das verdades de razão; ele negava que toda enunciação fosse ou verdadeira ou falsa. Pois eis como o levamos até o limite: você nega que fosse verdadeiro ontem que eu escreveria hoje, então era falso. O ingênuo, não podendo admitir esta conclusão, foi obrigado a dizer que isso não era nem verdadeiro nem falso. Depois disso, ele não tem necessidade de ser refutado; e Crisipo podia se dispensar da dificuldade que tinha em confirmar o grande princípio das contraditórias, conforme o relato de Cícero em seu livro *De fato*: *Contendit omnes nervos Chrysippus ut persuadet omne* Αξίωμα *aut verum esse, aut falsum. Ut enim Epicurus veretur ne, si hoc concesserit, concedendum sit, fato fieri quæcumque fiant; si enim alterum ex æternitate verum sit, esse id etiam certum; si certum, etiam necessarium; ita et necessitatem et fatum confirmari putat; sic Chrysippus metuit, ne non, si non obtinuerit omne quod enuncietur aut verum esse aut falsum, omnia fato fieri possint ex causis æternis rerum futurarum.*"[387] O Sr. Bayle nota aí (*Dictionnaire*, art. *Epicuro*, let. T, p. 1.141) que "tanto um quanto o outro destes dois grandes filósofos (Epicuro e Crisipo) não compreendeu a verdade desta máxima: *toda proposição é verdadeira ou falsa* é independente daquilo que se chama *fatum* [*destino*]; ela não podia, portanto, servir de prova para a existência do *fatum*, como Crisipo pretendia, e como Epicuro temia. Crisipo não pôde admitir sem se prejudicar, visto que há proposições que não são nem verdadeiras nem falsas; mas ele não ganharia nada ao estabelecer o contrário; pois quer existam causas livres, quer não existam, é igualmente verdadeiro que esta proposição: *O grão-mogol*[388] *vai à caça amanhã*, é ver-

[387] "Crisipo usa todas as suas forças para persuadir que todo *Axioma* (enunciação) é ou verdadeiro, ou falso. Do mesmo modo, com efeito, Epicuro teme que se ele concede este ponto é preciso conceder que todas as coisas que acontecem [o fazem] como efeito do destino- com efeito, caso uma ou outra [enunciação] seja eternamente verdadeira, aquilo [que ela enuncia] está determinado; se está determinado, é necessário [que aconteça]; assim ele pensa que estão confirmados tanto a necessidade quanto o destino –, desse modo, Crisipo temeu que, se ele não mantém que toda enunciação é ou verdadeira, ou falsa, ele possa afirmar que tudo é efeito do destino e resulta das causas que determinam o futuro desde a eternidade". (Cícero, *De fato*, X, 21).

[388] Soberano do império fundado no Norte da Índia pelos mongóis, no século XVI.

dadeira ou falsa. Teve-se razão em considerar como ridículo este discurso de Tirésias: *Tudo o que eu disser acontecerá, ou não, pois o grande Apolo me confere a faculdade de profetizar.* Se por absurdo Deus não existisse, ainda assim seria certo que tudo aquilo que o maior louco do mundo predissesse aconteceria ou não aconteceria. É a isso que nem Crisipo, nem Epicuro prestaram atenção." Cícero, liv. I *De nat. deorum*, julgou muito bem certas escapatórias dos epicuristas (como o Sr. Bayle o observa perto do fim da mesma página) que seria muito menos vergonhoso reconhecer que não se pode responder ao seu adversário do que recorrer a semelhantes respostas. No entanto, nós veremos que o próprio Sr. Bayle confundiu o certo com o necessário, quando pretendeu que a escolha do melhor tornava as coisas necessárias.

170. Tratemos, agora, da possibilidade das coisas que não acontecem, e confiemos nas próprias palavras do Sr. Bayle, embora um pouco prolixas. Eis como ele fala dela em seu *Dicionário* (art. *Crisipo*, let. S, p. 929): "A disputa muita famosa das coisas possíveis e das coisas impossíveis devia seu nascimento à doutrina dos estoicos sobre o destino. Tratava-se de saber se entre as coisas que jamais existiram e que jamais existirão há coisas possíveis; ou se tudo aquilo que não existe, tudo aquilo que jamais existiu, tudo aquilo que jamais existirá, era impossível. Um famoso dialético da seita de Mégara, chamado Diodoro[389], tomou a negativa quanto à primeira destas duas questões, e a afirmativa quanto à segunda; mas Crisipo o combateu fortemente. Eis duas passagens de Cícero (epístola 4, liv. 9, *ad familiar*): Περὶ δυνατον *me scito* Διό δωρον κρίνειν. *Quapropter si venturus es, scito necesse esse te venire. Nunc vide, utra te* κρίσις *magis delectet:* Χρυσιππεία *ne, an hæc; quam noster Diodotus* (um estoico que vivera muito tempo na casa de Cícero) *non concoquebat.*[390] – Essa afirmação foi extraída de uma carta que Cícero

[389] Diodoro Cronos (morto por volta de 296 a.C.), célebre dialético da Escola de Mégara, inventor do argumento "dominador" que estabelecia o determinismo (ou necessecitarismo) absoluto (cf. Epiteto, *Entretiens*, II, 19).

[390] "[Quanto] ao tema dos possíveis, saiba que sou da opinião de Diodoro, portanto, se tu deves vir, saiba que é necessário que venhas [aqui Leibniz omite a seguinte frase: 'mas se tu não deves vir, é impossível que venhas']. Agora pertence a ti ver qual destas doutrinas tu preferes, a de Crisipo, ou esta aqui; esta última, meu caro Diódoto (estóico que por longo tempo foi mestre de Cícero) não podia aceitá-la."

escreveu a Varrão. Ele expõe mais amplamente todo o estado da questão no pequeno livro *De fato*. Vou citar alguns trechos dele: *Vigila, Chrysippe, ne tuam causam, in qua tibi cum Diodoro valente dialectico magna luctatio est, deseras... omne ergo quod falsum dicitur in futuro, id fieri non potest. At hoc, Chrysippe, minime vis, maximeque tibi de hoc ipso cum Diodoro certamen est. Ille enim id solum fieri posse dicit, quod aut sit verum, aut futurum sit verum; et quicquid futurum sit, id dicit fieri necesse esse; et quicquid non sit futurum, id negat fieri posse. Tu etiam quæ non sint futura, posse fieri dicis, ut frangi hanc gemmam, etiamsi id nunquam futurum sit: neque necesse fuisse Cypselum regnare Corinthi, quanquam id millesimo ante anno Apollinis oraculo editum esset... Placet Diodoro, id solum fieri posse, quod aut verum sit, aut verum futurum sit: qui locus attingit hanc quæstionem, nihil fieri, quod non necesse fuerit: et quicquid fieri possit, id aut esse jam, aut futurum esse: nec magis commutari ex veris in falsa ea posse quæ futura sunt, quam ea quæ facta sunt: sed in factis immutabilitatem apparere; in futuris quibusdam, quia non apparent, ne inesse quidem videri: ut in eo qui mortifero morbo urgeatur, verum sit, hic morietur hoc morbo: at hoc idem si vere dicatur in eo, in quo tanta vis morbi non appareat, nihilominus futurum sit. Ita fit ut commutatio ex vero in falsum, ne in futuro quidem ulla fieri possit.*[391] Cícero faz compreender suficientemente que Crisipo se encontrava, com frequência, embaraçado nesta disputa, não é necessário se espantar quanto a isso; pois o partido que ele tinha assumido não estava ligado com

[391] "Fica atento, Crisipo, para não trair a tua causa contra Diodoro, dialético poderoso, que te dirige um combate violento. [...] Logo, tudo o que se afirma falso quanto ao futuro não pode acontecer. Mas isso, Crisipo, você não quer de modo algum, e é particularmente a este respeito que se dá seu combate com Diodoro. Este afirma que, de fato, só é possível o que é verdadeiro ou o que será verdadeiro; tudo aquilo que irá acontecer ele declara necessário acontecer; e tudo aquilo que não irá acontecer ele declara impossível [acontecer]. Já você, diz tanto ser possível que as coisas que não aconteceram são possíveis-por exemplo, que esta pedra preciosa se quebre, ainda que isso jamais deva acontecer –; quanto que não foi necessário que Cípselos fosse rei em Corinto, mesmo que o oráculo de Apolo o tivesse anunciado mil anos antes. [...] Diodoro prefere que somente pode acontecer aquilo que é verdadeiro ou será verdadeiro. Este ponto atinge a seguinte questão: nada acontece que não tenha sido necessário; e tudo aquilo que é possível ou já é ou será; e não se pode mais transformar o verdadeiro em falso aquilo que será, assim como aquilo que foi feito. A imutabilidade daquilo que foi feito é patente; mas a do que será feito futuro não sendo patente, em certos caso, nem parece existir; como no caso de alguém que sofre de uma doença mortal é verdadeiro dizer: 'Ele vai morrer desta doença'. Contudo, se a mesma [afirmação] for dita segundo a verdade quanto a alguém em quem a doença não se manifesta tão grave, a [morte] não se realizará menos. Portanto, a transformação do verdadeiro em falso não se pode fazer mesmo quanto ao futuro". (*De fato*, VI, 12; VII, 13; IX, 17).

seu dogma do destino; e se tivesse sabido ou ousado pensar com consequência, de bom coração teria adotado a hipótese inteira de Diodoro. Pode-se ver acima que a liberdade que ele conferia à alma e sua comparação do cilindro[392] não impediam que no fundo todos os atos da vontade humana fossem consequências inevitáveis do destino; de onde resulta que tudo aquilo que não acontece é impossível, e que de possível só há aquilo que se faz atualmente. Plutarco (*De stoicor. repugn.*, p. 1.053, 1.054) o ataca, tanto sobre isso quanto sobre sua disputa com Diodoro, e sustenta contra ele que sua opinião quanto à possibilidade é completamente oposta à doutrina do *fatum*. Observe que os mais ilustres estoicos tinham escrito sobre esta matéria sem seguir o mesmo caminho. Arriano[393] (*in Epict.* [*Diatribes*], liv. 2, cap. 19, p. m. 166) nomeou quatro deles, que são Crisipo, Cleantes, Arquêdemos e Antipater. Ele testemunha um grande menosprezo por esta disputa, e não era preciso que o Sr. Ménage[394] o citasse como um escritor que tinha falado (*citatur honorifice apud Arrianum*, Menag. in Laërt., I, 7, 34) de maneira honrosa da obra de Crisipo περὶ δυνατῶν, pois certamente estas palavras, γέγραφε δὲ καὶ Χρύσιππος θαυμαστῶς etc., *de his rebus mira scripsit Chrysippus* etc., neste lugar não são um elogio. Assim parece de acordo com o que precede e com o que segue. Dionísio de Alicarnasso[395] (*De collocat. verbor.*, cap. 17, p.m. II) faz menção a dois tratados de Crisipo, nos quais, sob um título que prometia outras coisas, se tinha invadido suficientemente a região próxima

---

[392] Leibniz se refere ao exemplo utilizado por Crisipo e lembrado por Cícero no *De fato*, XIII, 42, 3.

[393] Flávio Arriano, historiador, geógrafo e filósofo do século I; foi discípulo de Epiteto e organizou seus pensamentos na obra célebre: *Manual de Epiteto*. Cleantes (c. 300-c. 225), discípulo e sucessor de Zenão de Cítio, fundador da escola estóica; Crisipo foi seu sucessor. Arquidemos de Tarso, estóico do século II a.C.; que teve várias disputas com Antipater de Tarso, também era estóico e contemporâneo de Carneades, a quem criticava em seus escritos.

[394] Gilles Ménage (1613-1692), literato e erudito francês, forneceu algumas observações para uma edição de Diógenes Laércio (*Observationes in Diogenem Laertium*) publicada em Londres em 1664 e sua segunda edição em Amsterdã no ano de 1692. Mais abaixo, alusão a Epiteto, *Entretiens*, II, 19, 9: "Crisipo escreveu maravilhas sobre este tema no primeiro livro de seu tratado sobre as possibilidades". A observação de Bayle está perfeitamente fundada.

[395] Dionísio (ou Denys) de Alicarnasso (c. 54 a.C.-c. 8 d.C.), historiador, retórico e crítico literário, o texto citado (*Sobre o estabelecimento das palavras*) foi recolhido nos *Stoicorum veterum fragmenta* de Von Arnim (t. II, fr. 206 a)."

das terras dos lógicos. A obra era intitulada Περὶ τῆς συντάξεως τῶν τοῦ λόγου μερῶν, *De partium orationis collocatione*[396], e tratava apenas de proposições verdadeiras e falsas, possíveis e impossíveis, contingentes, ambíguas etc., matéria que nossos escolásticos repetiram suficientemente e *quintessenciaram* bem. Note-se que Crisipo reconheceu que as coisas passadas eram necessariamente verdadeiras, o que Cleantes não queria admitir (Arrian. *loc. cit.*, p. m. 165). Οὐ πᾶν δὲ παρεληλυθὸς ἀληθὲς ἀναγκαῖον ἐστι, καθάπερ οἱ περὶ Κλεάνθην φέρεσθαι δοκοῦσι: *Non omne praeteritum ex necessitate verum est, ut illi qui Cleanthem sequentur sentiunt.*[397] Vimos acima que se pretendeu que Abelardo ensinava uma doutrina que lembra a de Diodoro. Eu creio que os estoicos se empenharam em dar mais extensão às coisas possíveis do que às coisas futuras, a fim de abrandar as consequências odiosas e assustadoras que se obtinha do seu dogma da fatalidade."

Bem parece que Cícero escrevendo a Varrão aquilo que se acabou de copiar (liv. 9, ep. 4, *ad familiar.*) não compreendia suficientemente a consequência da opinião de Diodoro, já que ele a achava melhor. Ele representa muito bem as opiniões dos autores no seu livro *De fato*; mas é uma pena que nem sempre tenha acrescentado as razões das quais eles se serviam. Plutarco, no seu *Tratado das contradições dos estoicos*, e o Sr. Bayle se admiram que Crisipo não fosse da opinião de Diodoro, já que ele favorece a fatalidade. Mas Crisipo, e mesmo seu mestre Cleantes, a este respeito eram mais razoáveis do que se pensa. O que será mostrado abaixo. É uma questão se o passado é mais necessário do que o futuro. Cleantes foi desta opinião. Objeta-se que é necessário *ex hypothesi* que o futuro aconteça, como é necessário *ex hypothesi* que o passado tenha acontecido. Mas há esta diferença que não é possível agir sobre o estado passado, é uma contradição; mas é possível provocar algum efeito sobre o que ainda está por vir; no entanto, a necessidade hipotética de ambos é a mesma; um não pode ser transformado, o outro não o será e, isto posto, tampouco ele poderá ser transformado.

---

396 *Sobre a disposição das partes da oração* (discurso, raciocínio).

397 "Nem tudo o que aconteceu foi verdadeiro por necessidade; tal parece ser a opinião dos que seguem Cleantes".

171. O famoso Pedro Abelardo[398] foi de uma opinião próxima daquela de Diodoro quando disse que Deus só pode fazer o que faz. Esta era a terceira das quatorze proposições extraídas das suas obras, que foram censuradas no Concílio de Sens. Fora extraída de seu terceiro livro intitulado *Introdução à Teologia*, no qual trata particularmente do poder de Deus. A razão que ele oferece para isso era que Deus não pode fazer senão aquilo que quer; acontece que ele não pode querer fazer outra coisa senão aquilo que faz, porque é necessário que ele queira tudo aquilo que é conveniente; de onde se segue que tudo aquilo que ele não faz não é conveniente, que ele não pode querer fazê-lo, e que, portanto, não pode fazê-lo. O próprio Abelardo reconhece que esta opinião lhe é particular, que quase ninguém compartilha desta opinião, que parece contrária à doutrina dos santos e à razão, e [parece] desrespeitar a grandeza de Deus. Parece que este autor tinha uma considerável inclinação para falar e para pensar de modo diferente dos outros; pois, no fundo, isto era apenas uma logomaquia[399]: ele mudava o uso dos termos. O poder e a vontade são faculdades diferentes, e das quais os objetos também são diferentes; significa confundi-los quando se diz que Deus não pode fazer senão aquilo que quer. Ao contrário, entre muitos possíveis, ele só quer aquilo que acha ser o melhor. Pois todos os possíveis são considerados como os objetos de seu poder, mas as coisas atuais e existentes são consideradas como os objetos de sua vontade decretória. O próprio Abelardo o reconheceu. Ele se faz a seguinte objeção: um [indivíduo] reprovado pode ser salvo, mas só poderia sê-lo se Deus o salvar. Então, Deus pode salvá-lo, e, por conseguinte, fazer algo que ele não faz. Quanto a isso ele responde que bem se pode dizer que este homem pode ser salvo em relação à possibilidade da natureza humana, que é capaz da salvação; mas que não se pode dizer que Deus pode salvá-lo em relação ao próprio Deus, porque é impossível que Deus faça o que não deve fazer. Mas já que ele reconhece que se pode dizer muito bem em um sentido, absolutamente falando e colocando à parte a suposição da reprovação, que o [indivíduo] que está reprovado

[398] Cf. nota 162.

[399] Disputa em torno de palavras, discussão em torno de questões insignificantes.

pode ser salvo, e que, portanto, frequentemente aquilo que Deus não faz pode ser feito; ele podia, então, falar como os outros, que não o entendem de outra forma, quando dizem que Deus pode salvar este homem, e que pode fazer o que não faz.

172. Parece que a suposta necessidade de Wycliffe[400], condenada pelo Concílio de Constance, não vem senão do mesmo mal-entendido. Eu acredito que as pessoas hábeis prejudicam a verdade e a elas mesmas quando pretendem empregar sem motivo expressões novas e chocantes. Nos nossos dias, o famoso Sr. Hobbes sustentou esta mesma opinião: que aquilo que não acontece é impossível. Ele a prova porque nunca acontece que todas as condições exigidas para uma coisa que não existirá (*omnia rei non futuræ requisita*[401]) encontram-se juntas; pois, acontece que a coisa não poderia existir sem isto. Mas quem não vê que isso só prova uma impossibilidade hipotética? É verdade que uma coisa não poderia existir no momento em que falta uma condição exigida. Mas como nós pretendemos poder dizer que a coisa pode existir, embora não exista, pretendemos da mesma maneira poder dizer que as condições exigidas podem existir, embora elas não existam. Assim, o argumento do Sr. Hobbes deixa a coisa onde ela está. A opinião que se tem tido do Sr. Hobbes, ou seja, a de que ele ensinava uma necessidade absoluta de todas as coisas, o depreciou extremamente, e lhe teria prejudicado, ainda que este tivesse sido seu único erro.

173. Espinosa foi mais longe; ele parece ter professado expressamente uma necessidade cega, tendo recusado o entendimento e a vontade ao autor das coisas, e acreditando que o bem e a perfeição só têm relação conosco, e não com ele. É verdade que a opinião de Espinosa sobre este tema tem algo de obscuro. Pois confere a Deus o pensamento depois de lhe ter tirado o entendimento, *cogitationem, non intellectum concedit Deo.*[402] Até existem passagens nas quais é mais brando sobre a questão da necessidade. Entretanto, tanto quanto se possa compreendê-lo, propriamente falando, ele não

[400] Cf. nota 189. O Concílio de Constance (1417) condenou as ideias de Wycliffe na pessoa de seu continuador tcheco Jean Hus.

[401] "Todos os requisitos de uma coisa que não acontecerá [que no futuro não virá a ser]".

[402] "Concede a Deus o pensamento [a cogitação] não o intelecto".

reconhece bondade em Deus e ensina que todas as coisas existem por meio da necessidade da natureza divina, sem que Deus faça qualquer escolha. Nós não nos distrairemos aqui recusando uma opinião tão má e mesmo tão inexplicável e a nossa está estabelecida sobre a natureza dos possíveis, isto é, das coisas que não implicam contradição. Eu não creio que um espinosano diga que todos os romances que se pode imaginar existam realmente no presente, ou existiram, ou ainda existirão em algum lugar do Universo; no entanto, não se poderia negar que romances como os da senhorita de Scudéry[403], ou como a Otávia, não sejam possíveis. Opomos-lhe, então, estas palavras do Sr. Bayle, as quais são muito do meu agrado, p. 390: "É hoje – diz ele – um grande embaraço para os espinosanos ver que, segundo a hipótese deles, desde toda eternidade foi tão impossível que Espinosa, por exemplo, não morreu em La Haye, quanto é impossível que dois mais dois seja seis. Eles bem sentem que é uma consequência necessária da sua doutrina, e uma consequência que desagrada, que amedronta, que inflama os ânimos pelo absurdo que encerra, inteiramente contrária ao senso comum. Ao que se saiba, eles não estão tão satisfeitos quanto ao fato que eles derrubam uma máxima tão universal e tão evidente quanto esta aqui: tudo aquilo que implica contradição é impossível, mas tudo aquilo que não implica contradição é possível."

174. Pode-se dizer do Sr. Bayle: *Ubi bene, nemo melius*, embora não se possa dizer dele aquilo que se dizia de Orígenes: *Ubi male, nemo pejus.*[404] Eu acrescentarei somente que o que acabamos de assinalar como uma máxima é efetivamente a definição do *possível* e do *impossível*. Entretanto, o Sr. Bayle acrescenta aí uma expressão quanto ao final que compromete um pouco o que tinha dito com tanta razão: "Ora, que contradição haveria quanto ao fato de que Espinosa teria morrido em Leide? Teria sido a natureza menos perfeita, menos sábia, menos poderosa?" Ele confunde aqui aquilo que é impossível, porque implica contradição, com aquilo que

[403] Senhorita de Scudery (1607-1701), célebre mulher das letras, irmã de Jorge Scudery; autora de numerosos romances, uma de suas principais obras foi: *La Clélie, histoire romaine*, obra em 10 volumes (1656-1661).

[404] "Onde ele é bom, ninguém é melhor; onde ele é mal, ninguém é pior."

não poderia acontecer, porque não é próprio para ser escolhido. É verdade que não haveria contradição na suposição segundo a qual Espinosa morreu em Leide, e não em La Haye; não havia algo mais possível: a coisa era então indiferente em relação ao poder de Deus. Mas não é preciso acreditar que evento algum, por menor que seja, possa ser concebido como indiferente em relação a sua sabedoria e a sua bondade. Jesus Cristo disse divinamente bem que tudo, até aos cabelos de nossa cabeça, está contado.[405] Portanto, a sabedoria de Deus não permitia que este evento, do qual o Sr. Bayle fala, acontecesse de modo diferente do que aconteceu; não como se por si próprio ele tivesse merecido especialmente ser escolhido, mais por causa da sua ligação com esta sequência inteira do Universo que mereceu ser preferida. Dizer que o que aconteceu não interessava à sabedoria de Deus, e inferir disso que, então, ele não é necessário, é supor falso e inferir mal uma conclusão verdadeira. É confundir o que é necessário por uma necessidade moral, isto é, pelo princípio da sabedoria e da bondade, com aquilo que o é por uma necessidade metafísica e bruta, que ocorre quando o contrário implica contradição. Também Espinosa procurava uma necessidade metafísica nos eventos, ele não acreditava que Deus fosse determinado por sua bondade e por sua perfeição (as quais este autor considerava quimeras com relação ao Universo), mas pela necessidade de sua natureza: como o meio-círculo é obrigado a compreender apenas ângulos retos, sem ter o conhecimento disso, nem o querer (*volonté*). Pois Euclides mostrou que todos os ângulos compreendidos por duas linhas retas, obtidas das extremidades do diâmetro na direção de um ponto do círculo, são necessariamente retos, e que o contrário implica contradição.[406]

175. Há pessoas que foram para o outro extremo, e sob pretexto de liberar a natureza divina do julgo da necessidade, quiseram torná-la inteiramente indiferente, de uma indiferença de equilíbrio; não considerando que tanto mais a necessidade metafísica seja

---

[405] Leibniz se refere ao que é dito, dentre outros, em Mt 10: 30; Lc 7: 38 e 12: 7.

[406] Leibniz se refere à proposição XIII dos *Elementos* de Euclides, que estabelece que qualquer ângulo formado por dua retas que têm uma de suas extremidades no ponto limite do diâmetro do meio-círculo e se juntam em qualquer ponto compreendido na linha do meio-círculo é um ângulo de 90 graus, um ângulo reto.

absurda em relação às ações de Deus *ad extra*, mais a necessidade moral é digna dele. É uma feliz necessidade que obriga o sábio a fazer o bem, enquanto a indiferença em relação ao bem e ao mal seria a marca de uma privação de bondade ou de sabedoria. Além do fato que a indiferença nela mesma que estabeleceria a vontade em um perfeito equilíbrio seria uma quimera, como se mostrou acima; pois, iria contra o grande princípio da razão determinante.

176. Aqueles que acreditam que Deus estabeleceu o bem e o mal por um decreto arbitrário caem nesta opinião estranha de uma pura indiferença, e em outros absurdos ainda mais estranhos. Eles lhe retiram o título de bom; pois qual motivo se poderia ter para louvá-lo por aquilo que ele fez, se ele teria feito igualmente bem fazendo outra coisa? E frequentemente me admiro bastante que vários teólogos *supralapsários*, como por exemplo, Samuel Retorfort[407], professor de Teologia na Escócia, que escreveu quando as controvérsias com os arminianos (*remontrants*) estavam mais em voga, puderam fornecer um pensamento tão estranho. Retorfort, no seu *Exercício apologético sobre a graça*, diz positivamente que nada é injusto ou moralmente mal no que diz respeito a Deus, e antes da sua proibição; pois, deste modo, sem esta proibição, seria indiferente assassinar ou salvar um homem, amar Deus ou odiá-lo, louvá-lo ou blasfemá-lo.

Não existe nada de tão insensato; e, quer se ensine que Deus estabeleceu o bem e o mal por uma lei positiva, quer se sustente que há algo de bom e de justo anterior ao seu decreto, mas que não é determinado se conformar a isso, e que nada o impede de agir injustamente, e de talvez danar inocentes; se diz quase a mesma coisa, e se o desonra quase igualmente; pois, se a justiça foi estabelecida arbitrariamente e sem motivo algum, se Deus foi levado a isso por uma espécie de acaso, como quando se tira a sorte, sua bondade e sua sabedoria aí não aparecem, e não há nada também que o ligue a isso. E se é por um decreto puramente arbitrário, sem razão alguma, que estabeleceu ou fez aquilo que chamamos de

[407] Samuel Rutherford (1600-1661), teólogo anti-arminiano; o livro citado é o *Exercitationes apologeticæ de gratia divina contra Arminium* (1636), Sua outra obra importante é a *Disputatio scholastica de divina providentia* (1649) onde argumenta contra a teologia jesuita.

justiça e bondade, ele pode desfazê-las ou mudar a natureza delas, de modo que não se tem motivo algum para prometer que ele sempre as observará; como se pode dizer que ele fará, quando se supõe que elas estão fundadas em razões. Seria quase do mesmo modo se sua justiça fosse diferente da nossa, isto é, se ele tivesse escrito, por exemplo, no seu Código, que é justo tornar inocentes infelizes por toda eternidade. Segundo estes princípios, nada também obrigaria Deus a manter sua palavra, ou não nos asseguraria de seu efeito. Pois por que a lei da justiça, que considera que as promessas racionais devam ser mantidas, seria mais inviolável a seu respeito que todas as outras?

177. Todos estes três dogmas, embora um pouco diferentes entre si, a saber: (1) que a natureza da justiça é arbitrária, (2) que ela é fixa, mas que não é certo que Deus a observe, e, por fim, (3) que a justiça que conhecemos não é aquela que ele observa; destroem tanto a confiança em Deus, que faz nossa tranquilidade, quanto o amor de Deus, que faz nossa felicidade. Nada impede que um tal Deus use disso como tirano e como inimigo das pessoas de bem e que se deleite com aquilo que chamamos de mal. Por que ele não seria tanto o princípio mau dos maniqueístas quanto o princípio bom único dos ortodoxos? Em todo caso, ele seria neutro e como que suspenso entre os dois, ou mesmo ora um, ora outro; o que valeria o mesmo que se alguém dissesse que Oromasdes e Arimanius reinam alternadamente, enquanto um ou outro é mais forte ou mais esperto. Quase como uma mulher mongol que tendo aparentemente ouvido dizer que no passado (sob [o império de] Gengis Khan e seus sucessores) sua nação possuíra o império da maior parte do Setentrião e do Oriente, dissera recentemente aos moscovitas (quando o Sr. Isbrand[408] foi à China da parte do Tsar[409] pela terra destes Tártaros) que o deus dos mongois tinha sido expulso do céu, mas que um dia retomaria seu lugar. O verdadeiro Deus é sempre o mesmo; a própria religião natural exige que ele

[408] Evert Ysbrant Ides (1660-1695?), comerciante e diplomata a serviço de Pedro o Grande; o relato de sua viagem ao Extremo Oriente foi publicado em 1704 em Amsterdã.

[409] Título oficial do soberano da Rússia a partir da proclamação de Ivã IV, o Terrível, em 1547, até 1721, quando o título oficial passou a ser o de imperador.

seja essencialmente bom e sábio, tanto quanto poderoso; não é muito mais contrário à razão e à piedade dizer que Deus age sem conhecimento, do que querer que ele tenha um conhecimento que não considera as regras eternas da bondade e da justiça entre seus objetos, ou, enfim, que ele tinha uma vontade que não considerava estas regras.

178. Alguns teólogos que escreveram a respeito do direito de Deus sobre as criaturas pareceram lhe conceder um direito sem limites, um poder arbitrário e despótico. Eles acreditaram que seria colocar a divindade na mais alta grandeza e elevação em que ela possa ser imaginada; que seria destruir de tal maneira a criatura diante do Criador, se o Criador não estivesse ligado a nenhuma espécie de leis em consideração à criatura. Há passagens de Twisse[410], Retorfort e de alguns outros supralapsários que insinuam que Deus não poderia pecar, independente do que faça, porque não está sujeito a nenhuma lei. O próprio Sr. Bayle julga que esta doutrina é monstruosa e contrária à santidade de Deus (*Dictionnaire*, v. *Pauliciens*, p. 2.332 *initio*), mas acredito que a intenção de alguns destes autores foi menos má do que parece e aparentemente, sob o nome de direito, eles entenderam ἀνυπευθυνίαν, um estado em que não se é responsável por ninguém daquilo que se faz. Mas eles não terão negado que Deus tem de fazer a si mesmo aquilo que a bondade e a justiça lhe exigem. A este respeito pode-se verificar a Apologia de Calvino feita pelo Sr. Amyraud[411]; é verdade que Calvino parece ortodoxo quanto a esta questão e que de forma alguma ele pertence ao número dos supralapsários exagerados.

179. Deste modo, quando o Sr. Bayle diz em algum trecho que são Paulo não se exclui da predestinação exceto por [defender] o direito absoluto de Deus e por [defender] a incompreensibilidade das suas vias, deve-se subentender aí que, se os compreendesse, seriam estimados conformes à justiça, Deus não podendo usar seu poder de modo diferente. O próprio são Paulo diz que é

[410] William Twisse (1578?-1646), teólogo puritano, criticou Armínio e os molinistas; de suas obras são citadas os *Vindiciæ gratiæ, potestatis ac providentæ Dei*, Amsterdã, 1632, e uma *Dissertation sur la science moyenne* (Arnheim, 1639). Sobre Retorfort (Rutherford), cf. nota 407.

[411] Moise Amyraut (1596-1673), teólogo reformado francês; o livro citado é intitulado *Doctrinæ Joannis Calvini de absoluto reprobationis decreto defensio*, Saumur, 1641.

uma *profundeza*, mas de sabedoria (*altitudo sapientiæ*); e a *justiça* está compreendida na bondade do sábio. Eu acho que o Sr. Bayle fala muito bem em outra passagem da aplicação das nossas noções da bondade às ações de Deus (*Rép. aux questions d'un provinc.*, cap. 81, p. 139). "Não é preciso afirmar aqui – diz ele – que a bondade do Ser infinito não é submissa às mesmas regras que a bondade da criatura; pois se há em Deus um atributo que se possa denominar bondade, é preciso que as características da bondade em geral lhe convenham. Acontece que quando reduzimos a bondade à abstração mais geral, nós encontramos aí a vontade de fazer o bem. Divida e subdivida em tantas espécies que lhe agrade esta bondade geral, em bondade infinita, em bondade finita, em bondade real, em bondade de pai, em bondade de marido, em bondade de mestre; você encontrará em cada uma, como um atributo inseparável, a vontade de fazer o bem."

180. Eu acho também que o Sr. Bayle combate muito bem a opinião daqueles que afirmam que a bondade e a justiça dependem unicamente da escolha arbitrária de Deus, e que acreditam que se Deus tivesse sido determinado a agir pela bondade das próprias coisas, seria um agente inteiramente obrigado (*necessitée*) em suas ações, o que não pode ser compatível com a liberdade. Isto é confundir a necessidade metafísica com a necessidade moral. Eis o que o Sr. Bayle contrapõe a este erro (*Rép. aux questions d'un provinc.*, cap. 89, p. 203): "A consequência desta doutrina será que antes que Deus se determinasse a criar o mundo, não via nada de melhor na virtude mais do que no vício, e que suas ideias não lhe mostravam que a virtude fosse mais digna de seu amor do que o vício. Isso não deixa distinção alguma entre o Direito Natural e o Direito Positivo; não haverá mais nada de imutável ou de indispensável na moral; também terá sido possível a Deus ordenar que se deve ser vicioso ao invés de ordenar que se deve ser virtuoso, e não se poderá estar seguro de que as leis morais não sejam anuladas um dia, como foram as leis cerimoniais dos juízes. Isso, em uma palavra, nos leva diretamente a crer que Deus foi o autor livre, não apenas da bondade, da virtude, mas também da verdade e da essência das coisas. Eis o que uma parte dos cartesianos afirmam e eu reconheço que a

opinião deles poderia ser de algum uso em certos ocasiões (veja-se *Continuação dos pensamentos sobre os cometas*, p. 554); mas ela é combatida por tantos motivos e sujeita a consequências tão desagradáveis (veja-se o cap. 152 da mesma *Continuação*) que não há nenhum extremo que valha mais suportar do que [o de] se lançar nela. Ela abre a porta para o pirronismo mais exagerado; pois permite afirmar que esta proposição, três e três fazem seis, só é verdade onde e durante o tempo que agrada a Deus; que talvez ela seja falsa em algumas partes do Universo, e que talvez ela o seja entre os homens no ano que vem; tudo aquilo que depende do livre-arbítrio de Deus podendo ter sido limitado a certos lugares e a certos tempos, como as cerimônias judaicas. Esta consequência se estenderá sobre todas as leis do Decálogo, se as ações que elas ordenam forem de uma natureza tão privada de qualquer bondade quanto as ações que elas proíbem."

181. E dizer que Deus tendo resolvido criar o homem tal como é, não pôde exigir sua piedade, a sobriedade, a justiça e a castidade, porque é impossível que as desordens capazes de transtornar ou de atrapalhar sua obra pudessem lhe agradar, é voltar, com efeito, à opinião comum. As virtudes só são virtudes porque servem à perfeição, ou impedem a imperfeição dos que são virtuosos, ou mesmo dos que se ligam a eles; e elas têm aquilo a partir de sua natureza e a partir da natureza das criaturas racionais, antes que Deus decida criá-las. Julgar isso de outro modo seria como se alguém dissesse que as regras da proporção e da harmonia são arbitrárias em relação aos músicos, porque não ocorrem na música a não ser quando se resolveu cantar ou tocar algum instrumento. Mas é justamente isso que é chamado de essencial a uma boa música; pois elas lhe convêm já no estado ideal, ainda que ninguém se dê conta de cantar, pois se sabe que elas necessariamente devem lhe convir no momento que se cantar; e da mesma maneira as virtudes convêm ao estado ideal da criatura racional antes que Deus decida criá-la, e é por isto mesmo que sustentamos que as virtudes são boas por sua [própria] natureza.

182. O Sr. Bayle introduziu expressamente um capítulo em sua *Continuação quanto aos pensamentos diversos* (o cap. 152), no qual faz

ver que "os doutores cristãos ensinam que há coisas que são justas anteriormente aos decretos de Deus". Teólogos da Confissão de Ausburgo censuraram algumas reformas que pareciam ser de um outro sentimento, e este erro foi considerado como se fosse uma consequência do decreto absoluto, cuja doutrina parece isentar a vontade de Deus de todo tipo de razão, *ubi stat pro ratione voluntas*[412]; mas, como acima eu observei mais de uma vez, o próprio Calvino reconheceu que os decretos de Deus são conformes à justiça e à sabedoria, embora as razões que poderiam mostrar esta conformidade em detalhes nos sejam desconhecidas. Deste modo, segundo ele, as regras da bondade e da justiça são anteriores aos decretos de Deus. No mesmo lugar, o Sr. Bayle cita uma passagem do célebre Sr. Turrettini[413] que diferencia as leis divinas naturais e as leis divinas positivas. As morais são da primeira espécie, e as cerimoniais da segunda. O Sr. Samuel des Marets[414], outrora célebre teólogo em Groningue, e o Sr Strimesius[415], que ainda o é em Francfort-sur-l'Oder, ensinaram a mesma coisa; e eu acredito que é a opinião mais aceita mesmo entre os reformados. Tomás de Aquino e todos os tomistas foram da mesma opinião com o comum dos escolásticos e dos teólogos da igreja romana. Os casuistas também o são: incluo Grotius entre os mais eminentes deles, e ele foi seguido nisso por seus comentadores. O Sr. Pufendorf[416] pareceu ser de uma outra opinião, que quis sustentar contra as censuras de alguns teólogos; mas ele não deve ser incluído e não tinha entrado muito antes em tais tipos de assunto. Ele grita fortemente contra o decreto absoluto no seu *Fecialis divinus* e, todavia, aprova o que há de

---

412 "Onde a vontade está a favor da razão".

413 Cf. nota 146.

414 Samuel Des Marets (1599-1673), teólogo protestante francês, residente na Holanda após a revogação do Édito de Nantes; sua principal obra é o *Collegium theologicum sive breve systema universæ theologiæ*, publicada em 1645.

415 Samuel Strimesius (1648-1730), teólogo reformado alemão, que se esforçou em aproximar luteranos e reformados; dentre suas obras figuram o *Tractatus de fundamentalibus fidei christianae articulis*; *De justitia Dei et homnis* e *Praxiologia apodictica contra Hobbesium*.

416 Cf. nota 314. Pufendorf tentou unir as igrejas protestantes no seu *Jus feciale divinum sive de consensus e dissensu protestatium*, publicado após sua morte em Lubeck em 1695. Na Roma antiga, os *fecialis* eram padres encarregados do exame dos conflitos com os outros povos e do cumprimento dos ritos relativos às declarações de guerra e tratados de paz.

pior nas opiniões dos defensores deste decreto, e sem o qual este decreto (como outros reformados o explicam) se torna suportável. Aristóteles foi muito ortodoxo quanto ao capítulo da justiça e a escola o seguiu; ele diferencia, tanto quanto Cícero e os jurisconsultos, o Direito Perpétuo, que obriga todos e em todos os lugares, do Direito Positivo, que só existe para determinados tempos e determinados povos. Recentemente eu li com prazer o *Eutifron* de Platão, o qual faz Sócrates sustentar a verdade a este respeito, e o Sr. Bayle observou a mesma passagem.

183. Ele próprio sustenta com muita força esta verdade em algum lugar e, por mais longo que ele seja, será conveniente copiar seu texto inteiro (*Continuation des pensées diverses*, t. 2, cap. 152, p. 771 e segs.). "Segundo a doutrina de uma infinidade de autores graves – diz ele – há na natureza e na essência de certas coisas um bem ou mal moral que precede o decreto divino. Eles provam principalmente esta doutrina a partir das terríveis consequências do dogma contrário; pois, porque o prejudicar a ninguém seria uma boa ação, não em si mesma, mas por uma disposição arbitrária da vontade de Deus, resultaria que Deus poderia ter dado ao homem uma lei diretamente oposta em todos seus pontos às ordens do Decálogo. Isto é terrível. Mas eis uma prova mais direta e obtida da metafísica. É uma coisa certa que a existência de Deus não é um efeito de sua vontade. Ele não existe porque quer existir, mas a partir da necessidade da sua natureza infinita. Seu poder e sua ciência existem pela mesma necessidade. Ele não é onipotente, não conhece todas as coisas porque quer assim, mas porque estes são atributos necessariamente identificados com ele próprio. O império de sua vontade não vê senão o exercício de seu poder, ele não produz fora de si atualmente exceto aquilo que quer, e deixa todo o resto na pura possibilidade. Disso vem que este império se estende apenas sobre a existência das criaturas, ele não se estende também sobre suas essências. Deus pôde criar a matéria, um homem, um círculo, ou deixá-los no nada; mas não pôde produzi-los sem lhes dar suas propriedades essenciais. Foi necessário que ele fizesse o homem um animal racional e que desse a um círculo a forma redonda, já que, de acordo com suas ideias eternas e independentes dos

decretos livres de sua vontade, a essência do homem consistia nos atributos de animal e de racional e que a essência do círculo consistia em uma circunferência igualmente distante do centro quanto a todas as suas partes. Eis o que fez admitir aos filósofos cristãos que as essências das coisas são eternas, e que há proposições de uma verdade eterna; e que, consequentemente, as essências das coisas e a verdade dos primeiros princípios são imutáveis. Isso não se deve entender apenas como primeiros princípios teoréticos, mas também primeiros princípios práticos, e de todas as proposições que contêm a verdadeira definição das criaturas. Estas essências, estas verdades, emanam da mesma necessidade da natureza quanto a ciência de Deus; como, então, é pela natureza das coisas que Deus existe, que é onipotente, e que conhece tudo perfeitamente, é também pela natureza das coisas que a matéria, que o triângulo, que o homem, que certas ações do homem etc. têm essencialmente estes ou aqueles atributos. Deus viu desde toda a eternidade e de toda necessidade as relações essenciais dos números, e a identidade do atributo e do assunto das proposições que contêm a essência de cada coisa. Ele viu da mesma maneira que o termo justo está compreendido neles: estimar aquilo que é estimável, ter a gratidão pelo seu benfeitor, cumprir as convenções de um contrato; e, deste modo, de diversas outras proposições da moral. Portanto, tem-se razão ao dizer que os preceitos da lei natural supõem a honestidade e a justiça daquilo que se ordena e que seria dever do homem praticar o que eles contêm, ainda que Deus tivesse tido a condescendência de nada ordenar a este respeito. Atentemos, eu suplico, para que ao reconstituir por meio de nossas abstrações este instante ideal em que Deus ainda nada decretou, nós encontramos nas ideias de Deus os princípios da moral sob termos que acarretam uma obrigação. Nós concebemos estas máximas como certas e derivadas da ordem eterna e imutável: é digno da criatura racional se conformar à razão; uma criatura racional que se conforma à razão é louvável: ela é passível de censura quando não se conforma a isso. Você não ousaria dizer que estas verdades impõem um dever ao homem em relação a todos os atos conformes à reta razão, tais como estes aqui: é preciso estimar tudo o que é estimável;

realizar o bem pelo bem; não prejudicar ninguém; honrar seu pai; dar a alguém aquilo que lhe é devido etc. Acontece que, como pela natureza própria das coisas, e anteriormente às leis divinas, as verdades de moral impõe ao homem certos deveres; é manifesto que Tomás de Aquino e Grotius puderam dizer que se Deus não existisse, nós não deixaríamos de ser obrigados a nos conformar ao Direito Natural. Outros disseram que mesmo que tudo o que tem inteligência perecesse, as proposições verdadeiras permaneceriam verdadeiras. Caetano[417] sustentou que se ele continuasse sozinho no universo, todas as outras coisas, sem exceção alguma, tendo sido destruídas, a ciência que ele tinha da natureza de uma rosa não deixaria de subsistir."

184. O falecido Sr. Jakob Thomasius[418], célebre professor em Leipzig, não observou mal, nos seus esclarecimentos das regras filosóficas de Daniel Stahlius, professor de Iena, que não é com o a intenção de seguir inteiramente para além de Deus, e que não é preciso dizer com alguns escotistas[419] que as verdades eternas subsistiriam quando não existisse entendimento, nem mesmo o de Deus. Pois, no meu ponto de vista, é o entendimento divino que faz a realidade das verdades eternas, embora sua vontade não tenha participação nisso. Toda realidade deve estar fundada em alguma coisa existente. É verdade que um ateu pode ser geômetra. Mas, se Deus não existisse, não haveria objeto da geometria; e sem Deus, não só não haveria nada de existente, mas não haveria de fato nada de possível. Isto não impede, no entanto, que os que não veem a ligação de todas as coisas entre elas e com Deus não possam entender certas ciências sem conhecer a sua primeira fonte que está em Deus. Embora Aristóteles também tenha conhecido quase nada, não deixou de dizer algo de semelhante e de muito bom quando reconheceu que os princípios

[417] Cf. nota 133.

[418] Jakob Thomasius (1622-1684), filósofo e moralista, professor em Leipzig que promovia o aristotelismo, foi o mestre de Leibniz nos seus primeiros anos de estudos universitários. Daniel Stahl (1589-1654), filósofo e lógico, autor de *Regulæ philosophicæ explicatæ* (Iena, 1662, Oxford, 1663).

[419] Defensores das ideias do fransciscano John Duns Escoto (1270-1308), pensador escolástico escocês, cognominado Doctor Subtilis (Doutor Sutil).

das ciências particulares dependem de uma ciência superior que fornece a razão delas; e esta ciência superior deve ter o ser, e, por consequência, Deus, fonte do ser, por objeto. O Sr. Dreier[420], de Kœnigsberg, observou bem que a verdadeira metafísica que Aristóteles buscava, que ele chamava de τὴν ζητουμένην, seu *desideratum*, era a Teologia.

185. Entretanto, o mesmo Sr. Bayle, que diz tão belas coisas para mostrar que as regras da bondade e da justiça, e as verdades eternas em geral subsistem a partir da sua natureza e não por uma escolha arbitrária de Deus, falou sobre isso de uma maneira bem titubeante em um outra passagem (*Continuation des pensées diverses*, t. 2, cap. 114, próximo do fim). Depois de ter apresentado a opinião do Sr. Descartes e de uma parte dos seus seguidores, os quais sustentam que Deus é a causa livre das verdades e das essências, acrescenta (p. 554): "Eu fiz tudo que pude para compreender bem este dogma e para encontrar a solução das dificuldades que o cercam. Ingenuamente confesso a você que ainda não cheguei completamente à conclusão. Isto não me desencoraja; eu acredito, como fizeram outros filósofos em outros casos, que o tempo revelará este belo paradoxo. Eu desejaria que o padre Malebranche pudesse ter achado bom sustentá-lo, mas ele tomou outras medidas". É possível que o prazer de duvidar possa tanto sobre um hábil homem a ponto seja de desejar, seja de esperar, poder crer que duas contraditórias jamais se encontram juntas a não ser porque Deus o proibiu, e que ele poderia ter-lhes dado uma ordem que sempre as teria feito caminhar juntas? Que belo paradoxo que se apresenta! O R. P. Malebranche muito sabiamente tomou outras medidas.

186. Eu também não poderia supor que o Sr. Descartes pudesse ter sido seriamente desta opinião, embora tenha existido seguidores que facilmente acreditaram nele e o seguiram ingenuamente onde ele só fingia ir. Isto era, aparentemente, um dos seus estratagemas, um dos seus artifícios filosóficos; pois, ele preparava para si alguma escapatória, como quando descobriu um estratagema para

---

[420] Christian Dreier (1610-1688), filósofo e teólogo, autor de várias obras de metafísica, dentre elas: *Sapientia sive philosophia prima ex Aristotele*, publicada em 1644.

negar o movimento da Terra, apesar de ser excessivamente copernicíano. Suponho que aqui ele teve em vista uma outra maneira incomum de falar de sua invenção, que era a de dizer que as afirmações e as negações, e geralmente os julgamentos internos, são operações da vontade. E por este artifício as verdades eternas, que tinham sido até este autor um objeto do entendimento divino, se tornaram de repente um objeto da sua vontade. Acontece que os atos da vontade são livres; logo, Deus é a causa livre das verdades. Eis o desenlace da peça: *Spectatum admissi.*[421] Uma pequena mudança da significação dos termos causou todo este estrondo. Mas se as afirmações das verdades necessárias fossem ações da vontade do mais perfeito espírito, estas ações não seriam nada menos do que livres, pois não há nada a escolher. Parece que o Sr. Descartes não argumentava suficientemente sobre a natureza da liberdade e que tinha uma noção bastante incomum dela, já que lhe conferia uma extensão tão grande, querendo inclusive que as afirmações das verdades necessárias estivessem livres em Deus. Isto era conservar apenas o nome da liberdade.

187. O Sr. Bayle, que com outros admite uma liberdade de indiferença que Deus, teve de estabelecer, por exemplo, as verdades dos números, e ordenar que três vezes três fosse nove, enquanto ele podia ter exigido que fosse dez, concebe, em uma opinião tão estranha, não sei qual vantagem, se houvesse meio de defendê-la, contra os estratonianos. Estratão[422] foi um dos dirigentes da escola de Aristóteles e sucessor de Teofrasto; ele sustentou, em benefício de Cícero, que este mundo tinha sido formado tal como é pela natureza, ou por uma causa necessária destituída de conhecimento. Eu reconheço que isto seria possível se Deus tivesse pré-formado a matéria como é preciso para provocar um tal efeito só a partir das leis do movimento. Mas, sem Deus, não haveria mesmo razão alguma da existência e menos ainda desta ou daquela existência das coisas; deste modo, o sistema de Estratão não deve ser temido.

188. Entretanto, o Sr. Bayle se atrapalha nisso: não quer admitir as naturezas plásticas destituídas de conhecimento, que o Sr.

[421] "Admitido para vê-lo." Cf. Horácio, *Arte poética*, 5.

[422] Cf. Cícero, *De natura deorum*, l. I, 13; Cf. nota 34 e 700.

Cudworth[423] e outros introduziram, receoso de que os estratonianos modernos, isto é, os espinosanos, se aproveitem disso. É isto que o leva a disputar com o Sr. Le Clerc. E acusado deste erro, que uma causa não-inteligente não poderia produzir nada em que se manifeste o artifício, ele está longe de admitir comigo a *pré-formação*, que produz naturalmente os organismos dos animais e o sistema de uma harmonia que Deus tenha preestabelecido nos corpos para, mediante suas próprias leis, fazê-los responder aos pensamentos e às vontades das almas. Mas seria preciso considerar que esta causa não-inteligente, a qual produz tão belas coisas na semente das plantas e sêmen dos animais, e a qual produz as ações dos corpos como a vontade as ordena, foi formada pelas mãos de Deus, infinitamente mais hábil do que as de um relojoeiro que, no entanto, cria máquinas e autômatos capazes de produzir efeitos muito bonitos, como se tivessem inteligência.

189. Acontece que, para chegar ao que o Sr. Bayle apreende dos estratonianos, no caso de se admitir verdades independentes da vontade de Deus, ele parece temer que eles prevaleçam sobre nós quanto à perfeita regularidade das verdades eternas; pois esta regularidade vindo somente da natureza e da necessidade das coisas sem ser dirigida por conhecimento algum, o Sr. Bayle teme que disso se possa inferir com Estratão que o mundo pôde também se tornar regular por uma necessidade cega; mas é fácil responder a isso. Na região das verdades eternas encontram-se todos os possíveis e, consequentemente, tanto o regular quanto o irregular; pois, é preciso que exista uma razão que tenha feito preferir a ordem e o regular e esta razão só pode ser encontrada no entendimento. A propósito, estas mesmas verdades não existem sem que haja um entendimento que tome conhecimento delas, pois elas não sobreviveriam se não houvesse um entendimento divino em que se encontrassem realizadas, por assim dizer. É por isso que Estratão não alcança seu objetivo, que é o de excluir o conhecimento daquilo que entra na origem das coisas.

[423] Cudworth (1617-1688), filósofo inglês, um dos principais integrantes da escola platônica de Cambridge; cf. a este propósito o opúsculo de Leibniz *Considérations sur les principes de vie et sur les natures plastiques* de 1705.

190. A dificuldade que o Sr. Bayle supôs pelo lado de Estratão parece demasiadamente sutil e rebuscada. Chamam a isto de *timeri, ubi non est Timor.*[424] Ele admite uma outra que não tem mais fundamento [que aquela]: que Deus estaria sujeito a uma espécie de *fatum*. Eis suas palavras (p. 555): "Se há proposições de uma eterna verdade que o são a partir da sua natureza e não pela instituição de Deus, se elas não são verdadeiras por um decreto livre de sua vontade, mas se, ao contrário, ele as conheceu necessariamente verdadeiras, porque assim era a natureza delas, eis uma espécie de *fatum* ao qual ele está submetido, eis uma necessidade natural absolutamente invencível. Disso resulta ainda que o entendimento divino, na infinidade de suas ideias, encontrou sempre e imediatamente a conformidade perfeita delas com os objetos delas, sem que conhecimento algum o dirigisse; pois haveria contradição se nenhuma causa exemplar tivesse servido de plano aos atos do entendimento de Deus. Jamais se encontraria por causa disso ideias eternas nem qualquer primeira inteligência. Será preciso dizer, então, que uma natureza que existe necessariamente sempre encontra seu caminho sem que lhe seja mostrado; e como vencer, depois disso, a teimosia de um estratoniano?"

191. Mas ainda é fácil de responder: Este suposto *fatum*, que força até a divindade, não é outra coisa que a própria natureza de Deus, seu próprio entendimento, que fornece as regras para sua sabedoria e para sua bondade; é uma feliz necessidade sem a qual ele não seria nem bom nem sábio. Desejar-se-ia que Deus não fosse obrigado a ser perfeito e feliz? Nossa condição, que nos torna capazes de falhar, é ela digna de ser desejada, e nós não ficaríamos bastante satisfeitos em transformá-la em impecabilidade se dependesse de nós? É preciso estar bem desgostoso para aspirar pela liberdade de se perder e para queixar-se sobre o que a divindade não tem. É desta forma que, em outra passagem, o próprio Sr. Bayle raciocina contra os que exaltam excessivamente uma liberdade exagerada que eles imaginam [existir] na vontade quando a queriam independente da razão.

[424] "Temer onde não se deve temer."

192. Além do mais, o Sr. Bayle se admira que "o entendimento divino, na infinidade de suas ideias, encontre sempre e imediatamente a conformidade perfeita delas com os objetos delas sem que conhecimento algum o dirija". Esta objeção é nula, de uma total nulidade; toda ideia distinta é por isso mesmo conforme ao seu objeto, e em Deus há somente [ideias] distintas; além do fato que antes de tudo o objeto não existe em parte alguma e, quando existir, será formado a partir desta ideia. Além disso, o Sr. Bayle sabe muito bem que o entendimento divino não tem necessidade de tempo para ver a ligação das coisas. Todos os raciocínios estão eminentemente em Deus e mantêm uma ordem entre si no seu entendimento tanto quanto no nosso; mas para ele isto é apenas uma ordem e uma *prioridade de natureza*, enquanto para nós há uma *prioridade de tempo*. Logo, não é preciso se admirar que aquele que penetra todas as coisas de um só golpe sempre deva encontrar de um primeiro golpe; e não se deve dizer que ele consegue sem que conhecimento algum o dirija. Ao contrário, é porque seu conhecimento é perfeito que suas ações voluntárias o são também.

193. Até aqui, nós mostramos que a vontade de Deus não é independente das regras da sabedoria, embora seja espantoso que se tenha sido obrigado a pensar a este respeito e a combater por uma verdade tão grande e tão reconhecida. Mas quase não é menos espantoso que existam pessoas que acreditem que Deus só observa estas regras pela metade e não escolhe o melhor, embora sua sabedoria lhe faça conhecê-lo; em uma palavra, que existam autores que acreditam que Deus poderia fazer melhor. É quase este o erro do famoso Afonso[425], rei de Castela, eleito rei dos romanos por alguns eleitores e promotor das Tábuas Astronômicas que levam seu nome. Supõe-se que este príncipe disse que se Deus o tivesse chamado a seu conselho quando fez o mundo, ele teria lhe dado bons conselhos. Aparentemente o sistema do mundo de Ptolomeu, o qual reinava neste período, lhe desagradava. Ele acreditava, portanto,

[425] Afonso X (1221-1284), o Sábio, rei de Castela, famoso por suas tabelas astronômicas chamadas de tábuas afonsinas (ou alfonsinas); em 1257, ele foi efetivamente proclamado rei dos romanos pelo arcebismo de Tréves, em nome de alguns dos eleitores do Império; contudo, Rodolfo de Habsbourg é que foi coroado.

que algo melhor projetado poderia ter sido feito e tinha razão. Mas se tivesse conhecido o sistema de Copérnico com as descobertas de Kepler, acrescidas agora pelo conhecimento da força da gravidade (*pesanteur*) dos planetas, teria reconhecido perfeitamente que a invenção do verdadeiro sistema é maravilhosa. Vê-se, então, que se tratava apenas do mais e do menos, que Afonso apenas supunha que se poderia ter feito melhor e que seu julgamento foi reprovado por todos.

194. Entretanto, filósofos e teólogos ousam sustentar dogmaticamente um julgamento semelhante; e eu me admiro muitíssimo que pessoas hábeis e piedosas tenham sido capazes de dar limites à bondade e à perfeição de Deus. Pois sugerir que ele sabe o que é melhor, que pode fazê-lo e que não o faz, é admitir que só tinha sua vontade de tornar o mundo melhor do que é; mas é isso que chamamos de carecer de bondade. É agir contra este axioma apresentado acima: *Minus bonum habet rationem mali.*[426] Se alguns alegam [ter] experiência para provar que Deus poderia ter feito melhor, eles se erguem em censores ridículos das suas obras e lhes será dito aquilo que se responde a todos aqueles que criticam o procedimento de Deus, e quem a partir desta mesma suposição, isto é, dos supostos defeitos do mundo, queriam inferir dele que há um mau deus, ou, em todo caso, um deus neutro entre o bem e o mal. E se nós julgamos como o rei Afonso, nos será respondido, digo: Você só conhece o mundo há três dias, você vê bem pouco além do seu nariz e acha que pode criticar. Espere para conhecê-lo melhor e considere nele especialmente as partes que apresentam um todo completo (como fazem os corpos orgânicos); e aí você encontrará um artifício e uma beleza que vai além da imaginação. Tiremos disso consequências para a sabedoria e para a bondade do autor das coisas, mesmo nas coisas que nós não conhecemos. Nós encontramos algumas no Universo que não nos agradam; mas saibamos que ele não é feito exclusivamente para nós. Ele é, contudo, feito para nós se somos sábios; pois, ele nos acomodará se nos acomodarmos a ele; nós seremos felizes se quisermos.

[426] "Um bem menor conta como um mal."

195. Alguém dirá que é impossível produzir o melhor porque não existe criatura perfeita e que é sempre possível produzir uma que seja melhor. Eu respondo que o que é possível dizer de uma criatura ou de uma substância particular, que sempre pode ser superada por uma outra, não deve ser aplicado ao Universo, o qual, devendo se expandir por toda a eternidade futura, é um infinito. Além do mais, há uma infinidade de criaturas na menor parcela da matéria, por causa da divisão atual do *continuum* ao infinito. E o infinito, isto é, a concentração (*amas*) de um número infinito de substâncias, propriamente falando, não é um todo; tampouco o próprio número infinito, do qual não se saberia dizer se é par ou impar. É isto mesmo que serve para refutar os que fazem do mundo um deus, ou que concebem Deus como a alma do mundo; o mundo ou o universo não poderia ser considerado como um animal ou como uma substância.

196. Não se trata, portanto, de uma criatura, mas do Universo, e o adversário será obrigado a sustentar que um universo possível pode ser melhor que o outro, ao infinito; mas é no que ele se enganaria e é isso que não saberia provar. Se esta opinião fosse verdadeira, seguir-se-ia que Deus não teria produzido nenhum [universo], pois ele é incapaz de agir sem razão, e isto seria efetivamente agir contra a razão. É como se imaginássemos que Deus decidira fazer uma esfera material sem que existisse qualquer razão para fazê-la de uma tal ou tal grandeza. Este decreto seria inútil, ele levaria consigo o que impediria o seu efeito. Seria outra coisa se Deus decidisse traçar a partir de um ponto dado uma linha reta até uma outra linha reta dada, sem que existisse qualquer determinação do ângulo nem no decreto nem em suas circunstâncias; pois, neste caso, a determinação viria da natureza da coisa, a linha seria perpendicular e o ângulo seria reto, pois só há este que seja determinado e que se distingue. É desta forma que é preciso conceber a criação do melhor de todos os universos possíveis, ainda mais por que Deus não só decide criar um universo, mas decide ainda criar o melhor de todos, pois ele não decide sem conhecer, e não faz decretos soltos, que seriam apenas vontades antecedentes que nós suficientemente explicamos e diferenciamos dos verdadeiros decretos.

197. O Sr. Diroys[427], que conheci em Roma, teólogo do Sr. cardeal de Estrées, escreveu um livro intitulado *Provas e preconceitos em favor da religião cristã*, publicado em Paris no ano de 1683. O Sr. Bayle (*Rép. aux questions d'un provinc.*, t. 3, cap. 165, p. 1.058) relata a objeção que este [teólogo] faz a si mesmo. "Há ainda uma dificuldade – diz ele – à qual não é menos importante satisfazer do que às precedentes, já que traz mais obstáculos àqueles que julgam os bens e os males a partir de considerações fundadas sobre as máximas mais puras e mais elevadas. Acontece que sendo Deus a sabedoria e a bondade soberana, parece-lhes que ele deveria fazer todas coisas como as pessoas sábias e virtuosas desejariam fazer para si, conforme as regras de sabedoria e de bondade que Deus lhes imprimiu e como eles próprios seriam obrigados a fazê-las se elas dependessem deles. Deste modo, vendo que, na opinião deles, os assuntos mundanos não vão tão bem quanto poderiam ir, e que eles iriam se interferissem nisso, concluem que Deus, que é infinitamente melhor e mais sábio que eles, ou melhor, a própria sabedoria e bondade efetivamente, não interfere nisso."

198. O Sr. Diroys diz boas coisas a este respeito que não vou repetir, já que nós satisfizemos suficientemente à objeção em mais de um lugar, e isto foi o principal objetivo do nosso discurso. Mas ele sugere algo com o qual eu não poderia permanecer de acordo. Ele considera que a objeção prova demais. É preciso ainda colocar suas próprias palavras; com o Sr. Bayle, página 1059: "Se não é conveniente à sabedoria e à bondade soberana não fazer o que é o melhor e mais perfeito, segue-se que todos os seres são eterna, imutável e essencialmente tão perfeitos e tão bons quanto possam ser, já que nada pode mudar a não ser superficialmente ou de um estado menos bom para um melhor, ou de melhor para um menos bom. Acontece que isso não pode acontecer se não convém a Deus não fazer aquilo que é melhor e mais perfeito quando pode; será preciso, então, que todos os seres sejam eternamente

[427] François Diroys (1620-1690), teólogo católico francês, acompanhou o cardeal d'Estrées a Roma, em 1672 ; o título completo do livro citado é *Preuves et préjugés pour la religion chrétienne et catholique contre les fausses religions et l'athéisme*. O cardeal César d'Estrées (1628-1714) foi encarregado por Luis XIV de numerosas missões e negociações em Roma; foi o principal acusador do teólogo espanhol Miguel de Molinos (cf. nota 67).

e essencialmente repletos de um conhecimento e de uma virtude tão perfeita quanto Deus possa lhes dar. Acontece que tudo o que é eterna e essencialmente tão perfeito quanto Deus possa fazê-lo, procede essencialmente dele, em uma palavra é eterna e essencialmente bom como ele e, consequentemente, é Deus como ele. Eis para onde vai esta máxima, que repugna à justiça e à bondade soberana não fazer as coisas tão boas e tão perfeitas quanto possam ser. Pois é essencial à sabedoria e à bondade essencial afastar tudo aquilo que lhe repugna absolutamente. É preciso, então, estabelecer como uma primeira verdade no tocante a conduta de Deus com respeito às criaturas, que não há nada que repugna a esta bondade e a esta sabedoria fazer coisas menos perfeitas do que poderiam ser, nem permitir que os bens que ela produziu ou cessem inteiramente de ser, ou se modifiquem e se alterem; já que não repugna a Deus a existência de outros seres além de si mesmo, quer dizer, seres que possam não ser aquilo que são, e não fazer aquilo que fazem, ou fazer aquilo que não fazem."

199. O Sr. Bayle trata esta resposta como lamentável, mas acho que aquilo que lhe opõe é confuso. O Sr. Bayle quer que aqueles que são pelos dois princípios se baseiem principalmente sobre a suposição da soberana liberdade de Deus; pois se ele estava obrigado (*nécessité*) a produzir tudo aquilo que pode, ele produziria igualmente os pecados e as dores; assim, os dualistas nada poderiam tirar da existência do mal contra a unidade de princípio, se este princípio fosse tanto levado ao mal quanto ao bem. Mas é nisso que o Sr. Bayle leva a noção da liberdade longe demais; pois, embora Deus seja soberanamente livre, não se segue que ele seja em uma indiferença de equilíbrio; e embora esteja inclinado a agir, não se segue que seja obrigado por esta inclinação a produzir tudo aquilo que ele pode. Ele só produzirá o que quer, pois sua inclinação o leva ao bem. Nós admitimos a soberana liberdade de Deus, mas não a confundimos com a indiferença de equilíbrio, como se ele pudesse agir sem razão. O Sr. Diroys acredita que os dualistas, querendo que o bom princípio único não produza mal algum, exigem demais; pois, pela mesma razão, eles também deveriam exigir, segundo ele, que Deus produzisse o maior bem, o menor bem

sendo uma espécie de mal. Tenho [para mim] que os dualistas estão enganados com relação ao primeiro ponto e que teriam razão em relação ao segundo, onde o Sr. Diroys os desaprova sem motivo, ou melhor, que se pode conciliar o mal ou o menos bom em algumas partes, com o melhor no todo. Se os dualistas exigissem que Deus fizesse o melhor, não exigiriam nada de mais. Eles se enganam ainda supondo que o melhor no todo seja isento de mal nas partes e que, deste modo, o que Deus faz não é o melhor.

200. Mas o Sr. Diroys pretende que se Deus sempre produz o melhor, produzirá outros deuses; de outro modo, cada substância que ele produzisse não seria a melhor nem a mais perfeita. Mas se engana, falta considerar a ordem e a ligação das coisas. Se cada substância tomada à parte fosse perfeita, elas seriam todas semelhantes; o que não é conveniente nem possível. Se fossem deuses, não teria sido possível produzi-los. Portanto, o melhor sistema das coisas não conterá deuses; ele será sempre um sistema de corpos, isto é, de coisas dispostas segundo os lugares e os tempos, e de almas que representam e apercebem os corpos, e conforme às quais os corpos são governados em boa parte. E como o projeto de um edifício pode ser o melhor de todos com relação ao objetivo, à despesa e às circunstâncias; e como uma disposição de alguns corpos figurados que lhe é dada pode ser a melhor que se possa encontrar; da mesma maneira, é fácil conceber que uma estrutura do Universo pode ser a melhor de todas sem que se torne um deus. A ligação e a ordem das coisas faz com que o corpo de todo animal e de toda planta seja composto de outros animais e de outras plantas, ou de outros seres vivos e orgânicos; e que, consequentemente, exista subordinação, e que um corpo, uma substância sirva à outra; deste modo, a perfeição delas não poderia ser igual.

201. Parece ao Sr. Bayle, página 1063, que o Sr. Diroys confundiu duas proposições diferentes; a primeira, que Deus deve fazer todas as coisas da maneira que as pessoas sábias e virtuosas desejariam que elas fossem feitas, conforme as regras da sabedoria e da bondade que Deus imprimiu nelas, e como elas próprias seriam obrigadas a fazê-las, se dependessem delas; a segunda, que é conveniente à sabedoria e à bondade supremas não fazer o que é

melhor e mais perfeito. O Sr. Diroys, no julgamento do Sr. Bayle, objeta-lhe a primeira proposição e responde à segunda. Mas ele tem razão nisso, ao que me parece; pois estas duas proposições estão ligadas, a segunda é uma consequência da primeira: fazer menos bem do que se podia é faltar contra a sabedoria ou contra a bondade. Ser o melhor e ser desejado pelos mais virtuosos e mais sábios, é a mesma coisa. E pode-se dizer que se nós pudéssemos entender a estrutura e a economia do Universo, pensaríamos que ele é feito e governado como os mais sábios e mais virtuosos o poderiam desejar, Deus não podendo deixar de fazer assim. No entanto, esta necessidade é somente moral: E reconheço que se Deus fosse obrigado (*nécessité*) por uma necessidade metafísica a produzir o que faz, ele produziria todos os possíveis ou nada; e, neste sentido, a conclusão do Sr. Bayle estaria muito justa. Mas como todos os possíveis não são compatíveis entre si em uma mesma sequência do Universo, é por isso mesmo que todos os possíveis não poderiam ser produzidos, e que se deva dizer que Deus não é obrigado, falando metafisicamente, a criar este mundo. Pode-se dizer que tão logo Deus determinou criar algo, ocorre uma luta entre todos os possíveis, todos pretendentes à existência, e que os que unidos entre si produzem mais realidade, mais perfeição, mais *inteligibilidade* vencem. É verdade que toda esta luta é somente ideal, quer dizer, só pode ser um conflito de razões no mais perfeito entendimento, que não pode deixar de agir da maneira mais perfeita e, por conseguinte, de escolher o melhor. No entanto, Deus é obrigado por uma necessidade moral a fazer as coisas de modo que não seja possível nada de melhor; de outra maneira, outros não só teriam motivo para criticar o que ele faz, mas mais do que isto, ele mesmo não estaria satisfeito com a sua obra, desaprovaria sua imperfeição; o que é contra a soberana felicidade da natureza divina. Este sentimento contínuo de sua própria falta ou imperfeição lhe seria uma fonte inesgotável de tristezas, como o Sr. Bayle diz em uma outra ocasião, página 953.

202. O argumento do Sr. Diroys faz uma suposição falsa, quando diz que nada pode mudar exceto passando de um estado menos bom para um melhor ou de um melhor para um menos

bom; e que assim, se Deus faz o melhor, este produto não poderia ser mudado, pois seria uma substância eterna, um deus. Mas não vejo como uma coisa possa mudar de espécie em relação ao bem ou ao mal, sem mudar seu grau. Passando do prazer da música ao prazer da pintura, ou *vice-versa,* do prazer dos olhos ao dos ouvidos, o grau dos prazeres poderá ser o mesmo, sem que o último tenha para si uma outra vantagem que a da novidade. Se ele fizesse para si a quadratura do círculo, ou, o que é a mesma coisa, o circularidade do quadrado, isso é, se o círculo fosse transformado em um quadrado da mesma grandeza, ou o quadrado em um círculo, seria difícil dizer, falando absolutamente, sem ter consideração a algum uso particular, se teríamos ganhado ou perdido. Assim, o melhor pode ser transformado em um outro que não lhe cede, e não lhe ultrapassa; mas sempre existirá entre eles uma ordem, e a melhor ordem que seja possível. Tomando a sequência inteira das coisas, o melhor não tem igual; mas uma parte da sequência pode ser igualada a uma outra parte da mesma sequência. Além do fato de que se poderia dizer que a sequência inteira das coisas ao infinito pode ser a melhor que seja possível, embora o que existe pelo universo inteiro em cada parte do tempo não seja o melhor. Seria possível, então, que o Universo sempre fosse de melhor a melhor, se tal fosse a natureza das coisas, que não fosse permitido atingir o melhor de uma única vez. Mas estes são problemas dos quais é difícil para nós julgar.

203. Sr. Bayle diz, página 1064, que a questão: se Deus podia ter feito as coisas mais perfeitas do que fez, também é muito difícil e que as razões a favor e contra são muito fortes. Mas isso é, ao que me parece, o mesmo que se fosse colocado em questão se as ações de Deus são conformes à mais perfeita sabedoria e à maior bondade. É uma coisa muito estranha que, ao mudar um pouco os termos, torna-se duvidoso aquilo que, bem entendido, é o mais claro do mundo. As razões contrárias não são de força alguma, estando fundadas somente sobre a aparência dos defeitos; e a objeção do Sr. Bayle, que tende a provar que a lei do melhor imporia a Deus uma verdadeira necessidade metafísica, não é senão uma ilusão que vem do abuso dos termos. O Sr. Bayle fora antigamente de

uma opinião diferente, quando aprovava a do R. P. Malebranche, bastante próxima da minha quanto a este assunto. Mas tendo o Sr. Arnauld escrito contra este padre, o Sr. Bayle mudou de opinião; e suponho que sua inclinação para duvidar, que nele cresceu com a idade, contribuiu para isso. O Sr. Arnauld foi, sem dúvida, um grande homem, e sua autoridade tem grande peso, ele fez diversas boas observações nos seus escritos contra o padre Malebranche, mas não teve razão de contestar o que este padre disse de semelhante àquilo que dizemos quanto à regra do melhor.[428]

204. O excelente autor da *Busca da verdade*, tendo passado da filosofia para a teologia, publicou por fim um belíssimo *Tratado sobre a natureza e sobre a graça;* ele mostrou aí, à sua maneira, como o Sr. Bayle explicou nos seus *Pensamentos diversos sobre os cometas*, cap. 234, que os eventos que nascem da execução das leis gerais não são o objeto de uma vontade particular de Deus. É verdade que quando se quer uma coisa, também se quer, de algum modo, tudo aquilo que necessariamente lhe está associado; e, consequentemente, Deus não poderia querer as leis gerais sem querer também, de algum modo, todos os efeitos particulares que necessariamente devem nascer delas; mas sempre é verdadeiro que não se quer estes eventos particulares por causa deles mesmos, e é isto que se entende ao dizer que não os quer por uma vontade particular e direta. Não há dúvida que quando Deus decidiu a agir externamente, ele tenha escolhido uma maneira de agir que fosse digna do ser soberanamente perfeito, isto é, que fosse infinitamente simples e uniforme, e, todavia, de uma fecundidade infinita. Pode-se até supor que esta maneira de agir por vontades gerais tenha lhe parecido preferível, embora devesse resultar alguns eventos supérfluos dela (e mesmo ruins ao tomá-los à parte, é isto que eu acrescento), a uma outra maneira mais composta e mais regular; segundo este padre. Nada é mais apropriado do que esta suposição, na opinião

[428] O texto onde Arnauld critica Malebranche é o *Des vraies et des fausses idées* (1683), essa obra critica a teoria das ideias e da graça exposta no texto *Traité de la nature et de la grâce* (1680) de Malebranche. A polêmica entre eles foi longa e só terminou com a morte de Arnauld (1694). Bayle se ocupou desta polêmica em suas *Nouvelles de la république des lettres* (*Artigo II*, de abril de 1684; *Artigo IV*, de maio de 1684; *Artigo II*, de setembro de 1684; *Artigo III*, de maio de 1685; *Artigo VIII*, de julho de 1685; *Artigo III*, de abril de 1686).

do Sr. Bayle enquanto escrevia seus *Pensamentos* [diversos] *sobre os cometas*, para resolver mil dificuldades que são apresentadas contra a providência divina: "Perguntar a Deus – diz ele – por que ele fez coisas que servem para tornar os homens mais maldosos, seria perguntar por que Deus executou seu plano, que só pode ser infinitamente belo pelos caminhos mais simples e mais uniformes; e por que, mediante uma complicação de decretos que se entrecruzassem incessantemente, ele não impediu o mau uso do livre-arbítrio do homem." Ele acrescenta que "os milagres, sendo [atos de] vontades particulares, devem ter um fim digno de Deus."

205. Sobre estes fundamentos ele faz boas reflexões, [no] capítulo 231, no tocante à injustiça daqueles que se queixam da prosperidade dos maldosos. "Eu não terei escrúpulo – ele diz – em dizer que todos aqueles que acham estranho a prosperidade dos maus meditaram muito pouco sobre a natureza de Deus, e que eles reduziram as obrigações de uma causa que governa todas as coisas à medida de uma providência totalmente subalterna; o que é [próprio] de um espírito medíocre. Ora! Seria preciso que Deus, depois de ter feito causas livres e causas necessárias, a partir de uma mistura infinitamente apropriada para fazer brilhar as maravilhas da sua sabedoria infinita, tivesse estabelecido leis conformes à natureza das causas livres, mas tão pouco fixas, que a menor tristeza que acontecesse a um homem as transtornaria inteiramente, para a ruína da liberdade humana? Um simples prefeito zombaria dele se ele mudasse seus regulamentos e suas ordens tantas vezes quanto agrada a uma pessoa murmurar contra ele; e Deus, cujas leis observam um bem tão universal que talvez tudo o que nos é visível tenha sua parte apenas como um pequeno acessório, teria de infringir suas leis, porque, hoje, elas não agradarão a um, amanhã a outro; porque ora um supersticioso julgando falsamente que um monstro pressagia alguma coisa funesta passará de seu erro para um sacrifício criminal; ora uma boa alma, que todavia não faz muito caso da virtude por acreditar que estamos muito bem punidos quando não a temos, ficará escandalizada de que um homem mal torne-se rico e goze de uma saúde vigorosa! Podemos conceber ideias mais falsas de uma providência geral? E já que todo mundo concorda

que esta lei da natureza, a de que o forte prevalece sobre o fraco, foi colocada muito sabiamente, e que seria ridículo pretender que quando uma pedra cai em um vaso frágil, o qual deleitava seu dono, Deus deve infringir esta lei a fim de poupar o dono desta tristeza; não é preciso admitir que também é ridículo pretender que Deus deva infringir a mesma lei para impedir que um homem malvado se enriqueça roubando um homem de bem? Mais o homem mal se põe acima das inspirações da consciência e da honra, mais ele excede em força o homem de bem; de modo que se ele engana o homem de bem, é preciso, de acordo com o curso da natureza, que ele lhe arruíne; e se ambos estão empregados nas finanças, é preciso, segundo o mesmo curso da natureza, que o malvado se enriqueça mais do que o homem de bem, do mesmo modo que um fogo violento devora mais madeira do que um fogo de palha. Aqueles que desejam que um homem malvado se torne doente são às vezes tão injustos quanto os que desejam que uma pedra que cai em um vidro não o quebre; pois, da maneira como ele tem seus órgãos compostos, nem os alimentos que ele ingere, nem o ar que ele respira são capazes, de acordo com as leis naturais, de prejudicar sua saúde. Do mesmo modo que os que se queixam da sua saúde se queixam de que Deus não viole as leis que ele estabeleceu; no que eles são tanto mais injustos, desde que, por meio de combinações e concatenações das quais somente Deus era capaz, acontece com bastante frequência que o curso da natureza conduza à punição do pecado."

206. É uma grande pena que O Sr. Bayle tenha deixado tão cedo o caminho em que entrara de modo tão feliz, o de raciocinar em favor da Providência; pois ele teria conseguido grandes frutos, e ao dizer belas coisas, ao mesmo tempo teria dito boas. Eu concordo com o R. P. Malebranche que Deus faz as coisas da maneira mais digna dele. Mas eu vou um pouco mais longe que ele quanto às vontades gerais e particulares. Como Deus não poderia fazer nada sem razão, mesmo se agisse miraculosamente, segue-se que ele não tem vontade alguma sobre os eventos individuais que não seja uma consequência de uma verdade ou de uma vontade geral. Deste modo, eu diria que Deus nunca tem

vontades particulares tais como este padre sugere, isto é, particulares primitivas.

207. Eu de fato creio que os milagres não têm nada que os diferencie dos outros eventos; pois razões de uma ordem superior à da natureza levam-na a fazê-los. Portanto, não afirmaria com este padre que Deus infringe as leis gerais todas as vezes que a ordem o quer; ele não infringe uma lei a não ser por uma outra mais aplicável, e o que a ordem quer não poderia deixar de ser conforme à regra da ordem que é do número das leis gerais. A característica dos milagres, tomada no sentido mais rigoroso, é que não se poderia explicá-los a partir das naturezas das coisas criadas. Deste modo, se Deus fizesse uma lei geral, que declarasse que os corpos se atraem uns aos outros, ele não poderia obter a execução disso a não ser por milagres perpétuos. E do mesmo modo, se Deus quisesse que os organismos dos corpos humanos se conformassem com as vontades da alma, segundo o sistema das causas ocasionais, esta lei também só seria executada por milagres perpétuos.

208. Assim, é preciso julgar que entre as regras gerais que não são absolutamente necessárias, Deus escolhe as que são mais naturais, para as quais é mais fácil dar razão e que também servem mais para dar razão a outras coisas. É isto que é sem dúvida o mais belo e mais agradável; e mesmo que o sistema da harmonia preestabelecida não fosse necessário, a propósito, ao descartar os milagres supérfluos, Deus o teria escolhido porque é o mais harmônico. As vias de Deus são as mais simples e as mais uniformes; é porque ele escolhe regras que limitam o mínimo umas às outras. Elas são também as mais fecundas com relação à simplicidade das vias. É como se fosse dito que uma casa é a melhor que se podia ter construído com a mesma despesa. Pode-se até reduzir estas duas condições, a simplicidade e a fecundidade a uma única vantagem que é a de produzir o máximo de perfeição que é possível; e, por este meio, o sistema do R. P. Malebranche nisto se reduz ao meu. Pois se o efeito fosse suposto maior, mas as vias menos simples, eu acredito que se poderia dizer que tudo pesado e tudo contado, o próprio efeito seria menor, estimando não apenas o efeito final, mas também o efeito intermediário (*moyen*). Pois, o máximo que é possível,

o mais sábio faz de maneira que os meios de algum modo também sejam fins, isto é, desejáveis, não apenas por aquilo que eles fazem, mas ainda por aquilo que eles são. As vias mais compostas ocupam terreno demais, espaço demais, lugar demais, tempo demais, que poderiam ter sido melhor empregados.

209. Acontece que tudo se reduzindo à maior perfeição, retornamos à nossa lei do melhor. Pois a perfeição compreende não apenas o bem *moral* e o bem *físico* das criaturas inteligentes, mas ainda o bem que é apenas *metafísico* e que também observa as criaturas destituídas de razão. Segue-se que o mal que está nas criaturas racionais só acontece por concomitância, não por vontades antecedentes, mas por uma vontade consequente, como estando compreendida no melhor plano possível; e o bem metafísico, que compreende tudo, é a causa de ser preciso dar lugar algumas vezes ao mal físico e ao mal moral, como já expliquei mais de uma vez. Acredita-se que os antigos estoicos não estiveram muito afastados deste sistema. O próprio Sr. Bayle o observou em seu *Dicionário*, no artigo Crisipo, letra T: é importante fornecer as palavras para confrontá-lo consigo próprio algumas vezes e para trazê-lo aos belos sentimentos que ele tinha outrora pronunciado: "Crisipo – diz ele, página 930 –, na sua obra *Sobre a providência*, examina entre outras questões esta aqui: 'A natureza das coisas ou a Providência que fez o mundo e o gênero humano, ela também fez as doenças às quais os homens estão sujeitos'? Ele responde que 'o principal propósito da natureza não foi o de torná-los sujeitos às doenças, isto não seria conveniente à causa de todos os bens; mas preparando e produzindo diversas grandes coisas, muito bem ordenadas e muito úteis, ela descobriu que disso resultava alguns inconvenientes e, deste modo, eles não foram conformes ao seu propósito primitivo e ao seu objetivo, se encontraram na sequência da obra, não existiram senão, como [ele nomeia, *por*] *consequências*. Para a formação do corpo humano – dizia ele – a mais fina ideia e a utilidade de fato da obra requeriam que a cabeça fosse composta de um tecido de ossaturas delgadas e delicadas; mas para isso ela devia ter o incômodo de não poder resistir aos golpes. A natureza preparava a saúde e, ao mesmo tempo,

por uma espécie de concomitância, foi preciso que a fonte das doenças fosse aberta. Acontece do mesmo modo com relação à virtude; a ação direta da natureza que a fez nascer produz indiretamente a corja dos vícios'. Eu não traduzi literalmente, é por isto que eu coloco aqui o próprio latim de Aulo Gélio em favor dos que entendem esta língua: *Aul. Gell. liv. 6, cap. I: Idem Chrysippus in eod. lib. quarto,* περί προνοίας, *tractat consideratque, dignumque esse id quæri putat,* εἰ αἱ τῶν ἀνθρώπων νόσοι κατὰ φύσιν γί γνονται. *Id est naturane ipsa rerum, vel providentia quæ compagem hanc mundi et genus hominum fecit, morbos quoque et debilitates et ægritudines corporum, quas patiuntur homines, fecerit. Existimat autem non fuisse hoc principale naturæ consilium, ut faceret homines morbis obnoxios. Nunquam enim hoc convenisse naturæ auctori parentique rerum omnium bonarum. Sed cum multa, inquit, atque magna gigneret pareretque aptissima et utilissima, alia quoque simul agnata sunt incommoda iis ipsis, quæ faciebat, cohærentia: eaque non per naturam sed per sequelas quasdam necessarias facta dicit, quod ipse appellat* κατὰ παρακολούθησιν. *Sicut, inquit, cum corpora hominum natura fingeret, ratio subtilior et utilitas ipsa operis postulavit ut tenuissimis minutisque ossiculis caput compingeret. Sed hanc utilitatem rei majoris alia quædam incommoditas extrinsecus consecuta est, ut fieret caput tenuiter munitum et ictibus offensionibusque parvis fragile. Proinde morbi quoque et ægritudines partæ sunt, dum salus paritur. Sic Hercle, inquit, dum virtus hominibus per consilium naturæ gignitur, vitia ibidem per affinitatem nata sunt.*[429] Eu não penso que um pagão pudesse ter dito nada de mais racional por conta da ignorância em que se encontrava da queda do primeiro homem, queda que nós não pudemos conhecer a não ser pela revelação, e que é a verdadeira causa de nossas misérias; se tivéssemos diversos trechos semelhantes das obras de Crisipo, ou melhor, se tivéssemos suas obras, teríamos uma ideia bem melhor do que a que temos sobre a beleza de seu gênio".

210. Vejamos agora o reverso da medalha no [próprio] Sr. Bayle mudado. Depois de ter relatado, na sua R*esposta às questões de*

[429] Como a tradução de Bayle, apesar de não ser literal, apresenta o essencial, não achamos necessário oferecer outra tradução; acrescentamos as aspas simples para ficar mais claro qual, de fato, é o texto de Aulo Gélio e colocamos "por consequência" em itálico, para marcar o termo grego correspondente: κατὰ παρακολούθησιν.

um provinciano (t. 3, cap. 155, p. 962), estas palavras do Sr. Jaquelot as quais me agradam muito: "Mudar a ordem do universo é algo infinitamente de mais alta importância do que a prosperidade de um homem de bem", ele acrescenta: "Este pensamento tem algo de fascinante: o padre Malebranche o publicou no dia mais belo do mundo, e persuadiu a alguns dos seus leitores que um sistema simples e muito fecundo é mais conveniente à sabedoria de Deus do que um sistema mais composto e proporcionalmente menos fecundo, contudo, mais capaz de prevenir as irregularidades. O Sr. Bayle foi daqueles que acreditaram que o padre Malebranche dava por causa disso um maravilhoso desfecho" (é o próprio Sr. Bayle quem fala); "mas é quase impossível se contentar com isso depois de ter lido os livros do Sr. Arnauld contra este sistema, e depois de ter considerado a ideia vasta e imensa do Ser soberanamente perfeito. Esta ideia nos ensina que não existe nada mais fácil para Deus do que seguir um plano ao mesmo tempo simples, fecundo, regular e cômodo para todas as criaturas".

211. Estando na França, eu comuniquei ao Sr. Arnauld um diálogo que escrevi em latim[430] sobre a causa do mal e sobre a justiça de Deus; isto foi não apenas antes das suas discussões com o R. P. Malebranche, mas mesmo antes que o livro a *Pesquisa sobre a verdade*[431] aparecesse. Este princípio que sustento aqui, a saber, que o pecado fora permitido porque estava envolvido no melhor plano do universo, já era aí empregado; e o Sr. Arnauld não pareceu ficar intimidado com isso. Mas os pequenos esclarecimentos que ele teve depois com este padre lhe forneceram motivo para examinar esta matéria com mais atenção, e para julgar isso mais severamente. Entretanto, não estou completamente satisfeito com a maneira pela qual a coisa está expressa aqui pelo Sr. Bayle; e eu não sou da opinião que um plano mais composto e menos fecundo possa ser mais capaz de prevenir as irregularidades. As regras são as vontades gerais: [quanto] mais se observa regras, mais há regularidade; a simplicidade e a fecundidade constituem o objetivo das regras. Ser-me-á objetado que um sistema muito uniforme será

[430] Leibniz se refere ao texto *Confessio philosophi* (1674), cf. nota 32.

[431] A *Recherche de la vérité* de Malebranche foi publicada em 1674-1675.

sem irregularidades. Eu respondo que seria uma irregularidade ser uniforme demais, isto ofenderia as regras da harmonia. *Et citharœdus ridetur chorda qui semper oberrat eadem.*[432] Logo, creio que Deus pode seguir um plano simples, fecundo, regular; mas eu não creio que aquele que é o melhor e o mais regular sempre seja, ao mesmo tempo, cômodo a todas as criaturas, e o julgo *a posteriori*; pois aquele que Deus escolheu não o é. Entretanto, também mostrei *a priori* nos exemplos tomados da matemática, e logo darei um deles. Um origenista, que desejará que aqueles que são racionais se tornem finalmente felizes, será ainda mais fácil de satisfazer. Ele dirá, imitando aquilo que diz são Paulo sobre os sofrimentos desta vida, que os que são finitos não podem entrar em comparação com uma felicidade eterna.

212. O que engana nesta matéria é, como já observei, que se é levado a crer que o que é o melhor no todo também é o melhor possível em cada parte. Também se pensa assim em geometria, quando se trata de *maximis et minimis*. Se o caminho proposto de A a B é o mais curto possível, e se este caminho passa por C, é preciso que o caminho de A a C, originado do primeiro, também seja o mais curto possível. Mas, a consequência da *quantidade* para a *qualidade* não vai sempre bem, tampouco a que se obtém dos iguais para os semelhantes. Pois os iguais são aqueles cuja quantidade é a mesma, e os semelhantes são os que não diferem segundo as qualidades. O falecido Sr. Sturmius[433], matemático famoso em Altdorf, estando na Holanda durante sua juventude, fez imprimir um pequeno livro sob o título *Euclides catholicus*, no qual se esforçou em dar regras exatas e gerais nas matérias não-matemáticas, encorajado nisto pelo falecido Sr. Erhard Weigel, que fora seu preceptor. Neste livro, ele transfere aos semelhantes o que Euclides dissera dos iguais, e ele forma este axioma: *Si similibus addas similia, tota sunt similia*[434]; mas precisou de tantas limitações para executar esta regra nova que teria sido melhor, na minha opinião, enunciá-la primeiramente com restrição, dizendo: *Si similibus similia addas similiter,*

[432] "Como se ri do citarista que sempre erra a mesma corda." (Horácio, *Arte poética*, vv. 355, 356).

[433] Cf. nota 36. Sobre Erhard Weigel, cf. nota 648.

[434] "Se juntamos semelhantes com semelhantes, todos são semelhantes."

tota sunt similia.[435] Igualmente os geômetras frequentemente têm costume de pedir *non tantum similia, sed et similiter posita.*[436]

213. Esta diferença entre a quantidade e a qualidade também aparece em nosso caso. A parte do mais curto caminho entre duas extremidades também é o mais curto caminho entre as extremidades desta parte; mas a parte do melhor todo não é necessariamente o melhor que se podia fazer desta parte, já que a parte de uma bela coisa não é sempre bela, podendo ser tirada do todo ou tomada no todo de uma maneira irregular. Se a bondade e a beleza sempre consistissem em algo absoluto e uniforme, como a extensão, a matéria, o ouro, a água, e outros corpos considerados homogêneos ou similares, seria preciso dizer que a parte do bom e do belo seria bela e boa como o todo, já que ela sempre seria semelhante ao todo; mais não é assim nas coisas relativas. Um exemplo tomado da geometria será adequado para explicar meu pensamento.

214. Existe uma espécie de geometria que o Sr. Jungius[437], de Hambourg, um dos mais excelentes homens de seu tempo, chamava de *empírica.* Ela se serve de experiências demonstrativas e prova diversas proposições de Euclides, mas particularmente as que observam a igualdade das duas figuras: cortando uma em peças e reunindo estas peças para delas fazer a outra. Desta maneira, cortando em partes, como é preciso, os quadrados dos dois lados do triângulo retângulo, e arranjando, como é preciso, estas partes, se encontra a partir disso o quadrado da

---

[435] "Se juntamos semelhantemente semelhantes com semelhantes, todos são semelhantes."

[436] "Não apenas semelhantes, mas também semelhantemente estabelecidos."O que se está discutindo aqui já havia sido problematizado no texto *De analysi situs,* de1679, e numa vasta correspondência trocada entre Leibniz e Huygens, cujo tema geral era a reconsideração dos fundamentos da geometria euclidiana e cartesiana e assumia também o título geral de sobre a *Characteristica geométrica*; boa parte do que é tema dos *N.E.* livros III e IV Natural que Leibniz passase a tratar dos aspectos qualitativos da ordem e das regras depois de já ter problematizado, do §184 ao §192,o estatuto das verdades eternas e ter apresentado, desde o §202, sua opinião sobre o problema da simplicidade ou economia do "sistema" da natureza, discussão que também deve aparecer quando o problema é o que se entende por melhor (o mais belo e bom) plano possível, seu ponto máximo são os §§225-6.

[437] Joachim Jungius (ou Junge, 1587-1657), matemático, médico, lógico alemão; autor da *Lógica Hamburgensis* (Hamburgo, 1681) e da *Geometria empírica* (s.l.n.d.). Mais abaixo, a proposição citada de Euclides é o teorema de Pitágoras.

hipotenusa; isto significa demonstrar empiricamente a quadragésima sétima proposição do primeiro livro de Euclides. Ora, supondo que algumas destas peças tomadas dos dois quadrados menores se perdem, faltará algo ao grande quadrado, que devemos formar [a partir] dele; e esta composição defeituosa, bem longe de agradar, será de uma feiúra chocante. E se as peças que restaram, e que formam a composição que contém o erro, fossem tomadas separadas sem consideração alguma ao grande quadrado que devem contribuir para formar, seriam ajustadas de forma completamente diferente entre elas para fazer uma composição aceitável. Mas, a partir do momento que as peças perdidas se encontram e que o vazio da composição que contém erro for preenchido, dela resultará uma coisa bela e regular, que é o grande quadrado inteiro, e esta composição perfeita será bem mais bela do que a composição aceitável, que tinha sido feita das únicas peças que não se perderam. A composição perfeita corresponde ao Universo inteiro, e a composição que contém o erro, que é uma parte da perfeita, corresponde a alguma parte do Universo na qual nós encontramos defeitos que o autor das coisas tolerou, porque de outro modo, se ele tivesse desejado reformar esta parte que contém o erro, e dela fazer uma composição aceitável, o todo não teria sido tão belo; pois as partes da composição que contém o erro, melhor ordenadas para fazer disso uma composição aceitável, não poderiam ter sido empregadas como é preciso para formar a composição total e perfeita. Tomás de Aquino pressentiu estas coisas quando disse: "*Ad prudentem gubernatorem pertinet, negligere aliquem defectum bonitatis in parte, ut faciat augmentum bonitatis in Toto*"[438] (Tomás, *Contra gent.*, liv. 3, cap. 71). Thomas Gatakerus[439], em suas *Notas sobre o livro de Marco Aurélio* (liv. 5, cap. 8, no Sr. Bayle), também cita passagens dos autores que dizem que o mal das partes é frequentemente o bem do todo.

---

[438] "Ao governador prudente cabe negligenciar alguma falta (defeito) de bondade na parte para aumentar a bondade do todo".

[439] Thomas Gataker (1574-1654), teólogo e filólogo inglês, autor de uma edição dos *Pensamentos* de Marco Aurélio, com tradução latina e comentário (1652).

215. Voltemos às instâncias do Sr. Bayle. Ele imagina um príncipe (p. 963) que faz construir uma cidade, e que por um falso gosto prefere que ela tenha ares de magnificência e uma aparência arrojada e singular de arquitetura, a fazer com que os habitantes encontrem aí todos os tipos de comodidades. Mas se este príncipe tem uma verdadeira grandeza de alma, preferirá a arquitetura cômoda à arquitetura magnífica. É assim que julga o Sr. Bayle. Eu acreditaria, no entanto, que há casos em que se preferirá, com razão, a beleza da estrutura de um palácio à comodidade de alguns serviçais. Mas reconheço que a estrutura seria imperfeita, por mais bela que pudesse ser, se causasse doenças aos habitantes; contanto que fosse possível fazer uma que fosse melhor, considerando a beleza, a comodidade e a saúde todas juntas. Pois é possível que não possamos ter todas estas vantagens ao mesmo tempo, e que o castelo devendo ser feito de uma estrutura insuportável no caso em que se quisesse construí-lo virado para o lado setentrional da montanha, que é o mais saudável, se preferisse fazê-lo [por fim] ficar de frente para o Sul.

216. O Sr. Bayle objeta ainda que é verdade que nossos legisladores jamais podem inventar regulamentos que sejam cômodos a todos os indivíduos: "*Nulla lex satis commoda omnibus est; id modo quæritur, si majori parti et in summam prodest*"[440] (*Cato apud Livium*, liv. 34, *circa init.*). Mas acontece que a limitação das suas luzes os força a se ligarem a leis que, bem examinadas, são mais úteis do que prejudiciais. Nada daquilo pode convir a Deus, que é tão infinito em poder e em inteligência quanto em bondade e quanto em verdadeira grandeza. Eu respondo que Deus escolhendo o melhor possível, não podemos lhe objetar limitação alguma de suas perfeições; e no Universo não apenas o bem é superior ao mal, mas também o mal serve para aumentar o bem.

217. Ele observa também que os estoicos extraíram uma impiedade deste princípio, dizendo que seria preciso suportar pacientemente os males, visto que eles eram necessários não apenas à saúde e à integridade do Universo, mas também para a felicidade,

[440] "Lei alguma é suficientemente cômoda para todos; quer-se somente que ela seja útil para a maioria e no conjunto." (Op. cit., XXXIV, cap. III).

perfeição e conservação de Deus que o governa. Foi isso que o imperador Marco Aurélio expressou no oitavo capítulo do quinto livro dos seus *Solilóquios*: "*Duplici ratione* – diz ele – *diligas oportet, quicquid evenerit tibi; altera quod tibi natum et tibi coordinatum et ad te quodammodo affectum est; altera quod universi gubernatori prosperitatis et consummationis atque adeo permansionis ipsius procurandæ* (κατὰ παρακολούθησιν) *ex parte causa est.*" [441] Este preceito não é o mais racional dentre os deste grande imperador. Um *diligas oportet*[442] (στέργειν χρὴ não vale nada; uma coisa não se torna desejável por ser necessária e por estar destinada ou ligada a alguém; e aquilo que seria um mal para mim não deixaria de sê-lo porque seria o bem para o meu mestre, se este bem não recaísse sobre mim. O que há de bom no Universo é que, entre outras coisas, o bem geral efetivamente se torna o bem particular daqueles que amam o autor de todo bem. Mas o erro principal deste imperador e dos estoicos era que acreditavam que o bem do Universo devia causar prazer ao próprio Deus, porque eles concebiam Deus como a alma do mundo. Este erro não tem nada de comum com o nosso dogma; Deus, na nossa opinião, é *intelligentia extramundana*, como Marciano Capella o chama, ou melhor *supramundana*.[443] Além do mais, ele age para fazer o bem, e não para recebê-lo. *Melius est dare quam accipere*[444]: sua beatitude é sempre perfeita e não poderia receber qualquer acréscimo, nem de dentro nem de fora.

---

441 "Por duas razões (diz ele) é preciso que você ame tudo o que lhe acontece: uma, ele nasceu para você, coordenado a você, que de qualquer forma se dirige a você; outra, para aquele que governa o Universo essa é uma contribuição parcial para sua prosperidade, para sua perfeição, para sua própria permanência."

442 "É preciso que você estime."

443 "Inteligência extramundana, supramundana". Minneius Felix Martianus Capella (ou Marciano Capela) foi um escritor africano do século IV-V da nossa era, seria nativo de Madaura, segundo Cassiodoro, ou de Cartagena, segundo o que consta no códice de Bamberga. Sua obra mais reconhecidamente importante é o *Satyricon*, prosimetro considerado por diversos autores um exemplo de sátira menipeia; obra dividida em nove livros sendo que os dois primeiros têm por título *De nuptiis Mercurii et Philologiae* ou simplesmente *De nuptiis Philologiae*. A obra de Capella, apesar de ter sido produzida em um período de decadência cultural latino-africanana, transmitiu à Idade Média os conhecimentos dos tempos antigos e foi amplamente utilizada até o Renascimento, quando os textos gregos originais já podiam ser encontrados na Europa; no século IX o seu *De nuptiis Philologiae* foi comentado por Scotus Erígena (cf. nota 297), o que contribuiu ainda mais para seu interesse filosófico.

444 "É melhor dar do que receber" (At 20: 35).

218. Vamos à principal objeção que o Sr. Bayle nos faz a partir do Sr. Arnauld. Ela é complicada, pois eles pretendem que Deus seria obrigado (*nécessité*), que agiria necessariamente se fosse obrigado a criar o melhor; ou pelo menos que não teria o poder (*impuissant*), se não pudesse ter encontrado um expediente melhor para excluir os pecados e os outros males. Com efeito, isso é negar que este Universo seja o melhor, e que Deus seja obrigado a se vincular ao melhor. Nós satisfizemos suficientemente a isso em mais de um lugar; provamos que Deus não pode deixar de produzir o melhor e, supondo isso, resulta que os males que experimentamos não podem ser racionalmente excluídos do Universo, já que estão nele. Vejamos, contudo, o que estes dois excelentes homens nos opõem, ou melhor, vejamos o que o Sr. Bayle objeta, pois ele declara ter aproveitado raciocínios do Sr. Arnauld.

219. "Será possível" – diz ele (*Rép. aux questions d'un provinc.*, t. 3, cap. 151, p. 89) – "que uma natureza cuja bondade, santidade, sabedoria, ciência, poder são infinitos, que ama a virtude soberanamente e que odeia o vício soberanamente, como sua ideia clara e distinta nos faz conhecê-lo, e como quase toda página da Escritura o afirma para nós, não poderia ter encontrado na virtude nenhum meio conveniente e conforme aos seus fins? Seria possível que apenas o vício lhe tivesse oferecido este meio? Ter-se-ia acreditado, ao contrário, que coisa alguma convinha mais a esta natureza do que estabelecer a virtude na sua obra para a exclusão de todo vício." O Sr. Bayle exagera as coisas aqui. Concordamos que algum vício foi ligado ao melhor plano do Universo, mas não concordamos com ele que Deus não pôde encontrar na virtude qualquer meio conforme aos seus fins. Esta objeção teria lugar se não existisse virtude, se o vício ocupasse seu lugar em toda parte. Ele dirá que basta que o vício reine e que em comparação com a virtude é pouca coisa. Mas eu não tenho vontade de admitir isso e acredito que efetivamente, para bem compreendê-lo, há incomparavelmente mais bem moral do que mal moral nas criaturas racionais, das quais nós só conhecemos um número muito pequeno.

220. Este mal não é de fato tão grande nos homens quanto se diz: há apenas pessoas de uma maldade natural (*naturel malin*),

ou pessoas que se tornaram um pouco misantropas devido aos infortúnios, como este Timon[445] de Luciano, que enxergam maldade por toda parte e que envenenam as melhores ações a partir das interpretações que lhes conferem; eu falo daqueles que o fazem seriamente a fim de tirar más consequências disso, das quais sua prática está infectada; pois há quem faça isso só para mostrar a sua perspicácia. Criticou-se isso em Tácito, e é ainda isso que o Sr. Descartes (em uma de suas cartas[446]) julga dizer quanto ao livro *De Cive* do Sr. Hobbes, do qual só se tinha impresso, até então, poucos exemplares para serem distribuídos aos amigos, mas que foi aumentado pelas notas do autor na segunda edição que nós temos. Pois, ainda que o Sr. Descartes reconheça que este livro tenha sido escrito por um homem hábil, observa aí princípios e máximas muito perigosos, em que se supõe todos os homens maus, ou que lhes seja dado motivo de sê-lo. O falecido Sr. Jakob Thomasius[447] dizia, em suas belas *Tábuas da filosofia prática*, que o πρῶτον ψεῦδος, o princípio dos erros deste livro do Sr. Hobbes era que ele tomava *statum legalem pro naturali*, isto é, que o estado corrompido lhe servia de medida e de regra, enquanto é o estado mais conveniente à natureza humana que Aristóteles tivera em vista. Pois, segundo Aristóteles, chamamos de natural àquilo que é o mais conveniente à perfeição da natureza da coisa; mas o Sr. Hobbes chama de o *estado de natureza* (*état naturel*) àquele que tem menos de arte, não considerando talvez que a natureza humana em sua perfeição traz a arte com ela. Mas a questão de nome, isto é, daquilo que se pode chamar de natural, não seria de grande importância, se Aristóteles e Hobbes não ligassem a isso a noção do Direito Natural, cada um segundo sua significação. Eu disse acima que eu encontrava no livro sobre a *Falsidade das*

[445] Timon de Atenas, personagem histórico ou semilendário do século V a.C.; encenado em Timon ou O Misantropo, um dos diálogos de Luciano, célebre autor satírico que, apesar de escrever sua obra em grego, era sírio (125-192 d.C).

[446] *Lettre au Père* (1643?), edição de Adam-Tannery, t. IV, carta 333, p. 67. O *De Cive* de Hobbes, terceira seção dos seus *Elementos de Filosofia*, foi publicado em Paris em 1642 e reeditado em Amsterdã em 1647.

[447] Sobre Thomasius, cf. nota 446. A obra citada se intitula *Philosophia pratica, continuis tabellis in usum privatum comprehensa*, Leipzig, 1661. Mais adiante: "ele tomava o estado de direito (estado civil) pelo estado de natureza".

virtudes humanas[448] o mesmo defeito que o Sr. Descartes encontrou no *De Cive* do Sr. Hobbes.

221. Mas vamos supor que o vício supere a virtude no gênero humano, como supomos que o número dos reprovados supere o dos eleitos; não se segue de forma alguma que o vício e a miséria superem a virtude e a felicidade no Universo; preferivelmente é preciso julgar totalmente o contrário, porque a cidade de Deus deve ser o mais perfeito de todos os Estados possíveis, já que foi formado e sempre é governado pelo maior e melhor de todos os monarcas. Esta resposta confirma o que eu observei acima, quando falei sobre a conformidade da fé e da razão; a saber, que uma das maiores fontes do paralogismo das objeções é que se confunde o aparente com o verdadeiro; o aparente, digo eu, não absolutamente tal como ele resultaria de uma discussão exata dos fatos, mas tal como ele foi tirado da pequena dimensão das nossas experiências; pois seria irracional querer opor aparências tão imperfeitas e tão pouco fundadas às demonstrações da razão e às revelações da fé.

222. No mais, nós já observamos que o amor pela virtude e o ódio pelo vício, que tendem indefinidamente a propiciar a existência da virtude, e a impedir a do vício, são apenas vontades antecedentes, tanto quanto a vontade de propiciar a felicidade de todos os homens, e de impedir a sua miséria. E estas vontades antecedentes não fazem senão uma parte de todas as vontades antecedentes de Deus tomadas juntas, cujo resultado faz a vontade consequente, ou o decreto de criar o melhor; e é por este decreto que o amor pela virtude e pela felicidade das criaturas racionais, que é indefinido por si, e vai tão longe quanto é possível, recebe algumas pequenas limitações, por causa da consideração que é preciso ter quanto ao bem em geral. É assim que é preciso entender que Deus ama soberanamente a virtude e odeia soberanamente o vício, e que, contudo, algum vício deve ser permitido.

223. O Sr. Arnauld e o Sr. Bayle parecem pretender que este método de explicar as coisas e de estabelecer um melhor entre todos os planos do Universo, e que não possa ser superado por nenhum outro, limita o poder de Deus. "Você pensou bem" – diz

448 Cf. nota 178.

o Sr. Arnauld ao R. P. Malebranche (*Réflexions sur le nouveau système de la nature et de la grâce*, t. 2, p. 385) – "que ao sugerir tais coisas vai começar a derrubar o primeiro artigo do símbolo, a partir do qual nós fazemos profissão de acreditar em Deus o Pai Todo-Poderoso?" Ele já tinha dito antes (p. 362): "Pode-se pretender cegar a si mesmo sem querer, [assumindo] que uma conduta que não pôde existir sem esta sequência desagradável, que é a de que a maioria dos homens se perde, comporta mais a característica da bondade de Deus do que uma outra conduta que, se Deus o tivesse seguido, teria sido a causa por que todos os homens se salvariam?" E como o Sr. Jaquelot não se distancia dos princípios que acabamos de expor, o Sr. Bayle lhe faz objeções semelhantes (*Rép. aux questions d'un provinc.*, t. 3, cap. 1.561, p. 900,). "Se adotamos tais esclarecimentos – diz ele –, vemos-nos constrangidos a renunciar às noções mais evidentes sobre a natureza do Ser soberanamente perfeito. Elas nos ensinam que todas as coisas que não implicam contradição lhe são possíveis, que consequentemente lhe é possível salvar pessoas que ele não salva; pois que contradição resultaria do fato que o número dos eleitos fosse maior do que ele é? Elas nos ensinam que como ele é soberanamente feliz, ele não possui vontades que não possa executar. Qual o modo, então, de compreender que ele queira salvar todos os homens e que ele não o possa? Nós procuramos alguma luz que nos tirasse dos embaraços em que nos encontramos ao comparar a ideia de Deus com o estado do gênero humano, e eis que nos são oferecidos esclarecimentos que nos lançam nas trevas mais espessas."

224. Todas estas oposições se desvanecem a partir da exposição que acabamos de fornecer. Eu continuo de acordo com o princípio do Sr. Bayle, e é também o meu, que tudo o que não implica contradição é possível. Mas, para nós, que sustentamos que Deus fez o melhor que era possível fazer, ou que não podia fazer melhor do que fez e que julgamos que ter uma outra opinião de sua obra total seria ferir sua bondade ou sua sabedoria, é preciso dizer que fazer algo que supere em bondade o efetivamente melhor implica contradição. Isto seria como se alguém pretendesse que Deus pudesse traçar de um ponto a um outro uma linha mais curta do que

a linha reta, e acusasse os que o negam de derrubar o artigo da fé, segundo o qual nós acreditamos em Deus o Pai Todo-Poderoso.

225. A infinidade dos possíveis, independente de quão grande ela seja, não é mais do que a da sabedoria de Deus, que conhece todos os possíveis. Pode-se até dizer que se esta sabedoria não supera os possíveis extensivamente, já que os objetos do entendimento não poderiam ir além do possível, que em um sentido é apenas inteligível, ela os supera intensivamente por causa das combinações infinitamente infinitas que faz dele, e na mesma proporção de reflexões que ela faz a este respeito. A sabedoria de Deus, não contente de abarcar todos os possíveis, penetra-os, compara-os, pesa uns em relação aos outros, para estimar os graus de perfeição ou de imperfeição deles, o forte e o fraco, o bem e o mal; ela vai até para além das combinações finitas, ela faz uma infinidade de infinitos, isto é, uma infinidade de sequências possíveis do universo, das quais cada uma contém uma infinidade de criaturas; e por este meio a sabedoria divina distribui todos os possíveis que já tinha considerado à parte no mesmo tanto de sistemas universais, que ela compara também entre eles; e o resultado de todas estas comparações e reflexões é a escolha do melhor dentre todos estes sistemas possíveis, que a sabedoria faz para satisfazer plenamente a bondade, o que é justamente o plano do universo atual. E todas estas operações do entendimento divino, embora tenham entre elas uma ordem e uma prioridade de natureza, se fazem sempre de uma só vez, sem que haja entre elas qualquer prioridade de tempo.

226. Ao considerar com atenção estas coisas, espero que se tenha uma outra ideia quanto à grandeza das perfeições divinas, e sobretudo quanto à sabedoria e à bondade de Deus, o que não poderiam ter os que fazem Deus agir como ao acaso, sem motivo e sem razão. E não vejo como poderiam evitar uma opinião tão estranha, a menos que reconhecessem que há razões para a escolha de Deus e que estas razões são tiradas da sua bondade; donde necessariamente segue que o que foi escolhido teve a vantagem da bondade sobre o que não foi escolhido, e consequentemente, que ele é o melhor de todos os possíveis. O melhor não poderia ser superado em bondade, e não se limita o poder de Deus quando se

diz que ele não poderia fazer o impossível. É possível, dizia o Sr. Bayle, que exista plano melhor do que aquele que Deus executou? Responde-se que é bem possível e mesmo necessário, a saber, que não exista; de outro modo, Deus o teria preferido.

227. Nós demonstramos suficientemente, ao que parece, que entre todos os planos possíveis do universo existe um melhor do que todos os outros, e que Deus não deixou de escolhê-lo. Mas o Sr. Bayle pretende inferir disso que, portanto, ele não é livre. Eis como ele fala sobre isso (*ubi supra*, cap. 151, p. 899): "Acreditava-se disputar com um homem que supunha como nós que a bondade e que o poder de Deus são infinitos, assim como sua sabedoria; e se vê que, propriamente falando, este homem supõe que a bondade e que o poder de Deus estão encerrados dentro de limites bastante estreitos." Quanto a isso, já foi resolvido; não se colocam quaisquer limites ao poder de Deus, pois se reconhece que ele se estende *ad maximum, ad omnia*[449], a tudo aquilo que não implica contradição alguma; e não se coloca para sua bondade, pois ela vai ao melhor, *ad optimum*. Mas o Sr. Bayle continua: "Não existe, então, liberdade alguma em Deus, ele é obrigado (*nécessité*) por sua sabedoria a criar, e em seguida a criar precisamente uma determinada obra, e, por fim, a criá-la precisamente por determinadas vias. São três servidões que formam um *fatum* mais que estoico, e que tornam impossível tudo aquilo que não está na sua esfera. Parece que, segundo este sistema, Deus poderia ter dito, antes mesmo de formar estes decretos: Eu não posso salvar este homem nem danar aquele outro, *quippe vetor fatis*[450], minha sabedoria não o permite."

228. Eu respondo que é a bondade, a fim de se disseminar, que leva Deus a criar; e esta mesma bondade, unida à sabedoria, o leva a criar o melhor; isso compreende toda a sequência, o efeito e as vias. Ela o leva a isso sem obrigá-lo (*le nécessiter*), pois ela não torna impossível o que não faz escolher. Chamar a isto de *fatum* é tomá-lo em um bom sentido, que não é contrário à liberdade: *Fatum* vem de *fari*, falar, pronunciar; significa um julgamento, um decreto de Deus, o veredicto de sua sabedoria. Dizer que não se pode fazer

[449] "Ao máximo, a todas as coisas".

[450] "Pois sou impedido pelos destinos (pelas deusas do destino)." (Virgílio, *Eneida*, I, 39).

uma coisa, apenas porque não a queremos, é abusar dos termos. O sábio só quer o bom; ora é uma servidão quando a vontade age conforme a sabedoria? E se pode ser menos escravo quando se age por sua própria escolha seguindo a mais perfeita razão? Aristóteles dizia que se está em uma servidão natural (*natura servus*)[451] quando se está sem direção, quando se necessita ser governado. A escravidão vem de fora; ela leva ao que desagrada, e, sobretudo, ao que desagrada com razão; pois, a força de outrem e nossas próprias paixões nos tornam escravos. Deus jamais é movido por algo que esteja fora dele, tampouco está sujeito às paixões internas, e jamais é conduzido ao que possa lhe causar desagrado. Parece, então, que o Sr. Bayle dá nomes odiosos às melhores coisas do mundo, e inverte as noções quando chama de escravidão o estado da maior e da mais perfeita liberdade.

229. Ele também tinha dito um pouco antes (cap. 151, p. 891): "Se a virtude ou algum outro bem que seja tivesse tido a mesma conveniência que o vício para com os fins do Criador, o vício não teria tido a preferência; é preciso, então, que ele tenha sido o único meio do qual o Criador possa ter se servido; portanto, foi empregado por pura necessidade. Logo, como ele ama sua glória não por uma liberdade de indiferença, mas necessariamente, é preciso que ame necessariamente todos os meios sem os quais não poderia manifestar sua glória. Acontece que se o vício, na qualidade de vício, foi o único meio de atingir este objetivo, resultará que Deus ame necessariamente o vício, na qualidade de vício; o que não pode ser pensado sem horror, e ele nos revelou completamente o contrário." Ao mesmo tempo, observa que certos doutores supralapsários, como Retorfort[452], por exemplo, negaram que Deus quer o pecado na qualidade de pecado, enquanto reconheceram que ele quer permissivamente o pecado, na qualidade de passível de punição e perdão; mas ele lhes objeta que uma ação só é passível de punição e perdão na qualidade de viciosa.

230. O Sr. Bayle supõe falsamente nas palavras que acabamos de ler, e obtém falsas consequências. Não é verdade que Deus ame

[451] Aristóteles, *Política*, I, 13, 1260 a.

[452] Cf. nota 407.

sua glória necessariamente, se entendemos por isso que ele é levado necessariamente a fazer com que sua glória seja obtida a partir das criaturas. Pois se isso acontecesse, sempre e por toda parte faria obter esta glória. O decreto de criar é livre: Deus é levado a todo bem; o bem, e mesmo o melhor, o inclina a agir; mas não o obriga (*nécessite*); pois sua escolha não torna impossível aquilo que é distinto do melhor; isso não faz com que o que Deus omite implique contradição. Há em Deus, então, uma liberdade isenta não só de coação, mas também de necessidade; eu quero dizer, de necessidade metafísica; pois é uma necessidade moral que o mais sábio seja obrigado a escolher o melhor. O mesmo acontece com os meios que Deus escolheu para chegar à sua glória. No que diz respeito ao vício, foi mostrado acima que ele não é um objeto do decreto de Deus, como meio, mas como condição *sine qua non*; e que é por isto que ele é apenas permitido. Tem-se também menos direito de dizer que o vício é o único meio; ele seria no máximo um dos meios, mas um dos menores entre uma infinidade de outros.

231. "Outra consequência horrível – continua o Sr. Bayle – a fatalidade de todas as coisas reaparece; Deus não será livre para arranjar de uma outra maneira os eventos, pois o meio que escolheu para manifestar sua glória era o único conveniente à sua sabedoria." Esta suposta fatalidade ou necessidade é apenas moral, como acabamos de mostrar; ela não diz respeito à liberdade; ao contrário, ela supõe o seu melhor uso: ela não faz com que os objetos que Deus não escolheu sejam impossíveis. "O que, então, virá a ser – acrescenta ele – o livre (*franc*) arbítrio do homem? Não seria necessário e fatal que Adão pecasse? Pois se ele não tivesse pecado, teria derrubado o único plano que Deus tinha feito para si necessariamente." Isto ainda é abusar dos termos. Adão pecando livremente era visto por Deus entre as ideias dos possíveis, e Deus decidiu admiti-lo à existência tal como ele o viu: este decreto não muda a natureza dos objetos; ele não torna necessário o que era contingente em si, nem impossível o que era possível.

232. O Sr. Bayle continua (p. 892): "O sutil [Duns] Escoto[453] afirma com muito discernimento que se Deus não tivesse liberdade

[453] Duns Scot, cf. nota 43.

de indiferença, criatura alguma poderia ter esta espécie de liberdade." Eu continuo de acordo com isso, contanto que não se queira dizer uma indiferença de equilíbrio, em que não exista razão alguma que incline mais para um lado do que para o outro. Mais abaixo, no capítulo 168, página 1111, o Sr. Bayle reconhece que aquilo a que chamamos de *indiferença* não exclui as inclinações e os prazeres agradáveis. Basta, então, que não exista necessidade metafísica na ação conhecida como livre, isto é, basta que se escolha entre vários partidos possíveis.

233. Ele ainda continua, no dito capítulo 157, página 893: "Se Deus não é determinado a criar o mundo por um movimento livre de sua bondade, mas pelo interesse de sua glória, que ele ama necessariamente e que é a única coisa que ele ama, pois ela não é diferente de sua substância; e se o amor que ele tem por si próprio o obrigou (*l'a nécessité*) a manifestar sua glória pelo meio mais conveniente, e se a queda do homem foi este meio; é evidente que esta queda aconteceu por toda necessidade, e que a obediência de Eva e de Adão às ordens de Deus era impossível." Sempre o mesmo abuso. O Amor que Deus dirige para si lhe é essencial, mas o amor da sua glória ou a vontade de disseminá-la não o é de forma alguma; o amor que tem por si próprio não obrigou (*nécessité*) as ações externas, elas foram livres; e como havia planos possíveis, em que os primeiros ancestrais não pecariam, seu pecado não era, então, necessário. Por fim, nós dizemos, com efeito, aquilo que o Sr. Bayle admite aqui: que Deus se determinou a criar o mundo por um movimento livre de sua bondade, e acrescentamos que este mesmo movimento o levou ao melhor.

234. A mesma resposta tem lugar contra o que o Sr. Bayle diz (cap. 165, p. 1.071): "O meio mais apropriado para alcançar um fim é necessariamente único (está muito bem dito, ao menos no caso em que Deus escolheu). Então, se Deus foi invencivelmente levado a se servir deste meio, se serviu dele necessariamente" (certamente ele foi levado a isso, ele foi determinado a isso, ou melhor, se determinou a isso; mas o que é certo nem sempre é necessário, ou absolutamente invencível; a coisa podia ir de outro modo, mas não aconteceu, e com motivo. Deus escolheu

entre diferentes partidos [e] todos possíveis; deste modo, metafisicamente falando, ele podia escolher ou fazer o que não fosse o melhor; mas moralmente falando não o podia. Utilizemos uma comparação de geometria: o melhor caminho de um ponto a outro – abstraindo os impedimentos e outras considerações acidentais do meio – é único; é aquele que vai pela linha mais curta, que é a reta. No entanto, há uma infinidade de caminhos de um ponto a outro. Não há, portanto, necessidade alguma que me obrigue a ir por uma linha reta; mas assim que eu escolho o melhor, sou determinado a ir por ele, embora isso não seja senão uma necessidade moral no sábio; é por isso que as consequências seguintes caem). "Logo, ele só pôde fazer o que fez. Logo, o que não aconteceu, ou jamais acontecerá, é absolutamente impossível" (estas consequências caem, digo, pois como há muitas coisas que jamais aconteceram e jamais acontecerão, e que, todavia, são concebíveis distintamente, e não implicam qualquer contradição, como se pode dizer que elas são absolutamente impossíveis? O próprio Sr. Bayle refutou isso em uma passagem contrária aos espinosanos que citamos acima e ele reconheceu diversas vezes que não existe impossível a não ser aquilo que implica contradição: agora ele muda de estilo e de termos). "Logo, a perseverança de Adão na inocência sempre foi impossível; então, sua queda era absolutamente inevitável, e mesmo antes do decreto de Deus, pois implicaria contradição que Deus pudesse querer uma coisa oposta à sua sabedoria; no fundo, isso é o mesmo que dizer: isso é impossível a Deus; e dizer: Deus o poderia fazer, se ele quisesse, mas não pode querê-lo" (isso significa abusar dos termos em um sentido, quando se diz aqui: pode-se querer, deseja-se querer; o poder se relaciona aqui às ações que se quer. No entanto, não implica contradição que Deus queira, diretamente ou permissivamente, uma coisa que não implica tal, e, neste sentido, é permitido dizer que Deus pode querê-la).

235. Em uma palavra, quando se fala da possibilidade de uma coisa, não está em questão causas que devem fazer ou impedir que ela exista atualmente; de outro modo, se mudaria a natureza dos termos, e a distinção entre o possível e o atual se tornaria inútil,

como fazia Abelardo e como Wycliffe[454] parece ter feito depois dele, o que os fez cair sem necessidade alguma em expressões incômodas e chocantes. É por isso que quando se pergunta se uma coisa é possível ou necessária, e que se faz incluir nisso a consideração daquilo que Deus quer ou escolhe, muda-se de questão. Pois Deus escolhe entre os possíveis e é por isso que ele escolhe livremente, e que ele não é obrigado; não haveria escolha nem liberdade se houvesse apenas um único partido possível.

236. É preciso ainda responder aos silogismos do Sr. Bayle, a fim de nada negligenciar quanto ao que um homem tão hábil contrapôs; eles se encontram no capítulo 151 de sua *Resposta às questões de um provinciano*, t. 3, p. 900, 901.

PRIMEIRO SILOGISMO

"Deus não pode querer nada que seja contrário ao amor necessário que ele tem pela sabedoria.

Acontece que a salvação de todos os homens é contrária ao amor necessário que Deus tem por sua sabedoria.

Logo, Deus não pode querer a salvação de todos os homens."[455]

237. A [premissa] maior é evidente por si própria; pois não se pode nada, cujo contrário seja necessário. Mas não se pode admitir a menor; pois embora Deus ame necessariamente sua sabedoria, as ações para onde sua sabedoria o leva não deixam de ser livres e os objetos para onde sua sabedoria não o leva não deixam de ser possíveis. Além do fato que a sabedoria o levou a querer a salvação de todos os homens, mas não de uma vontade consequente e decretória. E esta vontade consequente, não sendo senão um resultado das vontades livres antecedentes, não pode deixar de ser livre também.

---

[454] Cf. nota 162.

[455] As premissas são geralmente definidas por seus termos em relação à conclusão; a que possui o predicado da conclusão chama-se premissa maior e a que contém o sujeito da conclusão chama-se premissa menor; assim, temos: A (Deus não pode querer) é B (algo contrário ao amor necessário que ele tem pela sabedoria) – premissa menor –, C (A salvação dos homens) é B – premissa maior –; logo, A é C. A refutação deste silogismo pode ser melhor compreendida a partir do que Leibniz afirma nos §§ 21 a 23 da primeira parte.

SEGUNDO SILOGISMO

"A obra mais digna da sabedoria de Deus compreende entre outras coisas o pecado de todos os homens, e a danação eterna da maioria dos homens.

Acontece que Deus quer necessariamente a obra mais digna de sua sabedoria.

Logo, ele quer necessariamente a obra que compreende, entre outras [coisas], o pecado de todos os homens e a danação eterna da maioria dos homens."[456]

Admite-se a maior, mas nega-se a menor. Os decretos de Deus são sempre livres, embora Deus sempre seja levado a isso por razões que consistem na visão do bem; pois ser forçado (*nécessité*) moralmente pela sabedoria, ser obrigado pela consideração do bem, é ser livre, é não ser forçado (*nécessité*) metafisicamente. E apenas a necessidade metafísica, como observamos tantas vezes, é contrária à liberdade.

238. Eu não analiso os silogismos que o Sr. Bayle objeta no capítulo seguinte (cap. 152) contra o sistema dos supralapsários e particularmente contra o discurso que Teodoro de Béze fez no colóquio de Montbéliard[457], no ano de 1586. Estes silogismos têm quase o mesmo defeito que aqueles que acabamos de analisar; mas reconheço que o próprio sistema de Béze não satisfaz. Este colóquio, além do mais, só serviu para aumentar as agruras dos partidos. "Deus criou o mundo para a sua glória; sua glória não é conhecida – segundo Béze[458] – se sua misericórdia e sua justiça não são declaradas; por este motivo ele declarou alguns determinados homens [portadores] de pura graça à vida eterna, e alguns por justo julgamento à danação eterna. A misericórdia pressupõe a miséria, a justiça pressupõe

[456] A (A obra mais digna de Deus) é B (inclui o pecado de todos os homens e a danação eterna da maioria dos homens)-premissa maior –, C (Deus quer) é A – premissa menor –; logo, C é B. Tanto a premissa menor do primeiro silogismo quanto a do segundo são refutadas a partir da consideração da liberdade de Deus.

[457] Cf. nota 27.

[458] Théodore de Bèze (1519-1605); um dos principais colaboradores de Calvino e seu sucessor à frente dos reformados.

a culpa (ele podia acrescentar que também a miséria supõe a culpa). No entanto, Deus sendo bom, verdadeiramente a própria bondade, criou o homem bom e justo, mas mutável, e que pode pecar por sua livre vontade (*franche volonté*). O homem não caiu sem ponderação ou temerariamente, nem pelos motivos ordenados por algum outro deus, segundo os maniqueístas, mas pela providência de Deus; contudo, de tal forma que Deus não foi envolvido na [sua] falha; desde que o homem não fosse constrangido a pecar."

239. Este sistema não é dos mais bem concebidos; ele não é muito apropriado para fazer ver a sabedoria, a bondade e a justiça de Deus; e felizmente está quase abandonado hoje em dia. Se não houvesse outras razões mais profundas, capazes de levar Deus à permissão da culpa, fonte da miséria, não haveria nem culpa nem miséria no mundo, pois as que são alegadas aqui não bastam. Ele declararia melhor sua misericórdia impedindo a miséria, e declararia melhor sua justiça impedindo a culpa, sustentando a virtude, recompensando-a. Não se vê também como aquele que não só faz com que um homem possa cair, mas que dispõe as circunstâncias de modo que contribuam para fazê-lo cair, não seja culpado disso, se não há outras razões que o obriguem a isso. Mas quando se considera que Deus, perfeitamente bom e sábio, deve ter produzido toda a virtude, bondade, felicidade, cujo melhor plano do universo é capaz; e que frequentemente um mal em algumas partes pode servir a um maior bem do todo; facilmente se julga que pode ter dado lugar à infelicidade, e até permitido a culpa, como ele fez, sem poder ser censurado por conta disso. Este é o único remédio que satisfaz o que falta a todos os sistemas, de qualquer maneira que se organize os decretos. Santo Agostinho já favoreceu estes pensamentos, e pode se dizer da Eva aquilo que o poeta diz da mão de Mucius Scævola:

Si non errasset, fecerat illa minus.[459]

[459] "Se não tivesse errado, ela (sua mão) não teria feito tão grandes coisas". (Martial, *Epigramas*, I, 22, 8).

240. Eu acho que o célebre prelado inglês, que escreveu um livro engenhoso sobre a origem do mal[460], do qual algumas passagens foram combatidas pelo Sr. Bayle no segundo tomo de sua *Resposta às questões de um provinciano*, embora ele pareça distante de algumas impressões que eu sustentei aqui, e parece recorrer algumas vezes a um poder despótico, como se a vontade de Deus não seguisse as regras da sabedoria no que diz respeito ao bem ou ao mal, mas decidisse arbitrariamente que uma tal ou tal coisa deve passar por boa ou má; e como se mesmo a vontade da criatura, enquanto livre, não escolhesse porque o objeto lhe parece bom, mas por uma determinação puramente arbitrária, independente da representação do objeto; este bispo, digo, não deixa de dizer em outros lugares coisas que parecem mais favoráveis à minha doutrina que ao que parece contrário na sua. Ele diz que aquilo que uma causa infinitamente sábia e livre escolheu é melhor do que o que ela não escolheu. Isso não significa reconhecer que a bondade é o objetivo e a razão de sua escolha? Neste sentido, será muito bem dito aqui:

Sic placuit superis, quærere plura nefas.[461]

---

[460] Com prelado inglês, Leibniz se refere ao arcebispo de Dublin, William King; cf. notas 44 e 709.

[461] "Assim foi do agrado dos deuses; querer mais é sacrilégio."

Terceira Parte

241. Nós nos encontramos enfim desembaraçados da causa moral do mal moral: o mal físico, isto é, as dores, os sofrimentos, as misérias, nos embaraçarão menos, se forem [considerados] consequências do mal moral. *Pœna est malum passionis, quod infligitur ob malum actionis*[462], segundo Grotius. Padecemos porque agimos; sofremos do mal porque fazemos o mal:

> *Nostrorum causa malorum*
> *Nos sumus.*[463]

É verdade que frequentemente se sofre pelas más ações de outrem; mas quando não se tem parte no crime, deve-se ter por certo que estes sofrimentos nos preparam uma felicidade maior. A questão do mal físico, isto é, da origem dos sofrimentos, tem dificuldades comuns àquela da origem do mal metafísico, para a qual os monstros e outras irregularidades aparentes do Universo fornecem exemplos. Mas é preciso considerar que mesmo os sofrimentos e os monstros fazem parte da ordem; e convém considerar não apenas que vale mais admitir estes defeitos e estes monstros

[462] "A pena é o mal sofrimento, que é infligido por conta de uma má ação."

[463] "Nós mesmos somos a causa dos nossos males."

do que violar as leis gerais, como raciocina algumas vezes o R. P. Malebranche; mas também que estes mesmos monstros fazem parte da regra e se encontram conformes à vontade geral, embora não sejamos capazes de distinguir esta conformidade. Como há algumas vezes a aparência de irregularidade nas matemáticas, que termina por fim em uma grande ordem quando nos aprofundamos suficientemente: por esse motivo, já observei acima que nos meus princípios todos os eventos individuais, sem exceção, são consequências da vontade geral.

242. Não se deve admirar que eu me esforce por esclarecer estas coisas a partir de comparações tomadas da matemática pura, onde tudo segue conforme à ordem, e onde há meios de distingui-la por uma meditação exata que nos faz deleitar, por assim dizer, com a visão das ideias de Deus. Pode-se propor uma sequência ou *series*[464] de números com aparência totalmente irregular, onde os números de forma variada crescem e diminuem sem que pareça ter ordem alguma; e, no entanto, aquele que souber o código cifrado, e que compreender a origem e a construção desta sequência de números, poderá dar uma regra, a qual sendo bem compreendida, fará ver que a *series* é totalmente regular, e que ela de fato tem belas propriedades. Pode-se tornar isso ainda mais visível a partir das linhas: uma linha pode ter voltas e reviravoltas, altos e baixos, pontos de inversão e pontos de inflexão, interrupções e outras variedades, de tal modo que não se vê aí nem pé nem cabeça, sobretudo ao considerar apenas uma parte da linha; e, contudo, talvez se possa dar a equação e a construção dela, na qual um geômetra encontraria a razão e a conveniência de todas estas supostas irregularidades; e aí está o como é preciso considerar também aquilo que diz respeito aos monstros, e outros supostos defeitos no Universo.

243. É neste sentido que se pode empregar esta bela sentença de são Bernardo (*Epist.* 276, *ad Eugen.* III): *Ordinatissimum est minus interdum ordinate fieri aliquid.*[465] Faz parte da grande ordem que haja

[464] Aqui e pouco mais abaixo Leibniz utiliza a palavra latina *series* (ei): substantivo feminino *singular* que significa série, encadeamento, conexão, ordenamento, enfileiramento, sequência.

[465] "Ordenadíssimo (de extrema regularidade) é que às vezes aconteça algo menos ordenadamente". Quanto a são Bernardo (1090-1153), nasceu em Fontaigne, na Borgonha, foi o abade fundador da Abadia de Clairvaux; o texto citado (*Patrologia Latina*, t. 182, col. 482) foi

alguma pequena desordem; e pode-se dizer que quanto ao todo esta pequena desordem não é mais que aparente, e que em relação à felicidade daqueles que se colocam no caminho da ordem [ela] não é aparente.

244. Ao falar dos monstros, eu incluo ainda um grande número de outros defeitos aparentes. Nós conhecemos quase exclusivamente a superfície do nosso globo, não adentramos muito no seu interior, não mais que algumas centenas de metros (*toises*)[466]: o que encontramos nesta crosta do globo parece o efeito de algumas grandes perturbações. Parece que este globo um dia foi [coberto] de fogo, e que os rochedos que formam a base desta crosta da Terra são as escórias[467] que sobraram de uma grande fusão: encontram-se nas suas entranhas produções de metais e de minerais que se assemelham muito àquelas que vêm dos nossos fornos; e todo o mar pode ser uma espécie de *oleum per deliquium*[468], como o óleo do tártaro é feito em um lugar úmido. Pois quando a superfície da terra foi resfriada depois de um grande incêndio, a umidade que o fogo tinha levado para o ar caiu sobre a terra, lavou sua superfície, e dissolveu e absorveu o sal fixado nas cinzas e, por fim, preencheu esta grande cavidade da superfície do nosso globo para fazer o oceano cheio de água salgada.

245. Mas, depois do fogo, é preciso considerar que a terra e a água continuaram produzindo destruições. Talvez a crosta formada pelo resfriamento, que tinha sob ela grandes cavidades, tenha caído, de modo que nós habitamos apenas sobre as ruínas, como observou muito bem, entre outros, o Sr. Thomas Burnet[469], cape-

---

traduzido por Leibniz. Boa parte do que será dito a partir de agora será o resultado de investigações que também aparecerão sistematizados na *Protogaea*, que só foi publicada em 1794 mas que tem uma espécie de resumo publicado nas *Actas Eruditorum* em 1693.

[466] *Toises*: antiga medida francesa de cumprimento que vale 1,949 m.

[467] O termo francês *scories* tem como correspondente português *escórias*, trata-se de termo usado em Geologia: resíduo silicoso proveniente da fusão de certas matérias (p. ex., a hulha) ou produto do vulcão que se assemelha a esse resíduo.

[468] Do latim *oleum*-óleo, azeite-e *deliquo*-decantar, transvasar –; daí: "óleo obtido por decantação".

[469] Thomas Burnet (1635-1715), teólogo e geólogo escossês, correspondente de Leibniz; dentre suas obras temos: *Telluris theoria sacra, orbis nostri originem et mutationes generales quas aut jam subiit aut olim subiturs est complectens*, 1681-1689 (essa obra foi analisada por Buffón em sua

lão do falecido rei da Grã-Bretanha; e vários dilúvios e inundações deixaram sedimentos, dos quais se encontram traços e restos que fazem ver que o mar esteve em lugares que são hoje os mais distantes. Mas estas perturbações finalmente cessaram, e o globo tomou a forma que nós vemos. Moisés insinua estas grandes mudanças com poucas palavras: a separação da luz e das trevas indica a fusão causada pelo fogo; e a separação do úmido e do seco marca os efeitos das inundações. Mas quem não vê que senão estas desordens serviram para conduzir as coisas ao ponto onde se encontram presentemente, que nós lhes devemos nossas riquezas e nossas comodidades, e que é por meio delas que este globo se tornou apropriado para ser cultivado por nossos cuidados? Estas desordens se encaminharam para a ordem. As desordens, verdadeiras ou aparentes, que nós vemos de longe, são as manchas do Sol e os cometas; mas não sabemos as utilidades que elas têm, nem o que existe de regrado [nelas]. Houve um tempo em que os planetas passavam por estrelas errantes, agora se entende que o movimento deles é regular; talvez seja do mesmo modo com os cometas; a posteridade o saberá.

246. Não se conta entre as desordens a desigualdade de condições, e o Sr. Jaquelot tem razão ao perguntar, àqueles que queriam que tudo fosse igualmente perfeito, por que as rochas não são coroadas de folhas e de flores, por que as formigas não são pavões. E se fosse preciso a igualdade por toda parte, o pobre apresentaria uma reivindicação contra o rico, e o servo contra o senhor. Não é preciso que os tubos de um conjunto de órgão [musical] sejam iguais. O Sr. Bayle dirá que há diferença entre uma privação do bem e uma desordem; entre uma desordem nas coisas inanimadas, a qual é puramente metafísica, e uma desordem nas criaturas racionais, a qual consiste no crime e nos sofrimentos. Ele tem razão em distingui-las, e nós temos razão de colocá-las juntas. Deus não negligencia as coisas inanimadas; elas são insensíveis, mas Deus é sensível por elas. Ele não negligencia os animais; eles não têm inteligência, mas Deus tem por eles. Ele se reprovaria pelo menor

Teoria da terra); *Archeologia philosophica, sive doctrina antiqua de rerum originibus*, 1692, obra em que ele tentava colocar sua teoria geológica em acordo com o texto do *Gênesis*.

defeito verdadeiro que existisse no Universo, ainda que não fosse percebido por ninguém.

247. Ao que parece, o Sr. Bayle não aprova que as desordens que podem estar nas coisas inanimadas entrem em comparação com aquelas que atrapalham a paz e a felicidade das criaturas racionais; nem que se justifique em parte a permissão do vício a fim de evitar o desarranjo das leis do movimento. Disso se poderia concluir que, segundo ele (*Réponse posthume à M. Jaquelot*, p. 183), "Deus não criou o mundo senão para fazer ver seu infinito conhecimento da Arquitetura e da Mecânica, sem que o seu atributo de amigo da virtude e de bom tenha tido parte alguma na construção desta grande obra. Este Deus não se afetaria senão pelo conhecimento; ele preferiria deixar se extinguir todo o gênero humano do que admitir que alguns átomos se movimentem mais rápido ou mais lentamente do que as leis gerais o exigem". O Sr. Bayle não teria feito esta oposição se tivesse sido informado do sistema da harmonia geral que eu concebo, e que pretende que o reino das causas eficientes e o das causas finais são paralelos entre si; que Deus não tem menos a qualidade de melhor monarca do que a de maior arquiteto; que a matéria está disposta de modo que as leis do movimento servem ao melhor governo dos espíritos; e que se descobrirá, por conseguinte, que se obteve o máximo de bem que é possível, contanto que contemos os bens metafísicos, físicos e morais juntos.

248. Mas, dirá o Sr. Bayle, Deus podendo modificar uma infinidade de males com um pequeno milagre, por que não o empregou? Ele dá tantos auxílios extraordinários aos homens decaídos; mas um pequeno auxílio desta natureza dado a Eva impediria sua queda e tornaria a tentação da serpente ineficaz. Nós satisfizemos suficientemente a esta sorte de objeções por meio desta resposta geral, que Deus não devia fazer escolha de um outro Universo, já que escolheu o melhor deles, e só empregou os milagres que aí fossem necessários. Se lhe tivesse respondido que os milagres mudam a ordem natural do Universo: ele replicaria que é uma ilusão, e que o milagre das núpcias de Canaã, por exemplo, não fez qualquer outra mudança no ar do recipiente senão a que em lugar de receber

nos seus poros alguns corpúsculos de água, recebeu corpúsculos de vinho.[470] Mas é preciso considerar que o melhor plano das coisas estando uma vez escolhido, nada pode aí ser mudado.

249. Quanto aos milagres, sobre os quais já dissemos algo a respeito, talvez não sejam de um mesmo tipo; é muito provável que Deus os obtenha pelo ministério de algumas substâncias invisíveis, tais como os anjos – como R. P. Malebranche também o assume –, e estes anjos ou estas substâncias agem segundo as leis ordinárias de sua natureza, estando unidos a corpos mais sutis e mais vigorosos que aqueles que nós podemos manejar. E tais milagres não o são senão comparativamente e em relação a nós; como nossas obras passariam por milagrosas em comparação às dos animais, se a este respeito eles fossem capazes de fazer suas observações. A mudança da água em vinho poderia ser um milagre desta espécie. Mas a criação, a encarnação e algumas outras ações de Deus ultrapassam totalmente a força das criaturas, e são verdadeiramente milagres, ou até mesmo mistérios. No entanto, se a mudança da água em vinho em Canaã fosse um milagre de primeira ordem, Deus teria mudado por causa daquilo todo o curso do Universo devido à ligação dos corpos; ou mesmo ele teria sido obrigado a impedir também miraculosamente esta ligação, e fazer agir os corpos não relacionados com o milagre, como se não tivesse acontecido nada disso; e depois de passado o milagre, ele precisaria recolocar todas as coisas, os corpos relacionados [ao milagre], no estado em que estariam sem o milagre: depois disso tudo teria retornado ao seu curso primeiro. Assim, este milagre exigia mais do que parece.

250. Quanto ao que se relaciona ao mal físico das criaturas, isto é, aos seus sofrimentos, o Sr. Bayle combate fortemente os que se esforçam em justificar por razões particulares a conduta que Deus assumiu em relação a isso. Eu deixo de lado aqui os sofrimentos dos animais, e vejo que o Sr. Bayle insiste principalmente sobre os [sofrimentos] dos homens, talvez porque acredite que as bestas não têm sentimento; e é pela injustiça que existiria no sofrimento dos animais, que vários cartesianos quiseram provar que não são senão máquinas, *quoniam sub Deo justo nemo innocens miser*

[470] Leibniz se refere ao episódio narrado na Bíblia em Jo 2: 1-11.

est: é impossível que um inocente seja miserável sob um mestre tal como Deus. O princípio é bom, mas eu não creio que se possa inferir disso que as bestas não tenham sentimento, pois acredito que, propriamente falando, a percepção não seja suficiente para causar a miséria, a não ser que ela seja acompanhada de reflexão. É o mesmo quanto à felicidade. Sem a reflexão, isso não ocorre.

> *O fortunatos nimium, sua qui bona norint...*[471]

Não se poderia duvidar racionalmente que exista dor nos animais; mas parece que seus prazeres e suas dores não são tão vivos quanto no homem; pois não tendo realizado reflexão alguma, eles não são suscetíveis, nem da tristeza que acompanha a dor, nem da alegria que acompanha o prazer. Algumas vezes os homens se encontram em um estado que os aproxima das bestas, e onde agem quase unicamente pelo instinto e unicamente pelas impressões das experiências sensuais; e neste estado, seus prazeres e suas dores são bastante insignificantes.

251. Mas deixemos de lado as bestas e voltemos às criaturas racionais. É com relação a elas que o Sr. Bayle movimenta esta questão, se há no mundo mais de mal físico do que bem físico (*Rép. aux questions d'un provinc.*, t. II, cap. 75). A fim de decidir adequadamente, é preciso explicar em que estes bens e estes males consistem. Nós concordamos que o mal físico não é outra coisa senão o desprazer e incluo aí a dor, a tristeza, e qualquer outro tipo de incômodo. Mas, consiste o bem físico unicamente no prazer? O Sr. Bayle parece ter esta impressão; mas sou da opinião que ele consiste ainda em um estado médio, como aquele da santidade. Se está bastante bem quando não se tem [algo] de mal: é um [certo] grau de sabedoria não ter nada de insensatez:

> *Sapientia prima est*
> *Stultia caruisse.*[472]

---

[471] "Oh quão afortunados [são] os que conhecessem seus bens". (Virgílio, *Geórgicas*, II, 458).

[472] "O princípio da sabedoria é estar isento de estupidez". (Horácio, *Epístolas*, I, 1, 42).

Como se fosse bastante louvável quando não se pudesse ser censurado com justiça:

Si non culpabor, sat mihi laudis erit.[473]

E a partir disto, todos os sentimentos que nos desagradam, todos os exercícios de nossas forças que não nos incomodam em nada, e cujo impedimento nos incomodaria, são bens físicos mesmo se não nos causam prazer algum; pois a privação deles é um mal físico. Também não nos apercebemos do bem da saúde e de outros bens semelhantes, exceto quando deles somos privados. E a partir disto, ousarei sustentar que mesmo nesta vida os bens ultrapassam os males, que nossas comodidades ultrapassam nossos incômodos e que o Sr. Descartes teve razão em escrever (t. I, carta 9) que *a razão natural nos ensina que temos mais de bens do que de males nesta vida.*

252. É preciso acrescentar que o uso por demais frequente e o grande [número] dos prazeres seriam um mal muito grande. Há nisso o que Hipócrates comparou com o alto mal e Scioppius[474] não fez, sem dúvida, senão fingir que os pássaros possuíam inveja para brincar de forma agradável em uma obra sábia, entretanto mais que brincalhona. As carnes de sabor intenso prejudicam a saúde e diminuem a delicadeza de um sentimento refinado; e geralmente os prazeres corporais são uma espécie de despesa dos espíritos, embora eles tenham melhor constituição em uns do que em outros.

253. No entanto, para provar que o mal ultrapassa o bem, cita-se o Sr. La Mothe-Le Vayer[475] (carta 134) que não teria desejado

[473] "Se não me culpam, isso me será um elogio".

[474] Caspar Schoppe, conhecido como Scioppius (1576-1649), célebre filólogo; escreveu os *Elementa stoicae philosophiae moralis* em 1608, mas, em 1595 havia publicado uma edição comentada dos *Priápicos* (série de poemas em honra a Príapo, deus da fertilidade e, por isso, ligado à libertinagem e obscenidade) onde tecia comentários sobre o vigor sexual dos monges; por causa disso, ele atraiu para si numerosos sarcasmos (cf. Bayle, *Dictionnaire historique et critique*, verbete Scioppius).

[475] François de La Mothe le Vayer (1588-1672), filósofo francês de tendencia cética e um dos principais representantes da "Libertinagem erudita"; a carta citada está no t. XII, p. 204, da edição de 1669 de suas *Œuvres*; cf. Bayle, *Dictionnaire*, v. Vayer, nota F.

retornar ao mundo, se tivesse que desempenhar o mesmo papel que a Providencia já lhe tinha imposto. Mas já disse acreditar que se aceitaria a proposição daquele que poderia reatar o fio de uma das Parcas[476], se nos fosse prometido um novo papel, embora não devesse ser melhor do que o primeiro. Portanto, daquilo que o Sr. La Mothe-Le Vayer disse, não se segue que ele não tivesse desejado o papel que já tinha desempenhado, se o fizesse novamente, como parece entender o Sr. Bayle.

254. Os prazeres do espírito são mais puros e mais úteis para fazer durar a alegria. Cardano[477], já velho, estava tão contente de seu estado que protestou jurando que não trocaria de lugar com um homem jovem bastante rico, mas ignorante. O próprio Sr. La Mothe-Le Vayer acredita nele sem criticá-lo. Parece que o saber tem um encanto que não poderia ser concebido por aqueles que não o experimentaram. Eu não quero dizer um mero saber a partir de fatos, sem aquele a partir de razões; mas semelhante ao de Cardano, que com todos os seus defeitos era efetivamente um grande homem e que teria sido incomparavelmente [maior] sem estes defeitos:

Felix qui potuit rerum cognoscere causas,
Ille metus omnes et inexorabile fatum
Subjecit pedibus...[478]

Não é pouca coisa estar contente com Deus e com o Universo; não temer nada do que nos é destinado, nem lastimar o que nos acontece. O conhecimento dos verdadeiros princípios nos dá esta vantagem, oposta àquela que os estoicos e os epicuristas tiravam de sua filosofia. Há tanta diferença entre a verdadeira moral e a deles quanto há entre a alegria e a paciência; pois, para eles a tranquilidade não estava fundada senão sobre a necessidade; a nossa deve

[476] As Parcas (Nona, Décuma e Morta), conhecidas por Moiras (Cloto, Laquesis e Átropos) entre os gregos, eram as deusas encarregadas de tecer e determinar a medida dos fios que continham os destinos dos homens.

[477] Jerônimo Cardano (1501-1576), matemático e filósofo italiano, nascido em Pávia.

[478] "Feliz aquele que pôde conhecer as causas das coisas! Ele sujeita sob seus pés todos os temores e o inexorável destino". (Virgílio, *Geórgicas*, II, vv. 490-492).

estar sobre a perfeição e sobre a beleza das coisas, sobre a nossa própria felicidade.

255. Mas o que diremos sobre as dores corporais? Não podem ser elas agudas o bastante para interromper aquela tranquilidade do sábio? Quanto a isso Aristóteles se mantém de acordo; os estoicos eram de uma outra opinião e mesmo os epicuristas. O Sr. Descartes renovou a [opinião] destes filósofos; ele diz na carta que acabamos de citar que "mesmo entre os mais tristes acidentes e as mais insistentes dores, pode-se sempre estar contente, contanto que se saiba usar da razão".[479] A este respeito o Sr. Bayle (*Rép. aux questions d'un provinc.*, t. III, cap. 157, p. 991) diz que *é dizer nada*, que *é nos prescrever um remédio o qual quase ninguém conhece o preparo.* Tenho para mim que a coisa não é impossível, e que os homens poderiam chegar a isso por força de meditação e de exercício. Pois sem falar dos verdadeiros mártires e daqueles que de maneira extraordinária foram assistidos do alto, existiram falsos que os imitaram; e aquele escravo espanhol que matou o governador cartaginês para vingar seu senhor, e que nisso testemunhou muita alegria nos maiores tormentos, pode provocar vergonha aos filósofos. Por que não se iria tão longe quanto ele? Pode-se falar tanto de uma vantagem quanto de uma desvantagem:

Cuivis potest accidere, quod cuiquam potest.[480]

256. Mas ainda hoje, nações inteiras, como os huronianos, os iroqueses, os galibis e outros povos da América, nos dão uma grande lição a este respeito; não se poderia ler sem admiração com que intrepidez e quase insensibilidade eles enfrentam seus inimigos, os quais assam em fogo baixo e comem em fatias. Se fosse possível a esses povos reter algumas vantagens do corpo e do coração e acrescentá-las aos nossos conhecimentos, eles nos ultrapassariam de todas as maneiras:

[479] Cf. § 251.

[480] "A alguém pode acontecer, aquilo que pode [acontecer] a qualquer um". (verso de Publilius Syrus, comediógrafo latino do século I a.C., muitas vezes citado por Sêneca).

Extat ut in mediis turris aprica casis.[481]

Eles seriam, com relação a nós, aquilo que um gigante é para um anão, uma montanha para uma colina:

Quantus Eryx, e quantus Athos, gaudetque nivali
Vertice se attollens pater Apenninus ad auras.[482]

257. Tudo que um maravilhoso vigor do corpo e do espírito causa nestes selvagens obstinados por uma honra das mais singulares, poderia ser adquirido entre nós por meio da educação, por mortificações bem equilibradas, por uma alegria dominante fundada na razão, por um grande exercício para conservar uma certa presença de espírito em meio às distrações e impressões com capacidade bastante para atrapalhá-la. Conta-se algo semelhante dos antigos assassinos, subordinados e alunos do Velho, ou melhor, do Senhor (*senior*) da Montanha.[483] Uma tal escola, com um objetivo melhor entretanto, seria boa para os missionários que queriam entrar no Japão. Os gimnosofistas dos antigos indianos tinham talvez algo de semelhante; e aquele Calanus[484], que realizou para o grande Alexandre o espetáculo de vivo se fazer queimar totalmente, foi sem dúvida encorajado por grandes exemplos de seus mestres e realizado graças a grandes sofrimentos para não temer a dor. As mulheres destes mesmos indianos, que ainda hoje pedem para serem queimadas com os corpos de seus maridos, ainda parecem ter algo da coragem destes antigos filósofos de seu país. Eu não espero que no momento seja fundada uma ordem religiosa cujo objetivo

[481] "Eleva-se ao Sol como uma torre [o faz] em meio às cabanas".

[482] "Assim como [o alto] Erice (Eryx, montanha da Sicília), e como Athos, também o pai Apenino é orgulhoso de seu cume de neve que ele eleva até os ares (o céu)". (citação inexata de Virgílio, *Eneida*, XII, vv. 701-703).

[483] Seita islâmica que floresceu do séc XI ao XIII, cujo nome evoca o haxixe (talvez da palavra al-haxix ou hashish e que, talvez, tenha dado origem, a partir de 'hashshashin', à palavra "assassino"), do qual seus adeptos faziam uso; o líder da seita levava o título de Cheik el Djebel, Senhor ou Velho da Montanha.

[484] Calanus, filósofo gimnosofista hindu, uma espécie de faquir, que teria acompanhado Alexandre Magno na Pérsia; ele é lembrado por diversos autores, dentre eles: Arriano, *Anabasi*, VII, 3; e Plutarco, *Vida de Alexandre*, 65, 69 e segs.

seja o de elevar o homem a este alto grau de perfeição; tais povos estariam por demais acima dos outros e [teriam] os poderes formidáveis por demais. Como é raro se estar exposto a extremos onde se teria necessidade de tão grande força de espírito, bem pouco se preocupará em fazer disso uma provisão se fizer perder nossas comodidades ordinárias, embora nesse caso se ganhe incomparavelmente mais do que se perde.

258. No entanto, aquilo mesmo é uma prova que o bem já ultrapassa o mal, visto que não se tem necessidade deste grande remédio. Eurípides também o disse:

> Πλείω τὰ χρηστὰ τῶν κακῶν εἶναι βροτοῖς
> *Mala nostra longe judico vinci a bonis.*[485]

Homero e vários outros poetas eram de uma outra opinião, e o vulgo está com eles. Isso segue do fato que o mal excita melhor nossa atenção do que o bem, mas esta mesma razão confirma que o mal é mais raro. Não é preciso, então, dar crédito às expressões tristes de Plínio, que faz a natureza passar por uma madrasta, e que afirma que o homem é a mais miserável e de todas as criaturas a mais vã. Estes dois epítetos não estão de acordo; pois, não se é bastante miserável, quando se está pleno de si mesmo. É verdade que os homens menosprezam por demais a natureza humana; aparentemente porque não veem outras criaturas capazes de excitar sua emulação; mais eles se estimam demais e em particular se contentam muito facilmente. Estou de acordo, então, com Méric Casaubon[486] que nas suas notas sobre Xenófanes de Diógenes Laércio louva bastante os belos sentimentos de Eurípides, a ponto de lhe atribuir ter dito coisas *quæ spirant* θεόπνευσιον *pectus*. Sêneca (*de Benefic.*, liv.

[485] "Julgo [creio] que os nossos males são largamente vencidos pelos (são muito menores que) nossos bens."

[486] Méric Casaubon (1599-1671), erudito, filho do célebre Isaac Casaubon; ele faz uma série de anotações em uma edição de Diógenes Laércio (Londres, 1664; Amsterdã, 1692). Este último narra (IX, 19) que, segundo Xenófanes, "a maior parte das coisas são inferiores ao espírito"; segundo Casaubon, esta opinião significava que a maior parte das coisas estão submetidas ao entendimento divino e são ordenadas por ele, é neste sentido que ele quis a perfeição delas, mas nem sempre conseguiu. (cf. Bayle, *Dictionnaire*, verbete Xenófanes, nota D). Mais abaixo: "coisas que foram inspiradas divinamente".

4, cap. 5) fala eloquentemente dos bens que a natureza nos deu. O Sr. Bayle, no seu *Dicionário*, artigo *Xenófanes*, se opõe a várias autoridades, dentre outras, a do poeta Diphilus[487] nas coleções de Stobeo, cujo grego poderia ser expresso em latim da seguinte maneira:

> *Fortuna cyathis bibere nos datis jubens,*
> *Infundit uno terna pro bono mala.*[488]

259. O Sr. Bayle acredita que se apenas se tratasse do mal da culpa, ou do mal moral dos homens, o processo terminaria rapidamente com a vantagem de Plínio, e que Eurípides perderia sua causa. Não me oponho a isso; sem dúvida nossos vícios ultrapassam nossas virtudes, e é o efeito do pecado original. Todavia, ainda a este respeito é verdade que o vulgo exagera as coisas, e que até alguns teólogos rebaixam tanto o homem que chegam a prejudicar a providência do autor do homem. É esse o porquê de eu não estar em acordo com aqueles que acreditaram honrar muito à nossa religião, ao dizer que as virtudes dos pagãos não eram senão *splendida peccata*, esplendorosos vícios. Essa é a saída de santo Agostinho que não tem fundamento na Sagrada Escritura, e que choca a razão. Mas não se trata aqui senão do bem e do mal físico, e particularmente é preciso comparar as prosperidades e as adversidades desta vida. O Sr. Bayle pretendia quase que descartar a consideração da saúde; ele a compara aos corpos rarefeitos que praticamente não se fazem sentir, como o ar, por exemplo; mas compara a dor aos corpos que tem muita densidade e que pesam muito com um pequeno volume. Mas a própria dor faz conhecer a importância da saúde, quando dela somos privados. Já fiz notar que prazeres corporais em excesso seriam um verdadeiro mal, e a coisa não deve ser de outro modo; é muito importante que o espírito seja livre. Lactâncio[489]

---

487 Diphilus (nascido em meados de 340 a.C.), autor de comédias, representante da Nova Comédia imitada pelos autores latinos. Stobeu, compilador grego da segunda metade do século V d.C.; sua coletânea de citações de poetas e filósofos antigos apresenta informações que sem ela jamais teriam sido conhecidas.

488 "A Fortuna, ao nos ordenar que bebamos uma certa quantidade de bens, nos infunde [derrama] três quantidades de males". (Diphilus, fr. 107 Koch, in Stobée, *Florilège*, 104, 16).

489 Cf. nota 371.

(*Divin. Instit.*, liv. 3, cap. 18) tinha dito que os homens são tão delicados que se queixam do menor mal, como se encobrisse todos os bens que desfrutaram. A este respeito, o Sr. Bayle diz que basta que os homens tenham este sentimento para julgar que estão mal, já que é o sentimento que faz a medida do bem ou do mal. Mas respondo que tal sentimento não é nada menos que a verdadeira medida do bem e do mal passado e futuro. Concordo com ele que se está mal quando se faz estas tristes reflexões; mas isso não impede que se tenha estado bem em um outro momento e que, tudo calculado e acertado, o bem não ultrapassa o mal.

260. Não me admira que os pagãos, pouco contentes com seus deuses, sejam queixosos de Prometeu e Epimeteu[490], por eles terem forjado um animal tão fraco quanto o homem; e que tenham aplaudido a fábula do velho Sileno, encarregado de criar Baco, que foi preso pelo rei Midas e, como preço de sua libertação, lhe ensinou essa suposta bela sentença, que o primeiro e o maior dos bens era o não nascer, e o segundo o de abandonar o [mais] prontamente esta vida (Cic., *Tuscul.*, liv. I).[491] Platão acreditou que as almas haviam existido em um estado mais feliz e muitos dos antigos, entre outros Cícero em sua *Consolação* (com respeito a Lactâncio), acreditaram que por seus pecados [as almas] foram confinadas nos corpos, como em uma prisão. Eles atribuíam a isso a razão dos nossos males e confirmavam seus preconceitos contra a vida humana: não existe uma bela prisão. Mas, além do fato que, ainda segundo estes mesmos pagãos, os males desta vida seriam contrabalanceados e ultrapassados pelos bens das vidas passadas e futuras; ouso dizer que ao examinar as coisas sem prejulgar, nós descobriremos que um leva ao outro, a vida humana é aceitável ordinariamente; e acrescentando a isso os motivos da religião, ficaremos contentes com a ordem que Deus estabeleceu. E para melhor julgar nossos bens e nossos

[490] Sobre o papel de Prometeu e de Epimeteu na criação lendária do homem, cf. Hesíodo, *Teogonia*, 511 e segs.; Platão, *Protágoras*, 320 e segs.

[491] I, 48, 114.-Cícero escrevera uma *Consolação* após a morte de sua filha Túlia; esta obra, que foi a primeira da série de seus livros filosóficos, não nos é mais conhecida exceto por alguns fragmentos; os que Leibniz faz alusão são citados por Lactâncio, *Instituições divinas*, III, 18, 18, e III, 19, 13 (fragmentos 8 e 9 Muller).

males, é conveniente ler Cardano[492]: *De utilitate ex adversis capienda*, e Novarino: *De occultis Dei beneficiis*.

261. O Sr. Bayle trata longamente das infelicidades dos grandes, que são considerados mais felizes: o uso contínuo de sua agradável condição os torna insensíveis ao bem, mas muito sensíveis ao mal. Alguém dirá: tanto pior para eles; se não sabem desfrutar das vantagens da natureza e da fortuna, isso se dá pela falta de uma ou de outra? No entanto, há sábios grandes o bastante que sabem aproveitar os favores que Deus lhes fez, que se consolam facilmente de suas infelicidades e que chegam mesmo a tirar vantagem de suas próprias faltas. O Sr. Bayle não atenta para isso e prefere escutar Plínio que acredita que Augusto, príncipe que em termos de fortuna era dos mais favorecidos, sentiu ao menos tanto de mal quanto de bem.[493] Admito que ele encontrou grandes motivos de tristeza na sua família, e que o remorso de ter oprimido a república possivelmente o tenha atormentado; mas tenho para mim que ele era sábio demais para se afligir quanto ao primeiro [caso] e que Mecenas aparentemente lhe fez acreditar que Roma tinha necessidade de um dirigente (*maître*). Se neste ponto Augusto não fosse um convertido, Virgílio jamais teria dito de alguém em danação:

> *Vendidit hic auro patriam, dominumque potentem*
> *Imposuit, fixit leges pretio atque refixit.*[494]

Augusto teria acreditado que ele e César estavam designados por estes versos, que falam de um dirigente que é dado para um Estado livre. Mas parece que ele fazia tão pouca aplicação disso no seu reino que o via como compatível com a liberdade e como um remédio necessário para os males públicos; que os príncipes de hoje apliquem a si mesmos aquilo que se diz sobre os reis censurados

---

[492] Sobre Jerônimo Cardano, cf. nota 477; seu livro *Sobre a utilidade para deixar de sofrer com as adversidades* foi publicado em Bâle em 1561. Quanto a Novarino, cf. nota 308.

[493] Plínio, *Naturalis historia*, livro VII, cap. XLV, citado por Bayle no artigo Senófane, do *Dictionnaire*, nota F.

[494] "Este vendeu sua pátria por ouro e ao poderoso Senhor; impôs leis, as estabeleceu e as anulou por suborno". (Virgílio, *Eneida*, VI, vv. 621-622; trata-se dos danados que Eneias encontra quando desce aos Infernos).

no *Telêmaco* do Sr. de Cambray.[495] Cada um acredita estar no bom direito. No começo de seus *Anais*, Tácito, autor desinteressado, faz a apologia de Augusto em duas sentenças. Mas Augusto pôde, melhor do que ninguém, julgar de sua felicidade; ele parece estar contente na sua morte, razão que prova que ele estava contente com sua vida; pois, ao morrer, ele disse um verso grego aos seus amigos que significa como que o *Plaudite*, o qual se tinha costume de dizer à saída de uma peça de teatro bem representada. Suetônio o cita:

Δότε κρότον καὶ πάντες ὑμεῖς μετὰ χαρᾶς κτυπήσατε.[496]

262. Mas ainda que ao fim das contas se tivesse mais de mal do que de bem no gênero humano, basta, com relação a Deus, que haja incomparavelmente mais de bem do que de mal no Universo. O rabino Maimônides[497] (de quem o mérito não é suficientemente reconhecido, ao dizer que ele é o primeiro dos rabinos que tinha deixado de dizer besteiras) também julgou muito bem esta questão do bem prevalecer sobre o mal no mundo. Eis aqui o que ele diz no seu *Doctor perplexorum* (cap. 12, p. 3): "Ele surge frequentemente a partir dos pensamentos das almas de pessoas mal instruídas que as fazem acreditar que há mais mal do que bem no mundo; frequentemente encontramos, nas poesias e nas canções dos pagãos, que é como um milagre quando alguma coisa de bom acontece, enquanto os males são ordinários e contínuos. Este erro não se sustenta somente pelo vulgo, mesmo aqueles que querem passar por sábios deram neste [mesmo] lugar. E um autor célebre, chamado Alrasi[498], no seu *Sepher Elohuth* ou *Teosofia*, afirmou, entre muitas outras absurdidades, que há mais de males do que de bens,

[495] François de Salignac de la Mothe-Fénelon (1651-1715), era arcebispo de Cambrai, e por suas teses sobre o "amor puro" entrou em disputa com Bossuet; as teses de Fénelon foram condenadas em 1699.

[496] "Aplaudam e todos vocês batam [as mãos] com alarido". (cf. Suetônio, *Vida de* [Otávio] *Augusto*, 99).

[497] Moisés Maimônides (1135-1204), ilustre filósofo judeu; a obra citada é seu *More Neboukim* ou *Guia dos perplexos*, tratado escrito em árabe em 1195, a tradução latina dessa obra influenciou grandemente a filosofia cristã do século XIII.

[498] Abu Bakr ibn Zkariyâ Al Razi (864-925), célebre médico e alquimista árabe, ao qual os latinos chamavam de Razis.

e que se descobriria, ao comparar as diversões e os prazeres que o homem desfruta em tempo de tranquilidade, com as dores, os tormentos, os problemas, as falhas, as preocupações, as tristezas e as aflições das quais está sobrecarregado, que nossa vida é um grande mal e um verdadeiro castigo que nos é infligido para nos punir". Maimônides acrescenta que a causa do extravagante erro deles é o de que pensam que a natureza não foi feita senão para eles, e que contam como nada aquilo que é diferente de sua pessoa; de onde inferem que quando acontece algo contrário ao seu gosto, tudo vai mal no Universo.

263. O Sr. Bayle diz que esta observação de Maimônides não atinge o alvo, porque a questão é se entre os homens o mal supera o bem. Mas, considerando as palavras do rabino, acho que a questão que ele formula é geral e quis refutar aqueles que a resolvem a partir de um raciocínio particular, tirado dos males do gênero humano, como se tudo fosse feito pelo homem; e parece que o autor que ele refuta também falou do bem e do mal em geral. Maimônides tem razão ao dizer que se fosse considerado o quão pequeno é o homem em relação ao Universo, compreenderíamos com evidência que a superioridade do mal, ainda que fosse encontrada entre os homens, não deve ter lugar entre os anjos, nem entre os corpos celestes, nem entre os elementos e os em parte inanimados (*mixtes inanimés*), nem entre diversas espécies de animais. Já mostrei em outro lugar que ao supor que o número dos danados ultrapasse o dos salvos – suposição que, entretanto, não é absolutamente certa –, se poderia estar de acordo que há mais mal do que bem com relação ao gênero humano que é conhecido. Mas fiz considerar que aquilo não impede que não exista incomparavelmente mais bem do que mal moral e físico nas criaturas racionais em geral, e que a cidade de Deus, que compreende todas essas criaturas, não seja o mais perfeito Estado; como ao considerar o bem e o mal metafísico, que se encontra em todas as substâncias, dotadas ou destituídas de inteligência, e que assumindo tal alcance compreenderia o bem físico e o bem moral; é preciso dizer que o Universo, tal como ele é atualmente, deve ser o melhor de todos os sistemas.

264. No mais, o Sr. Bayle não quer que se leve em conta a nossa falta, quando se fala de nossos sofrimentos. Ele tem razão, quando se trata simplesmente de estimar estes sofrimentos; mas não é o mesmo, quando se pergunta se é preciso atribuí-los a Deus; é esse o principal motivo das dificuldades do Sr. Bayle, quando contrapõe a razão ou a experiência à religião. Sei que ele tem o costume de dizer que não serve para nada recorrer ao nosso livre-arbítrio (*franc arbitre*), já que suas objeções tendem a provar ainda que o abuso do livre-arbítrio não deve ser menos colocado sob a responsabilidade de Deus que o permitiu e que contribuiu para tal; e ele tira como uma máxima que por uma dificuldade relacionada ao mais ou ao menos, não se deve abandonar um sistema. É isto que propõe particularmente em favor dos métodos dos rígidos[499] e do dogma dos supralapsários. Pois imagina que se possa manter a opinião deles, mesmo que ela deixe todas as dificuldades ainda inteiras, porque os outros sistemas, embora façam cessar algumas, não podem resolver todas. Tenho para mim que o verdadeiro sistema que expliquei satisfaz a tudo; entretanto, mesmo se isto não acontecer, eu reconheço que não saberia provar esta máxima do Sr. Bayle e preferiria o sistema que resolvesse uma grande parte das dificuldades ao invés do que não satisfizesse a nenhuma. E a consideração da maldade dos homens, que atrai para eles quase todos seus descontentamentos, ao menos faz ver que não têm direito algum de se queixar. Não há justiça que deva ser considerada culpada da origem da malícia de um celerado, quando não é questão de puni-lo; outra coisa é quando se trata de impedi-lo. Sabe-se bem que o natural, a educação, o diálogo e, com frequência, também o acaso, contam muito; [mas,] disso ele é menos culpável?

265. Reconheço que resta ainda uma outra dificuldade: pois se Deus não está obrigado a dar razão aos maus por suas maldades; parece que deve a si mesmo, e àqueles que o honram e que o amam, a justificação de seu procedimento com relação à permissão do

[499] Com o termo "rígidos" (*rigides*), Leibniz se refere àqueles que participaram das revoltas que se deram por conta principalmente de disputas religiosas entre católicos, protestantes, presbiterianos e puritanos, os quais também eram chamados de presbiterianos *rígidos*; quanto aos supralapsários, cf. nota 280.

vício e do crime. Mas Deus já satisfez a isso o tanto que é necessário aqui na Terra (*ici-bas*); e ao nos dar a luz da razão, nos forneceu o que é capaz de satisfazer a todas as dificuldades. Espero ter mostrado neste discurso, e ter esclarecido a coisa na parte precedente destes Ensaios, ao menos o quanto é possível fazer a partir de razões gerais. Depois disso, a permissão do pecado estando justificada, os outros males que são sua consequência não trazem mais qualquer dificuldade; e estamos no direito de nos limitar aqui ao mal da culpa para dar a razão do mal da pena, como faz a Sagrada Escritura e como fazem quase todos os Padres da Igreja e os que pregam (*les prédicateurs*). E, a fim de que não se diga que aquilo é bom senão *per la predica*[500], basta considerar que depois das soluções que nós apresentamos, nada deve parecer mais justo nem mais exato do que este método. Pois Deus, antes de seus decretos atuais, já tendo encontrado entre as coisas possíveis o homem abusando de sua liberdade e buscando seu descontentamento, não pôde deixar de admiti-lo à existência, porque o melhor plano geral o exigia; de modo que não se terá mais necessidade de dizer com o Sr. Jurieu[501] que é preciso defender dogmas como santo Agostinho, ou pregar como Pelágio.

266. O método de derivar o mal da pena a partir do mal da culpa, não poderia ser recusado, [pois] serve sobretudo para dar a razão do maior mal físico que é a danação. Ernest Sonerus[502], em outros tempos professor de Filosofia em Altdorf (universidade estabelecida na região da república de Nuremberg), que era considerado um excelente aristotélico, mas que foi reconhecido finalmente como sociniano disfarçado, havia feito um pequeno discurso intitulado: *Demonstração contra a eternidade das penas*. Este estava baseado no princípio bastante repetido, que não há proporção entre uma pena infinita e uma culpa finita.

---

500 Em italiano no texto:"Para a pregação (no sentido de sermão)".

501 Cf. nota 303.

502 Ernest Soner (1572-1612), filósofo e médico alemão de orientação sociniana, autor de um comentário da *Metafísica* de Aristóteles; a obra citada é sua *Demonstratio theologica et philosophica quod æterna impiorum supplicia non arguant Dei justitiam sed injustiam*; este tratado foi publicado na coletânia de escritos socinianos: *Fausti et Lælii Socini, item Ernesti Sonneri tractatus aliquot theologici*, publicado em 1654 no "Eleutheropolis".

Ele me foi comunicado de forma impressa, o que parece ter sido feito na Holanda, e respondi que havia uma consideração a fazer que escapara ao falecido Sr. Sonerus, que era suficiente dizer que a duração da culpa provocava a duração da pena; que ao permanecerem maus, os danados não poderiam ser retirados de sua miséria; e que, portanto, não era necessário, para justificar a continuação dos seus sofrimentos, supor que o pecado passou a assumir um valor infinito[, por conta] do infinito ente ofendido que é Deus; tese que não examinei o suficiente para que sobre ela pudesse me pronunciar. Sei que a opinião comum dos escolásticos, depois do Mestre das sentenças[503], é que na outra vida não há nem mérito nem demérito; mas não acredito que possa passar por um artigo de fé, quando considerada com rigor. O Sr. Fechtius[504], célebre teólogo em Rostock, de forma bastante apropriada a recusou em seu livre *Sobre o estado dos danados*. Tal [opinião] é muito falsa, diz ele (§ 59). Deus não poderia mudar sua natureza, a justiça lhe é essencial; a morte fechou a porta da graça, não a da justiça.

267. Observei que vários teólogos hábeis consideraram a duração das penas dos danados assim como eu acabo de fazer; Jean Gerhard[505], célebre teólogo da Confissão de Ausburgo (*in Locis Theol.*, *loco de inferno*, § 60), alega entre outros argumentos que os danados têm sempre uma vontade má e carecem da graça que poderia torná-la boa. Zacharias Ursinus[506], teólogo de Heidelberg, tendo formulado no seu tratado *de Fide* a questão por que o pecado merece uma pena eterna, depois de ter alegado a opinião vulgar segundo a qual o ofendido é infinito, alega igualmente este segundo

[503] Pedro Lombardo, conhecido como o Mestre das Sentenças (morto em 1160), teólogo, autor do *Livro das Sentenças*, compilação das opiniões dos Padres da Igreja sobre o conjunto dos dogmas; esta obra desempenhava um papel fundamental no ensino escolástico e são poucos os autores escolásticos que não deixaram algum comentário sobre ela.

[504] Johannes Fecht (1636-1716), teólogo reformado; a obra citada é a *Consideratio status damnatorum*, Spire, 1683.

[505] Johann Gerhard (1582-1637), teólogo luterano, autor de *Loci theologici*, coletânea de argumentos em 9 volumes (Iena, 1610-1622).

[506] Zacharias Beer, conhecido como Ursinus (1534-1583), teólogo reformado; suas obras teológicas foram publicadas em 3 volumes em Heidelberg (1612); junto com Olevianus (1536-1583) escreveu um dos mais difundidos catecismos da reforma, o *Catechismo di Heidelberg*.

raciocínio, *quod, non cessante peccato, non potest cessare pœna.*[507] E o padre Drexelius[508], jesuíta, diz em seu livro intitulado *Nicetas*, ou *O triunfo sobre a incontinência*, liv. 2, cap. 11, § 9: "*Nec mirum damnatos semper torqueri, continue blasphemant; et sic quasi semper peccant, semper ergo plectuntur*".[509] Ele relata e aprova o mesmo raciocínio em sua obra *Sobre a eternidade*, liv. 2, cap. 15, ao dizer: "*Sunt qui dicant, nec displicet responsum: Scelerati in locis infernis semper peccant, ideo semper puniuntur*".[510] E dá a conhecer por esse meio que este sentimento é bastante comum aos doutores da Igreja Romana. É verdade que alega ainda uma razão mais sutil, tomada do papa Gregório o Grande[511] (*Dial.*, liv. 4, cap. 44), que os danados são punidos eternamente porque Deus previu por uma espécie de ciência média que eles sempre haveriam de pecar, se viessem a viver sempre sobre a Terra. Mas esta é uma hipótese para a qual há muito a dizer. O Sr. Fecht[ius] menciona ainda vários célebres teólogos protestantes do mesmo sentimento do Sr. Gerhard, embora ele também mencione aqueles que são de uma outra opinião.

268. Em diversas partes o próprio Sr. Bayle me forneceu passagens de dois hábeis teólogos de seu partido que têm muito a ver com o que acabo de dizer. O Sr. Jurieu, no seu livro *Sobre a unidade da igreja*, oposto àquele que o Sr. Nicole tinha feito sobre o mesmo tema[512], julga (p. 379) que "a razão nos diz que uma criatura que não pode deixar de ser criminosa não pode deixar também de ser miserável". O Sr. Jaquelot[513], no seu livro *Sobre a conformidade da fé*

---

[507] "Porque se não cessa o pecado, a pena não pode cessar."

[508] Jeremias Drexel (1581-1638), jesuita alemão, autor de numerosas obras com títulos pitorescos; os dois livros citados foram publicados respectivamente em Colônia, em 1631, e em Munique, em 1621.

[509] "Não é de admirar que os danados sejam sempre atormentados; eles blasfemam continuamente e como sempre pecam, por assim dizer, a consequência é que sempre são castigados."

[510] "Há quem diga, e esta resposta desagrada: os criminosos [mesmo] nos infernos sempre pecam, por isso são sempre punidos."

[511] Gregório I o Grande, ou são Gregório (c. 540-604), papa em 590; é dele o nome ligado ao calendário gregoriano; suas obras completas foram impressas em Paris em 1705.

[512] Sobre Jurieu, cf. nota 303; sobre Nicole, cf. nota 125. Ao livro *Prétendu réformés convaincus de schisme* (1684), escrito por Nicole, Jurieu tinha respondido com um *Le vrai traité de l'unité de l'Église et la veritable analyse de la foi* (Dordrecht, 1686); ao qual Nicole respondeu com seu *De l'unité de l'Église, ou réfutation du nouveau système de M. Jurieu* (Paris, 1687).

[513] Cf. nota 157.

e da razão (p. 220), acredita que os "danados devem permanecer eternamente privados da glória dos bem-aventurados, e que esta privação bem poderia estar na origem e [ser] a causa de todas as sua penas, por conta das reflexões que estas infelizes criaturas farão sobre os seus crimes que irão privá-las de uma felicidade eterna. Sabe-se qual pena, quais agudos sofrimentos, a inveja causa naqueles que se veem privados de um bem, de uma honra considerável que se lhes tinha ofertado, mas que rejeitaram, sobretudo quando veem outros que dele estão revestidos". Isso é um pouco diferente do [que defendia o] Sr. Jurieu, mas ambos concordam no seguinte sentimento: que os danados são eles próprios a causa da continuação dos seus tormentos. O origenista Sr. Le Clerc[514] não se distancia inteiramente disso quando diz na *Biblioteca escolhida*, t. 7, p. 341: "Deus, que previu que o homem cairia, não [o levou à] danação por isso, mas apenas porque, podendo se reerguer, ele não se reergue, querendo dizer que conserva livremente seus maus hábitos até o fim da vida". Se ele leva este raciocínio para além da vida, atribuirá a continuação das penas dos maus à continuação de sua culpa.

269. O Sr. Bayle diz (*Rép. aux questions d'un provinc.*, cap. 175, p. 1.188) "que este dogma do origenista é herético, ao ensinar que a danação não está simplesmente fundada sobre o pecado mas sobre a impenitência voluntária". Mas esta impenitência voluntária não é uma continuação do pecado? No entanto, eu não queria dizer simplesmente que é porque o homem, podendo se reerguer, não se reergue, mas acrescentaria que é porque o homem não se vale do auxílio da graça para se reerguer. Mas, depois desta vida, embora suponhamos que este auxílio cesse, há sempre no homem que peca, ainda que esteja em danação, uma liberdade que o torna culpado e [também] uma capacidade, distante entretanto, de se reerguer, embora ela não venha a se efetivar jamais. E nada impede que se possa dizer que esse grau de liberdade isento de necessidade, mas não isento da certeza, permaneça tanto nos danados quanto nos bem-aventurados. Além do fato que os danados não têm necessidade de um auxílio do qual se precisa nesta vida, pois eles sabem muito [bem] que aqui é preciso crer.

[514] Cf. nota 22.

270. O ilustre prelado da igreja anglicana, que publicou há pouco um livro sobre *A origem do mal*[515], sobre o qual o Sr. Bayle fez observações no segundo tomo da sua *Resposta às questões de um provinciano*, fala muito engenhosamente das penas dos danados. Representamos o sentimento deste prelado (depois do autor das *Nouvelles de la République des Lettres*, de junho de 1703) como se fizesse "dos danados a tal ponto inteiramente loucos que sentirão vivamente suas misérias, mas que ainda assim se aplaudirão por sua conduta, e que mais preferirão sê-lo, e ser aquilo que são, a não ser inteiramente. Eles preferirão o seu estado, por mais infeliz que ele possa se tornar, como as pessoas em cólera, os amantes, os ambiciosos, os invejosos que se comprazem com as coisas mesmas que não fazem senão crescer a sua miséria. Acrescenta-se que os ímpios de tal forma terão acostumado seus espíritos aos falsos julgamentos que, de agora em diante, não farão outra coisa; e, passando perpetuamente de um erro a outro, não poderão impedir a si mesmos de perpetuamente desejar coisas que não poderão desfrutar; e tal privação os lançará em inconcebíveis desesperos, sem que a experiência jamais possa torná-los mais sábios para o futuro: porque por suas próprias faltas terão corrompido inteiramente o seu entendimento e o terão tornado incapaz de julgar qualquer coisa de maneira sã".

271. Os antigos já haviam concebido que o diabo permanece voluntariamente distante de Deus [e] em meio aos seus tormentos, e que ele não desejaria se emancipar por meio de uma submissão. Eles imaginaram que um anacoreta, em estado de visão (*étant en vision*), obteve a palavra de Deus que ele receberia o príncipe dos maus anjos na graça se ele quisesse reconhecer sua falta, mas que o diabo rebateu de uma maneira estranha a esse mediador. Ao menos os teólogos comumente concordam que os diabos e os danados odeiam a Deus e o blasfemam; e um tal estado não pode deixar de ser seguido da continuação da miséria. Quanto a isto pode-se ler o sábio tratado do Sr. Fechtius sobre o estado dos danados.

272. Houve um tempo em que se acreditou não ser impossível que um danado viesse a ser libertado. A história do papa Gregório

[515] Cf. notas 44, 460, 600 e 709.

o Grande é conhecida, como se graças as suas preces ele tivesse tirado a alma do imperador Trajano do inferno[516], cuja bondade era tão célebre que se desejava aos novos imperadores que ultrapassassem Augusto em contentamento e Trajano em bondade. É isto que atraiu para o último a piedade do santo papa: Deus atendeu às suas preces (diz-se), mas ele o proibiu de fazer coisas semelhantes no futuro. De acordo com esta fábula as preces de são Gregório tinham a força dos remédios de Esculápio, que fez Hipólito vir dos infernos; e se ele tivesse continuado a fazer tais preces, Deus se faria encolerizado como o Júpiter de Virgílio:

> *At Pater omnipotens aliquem indignatus ab umbris*
> *Mortalem infernis ad lumina surgere vitæ,*
> *Ipse repertorem medicinæ talis et artis*
> *Fulmine Phœbigenam Stygias detrusit ad undas.*[517]

Godescalco[518], monge do século nove, que confundiu os teólogos de seu tempo, e mesmo os do nosso, pretendia que os reprovados devessem rogar a Deus para tornar suas penas mais suportáveis; mas jamais se tem o direito de se acreditar reprovado enquanto se vive. O trecho relativo à missa dos mortos é mais racional, ele pede a diminuição das penas dos danados; e conforme a hipótese que acabamos de expor, seria preciso lhes desejar *meliorem mentem.*[519] Orígenes se servindo da passagem dos Salmos 77: 10: "Deus não esquecerá de ter piedade e não suprimirá todas as suas misericórdias na sua cólera"; santo Agostinho responde (*Enchirid.*, cap. 112) que é possível que as penas dos danados durem eternamente, mas que elas sejam entretanto mitigadas. Se o texto se dirigia para isso, a diminuição iria ao infinito, quanto à duração; e ainda assim ela

---

[516] A história a que Leibniz se refere foi narrada por diversos autores, cf., por exemplo: são Tomás, *Suma teológica*, III, 71, 5 e Dante Alighieri, *Paraíso*, XX, vv. 100-177.

[517] "Mas o Pai onipotente, indignado que um mortal surgisse das sombras infernais para a luz da vida, fulminantemente ao Febígena (filho de Apolo-Febo: Esculápio), inventor desta medicina e desta arte, precipitou nas ondas Estígias (de Styx, Estige: rio dos infernos, água mortal, inferno)". (Virgílio, *Eneida*, VII, vv. 770-773). Cf. nota 667 e §121.

[518] Cf. nota 25 e 269.

[519] "Melhor espírito".

teria um *non plus ultra*[520], quanto à grandeza da diminuição: como há figuras assíntotas na geometria, onde um comprimento infinito não faz senão um espaço finito. Se a parábola do rico malvado representasse o estado de um verdadeiro danado, as hipóteses que os fazem tão loucos e tão maus não teriam lugar.[521] Mas a caridade para com os seus irmãos que ela atribui a ele não parece convir com o nível de maldade que se atribui aos danados. São Gregório, o Grande (IX, Mor. 39) acredita que [o mau rico] tinha medo que a danação deles aumentasse a sua; mas este pavor não está suficientemente conforme ao natural de um completo mal. Boaventura[522], comentando o Mestre das sentenças, diz que o mau rico teria desejado ver a danação de toda gente; mas como aquilo não deveria acontecer, ele desejava a salvação dos seus irmãos mais do que a dos outros. Não há muita solidez nesta resposta. Ao contrário, a missão de Lázaro, o que ele pretendia, teria servido para salvar muita gente; e aquele que se deleita tanto com a danação de outrem quanto deseja aquela de toda gente, talvez a desejará para uns mais do que para outros; mas, falando absolutamente, ele não estará inclinado a salvar alguém. Seja o que for, é preciso admitir que todo este pormenor é problemático; Deus nos tendo revelado o que é preciso para temer a maior das infelicidades, mas não o que é preciso para compreendê-lo.

273. Acontece que, desde que de agora em diante é permitido recorrer ao abuso do livre-arbítrio e à má vontade para dar a razão dos outros males, desde que a permissão divina deste abuso está justificada de uma maneira bastante evidente, encontra-se justificado ao mesmo tempo o sistema habitual dos teólogos. E é agora que nós podemos procurar de forma segura a origem do mal na liberdade das criaturas. A primeira maldade nos é conhecida, é aquela do diabo e de seus anjos: o diabo peca desde o começo, e o filho de Deus apareceu a fim de desfazer as obras do diabo (*1ª* [*epístola de*] Jo 3: 9). O diabo é o pai da maldade, assassino desde o

---

520 "Um limite máximo".

521 Leibniz se refere ao episódio narrado na Bíblia em Lc 16: 19-31.

522 Giovani Fidanza (são) Boaventura (1221-1274), monge franciscano também conhecido como "o doutor Seráfico", contemporâneo de Tomás a quem se opõe; também quanto ao Mestre das sentenças, cf. nota 503".

começo, e não perseverou na verdade (Jo 8: 44). E por isso, Deus não poupou os anjos que pecaram; mas os tendo lançado no abismo com correntes de obscuridade, ele os deixou reservados para o julgamento (*2ª [epístola de]* Pe 2: 4). Reservou sob a obscuridade nas cadeias eternas (isto é, duráveis), até o julgamento do grande dia, os anjos que não mantiveram sua origem (ou sua dignidade), mas deixaram sua própria morada (Jd 5: 6). Donde é fácil observar que uma das duas cartas deve ter sido vista pelo autor da outra.

274. Parece que o autor do Apocalipse quis esclarecer o que os outros escritores canônicos tinham deixado na obscuridade; pois, nos narra uma batalha que se deu no céu. Miguel e seus anjos lutavam contra o dragão e o dragão lutava contra ele e os seus anjos. Mas eles não foram os mais fortes e o lugar deles não foi mais encontrado no céu. E o grande dragão, a serpente antiga, chamado diabo e Satanás, que seduz toda a gente, foi lançado na terra, e seus anjos foram jogados com ele (Ap 12: 7, 8, 9). Pois, embora esta narração seja colocada após a fuga da mulher no deserto, e que se quisera indicar aí alguma revolução favorável à Igreja, parece que a intenção do autor foi de marcar ao mesmo tempo a antiga queda do primeiro inimigo e uma nova queda de um novo inimigo.

275. A mentira ou a maldade vem daquilo que é próprio ao diabo, ἐκ τῶν ἰδίων[523], de sua vontade; porque estava escrito no livro das verdades eternas, que contém também os possíveis antes de todo decreto de Deus, que esta criatura se dirigiria livremente para o mal, se ela fosse criada. Do mesmo modo aconteceu com Eva e Adão; eles pecaram livremente, embora o diabo os tenha seduzido. Deus entrega os maus a um juízo (*sens*) reprovado (Rm 1: 28) ao abandoná-los a eles mesmos, ao lhes recusar uma graça que ele não deve a eles, e que de fato ele deve lhes recusar.

276. Na [Sagrada] Escritura se afirma que Deus endureceu (Ex 4: 21 e 7: 3; Is 63: 17); que Deus envia um espírito de mentira (1Rs 22: 23); um erro eficaz para acreditar na mentira (2Ts 2: 11), que enganou o profeta (Ez 14: 9); que ordenou Semei a maldizer (2Sm 16: 10); que os filhos de Eli não quiseram escutar a voz do

[523] "ἐκ τῶν ἰδίων": de ἴδιος, ος, que no genitivo pode ser compreendido como "a partir de seu próprio caráter, de sua própria natureza".

pai, porque Deus queria tirar-lhes a vida (1Sm 2: 25); que Deus retirou seus bens a Jó, embora aquilo tenha sido feito pela malícia dos ladrões (Jó 1: 21); que suscitou o Faraó para mostrar a ele seu poder (Ex 9: 16; Rm 9: 17); que ele é como um oleiro que faz um vaso para a desonra (Rm 9: 21); que ele ocultou a verdade aos sábios e aos entendidos (Mt 11: 25); que ele fala por semelhanças, a fim de que aqueles que são de fora ao ver nada percebam, e entendendo nada compreendam, porque de outro modo eles poderiam se converter e seus pecados poderiam ser perdoados (Mc 4: 12; Lc 8: 10); que Jesus foi entregue graças ao desígnio determinado e a providência de Deus (At 2: 23); que Pôncio Pilatos e Herodes, com os gentios e o povo de Israel, fizeram aquilo que a mão e o conselho de Deus tinha anteriormente determinado (At 4: 27, 28); que vinha do Eterno que os inimigos endurecessem o seu coração para sair em batalha contra Israel, a fim de que ele os destruísse sem que lhes concedesse graça alguma (Js 11: 20); que o Eterno derramou um espírito de vertigem no meio do Egito, e o fez errar em todas as suas obras como um homem embriagado (Is 19: 14); que Roboão não escutou a palavra do povo, porque era assim conduzido pelo Eterno (1Rs 12: 15); que ele mudou os corações dos egípcios, de modo que passaram a odiar o seu povo (Sl 105: 25).[524] Mas todas estas expressões e outras semelhantes apenas insinuam que as coisas que Deus fez servem de ocasião à ignorância, ao erro, à malícia e às más ações, e elas contribuem [para isso], Deus o prevendo convenientemente, e tendo o desígnio de se servir disso para seus fins, desde que razões superiores da perfeita sabedoria o determinaram a permitir estes males e mesmo a concorrer para tal. *Sed non sineret bonus fieri male, nisi Omnipotens etiam de malo posset facere bene*[525], para falar como santo Agostinho. Mas é isto que explicamos mais amplamente na segunda parte.

277. Deus criou o homem à sua imagem (Gn 1: 20); ele o fez reto (Ec 7: 29); mas também o fez livre. O homem usou mal disso,

[524] Leibniz parece seguir a numeração hebraica; na liturgia cristã trata-se do *Salmo* 104; a Bíblia de Jerusalém traz a hebraica primeiro e a outra depois.

[525] "Mas sendo bom, não consentiria que o mal surgisse, se na sua Onipotência não pudesse do mal fazer surgir o bem".

ele caiu; mas depois da queda resta sempre uma certa liberdade. Moisés diz da parte de Deus: "Eu tomo hoje por testemunha os céus e a terra contra vós, que eu já coloquei à tua frente a vida e a morte, a benção e a maldição; escolhe então a vida (Dt 30: 19). Portanto, disse o Eterno, eu coloco diante de vós o caminho da vida e o caminho da morte (Jr 21: 8). Ele abandonou o homem ao poder do seu conselho, dando suas ordens e seus mandamentos; se quiseres, conservarás os mandamentos (ou eles te conservarão). Ele colocou diante de ti o fogo e a água para que estenda a tua mão para onde quiseres" (Ec 15: 14, 15, 16). O homem caído e não regenerado está sob a domínio do pecado e de Satanás, porque ele aí se deleita; devido a sua má concupiscência ele é escravo voluntariamente. Desse modo, o livre (*franc*) arbítrio e o arbítrio servil (*serf*) são uma mesma coisa.

278. "Que ninguém diga: 'Eu sou tentado por Deus'; mas cada um é tentado quando é atraído e capturado por sua própria concupiscência" (Tg 1: 14). E Satanás contribui para isso; "ele cega os entendimentos dos incrédulos" (2Cor 4: 4). Mas o homem se entrega ao demônio por sua avidez; o prazer que encontra no mal é o anzol pelo qual se deixa apanhar. Platão já o disse, e Cícero o repete: *Plato voluptatem dicebat escam malorum.*[526] A graça opõe a isto um prazer maior, como santo Agostinho o observou. Todo prazer é o sentimento de alguma perfeição; ama-se um objeto à medida que dele sentimos as perfeições, nada ultrapassa as perfeições divinas; logo, a caridade e o amor de Deus dão o maior prazer que se pode conceber, à medida que se é invadido por estes sentimentos que não são comuns aos homens, desde que estão ocupados e repletos de objetos que se relacionam as suas paixões.

279. Acontece que, como nossa corrupção não é absolutamente invencível e como, ainda que estejamos sob a escravidão do pecado, não pecamos necessariamente é preciso dizer do mesmo modo que não somos ajudados de maneira invencível; e seja qual for a eficácia da graça divina, cabe dizer que se pode resistir; mas quando ela se encontrar vitoriosa de fato, é antecipadamente certo

[526] "Platão dizia que a volúpia é isca (armadilha, o ardil) do mal". (Cícero, *Sobre a velhice*, XIII, 44; cf. Platão, *Timeu*, 69 d).

e infalível que se cederá à sua atração, seja tendo sua força dela mesma, seja encontrando um meio de triunfar em virtude da congruência das circunstâncias. Assim, sempre é preciso diferenciar entre o infalível e o necessário.

280. O sistema daqueles que se denominam discípulos de santo Agostinho não se distancia inteiramente disso; contanto que, seja nas expressões, seja nos próprios dogmas, sejam descartadas certas coisas odiosas. Quanto às expressões, acho que é principalmente o uso de termos como *necessário* ou *contingente*, *possível* ou *impossível*, o que algumas vezes fornece o motivo e que causa bastante barulho. Deste modo, como o Sr. Löscher o Jovem[527] o observou muito bem numa sábia dissertação sobre os paroxismos do decreto absoluto, Lutero procurou encontrar, em seu livro *Sobre o arbítrio servil*, uma expressão mais adequada que "necessidade" para aquilo que ele queria exprimir. Falando de maneira geral, parece mais racional e mais adequado dizer que a obediência aos preceitos de Deus é sempre possível, mesmo aos não regenerados; que sempre se pode resistir à graça, mesmo os mais santos; e que a liberdade, apesar de nunca estar separada de uma certeza infalível ou de uma determinação inclinante, é isenta não apenas do constrangimento, mas também da necessidade.

281. Mas por outro lado há um sentido a partir do qual seria permitido dizer, em certas disputas, que o poder de agir corretamente falta frequentemente, mesmo aos justos; que com frequência os pecados são necessários, mesmo aos regenerados; que às vezes é impossível que não pequemos; que a graça é irresistível; que a liberdade não é isenta de necessidade. Mas estas expressões são menos exatas e menos equivalentes nas circunstâncias em que nos encontramos hoje; e, absolutamente falando, elas estão mais sujeitas a abusos; e, além disso, têm algo de popular, a partir do fato que os termos são empregados com muita amplitude. Contudo, há circunstâncias que as tornam admissíveis e mesmo úteis, e acontece que os autores santos e ortodoxos, e mesmo as Sagradas Escrituras, se serviram de frases de um e de outro lado,

[527] Valentin-Ernest Lœscher (1673-1749), teólogo e controversista luterano; a dissertação citada *De Paroxysmis absoluti decreti* foi publicada em suas *Initia academica* (Wittemberg, 1707).

sem que haja uma verdadeira oposição, não mais que entre são Tiago e são Paulo, e sem que por causa da ambiguidade dos termos haja erro de uma parte e de outra. E de tal forma se está acostumado a estas variadas maneiras de falar, que, frequentemente, tem-se dificuldade para dizer precisamente qual sentido é o mais comum e o mais natural; e mesmo o que está mais em uso (*quis sensus magis naturalis, obvius, intentus*)[528], o mesmo autor tendo noções diferentes em diferentes lugares; e as próprias maneiras de falar sendo mais ou menos recebidas ou admitidas antes ou depois da decisão de algum grande homem, ou de alguma autoridade que se respeita e que se segue. Isso é o que faz com que se possa admitir ou recusar na ocasião e em determinado momento certas expressões; mas aquilo não altera em nada o sentido ou a fé, se sobre os termos forem acrescentadas explicações suficientes.

282. Então é preciso apenas compreender bem as distinções, como aquela que estabelecemos com bastante frequência entre o necessário e o certo, e entre a necessidade metafísica e a necessidade moral. E o mesmo ocorre no caso da possibilidade e da impossibilidade, desde que o evento cujo contrário é possível, é contingente; assim como aquele cujo contrário é impossível, é necessário. Se distinguiu também com razão entre um poder próximo e um poder [mais] distanciado e, atentando aos diferentes sentidos, ora é dito que uma coisa é possível ora que ela não é possível. Pode-se dizer, num certo sentido, que é necessário que os bem-aventurados não pequem; que os diabos e os danados pequem; que Deus mesmo escolha o melhor; que o homem siga o partido que depois de tudo o impressione mais. Mas esta necessidade não é oposta à contingência; esta não é aquela que denominamos lógica, geométrica ou metafísica, cujo contrário implica contradição. O Sr. Nicole em alguma parte se serviu de uma comparação que não é de todo ruim. Assume-se como impossível que um magistrado sábio e sério, que não perdeu o [bom] senso, faça publicamente uma grande extravagância, como seria, por exemplo, o correr inteiramente nu pelas ruas para fazer rir. Em alguma medida é da mesma maneira com relação aos bem-aventurados; eles são ainda

528 "Qual sentido mais natural, óbvio, manifesto".

menos capazes de pecar e a necessidade que lhes impede [de pecar] é da mesma espécie. Por fim, acho ainda que a *vontade* seja um termo tão equívoco quanto o poder e a necessidade. Pois já observei que aqueles que se servem do axioma: que não se deixa de fazer aquilo que se quer, quando se pode, e que a partir dele inferem que então Deus não quer a salvação de todos, entendendo como uma vontade decretória; mas é apenas no seguinte sentido que se pode sustentar esta proposição: que o sábio jamais quer o que ele sabe estar no número das coisas que não acontecerão. Em lugar do que se pode dizer, ao assumir a vontade num sentido mais geral e mais conforme ao uso, que a vontade do sábio é inclinada antecedentemente ao inteiramente bom, embora decida fazer por fim o que é mais conveniente. Assim, cometer-se-ia grande engano ao recusar a Deus esta inclinação forte e séria de salvar todos os homens que a Sagrada Escritura lhe atribui, e mesmo de lhe atribuir uma aversão primitiva que antes o distancia da salvação de muitos, *odium antecedaneum*[529]; é necessário sustentar preferivelmente que o sábio tende ao inteiramente bom enquanto que [é] bom, na proporção de seus conhecimentos e de suas forças, mas que ele produz somente o melhor que pode ser feito. Aqueles que admitem isto e não deixam de recusar a Deus a vontade antecedente de salvar todos os homens, não falham senão pelo abuso do termo, contanto que eles reconheçam também que Deus dá a todos assistência suficiente para poderem ser salvos, se eles têm a vontade de se servir delas.

283. Nos próprios dogmas dos ensinamentos (*disciplines*) de santo Agostinho, eu não poderia aprovar a danação das crianças não regeneradas, nem aquela em geral que vem apenas do único pecado original. Eu não poderia acreditar, tampouco, que Deus leve à danação aqueles que carecem das luzes necessárias. Pode-se acreditar, com muitos teólogos, que os homens recebem mais auxílio do que pensamos, mesmo se isto fosse apenas no artigo da morte.[530] Não parece necessário, tampouco, que todos aqueles que são salvos o sejam sempre por meio de uma graça eficaz por si

---

[529] "Ódio (aversão) antecipado", ou que ultrapassa.

[530] *L'article de la mort*, a partir da expressão latina: *in articulo mortis*; no último momento, no momento da morte, *in extremis*.

mesma, independentemente das circunstâncias. Deste modo, não acho que seja necessário dizer que todas as virtudes dos pagãos sejam falsas, nem que todas as suas ações sejam pecados, embora seja verdadeiro que aquilo que não vem da fé ou da retidão da alma diante de Deus seja infectado pelo pecado, ao menos virtualmente. Por fim, tenho para mim que Deus não poderia agir como que ao acaso, por um decreto absolutamente absoluto, ou por uma vontade independente de motivos racionais. E estou persuadido que, ao dispensar suas graças, ele é sempre movido por razões que levam em conta a natureza dos objetos; de outro modo, não agiria segundo a sabedoria; mas concordo, entretanto, que estas razões não estão ligadas necessariamente às boas ou às menos más qualidades naturais dos homens, como se Deus jamais desse suas graças senão seguindo estas boas qualidades, embora considere, como já me expliquei acima, que elas entrem em consideração como todas as outras circunstâncias, nada podendo ser negligenciado na visão da suprema sabedoria.

284. Em torno desses assuntos, e de alguns outros, onde santo Agostinho parece obscuro, ou mesmo repugnante, parece que podemos nos acomodar ao seu sistema: ele considera que da substância de Deus não pode sair senão um deus, e que portanto a criatura é tirada do nada (Agostin. *De lib. arb.* liv. 1, cap. 2). É isso que a torna imperfeita, defeituosa e corruptível (*De Genes. ad litt.*, cap. 15; *Contr. epistolam manichæi*, cap. 36). O mal não vem da natureza, mas da má vontade (Agostin., em todo o livro *Sobre a natureza do bem*). Deus não pode ordenar (*commander*) nada que seja impossível: *Firmissime creditur Deus justum et bonum impossibilia non potuisse præcipere* (liv. *De nat. et grat.*, cap. 43, 69). *Nemo peccat in eo, quod caveri non potest*[531] (*De lib. arb.*, liv. 3, cap. 16, 17; *Retract*, liv. I, cap. 11, 13, 15), Sob um Deus justo, ninguém pode ser infeliz, se não o merece: *Neque sub Deo justo miser esse quisquam, nisi mereatur, potest* (liv. 1, c. 39). O livre-arbítrio não poderia cumprir os mandamentos (*commandement*) de Deus sem o auxílio da graça (*Ep. ad Hilar. Cæsaraugustan.*). Nós

[531] "Acredita-se muito firmemente que um Deus justo e bom não poderia exigir o impossível". "Ninguém peca naquilo que não pode evitar [de fazer]". Mais abaixo, o próprio Leibniz traduz.

sabemos que a graça não é dada segundo os méritos (*Ep.* 106, 107, 120). O homem, no estado de integridade, tinha o auxílio necessário para poder agir corretamente, se quisesse; mas o querer dependia do livre-arbítrio: *Habebat adjutorium, per quod posset, et sine quo non vellet, sed non adjutorium quo vellet*[532] (liv. *De corrupt.*, cap. 10, 11 e 12). Deus deixou os anjos e os homens experimentarem o que eles podiam pelo seu livre-arbítrio, e depois aquilo que podia sua graça e sua justiça (*D[e corrupt].*, cap. 10, 11, 12). O pecado afastou o homem de Deus para aproximá-lo das criaturas (liv. 1, qu. 2, *Ad Simp.*). Se deleitar em pecar é a liberdade de um escravo (*Enchir.*, cap. 103): *Liberum arbitrium usque adeo in peccatore non periit, ut per illud peccent maxime omnes, qui cum delectatione peccant* (liv. 1, *Ad Bonifac.*, cap. 2, 3).

285. Deus disse a Moisés: *Eu terei misericórdia para com aquele que eu terei misericórdia, e eu terei piedade daquele que eu terei piedade* (Ex 33: 19). *Não é então do que quer nem do que corre, mas de Deus, que tem misericórdia* (Rm 9: 15, 16). O que não impede que todos aqueles que têm boa vontade e que nela perseveram sejam salvos. Mas *Deus lhes dá o querer e o fazer. Ele tem então misericórdia para com aquele que ele quer, e ele endurece àquele que ele quer* (Rm 9: 29).[533] E, no entanto, o mesmo apóstolo diz que *Deus quer que todos os homens sejam salvos e cheguem ao conhecimento da verdade*; o que eu não queria interpretar em conformidade com algumas passagens de santo Agostinho, como se significasse que não existem salvos exceto aqueles dos quais ele quer a salvação, ou como se quisesse salvar *non singulos generum, sed genera singulorum.*[534] Mas, prefiro dizer que não há ninguém de quem ele não queira a salvação, tanto quanto as razões superiores o permitam, que fazem com que Deus não salve senão aqueles que

[532] "Havia o auxílio a partir do qual ele tinha a capacidade (o poder), e sem a qual ele não seria capaz de querer; mas não o auxílio para querer". Mais abaixo: "A tal ponto o livre-arbítrio não pereceu no pecador, que é principalmente por meio dele que pecam todos aqueles que pecam com deleite (com prazer)".

[533] Como não conseguimos saber se o erro é de tipografia ou do próprio Leibniz, preferimos fazer os seguintes comentários ou correções: quanto ao Rm 9: 29 está claro que o livro está correto, já o versículo não é o 29 e sim o 18, a saber: "De modo que ele [Deus] faz misericórdia a quem quer e endurece a quem quer".

[534] "Não aos indivíduos pertencentes aos gêneros, mas aos gêneros aos quais os indivíduos pertencem".

acolhem a fé que ele lhes ofereceu e que são retribuídos pela graça que ele lhes deu, conforme o que convinha à totalidade do plano das suas obras, que não poderia ser melhor concebido.

286. Quanto à predestinação da salvação, ela compreende também, segundo santo Agostinho, o estabelecimento (*ordonnance*) dos meios que conduzirão à salvação. "*Prædestinatio santorum nihil aliud est, quam præcientia et præparatio beneficiorum Dei, quibus certissime liberantur quicumque liberantur*"[535] (liv. *De persev.* cap. 14). "Ele não a concebe como um decreto absoluto; ele pretende que haja uma graça que não seja rejeitada por nenhum coração endurecido, porque ela é dada sobretudo para retirar a dureza dos corações (liv. *De præ.* cap. 8, e liv. *De grat.* cap. 13, 14). Contudo, eu não acho que santo Agostinho expresse suficientemente [o fato] que esta graça que submete o coração seja sempre eficaz por si mesma. E não sei se poderíamos sustentar, sem o chocar, que um mesmo grau de graça interna é vitorioso em um, o qual é auxiliado pelas circunstâncias, e não o é em outro.

287. A vontade é proporcional ao sentimento que nós temos do bem, e disso segue a predominância: "*Si utrumque tantumdem diligimus, nihil horum dobimus. Item, quod amplius nos delectat, secundum id operemur necesse est*"[536] (*in Ad Gal.* cap. 5)". Já expliquei de que maneira, apesar de tudo isso, nós temos verdadeiramente um grande poder sobre nossa vontade. Santo Agostinho o considera de uma forma um pouco diferente, e de uma maneira que não vai muito longe, como quando ele diz que não há nada que esteja tanto em nosso poder quanto a ação de nossa vontade, ao que ele atribui uma razão que é mais ou menos idêntica. Pois, diz ele, esta ação está pronta no momento em que queremos. "*Nihil tam in nostra potestate est, quam ipsa voluntas, ea enim mox ut volumus præsto est*"[537] (*De lib. arb.*, liv. 3, cap. 3; *De civ. Dei*, liv. 5, cap. 10). Mas isto significa somente que nós

[535] "A predestinação dos santos não é outra coisa senão a presciência e a preparação dos benefícios de Deus, a partir dos quais com toda a certeza são liberados (salvos) aqueles que são liberados".

[536] "Se nós estimamos tanto uma quanto a outra, não nos daremos verdadeiramente a nenhuma das duas. Do mesmo modo, é necessário agirmos segundo aquilo que nos agrade mais."

[537] "Nada está mais em nosso poder que a própria vontade; pois a partir do momento que queremos ela está dada".

queremos quando nós queremos, e não que nós queremos o que nós desejamos querer. Há mais motivos para dizer com ele: *Aut voluntas non est, aut libera dicenda est*[538] (*D[e lib. Arb.]*, liv. 3, cap. 3); e que aquilo que conduz a vontade ao bem de uma maneira infalível ou certa não o impede de ser livre. "*Perquam absurdum est, ut ideo dicamus non pertinere ad voluntatem (libertatem) nostram, quod beati esse volumus, quia id omnino nolle non possumus, nescio qua bona constrictione naturæ. Nec dicere audemus ideo Deum non volutatem (libertatem), sed necessitatem habere justitiæ, quia non potest velle peccare. Certe Deus ipse numquid quia peccare non potest, ideo liberum arbritrium habere negandus est?*[539] (*De nat. et grat.* cap. 46, 47, 48, 49)". Ele ainda diz muito apropriadamente que Deus dá o primeiro bom movimento, mas que em seguida o homem age também. *Aguntur ut agant, non ut ipsi nihil agant*[540] (*De corrupt.* cap. 2).

288. Nós estabelecemos que o livre-arbítrio é a causa próxima do mal da culpa, e em seguida do mal das penas, embora seja verdadeiro que a imperfeição original das criaturas que se encontra representada nas ideias eternas delas é a primeira e a mais distante [de suas causas]. No entanto, o Sr. Bayle sempre se opõe a esse uso do livre-arbítrio; ele não quer que se lhe atribua a causa do mal: é preciso escutar suas objeções; mas, antes, será bom esclarecer ainda mais a natureza da liberdade. Nós fizemos ver que a liberdade, tal como se exige nas escolas teológicas, consiste na *inteligência*, que envolve um conhecimento distinto do objeto da deliberação; na *espontaneidade*, a partir da qual nós nos determinamos; e na *contingência*, isto é, na exclusão da necessidade lógica ou metafísica. A inteligência é como que a alma da liberdade, e o resto é como que o seu corpo e a sua base. A substância livre se determina por ela mesma, e isto seguindo a motivação do bem apercebida pelo entendimento que a inclina sem a obrigar (*nécessiter*); e todas as condições da

538 "Ou a vontade não existe, ou ela deve ser dita livre."

539 "É totalmente absurdo dizermos que não pertence à nossa vontade (liberdade) querer a bem-aventurança, porque não podemos absolutamente não querê-la, por não sei qual boa constrição natural. Nem pretendemos afirmar que Deus não tem a vontade (liberdade), mas a necessidade de ser justo, porque não pode querer pecar. Porque certamente Deus não pode pecar, a ele deve ser negado ter o livre-arbítrio?"

540 "São impelidos a fazer [algo], não a fazer nada."

liberdade estão compreendidas nestas poucas palavras. Entretanto, é bom observar que a imperfeição que se encontra nos nossos conhecimentos e na nossa espontaneidade, e a determinação infalível que está compreendida na nossa contingência, não destroem a liberdade nem a contingência.

289. Nosso conhecimento é de dois tipos, distinto ou confuso. O conhecimento distinto ou a inteligência tem lugar no verdadeiro uso da razão; mas os sentidos nos fornecem pensamentos confusos. E podemos dizer que estamos isentos da escravidão enquanto agimos a partir de um conhecimento distinto; mas que estamos sujeitos às paixões enquanto nossas percepções são confusas. É neste sentido que não temos toda a liberdade de espírito que seria de desejar, e que podemos dizer com santo Agostinho, que estando sujeitos ao pecado, nós temos a liberdade de um escravo. Todavia, um escravo, qualquer que seja o escravo, não deixa de ter a liberdade de escolher em conformidade com o estado em que se encontra, embora se encontre o mais frequentemente na difícil obrigação de escolher entre dois males, porque uma força superior não o deixa alcançar os bens aos quais aspira. E o que as correntes e a coerção provocam em um escravo é provocado em nós graças às paixões, cuja violência é doce, mas não é menos perniciosa. Na verdade, só queremos aquilo que nos agrada, mas, infelizmente, o que nos agrada no presente é frequentemente um verdadeiro mal, que nos desagradaria se tivéssemos os olhos do entendimento abertos. No entanto, esta má condição em que se encontra o escravo, e aquela em que nos encontramos, não impede que, na condição à qual estamos reduzidos, façamos uma escolha livre (tanto quanto ele) daquilo que nos agrada mais conforme nossas forças e nosso conhecimento presente.

290. No que diz respeito à espontaneidade, ela nos pertence na qualidade de que temos em nós o princípio de nossas ações, como Aristóteles tão bem o compreendeu.[541] É verdade que as impressões das coisas exteriores nos distanciam frequentemente de nosso caminho e que acreditamos comumente que, ao menos a este respeito, uma parte dos princípios de nossas ações estava fora

[541] *Ética a Nicômaco*, III, 1, 1109 b.

de nós; e reconheço que estamos obrigados a falar desse modo, se acomodando à linguagem popular, que se pode fazer em um certo sentido sem ferir a verdade; mas quando se trata de explicarmos com exatidão, mantenho que nossa espontaneidade não tem exceção e, falando com rigor filosófico, que as coisas exteriores não exercem influência física alguma sobre nós.

291. Para melhor entender este ponto, é preciso saber que uma espontaneidade exata é comum a todas as substâncias simples e que na substância inteligente ou livre ela se torna o império sobre suas ações; o que não pode ser explicado melhor senão pelo sistema da harmonia preestabelecida, que já há muitos anos eu propus. Faço ver, a partir dele, que naturalmente toda substância simples tem percepção e que sua individualidade consiste na lei perpétua que faz a sequência das percepções que lhe afetam, e que nascem naturalmente umas das outras, para representar o corpo que lhe é atribuído (*assigné*), e, por meio dele, o Universo inteiro, conforme o ponto de vista próprio a esta substância simples, sem que ela tenha necessidade de receber qualquer influência física do corpo; como o corpo também, por seu lado, a partir de suas próprias leis, se acomoda às vontades da alma, e, consequentemente, não lhe obedece senão na medida em que estas leis o dirigem. Donde se segue, então, que a alma tem nela mesma uma perfeita espontaneidade, de modo que nas suas ações ela não depende senão de Deus e dela mesma.

292. Como este sistema não era conhecido antes, foram procurados outros meios de sair deste labirinto; e os próprios cartesianos estavam embaraçados quanto ao tema do livre-arbítrio. Eles não aceitam mais as faculdades da escola[542] e consideravam que todas as ações da alma pareciam ser determinadas por aquilo que vem de fora, conforme as impressões dos sentidos; e que, por fim, tudo no Universo é dirigido pela providência de Deus; mas com isso surgia naturalmente a objeção que então não existe liberdade. A isto o Sr. Descartes respondia que estamos seguros

[542] Entenda-se por "faculdades da escola", o corpo doutrinário de conceitos (daí escola e escolástica) utilizados para caracterizar as capacidades, as virtudes, as potencialidades (daí as faculdades) em geral os quais estavam sendo recusados pelos modernos.

desta providência pela razão, mas que nós estamos seguros também de nossa liberdade pela experiência interior que temos dela, e que é preciso acreditar em uma e em outra, embora não vejamos o meio de as conciliar.

293. Isso seria cortar o nó gordio e responder à conclusão de um argumento, não o resolvendo, mas lhe opondo um argumento contrário; o que não está conforme às regras das disputas filosóficas. Todavia, a maioria dos cartesianos se acomodou com isso, ainda que a experiência interior que eles alegam não prove o que afirmam, como o Sr. Bayle mostrou muito bem. O Sr. Régis[543] (*Philos.*, t. 1, *Métaph.*, liv. 2, part. 2, cap. 22) parafraseia a doutrina do Sr. Descartes do seguinte modo: "a maioria dos filósofos – diz ele – caiu em erro, desde que uns, não podendo compreender a relação que existe entre as ações livres e a providência de Deus, negaram que Deus fosse a causa eficiente primeira das ações de livre-arbítrio, o que é um sacrilégio; e os outros, não podendo conceber a relação que existe entre a eficiência de Deus e as ações livres, negaram que o homem fosse dotado de liberdade, o que é uma impiedade. O meio que se encontra entre estas duas extremidades é o de dizer (*id. ibid.* p. 485) que, quando não pudéssemos compreender todas as relações que existem entre a liberdade e a providência de Deus, não deixaríamos de estar obrigados a reconhecer que somos livres e dependentes de Deus; porque estas duas verdades são igualmente conhecidas, uma pela experiência e a outra pela razão, e que a prudência não consente que se abandone as verdades das quais se está seguro, porque não podemos conceber todas as relações que elas têm com outras verdades que conhecemos".

294. O Sr. Bayle observa muito bem, à margem, que "estas expressões dos Sr. Régis não indicam que conhecemos as relações entre as ações do homem e a providência de Deus, que nos parecem incompatíveis com nossa liberdade". Ele acrescenta que são as expressões cuidadosas que enfraquecem o estado da questão. "Os autores supõem" – diz ele – "que a dificuldade surge unicamente

---

[543] Pierre Sylvain Leroy, chamado de Régis (1632-1707), filósofo cartesiano, autor de um *Cours entier de philosophie ou système général selon les principes de Descartes* (3 volumes, 1690).

por conta das luzes que nos faltam; em vez disto deveriam dizer que ela surge principalmente das luzes que nós temos, e que (na opinião do Sr. Bayle) não podemos por em acordo com nossos mistérios". É justamente isso que já disse no começo dessa obra, que se os mistérios fossem irreconciliáveis com a razão, e se existisse objeções insolúveis, bem longe de tornar o mistério incompreensível, compreenderíamos a sua falsidade. É verdade que aqui não se trata de mistério algum, mas apenas da religião natural.

295. Todavia, eis aqui como o Sr. Bayle combate estas experiências internas sobre as quais os cartesianos estabelecem a liberdade; mas ele começa por reflexões com as quais eu não poderia concordar. "Aqueles que não examinam a fundo – diz ele (*Dictionn.* art. *Helen.*, let. T D) – aquilo que neles se passa, persuadem-se facilmente que são livres, e que se sua vontade conduz ao mal, a falta é deles, é por uma escolha da qual eles são os senhores. Aqueles que fazem um outro julgamento são pessoas que estudaram com cuidado a amplitude e as circunstâncias de suas ações e que refletiram muito sobre o progresso do movimento de sua alma. Geralmente, tais pessoas duvidam de seu livre (*franc*) arbítrio e chegam até mesmo a se persuadir que sua razão e seu espírito são escravos que não podem resistir à força que os arrasta para onde não queriam ir; eram principalmente estes tipos de pessoas que atribuíam aos deuses a causa de suas más ações".

296. Estas palavras me fazem lembrar daquelas do chanceler Bacon, o qual diz que a filosofia considerada de forma medíocre nos afasta de Deus, mas que a ele conduz aqueles que nela se aprofundam. Do mesmo modo que acontece com aqueles que refletem sobre suas ações; parece-lhes primeiramente que tudo que fazemos não é senão impulsionado por outrem, que tudo que nós concebemos vem de fora por meio dos sentidos, e se afigura no vazio do nosso espírito, *tanquam in tabula rasa*.[544] Mas uma meditação mais profunda nos ensina que tudo (mesmo as percepções e as paixões) nos vêm de nosso próprio fundo, com uma espontaneidade plena.

[544] Assim como uma *tabula rasa*; para empiristas como Locke, trata-se de estado que caracteriza a mente vazia, anterior a qualquer experiência, por isso muito criticado por Leibniz que defendia o inatismo.

297. No entanto, o Sr. Bayle cita poetas que pretendem desculpar os homens fazendo com que as faltas recaiam sobre os deuses. Em Ovídio, Medeia fala assim:

Frustra, Medea, repugnas,
Nescio quis deus obstat, ait.[545]

E, um pouco depois, Ovídio lhe faz acrescentar:

Sed trahit invitam nova vis, aliudque cupido,
Mens aliud suadet: video meliora proboque,
Deteriora sequor.[546]

Mas a isso Virgílio poderia se opor, no qual Nisus diz com bem mais razão:

— *Dine hunc ardorem mentibus addunt,*
Euryale, an sua cuique deus fit dira cupido?[547]

298. O Sr. Wittichius[548] parece ter acreditado que de fato nossa independência é só aparente; pois na sua dissertação: *De providentia Dei actuali*, n. 61, faz o livre-arbítrio equivaler àquilo que nos leva de tal maneira em direção aos objetos que se apresentam a nossa alma para serem afirmados ou negados, amados ou odiados, que não sentimos que qualquer força exterior nos determina. Ele acrescenta que quando Deus produz ele mesmo nossas volições, então nós agimos o mais livremente; e quanto mais a ação de Deus é eficaz e poderosa sobre nós, mais somos os senhores de nossas ações. "*Quia enim Deus operatur ipsum velle, quo efficacius operatur, eo magis volumus; quod autem, cum volumus, facimus, id maxime habemus in*

545 "Em vão resistes, Medeia. Não sei qual deus se opõe a isso, diz." (Ovídio, *Metamorfoses*, vv. VII, 11-12).

546 "Mas uma nova força me arrasta; a paixão aconselha uma coisa, a mente outra; vejo a melhor [opção] e a aprovo. Sigo a pior." (Ibid., VII, vv. 19-21).

547 "São os Deuses, Eurílo, que suscitam este ardor nas mentes, ou cada um converte em deus a sua terrível paixão?" (Virgílio, *Eneida*, IX, 184-185).

548 Cf. nota 304.

nostra potestate."[549] É verdade que quando Deus produz uma vontade em nós, ele produz uma ação livre. Mas parece-me que não se trata aqui da causa universal, ou desta produção da vontade que lhe convém enquanto é ela uma criatura; para a qual aquilo que é positivo é, com efeito, criado continuamente pelo concurso de Deus, como qualquer outra realidade absoluta das coisas: trata-se aqui das razões do querer e dos meios dos quais Deus se serve quando ele nos dá uma boa vontade ou nos permite ter uma má. Sempre somos nós que a produzimos, boa ou má, pois a ação é nossa; mas há sempre razões que nos fazem agir sem prejudicar nossa espontaneidade nem nossa liberdade. A graça só faz dar impressões que contribuem para fazer querer motivos convenientes, tal como uma atenção, um *Dic cur hic*[550], um prazer diligente. E se vê claramente que aquilo não provoca qualquer prejuízo à liberdade, não mais que o poderia fazer um amigo que aconselha e que fornece motivos. Deste modo, o Sr. Wittichius não respondeu bem à questão, tampouco o Sr. Bayle, e o recurso a Deus aqui não serve para nada.

299. Mas fornecemos uma outra passagem bem mais racional do mesmo Sr. Bayle, na qual debate melhor o suposto vivo sentimento de liberdade que deve prová-la para os cartesianos. Suas palavras são de fato plenas de espírito e dignas de consideração, e se encontram na *Resposta às questões de um provinciano*, t. III, cap. 140, p. 761 e seguintes. Eis aqui: "Por meio do sentimento claro e nítido que temos da nossa existência, nós não discernimos se existimos por nós mesmos ou se recebemos de um outro aquilo que somos. Só discernimos isso via reflexão, ou seja, ao meditar sobre a impotência que temos de nos conservar o tanto que desejaríamos, de nos livrar da dependência dos seres que nos cercam etc. É até mesmo certo que os pagãos (é preciso dizer a mesma coisa dos socinianos, já que eles negam a criação) jamais alcançaram o conhecimento deste dogma verdadeiro [segundo] o qual fomos feitos do nada, e que a cada momento tiramos do não-ser a nossa duração. Então,

[549] "Pois que, de fato, Deus mesmo é que age sobre o querer, mais ele age eficazmente mais nós queremos; todavia, o que fazemos quando o queremos, nós o temos sobretudo em nosso poder."

[550] "Diga porque aí (ou: nesta ocasião)."

eles acreditaram falsamente que todas as substâncias do Universo existem por si mesmas e que elas jamais podem ser destruídas; deste modo, não dependem de qualquer outra coisa senão daquilo que diz respeito às suas modificações, sujeitas a serem destruídas pela ação de uma causa externa. Este erro não vem do fato de não sentirmos a ação criadora que nos conserva e que sentimos apenas que nós existimos; que nós o sentimos, digo, de uma maneira que nos manteria eternamente na ignorância da causa de nosso ser se outras luzes não nos auxiliassem? Digamos também que o sentimento claro e nítido que temos dos atos de nossa vontade não nos pode fazer discernir se os produzimos nós mesmos ou se os recebemos da mesma causa que nos dá a existência. É preciso recorrer à reflexão ou à meditação, a fim de realizar tal discernimento. Ora, considero efetivamente que por meio de meditações puramente filosóficas não se pode jamais chegar a uma certeza bem fundada de que somos a causa eficiente de nossas volições; pois toda pessoa que examinar bem as coisas descobrirá evidentemente que se fossemos, em relação à vontade, apenas sujeitos passivos, teríamos os mesmos sentimentos em relação à experiência que temos quando acreditamos ser livres. Suponha, [só] por distração, que Deus tenha regrado de tal modo as leis [que regem] a união da alma e do corpo que todas as modalidades da alma, sem exceção alguma, estejam ligadas necessariamente entre si com a interposição das modalidades do cérebro, você compreenderá que não nos acontecerá senão aquilo que vivenciarmos (*éprouvons*); haverá na nossa alma a mesma sequência de pensamentos, desde a percepção dos objetos dos sentidos, que é seu primeiro passo, até as volições mais regulares, que são seu último passo. Haverá nesta sequência o sentimento das ideias, o das afirmações, o das indecisões, o das veleidades e o das volições. Pois, seja o ato de querer impresso em nós por uma causa exterior, seja produzido por nós mesmos, será igualmente verdadeiro que queremos e que sentimos que nós queremos; mas, como esta causa exterior pode misturar tanto prazer quanto ela quiser na volição que ela nos imprime, poderemos sentir algumas vezes que os atos da nossa vontade nos agradam infinitamente e que eles nos conduzem segundo a propensão das nossas mais fortes inclinações. Nós não sentiremos coerção: você conhece a máxima, *Voluntas non potest cogi.*[551] Você não entende claramente que um cata--vento ao qual sempre provocássemos ao mesmo tempo (de modo, todavia, que a prioridade da natureza ou, se preferir mesmo, uma prioridade de instante real conviria ao desejo de se mover) o movimento em direção a um certo ponto do horizonte e a vontade de se virar para este lado, estaria persuadido que por si mesmo se move para executar os desejos que forma? Eu suponho que ele não saberia da existência dos ventos, nem que uma causa exterior fizesse mudar ao mesmo tempo sua situação e seus desejos. Veja que nós [estamos] naturalmente neste estado: não sabemos se uma causa invisível nos faz passar sucessivamente de um pensamento a outro. Logo, é natural que os homens se persuadam que se determinam a si próprios. Mas, resta examinar se eles, como numa infinidade de outras coisas, se enganam no que afirmam por uma espécie de instinto e sem ter empregado as meditações filosóficas. E, em seguida, que há duas hipóteses sobre o que se passa no homem: uma, que ele é apenas um sujeito passivo e, a outra, que ele tem potências (*vertus*) ativas; não se pode racionalmente preferir a segunda à primeira enquanto só pudermos alegar provas de sentimento; pois sentiríamos com uma força igual que queremos isto ou aquilo, quer todas nossas volições tenham sido impressas em nossa alma por uma causa exterior e invisível, quer as façamos nós mesmos".

300. Há aqui raciocínios muito belos, que têm força contra os sistemas [mais] comuns; mas deixam de tê-la em relação ao sistema da harmonia preestabelecida, que nos leva mais longe do que antes podíamos ir. O Sr. Bayle estabelece, por exemplo, que "por [meio] de meditações puramente filosóficas não se pode jamais chegar a uma certeza bem fundada de que somos a causa eficiente de nossas volições"; mas este é um ponto no qual não concordo com ele; pois o estabelecimento deste sistema mostra indubitavelmente que no curso da natureza cada substância é a causa única de todas suas ações e que ela está isenta de toda influência física de qualquer outra substância, exceto do concurso ordinário de Deus. E é este sistema que faz ver que nossa espontaneidade é verdadeira e não

[551] "A vontade não pode ser coagida."

apenas aparente, como o Sr. Wittichius o tinha acreditado. O Sr. Bayle sustenta também, pelas mesmas razões (cap. 171, p. 1.132), que se houvesse um *fatum astrologicum*[552], ele não destruiria a liberdade, e estaria de acordo com ele se ela não consistisse senão numa espontaneidade aparente.

301. A espontaneidade de nossas ações, então, não pode mais ser colocada em dúvida, como Aristóteles o definiu bem ao dizer que uma ação é espontânea quando seu princípio está naquele que age: *Spontaneum est, cujus principium est in agente.*[553] E é assim que nossas ações e nossas vontades dependem inteiramente de nós. É verdade que não somos de maneira imediata os senhores da nossa vontade, embora saibamos qual a sua causa; pois não escolhemos as vontades como, por meio das nossas vontades, escolhemos nossas ações. Entretanto, temos um certo poder também sobre nossa vontade, desde que podemos contribuir indiretamente para querer em um outro momento o que desejaríamos querer no presente, como já mostrei acima; o que, todavia, não é veleidade propriamente falando e é também nisso que temos de fato um império particular e sensível sobre nossas ações e sobre nossas vontades, mas que resulta da espontaneidade unida à inteligência.

302. Até aqui explicamos as duas condições da liberdade das quais Aristóteles falou, isto é, a espontaneidade e a inteligência que se encontram juntas em nós no momento da deliberação; contrariamente aos animais irracionais que carecem da segunda condição. Mas os escolásticos exigem ainda uma terceira a qual denominam *indiferença*. E, com efeito, é preciso admiti-la se a indiferença significa o mesmo que contingência; pois já disse acima que a liberdade deve excluir uma necessidade absoluta e metafísica ou lógica.[554] Mas, como já me expliquei mais de uma vez, esta indiferença, esta contingência, esta *não-necessidade*, se ouso falar assim, que é um atributo característico da liberdade, não impede que tenhamos

552 "Destino ao modo da Astrologia."

553 "É espontâneo aquilo cujo princípio está no agente." Cf. Aristóteles, *Ética a Nicômaco*, livro III, 1111a 21.

554 Cf. § 288.

inclinações mais fortes para o partido que escolhemos, e ela não exige de forma alguma que sejamos absoluta e igualmente indiferentes a dois partidos opostos.

303. Assim, não admito a indiferença senão em um sentido que a faz significar o mesmo que contingência ou não-necessidade. Mas, como expliquei mais de uma vez, não admito uma *indiferença de equilíbrio*, e acredito que jamais escolhemos quando somos absolutamente indiferentes. Uma tal escolha seria uma espécie de puro acaso, sem razão determinante, tanto [uma que] apareça quanto [uma] escondida. Mas, um tal acaso, uma tal casualidade absoluta e real, é uma quimera que jamais se encontra na natureza. Todos os sábios concordam que o acaso é apenas algo aparente, como a sorte (*fortune*); pois, é a ignorância das causas que o faz. Mas se houvesse uma tal indiferença vaga, ou mesmo se escolhêssemos sem que houvesse nada que nos levasse a escolher, o acaso seria algo de real; semelhante àquilo que se encontrava no pequeno desvio (*détour*) dos átomos, acontecendo sem motivo e sem razão, na opinião de Epicuro, que o tinha introduzido para evitar a necessidade, o que com muita razão Cícero tanto ridicularizou.[555]

304. No pensamento de Epicuro aquela declinação tinha uma causa final, seu objetivo sendo o de nos isentar do destino; mas ela não pode ser eficiente a partir da natureza das coisas, é uma quimera das mais impossíveis. O próprio Sr. Bayle a refuta muito bem, como diremos em seguida; e, no entanto, é interessante que ele mesmo pareça admitir alhures algo de semelhante a esta suposta declinação. Pois eis aqui o que ele afirma ao falar do asno de Buridan (*Dictionn.* art. *Buridan*, cit. 13). "Aqueles que têm o livre (*franc*) arbítrio propriamente dito, admitem no homem um poder de se determinar para o lado direito ou para o lado esquerdo, ainda que os motivos sejam perfeitamente iguais da parte dos dois objetos opostos. Pois pretendem que, sem ter outra razão que a de fazer uso de sua liberdade, nossa alma pode dizer: eu prefiro isto que aquilo, ainda que não veja nada de mais digno de minha escolha nisto ou naquilo."

---

[555] Cf. Cícero, *De Fato*, X, 22-23, e XX, 46-48. Com o termo "declinação" Leibniz se refere ao "clinamen".

305. Todos aqueles que admitem um livre-arbítrio propriamente dito não aprovariam ao Sr. Bayle quanto àquela determinação vinda de uma causa indeterminada. Santo Agostinho e os tomistas julgam que tudo está determinado. E nota-se que seus adversários recorrem também às circunstâncias que contribuem para a nossa escolha. A experiência não favorece de forma alguma a quimera de uma indiferença de equilíbrio, e podemos empregar aqui o raciocínio que o próprio Sr. Bayle empregava contra a maneira dos cartesianos provarem a liberdade por meio do vivo sentimento de nossa independência. Pois, embora nem sempre veja a razão de uma inclinação que me faz escolher entre dois partidos que parecem iguais, sempre existirá alguma impressão, embora imperceptível, que nos determina. Querer simplesmente fazer uso de sua liberdade, não tem nada que especifique ou que nos determine à escolha de um ou de outro partido.

306. O Sr. Bayle continua: "Há pelo menos duas vias pelas quais o homem pode se liberar das armadilhas do equilíbrio. Uma é aquela que já aleguei: é por se gabar da agradável imaginação que [o homem] é dele [mesmo] o senhor e que não depende dos objetos". Esta via não tem saída; é esforço vão lhe fazer o senhor de si, isto não fornece nada de determinante, e não favorece a um partido mais que ao outro. O Sr. Bayle continua: *Ele realizaria este ato: Eu quero preferir isto àquilo, porque me agrada usá-lo assim.* Mas estas palavras, *porque me agrada, porque tal é meu prazer*, encerram já uma inclinação em direção ao objeto que agrada.

307. Não se tem, então, direito de assim continuar: "e então o que o determinaria não seria tomado por objeto, o motivo não seria tirado senão das ideias que têm os homens de suas próprias perfeições ou de suas faculdades naturais. A outra via é aquela da sorte (*sort*) ou do acaso: a palha [mais] curta[556] decidiria". Esta via tem saída, mas não atinge o ponto: é mudar de questão, pois nesta não é então o homem que decide; ou mesmo quando se pretende que é sempre o homem que decide pela sorte, o próprio homem

[556] Bayle se refere ao "jogo" de azar em que se colocam palitos, galhos, daí palhas, na verdade qualquer fio, que tenham entre eles um de tamanho diferente, o que decide a sorte do indivíduo que o escolher.

não está mais no equilíbrio, porque a sorte não está, e o homem a ela está atado. Sempre existem razões na natureza que são a causa daquilo que acontece por acaso ou pela sorte. Me admira um pouco que um espírito tão penetrante quanto o do Sr. Bayle aqui possa ter assumido de tal forma [esta] mudança. Já expliquei em outra parte a verdadeira resposta que satisfaria ao sofisma de Buridan[557]; é que o caso do perfeito equilíbrio é impossível, o Universo não podendo ser jamais [dividido no exato] meio (*mi-parti*) de modo que todas as impressões sejam equivalentes de um parte e de outra.

308. Vejamos aquilo que o próprio Sr. Bayle diz alhures contra a indiferença quimérica ou absolutamente indefinida. Cícero dissera (no seu livro *De fato*) que Carnéades tinha encontrado algo de mais sutil que a declinação dos átomos, ao atribuir a causa de uma suposta indiferença absolutamente indefinida aos movimentos voluntários das almas, porque estes movimentos não têm necessidade de uma causa externa, procedente de nossa natureza. Mas o Sr. Bayle (*Dictionn.* art. *Epicure*, p. 1.143) responde muito bem [ao dizer] que tudo aquilo que vem da natureza de uma coisa está determinado; deste modo, a determinação sempre permanece e a escapatória de Carnéades não serve de nada.

309. Ele mostra alhures (*Rép. aux questions d'un provinc.*, liv. 2, cap. 90, p. 219) "que uma liberdade bem distante deste suposto equilíbrio é incomparavelmente mais vantajosa. Quero dizer – diz ele – uma liberdade que siga sempre os julgamentos do espírito e que não possa resistir aos objetos claramente reconhecidos como bons. Não conheço pessoas que concordem que uma verdade claramente conhecida obrigue (*nécessite*) (determine preferivelmente, a menos que não se fale de uma necessidade moral) o consentimento da alma; isso a experiência nos ensina. Nas escolas [filosóficas] se ensina constantemente que, assim como o verdadeiro é o objeto do entendimento, o bem é o objeto da vontade; e que assim como o entendimento jamais pode afirmar aquilo que se mostra a ele sob a aparência da verdade, a vontade jamais pode amar algo que não lhe pareça bom. Jamais se acredita no falso enquanto falso, e jamais se ama o mal enquanto mal. Existe no entendimento

[557] Primeira parte, § 49.

uma determinação natural para o verdadeiro em geral e para cada verdade particular conhecida claramente. Existe na vontade uma determinação natural para o bem em geral; donde vários filósofos concluem que desde que os bens particulares nos são conhecidos claramente, estamos obrigados a amá-los. O entendimento não suspende estes atos exceto quando os objetos se mostram obscuramente, desde que possamos duvidar se são falsos ou verdadeiros; e a partir disso muitos concluem que a vontade não permanece em equilíbrio exceto quando a alma, em sua consideração, está em dúvida se o objeto que se lhe apresenta é um bem; mas que também, assim que ela aceita a afirmativa, ela se liga necessariamente àquele objeto até o momento em que outros julgamentos do espírito a determinem de uma outra maneira. Os que explicam deste modo a liberdade, acreditam encontrar nisto uma matéria com bastante mérito e demérito, porque supõem que estes julgamentos do espírito procedem de uma aplicação livre da alma para examinar os objetos, para compará-los em conjunto e para discerni-los. Não devo esquecer que há muitos homens sábios (como Bellarmin[558], *De gratia et libero arbitrio*, liv. 3, cap. 8 e 9, e Cameron, *in Responsione ad epistolam viri docti, id est Episcopii*) que sustentam, por motivos bastante fortes, que a vontade sempre seja necessariamente o último ato prático do entendimento."

310. É preciso fazer algumas observações sobre este discurso. Um conhecimento bem claro do melhor determina a vontade, mas, propriamente falando, ele não a obriga. Sempre é preciso distinguir o necessário do certo ou do infalível, como já observamos mais de uma vez, e distinguir a necessidade metafísica da necessidade moral.[559] Acredito também que apenas a vontade de Deus segue sempre o julgamento do entendimento; todas as criaturas inteligentes estão sujeitas a algumas paixões ou às percepções, ao menos as que não consistem inteiramente naquilo que eu denomino ideias

[558] Cf. nota 40. John Cameron (1579-1625), teólogo calvinista escocês, ensinava Filosofia em Sedan e Teologia em Saumur; por conta de suas opiniões foi obrigado a se estabelecer em Montauban; suas principais obras são: *Praelectiones theologicae* (Saumur 1626) e *Defensio de gratia et libero arbitrio* (Saumur 1624), este último foi escrito contra a *Epistola viri docti ad amicum* escrita pelo holandês Simon Bisschop, conhecido por *Episcopius* (1583-1643).

[559] Cf. § 288.

adequadas. E embora nos bem-aventurados estas paixões tendam sempre ao verdadeiro bem, em virtude das leis da natureza e do sistema das coisas preestabelecidas em relação a eles, não é sempre de tal modo, entretanto, que têm disso um perfeito conhecimento. Nisso eles são como nós, que não compreendemos sempre a razão de nossos instintos. Os anjos e os bem-aventurados são criaturas como nós, sempre que existe alguma percepção confusa misturada com conhecimentos distintos. Quanto a eles, Suárez[560] disse algo próximo. Ele acredita (*Traité de l'oraison*, liv. 1, cap. 11) que Deus regulou as coisas antecipadamente, de modo que as suas preces, quando são feitas com uma vontade plena, sempre surtem efeito: é uma amostra de uma harmonia preestabelecida. Quanto a nós, além do julgamento do entendimento, a partir do qual temos um conhecimento preciso (*expresse*), a ele se misturam percepções confusas dos sentidos, que fazem nascer paixões e mesmo inclinações insensíveis das quais nem sempre nos apercebemos. Estes movimentos atravessam frequentemente o julgamento do entendimento prático.

311. E quanto ao paralelo entre a relação do entendimento com o verdadeiro e da vontade com o bem, é preciso saber que uma percepção clara e distinta de uma verdade contém nela atualmente a afirmação desta verdade; deste modo, o entendimento está obrigado (*nécessité*) a isso. Mas qualquer percepção que tenhamos do bem, o esforço de agir segundo o julgamento, o que faz, a meu ver, a essência da vontade, se distingue daquilo; portanto, como é preciso tempo para levar este esforço ao seu ponto culminante, ele pode ser suspenso e mesmo modificado por uma nova percepção ou inclinação que o atravessa, que desvia o espírito, e que lhe faz até mesmo produzir algumas vezes um julgamento contrário. É isto que faz com que nossa alma tenha tantos meios de resistir à verdade quantos ela conheça, e com que exista um trajeto tão grande do espírito ao coração, sobretudo desde que o entendimento procede em boa parte apenas por pensamentos que não se fazem

[560] Francisco Suarez (1548-1617), célebre teólogo espanhol, desempenhou papel fundamental na controvérsia *De auxiliis* sobre a graça e o livre-arbítrio; em seu *Disputationes metaphysicae* (Salamanca 1597) considera todas as doutrinas antigas e contemporâneas para, a partir daí, constituir uma metafísica distinta da Revelação e preliminar a qualquer Teologia.

notar (*pensées sourdes*), pouco capazes de se fazerem sentir (*toucher*), como já expliquei alhures. Deste modo, a ligação entre o julgamento e a vontade não é tão necessária quanto se poderia pensar.

312. O Sr. Bayle continua muito bem, p. 221: "Já que não pode ser uma falha na alma do homem a de não ter a liberdade de indiferença quanto ao bem em geral; isto seria de preferência uma desordem, uma imperfeição extravagante, se pudéssemos dizer verdadeiramente: 'pouco me importa ser feliz ou infeliz; não tenho mais determinação para amar o bem do que para odiá-lo, posso fazer igualmente um ou outro'. Ora, se é uma qualidade louvável e vantajosa a de ser determinado quanto ao bem em geral, não pode ser uma falha a de se encontrar obrigado ao que se refere a cada bem particular reconhecido manifestamente [como] para o nosso bem. Parece até que isto é uma consequência necessária, que se a alma não tem liberdade de indiferença quanto ao bem em geral, ela não a tem quanto aos bens particulares, enquanto ela julga contraditoriamente que para ela são bens. O que pensaríamos de uma alma que, tendo formado esse julgamento, se vangloriasse com razão de ter a força de não amar estes bens e até de odiá-los, e quem diria: 'eu conheço claramente que esses são bens para mim, sobre esta questão eu tenho todas as luzes necessárias; todavia, eu não quero amá-los, eu quero odiá-los; minha escolha está feita, eu a executo; não é que razão alguma me leve (*engage*) a isso (isto é, alguma outra razão além daquela que está fundada sobre *tal é o meu bel-prazer*), mas me agrada usar disso deste modo'. O que pensaríamos, digo eu, de uma tal alma? Nós não a acharíamos mais imperfeita e mais descontente do que se ela não tivesse aquela liberdade de indiferença?"

313. "A doutrina que submete a vontade aos últimos atos do entendimento não apenas dá uma ideia mais vantajosa do estado da alma, mas mostra também que é mais fácil conduzir o homem à felicidade por este caminho do que por aquele da indiferença, pois bastará esclarecer-lhe o espírito quanto aos verdadeiros interesses e no mesmo instante sua vontade se conformará aos julgamentos que a razão tiver pronunciado. Mas se ele tem uma liberdade independente da razão e da qualidade dos objetos claramente conhecida, será o mais indisciplinável de todos os animais, e jamais

se poderá estar seguro de fazer com que ele tome o bom partido. Todos os conselhos, todos os raciocínios do mundo deverão ser bem inúteis; você lhe esclarecerá, lhe convencerá o espírito, e, contudo, sua vontade se fará orgulhosa, e permanecerá imóvel como um rochedo (Virgil. *Æn.*, liv. VI, v. 470)."

> *Non magis incœpto vultum sermone movetur,*
> *Quam si dura silex aut stet Marpesia cautes.*[561]

Um impulso, um vão capricho a fará enrijecer, contra toda sorte de razões; não lhe agradará amar um bem claramente conhecido, agradar-lhe-á odiá-lo. Você acha, senhor, que uma tal faculdade é o mais rico presente que Deus pode ter dado ao homem e o instrumento único de nosso contentamento? Não é de preferência um obstáculo para a nossa felicidade? Isso a ponto de se glorificar de poder dizer: 'eu menosprezei todos os julgamentos da minha razão, e segui uma rota inteiramente diferente, unicamente por meu bel-prazer'? Por quantos arrependimentos não se estaria dilacerado neste caso, se a determinação que se tivesse assumido fosse danosa? Uma tal liberdade seria então mais prejudicial que útil aos homens, porque o entendimento não representaria suficientemente bem toda a bondade dos objetos a ponto de retirar da vontade a força de rejeição. Valeria infinitamente mais para o homem que ele fosse sempre determinado necessariamente pelo julgamento do entendimento, do que permitir à vontade a suspensão de sua ação, pois por este meio ele alcançaria mais facilmente e mais certamente o seu objetivo".

314. Quanto a estes discursos, observo também que é muito verdadeiro que uma liberdade de indiferença indefinida, e que fosse sem nenhuma razão determinante, seria tanto prejudicial e mesmo chocante quanto é impraticável e quimérica. O homem que a quisesse usar deste modo, ou ao menos fazer como se agisse sem motivo, passaria certamente por um extravagante. Mas é muito verdadeiro também que a coisa é impossível quando tal suposição é

[561] "Seu rosto não se move mais pelo discurso começado, do que se [moveria] se fosse uma dura rocha ou uma firme pedra de Marpesso (monte da Ilha de Paros)".

considerada com rigor; e no mesmo instante que dela queremos dar um exemplo, dela nos afastamos e caímos no caso de um homem que não se determina sem motivo, mas se determina mais por inclinação ou por paixão do que por julgamento. Pois quando se diz: "Menosprezo os julgamentos da minha razão unicamente por meu bel-prazer; pois, agrada-me usar dele assim", é o mesmo que dizer: eu prefiro minha inclinação do que meu interesse, meu prazer do que o que me seja útil.

315. É como se algum homem [cheio] de caprichos, pensando que lhe é vergonhoso seguir o conselho de seus amigos ou de seus empregados, preferisse a satisfação de contestá-los quanto à utilidade que poderia tirar de seus conselhos. No entanto, pode acontecer que, quanto a algo de poucas consequências, mesmo um homem sábio agisse irregularmente e contra seu interesse, para se opor a um outro que o quer constranger, ou que o quer governar, ou para confundir aqueles que observam seus passos. Algumas vezes é mesmo bom imitar Brutus ao esconder seu espírito, e mesmo imitar o insensato, como fez Davi na frente do rei dos filisteus.[562]

316. O Sr. Bayle acrescenta ainda muitas coisas belas, para fazer ver que o agir contra o julgamento do entendimento seria uma grande imperfeição. Ele observa, p. 225, que mesmo segundo os molinistas, o *entendimento que assente bem ao seu dever marca aquilo que é o melhor*. Ele introduz no cap. 91, p. 227, Deus dizendo aos nossos primeiros pais no jardim do Éden: "Eu vos dei a faculdade de julgar as coisas, eu vos darei instruções e ordens; mas o livre (*franc*) arbítrio que eu vos comuniquei é de uma tal natureza, que vocês têm uma igual força (conforme a ocasião) para me obedecer e para me desobedecer. Vocês serão tentados; se fizerem bom uso da sua liberdade, serão felizes, mas se fizerem um mau uso dela, serão infelizes. Cabe a vocês decidirem se querem me pedir como uma nova graça, ou que eu vos permita abusar de vossa liberdade, quando tiverem assumido esta resolução, ou que eu vos impeça. Pensem bem nisso, eu vos dou vinte e quatro horas... Vocês não compreendem claramente que a sua razão (acrescenta o Sr. Bayle), que ainda

[562] 1Sm 21: 14.

não tinha sido obscurecida pelo pecado, lhes fizera concluir que precisavam pedir a Deus, como o mais elevado dos favores do qual ele os tinha honrado, o não permitir que eles se perdessem pelo mal uso de suas forças? E não é preciso reconhecer que se Adão, por uma falsa questão de honra quanto a ele próprio se conduzir, recusou uma direção divina que tivesse resguardado sua felicidade, ele teria sido a origem dos Faetonte e dos Ícaro? Ele teria sido quase tão ímpio quanto o Ájax de Sófocles, que queria vencer sem a assistência dos deuses, e que dizia que com tal assistência os mais covardes fariam fugir os seus inimigos".

317. O Sr. Bayle faz ver também, cap. 80, que não se felicita menos, ou mesmo que se aplaude mais, o ter assistência do alto, do que ser devedor de sua felicidade por sua [própria] escolha; e se achamos por bem ter preferido um instinto tumultuoso o qual veio à tona repentinamente, ao invés de razões examinadas por longo tempo, concebemos nisso uma alegria extraordinária, pois imaginamos, ou que Deus, ou que nosso anjo da guarda, ou sei lá quem, que representamos sob o nome vago de fortuna, nos impulsionou àquilo. De fato, Sula e César se vangloriavam mais de sua sorte (*fortune*) que de sua conduta. Os pagãos, e particularmente os poetas, sobretudo Homero, determinavam seus heróis pelo impulso divino. O herói da *Eneida* não caminha senão sob a direção de um deus. Era um elogio muito refinado dizer aos imperadores que eles venciam, tanto por suas próprias tropas, quanto por seus deuses, os quais emprestavam aos seus generais: *Te copias, te consilium et tuos præbente divos*[563], diz Horácio. Os generais lutavam sob os auspícios dos imperadores, como que repousando sob a sua fortuna, pois os auspícios não pertenciam aos subalternos. Nós nos aplaudimos por sermos favoritos do céu; estimamos mais sermos felizes do que hábeis. Não existem pessoas que se acreditem mais felizes do que os místicos, que acreditam estar em repouso e que Deus neles age.

318. Por outro lado, como o Sr. Bayle acrescenta, cap. 83, "um filósofo estoico, que atribui a tudo uma necessidade fatal, é

[563] "Fornecestes as tropas, os teus conselhos e os teus próprios deuses". (Horácio, *Odes*, IV, 14, 33-34).

tão sensível ao prazer de ter escolhido bem quanto qualquer outro homem. E todo homem de julgamento achará que, bem longe de se agradar que se tenha deliberado por muito tempo, e ter feito a escolha mais honesta, é uma satisfação inacreditável a de estarmos persuadidos que estamos tão fortalecidos no amor da virtude que, sem resistir o mínimo ao mundo, rejeitaríamos uma tentação. Um homem a quem se propõe o fazer uma ação oposta ao seu dever, à sua honra e à sua consciência, que responde imediatamente ser incapaz de um tal crime, e que de fato não tem tal capacidade, é bem mais contente de sua pessoa do que se pedisse tempo para refletir e se ele se sentisse irresoluto durante algumas horas por qual escolha assumir. Ficamos bastante contrariados nas várias situações em que não podemos nos determinar entre dois partidos, e seria bem mais fácil se o conselho de um bom amigo, ou algum auxílio do alto, nos levasse a fazer uma boa escolha." Tudo isto nos faz ver a vantagem que um julgamento determinado tem sobre esta indiferença vaga que nos deixa na incerteza. Mas, por fim, provamos suficientemente que não há senão a ignorância ou a paixão que possa estar em suspenso, e que é por isso que Deus não o está jamais. Quanto mais se aproxima dele, mais a liberdade é perfeita, e mais ela se determina pelo bem e pela razão. E se preferirá sempre o natural de Catão, cujo Veleio dizia que lhe era impossível fazer uma ação desonesta, àquele de um homem que seja capaz de vacilar.

319. Nós estamos bem contentes de representar e de apoiar estes raciocínios do Sr. Bayle contra a indiferença vaga, tanto para esclarecer o assunto, quanto para o contrapor a si mesmo, e por fazer ver que ele não devia se queixar então da suposta necessidade imposta a Deus de escolher o melhor que é possível. Pois, ou Deus agirá por capricho, ou por alguma outra paixão, ou finalmente deve agir por uma inclinação onde prevalece a razão que o leva ao melhor. Mas as paixões, que vêm da percepção confusa de um bem aparente, não poderiam ter lugar em Deus; e a indiferença vaga é algo quimérico. Então, não há senão a mais forte razão que possa regrar a escolha de Deus. É uma imperfeição de nossa liberdade [que] nos faz poder escolher o mal em lugar do bem, um mal maior

no lugar do mal menor, o menor bem no lugar do maior bem. Isto vem das aparências do bem e do mal que nos enganam, enquanto que Deus é sempre levado ao verdadeiro e ao maior bem, isto é, ao verdadeiro bem de forma absoluta que ele não poderia deixar de conhecer.

320. Esta falsa ideia de liberdade – formada por aqueles que não contentes de isentá-la, não digo da restrição, mas da própria necessidade, queriam ainda isentá-la da certeza e da determinação, isto é, da razão e da perfeição – não deixou de agradar a alguns escolásticos, pessoas que se atrapalham frequentemente nas suas sutilezas, e tomam a palha dos termos pelo grão das coisas. Eles concebem alguma noção quimérica da qual imaginam extrair alguma utilidade e que se esforçam para manter por meio de chicanas. A plena indiferença é desta natureza: admiti-la à vontade é lhe dar um privilégio semelhante àquele que alguns cartesianos e alguns místicos encontram na natureza divina, de poder fazer o impossível, de poder produzir absurdidades, de poder fazer com que duas proposições contraditórias sejam verdadeiras ao mesmo tempo. Querer que uma determinação viesse de uma plena indiferença absolutamente indeterminada é querer que ela venha naturalmente do nada. Supondo que Deus não dê esta determinação; então, ela não tem qualquer fonte na alma, nem no corpo, nem nas circunstâncias, já que tudo é admitido como indeterminado; e eis aí, todavia, quem aparece e quem existe, sem preparação, sem que nada aí seja ordenado (*se dispose*), sem que um anjo, sem que até [mesmo] Deus possa ver ou fazer ver como ela existe. Não é apenas surgir do nada, mas é mesmo surgir dele por si próprio. Esta doutrina introduz algo de tão ridículo quanto a declinação dos átomos de Epicuro, da qual já falamos, que afirmava que um destes pequenos corpos indo em linha reta, se desviava de repente de seu caminho sem motivo algum, apenas porque a vontade o comanda.[564] E veja que esse recurso não serve senão para salvar esta suposta liberdade de plena indiferença, quimera que parece ser bem antiga, e podemos dizer com razão: *Chimæra chimæram parit.*[565]

[564] Leibniz já havia falado disso no § 303; aqui ele deixa mais claro qual é a tese de Epicuro.

[565] "A quimera faz nascer a quimera."

321. Eis aqui como o Sr. Marchetti[566] [o] expressou na sua bela tradução de Lucrécio em versos italianos, a qual não se quis ainda deixar vir à luz, liv. 2.

Ma ch'i principii poi non corran punto
Della lor dritta via, chi veder puote?
Si finalmente ogni lor moto sempre
Insieme s'aggruppa, e dall'antico
Sempre com ordin certo il nuovo nasce;
Ne tracciando i primi semi, fanno
Di moto un tal principio, il qual poi rompa
I decreti del fato; accio non segua
L'una causa dell'altra in infinito;
Onde han questa, dich'io, del fato sciolta
Libera voluntà, per cui ciascuno
Va dove più l'agrada? I moti ancora
Si declinan sovente, e non in tempo
Certo, ne certa region, ma solo
Quando e dove commanda il nostro arbitrio;
Poiche senz'alcun dubbio a queste cose
Dà sol principio il voler proprio, e quindi
Van poi scorrendo per le membra i moti.[567]

[566] Alessandro Marchetti (1633-1714), poeta italiano tradutor de Lucrécio, também se ocupava de matemática e física; é atribuído a ele o tratado *De resistentia solidorum*; sua tradução de Lucrécio só apareceu em 1717, em Londres.

[567] O texto original, acompanhado de uma tradução o mais próxima possível dele, é o seguinte: *Sed nil omnino [e] regione uiai/ declinare quis est qui possit cernere sese?* (Mas quem é que poderia discernir – ver claramente – por si que em verdade nada [pode] declinar – desviar – do trajeto em linha reta)/ *Denique si semper motus conectitur omnis,/ et uetere exorritur nouus ordine certo,/ nec declinando faciunt primordia motus/ principium quoddam quod fati foedera rumpat,/ ex infinito ne causa sequatur, libera per terras unde haec animantibus exstat,* (Por fim, se o movimento – mudança, ação – de tudo está conectado – ligado – e sempre o novo é engendrado – surge – a partir do velho [seguindo] uma ordem certa – inflexível –. Nem declinando – desviando – os primordiais – os elementos, os átomos – fazem um princípio qualquer de movimento que rompa – quebre – os pactos – as determinações – do destino, [a tal ponto] que a uma causa [não] se siga uma [outra] causa ao infinito – perpetuamente –; donde subsiste a liberdade desses seres animados que por terras [habitam, caminham ?])/ *unde est haec, inquam, fatis auolsa potestas/ per quam pregredimur quo ducit quemque uoluntas, declinamus item motus nec tempore certo/ nec regione loci certa, sed ubi ipsa tulit mens?* (Arrancando os poderes do destino, a partir do que nos dirigimos para onde as nossas vontades nos conduz[em]; [será que] assim como não declinamos – desviamos – o movimento de um tempo certo –

É interessante que um homem como Epicuro, depois de ter descartado os deuses e todas as substâncias incorporais, pôde supor que a vontade, que ele mesmo compõe de átomos, pode ter domínio sobre os átomos, e desviá-los de seu caminho, sem que seja possível dizer como.

322. Carnéades, sem se valer dos átomos, quis encontrar primeiramente na alma do homem a razão da suposta indiferença vaga, tomando por razão da coisa aquilo mesmo de que Epicuro procurava a razão.[568] Carnéades não se saia melhor em nada, exceto que enganava mais facilmente as pessoas pouco atentas, transferindo o absurdo de um assunto, onde ele é por demais manifesto, para um outro assunto, onde é mais fácil complicar as coisas; isto é, [passando] do corpo para a alma, porque a maioria dos filósofos tinha noções pouco nítidas da natureza da alma. Epicuro, que a compunha de átomos, tinha razão ao menos de procurar a origem de sua determinação naquilo que acreditava ser a origem da própria alma. Deste modo, Cícero e o Sr. Bayle foram prejudicados por tanto louvá-lo, por poupar e mesmo por louvar Carnéades que não é menos irracional; e eu não compreendo como o Sr. Bayle, que era tão perspicaz, se deixou satisfazer por um absurdo disfarçado; chegando até a chamá-lo de o maior esforço que o espírito humano pôde fazer sobre este assunto, como se a alma, que é o lugar da razão, fosse mais capaz do que o corpo de agir sem ser determinada por alguma razão ou causa interna ou externa, ou como se o grande princípio, que estabelece que nada se faz sem causa, não dissesse respeito senão aos corpos.

323. É verdade que a forma ou a alma tem esta vantagem sobre a matéria, que ela é a fonte da ação, tendo em si o princípio do movimento ou da mudança; numa palavra, τὸ αὐτοκίνητον[569],

---

determinado –, também não [desviamos] a direção para um lugar certo, mas para o lugar [ou momento] que tenha levado a mente – o espírito, o pensamento –?)/ *Nam dúbio procul his rebus sua cuique uoluntas principium dat, et hinc motus per mebra rigantur* (Sem dúvida, é nas vontades que reside o princípio para essas coisas e daí que o movimento se distribui pelos membros – do corpo). Lucrécio, *De rerum natura*, vv. 249-262.

[568] Cf. Cícero, *De Fato*, XI, 23-24 e XVI, 32-32.

[569] "De movimento próprio, que se move por si mesmo". (Platão, *Fedro*, 245 c).

como Platão o chama; enquanto a matéria é somente passiva, e tem necessidade de ser impulsionada a agir: *agitur ut agat.*[570] Mas se a alma é por si mesma ativa (como é de fato), é por isso mesmo que não é por si absolutamente indiferente à ação, como a matéria, e [é por isso] que deve encontrar em si do que se determinar. E segundo o sistema da harmonia preestabelecida, a alma encontra nela mesma, e na sua natureza ideal anterior à existência, as razões de suas determinações, reguladas (*réglées*) por tudo aquilo que a envolverá. Por causa disso, ela, no seu estado de pura possibilidade, estava determinada por toda eternidade a agir livremente, como ela fará no tempo em que ela alcançará à existência.

324. O próprio Sr. Bayle observa muito bem que a liberdade de indiferença, tal como é preciso admiti-la, não exclui as inclinações e não exige o equilíbrio. Ele faz notar de maneira bastante ampla (*Rép. aux questions d'un provinc.*, cap. 139, p. 748 e segs.) que se pode comparar a alma a uma balança, onde as razões e as inclinações assumem o lugar dos pesos. E segundo sua opinião, pode-se explicar aquilo que se passa em nossas decisões pela hipótese de que a vontade do homem é como uma balança que se encontra em repouso, quando os pesos das suas duas bacias são iguais, e que sempre pende ou para um lado ou para outro, conforme uma das duas bacias estiver mais carregada. Uma nova razão faz um peso maior, uma nova ideia brilha mais vivamente do que uma velha, o pavor de um grande sofrimento ultrapassa o de algum prazer; quando duas paixões disputam o terreno, é sempre a mais forte que se mantém como senhora, a menos que a outra não seja ajudada pela razão ou por alguma outra paixão combinada. Quando se joga fora as mercadorias para se salvar, a ação que as escolas denominam mista é voluntária e livre, e, no entanto, o amor pela vida prevalece indubitavelmente sobre o amor pelos bens. A tristeza vem da lembrança dos bens que se perde; e temos tanto mais dificuldade ao nos determinar quanto mais as razões opostas se aproximam da igualdade, como vemos que a balança se determina mais prontamente quando há uma grande diferença entre os pesos.

[570] "É impelido a agir, a fazer [algo]"; cf. § 287 e nota 540.

325. Contudo, como com bastante frequência há vários partidos a assumir, poderíamos, ao invés da balança, comparar a alma com uma força que pressiona para vários lados ao mesmo tempo, mas que age apenas onde ela encontra mais facilidade ou menos resistência. Por exemplo, se em um recipiente de vidro o ar for muito comprimido, ele o quebrará para sair. Ele pressiona cada parte, mas escapará, por fim, pela mais frágil. É desta forma que as inclinações da alma se dirigem a todos os bens que se apresentam: estas são as vontades antecedentes; mas a vontade consequente, que delas é o resultado, se determina na direção daquele que a impressiona mais.

326. No entanto, esta predominância das inclinações em nada impede que o homem seja o senhor de si mesmo, contanto que saiba usar de seu poder. Seu império é o da razão; ele só tem que se preparar desde cedo para se opor às paixões, e ele será capaz de interromper a impetuosidade das [paixões] mais furiosas. Suponhamos que Augusto, pronto para ordenar a morte de Fabius Maximus, se sirva por hábito do conselho que um filósofo lhe tinha dado, o de quando estivesse nervoso recitar o alfabeto grego antes de fazer qualquer movimento[571], esta reflexão será capaz de salvar a vida de Fabius e a glória de Augusto.[572] Mas, sem alguma feliz reflexão, da qual algumas vezes se é devedor a uma bondade divina inteiramente particular, ou sem alguma habilidade adquirida anteriormente, própria a nos fazer as reflexões convenientes no tempo e lugar, como aquela de Augusto, a paixão prevalecerá sobre a razão. O cocheiro é o senhor dos cavalos, se ele os governa como deve e como pode; mas há ocasiões em que ele negligencia isso, e então precisará abandonar as rédeas por um tempo:

Fertur equis auriga, nec audit currus habenas.[573]

[571] Cf. Tácito, *Anais*, I, 5. O conselho tinha sido dado a Augusto pelo filósofo estóico Atenodoro (cf. Plutarco, *Sentenças* (no sentido de afirmações) *dos reis e dos imperadores*, 207 c); isso é lembrado por Molière em uma cena célebre da *École des Femmes* (Ato II, cena IV).

[572] Leibniz se refere à atitude semelhante a que conhecemos de "contar até dez", quando estamos nervosos e desejamos não tomar uma atitude precipitada.

[573] "O cocheiro é arrastado por seus cavalos, e o carro (carroça) não atende mais às rédeas". (Virgílio, *Geórgicas*, I, 513).

327. É preciso admitir que sempre há em nós bastante poder sobre a vontade, mas não se aconselha empregá-lo sempre. Isto faz ver, como já observamos mais de uma vez, que o poder da alma sobre suas inclinações é um poder que não pode ser exercido senão de maneira indireta, quase [do mesmo modo] como queria Bellarmin[574] que os papas tivessem direito sobre [o poder] temporal dos reis. Na verdade, as ações externas que não ultrapassam nossas forças dependem absolutamente da nossa vontade; mas nossas volições não dependem da vontade exceto por certos hábeis artifícios que nos dão os meios de suspender nossas decisões ou de modificá-las. Somos os senhores de nós [mesmos], não como Deus é no mundo, a quem basta falar, mas como um príncipe sábio é em seus Estados, ou como um bom pai de família é em seu lar. O Sr. Bayle algumas vezes o considera de outro modo, como se isto fosse um poder absoluto independente das razões e dos meios que deveríamos ter conosco para nos vangloriarmos de um livre (*franc*) arbítrio. Mas o próprio Deus não o tem, e não o deve ter neste sentido com relação a sua vontade; ele não pode mudar sua natureza, nem agir de outro modo senão com ordem; e como o homem poderia se transformar de repente? Eu já o disse, o império de Deus, [assim como] o império do sábio, é o da razão. Não é senão Deus, entretanto, que sempre tem as vontades mais desejáveis e, consequentemente, ele não precisa do poder de modificá-las.

328. Se a alma é a senhora de si, diz o Sr. Bayle, p. 753, basta-lhe querer e prontamente esta tristeza e este sofrimento, que acompanham a vitória sobre as paixões, se desvanecerão. Por este efeito, em sua opinião, bastaria que assumíssemos a indiferença pelos objetos das paixões, p. 758. Por que então os homens não assumem esta indiferença, diz ele, se eles são seus próprios senhores? Mas esta objeção é justamente como se eu perguntasse: por que um pai de família não se dá ouro, quando precisa disso? Ele pode adquiri-lo, mas por habilidade, e não como no tempo das fadas, ou do rei Midas, por um simples comando da vontade ou com um toque. Não bastaria ser senhor de si, precisaria ser o senhor de todas as coisas, para dar a si [mesmo] tudo aquilo que se quer, pois não

[574] Cf. nota 40.

se encontra tudo em si [mesmo]. Ao trabalhar também sobre si, é preciso fazer como se trabalhasse sobre outra coisa: é preciso conhecer a constituição e as qualidades do seu objeto, e a partir disso acomodar suas operações. Então, não é de uma hora para outra, e por um simples ato de vontade, que se corrige e que se adquire uma melhor vontade.

329. No entanto, é bom observar que as tristezas e as penas que acompanham a vitória sobre as paixões se tornam algum prazer, pelo grande contentamento que encontram no sentimento vivo da sua força de espírito e da graça divina. Os ascetas e os verdadeiros místicos podem falar disso por experiência, e mesmo um verdadeiro filósofo pode dizer alguma coisa sobre isso. Pode-se alcançar este estado de contentamento, e este é um dos principais meios a partir do qual a alma pode se servir para afirmar seu império.

330. Se os escotistas e os molinistas[575] parecem favorecer a indiferença vaga (eles parecem, digo eu, pois duvido que considerem isso tão bom depois de tê-lo compreendido bem), os tomistas e os agostinianos defendem a predeterminação; pois é preciso necessariamente um ou outro. Tomás de Aquino é um autor que tem costume de [argumentar] com solidez; e o sutil [Duns] Scot, procurando contradizê-lo, ao invés de esclarecer as coisas com frequência as obscurece. Os tomistas geralmente seguem seu mestre e não admitem que a alma se determine sem que haja alguma predeterminação que contribua para isso. Mas a predeterminação dos novos tomistas talvez não seja exatamente aquela da qual se tem necessidade. Durand de Saint-Pourçain[576] que com bastante frequência se mantinha à parte, e que foi contra o concurso especial de Deus, não deixou de ser a favor de uma certa predeterminação; ele acreditou que Deus via no estado da alma, e daquilo que a cerca, a razão das suas determinações.

331. Nisso os antigos estoicos foram quase da mesma opinião que os tomistas; eles foram ao mesmo tempo a favor da determinação e contra a necessidade, embora se lhes tenha imputado que

[575] Cf. nota 211.

[576] Cf. nota 199.

tornavam tudo necessário. Cícero diz em seu livro *De fato*[577], que Demócrito, Heráclito, Empédocles, Aristóteles, acreditam que o destino carregava uma necessidade; que outros se opuseram a isso (talvez ele se refira a Epicuro e os da academia) e que Crisipo, embora defendesse a verdade determinada dos eventos futuros, negava a necessidade. Se os escolásticos, tão bem persuadidos desta determinação dos futuros contingentes (como o eram, por exemplo, os Padres de Coimbra[578], autores de um célebre curso de Filosofia), tivessem visto a ligação das coisas assim como o sistema da harmonia geral a fez conhecer, eles teriam julgado que não se poderia admitir a certeza prévia, ou a determinação do que está por vir (*la futurition*), sem admitir uma predeterminação da coisa nas suas causas e nas suas razões.

332. Cícero se esforçou para nos explicar a posição de Crisipo; mas Justus Lipsius[579] observou na sua *Filosofia estoica* que a passagem de Cícero estava incompleta, mas que Aulo Gélio nos conservou todo o raciocínio do filósofo estoico (*Noct. att.*, liv. 6, cap. 2). Eis aqui [o raciocínio] resumido: o destino é a conexão inevitável e eterna de todos os eventos. A isso ele se opõe porque os atos da vontade seriam necessários; e que os criminosos, sendo forçados, não deveriam ser punidos. Crisipo responde que o mal vem da primeira constituição das almas, que faz uma parte da sequência fatal; que aquelas que são bem feitas naturalmente resistem melhor às impressões das causas externas; mas que as cujos defeitos naturais não tinham sido corrigidos pela disciplina se deixavam perverter. Em seguida, segundo Cícero[580], ele distingue as causas principais das causas acessórias, e se serve da comparação de um cilindro cuja volubilidade e rapidez ou a facilidade de movimento vem principalmente de sua figura; enquanto teria [seu movimento] retardado se

---

[577] Cf. Cícero, *De fato*, XVII, 39.

[578] Cf. nota 211.

[579] Ou Joost Lipos, Justo Lipsio (1547-1606), ilustre erudito e filósofo que publicou diversas obras referentes ao estoicismo: *Manuductio ad philosiphiam Stoicorum*, Anvers, 1604; *Physiologiæ stoicorum libri tres*, Anvers, 1604. Suas obras completas foram publicadas em Anvers em 1675; a observação citada por Leibniz talvez provenha do *Physiologiae* (I, XIV, p. 865); cf. Bayle, *Dictionnaire*, art. *Chrysippe*, nota H.

[580] Cf. Cícero, *De fato*, XVIII, 42 e segs.

fosse áspero. No entanto, ele tem necessidade de ser impulsionado: como a alma tem necessidade de ser solicitada pelos objetos dos sentidos e recebe esta impressão segundo a constituição em que se encontra.

333. Cícero julga que Crisipo se confunde de uma tal maneira que de bom ou mau grado ele confirma a necessidade do destino. O Sr. Bayle é quase da mesma opinião (*Dictionn.*, art. *Chrysippe*, let. H). Ele diz que este filósofo não se livra da encrenca, já que o cilindro é liso ou áspero, segundo o artífice o fez; e que desta forma Deus, a providência, o destino, serão as causas do mal de uma tal maneira que o tornará necessário. Justus Lipsius responde que, segundo os estoicos, o mal vinha da matéria; na minha opinião é como se ele tivesse dito que a pedra sobre a qual o artífice trabalhou algumas vezes fosse grosseira e desigual demais para dar um bom cilindro. O Sr. Bayle cita contra Crisipo os fragmentos de Enomao[581] e de Diogenianus que Eusébio nos conservou no [livro] *Preparação evangélica* (liv. 6, cap. 7, 8), e ele se baseia sobretudo na refutação de Plutarco no seu livro contra os estoicos, relatado no artig. *Pauliciano*, let. G. Mas esta refutação não é grande coisa. Plutarco afirma que valeria mais retirar o poder de Deus do que lhe deixar permitir os males; e não quer admitir que o mal possa servir a um bem maior. Enquanto já fizemos ver que Deus não deixa de ser todo-poderoso, embora ele não possa fazer melhor do que produzir o melhor, o qual contém a permissão do mal; e mostramos mais de uma vez que aquilo que tomado separadamente é um inconveniente em uma parte pode servir para a perfeição do todo.

334. A esse respeito Crisipo já tinha observado alguma coisa, não somente no seu IV livro *Sobre a providência* em Aulo Gélio[582] (liv. 6, cap. 1), onde afirma que o mal serve para fazer conhecer o bem, razão que não é suficiente aqui; mas ainda melhor, quando

[581] Enomao (Onomaus, ou Œnomaus) de Gadara, filósofo cínico do século II d.C.; Diogenianus, filósofo epicurista do século II d.C.; Eusébio (260-340), historiador e apologista cristão, em sua *Preparação evangélica* nos conservou numerosas informações e citações de obras perdidas, como as de Enomao e de Diogenianus.

[582] Aulus Gellius, importante gramático e crítico latino do século III, viveu em Roma e morreu no início do reinado de Marco Aurélio; sua principal obra é *Noites Áticas* (Ática, região da Grécia onde se localiza a cidade de Atenas), obra de fundamental importância por conter muitas informações sobre os costumes e a literatura grega daquela região.

ele se serve da comparação de uma peça de teatro, no seu segundo livro *Sobre a natureza*, como o próprio Plutarco o relata, dizendo que algumas vezes existem trechos de uma comédia que não valem nada por si mesmos, e que não deixam de conferir graça ao poema inteiro. Ele chama estes trechos de epigramas ou inscrições. Nós não conhecemos suficientemente a natureza da comédia antiga para compreender bem esta passagem de Crisipo; mas desde que Plutarco permanece de acordo com o fato, há de se acreditar que esta comparação não era ruim. Plutarco responde primeiramente que o mundo não é como uma peça que serve de entretenimento; mas é responder mal: a comparação consiste somente no ponto que uma parte ruim pode tornar o todo melhor. Ele responde em segundo lugar que este trecho ruim é apenas uma pequena parte da comédia, enquanto que a vida humana fervilha de males. Esta resposta tampouco vale algo; pois ele devia considerar que aquilo que nós conhecemos é também uma parte muito pequena do Universo.

335. Mas voltemos ao cilindro de Crisipo. Ele tem razão ao dizer que o vício vem da constituição original de alguns espíritos. Objetamos-lhe que Deus os formou, e ele só podia responder a partir da imperfeição da matéria, que não permitia a Deus fazer melhor. Esta resposta nada vale, pois a matéria nela mesma é indiferente a todas as formas, e Deus a fez. O mal vem preferivelmente das próprias formas, mas abstraídas, isto é, [vem] das ideias, que Deus não produziu por um ato de sua vontade, tampouco os números e as figuras, e tampouco, numa palavra, todas as essências possíveis que se deve ter por eternas e necessárias; pois se encontram na região ideal dos possíveis, isto é, no entendimento divino. Então, Deus não é autor das essências enquanto elas não são senão possibilidades; mas não há nada de atual que ele não tenha discernido e dado a existência; e permitiu o mal, porque este se encontra compreendido no melhor plano que está na região dos possíveis, que a sabedoria suprema não podia deixar de escolher. Esta é a noção que satisfaz ao mesmo tempo à sabedoria, ao poder e à bondade de Deus, e permite também a entrada do mal. Deus dá a perfeição às criaturas [o] tanto quanto o Universo pode receber. O cilindro é impulsionado, mas a aspereza de sua figura põe

limites à rapidez de seu movimento. Esta comparação de Crisipo não é muito diferente da nossa, que se servia de um barco carregado que a correnteza do rio fazia ir, tanto mais lentamente quanto a carga é maior.[583] Estas comparações tendem ao mesmo objetivo; e isso faz ver que se estivéssemos suficientemente informados das opiniões dos filósofos antigos encontraríamos mais razão do que se acredita.

336. O próprio Sr Bayle louva a fala de Crisipo (art. *Chrysippe*, let. T) que Aulo Gélio relata no mesmo lugar, onde este filósofo afirma que o mal veio por concomitância. Isto também se esclarece por meio do nosso sistema; pois mostramos que o mal que Deus permitiu não era um objeto de sua vontade como fim ou como meio, mas somente como condição, já que ele devia estar compreendido no melhor. Todavia, é preciso reconhecer que o cilindro de Crisipo não satisfazia a objeção da necessidade. Seria preciso acrescentar, primeiramente, que é pela escolha livre de Deus que alguns dos possíveis existem; e, em segundo lugar, que as criaturas racionais agem livremente também, segundo a sua natureza original que já se encontrava nas ideias eternas, e, por fim, que o motivo do bem inclina a vontade sem a obrigar (*nécessiter*).

337. As vantagens de [ter] liberdade que estão na criatura estão, sem dúvida, de forma eminente em Deus; mas isto se deve entender desde que ela seja verdadeiramente uma vantagem e desde que não pressuponha uma imperfeição; pois poder se enganar e se perder é uma desvantagem e ter domínio sobre as paixões é uma vantagem; é uma verdade, mas que pressupõe uma imperfeição, a saber, a paixão mesma, da qual Deus é incapaz. [Duns] Scot teve razão ao dizer que se Deus não fosse livre e independente da necessidade, nenhuma criatura seria. Mas Deus é incapaz de ser indeterminado seja no que for: ele não poderia ignorar, ele não poderia duvidar, ele não poderia suspender seu julgamento; sua vontade está sempre acabada, e ele só poderia ser pelo melhor. Deus jamais poderia ter uma vontade particular primitiva, isto é, independente das leis ou da vontade geral; [pois] seria irracional. Ele não poderia se determinar sobre Adão, sobre Pedro, sobre Judas,

[583] Cf. § 347.

sobre indivíduo algum, sem que houvesse uma razão para esta determinação, e esta razão leva necessariamente a alguma enunciação geral. O sábio age sempre a partir de *princípios*; age sempre a partir de *regras* e jamais a partir de *exceções*, desde que as regras concorrem entre si por tendências contrárias onde a mais forte prevalece; de outro modo, ou elas não se impediriam mutuamente, ou resultará uma terceira escolha; e em todos estes casos uma regra serve de exceção à outra, sem que houvesse jamais *exceções originais* para aquele que sempre age regularmente.

338. Se há pessoas que acreditam que por parte de Deus a eleição e reprovação se fazem por um poder absoluto despótico, não apenas sem alguma razão que não apareça, mas verdadeiramente sem qualquer razão, mesmo escondida; elas sustentam um sentimento que destrói igualmente a natureza das coisas e as perfeições divinas.[584] Um tal decreto *absolutamente absoluto*, para falar assim, seria sem dúvida insuportável; mas Lutero e Calvino tinham [opiniões] muito distantes dessa; o primeiro espera que a vida futura nos faça compreender as justas razões da escolha de Deus e o segundo protesta expressamente que, embora elas nos sejam desconhecidas, estas razões são justas e santas. Para isso já citamos o tratado da predestinação de Calvino, do qual eis aqui as próprias palavras: "Deus, antes da queda de Adão, tinha deliberado o que este devia fazer, e isso por meio de causas que estão escondidas de nós (...). Resta então que ele tenha tido motivos justos para reprovar uma parte dos homens, mas desconhecidos de nós".

339. Esta verdade, que tudo aquilo que Deus faz é racional e não poderia ser feito melhor, surpreende antes de qualquer coisa a todo homem de bom senso, e força, por assim dizer, sua aprovação. E, todavia, é uma fatalidade para os filósofos mais sutis, no desenvolvimento e no calor das disputas, o chocar algumas vezes sem pensar os primeiros princípios do bom senso, escondidos sob termos que os levam a desconhecer. Vimos acima como o excelente Sr. Bayle, com toda sua perspicácia, não deixou de combater este princípio que nós acabamos de indicar, e que é uma consequência certa da perfeição suprema de Deus; por meio disso ele

[584] Cf. § 303.

acreditou defender a causa de Deus e isentá-lo de uma necessidade imaginária ao lhe deixar a liberdade de escolher dentre vários bens o menor. Já falamos do Sr. Diroys[585] e de outros que também chegaram a esta estranha opinião, que é muito seguida. Aqueles que a sustentam não observam que é querer conservar, ou melhor, dar a Deus uma falsa liberdade, que é a liberdade de agir irracionalmente. É tornar suas obras sujeitas à correção e nos colocar na impossibilidade de dizer ou mesmo de esperar que se possa dizer algo de racional sobre a permissão do mal.

340. Esta extravagância trouxe muito prejuízo aos raciocínios do Sr. Bayle, e lhe tirou o meio de sair de muitas confusões. Isto transparece também com relação às leis do reino da natureza, ele as crê arbitrárias e indiferentes e objeta que Deus poderia ter alcançado melhor o seu objetivo no reino da graça, se não tivesse assumido estas leis, se com mais frequência tivesse se dispensado de segui-las ou mesmo se ele tivesse feito outras. Ele acreditava nisso, sobretudo com respeito à lei da união da alma com o corpo; pois está persuadido, com os cartesianos modernos, que as ideias das qualidades sensíveis que Deus dá para a alma por ocasião dos movimentos do corpo, não têm nada que represente estes movimentos ou que a eles se assemelhe; de modo que era puramente arbitrário que Deus, segundo eles, nos desse as ideias do calor, do frio, da luz e de outras que experimentamos ou que nos desse outras totalmente diferentes nesta mesma ocasião. Eu com frequência fico bastante admirado que pessoas tão hábeis tivessem sido capazes de experimentar sentimentos tão pouco filosóficos e tão contrários às máximas fundamentais da razão; pois nada atesta melhor a imperfeição de uma filosofia do que a necessidade em que o filósofo se encontra de reconhecer que, segundo seu sistema, algo acontece do qual não há razão alguma, e isto bem vale para a declinação dos átomos de Epicuro. Seja Deus ou a natureza operando, terá sempre suas razões. Nas operações da natureza, estas razões dependerão, ou das verdades necessárias, ou das leis que Deus achou as mais racionais; e nas operações de Deus, dependerão da escolha da suprema razão que as faz agir.

[585] Cf. nota 427.

341. O Sr. Régis[586], célebre cartesiano, tinha sustentado na sua *Metafísica* (liv. 2, § 2, cap. 29), que as faculdades que Deus deu ao homem segundo a ordem geral da natureza são as mais excelentes das quais ele era capaz. "Considerando – disse ele – apenas o poder de Deus e a natureza do homem neles mesmos, é muito fácil pensar que Deus pudesse tornar o homem mais perfeito; mas se pretendemos considerar o homem, não em si mesmo, e separadamente do resto das criaturas, mas como um membro do Universo e uma parte que é submetida às leis gerais dos movimentos, seremos obrigados a reconhecer que o homem é tão perfeito quanto ele o pôde ser." Ele acrescenta que "nós não concebemos que Deus pudesse empregar nenhum outro meio mais adequado do que a dor para conservar o nosso corpo". O Sr. Régis tem razão, em geral, ao dizer que Deus não poderia fazer melhor do que ele fez em relação ao todo. E, embora houvesse aparentemente em alguns lugares do Universo animais racionais mais perfeitos do que o homem, pode-se dizer que Deus tem razão ao criar toda sorte de espécies sendo umas mais perfeitas que outras. Talvez não seja impossível que exista em alguma parte espécies de animais muito semelhantes ao homem, que sejam mais perfeitos que nós. Até pode ser que o gênero humano com o tempo alcance uma perfeição maior do que aquela que nós podemos nos imaginar no presente. Deste modo, as leis do movimento não impedem que o homem seja mais perfeito; mas o lugar que no espaço e no tempo Deus atribuiu ao homem limita as perfeições que ele pôde receber.

342. Duvido também, como o Sr. Bayle, que a dor seja necessária para advertir os homens do perigo. Mas este autor leva isso longe demais (*Rép. aux questions d'un provinc.*, t. 2, cap. 77, p. 104). Ele parece acreditar que um sentimento de prazer podia ter o mesmo efeito, e que para impedir uma criança de se aproximar demais do fogo, Deus podia lhe dar ideias de prazer à medida que se distancia. Este expediente não parece muito praticável quanto a todos os males, a menos que seja por milagre, pois, é mais conforme àquilo que causa um mal, se ela estivesse perto demais,

[586] Cf. nota 543.

[ou] causa algum pressentimento do mal quando ela está um pouco menos. No entanto, reconheço que este pressentimento poderá ser algo de menor que a dor e comumente ele o é assim. De modo que, de fato, parece que a dor não é necessária para fazer evitar o perigo presente; ela costuma servir mais de castigo para aquele que está engajado efetivamente no mal, e de advertência para não cair aí uma outra vez. Há também muitos males dolorosos que não dependem de nós evitar; e como a solução de continuidade do nosso corpo é uma sequência de muitos acidentes que nos podem acontecer, seria natural que esta imperfeição do corpo fosse representada por algum sentimento de imperfeição na alma. Todavia, eu não queria responder que existiam animais no Universo cuja estrutura fosse artificiosa o bastante para fazer esta solução [de continuidade] ser acompanhada de um sentimento indiferente, como quando se corta um membro gangrenado; ou mesmo [o bastante para fazer ser acompanhada] de um sentimento de prazer, como [quando] a gente não faz mais que se coçar, porque a imperfeição que acompanha a solução do corpo poderia dar lugar ao sentimento de uma perfeição maior que fosse suspensa ou que acaba por motivo da continuidade que se faz cessar, e, nesta consideração, o corpo seria como uma prisão.

343. Nada impede também que haja animais no Universo semelhantes àquele que Cyrano de Bergerac[587] encontrou no sol; o corpo deste animal era como um fluído composto de uma infinidade de pequenos animais capazes de se organizar segundo os desejos do animal grande que, por este meio, em um instante se transformava como bem lhe parecia, e a solução de continuidade lhe causava tão pouco dano quanto um golpe de remo é capaz de causar ao mar. Mas, por fim, estes animais não são homens, eles não estão no nosso globo no século em que estamos, e o plano de Deus não deixou faltar aqui em baixo um animal racional revestido de carne e de osso, cuja estrutura estabelece que ele seja suscetível à dor.

[587] Savien Cyrano, mais conhecido como Cyrano de Bergerac (1619-1655) é o autor da *Histoire comique des états et empires de la lune* que tem por continuação a obra *Histoire comique des états et empires du soleil* (1662).

344. Mas o Sr. Bayle também se opõe a isso por um outro princípio; é aquele ao qual já me referi.[588] Ele parece acreditar que as ideias que a alma concebe em relação aos sentimentos do corpo são arbitrárias. Portanto, Deus podia fazer com que a solução de continuidade nos desse prazer. Ele pretende até que as leis do movimento sejam inteiramente arbitrárias. "Eu queria saber" – diz ele, t. 3, cap. 166, p. 1.080 – "se por um ato de sua liberdade de indiferença Deus estabeleceu as leis gerais da comunicação dos movimentos e as leis particulares da união da alma humana com um corpo organizado. Neste caso, ele podia estabelecer outras leis completamente diferentes e adotar um sistema cujas consequências não encerrassem nem o mal moral, nem o mal físico. Mas se respondemos que Deus foi obrigado (*nécessité*) pela soberana sabedoria a estabelecer as leis que estabeleceu, eis então o *fatum* dos estoicos pura e simplesmente. A sabedoria teria assinalado um caminho para Deus do qual terá sido impossível tanto se afastar quanto destruí-lo a si mesmo." Esta objeção foi derrubada suficientemente: isto é apenas uma necessidade moral, e é sempre uma necessidade feliz ser obrigado a agir segundo as regras da perfeita sabedoria.

345. Além disso, parece-me que o motivo que leva muitos a acreditar que as leis do movimento são arbitrárias vêm de que poucas pessoas as examinaram bem. Sabe-se agora que o Sr. Descartes se enganou muito ao estabelecê-las. Fiz ver de maneira demonstrativa que a conservação da mesma quantidade do movimento não poderia ter lugar; mas acho que se conserva a mesma quantidade da força, tanto absoluta quanto diretiva ou mesmo quanto respectiva, total e parcial.[589] Meus princípios, que levam este assunto até onde pode ir, não foram ainda inteiramente publicados; mas fiz [conhecer] parte deles a amigos bastante capazes de os julgar, que os experimentaram bastante e convenceram algumas outras pessoas de mérito e de saber reconhecido. Descobri, ao mesmo tempo, que as leis do movimento que se encontram efetivamente na natureza, e são verificadas pelas experiências, não são, é verdade,

[588] Cf. § 340.

[589] Cf. § 30 e nota 204.

absolutamente demonstráveis, como seria uma proposição geométrica; mas também não é preciso que elas o sejam. Elas não nascem inteiramente do princípio da necessidade, mas nascem do princípio da perfeição e da ordem; são o efeito da escolha e da sabedoria de Deus. Eu posso demonstrar estas leis de várias maneiras, mas é preciso supor sempre alguma coisa que não é de uma necessidade absolutamente geométrica. De modo que estas belas leis são uma prova maravilhosa da [existência] de um ser inteligente e livre, contra o sistema da necessidade absoluta e bruta de Estratão[590] ou de Espinosa.

346. Eu achei que se pode dar razão a estas leis supondo que o efeito é sempre igual em força à sua causa, ou, o que é a mesma coisa, que a mesma força se conserva sempre; mas este axioma de uma filosofia superior não poderia ser demonstrado geometricamente. Pode-se ainda empregar outros princípios de natureza semelhante, por exemplo, este princípio que a ação é sempre igual à reação, o qual supõe nas coisas uma resistência à mudança externa, e não poderia ser extraída nem da extensão, nem da impenetrabilidade; e este outro princípio, que um movimento simples tem as mesmas propriedades que poderia ter um movimento composto que produziria o mesmo fenômeno de mudança [de lugar] (*translation*). Estas suposições são [bastante] plausíveis e felizmente conseguem explicar as leis do movimento; não há nada mais conveniente, desde que elas se encontram juntas; mas não se encontra aí qualquer necessidade absoluta que nos force a admiti-las, como se é forçado a admitir as regras da lógica, da aritmética e da geometria.

347. Considerando a indiferença da matéria ao movimento e ao repouso, parece que um corpo maior em repouso poderia ser levado sem resistência alguma por um corpo menor que estivesse em movimento; em tal caso haveria ação sem reação e um efeito maior do que sua causa. Também não há necessidade alguma de dizer sobre o movimento de uma bola que corre livremente sobre um plano horizontal liso, com certo grau de velocidade chamado A, que este movimento deve ter as propriedades daquele

[590] Cf. notas 34 e 700.

que ela teria, se estivesse menos veloz em um barco, movido ele próprio do mesmo lado com o restante da velocidade, para fazer que uma esfera observada a partir da margem avançasse com o mesmo grau [de velocidade] A. Pois, embora a mesma aparência de velocidade e de direção seja alcançada por meio do barco, não significa que isto seja a mesma coisa. No entanto, acredita-se que os mesmos efeitos das esferas no barco – cujo movimento, junto com aquele do barco, em cada um à parte, dá a aparência daquilo que ocorre fora do barco – dão também a aparência dos efeitos que estas mesmas esferas concorrentes teriam fora do barco. O que é belo, mas não se vê que seja absolutamente necessário. Um movimento nos dois lados do triângulo retângulo compõe um movimento na hipotenusa; mas não se segue que uma esfera movida na hipotenusa deva provocar o efeito de duas esferas com a grandeza daquela movidas nos dois lados: todavia, isto resulta verdadeiro. Não há nada tão conveniente quanto este evento, e Deus escolheu leis que o produzissem; mas não se vê aí necessidade geométrica alguma. Contudo, é esta própria falta de necessidade que revela a beleza das leis que Deus escolheu, onde vários axiomas belos se encontram reunidos, sem que se possa dizer qual aí é o mais primitivo.

348. Ainda fiz ver que se observa aí esta bela *lei de continuidade* (*loi de la continuité*), que talvez eu [tenha sido] o primeiro a colocar à frente, e que é uma espécie de pedra de toque, cujas regras do Sr. Descartes, do padre Fabry[591], do p. Pardies, do p. Malebranche e de outros não poderiam sustentar a prova; como em parte fiz ver, em um outro momento, nas *Notícias da república das letras* do Sr. Bayle. Em virtude desta lei, é necessário que se possa considerar um repouso como um movimento que se extingue depois de ter sido continuamente diminuído; e da mesma maneira a igualdade, como uma desigualdade que também se extingue, como aconteceria a

[591] Honoré Fabri (1607-1688), jesuíta francês, se dedicou ao estudo da Matemática e das ciências naturais. Ignace-Gaston Pardies (1636-1673), jesuíta, geômetra e físico; autor especialmente de um *Discours du mouvement local* (Paris, 1670) e de uma *Statique ou science des forces mouvantes* (Paris, 1673). Malebranche, convencido pelas razões de Leibniz, acabou por abandonar a concepção cartesiana. O opúsculo que cita Leibniz é o *Extrait d'une lettre de M. L. sur un principe général, utile à l'explication des lois de la nature, par la considération de la sagesse divine*, publicado nas *Nouvelles de la république des lettres* em julho de 1687.

partir da diminuição contínua do maior de dois corpos diferentes, enquanto o menor mantém sua grandeza; e é preciso que após esta consideração, a regra geral dos corpos diferentes ou dos corpos em movimento seja aplicável aos corpos iguais, ou aos corpos em que um está em repouso, como um caso particular da regra; aquilo que se consegue a partir das verdadeiras leis dos movimentos, e não se consegue a partir de certas leis inventadas pelo Sr. Descartes e por algumas outras pessoas hábeis, que por esse motivo se acham mal combinadas; de modo que se pode predizer que a experiência não lhes será favorável.

349. Estas considerações bem fazem ver que as leis da natureza que regulam os movimentos não são nem completamente necessárias, nem inteiramente arbitrárias. O [justo] meio que se deve assumir é que são uma escolha da mais perfeita sabedoria. E este grande exemplo das leis do movimento faz ver mais claramente que tudo quanto há de diferença entre estes três casos; a saber, primeiramente, uma *necessidade absoluta*, metafísica ou geométrica que se pode chamar cega, e que não depende senão das causas eficientes; em segundo lugar, uma *necessidade moral*, que vem da escolha livre da sabedoria em relação às causas finais; e, por fim, em terceiro lugar, algo de absolutamente arbitrário, dependendo de uma indiferença de equilíbrio que se imagina, mas que não poderia existir, onde não há razão suficiente alguma nem na causa eficiente nem na final. E, consequentemente, engana-se ao confundir, ou aquilo que é *absolutamente necessário* com aquilo que é *determinado pela razão do melhor*; ou a *liberdade que se determina pela razão* com uma *indiferença vaga*.

350. É isso que tão justamente satisfazia à dificuldade do Sr. Bayle, que teme que se Deus é sempre determinado, a natureza poderia ultrapassá-lo e provocar o mesmo efeito que lhe é atribuído mediante a necessidade da ordem das coisas. Isso seria verdade se, por exemplo, as leis do movimento e todo o resto tivessem sua origem em uma necessidade geométrica das causas eficientes; mas acredita-se que em última análise se é obrigado a recorrer a alguma coisa que depende das causas finais ou da conveniência. É também isto que arruína o fundamento mais especioso dos naturalistas. O

doutor Johann Joachim Becher[592], médico alemão, conhecido pelos livros de química, compôs uma prece que pensou lhe trazer algo. Ela começava: *O sancta mater natura, æterne rerum ordo.*[593] E chegava a dizer que esta natureza devia perdoar suas faltas, já que ela própria era a causa delas. Mas, a natureza das coisas, tomada sem inteligência e sem escolha, não tem nada de suficientemente determinante. o Sr. Becher não considerou o bastante que é preciso que o autor das coisas (*natura naturans*) seja bom e sábio; e que nós podemos ser maus sem que ele seja cúmplice das nossas maldades. Quando um [indivíduo] maldoso existe, é preciso que Deus tenha encontrado na região dos possíveis a ideia de tal homem colocado na sequência das coisas, da qual a escolha era exigida pela maior perfeição do Universo, e onde as falhas e os pecados não são apenas castigados, mas ainda reparados com vantagem, e contribuem para o bem maior.

351. O Sr. Bayle, porém, compreendeu um pouco melhor a escolha livre de Deus; e falando do peripatético Estratão (*Rép. aux questions d'un provinc.*, t. 3, cap. 180, p. 1.239), que sustentava que tudo tinha sido produzido a partir da necessidade de uma natureza destituída de inteligência, ele quer que este filósofo, sendo interrogado [sobre o] porquê de uma árvore não ter a força para formar osso e veias; deveria ter perguntado por sua vez "por que a matéria tem precisamente três dimensões, por que duas não lhe teriam satisfeito, por que ela não tem quatro. Se fosse respondido que ela não pode ter nem mais nem menos que três dimensões, teria perguntado a causa desta impossibilidade". Estas palavras fazem julgar que o Sr. Bayle supôs que o número das dimensões da matéria dependia da escolha de Deus, como dependeu dele fazer ou não fazer com que as árvores produzissem animais. Com efeito, o que sabemos nós, se não há outros planetas ou terras situadas em algum lugar mais distante do Universo, onde a fábula dos gansos

---

[592] Johann Joachim Becherus, ou Becher (1635-1682), foi professor de Medicina, escreveu praticamente sobre todo tipo de assunto, incluindo química e alquimia; escreveu um *Actorum laboratii chymici Monacensis* (1669), fortemente influenciado pela filosofia alquímica de Paracelso.

[593] "Oh santa mãe natureza, eterna ordem das coisas."

(*bernacles*)[594] da Escócia (pássaros que diziam nascerem das árvores) seria verdadeira, e se não há mesmo regiões onde se poderia dizer:

> *Populos umbrosa creavit*
> *Fraxinus, et fœta viridis puer excidit alno?*[595]

Mas não é desse modo quanto às dimensões da matéria: o número ternário é aí determinado, não pela razão do melhor, mas por uma necessidade geométrica: é porque os geômetras puderam demonstrar que não há senão três linhas retas perpendiculares entre si que pudessem ser cortadas em um mesmo ponto. Nada de mais apropriado se podia escolher para mostrar a diferença que existe entre a necessidade moral, que faz a escolha do sábio, e a necessidade bruta de Estratão e dos espinosanos que recusam a Deus o entendimento e a vontade, do que fazer considerar a diferença que há entre a razão das leis do movimento e a razão do número ternário das dimensões: a primeira consistindo na escolha do melhor e a segunda em uma necessidade geométrica e cega.

352. Depois de ter falado das leis dos corpos, isto é, das regras do movimento, vamos às leis da união da alma e do corpo, onde o Sr. Bayle ainda pensa encontrar alguma indiferença vaga, alguma coisa de absolutamente arbitrária. Eis então como ele fala disso na sua *Resposta às questões de um provinciano*, t. 2, cap. 84, p. 163: "É uma questão embaraçosa, se os corpos têm alguma capacidade (*vertu*) natural de fazer mal ou bem à alma do homem. Se respondemos que sim, nos colocamos em um difícil labirinto; pois, já que a alma do homem é uma substância imaterial, será necessário dizer que o movimento local de certos corpos é uma causa eficiente dos pensamentos de um espírito, o que é contrário às noções mais evidentes que a Filosofia nos dá. Se respondemos que não, seremos obrigados a reconhecer que a influência dos nossos organismos sobre os

594 *Bernacle*, *bernache* ou *branta*, seu nome científico é *branta bernicla* espécie de ganso ou pato; acreditou-se por muito tempo que ele nascesse sobre as árvores ou de seus troncos como um fruto, e se pudesse comer dele durante a quaresma, quando era proibido comer carne.

595 "Deu origem aos povos o fraxino (espécie de árvore) umbroso (de muita sombra), e caiu do fecundo alno (espécie de árvore-*amieiro*) o [ainda] verde (não maduro) menino." (Estácio, *Tebaida*, IV, vv. 280-281).

nossos pensamentos não depende nem das qualidades interiores da matéria nem das leis do movimento, mas da instituição arbitrária do criador. Será preciso, então, reconhecer que dependeu absolutamente da liberdade de Deus ligar tais ou tais pensamentos de nossa alma a tais e tais modificações de nosso corpo, mesmo depois de ter fixado todas as leis da ação dos corpos uns sobre os outros. Donde resulta que não há no Universo qualquer porção de matéria cuja vizinhança nos possa prejudicar [o] tanto quanto Deus assim o queira; e, consequentemente, que a Terra é tão capaz quanto um outro lugar de ser o domicílio do homem feliz (...). Finalmente, é evidente que, para impedir as más escolhas da liberdade, não é necessário transportar o homem para fora da Terra. Deus poderia fazer sobre a Terra, em consideração a todos os atos da vontade, o que faz quanto às boas obras dos predestinados, quando estabelece tal evento, seja pelas graças eficazes, seja pelas graças suficientes que, sem causar prejuízo algum à liberdade, são sempre seguidas do consentimento da alma. Ser-lhe-ia tão fácil produzir sobre a terra bem como no céu a determinação de nossas almas para uma boa escolha."

353. Eu continuo de acordo com o Sr. Bayle [quanto ao fato] que Deus podia colocar uma tal ordem nos corpos e nas almas sobre este globo terrestre, seja por vias naturais, seja pelas graças extraordinárias, que teria sido um paraíso perpétuo e uma impressão antecipada do estado celeste dos bem-aventurados; e mesmo nada impede que existam terras mais felizes do que a nossa; mas Deus teve boas razões para querer que a nossa seja tal como é. Contudo, para provar que um melhor estado tinha sido possível aqui, o Sr. Bayle não tinha necessidade de recorrer ao sistema das causas ocasionais, tão repleto de milagres e de suposições, das quais os próprios autores reconheciam que não há razão alguma; são dois defeitos de um sistema que o distanciam mais do espírito da verdadeira Filosofia. Há porque se admirar primeiramente que o Sr. Bayle não tenha se lembrado do sistema da harmonia preestabelecida, que em um outro momento ele tinha examinado, e que viria tão a propósito aqui. Mas, como neste sistema tudo está ligado e harmônico, tudo segue por razões, e nada é deixado em branco ou

para a temerária discrição da pura e plena indiferença; parece que isso não agradava ao Sr. Bayle; um pouco prevenido aqui quanto a estas indiferenças que, entretanto, combatia tão bem em outras ocasiões. Pois ele passava facilmente do branco ao preto, não com má intenção ou contra sua consciência, mas porque ainda não havia nada de conclusivo no seu espírito sobre a questão da qual se tratava. Ele se contentava com o que lhe convinha para neutralizar o adversário que tinha em mente; seu objetivo sendo apenas confundir os filósofos e fazer ver a fraqueza da nossa razão; e eu acredito que jamais [nem] Arcesilau[596] nem Carneades sustentaram o pró e o contra com mais eloquência e mais espírito. Mas, por fim, não é preciso duvidar por duvidar, é preciso que as dúvidas nos sirvam de prancha para alcançar a verdade. É isto o que com frequência eu dizia ao falecido abade Foucher[597], do qual alguns exemplos fazem ver que ele tinha intenção de fazer em favor dos acadêmicos aquilo que Lipsius e Scioppius tinham feito pelos estoicos, e o Sr. Gassendi por Epicuro, e aquilo que o Sr. Dacier tão bem começou a fazer por Platão. Não é necessário que se possa criticar os verdadeiros filósofos por aquilo que o famoso Casaubon[598] respondeu àqueles que lhe mostraram a sala da Sorbonne, e lhe disseram que se tinha discutido aí durante alguns séculos: *O que se concluiu disso?* Ele disse.

354. O Sr. Bayle continua, p. 166: "É verdade que, desde que as leis do movimento foram estabelecidas tais como nós as vemos no mundo, é preciso, com toda necessidade, que um martelo que bate em uma noz a quebre e que uma pedra que cai sobre o pé de um homem cause alguma contusão ou algum desarranjo das partes. Mas eis então tudo aquilo que pode seguir da ação desta pedra

[596] Arcesílaos de Pitane (c. 315-241), filósofo, um dos primeiros responsáveis da orientação cética tomada pelos sucessores de Platão na direção da Nova Academia.

[597] Simon Foucher (1644-1696), filósofo francês, correspondente de Leibniz; escreveu muitas obras polêmicas contra Malebranche, nas quais fazia a defesa do probabilismo antidogmático da Nova Academia. Sobre Justus Lipsius, cf. nota 607. Sobre Scioppius, cf. nota 502 (ele publicou os *Elementa philosophiæ stoicæ moralis*, 1606). Gassendi, cf. nota 271. André Dacier (1651-1722), escritor e filólogo francês; publicou a tradução de alguns diálogos de Platão 1699.

[598] Isaac Casaubon (1559-1614), grande filólogo francês, pai de Meric Casaubon; cf. § 258 e nota 486.

sobre o corpo humano. Se você quer que, além disso, ela provoque um sentimento de dor, é preciso supor o estabelecimento de um outro código além daquele que regula a ação e a reação dos corpos uns sobre os outros; é preciso, digo, recorrer ao sistema particular das leis da união da alma com certos corpos. Acontece que, como este sistema não é necessariamente ligado ao outro, a indiferença de Deus não cessa em relação a um a partir da escolha que fez do outro. Então, ele combinou estes dois sistemas com plena liberdade, como duas coisas que não interagem naturalmente. Então, é por meio de um estabelecimento arbitrário que ele ordenou que as feridas dos corpos excitassem a dor na alma que está unida a este corpo. Não lhe restou um outro sistema da união da alma e do corpo para escolher, a não ser esse; então, ele pôde escolher um conforme o qual as feridas não excitassem senão a ideia do remédio e um desejo vivo, mas agradável, de aplicá-lo. Ele pôde estabelecer que todos os corpos que estivessem prontos para quebrar a cabeça de um homem, ou para lhe furar o coração, provocassem uma viva ideia do perigo, e que esta ideia fosse a causa de o corpo se movimentar prontamente para fora do alcance do golpe. Tudo isso se faria sem milagre, já que existiriam leis gerais para esse caso. O sistema que conhecemos por experiência nos ensina que a determinação do movimento de certos corpos muda em virtude de nossos desejos. Foi possível, então, que se fizesse uma combinação entre nossos desejos e o movimento de certos corpos, pela qual os fluídos que [o] nutrem se modificassem de tal modo que a boa disposição de nossos organismos jamais fosse alterada."

355. Percebe-se que o Sr. Bayle acredita que tudo aquilo que se faz pelas leis gerais se faz sem milagre. Mas eu já mostrei suficientemente que se a lei não é fundada em razões e não serve para explicar o evento pela natureza das coisas, ela não pode ser executada, exceto por milagre. Como, por exemplo, se Deus tivesse ordenado que os corpos devem se movimentar em linha circular, ele teria precisado de milagres perpétuos ou do ministério dos anjos para executar esta ordem; pois ela é contrária à natureza do movimento, desde que o corpo abandona naturalmente a linha circular, se nada o retém, para continuar em uma reta tangente. Logo, não

basta que Deus ordene simplesmente que uma ferida provoque um sentimento agradável, é preciso encontrar meios naturais para isso. O verdadeiro meio pelo qual Deus faz com que a alma sinta aquilo que se passa no corpo vem da natureza da alma, que é representativa dos corpos e se faz de modo antecipado que as representações que nascerão nela umas das outras, por uma consequência natural dos pensamentos, respondam à mudança dos corpos.

356. A representação tem uma relação natural com aquilo que deve ser representado. Se Deus fizesse representar a figura redonda de um corpo a partir da ideia de um quadrado, isto seria uma representação pouco adequada, pois haveria ângulos ou saliências na representação, enquanto tudo seria igual e liso no original. Com frequência a representação suprime algo nos objetos quando é imperfeita; mas não poderia acrescentar nada: isso a tornaria, não mais perfeita, mas falsa; além do fato que nas nossas percepções a supressão nunca é inteira, que há na representação, na qualidade de confusa, mais do que nós vemos. Deste modo, há porque julgar que as ideias do calor, do frio, das cores etc., não fazem, por isso, mais que representar os pequenos movimentos exercidos nos organismos quando se sente estas qualidades, embora a grande e a pequena [quantidade] destes movimentos impeça a representação distinta. Mais ou menos o que acontece quando nós não discernimos o azul e o amarelo que entram na representação, como [acontece] na composição do verde, quando o microscópio faz ver que aquilo que parece verde é composto de partes amarelas e azuis.

357. É verdade que a mesma coisa pode ser representada diferentemente, mas sempre deve ter aí uma relação exata entre a representação e a coisa e, consequentemente, entre as diferentes representações de uma mesma coisa. As projeções de perspectiva, que equivalem no círculo às seções cônicas, fazem ver que um mesmo círculo pode ser representado por uma elipse, por uma parábola ou por uma hipérbole, e mesmo por um outro círculo, ou por uma linha reta, ou por um ponto. Nada parece tão diferente nem tão dessemelhante quanto estas figuras; e, todavia, há uma relação exata de cada ponto para [com] cada ponto. Também é preciso admitir que cada alma representa o Universo segundo seu ponto

de vista e por uma relação que lhe é própria; mas sempre subsiste aí uma harmonia perfeita. E Deus, querendo fazer representar a solução de continuidade do corpo por um sentimento agradável na alma, não teria deixado de fazer com que esta mesma solução tivesse servido a alguma perfeição no corpo, fornecendo-lhe algum desimpedimento novo como quando se está descarregado de algum fardo ou desconectado de alguma ligação. Mas estes tipos de corpos organizados, ainda que possíveis, não se encontram sobre o nosso planeta, que carece, sem dúvida, de uma infinidade de invenções que Deus pode ter realizado em outro lugar; porém, basta que se considere o lugar que a nossa Terra ocupa no Universo, não é possível fazer nada de melhor por ela a não ser o que Deus faz. Ele utiliza da melhor maneira possível as leis da natureza que ele estabeleceu e, como o Sr. Régis[599] o reconheceu também no mesmo lugar, "as leis que Deus estabeleceu na natureza são as mais excelentes que é possível conceber."

358. Acrescentemos aí a nota do *Jornal dos sábios* de 16 de março de 1705, que o Sr. Bayle inseriu no cap. 162 da *Resposta às questões de um provinciano*, t. 3, p. 1.030. Trata-se do trecho de um livro moderno muito engenhoso sobre a origem do mal[600], do qual já falamos acima. É dito: "que a solução geral, quanto ao mal físico, fornecida por este livro, é que é preciso considerar o Universo como uma obra composta de diversas peças que compõem um todo; que, conforme as leis estabelecidas na natureza, algumas partes não poderiam ser melhores se outras não fossem piores e que disso não resultasse todo um sistema menos perfeito. Este princípio é bom, se diz; mas se não lhe acrescentarmos nada, não parece suficiente. Por que Deus estabeleceu leis a partir das quais nascem tantos inconvenientes? Dirão os filósofos um tanto exigentes. Ele não poderia ter estabelecido outras que não fossem sujeitas a nenhuma falha? E para resolver mais nitidamente: de onde vem que ele se prescreveu leis? Que ele não age sem leis gerais, de acordo com todo seu poder e toda sua bondade? O autor não levou a dificuldade até aí, a não ser que, ao discriminarmos suas ideias, talvez

[599] Cf. nota 543.

[600] Trata-se de uma análise anônima do livro de King (cf. notas 44 e 709).

encontrássemos como resolvê-la; mas a este respeito não há nada desenvolvido neste [autor]."

359. Penso que o hábil autor deste trecho, quando acreditou que se poderia resolver a dificuldade, teve no espírito alguma coisa próxima dos meus princípios; e se queria se explicar nesta passagem, aparentemente teria respondido como Sr. Régis: que as leis que Deus estabeleceu eram as mais excelentes que se podia estabelecer; e teria reconhecido ao mesmo tempo que Deus não podia deixar de estabelecer leis e de seguir regras, porque as leis e as regras são o que faz a ordem e a beleza; que agir sem regras seria agir sem razão, e que é porque Deus fez agir toda sua bondade que o exercício de sua onipotência foi conforme às leis da sabedoria para obter o máximo de bem que fosse possível atingir; por fim, que a existência de certos inconvenientes particulares que nos atingem é uma marca certa que o melhor plano não permitia que os evitássemos, e que eles sevem para o cumprimento do bem total, raciocínio com o qual o próprio Sr. Bayle continua de acordo em mais de uma passagem.

360. Desde que fizemos ver suficientemente que tudo se faz por razões determinadas, não poderia haver mais dificuldade alguma quanto ao fundamento da presciência de Deus; pois, embora estas determinações não obriguem (*nécessitent*), não deixam de ser certas e de fazer prever o que acontecerá. É verdade que Deus vê de uma só vez toda a sequência deste Universo quando o escolhe; e que, portanto, não tem necessidade da ligação dos efeitos com as causas para prever estes efeitos. Mas sua sabedoria, ao lhe fazer escolher uma sequência perfeitamente bem ligada, não pode deixar de ver uma parte da sequência na outra. É uma das regras de meu sistema da harmonia geral que *o presente está prenhe do futuro*, e que aquele que tudo vê, vê naquilo que é aquilo que será. Quem mais poderia ser, eu estabeleci de uma maneira demonstrativa que Deus vê em cada parte do Universo, devido à perfeita conexão das coisas, o Universo inteiro. Ele é infinitamente mais penetrante que Pitágoras, que estimou o tamanho de Hércules a partir da medida de sua pegada.[601] Então, não é preciso duvidar que os efeitos re-

[601] Alusão ao texto *Noites Áticas* (I, 1) de Aulo Gélio, que cita Plutarco.

sultam de suas causas de uma maneira determinada, não obstante a contingência e mesmo a liberdade, que não deixam de subsistir com a certeza ou a determinação.

361. Durand de Saint-Porcien[602], entre outros, observou muito bem, quando diz que os futuros contingentes se manifestam de uma maneira determinada em suas causas e que Deus, que sabe tudo, vendo tudo aquilo que poderá estimular ou desencorajar a vontade, verá aí a escolha que ela assumirá. Eu poderia mencionar muitos outros que disseram a mesma coisa, e a razão não permite que se possa pensar nisso de outro modo. O Sr. Jaquelot insinua também (*Conform.* p. 318 e segs.), como o Sr. Bayle o observa (*Rép. aux questions d'un provinc.*, t. 3, cap. 142, p. 796), que as disposições do coração humano e as das circunstâncias fazem Deus conhecer infalivelmente a escolha que o homem fará. O Sr. Bayle acrescenta que alguns molinistas[603] o dizem também, e remete àqueles que são relatados no [livro] *Suavis concordia* do *feuillant*[604] Pierre de Saint-Joseph[605], pp. 579, 580.

362. Aqueles que confundiram esta determinação com a necessidade inventaram monstros para combatê-los. Para evitar uma coisa racional que eles tinham mascarado com uma figura horrível, caíram em grandes absurdos. Por medo de serem obrigados a admitir uma necessidade imaginária, ou mesmo outra, admitiram alguma coisa que acontece sem que para isso haja qualquer causa, nem qualquer razão; o que é equivalente à ridícula declinação dos átomos, que Epicuro fazia acontecer sem motivo algum. Cícero, no seu livro sobre a adivinhação[606], viu muito bem que se a causa podia

[602] Cf. nota 199.

[603] Cf. nota 211.

[604] *Feuillants*: reformados da ordem dos cisterianos. Depois foram nomeados *Les-Feuillants*, próximo a Toulouse, onde sua ordem foi fundada em 1577 pelo abade Jean de la Barrière (1544-1600). Encorajados por Henrique III, os *feuillants* se estabeleceram em Paris. Com o tempo, eles se tornaram uma ordem mais independente (por volta de 1589); os *Feuillants* se espalharam pela Itália, onde ficaram conhecidos como bernardinos. A ordem tornou-se menos austera durante o século XVII, mas permaneceu influente até sua extinção no fim das guerras napoleônicas.

[605] Pierre de Saint-Joseph (1594-1662), teólogo molinista, polemizou contra os jansenistas; a obra citada é intitulada *Suavis concordia humanæ libertatis cum immobili certitudine prædestinationis et efficacia auxiliorum gratiæ*, Paris, 1639.

[606] *De divinatione*, II, V-VI e segs.

produzir um efeito para o qual ela fosse inteiramente indiferente, haveria um verdadeiro acaso, uma fortuna real, um caso fortuito efetivo, segundo a qual se pode dizer:

Sed te
Nos facimus, Fortuna, deam, cœloque locamu,[607]

isto é, que o seria não apenas em relação a nós e a nossa ignorância, mas mesmo com relação a Deus e a natureza das coisas e, consequentemente, seria impossível prever os eventos pensando o futuro a partir do passado. No mesmo lugar, ele diz ainda muito bem: "*Qui potest provideri, quidquam futurum esse, quod neque causam habet ullam, neque notam, cur futurum sit?*"[608] E um pouco depois: "*Nihil est tam contrarium rationi et constantiæ, quam fortuna; ut mihi ne in deum quidem cadere videatur, ut sciat quid casu et fourtuito futurum sit. Si enim scit, certe illud eveniet: sin certe eveniet, nulla fortuna est*": se o futuro é certo, não há fortuna alguma. Mas acrescenta muito mal [ao dizer]: "*Est autem fortuna; rerum igitur fortuitarum nulla præsensio est*": há uma fortuna, logo, os eventos futuros não poderiam ser previstos. Ele devia concluir, de preferência, que os eventos sendo predeterminados e previstos, não têm fortuna. Mas ele falava então contra os estoicos, desempenhando o papel de um acadêmico.

363. Os estoicos já extraiam dos decretos de Deus a previsão dos eventos; pois, como Cícero diz no mesmo livro: "*Sequitur porro nihil deos ignorare, quod omnia ab iis sint constituta.*"[609] E segundo meu sistema, Deus, tendo visto o mundo possível que resolveu criar, ali previu tudo: de modo que se pode dizer que a ciência divina da visão

607 "Mas nós, ó Fortuna, fazemos de ti uma deusa, e a colocamos no céu" (Juvenal, *Sátiras*, X, último verso).

608 "Quem pode prever ou que há de ocorrer uma coisa-que nem tem alguma causa, nem é conhecida-ou por que há de ocorrer?". (*De Divinatione*, II, VI, 17). "Nada é tão contrário à razão e à constância quanto a fortuna (no sentido de acaso); tanto que para mim efetivamente nem por Deus seria visto, assim como seria do conhecimento que uma coisa vai ocorrer por causalidade e fortuitamente. Porque se tem tal conhecimento certamente acontecerá, se certamente há de acontecer, nenhuma fortuna há". (Ibid. II, 18). "Mas a fortuna existe; portanto, nenhum pressentimento das coisas fortuitas há". (Ibid.).

609 "Segue-se daí que nada é ignorado pelos deuses, pois que todas as coisas foram criadas por eles". (Ibid. II, 51).

não difere da ciência da simples inteligência, pois, isso que ela acrescenta ao primeiro conhecimento do decreto efetivo de escolher esta sequência de coisas, a simples inteligência já fazia conhecer, mas apenas como possível; e este decreto constitui agora o Universo atual.

364. Portanto, os socinianos não podem ser desculpados por negar a Deus a ciência certa das coisas futuras e, sobretudo, as resoluções futuras de uma criatura livre. Pois, ainda que tivessem imaginado que há uma liberdade de plena indiferença, de modo que a vontade possa escolher sem motivo, e que deste modo este efeito não poderia ser visto na sua causa (o que é um grande absurdo), eles sempre deveriam considerar que Deus pôde prever este evento a partir da ideia do mundo possível que ele resolveu criar. Mas a noção que eles tinham de Deus é indigna do autor das coisas, e pouco conforme à habilidade e ao espírito que os escritores deste partido frequentemente aparentam ter em algumas discussões particulares. O autor da *Tábua do socinianismo*[610] não está completamente enganado ao dizer que o deus dos socinianos seria ignorante, impotente como o deus de Epicuro, desconcertado a cada dia diante dos eventos, vivendo um dia após o outro, se ele não sabe senão por conjectura o que os homens vão querer.

365. Toda a dificuldade não vem senão de uma falsa ideia da contingência e da liberdade, desde que se acreditava ter necessidade de uma indiferença plena ou de equilíbrio: coisa imaginária, da qual não há nem ideia nem exemplo, e jamais seria possível ter. Aparentemente o Sr. Descartes esteve impregnado dela durante sua juventude no colégio de La Flèche: é isto que lhe fez dizer (*Principes*, I parte, art. 41): "nosso conhecimento é finito e assim como a sabedoria (*science*) e a onipotência de Deus é infinita, a partir do que ele tem, desde toda a eternidade, não apenas conhecimento de tudo aquilo que é ou que pode ser, mas também o quis; o que faz com que tenhamos inteligência suficiente para conhecer clara e distintamente que este poder e esta sabedoria (*science*) está em Deus, mas que nós não temos dela o suficiente para compreender sua extensão de tal

[610] Leibniz se refere a obra de Jurieu (cf. nota 303) *Le tableau du socianisme, où l'on voit l'impurité et la fausseté des dogmes des sociniens et où l'découvre les mystères de la cabale de ceux qui veulent tolérer l'hérésie socinienne*, publicada em Haye (1690).

maneira que nós pudéssemos saber como elas deixam as ações dos homens inteiramente livres e indeterminadas." A continuação já foi relatada acima.[611] *Inteiramente livres*, essa [parte] vai bem; mas se compromete tudo ao acrescentar *inteiramente indeterminadas*. Não se tem necessidade de sabedoria infinita para ver que a presciência e a providência de Deus permitem a liberdade de nossas ações, já que Deus as previu em suas ideias, tais como elas são, isto é, livres. E embora Lorenzo Valla[612], no seu *Diálogo contra Boécio*, do qual logo apresentaremos o resumo[613], comece muito bem ao conciliar a liberdade com a presciência, não ousa esperar conciliá-la com a providência; todavia não há mais dificuldade, porque o decreto de fazer existir esta ação não muda mais a natureza do que o simples conhecimento que se tem disso. Mas não há sabedoria alguma, por mais infinita que seja, que possa conciliar a ciência e a providência de Deus com ações de uma causa indeterminada, isto é, com um ser quimérico e impossível. As [ações] da vontade se encontram determinadas de duas maneiras, pela presciência ou providência de Deus e também pelas disposições da causa particular próxima, que consistem nas inclinações da alma. Neste ponto o Sr. Descartes concordava com os tomistas, mas ele escrevia com sua prudência costumeira para não se colocar em desacordo junto a outros teólogos.

366. O Sr. Bayle relata (*Rép. aux questions d'un provinc.*, t. 3, cap. 142, p. 804) que o padre Gibieuf[614], do Oratório, publicou, no ano de 1630, um tratado em latim sobre a liberdade de Deus e da criatura; que se manifestou contra ele, e que elaborou uma coletânea de setenta contradições tiradas do primeiro livro de sua obra; e que, vinte anos depois, o padre Annat[615], confessor do rei da França, no seu livro *De incoacta libertate* (ed. Rom. 1652, *in*-4º), lhe repreendeu o

[611] No § 68 do discurso [preliminar] sobre o acordo da fé com a razão.

[612] Cf. nota 26.

[613] Cf. § 405 e segs.

[614] Guillaume Gibieuf (1585-1650), amigo de Descartes e de Marsenne; na obra cidada (*De libertate Dei et creaturæ*), ele sustenta teses que prefiguram o jansenismo, ao qual, entretanto, ele não adere. Ele foi criticado pelo jesuíta Th. Raynaud (cf. nota 618), em um livro intitulado *Nova libertatis explicatio*, Paris, 1632.

[615] O padre François Annat (1590-1670), célebre jesuíta, confessor de Luis XIV em 1654, destinatário dos últimos *Provinciales* de Pascal; sua obra foi publicada em três volumes no ano de 1666 em Paris. Sobre as congregações *De auxiliis*, cf. nota 250.

silêncio que ele ainda mantinha. Quem não acreditaria, acrescenta o Sr. Bayle, depois do estrondo das congregações *de auxiliis*, que os tomistas ensinam coisas, tocantes à natureza do livre-arbítrio (*franc arbitre*), inteiramente contrárias à opinião dos jesuítas?[616] E, no entanto, quando se considera as passagens que o Padre Annat extraiu das obras dos tomistas, num livro intitulado: *Jansenius a thomistis, gratiæ per se ipsam efficacis defensoribus, condemnatus*, impresso em Paris, no ano de 1653, *in*-4°; no fundo só poderíamos encontrar disputas de palavras entre as suas seitas. A graça eficaz por ela mesma de uns deixa ao livre-arbítrio a mesma força de resistir que as graças congruentes dos outros. O Sr. Bayle acredita que se pode dizer quase o mesmo do próprio Jansenius. Era um homem hábil, diz ele, de um espírito sistemático, e muito trabalhador. Ele trabalhou vinte dois anos em seu [livro] *Augustinus*. Uma de suas intenções foi a de refutar os jesuítas sobre o dogma do livre-arbítrio; todavia, ainda não pudemos decidir se ele rejeita ou se assume a liberdade de indiferença. Obtemos em sua obra uma infinidade de passagens prós e contras esta opinião, como o próprio padre Annat fez ver na obra que acabamos de citar, *De incoacta libertate*. É tão fácil lançar trevas sobre este assunto, como o Sr. Bayle o diz terminando seu discurso. Quanto ao padre Gibieuf, é preciso admitir que ele muda com frequência o significado dos termos, e que, por conseguinte, ele não satisfaz inteiramente à questão, embora geralmente ele diga boas coisas.

367. Com efeito, a confusão geralmente vem apenas do equivoco dos termos e do pouco cuidado que se tem de elaborar noções distintas. Isto faz surgir essas eternas contestações e muito frequentemente mal entendidos sobre a necessidade e sobre a contingência, sobre o possível e sobre o impossível. Mas, contanto que se conceba que a necessidade e a possibilidade, tomadas metafisicamente e a rigor, dependem unicamente da questão: se o objeto em si mesmo, ou o que lhe é contrário, implica contradição ou não; e que se considere que a contingência se ajusta muito bem às inclinações ou razões que contribuem para fazer com que

---

[616] Leibniz faz lembrar a *Historia congregationum de auxiliis divinae gratiae sub summis Pontificibus Clemente VIII et Paulo V* (Louvain 1700) escrita pelo domenicano François-Jaques Serry (1659-1738).

a vontade se determine; contanto também que se saiba distinguir bem entre a necessidade e entre a determinação ou certeza; entre a necessidade metafísica, que não deixa lugar para escolha alguma, não apresentando senão um único objeto possível, e entre a necessidade moral, que obriga o mais sábio a escolher o melhor; por fim, desde que se abandone a quimera da plena indiferença, que não se poderia encontrar senão nos livros dos filósofos, e sobre o papel (pois eles não poderiam conceber [de fato] essa noção na sua cabeça, nem fazer ver sua realidade mediante qualquer exemplo nas coisas), sairemos facilmente de um labirinto em que o espírito humano esteve [como] o infeliz Dédalo, e que causou uma infinidade de desordens, tanto entre os antigos quanto entre os modernos, até levar os homens ao erro ridículo do sofisma preguiçoso, que não difere quase nada do destino à maneira turca. Eu não me admiraria se, no fundo, os tomistas e os jesuítas e mesmo os molinistas e os jansenistas, concordassem entre si sobre este assunto mais do que se acredita. Um tomista e mesmo um jansenista sábio se contentará com a determinação certa, sem recorrer à necessidade; e se alguém recorre a isso, o erro talvez esteja somente na palavra. Um molinista sábio se contentará com uma indiferença contrária à necessidade, mas que não exclua as inclinações predominantes.

368. Estas dificuldades, porém, impressionaram muito o Sr. Bayle, mais inclinado a fazê-las valer do que a resolvê-las, embora, mais que ninguém, pudesse ter conseguido se tivesse desejado orientar seu espírito para esse lado. Eis aquilo que ele disse sobre isso no seu *Dicionário*, artigo *Jansenius*, letra G, p. 1.626: "Alguém disse que os assuntos relacionados à graça são um oceano que não tem nem margem nem fundo. Talvez tivesse falado mais justamente se os tivesse comparado ao farol de Messina, onde sempre se está em perigo de cair em um recife quando nos esforçamos para evitar um outro:

> Dextrum Scylla latus, lævum implacata Charybdis
> *Obsidet...*[617]

[617] "Cila (Scylla-banco de areia do mar da Sicília) ocupa o lado direito e a implacável Caribde (Charybdis-abismo do mar da Sicília) o lado esquerdo". (Virgílio, *Eneida*, III, 420-421).

Tudo se reduz, por fim, a isto: Adão pecou livremente? Se você responde que sim; então, lhe será dito, sua queda não foi prevista. Se você responde que não; então, lhe será dito, ele não é culpado. Você escreverá cem volumes contra uma ou outra destas consequências e, entretanto, admitirá, ou que a previsão infalível de um evento contingente é um mistério impossível de conceber, ou que a maneira pela qual uma criatura que age sem liberdade peca, todavia, é inteiramente incompreensível."

369. Ou me engano muito, ou estas duas supostas incompreensibilidades cessam inteiramente a partir das nossas soluções. Agradeceria a Deus que fosse tão fácil responder à questão, quanto é preciso para curar bem as febres, e como é preciso evitar as dificuldades das duas doenças crônicas que podem surgir, uma ao não curar a doença, a outra ao curar mal. Quando se pretende que um evento livre não poderia ser previsto, confunde-se a liberdade com a indeterminação, ou com a indiferença plena e de equilíbrio; e quando se assume que a falta de liberdade impediria o homem de ser culpado, se quer dizer uma liberdade isenta, não da determinação ou da certeza, mas da necessidade e da coação. O que faz ver que o dilema não está bem compreendido, e que há uma larga passagem entre os dois obstáculos. Responder-se-á, então, que Adão pecou livremente, e que Deus o viu pecando no estado de Adão possível, que se tornou atual, conforme o decreto da permissão divina. É verdade que Adão foi determinado a pecar em consequência de certas inclinações predominantes; mas esta determinação não destrói a contingência nem a liberdade; e a determinação certa que existe no homem para pecar não o impede de (absolutamente falando) poder não pecar; e, já que ele peca, de ser culpado e de merecer a punição; tanto mais que esta punição pode servir, a ele ou a outros, de contribuição para determiná-los [em] uma outra vez a não pecar; para não falar da justiça vingativa, que vai além da compensação e da emenda, e na qual não há nada, além do mais, que esteja em choque com a determinação certa das resoluções contingentes da vontade. Pode-se dizer, ao contrário, que as penas e as recompensas seriam em parte inúteis, e careceriam de um de seus objetivos, que

é a correção, se elas não pudessem contribuir para determinar a vontade a fazer melhor [em] uma outra vez.

370. O Sr. Bayle continua: "Sobre o assunto da liberdade há somente dois partidos a assumir: um é o de dizer que todas as causas distintas da alma que concorrem com ela deixam-lhe a força de agir ou de não agir; o outro é o de dizer que a determinam de tal modo a agir que ela não poderia se defender disso. O primeiro partido é o dos molinistas, o outro é o dos tomistas e jansenistas, e dos protestantes da Confissão de Genebra. Entretanto, os tomistas sustentaram ruidosamente que não eram jansenistas; e estes sustentaram, com o mesmo calor que, quanto ao assunto da liberdade, não eram calvinistas. Por outro lado, os molinistas afirmaram que santo Agostinho não professou o jansenismo. Deste modo, uns não querendo admitir que fossem conformes às pessoas que passavam por heréticas, e outros não querendo admitir que fossem contrários a um santo doutor, cujas opiniõe sempre passaram por ortodoxas, realizaram uma centena de contorcionismos" etc.

371. Os dois partidos que o Sr. Bayle distingue aqui não excluem um terceiro partido, que dirá que a determinação da alma não vem unicamente do concurso de todas as causas distintas da alma, mas também do estado da alma mesma e de suas inclinações que se misturam com as impressões dos sentidos, e as aumentam ou as enfraquecem. Acontece que todas as causas internas e externas tomadas em conjunto fazem com que a alma se determine certamente, mas não que se determine necessariamente; pois não implicaria contradição que ela se determinasse de outro modo; a vontade podendo [assumir] uma inclinação, mas não podendo ser obrigada (*nécessitée*). Eu não entro na discussão da diferença que há entre os jansenistas e os reformados quanto a este assunto. Talvez, eles nem sempre estejam muito de acordo com eles próprios, quanto às coisas ou quanto às expressões, sobre um assunto no qual frequentemente nos perdemos nas emaranhadas sutilezas. O padre Teófilo Raynaud[618],no seu livro intitulado *Calvinismus religio bestiarum*,

[618] Théophile Raynaud (1587-1663), jesuíta, controversista e teólogo francês; o panfleto citado (*Calvinismo a religião dos animais*), publicada em 1630 como se tivesse sido escrito pelo padre de Rivière, era dirigido contra o calvinismo e contra o dominicano Bañez (cf. nota 216).

quis ofender os dominicanos sem nomeá-los. Por outro lado, aqueles que se diziam seguidores de santo Agostinho reprovavam aos molinistas por [seu] pelagianismo, ou, em todo caso, o semipelagianismo[619],e algumas vezes se exagerava as coisas dos dois lados, seja defendendo uma indiferença vaga e dando demais ao homem, seja ensinando *determinationem ad unum secundum qualitatem actus licet, non quoad ejus substantiam*[620], ou seja, uma determinação para o mal nos não-regenerados, como se só pecassem. No fundo, acredito que não é preciso reprovar senão aos seguidores de Hobbes e de Espinosa porque eles destroem a liberdade e a contingência; pois acreditam que aquilo que acontece é a única possibilidade e deve acontecer por uma necessidade bruta e geométrica. Hobbes tornava tudo material e o submetia tão somente às leis matemáticas; Espinosa também subtraia de Deus a inteligência e a escolha, deixando-lhe um poder cego, do qual tudo emana necessariamente. Os teólogos dos dois partidos protestantes são igualmente zelosos por refutarem uma necessidade insuportável; e, embora aqueles que são ligados ao Sínodo de Dordrecht[621] ensinem algumas vezes que basta que a liberdade seja isenta de coação, parece que a necessidade que eles permitem não é senão hipotética, ou mesmo aquilo que se denomina mais propriamente certeza e infalibilidade: de modo que acontece que com bastante frequência as dificuldades só consistam nos termos. Eu digo isso até mesmo dos jansenistas, embora eu não queira perdoar em tudo todas essas pessoas.

372. Nos cabalistas hebreus, *malcuth* ou o reinado, a última Sephiroth[622], significava que Deus governa tudo irresistivelmente, mas com doçura e sem violência, de modo que o homem crê seguir

---

[619] Semipelagianismo: movimento que surgiu na França meridional por volta do século V como reação à doutrina extremista de santo Agostinho sobre a predestinação, como esta doutrina era expressamente contra o pelagiansmo, trata-se de movimento que em alguma medida aceita as teses pelagianas, ou seja, que de algum modo defende a capacidade natural do homem desvinculada do auxílio da graça.

[620] "A determinação a algo [de mal ou de bem] segundo a qualidade do ato, ainda que não segundo a substância dele".

[621] Cf. nota 253.

[622] As *Sephiroth* ou *sefirah* são as dez perfeições da essência divina; a realeza é a décima. Nos escritos cabalísticos mais antigos a última *sefirah Malcuth* corresponde ao governo da justiça divina, e, junto com a *sefirah Tif'ereth* (misericórdia divina), constitui a união do aspecto feminino com o feminino de Deus.

sua vontade enquanto executa a de Deus. Eles diziam que o pecado de Adão tinha sido *truncatio malcuth a cæteris plantis*[623], isto é, que Adão tinha excluído a última das sephires ao fazer para si um império no império de Deus, e ao atribuir para si uma liberdade independente de Deus; mas que sua queda lhe tinha ensinado que ele não podia subsistir por si mesmo, e que os homens tinham necessidade de serem reerguidos pelo Messias. Esta doutrina pode assumir um bom sentido. Mas Espinosa, que era versado na cabala dos autores de sua nação, e que diz (*Traité politique*, cap. 2, § 6) que os homens, concebendo a liberdade como eles fazem, estabelecem um império no império de Deus, exagerou as coisas. Em Espinosa, o império de Deus não é outra coisa senão o império da necessidade, e de uma necessidade cega, como em Estratão, a partir da qual tudo emana da natureza divina, sem que haja escolha alguma em Deus, e sem que a escolha do homem o isente da necessidade. Ele acrescenta que os homens, para estabelecer aquilo que se chama *imperium in imperio*[624], acreditavam que sua alma era uma produção imediata de Deus, sem poder ser produzida por causas naturais; e que tinha um poder absoluto de se determinar, o que é contrário à experiência. Espinosa tem razão de ser contra um poder absoluto de se determinar, isto é, sem motivo algum; [isso] não convém mesmo a Deus. Mas ele está errado em crer que uma alma, que uma substância simples, possa ser produzida naturalmente. Mais parece que a alma para ele não era senão uma modificação passageira; e quando parece fazê-la durável, e mesmo perpétua, ele a substitui pela ideia do corpo, que é uma simples noção e não uma coisa real e atual.

373. O que o Sr. Bayle relata sobre o senhor (*sieur*) Jean Bredenbourg[625], burguês de Rotterdam (*Dict.*, art. *Spinoza*, let. M, pag. 2774), é curioso. Ele publicou um livro contra Espinosa

---

[623] "Multilação de Malcuth para outras plantas."

[624] "Um império em um império."

[625] Jean de Bredenbourg viveu em meados do século XVII; a obra citada (*Refutação do tratado teológico-político* [de Espinosa], *com uma demonstração estabelecida segundo a ordem geométrica, que a natureza não é Deus, contrariamente ao princípio sobre o qual repousa inteiramente aquele tratado*) foi publicada em Rotterdam em 1675; depois de algum tempo, Bredenbourg escreveu uma outra obra em alemão onde refutava a si mesmo.

intitulado: *Enervatio tractatus theologico-politici, una cum demonstratione geometrico ordine disposita, naturam non esse Deum, cujus effati contrario prædictus tractatus unice innititur.* Foi surpreendente ver que um homem que não praticava profissão de letras, e que não tinha senão muito pouco estudo (tendo escrito seu livro em flamengo, e o tendo feito traduzir para o latim), pôde penetrar tão sutilmente todos os princípios de Espinosa, e felizmente os fez cair, depois de tê-los reduzido, por uma análise de boa fé, a um estado onde eles podiam aparecer com toda sua força. Foi me relatado, acrescenta o Sr. Bayle, que este autor tendo refletido uma infinidade de vezes sobre a sua resposta, e sobre o princípio de seu adversário, achou, por fim, que este princípio podia ser reduzido a uma demonstração. Ele começou, então, a provar que não há outra causa de todas as coisas senão uma natureza que existe necessariamente, e que age por uma necessidade imutável, inevitável e irrevogável. Observou em tudo o método dos geômetras, e, depois de ter construído sua demonstração, a examinou de todos os lados imagináveis, se esforçou para encontrar a fraqueza e jamais pôde encontrar algum meio de destruí-la, nem mesmo de enfraquecê-la. Aquilo lhe causou uma verdadeira tristeza; ele sofreu e rogou aos mais hábeis dos seus amigos que o socorressem na pesquisa das falhas desta demonstração. Contudo, não era muito fácil que dela fossem tiradas cópias. François Cuper[626], sociniano, que tinha escrito: *Arcana atheismi revelata* contra Espinosa, Rotterdam, 1676, *in*-4°, quando teve uma [cópia], a publicou tal como ela foi [escrita], isto é, em flamengo, com algumas reflexões, e acusou o autor de ser ateu. O acusado se defendeu na mesma língua. Oróbio[627], médico e juiz muito hábil (aquele que foi refutado pelo Sr. Limbourg, e que respondeu, conforme eu ouvi dizer, em uma obra póstuma não impressa), publicou um livro contra a demonstração do Sr. Bredenbourg, intitulado:

---

626 Frans Kuyper (morto em 1695), filósofo holandês; a obra citada (*Os arcanos do ateísmo revelado*) é uma refutação a Espinosa.

627 Isaac Balthazar Oróbio de Castro (c. 1620-1687), médico e filósofo judeu, manteve uma discussão sobre o cristianismo com o teólogo arminiano Philippe de Limborch (1633-1712), que este expôs em um livro intitulado *De veritate religionis christinæ amica collatio cum erudito Judæo*, Amsterdã, 1687; o livro de Oróbio contra Bredenbourg tinha por título *Contestation philosophique pour la défense de la vérité divine et naturelle, contre les príncipes de J. B.*

Certamen philosophicum propugnatæ veritatis divina ac naturalis, adversus J. B. principia, Amsterdã, 1684. E o Sr. Aubert de Versé[628] no mesmo ano escreveu também contra ele sob o nome de *Latinus Serbattus Sartensis*. O Sr. Bredenbourg protestou que estava persuadido do livre-arbítrio e da religião, e que desejava que lhe fosse fornecido um meio de responder à sua demonstração.

374. Eu pretendia ver esta suposta demonstração e saber se ela tendia a provar que a natureza primitiva, que produz tudo, age sem escolha e sem conhecimento. Neste caso, eu reconheço que a demonstração era [conforme às ideias] de Espinosa e perigosa. Mas se ele queria dizer, talvez, que a natureza divina é determina por aquilo que ela produz, por sua escolha e pela razão do melhor, não tinha necessidade de se afligir com esta suposta necessidade imutável, inevitável e irrevogável. Ela só é moral, é uma necessidade feliz; e bem longe de destruir a religião, ela coloca a perfeição divina no seu maior esplendor.

375. Dada a circunstância, eu direi que o Sr. Bayle relata, p. 2.773, a opinião daqueles que acreditam que o livro intitulado: *Lucii Anistii Constantis de jure ecclesiasticorum liber singularis*[629], publicado em 1665, é de Espinosa, apesar de eu ter duvidado disso, embora o Sr. Colerus, que nos forneceu um relato que fez da vida deste célebre judeu, compartilhe também desta opinião. As letras iniciais L. A. C. me fazem pensar que o autor deste livro foi o Sr. de La Cour ou Van den Hoof[630], famoso pelo *Interesse sobre a Holanda*, o *Balanço*

---

[628] Aubert de Versé (1645-1714), médico e controversista francês, convertido ao protestantismo, depois reconvertido ao catolicismo em 1690; é o autor da obra *Impie convaincu, dissertation contre Spinoza, dans laquelle on refute les fondements de son athéisme* (Amsterdã, 1684), onde tentava mostrar que o espinosismo deriva do cartesianismo; escreveu também *Traité de la liberté de coscience ou de l'autorité des souverains sur la religion des peuples, opposé aux maximes impies de Hobbes et de Spinoza* (1687).

[629] O livro *De Jure Ecclesiasticorum* (*Sobre o direito dos eclesiásticos*), foi publicado em 1665 trazendo como autor Lucius Antistius Constans, foi por vezez também atribuido a Ludowijk Meyer, o amigo de Espinosa. O luterano holandês Johann Köehler, mais conhecido como Colerus, de fato escreveu uma *Vida de Espinosa* que foi publicada em 1705; contudo, não partilha da atribuição da autoria da obra a Espinosa, como Leibniz parece afirmar, mas sim que o *De Jure* teve como autor um médico de Amsterdã. A atribuição a Van den Hoof, proposta por Leibniz, foi frequentemente aceita, como é o caso de Von Murr, editor do *Tratado Teológico-Político* (1802).

[630] Pierre e Jean Van den Hoof (ou De la Court), escritores políticos holandeses, representantes do partido republicano contra o partido orangista; os livros citados foram publicados em

político, e um grande número de outros livros que ele publicou (em parte com o nome de V. D. H.) contra o poder do governante da Holanda, o qual então se acreditava [ser] perigoso à república, estando ainda bem fresca a memória da empresa do príncipe Guilherme II sobre a cidade de Amsterdã. E como a maioria dos eclesiásticos da Holanda eram do partido do filho deste príncipe, que na época era menor, e suspeitavam do Sr. de Wit e daquela que era denominada a facção de Lovenstein de favorecer os armênios, os cartesianos, e outras seitas que eram ainda mais temidas; se esforçando para animar a plebe, contra eles, o que não foi sem efeito, como bem o fez ver o evento; era muito natural que o Sr. La Cour publicasse este livro. É verdade que raramente se mantém um justo meio nas obras que o interesse de um partido faz dar ao público. Somente direi que acaba de ser publicado uma versão francesa do *Intérêt de la Hollande* do Sr. de La Cour, sob o enganoso título de *Memórias do Sr. o grande-pensionario de Wit* como se os pensamentos de um particular e hábil que, com efeito, era do partido de De Wit, mas que não tinha conhecimento bastante sobres os negócios públicos, nem capacidade suficiente para escrever como poderia ter feito este grande ministro de estado, pudessem passar por produções de um dos melhores homens de seu tempo.

376. Eu vi o Sr. de La Cour, bem como Espinosa, no meu retorno à França, passando pela Inglaterra e pela Holanda[631]; aprendi com eles algumas boas anedotas sobre os negócios daquele tempo. O Sr. Bayle diz, p. 2.770, que Espinosa estudou a língua latina com um médico chamado François Van den Ende; e relata ao mesmo tempo, depois do Sr. Sébastien Kortholt[632] (que fala dele no prefácio da segunda edição do livro do falecido Sr. seu pai *De tribus impostoribus: Herberto L. B. de Cherbury, Hobbio et Spinoza*), que uma

1662, durante o período em que Johan de Witt (um dos principais adversários da Casa de Orange) era o Grande *Pensionnaire* (governador) da Holanda.

[631] Em 1676.

[632] Sebastian Korholt (1670-1740), crítico literário, filho de Christian Kortholt (1633-1694), teólogo protestante, autor de um livro intitulado *Les trois grands imposteurs* (1680; a 2ª edição, com prefácio de Sebastian Korholt, é de 1700), dirigido contra Hobbes, Espinosa e Herbert de Cherbury. Este último (1583-1648), filósofo inglês, tentou em seu *De Veritate* (1624) lançar as bases de uma religião racional.

moça ensinou o latim para Espinosa e que, em seguida, ela se casou com o Sr. Kerkering, que era seu discípulo ao mesmo tempo que Espinosa. Sobre este assunto constato que esta senhorita era filha do Sr. Van den Ende, e que auxiliava seu pai na função de ensinar. Van den Ende, que se chamava também *A Finibus*[633], desde então foi a Paris e teve [alguns alunos] pensionistas no subúrbio de Saint-Antoine. Ele era tido como excelente na didática e, quando ia vê-lo, me dizia que apostaria que seus ouvintes estariam sempre atentos àquilo que ele diria. Ele também tinha consigo então uma jovem moça que falava latim e fazia demonstrações de geometria. Ele caiu na graça do Sr. Arnauld; e os jesuítas começavam a ter ciúme da sua reputação. Mas um pouco depois ele se perdeu, tendo se misturado à conspiração do cavalheiro de Rohan.[634]

377. Ao que parece, mostramos o bastante que tanto a presciência, quanto a providência de Deus, não poderiam prejudicar nem a sua justiça e a sua bondade, nem a nossa liberdade. Resta somente a dificuldade que vem do concurso (*concours*) de Deus com as ações da criatura, que parece interessar mais de perto, e sua bondade com relação as nossas más ações, e nossa liberdade com relação às boas ações, tanto quanto às outras. O Sr. Bayle a ressaltou também com seu espírito costumeiro. Vamos nos esforçar para esclarecer as dificuldades que ele alega, e, depois disso, estaremos em condições de terminar esta obra. Eu já estabeleci que o concurso de Deus consiste em nos dar continuamente aquilo que há de real em nós e em nossas ações, o tanto que isso envolve de perfeição; mas aquilo que há de limitado e de imperfeito no seu interior é uma consequência das limitações precedentes que estão originariamente na criatura. E como toda ação da criatura é uma alteração (*changement*) das suas modificações, é visível que a ação vem da criatura em relação às limitações ou negações que ela encerra e que se encontram diversificadas por esta alteração.

[633] *A finibus* é a transcrição latina do nome de Van den Ende.

[634] O cavaleiro de Rohan (1635-1674), por estar cheio de dívidas, se encontrou secretamente com o governo holandês; desmascarado, foi preso, condenado à morte e executado. Segundo Colerus, o biógrafo de Espinosa, Van den Ende também foi enforcado nesta ocasião.

378. Nesta obra já fiz notar mais de uma vez que o mal é uma consequência da privação; e creio ter explicado isto de uma maneira bastante inteligível. Santo Agostinho já ressaltou este pensamento; e são Basílio disse algo de semelhante no seu *Hexaëmeron*[635], homilia 2: que "o vício não é uma substância viva e animada, mas uma afecção da alma contrária à virtude, que vem de se abandonar o bem, de modo que não se tem necessidade de procurar um mal primitivo." O Sr. Bayle, apresentando esta passagem no seu *Dicionário*, art. *Pauliciens*, let. D, p. 2.325, aprova a constatação do Sr. Pfanner[636] (que ele chama teólogo alemão, mas ele é jurisconsulto de profissão, conselheiro dos duques de Saxe) que desaprova são Basílio por não querer admitir que Deus é o autor do mal físico. Ele o é sem dúvida, quando se supõe o mal moral já existente; mas, falando absolutamente, se poderia sustentar que Deus permitiu o mal físico por consequência, ao permitir o mal moral que dele é a fonte. Parece que os estoicos conheceram também o quanto a entidade do mal é insignificante. Estas palavras de Epíteto o demonstram: *Sicut aberrandi causa meta non ponitur, sic nec natura mali in mundo existit.*[637]

379. Então, não se tinha necessidade de recorrer a um princípio do mal, como são Basílio o observa muito bem. Não se tem necessidade tampouco de procurar a origem do mal na matéria. Aqueles que acreditaram em um caos, antes que Deus tivesse começado a criar, procuram aí a fonte do desregramento. Esta era uma opinião que Platão tinha estabelecido no seu *Timeu*. Quanto a isso, Aristóteles o reprovou no seu livro *Sobre o Céu*[638], liv. III, cap. 2, porque, segundo esta doutrina, a desordem seria original e natural, e a ordem seria introduzida contra a natureza. O que Anaxágoras evitou, fazendo a matéria estar em repouso até que

---

[635] O *Hexameron* de são Basílio (329-379) é um comentário sobre os seis dias da Criação.

[636] Tobias Pfanner (1641-1716), jurisconsulto e historiador, autor de um *Systema Theologiae gentilis* (Basileia 1679), de onde é extraída a opinião citada (cap. IX).

[637] "Como uma meta não é estabelecida para que seja a causa do extravio (do desvio, do erro), do mesmo modo nem a natureza vem a ser (surge, *ex/sistit*) para que seja a [causa] do mal no mundo". (Epiteto, *Manuel*, XXVII).

[638] Cf. Platão, *Timeu*, 30 a; Aristóteles, *De Cælo*, III, 2, 300 b 16-18.

Deus a modificou, e no mesmo lugar[639] Aristóteles o louva por isso. Segundo Plutarco (*De Iside et Osiride*, e *Tractatus de animæ procreatione ex Timæo*), Platão reconhecia na matéria uma certa alma ou força nociva resistente a Deus: isto era um vício real, um obstáculo aos projetos de Deus. Os estoicos também acreditaram que a matéria era a fonte dos defeitos, como Justus Lipsius[640] o mostrou no primeiro livro da *Fisiologia dos estoicos*.

380. Aristóteles teve razão em rejeitar o caos; mas nem sempre é fácil esclarecer bem a opinião de Platão, e ainda menos a de alguns outros antigos cujas obras estão perdidas. Kepler[641], matemático moderno dos mais excelentes, reconheceu uma espécie de imperfeição na matéria, mesmo que não haja movimento desregrado: é isso que ele chama de a sua *inércia natural*, que confere resistência ao movimento por meio da qual uma massa maior recebe menos velocidade de uma mesma força. Existe solidez nesta constatação, e mais acima[642] me servi utilmente disso para ter uma comparação que mostrasse como a imperfeição original das criaturas dá limites à ação do Criador, que tende ao bem. Mas como a matéria é ela mesma um efeito de Deus, ela não fornece senão uma comparação e um exemplo e não poderia ser a fonte mesma do mal e da imperfeição. Já mostramos que esta fonte se encontra nas formas ou ideias dos possíveis; pois ela deve ser eterna, e a matéria não o é.[643] Acontece que Deus tendo feito toda realidade positiva que não é eterna, teria feito a fonte do mal, se ela não consistisse na possibilidade das coisas ou das formas, única coisa que Deus não fez, já que ele não é autor do seu próprio entendimento.

381. Todavia, embora a fonte do mal consista nas formas possíveis, anteriores aos atos da vontade de Deus, não deixa de ser verdadeiro que Deus concorre (*concourt*) para o mal na execução atual que introduz estas formas na matéria: e é isto que faz a dificuldade da qual se trata aqui. Durand de Saint-Portien, o cardeal Auréolus,

[639] Aristóteles, *ibid.*, 301 a 11-13.

[640] Cf. nota 579.

[641] Cf. nota 203.

[642] Cf. § 7 da primeira parte.

[643] Cf. §30 da primeira parte.

Nicolas Taurellus, O padre Louis de Dole, O Sr. Bernier[644], e alguns outros, ao falar deste concurso (*concours*), não visavam senão a algo de geral, por medo de prejudicar a liberdade do homem e a santidade de Deus. Parece que eles pretendem que Deus, tendo dado às criaturas a força de agir, se contenta em conservá-la. Por outro lado, o Sr. Bayle, depois de alguns autores modernos, leva o concurso de Deus longe demais; ele parece temer que a criatura não seja dependente de Deus o bastante. Ele chega a negar a ação às criaturas; nem mesmo reconhece a distinção real entre o acidente e a sustância.

382. Ele faz, sobretudo, um grande fundamento desta doutrina recebida nas escolas, segundo a qual a conservação é uma criação contínua. Em consequência desta doutrina, parece que a criatura não existe e que ela está sempre nascendo e sempre morrendo, como o tempo, o movimento e outros seres sucessivos. Platão acreditou nisso quanto às coisas materiais e sensíveis, dizendo que elas estão num fluxo perpétuo: *semper fluunt, nunquam sunt.*[645] Mas considerou completamente de outra maneira as substâncias imateriais que considerava como as únicas verdadeiras: no que ele não estava completamente enganado. Mas, a criação contínua vê todas as criaturas sem distinção. Vários bons filósofos foram contrários a este dogma e o Sr. Bayle relata que David de Rodon[646], filósofo célebre entre os franceses ligado à [Confissão de] Genebra, o recusou expressamente. Os armênios também não o aprovaram nem um pouco, eles não são muito dados a sutilezas metafísicas. Nem direi nada dos socinianos, que as apreciam ainda menos.

383. Para bem examinar se a conservação é uma criação contínua, seria preciso considerar as razões sobre a quais este dogma está apoiado. Para prová-lo os cartesianos, a exemplo do seu mestre, se servem de um princípio que não é bastante conclusivo. Eles dizem que "os momentos do tempo não tendo qualquer ligação necessária um com o outro, não segue de que eu sou neste momento,

---

[644] Cf. notas 60, 74, 199, 200 e 202.

[645] "Sempre fluem, [por isso, de fato,] nunca existem".

[646] David du Rodon ou Derodon (1600-1664), filósofo protestante, representante do calvinismo genebrino.

que eu subsistirei no momento seguinte, se a mesma causa que me dá o ser neste momento não o dá para mim também no instante seguinte." O autor da *Opinião sobre a tábua do socinianismo*[647] se serviu deste raciocínio, e o Sr. Bayle, talvez autor desta mesma *Opinião*, o relata (*Rép. aux questions d'un provinc.*, t. 3, cap. 141, p. 771). Pode-se responder que, na verdade, não resulta necessariamente de que eu sou, que eu serei; mas isso segue naturalmente, isto é, de si, *per se*, se nada o impede. Esta é a diferença que se pode fazer entre o essencial e o natural; é como o mesmo movimento naturalmente perdura, se alguma nova causa não o impede ou o modifica, porque a razão que o faz cessar neste instante, se não for nova, já o teria feito cessar antes.

384. O falecido Sr. Erhard Weigel[648], matemático e filósofo célebre em Iena, conhecido por sua *Analysis euclidea*, sua filosofia matemática, algumas invenções mecânicas muito bonitas e, finalmente, pelo trabalho que teve em levar os príncipes protestantes do império à última reforma do almanaque, do qual, porém, não viu o sucesso; o Sr. Weigel, digo, comunicava aos seus amigos uma certa demonstração da existência de Deus que equivalia, com efeito, a esta criação contínua. E como tinha costume de fazer paralelos entre contar e raciocinar, [o que] testemunha sua *Moral aritmética raciocinada* (*rechenschaftiliche Sittenlehre*), dizia que o fundamento da sua demonstração era o começo da Tábua Pitagórica, *uma vez um é um*. Estas unidades repetidas eram os momentos da existência das coisas, em que cada um dependia de Deus, que ressuscita em cada momento, por assim dizer, todas as coisas externas a ele. E como elas perecem a cada momento, sempre é preciso alguém que as ressuscite, que não poderia ser outro senão Deus. Mas, seria preciso uma prova mais exata para chamar isso de uma demonstração. Seria preciso provar que a criatura sai sempre do não-ser e, primeiramente, que perece de novo; e é preciso fazer ver particularmente que o privilégio de durar mais de um momento por meio de sua

[647] *L'avis sur le tableau du socianisme*, obra anônima publicada em 1690, em resposta à *Tableau du socianisme* de Jurieu (cf. nota 540); é muito frequentemente atribuída a Jaquelot.

[648] Erhard Weigel (1625-1699), filósofo e matemático, também foi professor de Leibniz na Universidade de Iena em 1663, onde lecionava Matemática e Astronomia.

natureza está ligado ao único ser necessário. As dificuldades sobre a composição do *continuum* entram também nesta matéria. Pois este dogma parece decompor o tempo em momentos, enquanto outros veem os momentos e os pontos como simples modalidades do contínuo, isto é, como extremidades das partes que se pode aí designar, e não como partes constitutivas. Aqui não é o lugar para entrar neste labirinto.[649]

385. O que podemos dizer de seguro sobre o presente assunto é que a criatura depende continuamente da operação divina, e que não depende menos depois de ter começado do que quando começa. Esta dependência conduz ao fato que ela não continuaria a existir, se Deus não continuasse a agir; por fim, que esta ação de Deus é livre. Pois se isto era uma emanação necessária, como aquela das propriedades do círculo, que decorrem de sua essência, seria preciso dizer que Deus produziu em primeiro lugar a criatura necessariamente; ou mesmo, seria preciso fazer ver como, ao criá-la uma vez, ele se impôs a necessidade de conservá-la. Acontece que nada impede que esta ação conservadora não seja chamada de produção e mesmo de criação, se quisermos. Pois a dependência sendo tão grande na continuação quanto no começo, a denominação extrínseca, de ser novidade ou não, não muda em nada a natureza.

386. Admitamos então em um certo sentido que a conservação é uma criação contínua, e vejamos o que o Sr. Bayle parece infeir, p. 771, depois do autor da *Opinião sobre a tábua do socinianismo*[650], contrário ao Sr. Jurieu. "Parece-me – diz este autor – que é preciso concluir que Deus faz tudo, e que em todas as criaturas não há causas primeiras nem segundas, nem mesmo [causas] ocasionais, como é fácil de provar. Pois neste momento em que falo, sou tal como sou, com todas as minhas circunstâncias, com tal pensamento, com tal ação, sentado ou de pé. Que se Deus me criou neste momento tal como sou, como se deve necessariamente dizê-lo neste sistema, me criou com tal pensamento, tal ação, tal movimento e tal determinação. Não se pode dizer que primeiramente Deus me criou, e que tendo criado, ele produza comigo meus movimentos e minhas

[649] Cf. § 24 do discurso [preliminar] sobre o acordo da fé com a razão e as notas 29 e 132.

[650] Cf. nota 610.

determinações. Isto é insustentável por duas razões: a primeira é que, quando Deus me cria ou me conserva neste instante, não me conserva como um ser sem forma, como uma espécie, ou algum outro dos universais da lógica. Eu sou um indivíduo; ele me cria e conserva como tal, sendo tudo o que sou neste instante com todas as minhas dependências. A segunda razão é que, Deus me criando neste instante, se dizemos que em seguida ele produz comigo minhas ações, será preciso necessariamente conceber um outro instante para agir. Acontece que seriam dois instantes onde nós não supomos mais que um. Então, é certo, a partir desta hipótese, que as criaturas nem têm mais ligação, nem mais relação com as suas ações, que elas tiveram com sua produção no primeiro momento da primeira criação." O autor desta *Opinião* tira disso consequências bastante duras, o que se pode imaginar, e no fim testemunha que não importa quem ensinasse aos que aprovam este sistema estaria bastante obrigado a escapar destes absurdos assustadores.

387. O Sr. Bayle o força ainda mais. "Vocês sabem – diz ele, p. 775 – que se demonstra nas escolas (ele cita Arriaga[651], *Disp.* 9, *Phys.*, seção 6 e, sobretudo, subseção. 3) que a criatura não poderia ser nem a causa total, nem a causa parcial de sua conservação; pois se o fosse, ela existiria antes de existir, o que é contraditório. Vocês sabem que se raciocina deste modo: o que se conserva age; acontece que aquilo que age existe, e nada pode agir antes de ter sua existência completa; então, se uma criatura se conservasse, ela agiria antes de ser. Este raciocínio não está fundado sobre as probabilidades, mas sobre os primeiros princípios da metafísica: *Non entis nulla sunt accidentia, operari sequitur esse*[652], claros como o dia. Vamos mais adiante. Se as criaturas concorressem com Deus (entenda-se aqui um concurso ativo, e não um concurso de instrumento passivo) para se conservar, agiriam antes de ser: isso foi demonstrado. Acontece que se elas concorressem com Deus para a produção de alguma outra coisa, agiriam também antes de ser; então, também é impossível que concorram com Deus para a produção de

[651] Cf. nota 154.

[652] "O não ente (o que não existe) nenhum acidente possui, ao operar (ao agir) se segue (se liga) o ser."

alguma outra coisa (como o movimento local, uma afirmação, uma volição, entidades realmente distintas da sua substância, nisto que se pretende) a não ser para sua própria conservação. E já que sua conservação é uma criação contínua, e que todos os homens do mundo devem admitir que elas não podem concorrer com Deus no primeiro momento da sua existência, nem para se produzir, nem para se dar qualquer modalidade, pois isto seria agir antes de ser (note que Tomás de Aquino e vários outros escolásticos ensinam que se os anjos tinham pecado no primeiro momento de sua criação, Deus seria o autor do pecado: veja o *feuillant* Pierre de Saint-Joseph[653], p. 318 e segs. do *Suavis concordia humanæ libertatis*: é um sinal que eles reconhecem que no primeiro instante a criatura não pode agir seja quanto ao que for), segue-se, evidentemente, que elas não podem concorrer com Deus em nenhum dos momentos seguintes, nem para elas mesmas se produzirem, nem para produzir alguma outra coisa. Se elas podiam concorrer no segundo momento de sua duração, nada impediria que pudessem concorrer no primeiro momento."

388. Eis então como será preciso responder a estes raciocínios. Suponhamos que a criatura seja produzida de novo a cada instante; admitamos também que o instante exclui qualquer prioridade temporal, sendo indivisível; mas façamos observar que ele não exclui a prioridade da natureza, ou aquilo que se chama anterioridade *in signo rationis*[654], e que ela basta. A produção, ou ação pela qual Deus produz, é anterior por natureza à existência da criatura que é produzida; a criatura compreendida nela mesma, com sua natureza e suas propriedades necessárias, é anterior às suas afecções acidentais e à suas ações; e, no entanto, todas estas coisas se dão no mesmo momento. Deus produz a criatura em conformidade com a exigência dos instantes precedentes, seguindo as leis de sua sabedoria; e a criatura opera em conformidade com a natureza, que ele lhe dá ao criá-la sempre. As limitações e imperfeições nascem da natureza do sujeito, que limita a produção de Deus; por consequência da imperfeição original das criaturas; mas o vício e o

[653] Cf. nota 605.

[654] "Conforme a razão, conforme a lógica."

crime nascem graças à operação interna [e] livre da criatura, tanto quanto ela pode ter disso no momento, e que se torna notável pela repetição.

389. Esta anterioridade de natureza é comum em filosofia; é assim que se diz que os decretos de Deus têm uma ordem entre eles. E quando se atribui a Deus, como é justo, a inteligência dos raciocínios e das conclusões das criaturas, de tal modo que todas as suas demonstrações e todos os seus silogismos lhe são conhecidos e se encontram eminentemente nele; nota-se que há, nas proposições ou verdades que ele conhece, uma ordem de natureza sem nenhuma ordem ou intervalo de tempo que o faça avançar em conhecimento e passar das premissas à conclusão.

390. Nos raciocínios que se acaba de relatar, não encontro nada que esta consideração não satisfaça. Quando Deus produz a coisa, ele a produz como a um indivíduo, e não como um universal da lógica, eu o admito; mas ele produz sua essência antes dos seus acidentes, sua natureza antes das suas operações, conforme a prioridade de sua natureza, e *in signo anteriore rationis.*[655] Vê-se aí como a criatura pode ser a verdadeira causa do pecado, sem que a conservação de Deus o impeça; que se regula a partir do estado precedente da criatura mesma, para seguir as leis de sua sabedoria não obstante o pecado, que vai ser produzido primeiramente pela criatura. Mas é verdade que Deus não teria criado a alma no começo em um estado onde ela teria pecado desde o primeiro momento, como os escolásticos observaram muito bem: pois não há nada nas leis da sabedoria que pudesse levar a isso.

391. Esta lei da sabedoria também faz com que Deus reproduza a mesma substância, a mesma alma; e é isso que poderia responder o abade que o Sr. Bayle introduz no seu *Dicionário* (art. *Pyrrhon*, let. B, p. 2.432). Esta sabedoria realiza a ligação das coisas. Eu concordo, então, que a criatura não concorre com Deus para se conservar (da maneira que se acaba de explicar a conservação); mas não vejo nada que a impeça de concorrer com Deu para a produção de alguma outra coisa, e particularmente de sua operação

[655] "Conforme uma anterioridade lógica, de razão."

interna: como seria um pensamento, uma volição, coisas realmente distintas da substância.

392. Mas eis então nós novamente no embate com o Sr. Bayle. Ele pretende que não há tais acidentes diferenciados da substância: "As ações" – diz ele – "que nossos filósofos modernos têm feito servir para demonstrar que os acidentes não são seres realmente diferenciados da substância, não são dificuldades simples, estes são argumentos que [nos] desanimam e que não se saberia resolver. Assuma o trabalho – acrescenta ele – de procurá-los ou no padre Maignan[656], ou no padre Malebranche, ou no M. Calli (professor de Filosofia em Caen), ou nos *Accidentia profligata* do padre Saguen, discípulo do padre Maignan, no qual se encontra o trecho nas *Novidades da república das letras*, de junho de 1702; ou se você pretende que um único autor lhe baste, escolha Dom François Lami, religioso beneditino, e um dos mais vigorosos que existem na França. Você encontrará entre suas *Cartas filosóficas*, impressas em Trévoux, no ano de 1703, onde a partir do método dos geômetras ele demonstra que Deus é a única causa verdadeira de tudo aquilo que é real." Eu desejaria ver todos estes livros[657], e, no que diz respeito a esta última proposição, ela pode ser verdadeira em um sentido muito bom: Deus é a única causa principal das realidades puras e absolutas, ou das perfeições: *Causæ secunda agunt in virtute primæ.*[658] Mas, quando se compreende as limitações e as privações do que há de real (*les réalités*), pode-se dizer que as causas segundas concorrem para a produção daquilo que é limitado. Sem isto, Deus seria a causa do pecado, e mesmo a causa única.

656 Emmanuel Maignan (1601-1676), filósofo, teólogo e matemático, autor de um *Cursus philosophicus*, em 4 volumes, Toulouse 1652. Pierre Cally (2ª metade do século XVII), autor de uma *Universae philosophiæ institutio* publicada em 1674. J. Saguens, discípulo e biógrafo de Maignan; o título completo da obra citada é *Accidentia profligata species instauratæ, sive de speciebus panis ac vini post consecrationem eucharisticam duxat manentibus*, Milão, 1700. Sobre Lami, cf. nota 64 ; a obra citada é intitulada *Lettres philosophiques sur divers sujets importants.*

657 Parece que foi o padre des Bosses que comunicou a Leibniz a demonstração de Lami; nas *Mémoires de Trévoux* de 1712 constavam as observações que Leibniz fez a essa demonstração; na edição de Gerhardt elas estão reproduzidas em nota.

658 "As causas segundas agem (operam) em virtude da causa primeira." Desde pelo menos o §382 Leibniz vem insistindo em sua máxima segundo a qual: "os acidente são considerados (...) como subsistentes no sujeito, *sunt in subjecto, inhaerent subjecto.*" (*N.E.* livro III, cap. I, § 5). Seu ponto máximo será o §396, que desembocará em sua dourina das mônadas.

393. É bom, além do mais, que se preste atenção que ao confundir as substâncias com os acidentes, retirando a ação das substâncias criadas, não se caia no espinosismo, que é um cartesianismo exagerado. O que não age não merece o nome de substância, [a saber]: se os acidentes não são diferenciados das substâncias; se a substância criada é um ser sucessivo, como o movimento; se não dura mais que um momento, e não se mantém a mesma (durante alguma parte assinalável do tempo), não mais que seus acidentes; se não opera, mais que uma figura da matemática, ou que um número: por que não se dirá, como Espinosa, que Deus é a única substância, e que as criaturas não são senão acidentes ou modificações? Até aqui, acreditou-se que a substância permanece, e que os acidentes mudam; e acredito que nós devemos nos ater ainda a esta antiga doutrina, os argumentos que eu me lembro de ter lido não provando o contrário e provando não mais do que é necessário.

394. "Um dos absurdos" – diz o Sr. Bayle, p. 779 – "que surgem da suposta distinção que se pretende admitir entre as substâncias e seus acidentes, é que, se as criaturas produzissem acidentes, teriam o poder de criar e aniquilar: de modo que não se poderia fazer a menor ação sem criar um número incontável de seres reais e sem reduzir ao não-ser uma infinidade deles. Ao remexer a língua não mais que para gritar ou para comer, cria-se tantos acidentes quantos movimentos existem das partes da língua, e se destrói tantos acidentes quantas partes existem daquilo que se come, que perdem a sua forma, que se torna fluido intestinal (*chyle*), sangue etc." Este argumento não é senão uma espécie de espantalho. Que mal há no fato de uma infinidade de movimentos, uma infinidade de figuras, surja e desapareça a todo o momento no Universo, e mesmo em cada parte do Universo? Pode-se demonstrar, aliás, que isso é o devido.

395. Quanto ao que se refere à suposta criação dos acidentes, que observa apenas que não se tem necessidade de qualquer poder criador para mudar de lugar ou de figura, para formar um quadrado [simplesmente] ou um quadrado alongado, ou algum tipo de formação de uma tropa, pelo movimento dos soltados que realizam o exercício; não mais que para formar uma estátua, tirando

alguns pedaços de um bloco de mármore; ou para fazer alguma figura em relevo, modificando, diminuindo ou aumentando um pedaço de cera. A produção das modificações jamais foi chamada de *criação*, e é abusar dos termos com o objetivo de assustar o mundo. Deus produz as substâncias do nada, e as substâncias produzem acidentes pelas modificações dos seus limites.

396. Quanto ao que se refere às almas ou às formas substanciais, o Sr. Bayle tem razão de acrescentar que não há "nada de mais incômodo para aqueles que admitem as formas substanciais que a objeção que se faz, que elas não poderiam ser produzidas salvo por uma verdadeira criação;" e que "os escolásticos são de dar pena, quando se esforçam para responder a isso". Mas não há nada de mais cômodo para mim e para meu sistema que esta mesma objeção, visto que eu sustento que todas as almas, enteléquias ou forças primitivas, formas substanciais, substâncias simples, ou mônadas, de qualquer nome que as pudéssemos chamar, não poderiam nascer naturalmente, nem perecer. E entendo as qualidades ou as forças derivativas, ou aquilo que se chama formas acidentais, como modificações da enteléquia primitiva; do mesmo modo que as figuras são modificações da matéria. É por isso que estas modificações estão em uma mudança perpétua, enquanto a substância simples permanece.

397. Mostrei acima (primeira parte, § 86 e segs.) que as almas não poderiam nascer naturalmente, nem ser extraídas umas das outras; e é preciso, ou que a nossa seja criada, ou que seja preexistente. Mostrei até um meio termo entre uma criação e uma total preexistência ao considerar conveniente dizer que a alma, preexistente nas sementes desde o começo das coisas, era somente sensitiva; mas que ela foi elevada a um estágio superior, que é a razão, quando o homem, a quem esta alma deve pertencer, foi concebido, e que o corpo organizado, sempre acompanhando esta alma desde o começo, mas sob muitas mudanças, foi determinado para formar o corpo humano. Eu considerei também que se podia atribuir esta elevação da alma sensitiva (que a faz chegar a um estágio essencial mais sublime, isto é, à razão) à operação extraordinária de Deus. Entretanto, é bom acrescentar que eu preferiria me abster do

milagre na geração do homem, bem como na dos outros animas; e isso se poderia explicar pensando que neste grande número de almas e de animas, ou ao menos de corpos orgânicos vivos que estão nas sementes, apenas estas almas que estão destinadas a chegar um dia à natureza humana envolvem a razão que aí surgirá um dia; e que apenas os corpos orgânicos são pré-formados e predispostos a assumir, um dia, a forma humana; os outros pequenos animais ou viventes seminais, onde nada disso está preestabelecido, sendo essencialmente diferentes deles, e não sendo senão inferiores a eles. Esta produção é uma maneira de *tradução*[659], mas mais aceitável que aquela que se ensina vulgarmente; ela não extrai a alma de uma alma, mas apenas o animado de um animado; e evita os milagres frequentes de uma nova criação, que fariam entrar uma nova e limpa alma em um corpo que deve corrompê-la.

398. Eu compartilho, porém, do sentimento do R. P. Malebranche, que em geral a criação, entendida como é preciso, não é tão difícil de admitir quanto se poderia pensar, e que está compreendida de algum modo na noção da dependência das criaturas: "Como os filósofos são estúpidos e ridículos!" – exclama ele (*Méditat. chrétienn.*, 9, n. 3). – "Eles acreditam que a criação é impossível, porque não concebem que o poder de Deus seja suficientemente grande para fazer qualquer coisa a partir do nada. Mas concebem com mais facilidade que o poder de Deus seja capaz de mover uma palha?" Ele acrescenta ainda muito bem, n. 5: "Se a matéria fosse incriada, Deus não poderia movê-la, nem dela formar coisa alguma. Pois Deus não pode mover a matéria, nem colocá-la em [um determinado] arranjo com sua sabedoria, sem a conhecer. Acontece que Deus não pode conhecê-la, se ele não lhe dá o ser: ele só pode retirar seus conhecimentos dele mesmo. Nada pode agir nele, nem esclarecê-lo".

399. O Sr. Bayle, não contente de dizer que somos criados continuamente, insiste ainda sobre esta outra doutrina da qual queria tirar que a nossa alma não poderia agir. Eis aqui como ele fala disso, cap. 141, p. 765: "Ele tem conhecimento demais sobre o cartesianismo (é de um hábil adversário que ele fala) para ignorar com

[659] Cf. primeira parte, §§ 88-89.

qual força se sustentou nos nossos dias que não há criatura que possa produzir o movimento, e que nossa alma é um sujeito puramente passivo em relação às sensações e às ideias, aos sentimentos de dor e de prazer etc. Se não levamos a coisa até às volições, é por causa das verdades reveladas; sem isto, os atos da vontade se fariam tão passivos quanto os do entendimento. As mesmas razões que fazem com que a nossa alma não forme nossas ideias, e não mova nossos orgãos, provariam também que ela não pode formar nossos atos de amor e nossas volições" etc. Ele poderia acrescentar nossas ações viciosas, nossos crimes.

400. É bem necessário que a força destas provas que ele louva não sejam tal como ele acredita, visto que elas provariam demais. Elas fariam de Deus o autor do pecado. Reconheço que a alma não poderia mover os orgãos por uma influência física, pois acredito que o corpo deva ter sido formado de tal modo antecipadamente que ele faça no tempo e no lugar aquilo que corresponde às vontades da alma; embora seja verdadeiro que a alma é o princípio da operação. Mas dizer que a alma não produz seus pensamentos, suas sensações, seus sentimentos de dor e de prazer, é do que eu não vejo razão alguma. A meu ver, toda substância simples (isto é, toda substância verdadeira) deve ser a verdadeira causa imediata de todas as suas ações e paixões internas e, falando com rigor metafísico, ela não tem outras, salvo aquelas que ela produz. Aqueles que compartilham de uma outra opinião, e que fazem de Deus o único ator, se atrapalham sem motivo em expressões em que teriam de se esforçar bastante para sair sem afrontar a religião; além do que afrontam absolutamente a razão.

401. Eis então em que o Sr. Bayle se fundamenta. Ele diz que nós não fazemos o que não sabemos como se faz. Mas é um princípio em que não estou de acordo com ele. Escutemos seu discurso (p. 767 e segs.): "É uma coisa espantosa que quase todos os filósofos (é preciso excluir os intérpretes de Aristóteles, que admitiram um intelecto universal, distinto de nossa alma, e a causa de nossas intelecções: veja no *Dictionn. histor. et crit.* a observação E. do artigo sobre Averróis) tenham acreditado com o povo que nós formamos ativamente nossas ideias. Onde está o homem, contudo, que por

um lado não sabe que ele ignora absolutamente como se fazem as ideias e por outro que ele não poderia costurar dois pontos se ignorasse como se deve costurar? Costurar dois pontos é em si uma obra mais difícil do que a de pintar no seu espírito uma rosa, desde a primeira vez que ela cai sob os olhos, e sem que nunca se tenha aprendido este tipo de pintura? Não parece, ao contrário, que este retrato espiritual seja em si uma obra mais difícil que a de traçar sobre uma tela a figura de uma flor, o que nós não saberíamos fazer sem a ter conhecido? Estamos completamente convencidos de que de nada nos serviria uma chave de um cofre, se ignorássemos como é preciso empregá-la; e, contudo, nós acreditamos que a nossa alma é a causa eficiente do movimento dos nossos braços, embora ela não saiba nem onde estão os nervos que devem servir para este movimento, nem onde é preciso manter os espíritos animais[660] que devem fluir nestes nervos. Nós experimentamos todos os dias que as ideias que queríamos lembrar não vêm e que se apresentam por si mesmas quando não pensamos mais nisso. Se isso não nos impede de acreditar que somos a sua causa eficiente, que fundamento produziremos para a prova de sentimento que parece tão demonstrativa ao Sr. Jaquelot? A autoridade sobre as nossas ideias é com mais frequência mais curta que a autoridade sobre nossas volições? Se nós avaliássemos bem, acharíamos no curso de nossa vida mais veleidades do que volições, isto é, mais de testemunhos da servidão de nossa vontade do que do seu império. Quantas vezes um mesmo homem não experimenta que poderia realizar um certo ato da vontade (por exemplo, um ato de amor por um homem que teria acabado de ofendê-lo; um ato de menosprezo por um belo soneto que ele teria feito; um ato de ódio por uma amante;

[660] Conceito utilizado por Descartes que, em seu *Tratado do homem*, p. 130, assim o definia: "quando as partes mais grossas de sangue sobem em linha reta até a superfície exterior do cérebro, onde servem de alimento para sua substância, provocam o desvio tanto das partículas menores quanto das mais agitadas, penetrando todas na glândula [pineal] que deve ser imaginada como uma fonte muito abundante de onde fluem estas partes por todos os poros, e, ao mesmo tempo, até o interior das concavidades do cérebro. E assim, sem mais preparação nem modificação, com exceção de que tais partes foram separadas das mais grossas e que conservam ainda a extrema velocidade (*extreme vitesse*) conferida pelo calor do coração, deixam de ter a forma de sangue, isto é o que conhecemos como Espíritos animais". É preciso estar atento ao fato que, na *Teodiceia*, Leibniz pode ter utilizado outras vezes a palavra espírito no sentido de "espíritios animais"; cf. notas 237 e 737.

um ato de aprovação de um epigrama ridículo. Note que eu não falo senão de atos internos, expressos por um eu quero, como, eu quero menosprezar, aprovar etc.), tivesse cem pistolas para ganhar imediatamente, e desejasse com ardor ganhar estas cem pistolas, e se animasse com a ambição de se convencer por uma prova da experiência que ele é senhor de si!"

402. "Para reunir em poucas palavras toda a força daquilo que acabei de lhe dizer, observarei que é evidente a todos aqueles que se aprofundam nas coisas que a verdadeira causa eficiente de um efeito deve conhecê-lo e saber também de qual maneira é preciso produzi-lo. Isto não é necessário quando se é apenas o instrumento desta causa, ou mais que o sujeito passivo de sua ação; mas não se poderia conceber que isso não seja necessário para um verdadeiro agente. Acontece que se nos examinarmos bem, ficaremos bem convencidos de que, independentemente da experiência, nossa alma sabe tão pouco o que é uma volição, quanto aquilo que é uma ideia; que depois de uma longa experiência, ela não sabe melhor como se formam as volições, do que o sabia antes de ter desejado alguma coisa. O que concluir daquilo, senão que ela não pode ser a causa eficiente de suas volições, tampouco de suas ideias, quanto do movimento dos espíritos [animais] que fazem mover nossos braços? (Note que não pretendemos aqui decidir isto em absoluto, não o consideramos senão relativamente aos princípios da objeção)."

403. Ora, isso é que é raciocinar de maneira estranha! Que necessidade há que sempre se saiba como se faz aquilo que se faz? Os sais, os metais, as plantas, os animais, os planetas, e um sem número de outros corpos animados ou inanimados, sabem como se faz aquilo que fazem e têm necessidade de sabê-lo? É preciso que uma gota de óleo ou de graxa entenda de geometria para se tornar maior sobre a superfície da água? Costurar pontos é outra coisa: agimos para um fim, é preciso saber os meios disso. Mas não formamos nossas ideias porque queremos; elas são formadas em nós, são formadas por nós, não em consequência de nossa vontade, mas segundo nossa natureza e a das coisas. E como o feto se forma no animal, como incontáveis outras maravilhas da natureza

são produzidas por um certo instinto que Deus aí colocou, isto é, em virtude da pré-formação divina, que fez estes admiráveis autômatos próprios para produzirem mecanicamente tão belos efeitos; é fácil pensar da mesma maneira que a alma é um autômato espiritual, ainda mais admirável; e que é por meio da pré-formação divina que ela produz estas belas ideias, onde nossa vontade não tem parte alguma, e onde nossa arte não poderia alcançar. A operação dos autômatos espirituais, isto é, das almas, não é mecânica; mas contém eminentemente aquilo que há de belo na mecânica: os movimentos, que se desenvolvem nos corpos, aí estando concentrados pela representação, como em um mundo ideal, que exprime as leis do mundo atual e suas sequências; com a seguinte diferença quanto ao mundo ideal perfeito que está em Deus, que a maioria das percepções nos outros [seres] não são senão confusas. Pois é preciso saber que toda substância simples envolve o Universo por meio de suas percepções confusas ou sentimentos e que a sequência destas percepções é regulada pela natureza particular desta substância, mas de uma maneira que expressa sempre toda a natureza universal; e toda percepção presente tende a uma percepção nova, como todo movimento que ela representa tende a um outro movimento. Mas é impossível que a alma possa conhecer distintamente toda sua natureza e se aperceber como este número incontável de pequenas percepções amontoadas, ou de preferência concentradas juntas, aí se forma: seria preciso para isso que ela conhecesse perfeitamente todo o Universo que aí está envolvido, isto é, que ela fosse Deus.

404. Quanto ao que se refere às veleidades, não são mais que uma espécie muito *imperfeita* de vontades condicionais. Eu queria, se eu pudesse: *Liberet, si liceret*[661], e no caso de uma veleidade, nós não queremos propriamente querer, mas poder. É o que faz com que não haja nada disso em Deus, e não é preciso confundi-las com as vontades antecedentes. Já expliquei o bastante em outra parte que nosso império sobre as volições não poderia ser exercido

661 "Libertasse (libertaria), se fosse permitido"; parece que *Libet, si liceret* (Agradasse-ou agradaria: despertaria o desejo –, se fosse permitido) estaria mais de acordo com o que está sendo dito.

senão de uma maneira indireta, e que se seria infeliz se fosse suficientemente senhor de si a ponto de poder querer, sem motivo, sem pé nem cabeça. Compadecer-se de não ter um tal império, seria raciocinar como Plínio, que censura o poder de Deus porque não é possível destruí-lo.

405. Eu tinha a intenção de terminar aqui, depois de ter satisfeito, ao que me parece, a todas as objeções do Sr. Bayle sobre os assuntos que pude encontrar nas suas obras. Mas me lembrando do diálogo de Lorenzo Valla sobre o livre-arbítrio contra Boécio[662], do qual já fiz menção[663], acreditei que seria oportuno relatar um resumo dele, de modo a manter a forma de diálogo e, além disso, de continuar onde ele terminou, dando continuidade à ficção que começou; e isso bem menos para alegrar a matéria do que para me explicar sobre o fim do meu discurso da maneira mais clara e mais popular que seja possível para mim. Este diálogo de Valla, e seus livros sobre a voluptuosidade e o verdadeiro bem[664], fazem ver suficientemente que ele não era menos filósofo que humanista. Estes [divididos em] quatro livros que eram contrários aos quatro livros da *Consolação da filosofia* de Boécio, e o diálogo ao quinto [livro]. Um certo Antônio Glarea, espanhol, pede a ele esclarecimentos sobre a dificuldade do livre-arbítrio, tão pouco conhecido quanto ele é digno de ser, do que depende a justiça e a injustiça, o castigo e a recompensa nesta vida, e na vida futura. Lorenzo Valla lhe responde que é preciso se consolar de uma ignorância que nos é comum com todo o mundo, como estamos consolados de não ter as asas dos pássaros.

406. ANTÔNIO. Eu sei que você pode me dar estas asas, como um outro Dédalo[665], para sair da prisão da ignorância e para me elevar à região da verdade, que é a terra natal das almas. Os

---

[662] Cf. nota 26.

[663] Cf. § 365.

[664] Se trata do livro *De libero arbitrio*, concluído em 1439, onde se critica a maneira como Boécio compreendia a capacidade da razão de alcançar Deus; do livro *De voluptate* e do *De vero bono*; as três obras foram escritas em forma de diálogo.

[665] Dédalos (Daidalos), célebre escultor e arquiteto grego, construtor do labirinto de Creta, em que esteve encerrado o Minitauro; Dédalo também foi encerrado nesse labirinto por ordem de Zeus, mas conseguiu escapar graças às asas de cera que ele mesmo fez.

livros que eu já vi não me satisfizeram em nada, nem mesmo o [do] célebre Boécio, que tem a aprovação geral. Eu não sei se ele próprio compreendeu bem o que disse sobre o entendimento de Deus e sobre a eternidade superior ao tempo. E peço sua opinião sobre sua maneira de por em acordo a presciência com a liberdade. LORENZO. Eu fico apreensivo de chocar muitas pessoas ao refutar este grande homem; quero, todavia, preferir este pavor à atenção que tenho para com as preces de um amigo, contanto que você me prometa... ANTÔNIO. O que? LORENZO. É que, quando você tiver jantado na minha casa, você pedirá que eu lhe dê [também] a ceia: isto é, eu desejo que você esteja contente da solução da questão que você me fez, sem me propor uma outra.

407. ANTÔNIO. Eu prometo a você. Eis o ponto da dificuldade: se Deus previu a traição de Judas, era necessário que ele traísse, era impossível que não traísse. Não se tem obrigação para com o que é impossível. Então, ele não pecou [e] não merecia ser punido. Isto destrói a justiça e a religião, bem como o temor a Deus. LORENZO. Deus previu o pecado, mas não forçou o homem a cometê-lo: o pecado é voluntário. ANTÔNIO. Esta vontade era necessária, visto que estava prevista. LORENZO. Se minha ciência não faz com que as coisas passadas ou presentes existam, minha presciência não fará tampouco existir as futuras.

408. ANTÔNIO. Esta comparação é enganosa: nem o presente nem o passado poderiam ser modificados, eles já são necessários, mas o futuro, em si mutável, torna-se fixo e necessário a partir da presciência. Façamos de conta que um deus pagão se orgulhe de saber o futuro; eu lhe perguntarei se sabe qual pé colocarei na frente, depois farei o contrário daquilo que ele terá predito. LORENZO. Este deus sabe aquilo que você quer fazer. ANTÔNIO. Como ele sabe, já que farei o contrário daquilo que terá dito, e suponho que ele dirá aquilo que pensa? LORENZO. Sua ficção é falsa: Deus não lhe responderá; ou mesmo se ele lhe respondesse, a veneração que teria por ele faria você se apressar para fazer o que ele tivesse dito: a sua predição seria para você uma ordem. Mas mudamos de questão. Não se trata do que Deus predirá, mas daquilo que prevê. Voltemos

então à presciência e distingamos entre o necessário e o certo. Não é impossível de não acontecer aquilo que é previsto, mas é infalível que acontecerá. É possível que eu me torne soldado ou padre, mas não me tornarei.

409. ANTÔNIO. É aqui que eu lhe pego. A regra dos filósofos pretende que tudo aquilo que é possível possa ser considerado como existente. Mas, se isto que você diz ser possível, isto é, um evento diferente daquele que foi previsto, acontecesse atualmente, Deus teria se enganado. LORENZO. As regras dos filósofos não são oráculos para mim. Esta aqui, em particular, não é exata. As duas contraditórias são com frequência ambas possíveis, podem ambas também existir? Mas, para lhe dar mais esclarecimentos, façamos de conta que Sextus Tarquinius, vindo a Delfos para consultar o oráculo de Apolo, tenha por resposta:

Exul inopsque cades irata pulsus ab urbe.
Pobre e banido de sua pátria,
Veremos você perder a vida.

O jovem homem irá se lastimar dela: Eu lhe trouxe um presente [digno de um] rei, ó Apolo, e você me anuncia um destino tão infeliz? Apolo lhe dirá: seu presente me é agradável, eu faço o que você me pede, eu lhe digo o que vai acontecer. Eu sei o futuro, mas não o faço. Vá se lamentar a Júpiter e as Parcas. Sextus seria ridículo se ele continuasse depois daquilo a se lastimar a Apolo; não é verdade? ANTÔNIO. Ele dirá: eu lhe agradeço, ó santo Apolo, por ter revelado para mim a verdade. Mas de onde vem que Júpiter é tão cruel em consideração a mim, por que ele prepara um destino tão duro para um homem inocente, para um fiel (*religieux*) adorador dos deuses? LORENZO. Você, inocente? Dirá Apolo. Saiba que você será soberbo, que cometerá adultérios, que será um traidor da pátria. Sextus poderia replicar: É você que é a causa disso, ó Apolo; prevendo isso você [não] me força a fazê-lo? ANTÔNIO. Eu admito que ele teria perdido o senso, se fizesse esta réplica. LORENZO. Então, o traidor Judas não pode tampouco se queixar da presciência de Deus. E eis a solução de sua questão.

410. ANTÔNIO. Você me satisfez além do que eu esperava, você fez aquilo que Boécio não pôde fazer: serei-lhe grato por toda minha vida. LORENZO. Entretanto, continuemos ainda um pouco mais nossa historieta. Sextus dirá: Não, Apolo, não quero fazer o que você diz. ANTÔNIO. Como?! Dirá o deus, seria eu, então, um mentiroso? Eu ainda lhe repito, você fará tudo aquilo que acabo de dizer. LORENZO. Sextus talvez rogasse aos deuses o mudar os destinos, o lhe dar um melhor coração. ANTÔNIO. Seria respondido a ele:

Desine fata deum flecti sperare precando.[666]

Ele não saberia fazer a presciência divina mentir. Mas que dirá, então, Sextus? Não explodirá em queixas contra os deuses? Não dirá: Como? Então eu não sou de fato livre? Não está no meu poder seguir a virtude? LORENZO. Apolo talvez lhe diga: Saiba, meu pobre Sextus, que os deuses fazem cada um tal como é. Júpiter fez o lobo encantador, o coelho tímido, o asno idiota, o leão corajoso. Ele lhe deu uma alma má e incorrigível; você agirá conforme ao seu natural, e Júpiter tratará você como tuas ações o merecerem, ele jurou isso por Styx.[667]

411. ANTÔNIO. Eu lhe confesso que me parece que Apolo, ao se desculpar, acusa Júpiter mais do que acusa Sextus: e Sextus lhe responderia: Então Júpiter condena em mim seu próprio crime, ele é que é o único culpado. Ele podia me fazer completamente diferente; mas me faz como eu sou, eu devo agir como ele quis. Por que, então, ele me pune? Podia eu resistir à sua vontade? LORENZO. Eu lhe confesso que me encontro tão imobilizado aqui quanto você. Eu fiz tomarem parte no teatro os deuses Apolo e Júpiter para lhe fazer distinguir a presciência e a providência divina. Eu fiz ver que Apolo bem como a presciência não prejudicam a liberdade; mas não saberia lhe satisfazer quanto aos decretos da vontade de

---

[666] "Deixe de esperar que o destino mude suplicando a Deus".

[667] *Stix, ygis*-Estige; Se refere a uma fonte da Arcádia (região do Peloponeso) cuja água era mortal, bem como ao rio dos infernos, pelo qual juravam os deuses, e ao próprio inferno; cf. nota 517.

Júpiter, isto é, sobre as ordens da Providência. ANTÔNIO. Você me tirou de um abismo e me lançou em um outro abismo [ainda] maior. LORENZO. Lembre-se de nosso contrato: eu lhe dei de jantar e você me pede para lhe dar também a ceia.[668]

412. ANTÔNIO. Eu vejo agora sua *finesse*: você me pegou, isto não é um contrato de boa fé. LORENZO. O que você quer que eu faça? Dei-lhe do vinho e das carnes de minha produção [particular], que minha pequena propriedade pode fornecer; pelo néctar e pela ambrosia, você pedirá aos deuses: este divino alimento não se encontra entre os homens. Escutemos são Paulo, este vaso escolhido que se fez encantado até o terceiro céu, onde escutou palavras inexprimíveis[669]; ele lhe responderá se valendo da comparação do oleiro, da incompreensibilidade dos caminhos de Deus, [ou] da admiração da profundeza de sua sabedoria. No entanto, é bom observar que não se pergunta por que Deus prevê a coisa, pois isso é óbvio: é porque ela será; mas perguntamos por que ele ordena [as coisas] de tal modo, porque torna insensível a um, [ou] porque tem piedade de um outro. Não conhecemos as razões que ele pode ter para isso, mas é suficiente que ele seja muito bom e muito sábio para nos fazer julgar que elas são boas. E como ele é justo também, segue-se que seus decretos e suas operações não destroem nossa liberdade. Alguns procuraram alguma razão nisso. Disseram que somos feitos de uma massa corrompida e impura, de lama. Mas quanto a Adão [está bem], porém os anjos foram feitos de prata e de ouro e não deixaram de pecar. Algumas vezes ainda se está insensível após a regeneração. É preciso, então, procurar uma outra causa do mal e eu duvido que mesmo os anjos o saibam. Eles não deixam de ser felizes e de louvar a Deus. Boécio escutou mais a resposta da Filosofia do que a de são Paulo; é isto que o fez fracassar. Acreditemos em Jesus Cristo, ele é a virtude e sabedoria de Deus; ele nos ensina que Deus quer a salvação de todos: que ele não quer a morte do pecador. Fiemo-nos, então, na misericórdia divina, e não nos tornemos incapazes por conta de nossa vaidade e por nossa malícia.

---

[668] Cf. § 406.

[669] Cf. Rm 9: 20-21 e 11: 33.

413. Este diálogo de Valla é belo, embora haja algo a dizer aqui ou ali; mas o seu principal defeito é que ele corta o nó e que ele parece condenar a Providência sob o nome de Júpiter, que ele quase torna o autor do pecado. Prolonguemos, pois, um pouco mais a pequena fábula. Sextus, deixando Apolo em Delfos, vai encontrar Júpiter em Dodona. Ele faz sacrifícios e depois expõe suas queixas. Por que me condenou, ó grande Deus, a ser mal, a ser infeliz? Mude meu destino e meu coração, ou reconheça seu erro. Júpiter lhe respondeu: Se você quiser renunciar a Roma, as Parcas lhe fiarão outros destinos, você se tornará sábio, você será feliz. SEXTUS. Por que devo renunciar à esperança de uma coroa? Eu não poderia ser um bom rei? JUPITER. Não, Sextus; eu sei melhor o que lhe é preciso. Se você for a Roma está perdido. Sextus, não podendo se decidir por um sacrifício tão grande, saiu do templo e se abandonou ao seu destino. Teodoro[670], o grande realizador de sacrifícios, que tinha assistido ao diálogo do deus com Sextus, dirigiu estas palavras a Júpiter: Sua sabedoria é adorável, ó grande mestre dos deuses. Você convenceu este homem do seu erro; é preciso que ele impute desde agora sua infelicidade à sua má vontade, não há o que dizer. Mas, seus fiéis adoradores estão espantados: eles desejariam admirar sua bondade tanto quanto sua grandeza; dependia de você lhe dar uma outra vontade. JUPITER. Vá a minha filha Palas, ela lhe instruirá sobre o que eu devo fazer.

414. Teodoro fez a viagem de Atenas: foi-lhe ordenado se deitar no templo da deusa. Ao sonhar, ele se encontrou transportado para uma terra desconhecida. Havia lá um palácio de um brilho inconcebível e de uma grandeza imensa. A deusa Palas apareceu à porta, cercada de raios de uma majestade fascinante,

> *... qualisque videri*
> *Cœlicolis et quanta solet.*[671]

[670] De *Theodoro*: certamente pensado a partir de *theos* mais *adoro*, adorador de Deus, um servo de Deus como Leibniz dirá no § 416.

[671] "Qual e quão [seja lá o que for] somente [pode] ser contemplado pelos habitantes do céu". (Virgílio, *Eneida*, II, 591-592).

Ela tocou a face de Teodoro com um ramo de oliveira que tinha na mão. Eis tornado capaz de sustentar o divino esplendor da filha de Júpiter e de tudo aquilo que ela lhe devia mostrar. Júpiter, que lhe ama, disse-lhe ela, recomendou você para mim com o fim de ser instruído. Você vê aqui o palácio dos destinos do qual tenho a guarda. Há representações, não apenas daquilo que acontece, mas ainda de tudo aquilo que é possível; e Júpiter tendo passado isso em revista antes do começo do mundo existente, digeriu as possibilidades em mundos, e fez a escolha do melhor de todos. Algumas vezes, ele visita estes lugares para se dar o prazer de recapitular as coisas e de reavivar sua própria escolha, no que não pode deixar de se comprazer. Basta eu falar e nós iremos ver um mundo todo que meu pai podia produzir, onde se achará representado tudo aquilo que se pode querer saber quanto a isso; e por este meio ainda se pode saber aquilo que aconteceria, se tal ou tal possibilidade devesse existir. E quando as condições não estiverem determinadas o bastante, haverá tanto quanto se quiser de tais mundos diferentes entre si, que responderão diferentemente à mesma questão de tantas maneiras quanto é possível. Você aprendeu geometria quando era ainda jovem, como todos os gregos bastante elevados. Você sabe, então, que quando as condições de um assunto que se pergunta não o determinam o bastante e que há uma infinidade deles, eles caem todos naquilo que os geômetras chamam um lugar, e ao menos este lugar, que frequentemente é uma linha, será determinado. Deste modo, você pode afigurar uma sequência regrada de mundos que conterão todos ou somente o caso de que se trata, e nisso variarão as circunstâncias e as consequências. Mas se você coloca um caso que não difere do mundo atual exceto numa única coisa definida e na sua sequência, um certo mundo determinado lhe responderá; estes mundos estão todos aqui, quero dizer, em ideias. Eu lhe mostrarei onde ele se encontrará, não completamente o mesmo Sextus que você viu, isto não pode [ser], ele leva sempre consigo aquilo que ele será, mas [outros] Sextus semelhantes, que terão tudo o que você já conhece do verdadeiro Sextus, mas não tudo o que já está nele sem que nós nos apercebamos disso, nem, por conseguinte, tudo aquilo que ainda lhe acontecerá. Em um mundo você encontrará um Sextus muito feliz e elevado, em um outro um Sextus contente por um estado medíocre, Sextus de toda espécie e de uma infinidade de maneiras.

415. Quanto a isso, a deusa conduziu Teodoro para um dos cômodos: quando ele chegou, este não era um cômodo, era um mundo,

> *... solemque suum, sua sidera norat.*[672]

Por ordem de Palas viu-se aparecer Dodone com o templo de Júpiter, e Sextus que dele saia: escutava-se ele dizer que obedeceria ao deus. E eis que vai para uma cidade situada entre dois mares, parecida com Corinto. Ele compra aí um pequeno jardim; ao cultivá-lo ele encontra um tesouro; torna-se um homem rico, amado, considerado; morre bem velho, estimado por toda a cidade. Teodoro vê toda a vida dele como em um piscar de olhos e como numa representação de teatro. Havia um grande número de escrituras neste cômodo; Teodoro não pôde se impedir de perguntar o que aquilo significava. É a história deste mundo o qual nós estamos visitando agora, lhe disse a deusa: é o livro dos seus destinos. Você viu um número sobre a fronte de Sextus, procure neste livro o lugar que ele marca. Teodoro o procurou, e aí encontrou a história de Sextus mais ampliada do que aquela que ele tinha visto resumidamente. Coloque o dedo sobre a linha que quiser, lhe disse Palas, e você verá representado efetivamente em todos os seus detalhes o que a linha revela em grande quantidade. Ele obedeceu, e viu aparecer todas as particularidades de uma parte da vida deste Sextus. Passou-se para um outro cômodo, e eis um outro mundo, um outro livro, um outro Sextus, que, saindo do templo, e decidido a obedecer a Júpiter, vai para Trácia. Ele aí desposa a filha do rei, o qual não tinha quaisquer outros filhos, e lhe sucede. Ele é adorado por seus súditos. Ia-se para outros aposentos, via-se sempre novas cenas.

416. Os cômodos seguiam em pirâmide; se tornavam sempre mais belos à medida que se subia para o cume, e representavam

[672] "E conhecia seu Sol, seus Astros".

mais belos mundos. Chegou-se, por fim, no supremo em que terminava a pirâmide e que era o mais belo de todos; pois a pirâmide tinha um começo, mas não se via o fim; ela tinha uma ponta, mas nenhuma base; seguia cruzando o infinito. Isso se dá, como a deusa lhe explicou, porque entre uma infinidade de mundos possíveis, há o melhor de todos, de outro modo Deus não se determinaria absolutamente a criar nenhum deles; mas não há nenhum que seja de tal maneira imperfeito que não haja ainda um menos perfeitos abaixo dele: é por essa razão que a pirâmide desce ao infinito. Teodoro entrando neste cômodo supremo se encontrou extasiado de alegria; ele precisou da ajuda da deusa; uma gota de um licor divino colocado sobre a língua o restituiu. Ele não se sentia de [tanta] alegria. Nós estamos no verdadeiro mundo atual, disse a deusa, e nele você está à procura da felicidade. Eis o que Júpiter nele lhe prepara, se você continuar a servi-lo fielmente. Eis Sextus tal como ele é e tal como ele será atualmente. Ele sai do templo em cólera, menospreza o conselho dos deuses. Você o vê indo a Roma, colocando tudo em desordem, violando a mulher do amigo dele. E então expulso com seu pai, derrotado, infeliz. Se Júpiter tivesse pego aqui um Sextus feliz em Corinto, ou rei na Trácia, não seria mais este mundo. E, todavia, ele não podia deixar de escolher este mundo, que ultrapassa em perfeição todos os outros, que constitui o cume da pirâmide; de outro modo, Júpiter teria renunciado à sua sabedoria, me teria banido, eu, que sou sua filha. Você vê que meu pai não fez Sextus mal; ele o foi desde toda eternidade, ele o foi sempre livremente; [meu pai] só fez lhe consentir a existência, que sua sabedoria não podia recusar ao mundo em que ele está compreendido: ele o fez passar da região dos possíveis para a dos seres atuais. O crime de Sextus serve para grandes coisas; nascerá dele um grande império que dará grandes exemplos. Mas isto não é nada diante do valor total deste mundo, do qual você admirará a beleza quando, depois de uma feliz passagem deste estado mortal para um outro melhor, os deuses lhes terão tornado capaz de conhecê-la.

417. Neste momento, Teodoro desperta, dá graças à deusa, reconhece os méritos de Júpiter, e tomado por aquilo que viu e entendeu, continua a função de grande realizador de sacrifícios com

todo o zelo de um verdadeiro servo de seu Deus, com toda a alegria de que um mortal é capaz. Parece-me que esta continuação da ficção pode esclarecer a dificuldade na qual Valla não quis tocar. Se Apolo representou bem a ciência divina da visão (que vê as existências), espero que Palas não tenha representado mal o personagem daquilo que chamamos a ciência de simples inteligência (que vê todos os possíveis), onde é preciso, por fim, procurar a fonte das coisas.

RESUMO DA CONTROVÉRSIA REDUZIDO A ARGUMENTOS EM FORMA[673]

Algumas pessoas inteligentes desejaram que se fizesse esta adição; de tal maneira concordamos com essa opinião que tivemos ocasião aqui de satisfazer ainda a algumas dificuldades e de fazer algumas observações que ainda não tinham sido suficientemente tratadas na obra.

I. *Objeção.* Todo aquele que não faz a melhor escolha carece de poder, ou de conhecimento, ou de bondade.

Deus não fez a melhor escolha criando este mundo.

---

[673] É preciso não esquecer que é à *Teodiceia* que o autor se refere nas muitas vezes que usa *nesta obra* ou simplesmente *na obra*; o *Resumo da controvérsia reduzido a argumentos em forma,* uma espécie de apêndice, é o primeiro dos três textos que aparecem depois de sua terceira parte. Trata-se de um resumo dos argumentos em forma, ou seja, dos argumentos colocados em forma de silogismo, da controvérsia em torno dos temas: bondade de Deus, liberdade do homem e origem do mal no mundo; dividida aqui em oito objeções principais Seguimos aqui o texto que tem a introdução, cronologia e bibliografia feitas por Jacques Brunschwig, Ed. GF Flammarion-Paris (pp. 363-373), 1969. Uma primeira versão da presente tradução foi apresentada em *Kalagatos – Revista de Filosofia*, v. 1, n. 1, pp. 207-29, 2004.

Logo, Deus careceu de poder, ou de conhecimento, ou de bondade.[674]

Resposta. Nega-se a [premissa] menor, isto é, a segunda premissa deste silogismo; e o adversário a prova por este prossilogismo: Todo aquele que faz coisas onde há o mal, que podiam ser feitas sem mal algum ou cuja produção podia ser omitida, não faz a melhor escolha.

Deus fez um mundo onde há o mal; ou seja, um mundo que podia ser feito sem mal algum, ou cuja produção podia ser completamente omitida.

Logo, Deus não fez a melhor escolha.

Resposta. Aceita-se a [premissa] menor deste prossilogismo, pois é preciso admitir que há no mundo o mal feito por Deus e que era possível fazer um mundo sem mal [algum], ou mesmo não criar o mundo, visto que sua criação dependeu da livre vontade de Deus. Mas, nega-se a maior, isto é, a primeira das duas premissas do prossilogismo, e podemos nos dar por satisfeitos ao solicitar a prova[675] [de tal raciocínio]. Mas, para dar mais esclarecimentos ao

---

[674] Aqui Leibniz reduz parte da controvérsia a um silogismo de primeira figura, ou seja, do tipo A é B, C é A, Logo, A é C; que tem como partes: A (todo aquele que não faz a melhor escolha), B (carece-é sem poder, conhecimento ou bondade) e C (Deus); que ficaria: Todo *aquele que não faz a melhor escolha* é *sem poder, sem conhecimento ou sem bondade, Deus* é *aquele que não faz a melhor escolha*; logo, *Deus* é *sem poder, conhecimento ou bondade.* As premissas são geralmente definidas por seus termos em relação à conclusão, a que possui o predicado da conclusão chama-se premissa maior e a que contém o sujeito da conclusão chama-se premissa menor; no caso do silogismo de primeira figura a maior é a primeira e a menor é a segunda, o que será repetido durante toda a argumentação que se seguirá. Leibniz recusa a premissa menor desse argumento, ou seja, a que estabelece que *Deus* é *aquele que não faz a melhor escolha*; não recusá-la seria o mesmo que dizer que não pertence a Deus o infinito conhecimento e a infinita bondade, para o que Leibniz forneceu argumentos contrários durante toda a *Teodiceia.*

[675] Nesse caso, prossilogismo significa um silogismo que tem como conclusão a premissa extraída de um outro silogismo; trata-se novamente de silogismo de primeira figura. Para manter a paridade do prossilogismo com o silogismo primeiro, o enunciaremos da seguinte maneira: D é A, C é D, logo, C é A que tem como partes: D (todo aquele que faz coisas onde existe algum mal), A (alguém que não faz a melhor escolha), e C (Deus); que ficaria: Todo *aquele que faz coisas onde existe algum mal* é *alguém que não faz a melhor escolha, Deus* é *aquele que faz as coisas onde existe algum mal*; logo, *Deus* é *alguém que não faz a melhor escolha.* Aqui, Leibniz aceita a menor, mas recusa a maior, ou seja, nega-se a aceitar que *Todo aquele que faz coisas onde existe algum mal* é *alguém que não faz a melhor escolha*, e passa a provar (*justifier*) a falsidade dessa afirmação; como se trata de uma proposição universal afirmativa, basta que haja um caso ou exemplo em que ela não se dê, é esse o papel que cumpre o exemplo do general. Em seguida, lança mão do princípio que regula a formulação da prova, a saber:

assunto, quisemos justificar esta negação fazendo observar que a melhor escolha não é sempre aquela que tende a evitar o mal, visto que é possível que o mal seja acompanhado de um bem maior. Por exemplo, um general preferirá alcançar uma grande vitória com um ferimento leve, do que ficar sem ferimento e sem vitória.

Mostramos isto mais amplamente nesta obra, até mesmo fazendo ver por considerações tomadas das matemáticas, e de outras, que uma imperfeição na parte pode ser exigida para uma perfeição maior do todo. Seguimos aqui o ponto de vista de santo Agostinho que diz várias vezes que Deus permitiu o mal para dele tirar um bem, isto é, um bem maior, e o de Tomás de Aquino (*in* liv. 2 sent., dist. 32, q. I, art. I), que a permissão do mal tende ao bem do Universo. Fizemos ver que para os antigos a queda de Adão foi chamada de *felix culpa*, um pecado feliz, porque ele fora reparado com uma imensa vantagem pela encarnação do Filho de Deus, que deu ao Universo algo de mais nobre do que tudo aquilo que poderia ter sem ele [ter existido] entre as criaturas. E para a melhor compreensão, acrescentou-se, depois de muitos bons autores, que era [em favor] da ordem e do bem geral que Deus deixasse a certas criaturas a ocasião de exercer a sua liberdade, mesmo tendo previsto que elas se dirigiriam para o mal, desde que ele podia muito bem redirecioná-las; porque não convinha que, para impedir o pecado, Deus agisse sempre de uma maneira extraordinária. Então, para recusar a objeção, basta fazer ver que um mundo com o mal podia ser melhor do que um mundo sem mal. Mas fomos ainda mais além nesta obra, e mostramos até mesmo que este Universo deve ser efetivamente melhor do que qualquer outro universo possível.[676]

---

uma imperfeição na parte pode ser exigida para uma perfeição maior do todo (*une perfection dans la partie peut être requise à une plus grande perfection dans le tout*).

[676] É preciso prestar alguma atenção à afirmação: *porque não convinha que, para impedir o pecado, Deus agisse sempre de uma maneira extraordinária*; essa é uma formulação fundamental na filosofia leibniziana, pois se trata de manter o princípio de *razão suficiente*-que tem como outro lado de uma mesma moeda o *princípio dos indiscerníveis* e o *princípio de individuação das substâncias* –, o que tem como consequência a impossibilidade de até mesmo Deus tirar das criaturas, exceto de forma extraordinária ou, o que é o mesmo, por milagre, seus próprios predicados, o que seria necessário para não permitir que uma dada criatura não cometesse um mal que faz parte de seus predicados, de sua essência individual (cf. nosso artigo *Leibniz e Tomás de Aquino: o princípio de individuação*, In *Mônada e ainda uma vez substância individual.* Porto Alegre, RS: Ed. Fi, 2021); também está em jogo, neste momento,

II. *Objeção*. Se há mais mal do que bem nas criaturas inteligentes, há mais mal do que bem em toda a obra de Deus.

Acontece que há mais mal do que bem nas criaturas inteligentes.

Logo, há mais mal do que bem em toda a obra de Deus.

Resposta. Nega-se a [premissa] maior e a menor deste silogismo condicional. Quanto à maior, não se admite, pois essa suposta consequência da parte para o todo, [isto é,] das criaturas inteligentes para todas as criaturas, supõe, tacitamente e sem prova, que as criaturas destituídas de razão não podem de maneira alguma entrar na comparação e ser contadas com aquelas que a têm. Mas por que motivo não seria possível que o excedente do bem nas criaturas não-inteligentes, que preenchem o mundo, compensasse e ultrapassasse mesmo que incomparavelmente o excedente do mal nas criaturas racionais? É verdade que o valor das últimas é maior, mas, em compensação, as outras são, sem comparação, em maior número; e é possível que a proporção do número e da quantidade ultrapasse aqui a do valor e da qualidade.[677]

Quanto à menor, tampouco se deve admiti-la, isto é, não se deve admitir que há mais mal do que bem nas criaturas inteligentes. Não se tem mesmo necessidade de aceitar que há mais mal do que bem no gênero humano, porque é possível, e é mesmo muito racional, que a glória e a perfeição dos bem-aventurados seja incomparavelmente maior do que a miséria e a imperfeição dos danados, e que aqui a excelência do bem total, em menor número, prevaleça sobre o mal total, em maior número. Os bem-aventurados

---

a suposição que o melhor plano possível se vale o mínimo do extraordinário, dos milagres. Além disso, tal possibilidade significaria defender que a sabedoria infinita de Deus não foi capaz de escolher, de uma vez por todas, o melhor possível; que Deus escolhe entre noções incompletas, em desacordo com sua sabedoria infinita; ou que, ainda, ao interferir na natureza própria das criaturas, prive-as de liberdade, o que tornaria os castigos ou as recompensas um absurdo. Leibniz termina formulando um dos princípios a partir dos quais sua filosofia ficou mais conhecida, a de que este é o melhor dos universos possíveis: *cet univers doit être effectivement meilleur que tout autre univers possible.*

677 Leibniz recusa a premissa maior, ou seja, a primeira; nega que *havendo mais mal do que bem nas criaturas inteligentes, há mais mal do que bem em toda a obra de Deus*. A argumentação é a seguinte: apesar de as criaturas racionais terem mais valor do que as criaturas não-inteligentes, estas são de tal forma em maior número que as racionais, o que em termos de número e quantidade de seres-que Leibniz afirma ser incomparável-e não do valor ou quantidade, significa que há muito mais bem do que mal em toda a obra de Deus e que, portanto, não segue a consequência da parte para o todo.

se aproximam da divindade por meio do divino Mediador, tanto quanto possa agradar a estas criaturas, e fazem progressos no bem de uma maneira que é impossível que os danados façam no mal, quando [estes] se aproximassem o máximo possível da natureza dos demônios. Deus é infinito, e o demônio é limitado; o bem pode ir e vai ao infinito, enquanto o mal tem seus limites. É possível, então, e é de se acreditar, que aconteça, na comparação dos bem-aventurados e dos danados, o contrário daquilo que nós dissemos poder acontecer na comparação das criaturas inteligentes e não-inteligentes; isto é, é possível que, na comparação dos felizes e dos infelizes, a proporção dos graus ultrapasse aquela dos números; e que, na comparação das criaturas inteligentes e não-inteligentes, a proporção dos números seja maior do que aquela dos valores. Temos o direito de supor que uma coisa é possível, tanto que não se prove que ela é impossível; e mesmo que o proposto aqui ultrapasse a suposição.[678]

Mas, em segundo lugar, mesmo que se esteja de acordo que há mais mal do que bem no gênero humano, tem-se ainda toda razão de não estar de acordo que exista mais mal do que bem em todas as criaturas inteligentes, pois há um número inconcebível de gênios, e quem sabe ainda de outras criaturas racionais. E um adversário não poderia provar que, em toda a cidade de Deus, composta tanto de gênios quanto de animais racionais sem número e de uma infinidade de espécies, o mal ultrapasse o bem. E embora não seja preciso provar, para responder a uma objeção, que uma coisa é quando somente a possibilidade basta; não se deixou de mostrar nesta obra que é uma consequência da suprema perfeição do soberano do Universo que o reinado de Deus seja o mais perfeito de todos os

---

[678] Aqui se recusa a menor, ou seja, a segunda; nega-se que: *há mais mal do que bem nas criaturas inteligentes*. A argumentação é a seguinte: pode existir uma diferença de grau entre o bem e o mal relacionado às criaturas inteligentes, de tal modo que, mesmo o primeiro estando em um número menor, o fato de ele ser muito superior ao segundo o torna, no cômputo geral, maior que este; na expressão de Leibniz: *l'excellence du bien total, dans le plus petit nombre, prévaille au mal total dans le nombre plus grand*. Além disso, dado que o bem se relaciona mais diretamente com Deus, para quem não há limites, e o mal com o demônio, que tem limites, o primeiro pode mesmo ir ao infinito enquanto o segundo encontra limitação; o que permite supor que o bem nos bem-aventurados, mesmo em número menor, suplanta em grau o mal dos que, em número maior, se encontram em danação; o contrário do que havia sido afirmado na argumentação anterior, quando a quantidade superava a qualidade.

Estados ou governos possíveis; e que, por conseguinte, o pouco de mal que há seja exigido para a culminância do imenso bem que aí se encontra.[679]

III. *Objeção*. Se sempre é impossível não pecar, sempre é injusto punir.

Acontece que sempre é impossível não pecar; ou mesmo, todo pecado é necessário.

Logo, sempre é injusto punir.

Prova-se aqui a menor.

1. *Prossilogismo*. Todo predeterminado é necessário.

Todo evento é predeterminado.

Logo, todo evento (e, portanto, também o pecado) é necessário.

Do seguinte modo prova-se esta segunda menor.

2. *Prossilogismo*. Aquilo que virá a ser, aquilo que foi previsto, aquilo que compreende as causas está predeterminado.

Todo evento é assim.

Logo, todo evento está predeterminado.[680]

---

[679] A argumentação passa a questionar até o que ficou estabelecido quanto à maior quantidade de seres inteligentes ligados ao mal, ou seja, é possível que existam muitos outros seres inteligentes (os anjos, os gênios podem ser exemplos) ligados ao bem e que mesmo o número das criaturas inteligentes ligadas ao bem é superior ao das ligadas ao mal. É importante salientar que Leibniz acredita ser suficiente tornar manifesta a possibilidade das situações enunciadas aqui, contra as quais teria de ser provada a impossibilidade para que seus argumentos fossem refutados.

[680] O segundo prossilogismo-que pode ser apresentado do seguinte modo: F (tudo que virá a ser, tudo que foi previsto ou tudo que se liga à causa) é C (predeterminado), E (todo evento) é F, logo, E é C-prova a premissa menor do primeiro prossilogismo-que pode ser apresentado da seguinte maneira: C (todo predeterminado) é D (necessário), E (todo evento) é C, logo, E é D –, ou seja, prova que todo evento, e o pecado cai na categoria de evento, é predeterminado. O primeiro prossilogismo prova a premissa menor do silogismo-que pode ser apresentado da seguinte maneira: B (sempre é injusto punir) se A (o pecado é necessário, o mesmo que E é D), A, logo, B –, prova, portanto, que o pecado é necessário; garantindo assim parte da verdade do primeiro silogismo. Para refutar esta objeção, Leibniz vai utilizar de recurso bastante semelhante ao utilizado na primeira objeção, ou seja, vai buscar refutar as premissas maiores; dado que a premissa maior do primeiro silogismo tem de ser compreendida como defendendo uma necessidade absoluta (*une nécessité absolue*), pois, do contrário, a objeção seria recusada de saída, e como a conclusão do segundo prossilogismo é a premissa menor do primeiro, basta considerar a premissa maior do primeiro, ou seja, basta mostrar que nem tudo que é predeterminado parte de uma necessidade absoluta, o que Leibniz faz no decorrer do texto.

Resposta. Admite-se, num certo sentido, a conclusão do segundo prossilogismo, que é a [premissa] menor do primeiro; contudo, nega-se a maior do primeiro prossilogismo, ou seja, que todo predeterminado é necessário, entendido como a necessidade de pecar, por exemplo, ou a impossibilidade de não pecar, ou de não praticar ação alguma. A necessidade da qual se trata aqui diz respeito àquela que é essencial e absoluta, e que destrói a moralidade da ação e a justiça dos castigos; pois, se alguém se referisse a uma outra necessidade ou impossibilidade, uma que diga respeito a uma necessidade que fosse somente moral, que fosse somente hipotética (que será explicada em seguida), é evidente que negaria a [premissa] maior da mesma objeção. Poderíamos nos dar por satisfeitos com esta resposta e pedir a prova da proposição negada. Entretanto, nessa obra se pretendeu dar ainda a razão deste procedimento a fim de melhor esclarecer a coisa e para conferir mais luz a toda esta matéria, explicando a necessidade que deve ser rejeitada e que tipo de determinação deve ter lugar. É que a necessidade que deve ser evitada, a contrária à moralidade e que faria com que o castigo fosse injusto, é a necessidade intransponível, a que tornaria toda oposição inútil mesmo que se quisesse de todo coração evitar a ação necessária e quando fossem feitos todos os esforços possíveis para isso. Ora, é manifesto que aquilo não é aplicável às ações voluntárias, visto que [a partir delas] não se faria [uma determinada coisa] se assim não o quisesse. Do mesmo modo, sua previsão ou determinação não é absoluta, mas supõe a vontade: se é certo que serão feitas, não é menos certo que se quererá fazê-las. Estas ações voluntárias e suas consequências não acontecerão [de tal forma que] não importe o que se faça, ou seja, quer se queira ou não, mas porque se fará e porque se quererá fazer aquilo que leva a isso. E isto está contido na previsão e na predeterminação e chega mesmo a constituir a sua razão. E a necessidade de tais eventos é chamada de condicional ou hipotética, ou mesmo de a necessidade da consequência, desde que ela supõe a vontade e os outros *requisitos*, [ela se coloca] em lugar da necessidade que destrói a moralidade, que torna o castigo injusto e a recompensa inútil, presente nas coisas que serão o que quer que se faça ou o que quer que se queira fazer e, em uma palavra, naquilo que é essencial; e é a isto que denominamos uma necessidade absoluta. Também não serve de nada, com respeito àquilo que é necessariamente absoluto, o buscar se defender ou dar ordens, propor penas ou recompensas, desaprovar ou louvar; não será nem mais nem menos. Ao contrário disto, nas ações voluntárias e no que depende delas, os preceitos, munidos do poder de punir e de recompensar, muito frequentemente têm serventia, e são compreendidos segundo a ordem das causas que fazem existir a ação; e é por esta razão que não apenas a dedicação e o trabalho, mas mesmo as preces são úteis; sendo que Deus também teve em vista estas preces antes de ter regrado as coisas, e dispensou a isso a atenção conveniente. E por isso o preceito que diz: *Ora et labora* (Ore e trabalhe), adquire pleno significado; e não apenas aqueles que, sob o vão pretexto da necessidade dos eventos, afirmam que se pode negligenciar a dedicação que os negócios exigem, mas também aqueles que raciocinam contra as preces caem naquilo que os antigos já chamavam de o *sofisma preguiçoso*. Deste modo, a predeterminação dos eventos pelas causas é justamente aquilo que contribui para a moralidade, ao invés de destruí-la, e as causas inclinam a vontade, mas, sem torná-la necessária. Por esse motivo, a determinação da qual se trata aqui não quer dizer que é necessário (*une nécessitation*): é certo (àquele que tudo sabe) que o efeito seguirá esta inclinação; mas este efeito não segue a partir de uma consequência necessária, isto é, em que o contrário implica contradição; e é também por tal inclinação interna que a vontade se determina, sem que haja necessidade[681]. Supondo que se tenha o maior desejo do mundo (uma grande sede, por exemplo), vocês admitiriam

[681] É desta forma que Leibniz enuncia a refutação da premissa maior do primeiro prossilogismo; a partir desta afirmação está refutado o segundo prossilogismo e a menor do silogismo, já que este estava na dependência de que todo e qualquer evento, o que incluiria os pecados, fosse necessário ou que aquilo que virá a ser (*ce qui est futur*), aquilo que foi previsto (*ce qui est prévu*), aquilo que diz respeito à causalidade (*ce qui est enveloppé dans cause*) significassem unicamente "de forma necessária": *C'est porquoi la détermination dont il s'agit n'est point une nécessitation: il est certain (à celui qui sait tout) que l'effet suivra cette inclination; mais cet effet n'en suit point par une conséquence nécessaire, c'est-à-dire dont le contraire implique contradiction; et c'est aussi par une telle inclination interne que la volonté se determine, sans qu'il y ait de la nécessité.*

que a alma pode encontrar alguma razão para resistir a ele, ainda que fosse somente para mostrar seu poder. Deste modo, embora nunca estejamos em uma perfeita indiferença de equilíbrio, e que haja sempre uma prevalência da inclinação para a escolha que se faz, contudo, ela jamais torna absolutamente necessária a resolução que se toma.

IV. *Objeção.* Todo aquele que pode impedir o pecado de outros e não o faz, mas antes contribui para isto, embora dele esteja bem informado, é cúmplice.

Deus pode impedir o pecado das criaturas inteligentes; mas ele não o faz, ao contrário ele contribui por seu concurso e pelas ocasiões que faz surgir, embora ele tenha um perfeito conhecimento disso.

Logo, etc.[682]

Resposta. Nega-se a [premissa] maior deste silogismo; pois talvez se possa impedir o pecado, mas isso não deva ser feito, porque não seria possível sem, por si mesmo, cometer [também] um pecado ou (quando se trata de Deus) sem fazer uma ação irracional. Temos dado atenção a isso e o aplicamos ao próprio Deus. É possível também que se contribua para o mal, e que algumas vezes de fato se lhe abra o caminho fazendo coisas que se é obrigado a fazer; e quando se faz o que se deve, ou quando (falando de Deus), tudo bem considerado, se faz aquilo que a razão pede, não se é responsável pelos eventos, ainda que sejam previstos. Não se deseja estes males, mas se deseja permiti-los para [se obter] um bem maior; do que não se poderia dispensar racionalmente de preferir a outras considerações; e é uma vontade *consequente* que resulta das vontades *antecedentes*, a partir das quais se deseja o bem. Eu sei que alguns, falando da vontade antecedente e consequente de Deus, entenderam por *antecedente* aquela que pretende que todos os homens sejam salvos; e pela

[682] O raciocínio aqui é o seguinte: A (todo aquele que pode impedir o pecado, que não o impede, mas contribui com sua produção) é B (cúmplice do pecado), C (Deus) é A, logo, C é B – o *etc* significando que Deus é cúmplice do pecado. Como nas anteriores, Leibniz busca refutar a premissa maior desse silogismo e para isso vai tratar da diferença entre vontade divina antecedente (*antécédente*) e vontade divina consequente (*conséquente*).

consequente aquela que pretende, em consequência da insistência no pecado, que existam danados. Mas estes são apenas exemplos de uma noção mais geral, e é possível dizer, pela mesma razão, que Deus deseja por sua vontade antecedente que os homens não pequem, e que ele, por sua vontade consequente ou final e decretória (que tem sempre seu efeito), deseja permitir que eles pequem; sendo esta permissão uma consequência de razões superiores. E há motivos para dizer que geralmente a vontade antecedente de Deus tende à produção do bem e ao impedimento do mal, cada um tomado em si e em separado (*particulariter et secundum quid*, Tomás [de Aquino] I, q. 19, art. 6), segundo o grau de medida de cada bem ou de cada mal; mas [também] que a vontade divina consequente, ou final e total, tende à produção de tantos bens quanto se possa colocar juntos, cuja combinação se torna por isso determinada, e compreende também a permissão de alguns males e a exclusão de alguns bens, como o melhor plano possível do Universo o exige.[683] Arminius, no seu [livro] *Antiperkinsus*[684], explicou muito bem que a vontade de Deus pode ser chamada de consequente, não somente em relação à ação da criatura considerada antes no entendimento divino, mas também com relação às vontades divinas anteriores. Mas basta considerar a passagem citada de Tomás de Aquino e a de [Duns] Scot (I. dist. 46, q. XI), para ver que eles assumem essa distinção como assumimos aqui. Todavia, se alguém não quiser fazer esse uso

[683] Esse é o centro da refutação desta objeção: Deus-enquanto razão suprema e a partir de sua vontade consequente-não pode agir contra o que é racional, por isso, ele está como que obrigado a agir segundo o grau de medida de cada bem e de cada mal e-ainda enquanto razão, mas a partir de sua vontade consequente (ou final e total)-está como que obrigado a produzir tantos bens quanto possam ser colocados juntos, o que compreende também a produção de alguns males e a não-produção de alguns bens; neste último caso, a razão se relaciona à combinação necessária para a produção do melhor plano possível que, sendo um plano determinado-o melhor possível –, exige uma combinação determinada. Como Deus está obrigado a agir racionalmente, não pode ser responsabilizado pelos pecados ou males, dito de outra forma, Deus não pode ser cúmplice deles; refutando assim a premissa maior do silogismo dessa objeção.

[684] Sobre Arminius, cf. nota 140; a obra citada se intitula *Examen modestum libeli quem D. Guglielmus Perkinsius edidit ante aliquot annos de praedestinationis modo et ordine itemque de amplitudine gratiae divinae* (Modesto exame do livro publicado há alguns anos por Perkins sobre o modo e a ordem da predestinação, tanto quanto sobre a ampllitude da graça divina), Leyde, 1612. William Perkins (1558-1602), teólogo inglês, um calvinista rigoroso e controversista anticatólico; o livro criticado fora publicado em Cambridge em 1598 e em Bâle em 1599.

dos termos, que utilize vontade *prévia*, ao invés de antecedente, e vontade *final* ou decretória, ao invés de consequente; pois não pretendemos disputar sobre palavras.

V. *Objeção*. Todo aquele que produz tudo aquilo que há de real numa coisa, dela é a causa.

Deus produz tudo o que há de real no pecado.

Logo, Deus é a causa do pecado.

Resposta. Poderíamos nos dar por contentes ao negar a [premissa] maior ou a menor, porque o termo "real" recebe interpretações que podem tornar estas proposições falsas. Mas, a fim de melhor o explicar, nós distinguiremos [seus significados]. Real significa ou aquilo que tão somente é positivo, ou bem compreende mesmo os seres privativos; no primeiro caso, nega-se a maior, e se assente à menor; no segundo caso, faz-se o contrário.[685] Podíamos nos limitar a isto; mas de fato quisemos ir mais longe a fim de dar razão a esta distinção. Assim, foi bem fácil fazer notar que toda realidade puramente positiva, ou absoluta, é uma perfeição; e que a imperfeição vem da limitação, isto é, do privativo: pois limitar é recusar o progresso, ou o mais além. Acontece que Deus é a causa de todas as perfeições e, por conseguinte, de todas as realidades quando se as considera como puramente positivas. Mas as limitações ou as privações resultam da imperfeição original das criaturas, a qual limita a receptividade

[685] O raciocínio aqui é o seguinte: A (todo aquele que produz tudo que há de real numa coisa) é B (a causa do que há de real na coisa), C (Deus) é A, logo, C é B. Leibniz pretende que, primeiro, se real significa somente o que é positivo, então, não é verdadeiro que A é B (premissa maior), mas é verdadeiro que C é A (premissa menor) e que, segundo, se real significa até mesmo o que há de privativo-como os males ou pecados –, ou seja, se o real é tudo, então, é verdadeiro que A é B, mas não é verdadeiro que C é A. Para explicitar a refutação das premissas maior e menor Leibniz lançará mão das seguintes afirmações: primeira, *Deus é a causa de todas as perfeições e, por conseguinte, de todas as realidades quando se as considera como puramente positivas*, quer dizer que Deus é causa de tudo que é real enquanto positivo, por isso, é falso que (C é A) Deus seja aquele que causa tudo que há de real nas criaturas; pois, segunda, *as limitações ou as privações resultam da imperfeição original das* próprias *criaturas, a qual limita a receptividade delas* e, terceira, é essa *limitação ou imperfeição original das criaturas* que *faz com que mesmo o melhor plano do Universo não possa estar isento de certos males*, quer dizer que Deus não é causa do que envolve o privativo, por isso, é falso que A é B, isto é, é falso que todo aquele que produz tudo aquilo que é real numa coisa seja causa de tudo que é real nessa coisa. O princípio que legitima essas afirmações se relaciona ao que ficou dito na primeira objeção.

delas. Como no caso de um barco carregado que o rio faz ir mais ou menos lentamente, conforme o peso que carrega; deste modo, sua velocidade vem do rio, mas o retardamento que limita sua velocidade vem da carga. Igualmente fez-se ver nesta obra de que modo a criatura, ao causar o pecado, é uma causa deficiente; como os erros e as más inclinações nascem da privação; e como a privação é eficaz por acidente; e se justificou a opinião de santo Agostinho (liv. I, *Ad Simpl.* q. 2) que explica, por exemplo, como Deus é insensível, não ao dar algo de mal para a alma, mas porque o efeito de sua boa impressão é limitado pela resistência da alma e pelas circunstâncias que contribuem para esta resistência, de modo que ele não lhe dá todo o bem que superaria seu mal. *Nec, inquit, ab illo erogatur aliquid quo homo fit deterior, sed tantum quo fit melior non erogatur.*[686] Mas, se a esse respeito Deus quisesse fazer mais, precisaria ter feito ou outras naturezas das criaturas ou outros milagres que transformassem suas naturezas, o que o melhor plano não pôde admitir. É como se precisasse que a corrente do rio fosse mais rápida do que permite o seu declive ou que os barcos fossem menos carregados, caso tivesse de fazer estes barcos irem com mais rapidez. E a limitação ou imperfeição original das criaturas faz com que mesmo o melhor plano do Universo não possa estar isento de certos males, mas devem se dirigir a um bem maior. Estas são algumas desordens nas partes que fazem sobressair maravilhosamente a beleza do todo; como certas dissonâncias que, empregadas como é necessário, tornam a harmonia mais bela. Mas isto depende daquilo que já se respondeu na primeira objeção.[687]

---

[686] "Não [significa], diz ele, que ele fornece ao homem algo que o torna pior, mas tão somente que não fornece algo que o torna melhor."

[687] Leibniz pede, o que ainda fará outras vezes, que se considere o que foi dito na primeira objeção (cf. nota 676), querendo dizer que é preciso manter tanto o princípio da menor utilização do extraordinário quanto o princípio de *razão suficiente*, ou seja, a impossibilidade de até mesmo Deus tirar das criaturas, exceto de forma extraordinária ou, o que é o mesmo, por milagre, seus próprios predicados; o que seria necessário para não permitir que uma dada criatura não cometesse um mal que faz parte de seus predicados, de sua essência individual, o que leva mais uma vez ao princípio de individuação das substâncias e dos indiscerníveis.

VI. *Objeção*. Todo aquele que pune aqueles que fizeram tanto bem quanto estava em seu poder fazer é injusto.

Deus o faz.

Logo,etc.

Resposta. Nega-se a [premissa] menor deste argumento. E acredita-se que Deus dá sempre os auxílios e as graças que bastariam para aqueles que tivessem uma boa vontade, isto é, que não rejeitassem estas graças por [motivo de] um novo pecado. Deste modo, não se admite a danação das crianças mortas sem batismo ou fora da Igreja, nem a danação dos adultos que agiram segundo as luzes que Deus lhes deu. E acredita-se que se alguém seguiu as luzes que tinha, receberá indubitavelmente mais do que necessita; como o falecido Sr. Hulseman[688], célebre e profundo teólogo de Leipzig, observou em algum lugar; e se um tal homem tivesse carecido delas durante sua vida, ele as receberia ao menos como artigo de morte.[689]

VII. *Objeção*. Todo aquele que dá somente a alguns, mas não a todos, os meios que lhes fazem ter efetivamente a boa vontade e a fé final salutar, não tem bondade suficiente.

Deus o faz.

Logo etc.

Resposta. Desta nega-se a [premissa] maior. É verdade que Deus poderia suplantar a maior resistência do coração humano; e ele também o faz algumas vezes, seja por uma graça interna, seja pelas circunstâncias externas que têm muito poder sobre as almas, mas não o faz sempre. De onde vem esta distinção, se dirá, e por qual razão sua bondade parece limitada? Isto vem de não ter sido com o intuito de agir sempre extraordinariamente e de inverter a ligação das coisas, como já foi constatado ao responder à primeira objeção. As razões desta ligação, a partir do que um é posto em

---

[688] Johann Hulsemann (1602-1661), teólogo e luterano contraversista, autor de um *Breviarium theologiae*, Wittenberg, 1640.

[689] O raciocínio aqui é o seguinte: A (todo aquele que pune aqueles que fizeram tanto bem quanto estava em seu poder fazer) é B (injusto), C (Deus) é A, logo, C é B, o *etc* significando que Deus é injusto. Aqui se nega a menor, ou seja, não é verdadeiro que (C é A) Deus pune os que fizeram o bem que podiam fazer.

circunstâncias mais favoráveis do que outro, estão escondidas nas profundezas da sabedoria de Deus: elas dependem da harmonia universal. O melhor plano do Universo, que Deus não podia deixar de escolher, o conduziu desta maneira. Julga-se pelo próprio evento; dado que Deus o fez, não era possível fazer melhor. Bem longe de esta conduta ser contrária à bondade, é a suprema bondade que leva a isso. Esta objeção e sua solução podiam ser extraídas daquilo que foi dito com respeito à primeira objeção; mas pareceu útil considerá-la à parte.[690]

VIII. *Objeção.* Todo aquele que não pode deixar de escolher o melhor, não é livre.

Deus não pode deixar de escolher o melhor.

Logo, Deus não é livre.

Resposta. Nega-se a [premissa] maior deste argumento: a verdadeira liberdade, e a mais perfeita, é preferencialmente a de poder usar o melhor de seu livre-arbítrio e exercer sempre este poder, sem ser desviado disso nem pela força externa nem pelas paixões internas, das quais uma faz a escravidão dos corpos e a outra a das almas. Não há nada de menos servil que ser sempre levado ao bem, e sempre por sua própria inclinação, sem constrição alguma e sem desprazer algum. E o objetar que Deus tinha, então, necessidade das coisas externas não é mais que um sofisma. Ele os criou livremente: mas tendo proposto um fim que é o de exercer sua bondade, [su]a sabedoria o determinou a escolher os meios mais adequados para obter este fim. Chamar aquilo de necessidade é tomar o termo em um sentido não ordinário que o separa de toda imperfeição, quase como se faz quando se fala da cólera de Deus.[691]

[690] Aqui o raciocínio é o seguinte: A (todo aquele que dá somente a alguns os meios que lhe fazem ter efetivamente a boa vontade e a fé final salutar, mas não [dá] a todos) é B (não tem bondade suficiente), C (Deus) é A, logo, C é B-o *etc* significando que Deus é aquele que não tem bondade suficiente. Nega-se a premissa menor, ou seja, é falso que (C é A) Deus dá somente a alguns os meios para ter boa vontade e fé.

[691] Aqui é o seguinte: A (todo aquele que não pode deixar de escolher o melhor) é B (não é livre), C (Deus) é A, logo, C é B. Para refutar a premissa maior desse argumento Leibniz define qual é o máximo de liberdade: *c'est plutôt la vrai liberté, et plus parfaite, de pouvoir user le mieux de son franc arbitre, et d'exercer toujours ce pouvoir, sans en être détourné, ni par la force externe, ni par les passions internes, dont l'une fait l'esclavage des corps, et les autres celui des âmes.* Como Deus não decide criar a partir de algo externo a ele e, por motivo de sua bondade e sabedoria

Sêneca diz em algum lugar que Deus mandou apenas uma vez, mas ele sempre obedece, porque obedece às leis que quis se prescrever: *semel jussit, semper paret.*[692] Mas teria dito melhor [afirmando] que Deus manda sempre, e que é sempre obedecido; pois, ao querer, segue sempre a inclinação de sua própria natureza e todo restante das coisas sempre segue a sua vontade. E como esta vontade é sempre a mesma, não se pode dizer que ele não obedeça senão àquela [vontade] que tinha em outro momento. Contudo, embora sua vontade seja sempre infalível e vise sempre o melhor, o mal, ou o menor bem que ele recusa, não deixa de ser possível em si; de outro modo, a necessidade do bem seria geométrica, por assim dizer, ou metafísica, e completamente absoluta; a contingência das coisas seria destruída e não haveria escolha alguma. Mas este tipo de necessidade, que não destrói a possibilidade do contrário, só tem este nome por analogia; ela se torna efetiva, não a partir da simples essência das coisas, mas por aquilo que está fora e acima delas, a saber, a partir da vontade de Deus. Esta necessidade é chamada de moral, pois para o sábio, *necessário* e *devido* são coisas equivalentes; e desde que ela tem sempre seu efeito, como tem verdadeiramente no sábio perfeito, isto é, em Deus, pode-se dizer que é uma necessidade feliz. [Quanto] mais as criaturas se aproximam dela, mais se aproximam da felicidade perfeita. Além do mais, este tipo de necessidade não é aquele que se esforça para evitar e que destrói a moralidade, as recompensas, os louvores. Pois, o que a envolve não acontece independente do que se faça, e do que se queira, mas porque é desejado. E uma vontade para a qual é natural escolher bem, merece ainda mais ser exaltada; além do mais, ela mesma traz consigo sua recompensa, que é a soberana felicidade. E como esta constituição da natureza divina traz uma satisfação completa àquele que a possui, ela é também a melhor e a mais desejável para

infinitas, está como que obrigado a criar o melhor entre os possíveis, criação feita a partir de seu poder infinito, ele é o mais livre que se pode ser. Mais à frente, veremos Leibniz explicar em que sentido devemos compreender esse *como que obrigado*; ele não se refere a uma necessidade geométrica, ou metafísica, não se trata de um necessidade absoluta como se ao escolher o melhor estivesse obrigado a algo que o contrário implicasse contradição. Deus age da maneira devida (*dû*), ou seja, da maneira moralmente necessária.

692 "Ele mandou (ordenou) uma só vez, [mas] obedeceu sempre."

as criaturas, que dependem inteiramente de Deus. Se a vontade de Deus não tivesse por regra o princípio do melhor, ela levaria ao mal, o que seria o pior; ou então seria indiferente de algum modo ao bem e ao mal, e guiada pelo acaso; mas uma vontade que se deixasse sempre levar pelo acaso não teria um valor melhor para o governo do Universo do que o do concurso fortuito de átomos (*corpuscules*) sem que houvesse divindade alguma. E ainda que Deus cedesse ao acaso apenas em alguns casos e de alguma maneira (o que ele faria se não fosse sempre levado inteiramente para o melhor e se ele fosse capaz de preferir um bem menor a um bem maior, isto é, um mal a um bem, pois o que impede um bem maior é um mal) ele seria imperfeito, assim como o objeto de sua escolha; ele não mereceria uma confiança plena; em tal caso agiria sem razão, e o governo do Universo seria como certos jogos divididos entre a razão e a sorte. E tudo isso faz ver que esta objeção, que se faz contra a escolha do melhor, perverte as noções do livre e do necessário, e nos representa até mesmo o melhor como mal; o que é pernicioso, ou ridículo.

Reflexões sobre a obra que o Sr. Hobbes publicou em inglês sobre a liberdade, a necessidade e o acaso[693]

1. Como a questão da necessidade e da liberdade, com aquelas que dela dependem, foi outrora suscitada pelo célebre Sr. Hobbes e pelo Sr. Jean Bramhall, bispo de Derry, graças aos livros publicados de ambas as partes, acreditei, quanto a isso, fornecer uma explicação diferente (embora já o tenha mencionado mais de uma vez), tanto mais que estes escritos do Sr. Hobbes até o momento não apareceram senão em inglês e o que vem deste autor geralmente contém

[693] As *Réflexions sur l'ouvrage que M. Hobbes a publié en anglais, de la liberté, de la nécessité et du hasard* também é uma espécie de apêndice, é o segundo dos três textos que aparecem depois da terceira parte da *Teodiceia*. Seguimos aqui o texto que tem a introdução, cronologia e bibliografia feitas por Jacques Brunschwig, Ed. GF Flammarion-Paris, 1969 (pp. 374-385). Uma primeira versão da presente tradução foi apresentada em *Trans/form/ação – Revista de Filosofia*, v. 30, n. 2, 2007, pp. 261-72.

algo de bom e de engenhoso. O bispo de Derry e o Sr. Hobbes se encontraram em Paris na residência do marquês, o então duque de Newcastle[694], no ano de 1646, quando entraram em debate sobre este assunto. A disputa se passou com bastante moderação; mas, um pouco depois, o bispo enviou um escrito ao milorde Newcastle e desejou que ele fizesse o Sr. Hobbes responder. Ele respondeu; mas deixou claro, ao mesmo tempo, desejar que não se publicasse a sua resposta, porque ele acreditava que pessoas mal instruídas podem abusar de dogmas como os seus, por mais verdadeiros que eles possam ser. Aconteceu, no entanto, que o próprio Sr. Hobbes a comunicou a um amigo francês e permitiu que um jovem inglês fizesse a tradução dela para o francês em favor deste amigo. Este jovem homem guardou uma cópia do original em inglês e a publicou na Inglaterra sem o conhecimento do autor, o que obrigou o bispo a elaborar uma réplica e o Sr. Hobbes uma tréplica, e publicar todas elas juntas em um livro de 348 páginas impresso em Londres no ano de 1656, in-4°, intitulado: *Questions touchant la liberté, la nécessité e le hasard, éclaircies et débattues entre le docteur Bramhall, évêque de Derry, et Thomas Hobbes de Malmesbury.*[695] Há uma edição posterior, do ano de 1684, numa obra intitulada *Hobbes's Tripos*, onde

[694] John Bramhall (1594-1663), bispo de Derry em 1634, refugia-se no continente desde 1644 e encontra Thomas Hobbes (1588-1679), também refugiado desde 1640, em Paris em meados de 1646. As etapas que foram publicadas da controvérsia entre os dois podem ser enumeradas da seguinte maneira: (1) Hobbes, *Of liberty and necessity; a treatise wherein all controversy concerning predestination, election, free will, grace, merits, reprobation, etc. is fully decided and cleared*, 1654 (Leibniz fala da edição "pirata"; ver agora o texto na edição dos *English works* de Hobbes por Molesworth, t. IV, p. 229-278)); (2) Bramhall, *A defence of true liberty from antecedent and extrinsecal necessity, being an answer to a late book of Mr. Thomas Hobbes intituled A treatise of liberty and necessity*, Londres, 1655; (3) Hobbes, *The questions concerning liberty, necessity and chance, clearly stated and debated between Dr. Bramhall and Th. Hobbes*, Londres 1656; (4) Bramhall, *Castigations of Mr. Hobbes his last animadversions in the case concerning liberty and universal necessity, with an appendix concerning the catching of Leviathan*, Londres 1658 e (5) Hobbes, *An answer to Archbishop Bramhall's book called the catching of the Leviathan*, in *Tractatus of Mr. T. Hobbes*, Londres 1682. Eles se encontram na residência de William de Cavendish Newcastle (1592-1676), primeiramente duque e depois marquês de Newcastle, este importante general inglês passou pela França depois da guerra civil; em Paris, se ligou a escritores e filósofos (Descartes e Gassendi); esteve associado aos governos dos reis da Inglaterra Carlos I (1600-1649) e II (1630-1685).

[695] No original em francês: *Questões concernentes à liberdade, à necessidade e ao acaso, esclarecidas e debatidas pelo doutor Bramhall, bispo de Derry, e Thomas Hobbes de Malmesbury* (no original em inglês: *The questions concerning liberty, necessity and chance, clearly stated and debated between Dr. Bramhall and Th. Hobbes*; publicado pela primeira vez em 1656).

encontramos seu livro sobre a natureza humana, seu tratado sobre o corpo político, e seu tratado sobre a liberdade e a necessidade[696]; mas esse último não contém a réplica do bispo nem a tréplica do autor. O Sr. Hobbes raciocina sobre esse assunto com seu espírito e sua sutileza costumeiras; mas é uma pena que ambas as partes se interrompam por causa de pequenas provocações, como acontece quando se é irritado em um jogo. O bispo fala com muita veemência e usa disso com certa arrogância. O Sr. Hobbes, por seu lado, não tem humor [suficiente] para poupá-lo, e demonstra bastante menosprezo pela teologia e pelos termos da escola a qual o bispo parece ligado.

2. É preciso reconhecer que há algo de estranho e de insustentável nas opiniões do Sr. Hobbes. Ele pretende que as doutrinas que dizem respeito à Divindade dependam inteiramente da determinação do Soberano[697], e que Deus não é mais causa das boas ações das criaturas do que das más. Pretende que tudo aquilo que Deus faz é justo, desde que não há ninguém acima dele que possa puni-lo e contradizê-lo. Entretanto, fala algumas vezes como se o que dizemos de Deus não fosse senão elogios, isto é, expressões próprias para honrá-lo e não para conhecê-lo. Ele mostra, assim, acreditar que as penas dos maus devem cessar com a destruição deles; é quase a opinião dos socinianos[698], mas parece que as suas vão bem mais longe. Sua filosofia, que afirma que só os corpos são substâncias, não parece muito favorável à providência de Deus e à imortalidade da alma. Ele não deixa de dizer coisas muito racionais sobre outros assuntos. Faz notar muito bem que não há nada que se faça ao acaso, ou melhor, que o acaso não significa senão a ignorância das causas que produzem o efeito, e que para cada efeito é preciso

[696] Do grego *tripous* (de três), este livro publicado em Londres, em 1684, continha três textos: o primeiro, *Human nature* sobre a natureza humana, ou os elementos fundamentais da Política; o segundo, *De corpore politico*, ou os elementos da lei, moral e política e o terceiro, *The Question Concerning Liberty, Necessity and Chance*, ao qual já nos referimos na nota anterior.

[697] O detentor (individual ou coletivo) da autoridade política.

[698] Partidários das ideias de Socino-Lelio Sozzini (1525-1562), protestante italiano nascido em Siena, que defendia ideias contrárias à trindade, nomeadas posteriormente de socinianismo; os últimos socinianos se refugiaram na Inglaterra e Holanda, por isso a menção a esse movimento.

um concurso de todas as condições suficientes, anteriores ao evento; então, é evidente que nenhuma pode faltar quando o evento deve acontecer, porque são estas as condições; e que o evento tampouco deixa de acontecer quando elas se encontram todas juntas, porque são estas as condições suficientes. O que faz voltar àquilo que eu disse tantas vezes, que tudo acontece por razões determinantes, cujo conhecimento, se nós o tivéssemos, faria conhecer ao mesmo tempo por que a coisa aconteceu e por que não aconteceu de outro modo.

3. Mas o humor deste autor, que o leva a paradoxos e o faz buscar contrariar os outros, lhe fez extrair disso consequências e expressões exageradas e odiosas, como se tudo acontecesse por uma necessidade absoluta. Por outro lado, o bispo de Derry, na sua resposta ao artigo 35, p. 327, observou muito bem que não se dá, quanto aos eventos com relação à presciência de Deus, senão uma necessidade hipotética, assim como todos nós concordamos; enquanto que o Sr. Hobbes quer que tão só a presciência divina bastaria para estabelecer uma necessidade absoluta dos eventos, o que também era a opinião de Wycliffe e mesmo de Lutero, quando escreveu *De servo arbitrio*[699], ou em todo caso eles falavam assim. Mas hoje reconhecemos suficientemente que esta espécie de necessidade denominada hipotética, que vem da presciência ou de outras razões anteriores, não tem nada de que se deva alarmar; enquanto seria completamente diferente se a coisa fosse necessária por si mesma, de modo que o contrário implicasse contradição. O Sr. Hobbes tampouco quer escutar falar de uma necessidade moral, porque, com efeito, [para ele] tudo acontece por causas físicas. Mas tem-se razão, todavia, de estabelecer uma grande diferença entre a necessidade que obriga o sábio a agir corretamente, que se chama moral, que tem lugar até mesmo com relação a Deus, e entre esta

[699] Leibniz se refere ao inglês John Wycliffe (1324-1384), nascido em Hipswell, tradutor da Bíblia para o inglês, por isso um dos precursores da reforma, e ao reformador alemão Martinho Lutero (1483-1546) nascido e morto em Eisleben, que escreveu uma obra intitulada de *De servo arbitrio* (*Sobre o arbítrio servil*), publicado em 1525, contra a *Diatribe* (Conversa) *de libero arbitrio* do humanista holandês Desidério Erasmo de Rotterdam (1469?- 1536), sendo está última escrita em atenção ao pedido de Henrique VIII, que reinou na Inglaterra de 1509 a 1547.

necessidade cega; segundo a qual Epicuro, Estratão, Espinosa[700] e talvez o Sr. Hobbes acreditaram que as coisas existiam sem inteligência e sem escolha e consequentemente sem Deus; do que, com efeito, segundo eles não se teria necessidade, visto que graças a esta necessidade tudo existiria por sua própria essência, tão necessariamente quanto dois mais três deve ser cinco. E esta necessidade é absoluta, porque tudo aquilo que carrega consigo deve acontecer independentemente do que se faça; enquanto aquilo que acontece por uma necessidade hipotética acontece seguido da suposição que isto ou aquilo foi previsto ou decidido, ou antecipadamente feito, e a necessidade moral traz uma obrigação de razão, que sempre tem seu efeito no Sábio. Esta espécie de necessidade é feliz e desejável, quando se é levado por boas razões a agir como fazemos; mas a necessidade cega e absoluta faria cair a piedade e a moral.[701]

4. Há mais razão no discurso do Sr. Hobbes quando ele concorda que nossas ações estão em nosso poder, de modo que fazemos o que queremos quando temos tal poder e quando não existe impedimento, e sustenta, todavia, que nossas próprias volições não estão em nosso poder, de tal maneira que possamos, sem

---

[700] Leibniz se refere ao filósofo grego Epicuro (341-270 a.C.), que deu origem à escola chamada epicurismo e que defendia uma teoria na qual toda a natureza, incluindo a alma, era formada por átomos que declinavam (*clinamen*-no latim de Lucrécio) ao acaso (cf. o § 8 do presente texto); ao peripatético Estratão de Lâmpsaco (por volta de 335-268 a.C.) e, é claro, ao filósofo holandês Baruch Espinosa (1632-1677).

[701] No *Resumo da controvérsia* Leibniz faz a seguinte distinção: "É que a necessidade que deve ser evitada, a contrária à moralidade e que faria com que o castigo fosse injusto, é a necessidade intransponível, a que tornaria toda oposição inútil mesmo que se quisesse de todo coração evitar a ação necessária e quando fossem feitos todos os esforços possíveis para isso. Ora, é manifesto que aquilo não é aplicável às ações voluntárias, visto que [a partir delas] não se faria [uma determinada coisa] se assim não o quisesse. Do mesmo modo, a previsão ou determinação delas não é absoluta, mas ela supõe a vontade: se é certo que serão feitas, não é menos certo que se quererá fazê-las. Estas ações voluntárias e suas consequências não acontecerão [de tal forma que] não importe o que se faça, ou seja, quer se queira ou não, mas porque se fará e porque se quererá fazer aquilo que leva a isso. E isto está contido na previsão e na predeterminação e chega mesmo a constituir a sua razão. E a necessidade de tais eventos é chamada de condicional ou hipotética, ou mesmo de a necessidade da consequência, desde que ela supõe a vontade e os outros *requisitos*, [ela se coloca] em lugar da necessidade que destrói a moralidade, que torna o castigo injusto e a recompensa inútil, presente nas coisas que serão o que quer que se faça ou o que quer que se queira fazer e, em uma palavra, naquilo que é essencial; e é a isto que denominamos uma necessidade absoluta". (Resposta à III objeção).

dificuldade e a nosso bel-prazer, nos dar inclinações e prazeres os quais poderíamos desejar. O bispo não parece ter prestado atenção a esta reflexão, a qual o Sr. Hobbes também não desenvolve o bastante. A verdade é que nós temos algum poder também sobre nossas volições, mas de uma maneira indireta, não absoluta e indiferentemente. Isto foi explicado em alguns trechos da presente obra. Por fim, o Sr. Hobbes mostra, depois de outros [argumentos], que a certeza dos eventos e mesmo a necessidade, se existisse de maneira tal que nossas ações dependessem das causas, não nos impediria de realizar deliberações, exortações, censuras e elogios, castigos e recompensas; já que elas servem e levam os homens a produzirem as ações ou a delas se absterem. Deste modo, se as ações humanas fossem necessárias, elas o seriam por estes meios. Mas a verdade é que estas ações não sendo absolutamente necessárias, e independente do que quer que se faça, estes meios contribuem apenas para tornar as ações determinadas e certas, como elas o são de fato; sua natureza fazendo ver que elas são incapazes de uma necessidade absoluta. Ele fornece também uma noção bastante boa da liberdade, desde que seja considerada em um sentido geral comum às substâncias inteligentes e não-inteligentes, ao dizer que uma coisa é considerada como livre quando a capacidade (*puissance*) que ela tem não é impedida por uma coisa externa. Assim, a água que é retida por um dique tem a capacidade de transbordar, mas ela não tem essa liberdade; desde que ela não tem a capacidade de se elevar acima do dique; embora nada a impedisse então de transbordar, e que mesmo nada de exterior a impede de se elevar tão alto; mas para isso seria preciso que ela mesma viesse de mais alto, ou que ela mesma fosse elevada por alguma cheia de rio. Deste modo, um prisioneiro carece de liberdade, mas um doente carece de capacidade de ir embora.

5. No prefácio do Sr. Hobbes há um resumo dos pontos contestados, os quais apresentarei aqui acrescentando algumas palavras de julgamento. [1º] *De um lado*, diz ele, *afirma-se que não está no poder presente do homem escolher a vontade que deve ter*. Isto está bem enunciado, sobretudo com relação à vontade presente: os homens escolhem os objetos por meio da vontade, mas não escolhem suas

vontades presentes; elas vêm das razões e das disposições. É verdade, todavia, que podemos buscar novas razões, e se dar, com o tempo, novas disposições; e por este meio podemos ainda procurar uma vontade que não se tinha, e que não podíamos nos dar imediatamente. Servindo-me da comparação do próprio Sr. Hobbes, é como o caso da fome ou da sede. Presentemente, não depende da minha vontade ter fome ou não, mas depende da minha vontade comer ou não comer: entretanto, quanto ao tempo que está por vir, depende de mim ter fome, ou, ao comer antecipadamente, de me impedir de tê-la numa tal hora do dia. É assim que existem com frequência meios de evitar vontades ruins; e ainda que o Sr. Hobbes diga na sua réplica nº 14, p. 138, que o estilo das leis é o de dizer: Você deve fazer, ou você não deve fazer isto ou aquilo; mas que não existe lei que diga: Você deve querê-lo ou você não deve querê-lo; é evidente, todavia, que ele se engana com respeito à lei de Deus que diz: *Non concupisces*, tu não cobiçarás; é verdade que esta proibição não considera os primeiros movimentos, que são involuntários. Sustentamos: 2º que o *acaso* (*chance* em inglês, *casus* em latim) nada produz, ou seja, [nada é produzido] sem causa ou razão. Muito bem, eu o aceito se se pretende falar de um acaso real; pois a fortuna e o acaso não são senão aparências que surgem da ignorância das causas, ou da abstração que se faz delas. 3º *Que todos os eventos têm suas causas necessárias*. Mal [enunciado]: eles têm suas causas determinantes, a partir das quais podemos lhes conferir razão, mas estas não são causas necessárias. O contrário podia acontecer sem implicar contradição. 4º *Que a vontade de Deus faz a necessidade de todas as coisas*. Mal [enunciado]: a vontade de Deus só produz coisas contingentes, que podiam acontecer de outro modo; o tempo, o espaço e a matéria sendo indiferentes a toda sorte de figuras e de movimentos.

6. Do outro lado, segundo ele, afirma-se: 1º Que *não só o homem é livre (absolutamente) para escolher o que quer fazer, mas também para escolher aquilo que quer*. Isto está mal enunciado: não se é senhor absoluto de sua vontade para mudá-la imediatamente, sem se servir de algum meio ou habilidade para isto. 2º *Quando o homem quer uma boa ação, a vontade de Deus concorre com a sua, de outro modo não*. Isto

está bem enunciado, contanto que se entenda que Deus não quer as más ações, embora queira permiti-las a fim de que não aconteça algo que seria pior do que estes pecados. 3º Que *a vontade pode escolher se quer ou não.* Mal [enunciado], com relação à volição presente. 4º Que *as coisas* [que] *acontecem sem necessidade* [acontecem] *por acaso.* Mal [enunciado]: o que acontece sem necessidade nem por isso acontece por acaso, isto é, sem causas e razões. 5º Que "*não obstante Deus tenha previsto que um evento acontecerá, não é necessário que ele aconteça, Deus prevendo as coisas, não como futuras e como em suas causas, mas como presentes.*" Aqui se começa bem e se termina mal. Tem-se razão de admitir a necessidade da consequência, mas não se tem motivo aqui para recorrer à questão de como o futuro é presente para Deus; pois a necessidade da consequência não impede que o evento ou consequente não seja em si contingente.

7. Nosso autor acredita que a doutrina ressuscitada por Arminius[702], tendo sido favorecida na Inglaterra pelo arcebispo Laud e pela corte, e as promoções eclesiásticas [mais] consideráveis não tendo sido [concedidas] senão para aqueles deste partido; isso contribuiu para a revolta, que fez com que o bispo e ele se encontrassem no seu exílio em Paris, na residência de mylord Newcastle, e que entrassem em discussão. Eu não queria aprovar todas as atitudes do arcebispo Laud, o qual tinha méritos e talvez também boa vontade, mas que parece ter estimulado por demais os presbiterianos. No entanto, pode-se dizer que as revoluções, tanto na Holanda quanto na Grã-Bretanha, vieram em parte da enorme intolerância dos rígidos: e pode-se dizer que os defensores do decreto absoluto foram ao menos tão rígidos quanto os outros, tendo oprimido seus adversários na Holanda mediante a autoridade do príncipe Maurício[703], e tendo fomentado na Inglaterra as revoltas contra o rei Carlos I. Mas estes são defeitos

[702] Sobre Arminius, cf. notas 140 e 247. Leibniz se refere ao arcebispo de Canterbury na Inglaterra, William Laud (1573-1645); partidário de Carlos I, foi condenado à morte e executado.

[703] Maurício de Nassau (1567-1625), *stathouder* (governador) dos Países-Baixos; seu conflito com Barneveldt e os Estados Gerais foi agravado por conta das querelas religiosas, os monarquistas e o povo tomando partido dos gomaristas, aquela burguesia dos arminianos (cf. nota 168). Os presbiterianos escoceses e os puritanos ingleses conduziram a luta contra Carlos I, executado em 1649.

dos homens e não dos dogmas. Seus adversários tampouco os poupam, testemunha a severidade que se usou em Saxe contra Nicolas Crellius[704] e o procedimento dos jesuítas contra o partido do bispo de Ypres.

8. O Sr. Hobbes observa que, segundo Aristóteles, existem duas fontes de argumentos: a razão e a autoridade. Quanto à razão, diz admitir as razões tiradas dos atributos de Deus, as quais denomina argumentativas, cujas noções são concebíveis; mas ele afirma que existem outras nas quais não se concebe nada, e que são apenas expressões com as quais nós pretendemos honrá-lo. Mas não vejo como se possa honrar a Deus com expressões que nada significam. Pode ser que tanto para o Sr. Hobbes quanto para o Sr. Espinosa, sabedoria, bondade, justiça não sejam senão ficções com relação a Deus e ao Universo; a causa primitiva agindo, segundo eles, pela necessidade de seu poder (*puissance*) e não pela escolha de sua sabedoria: opinião da qual já mostrei suficientemente a falsidade. Parece que o Sr. Hobbes não quis se explicar o bastante, por medo de escandalizar as pessoas; no que é louvável. É também por isso, como ele próprio o diz, que tinha desejado que não se publicasse o que tinha se passado em Paris entre ele e o bispo. Acrescenta que não é bom dizer que uma ação que Deus não quer acontece; pois é dizer, com efeito, que Deus carece de poder. Mas acrescenta também que tampouco é bom dizer o contrário, e lhe atribuir o querer o mal; porque isto não é honrável e parece acusá-lo de pouca bondade. Acredita, então, que nestes assuntos a verdade não é boa de se dizer; e teria razão, se a verdade estivesse nas opiniões paradoxais que ele sustenta; pois parece, de fato, que conforme a opinião deste autor, Deus não tem bondade; ou ainda que aquilo que ele chama de Deus não é nada senão a natureza cega de um amontoado de coisas materiais, que age segundo as leis matemáticas, conforme uma necessidade absoluta, como fazem os átomos no sistema de Epicuro. Se Deus fosse como os poderosos

[704] Nicolas Crellius ou Krell (1551-1592), chanceler de Saxe, Alemanha, teve a cabeça cortada porque queria introduzir o calvinismo na Saxe luterana. O bispo de Ypres (Bélgica) é Jansenius (cf. notas 2, 104 e 725). Também se refere às revoltas ocorridas principalmente por conta de disputas religiosas entre católicos, protestantes, presbiterianos e puritanos, os quais também eram chamados de presbiterianos *rígidos*; ao que o texto se refere.

são algumas vezes aqui na Terra, não seria conveniente dizer todas as verdades que se referem a ele; mas Deus não é semelhante a um homem do qual frequentemente é preciso esconder os desígnios e as ações; desde que sempre é permitido e racional divulgar os conselhos e as ações de Deus, porque são sempre belos e louváveis. Deste modo, as verdades que se referem à divindade são sempre boas de se dizer, ao menos com relação ao [que é] escandaloso; e se explicou, ao que parece, de uma maneira que satisfazia a razão e não ofende a piedade, como é preciso compreender que a vontade de Deus tem seu efeito e concorre para o pecado, sem que sua sabedoria ou sua bondade sejam prejudicadas por isso.

9. Quanto às autoridades tiradas da Sagrada Escritura, o Sr. Hobbes as divide em três tipos; umas, diz ele, estão comigo, as outras são neutras, e as últimas parecem estar com o meu adversário. As passagens que ele acredita serem favoráveis ao seu sentimento são aquelas que atribuem a Deus a causa de nossa vontade. Como em Gn 45: 5, onde José diz aos seus irmãos: "Não vos aflijais e não vos entristeçais por terem me vendido para ser trazido aqui, já que Deus me enviou a vós para a conservação de vossa vida", e versículo 8: "Vós não me enviastes para cá, mas Deus." E Deus diz, Ex 7: 3: Eu endurecerei o coração do faraó." E Moisés disse, Dt 2: 30: "Mas Sion, rei de Hesebon, não quis nos deixar passar pelo seu território. Pois o teu Eterno Deus tinha endurecido seu espírito e enrijecido seu coração, a fim de entregá-lo em tuas mãos." E Davi diz de Semei, 2Sm 16: 10: "Que ele amaldiçoa Davi, pois o Eterno lhe disse: Amaldiçoa Davi; e que ele lhe dirá: Por que fez isso?" E, 1Rs 12: 15: "O rei Roboão não escutou o povo, pois isto fora conduzido dessa maneira pelo Eterno." Jó 12: 16: "É a ele que pertence tanto aquele que se desorienta quanto aquele que o torna desorientado." Versículo 17: "Ele tira o senso dos juízes". Versículo 24: "Ele tira o centro dos chefes das nações e os faz errar nos desertos." Versículo 25: "Ele os faz cambalear como pessoas que estão embriagadas." Deus diz do rei da Assíria, Is 10: 6: "Eu o despachei contra o povo, a fim de que ele faça uma grande pilhagem e que o deixe esmagado como a lama das ruas." E Jeremias diz, Jr 10: 23: "Eterno, sei que o caminho do homem não depende

dele, e que não está no poder do homem que caminha dirigir os seus passos." E Deus diz, Ez 3: 20: "Se o justo se afasta da justiça e comete [uma] iniquidade, quando eu tiver posto algum obstáculo a sua frente, ele morrerá." E o salvador diz, Jo 6: 44: "Ninguém pode vir a mim, se o Pai que me enviou não o atrai." E São Pedro, At 2: 23: "Jesus tendo sido entregue pelo desígnio determinado (*conseil défini*) e pela providência de Deus, vós o capturastes." E, At 4: 27 [e] 28: "Herodes e Pôncio Pilatos com os gentios e os povos de Israel se reuniram para fazer todas as coisas que tua mão e teu desígnio tinham determinado anteriormente que deveriam ser feitos." E São Paulo, Rm 9: 16: "Não [depende] daquele que quer nem do que corre, mas de Deus que faz misericórdia." Versículo 19: "Mas tu me dirás: por que ele ainda se queixa, pois quem é que pode resistir à sua vontade?" Versículo 20: "Mas de preferência, ó homem, quem és tu, tu que contestas Deus? A coisa criada dirá àquele que a criou: Por que tu me criastes assim?" E 1Cor 4: 7: "Quem é que distingue tu de um outro, o que é que tu possuis que não tenhas recebido?" E 1Cor 12: 6: "Mas é um mesmo Deus que opera todas as coisas em todos." E Ef 2: 10: "Nós somos sua obra, sendo criados em Jesus Cristo para as boas obras que Deus preparou a fim de que nelas andássemos." E Fl 2: 13: "É Deus quem produz em vós tanto o querer quanto o realizar, conforme o seu bel-prazer." Pode-se acrescentar à estas passagens todas aquelas que fazem de Deus ator de todas as graças e boas inclinações, e todas aquelas que dizem que somos como mortos no pecado.

10. Agora, eis aqui as passagens neutras, segundo o Sr. Hobbes; são aquelas onde a Sagrada Escritura diz que o homem tem a escolha de agir se quiser, ou de não agir, se ele não quiser. Por exemplo, Dt 30: 19: "Hoje tomo o céu e a terra como testemunhas contra vós; pois coloquei a sua frente a vida e a morte; escolhe, então, a vida, a fim de que vivas, tu e tua posteridade." E Js 24: 15: "Escolhas hoje aquele a quem vós quereis servir." E Deus diz a Gad, o profeta, 2Sm 24: 12: "Vá, diga a Davi: assim lhe disse o Eterno, eu trago três coisas para ti; escolha uma das três, a fim de que eu a faça para ti". E Is 7: 16: "Até que a criança saiba rejeitar o mal, e escolher o bem." Enfim as passagens que o senhor Hobbes

reconhece que parecem contrárias à sua opinião, são todas aquelas onde está evidenciado que a vontade do homem não é conforme àquela de Deus; como Isaias [Is 5], versículo 4: "O que mais eu poderia fazer à minha vinha que eu [já] não tenha feito? Por que eu esperava que ela produzisse uvas e ela produziu cachos [de frutas] silvestres?" E Jr 19: 5: "Eles construíram lugares altos para Baal, a fim de queimar no fogo seus filhos em holocausto a Baal; o que eu não mandei, e do que eu não falei, e no que eu jamais pensei." E Os 13: 9: "Ó Israel, tua destruição vem de ti, mas teu auxílio está em mim." E 1Tm 2: 4: "Deus quer que todos os homens sejam salvos e que eles cheguem ao conhecimento da verdade." Ele confessa poder trazer muitas outras passagens, como aquelas que evidenciam que Deus não quer a iniquidade, que ele quer a salvação do pecador, e geralmente todas aquelas que fazem saber que Deus manda [fazer] o bem e proíbe o mal.

11. A estas passagens ele responde que Deus não quer sempre o que manda, como quando mandou Abraão sacrificar seu filho; e que sua vontade revelada não é sempre sua vontade plena ou seu decreto, como quando revelou a Jonas que Nínive pereceria em quarenta dias.[705] Ele acrescenta também que quando se diz que Deus quer a salvação de todos, isto significa somente que Deus manda que todos façam aquilo que é preciso para serem salvos, e que quando a Escritura diz que Deus não quer o pecado, isto significa que quer puni-lo. E quanto ao resto, o Sr. Hobbes o relaciona com a maneira como as pessoas falam. Mas lhe responderemos que não é digno de Deus que sua vontade revelada seja oposta à sua vontade verdadeira, pois aquilo que ele fez Jonas dizer aos ninivitas era antes uma ameaça que uma predição e que, portanto, a condição da impenitência estava aí subentendida, também os ninivitas pregaram-na neste sentido. Dir-se-á também que é bem verdade que Deus, mandando Abraão sacrificar seu filho, quis a obediência mas não quis a ação, a qual ele impediu depois de ter

[705] Leibniz se refere ao fato de Abrão, considerado o pai da nação judaica, ter sido testado por Deus que pediu a ele que matasse seu filho Isaac; mas, diante de sua obediência, Deus impede que isso ocorra (cf. Gn 12: 1-18); e ao fato de Jonas ter avisado os ninivitas que sua cidade pereceria em quarenta dias a menos que todos eles, inclusive o rei, se arrependessem, o que ocorreu levando a cidade de Nínive a ser poupada (cf. Jn 2: 4-10)

obtido a obediência; pois esta não era uma ação que por ela mesma merecesse ser desejada; mas não é o mesmo caso nas ações que ele manifesta querer positivamente, e que são, com efeito, dignas de serem o objeto de sua vontade. Assim é a piedade, a caridade, e toda ação virtuosa que Deus ordena; assim é a omissão do pecado, mais afastada da perfeição divina que qualquer outra coisa. Então, é incomparavelmente melhor explicar a vontade de Deus como nós fizemos nessa obra: deste modo, diremos que Deus, em virtude de sua soberana bondade, tem primeiramente uma séria inclinação a produzir, ou a ver e a fazer produzir todo bem e toda ação louvável; e a impedir, ou a ver e a frustrar todo mal e toda má ação; mas que ele é determinado por esta mesma bondade, unida a uma sabedoria infinita, e pelo próprio concurso de todas as inclinações primeiras e particulares na direção de cada bem e na direção do impedimento de cada mal, com o fim de produzir o melhor desígnio possível das coisas; o que constitui sua vontade final e decretória; e que este desígnio do melhor sendo de uma tal natureza, que o bem deve estar realçado de algum mal, incomparavelmente menor que este bem, como a luz em meio às sombras; Deus não podia excluir este mal, nem introduzir certos bens excluídos deste plano, sem prejudicar sua suprema perfeição; e que é por isso que se deve dizer que ele permitiu o pecado de outrem, porque do contrário ele próprio teria feito uma ação pior que qualquer pecado das criaturas.[706]

12. Penso que o bispo de Derry ao menos tem razão ao dizer (artigo XV, na sua réplica, p. 153) que a opinião dos adversários é contrária à piedade, quando eles relacionam tudo somente ao poder de Deus; e que o Sr. Hobbes não devia dizer que a honra ou o

[706] Nesse parágrafo, Leibniz lança mão de uma de suas teses mais conhecidas, ou seja, esse é o melhor dos mundos possíveis; realizado a partir das três potências infinitas de Deus-a sabedoria, que se relaciona ao conhecimento da *verdade* e aos infinitos mundos possíveis; a vontade, que se relaciona com o *bem* e por isso dá o critério de escolha do melhor; e o poder, que se relaciona com o *ser* e por isso é o que permite a realização do existente: escolhido a partir da sabedoria e da vontade e realizado graças ao poder-(cf.: *Teodiceia*, primeira parte, § 7). Leibniz não perde de vista as regras de bondade da criação presentes aqui na ligação que ele estabelece entre a vontade divina e o bem, já no *Discurso de Metafísica*, §§ 1-3, ele lembra que a Sagrada Escritura se refere ao fato que Deus olhou para sua criação e viu que era bom (como em Gn 1: 10 e segs.)

culto é apenas um signo do poder daquele que se honra, visto que se pode e que mesmo se deve reconhecer e honrar a sabedoria, a bondade, a justiça e outras perfeições: *Magnos facile laudamus, bonos libenter*[707]; esta opinião que despoja Deus de toda bondade e de toda justiça verdadeira, que o representa como um tirano usando de um poder absoluto, independente de todo direito e de toda equidade, e criando milhões de criaturas para serem eternamente infelizes, e isto sem outra perspectiva senão aquela de mostrar seu poder; esta opinião, eu digo, é capaz de tornar os homens muito maus; e se ela fosse aceita, não precisaria outro diabo no mundo para separar os homens de si mesmos e de Deus, como fez a serpente ao fazer com que Eva acreditasse que Deus, proibindo-lhe o fruto da árvore, não queria o seu bem. Na sua réplica (p. 160), o Sr. Hobbes se esforça para dar ornamento a este golpe, ao dizer que a bondade é uma parte do poder de Deus, isto é, o poder de se tornar amável. Mas isto é abusar dos termos mediante um subterfúgio e confundir o que é preciso distinguir; e no fundo, se Deus não tem em vista o bem das criaturas inteligentes, se não tem outros princípios de justiça além tão somente de seu poder que o faz produzir, ou arbitrariamente aquilo que o acaso lhe apresenta, ou necessariamente tudo aquilo que se pode, sem que exista escolha fundada no bem: como pode se tornar amável? É então a doutrina, ou da potência (*puissance*) cega, ou do poder (*pouvoir*) arbitrário que destrói a piedade: pois a primeira destrói o princípio inteligente ou a providência de Deus, a outra lhe atribui ações que convém ao mau princípio. A justiça em Deus, diz o Sr. Hobbes (p. 161), não é outra coisa senão o poder que ele tem, e que exerce ao distribuir bênçãos e aflições. Esta definição me surpreende: não é o poder de distribuí-las, mas a vontade de distribuí-las racionalmente, ou seja, a bondade guiada pela sabedoria que faz a justiça de Deus. Mas, ele diz, a justiça em Deus não é como em um homem, que não é justo senão pela observação das leis feitas pelo seu superior. O Sr. Hobbes se engana também nisto, tanto quanto o Sr. Pufendorf[708] que o seguiu. A jus-

---

[707] "Aos grandes (poderosos) elogiamos facilmene, aos bons de bom gardo."

[708] Leibniz se refere ao alemão Samuel Pufendorf (1632-1694), autor da obra *O direito da natureza e das nações*. Cf. nota 314. Ao final do parágrafo ele retoma a questão da dependência, para a

tiça não depende das leis arbitrárias dos superiores, mas das regras eternas da sabedoria e da bondade tanto nos homens quando em Deus. O Sr. Hobbes afirma, na mesma passagem, que a sabedoria que se atribui a Deus não consiste em uma discussão lógica da relação dos meios com os fins, mas em um atributo incompreensível, atribuído a uma natureza incompreensível para honrá-la. Parece que ele quer dizer que é um *não-sei-quê* atribuído a um *não-sei-quê*, e mesmo uma qualidade quimérica dada a uma substância quimérica, para intimidar e para distrair os povos mediante o culto que lhe oferecem. Pois, no fundo, é difícil que o Sr. Hobbes tenha uma outra opinião sobre Deus e sobre sua sabedoria, já que ele só admite substâncias materiais. Se o Sr. Hobbes estivesse vivo, eu não me furtaria a lhe atribuir opiniões que pudessem prejudicá-lo, pois é difícil isentá-lo disso; ele pode ter mudado de opinião logo em seguida, pois viveu bastante; deste modo, espero que seus erros não lhe tenham sido perniciosos. Mas, como poderiam ser para outros, é útil aconselhar àqueles que lerão um autor que, aliás, tem muito mérito, e o qual podemos aproveitar de muitas maneiras. É verdade que, propriamente falando, Deus não raciocina empregando o tempo como nós para passar de uma verdade a outra: mas como ele compreende tudo de uma só vez, todas as verdades e todas suas ligações, conhece todas as consequências e encerra em si de maneira eminente todos os raciocínios que nós podemos fazer, e é por isso mesmo que sua sabedoria é perfeita.

compreensão de sua argumentação, de um conceito de plano dos possíveis independente do tempo que conhecemos; plano que deve ser pensado a partir do tempo da total simultaneidade.

Observações quanto ao livro sobre a origem do mal, publicado há pouco na Inglaterra[709]

[709] O *Remarques sur le livre de l'origine du mal publié depuis peu en Angleterre* é o último dos três textos que foram acrescentados como apêndice à *Teodiceia*. Também aqui, seguimos o texto que tem a introdução, cronologia e bibliografia feitas por Jacques Brunschwig, Ed. GF Flammarion-Paris (pp. 386-423), 1969. O texto se refere ao livro *De origine mali* (Sobre a origem do mal) de William King (1650-1729), arcebispo de Dublin, livro que foi publicado em Londres em 1702; nessa obra o autor buscava, fundado em bases lockeanas, conciliar a existência do mal (sobretudo moral) com a ideia de um Deus bom e onipotente. A obra foi o objeto de uma avaliação favorável nas *Nouvelles de la République des lettres*, de maio a junho de 1703, na época em que esta publicação era dirigida por Jacques Bernard. Bayle (1647-1706) utilizou este relatório a fim de criticar a obras na *Réponses aux questions d'un provincial* (capítulo 74 a 92); Bernard respondeu nas *Nouvelles* de janeiro de 1706; o próprio Bayle redigiu, após a leitura do livro, novas observações que foram publicadas no tomo V (póstumo, em 1707) das *Réponses*. Essa é a explicitação do terceiro e mais alto degrau da argumentação desenvolvida na *Teodiceia*, ou seja, depois das questões relacionadas ao poder inifinito e à sabedoria infinita, faltava argumentar sobre a "qualidade" dos possíveis; se para compreender a sabedoria infinita era necessário elaborar um discurso mais amplo (§6 da primeira parte) que fazia a estrutura do plano dos possíveis, uma completamente nova maneira de compreender os conceitos de tempo, espaço e matéria, agora, essa ampliação chega ao limite da diferenciação qualitativa dos "objeto" possíveis; isto é, Deus não só sabia, antes de criá-lo, o que Judas ia fazer, mas também que o que ele ia fazer não era bom. Na *Teodiceia* (segunda parte, § 234), a partir de uma analogia com a matemática, esse terceiro grau assume uma expressão exemplar: "o melhor caminho de um ponto a outro – abstraindo os impedimentos e outras considerações acidentais do meio – é único; é aquele que vai pela linha mais curta, que é a reta". E o deus leibniziano sabe disso previamente; antes de detertminar as leis dos movimentos dos corpos, por exemplo. Cf. o § 21 do presente texto.

1. É uma pena que o Sr. Bayle só tenha visto desta bela obra as resenhas que se encontram nos jornais; pois, ele próprio ao ler e ao examiná-la como é preciso, nos teria fornecido uma boa ocasião para esclarecer várias dificuldades que surgem e ressurgem como a cabeça da hidra, em um assunto em que é fácil se confundir quando não se tem em vista todo o sistema, e quando não nos damos ao trabalho de raciocinar com rigor. Pois é preciso saber que o rigor do raciocínio provoca, nos assuntos que cruzam a imaginação, aquilo que as figuras provocam na geometria; já que sempre é preciso alguma coisa que possa fixar a atenção e fazer das meditações um conjunto. Foi por isso que, quando este livro latino, pleno de saber e de elegância, impresso primeiramente em Londres e depois reimpresso em Bremen[710], caiu em minhas mãos, considerei que a dignidade da matéria e o mérito do autor exigiam considerações e também porque [alguns] leitores poderiam me solicitá-las; pois só somos da mesma opinião quanto à metade do assunto. Com efeito, a obra contendo cinco capítulos e o quinto somado ao apêndice se igualando aos outros em grandeza, notei que os quatro primeiros, nos quais se trata do mal em geral e do mal físico em particular, estão suficientemente de acordo com os meus princípios (exceto em algumas passagens particulares), e que eles chegam mesmo a desenvolver algumas vezes com força e com eloquência alguns pontos nos quais eu tinha apenas tocado, graças ao fato que o Sr. Bayle não tinha insistido nisso. Mas o quinto capítulo, com suas seções (das quais algumas se igualam a capítulos inteiros), ao falar da liberdade e do mal moral que dela depende, é construído sobre princípios contrários aos meus, e frequentemente mesmo àqueles do Sr. Bayle, se houvesse meio de atribuir a ele [algo] de fixo.[711] Pois este quinto capítulo tende a fazer ver (se tal fosse possível) que a verdadeira liberdade depende de uma indiferença de equilíbrio, vaga, total e absoluta; de modo que não haja razão alguma para se determinar, anterior à determinação, nem naquele que escolhe, nem no objeto, e que não se escolha aquilo que agrada, mas que ao escolher sem motivo se faça agradar daquilo que se escolheu.

710 Reedição de 1704.

711 Cf. §§ 7 e 12 do presente texto.

2. Este princípio de uma escolha sem causa e sem razão, de uma escolha, digo, impedida de se ter por objetivo a sabedoria e a bondade, é considerado por muitos como o grande privilégio de Deus e das substâncias inteligentes e como a fonte de sua liberdade, de sua satisfação, de sua moral e de seu bem ou mal. E a imaginação de se poder dizer independente, não apenas da inclinação, mas mesmo da razão quanto ao que é interior, e do bem ou do mal quanto ao que é exterior, é pintada algumas vezes com tão belas cores que poderíamos tomá-la pela coisa mais excelente do mundo; e, todavia, a eliminação das razões do capricho do qual nos vangloriamos não é senão imaginação vazia. O que se pretende é impossível; mas se acontecesse, seria prejudicial. Este caráter imaginário poderia ser atribuído a algum don Juan em uma Festa de [são] Pedro[712], e mesmo algum homem romanesco poderia aparentar ser como ele e se persuadir que sofre o efeito de tal [caráter]; mas jamais se encontrará na natureza uma escolha à qual não sejamos levados pela representação anterior do bem ou do mal, por inclinações ou por razões; e eu sempre desafiei os defensores desta indiferença absoluta a mostrar algum exemplo. Contudo, se eu trato de imaginar esta escolha em que se é determinado por nada, não me abstenho de considerar quiméricos os defensores desta suposição, sobretudo nosso hábil autor. Os peripatéticos ensinam algumas opiniões sobre esta natureza; mas seria a maior injustiça do mundo querer menosprezar, por causa disso, um Ockham, um Suisset, um Cesalpino, um Conring[713] que também sustentavam algumas opiniões da escola, as quais hoje foram retomadas.

3. Uma destas opiniões, mais relembrada e introduzida pela baixa escola na idade das quimeras, é a indiferença vaga nas escolhas, ou a imaginação [de que existe] acaso real nas almas; como se nada nos desse a inclinação, quando não nos apercebemos distintamente, e como se um efeito pudesse não ter causas, quando

[712] Festa popular do dia de são Pedro: 29 de junho.

[713] Guilherme de Ockham (1270-1347), célebre filósofo franciscano inglês, defensor do nominalismo. Richard Swinheshead, conhecido como Suiset, Suiseth ou Suisseth, filósofo e matemático do século XIV. Sobre Cesalpino, cf. nota 101; sobre Conring, cf. nota 245.

estas causas são imperceptíveis: é mais ou menos como alguns [que] negaram os corpúsculos imperceptíveis (*insensibles*), porque não os viam. Mas como os filósofos modernos retomaram as opiniões da escola, ao mostrar segundo as leis da natureza corporal que um corpo não poderia ser colocado em movimento, exceto pelo movimento de um outro que o impulsiona; do mesmo modo, é preciso julgar que nossas almas (em virtude das leis da natureza espiritual) não poderiam ser movidas senão por alguma razão do bem ou do mal, ainda que o conhecimento distinto disso não pudesse ser discernido devido a uma infinidade de pequenas percepções que nos tornam algumas vezes alegres, tristes, e diferentemente dispostos, e nos fazem apreciar uma coisa mais do que outra, sem que se possa dizer o porquê. Platão, Aristóteles e mesmo Tomás de Aquino, Durand[714], e outros escolásticos dos mais sérios, a este respeito raciocinam como o comum dos homens, e como as pessoas desprevenidas sempre fizeram. Eles colocam a liberdade no uso da razão e das inclinações, que fazem escolher ou recusar os objetos; e assumem como constante que nossa vontade é levada à suas escolhas pelos bens ou pelos males, verdadeiros ou aparentes, que se concebe nos objetos. Mas, por fim, alguns filósofos um pouco sutis demais tiraram de seus alambiques uma noção inexplicável de uma escolha independente seja do que for, que deve fazer maravilhas para resolver todas as dificuldades. Mas ela mesma, antes de tudo, se depara com uma das maiores [dificuldades], ao ofender o grande princípio do raciocínio, que sempre nos faz supor que nada se faz sem alguma causa ou razão suficiente. Como com frequência a escola esquecia a aplicação deste grande princípio, ao admitir certas qualidades ocultas primitivas, não há porque se espantar se esta ficção da indiferença vaga encontrou aí a aprovação, e que mesmo excelentes homens estiveram convencidos dela. Nosso autor, aliás desenganado de muitos erros da escola vulgar, ainda vai ao encontro desta ficção; mas ele é sem dúvida um dos mais hábeis que ainda a sustenta:

---

[714] Durand de Saint-Pourçain; cf. nota 199.

Si pergama dextra
Defendi possent, etiam hac defensa fuissent.[715]

Ele lhe dá o melhor caminho possível, e não a mostra senão a partir de seu lado [mais] bonito. Ele priva a espontaneidade e a razão de suas vantagens e leva todas elas à indiferença vaga; pois, é apenas por esta indiferença que somos ativos, que resistimos às paixões, que nos deleitamos com nossa escolha, que somos felizes; e parece que seriamos uns miseráveis se alguma necessidade feliz nos obrigasse a escolher bem. Nosso autor tinha dito belas coisas sobre a origem e sobre as razões dos males naturais, ele só tinha que aplicar os mesmos princípios ao mal moral; desde que ele próprio julga que o mal moral se torna um mal a partir de males físicos que ele causa ou tende a causar. Mas eu não sei como ele acreditou que, se devessem estar submetidos à razão, isto seria degradar a Deus e aos homens; que eles viriam a ser completamente passivos e não seriam contentes com eles mesmos; por fim, que os homens não teriam nada a opor às tristezas que lhes vêm do exterior, se não tivessem neles este belo privilégio de tornar as coisas boas ou toleráveis ao escolhê-las, e de transformar tudo em ouro, pelo toque desta surpreendente faculdade.

4. Nós examinaremos isso mais especificamente na sequência; mas antes seria bom nos utilizarmos de [alguns] excelentes pensamentos do nosso autor quanto à natureza das coisas e quanto aos males naturais, na medida em que existam algumas passagens a partir das quais poderemos ir um pouco mais longe; por este meio, também entenderemos melhor toda a economia de seu sistema. O primeiro capítulo contém os princípios. O autor denomina *substância* um ser cuja noção não encerra a existência de um outro. Eu não sei se tais [substâncias] existem entre as criaturas devido à ligação das coisas; e o exemplo de uma vela de cera não é o exemplo de uma substância, tampouco o seria aquele de um enxame de abelhas. Mas podemos tomar os termos em um sentido amplo. Ele observa muito bem que depois de todas as mudanças da *matéria*, e depois de todas as qualidades das quais [ela] pode ser despojada,

[715] "Se Pérgamo pudesse ser defendida por braços, teria sido defendida por esses aqui."

resta a extensão, a mobilidade, a divisibilidade e a resistência. Ele explica também a natureza das *noções*, e dá a entender que os *universais* não testemunham senão as semelhanças que existem entre os indivíduos; que nós só concebemos por *ideias* aquilo que é conhecido mediante uma sensação imediata, e que o resto não nos é conhecido senão por meio das relações com estas ideias. Mas quando assume que nós não temos ideia de Deus, do espírito, da substância, não parece ter observado suficientemente que nos apercebemos imediatamente da substância e do espírito, ao apercebermos a nós mesmos, e que a ideia de Deus está em nós pela eliminação dos limites de nossas perfeições, como a extensão tomada absolutamente está compreendida na ideia de uma esfera. Ele também tem razão de sustentar que nossas ideias simples são ao menos inatas, e de rejeitar a *tábula rasa* de Aristóteles e do Sr. Locke[716]; mas eu não poderia concordar com ele [quando diz] que nossas ideias não têm muito mais relação com as coisas do que palavras soltas ao ar, ou que caracteres (*écriture*) traçados no papel, têm neles nossas ideias; e que as relações das sensações são arbitrárias e *ex instituto*[717], como os significados das palavras (*mots*). Já indiquei em outro lugar por que não estou de acordo com os nossos cartesianos.

5. Para chegar até a causa primeira, o autor busca um *critério*, uma marca da verdade; e a faz consistir nesta força a partir da qual nossas proposições internas, quando elas são evidentes, obrigam o entendimento a lhes dar seu consentimento: é por isso, diz ele, que confiamos nos sentidos; e faz ver que a marca [da verdade] dos cartesianos, a saber, uma percepção clara e distinta, necessita de uma nova marca para fazer discernir o que é claro e distinto e que a conveniência ou a inconveniência das ideias (ou de preferência dos termos, como se falava em outros tempos) ainda pode ser enganosa, visto que existem conveniências reais e aparentes.

[716] Cf. nota 544. Quanto à "cera" e ao "enxame de abelhas", claro que se retoma a opinião de Descartes, daí a menção aos cartesianos ao final do parágrafo, de qualquer modo, para Leibniz se trata de seres por agregação e não substâncias..

[717] Instituição arbitrária, resultante de uma conveção. Logo depois da menção a Locke, fica claro que Leibniz retoma a crítica que havia feito ao inglês, quanto ao fato que a linguagem seria apenas *ex instituto*, o que se associa ao problema mencionado mais acima da definição dos universais, cf. *Novos ensaios*, III, cap. II, § 1.

Ele até parece reconhecer que a força interna, que nos obriga a dar nosso assentimento, está submetida ainda à precaução e pode vir de preconceitos enraizados. Portanto, reconhece que aquele que fornecesse um outro *critério* teria encontrado alguma coisa de muito útil para o gênero humano. Eu me empenhei em explicar este *critério* em um pequeno *Discurso sobre a verdade e as ideias*[718] publicado em 1684; e embora não me orgulhe de ter fornecido aí uma nova descoberta, espero ter desenvolvido coisas que só eram conhecidas confusamente. Distingo as verdades de fato das verdades de razão. As verdades de fato não podem ser verificadas senão pela sua confrontação com as verdades de razão, e pela sua redução às percepções imediatas que existem em nós, e das quais santo Agostinho e o Sr. Descartes reconheceram muito bem que não se poderia duvidar, a saber, não poderíamos duvidar que nós pensamos, e mesmo que pensamos tais ou tais coisas.[719] Mas, para julgar se o que nos aparece internamente tem alguma realidade nas coisas, e para passar dos pensamentos aos objetos, minha opinião é que é preciso considerar se nossas percepções estão bem ligadas entre si e com outras que nós tivemos, de modo que as regras da matemática e outras verdades de razão aí tenham lugar: neste caso, devemos tomá-las por reais; e acredito que este é o único meio de distingui-las das imaginações, dos sonhos e das visões. Deste modo, a verdade das coisas externas a nós não poderia ser reconhecida senão pela ligação dos fenômenos. O *critério* das verdades de razão, ou que vêm das *concepções* (*conceptions*), consiste em um exato uso das regras da lógica. Quanto às ideias ou noções, eu denomino *reais* todas aquelas cuja possibilidade é certa, e as definições que não apresentam esta possibilidade não são senão *nominais*. Os geômetras, versados na boa análise[720], sabem a diferença que há entre as propriedades a partir das quais se pode

[718] Trata-se das *Méditations sur la connaissance, la vérité et les idées*, publicadas nos *Acta eruditorum* de novembro de 1684.

[719] Trata-se do *cogito*, o "eu penso", a primeira verdade alcançada depois da aplicação da dúvida hiperbólica; cf. de Descartes *Meditações metafísicas*, II, 6; além disso, de Agostinho *Solilóquios*, II, 1.

[720] Leibniz certamente está criticando o método cartesiano; cf. nosso artigo *Leibniz e Descartes: labirintos e análise* (cf. nota 103).

definir alguma linha ou figura. Talvez nosso hábil autor não tenha ido tão longe; vê-se, entretanto, por tudo o que acima acabamos de relatar sobre ele, e pelo que vem em seguida, que não lhe falta profundidade nem meditação.

6. Depois disso, ele passa a examinar se o movimento, a matéria e o espaço vêm deles mesmos, e para este fim, considera se há [algum] meio de conceber que eles não existam; e observa este privilégio de Deus, que tão logo se suponha sua existência, é preciso admitir sua existência necessariamente. Este é um corolário de uma observação que eu fiz no pequeno Discurso citado acima, a saber, que tão logo se admita que Deus é possível, é preciso admitir que ele existe necessariamente. Ora, desde que se admita que Deus existe, admite-se que ele é possível. Logo, desde que se admite que Deus existe, é preciso admitir que ele existe necessariamente. Note-se que este privilégio não pertence às três coisas das quais acabamos de falar.[721] O autor julga de maneira tão particular o movimento, que não é suficiente dizer, com o Sr. Hobbes, que o movimento presente vem de um movimento anterior, e este último ainda de um outro, e assim ao infinito. Pois busque o seu princípio o tanto quanto lhe agradar, você não estará mais adiantado para encontrar a razão que faz com que haja movimento na matéria. É preciso, então, que esta razão esteja fora desta sequência; e, quando existisse um movimento eterno, isso solicitaria um motor eterno: como os raios do Sol, se fossem eternos como o Sol, não deixariam de ter sua causa eterna no Sol. Eu fico bem contente em relatar estes raciocínios do nosso hábil autor, afim de que se veja o quanto é importante, segundo ele mesmo, o princípio de razão suficiente; pois, se podemos admitir alguma coisa da qual se reconhece que não há qualquer razão, será fácil para um ateu arruinar este argumento dizendo que não é necessário que haja uma razão suficiente da existência do movimento. Eu não quero entrar na discussão da realidade e da eternidade do espaço, receoso de me distanciar demasiadamente do nosso assunto. É suficiente relatar que o autor julga que pode ser aniquilado pelo poder divino, mas inteiramente

[721] A saber: o movimento, a matéria e o espaço; também poderíamos acrescentar o tempo; leia-se *Teodiceia*, primeira parte, § 7.

e não por partes, e que poderíamos existir sozinhos com Deus, quando não houvesse nem espaço, nem matéria, visto que não encerramos em nós a noção da existência das coisas externas. Ele também leva a considerar que, nas sensações dos sons, dos odores e dos sabores, não está encerrada a ideia do espaço. Mas, independente do julgamento que se faça do espaço, é suficiente que exista um Deus, causa da matéria e do movimento, e finalmente de todas as coisas. O autor acredita que nós podemos pensar sobre Deus como um cego de nascença pensaria sobre a luz. Mas eu considero que há alguma coisa a mais em nós, pois nossa luz é um raio da [luz] de Deus. Após ter falado de alguns atributos de Deus, o autor reconhece que Deus age para um fim, que é o de comunicar a sua bondade, e de que suas obras são bem dispostas. Por fim, ele conclui este capítulo como é preciso, ao dizer que Deus enquanto criava o mundo teve cuidado de lhe dar a maior conveniência para as coisas, a maior comodidade para os seres dotados de sentimento e a maior compatibilidade entre os apetites que um poder, sabedoria e bondade infinitos combinados podiam produzir; e ele acrescenta que se, apesar disso, resta aí algum mal, é preciso julgar que estas perfeições divinas infinitas não podiam (eu preferiria dizer não deviam) tirá-lo.

7. O capítulo 2 faz uma anatomia do mal. Ele o divide como nós em metafísico, físico e moral.[722] O mal metafísico é aquele das imperfeições, o mal físico consiste nas dores e outros incômodos semelhantes e o mal moral nos pecados. Todos estes males se encontram na obra de Deus, e Lucrécio[723] concluiu disso que não existe providência, e negou que o mundo possa ser uma realização da divindade:

Naturam rerum divinitus esse creatam;

porque existem tantos defeitos na natureza das coisas:

---

[722] Leibniz apresentará os três da seguinte maneira: metafísico, no § 7; físico, até o final do § 11 e moral a partir do § 12.

[723] Tito Lucrécio Caro (98/94-55 a.C.) é autor de *De natura rerum* (*Sobre a natureza das coisas*), um dos mais célebres e grandiosos poemas filosóficos já escritos.

Quonian tanta stat prædita culpa.[724]

Outros admitiram dois princípios, um bom, o outro mal; e existiram pessoas que acreditaram [ser] intransponível tal dificuldade, no que nosso autor parece ter tido o Sr. Bayle em vista. Ele espera mostrar na sua obra que isto não é [um] nó górdio[725], que necessite ser cortado; e tem razão ao dizer que o poder, sabedoria e bondade de Deus não seriam infinitos e perfeitos em seu exercício se estes males tivessem sido banidos. Ele começa pelo mal da imperfeição, no capítulo 3, e observa, depois de santo Agostinho, que as criaturas são imperfeitas, pois são tiradas do nada: por outro lado, Deus ao produzir uma substância perfeita a partir do seu próprio fundo, teria produzido um Deus; o que lhe fornece a ocasião de fazer uma pequena digressão contra os socinianos.[726] Mas alguém dirá: Por que Deus não se absteve da produção das coisas, ao invés de fazê-las imperfeitas? O autor responde muito bem que o motivo é a abundância da bondade de Deus. Ele quis comunicar [sua bondade] em detrimento de certo sentimento (*délicatesse*) que imaginamos [estar] em Deus, quando acreditamos que as imperfeições o ofendem. Assim, ele preferiu que existisse o imperfeito ao invés do nada. Mas poderíamos acrescentar que, com efeito, Deus produziu o todo mais perfeito que era possível, e do qual ele teve motivo de ficar plenamente contente; as imperfeições das partes servindo a uma maior perfeição do todo.[727] Deste modo, observa-se um pouco depois que certas coisas podiam ser mais bem feitas, mas não sem outros novos incômodos,

---

[724] O que o texto de fato dizem é: "... *nequaquam nobis divinitibus esse paratam naturam rerum: tanta stat praedita culpa.*" Daí: "...de maneira nenhuma a natureza das coisas foi preparada para nós pelos deuses: de tal modo está revestida de culpa (de erros, de defeitos)". Lucrécio, *De natura rerum*, V, vv. 198-200.

[725] Nó gordiano. Segundo a lenda, nó que prendia ao timão o jugo da carreta do rei Górdios, depositada no templo de Zeus, em Górdios, capital da Frígia, e sobre o qual existia a profecia de que quem o desatasse tomaria para si a Ásia; a tradição diz que o conquistador Alexandre da Macedônia cortou tal nó com sua espada e invadiu a Ásia. Leibniz se refere ao artigo *Jansenius*, letra G, do *Dicionário* de Bayle; cf. *Teodiceia*, § 368.

[726] Cf. notas 12 e 698.

[727] Leibniz se refere aos trechos do *Gênesis* onde é dito que Deus viu o que havia criado e considerou bom (Gn 1: 1-31); em seu *Discurso de Metafísica*, § 2, ele já havia se referido a "esta antropologia".

e talvez maiores. Este *talvez* podia ser omitido, o autor também estabelecendo como certo, e com razão, ao fim do capítulo, que *é da bondade infinita escolher o melhor*; um pouco antes ele pôde tirar disso esta consequência, que as coisas imperfeitas estarão unidas às mais perfeitas, quando elas não impedirem que tanto quanto é possível haja nisso últimas. Assim, os corpos foram criados do mesmo modo que os espíritos, pois um não fornece obstáculo ao outro; e a obra da matéria não foi indigna do grande Deus, como acreditaram antigos heréticos, que atribuíram esta obra a um certo Demiurgo (*Démogorgon*).[728]

8. Nos dirijamos ao mal físico, que é comentado no capítulo 4. Nosso célebre autor, após ter observado que o mal metafísico – isto é, a imperfeição – vem do nada, julga que o mal físico – isto é, o incômodo – vem da matéria, ou melhor, de seu movimento; pois sem o movimento a matéria seria inútil; e também é preciso que existam sentidos opostos nestes movimentos; pois, do contrário, se tudo caminhasse junto para o mesmo lado, não haveria variedade nem geração. Mas os movimentos que fazem a geração provocam também a corrupção, visto que da variedade dos movimentos nascem o choque entre os corpos, por meio dos quais eles são frequentemente dissipados e destruídos. Entretanto, o autor da natureza, para tornar os corpos mais duráveis, os distribuiu em sistemas dos quais aqueles que nós conhecemos são compostos de globos luminosos e [globos] opacos, de uma maneira tão bela e tão adequada para fazer conhecer e admirar o que eles encerram que nós não poderíamos conceber nada de mais belo. Mas o máximo da obra estava na estrutura dos animais, a fim de que houvesse por toda parte criaturas capazes de conhecimento:

Ne regio foret ulla suis animalibus orba.[729]

[728] *Démogorgon* é uma deformação da palavra francesa *Démiurge* (artesão, criador), derivada do grego δημιοῦργος, que designava, desde Platão (428-348 a.C.) em seu *Timeu*, o Deus organizador do mundo que, sem criar de fato a realidade, modela e organiza a matéria caótica preexistente através da imitação de modelos eternos e perfeitos, a partir das ideias.

[729] "Nenhuma região fosse privada de seus animais".

Nosso judicioso autor crê que o ar e mesmo o éter mais puro têm seus habitantes tanto quanto a água da Terra. Mas quando existissem lugares sem animais, estes lugares poderiam ter alguma utilidade necessária para outros lugares que são habitados; como, por exemplo, as montanhas, que tornam a superfície de nosso globo desigual e algumas vezes deserta e estéril, [mas] são úteis para a produção dos rios e dos ventos; e não temos motivo de nos queixar das areias e dos brejos, visto que há tantos lugares que ainda restam a cultivar. Além do fato que não é preciso imaginar que tudo seja feito apenas para o homem; e o autor está persuadido, não apenas que existem espíritos puros, mas também que existem animais imortais semelhantes a estes espíritos, quer dizer, animais cujas almas estão unidas a uma matéria etérea e incorruptível. Mas não é do mesmo modo nos animais cujo corpo é sólido (*terrestre*), composto de condutos e de fluídos que aí circulam, e cujo movimento cessa mediante a ruptura dos vasos; o que leva o autor a acreditar que a imortalidade concedida a Adão, se ele tivesse sido obediente, não teria sido um efeito de sua natureza, mas da graça de Deus.

9. Acontece que era necessário, para a conservação dos animais corruptíveis, que tivessem marcas que lhes fizessem conhecer um perigo presente, e lhes dessem a inclinação de evitá-lo. Deste modo, o que está a ponto de causar uma grande lesão deve antes causar a dor, que possa obrigar o animal a [fazer] esforços capazes de repelir ou de evitar a causa deste incômodo, e de prevenir um maior mal. O horror da morte serve também para evitá-la; pois se ela não fosse tão repugnante, e se as soluções de continuidade[730] não fossem tão dolorosas, com bastante frequência os animais não se importariam em morrer ou deixar morrer as partes do seu corpo, e os mais robustos teriam dificuldade para sobreviver um dia inteiro.

Deus deu também a fome e a sede aos animais para obrigá-los a se alimentarem e a se conservarem substituindo aquilo que se usou e aquilo que falece insensivelmente. Estes apetites servem também para levá-los ao trabalho, a fim de conseguir um

[730] Cf. *Teodiceia*, terceira parte, § 342.

alimento adequado a sua constituição e próprio para lhe dar vigor. O autor das coisas achou mesmo necessário que um animal bastante frequentemente servisse de alimento a um outro, o que não torna o [animal] nem um pouco mais descontente, visto que a morte causada pelas doenças costuma ser tanto ou mais dolorosa que uma morte violenta; e estes animais sujeitos a serem a presa dos outros, não tendo a previsão do futuro nem a preocupação com isto, quando eles estão fora do perigo não vivem menos em repouso.

O mesmo acontece com as inundações, com os tremores de terra, com a queda de raios e outras desordens que os animais brutos não temem e que os homens comumente não têm motivo para temer, já que poucos deles sofrem por isso.

10. O autor da natureza compensou estes males e outros, que não acontecem senão raramente, com mil comodidades ordinárias e contínuas. A fome e a sede aumentam o prazer que encontramos ao ingerirmos o alimento; o trabalho moderado é um exercício agradável das capacidades do animal, e o sono é também agradável, de uma maneira inteiramente oposta, ao restabelecer as forças pelo repouso. Mas um dos prazeres mais vivos é aquele que leva os animais a se reproduzirem. Deus tendo cuidado de fazer com que as espécies fossem imortais, já que os indivíduos não o saberiam ser aqui na Terra, também quis que os animais tivessem um grande carinho por seus filhotes, chegando a se exporem para a sua conservação.

Da dor e da volúpia nascem o temor, a cupidez e outras paixões comumente úteis, ainda que aconteça por acidente que elas se voltem algumas vezes para o mal. Quanto a isso é preciso dizer o mesmo dos venenos, doenças epidêmicas e outras coisas prejudiciais, isto é, que estas são consequências (*suíte*) indispensáveis de um sistema bem concebido. No que diz respeito à ignorância e aos erros, é preciso considerar que sem dúvida as criaturas mais perfeitas ignoram muito, e que os conhecimentos costumam ser proporcionais às necessidades. Todavia, é necessário que estejamos sujeitos a casos que não poderiam ser previstos, e estes tipos de acidentes são inevitáveis. É preciso que frequentemente nos enganemos no nosso julgamento, porque nem sempre é permitido suspendê-lo até uma discussão exata. Estes inconvenientes são inseparáveis do sistema das coisas; pois, é preciso que elas se assemelhem bastante frequentemente em uma certa situação e que uma possa ser assumida como a outra. Mas os erros inevitáveis não são os mais comuns nem os mais perniciosos. Aqueles que nos causam mais mal costumam vir de nossas faltas e, consequentemente, se estaria enganado de assumir [como] motivo dos males naturais o de se tirar a vida, já que acontece que aqueles que o fizeram comumente foram levados a isso por males voluntários.

11. Depois de tudo, descobrimos que todos estes males dos quais falamos acontecem por acidente a partir de boas causas; e há como pensar, por tudo aquilo que conhecemos, de tudo aquilo que não conhecemos, que não poderíamos eliminá-los sem cair em inconvenientes maiores. E para melhor reconhecê-lo, o autor nos aconselha a conceber o mundo como um grande edifício. É preciso que haja não só apartamentos, salas, galerias, jardins, grutas, mas também a cozinha, a adega, o galinheiro, estábulos, esgotos. Deste modo, ele só teria tido o propósito de fazer sóis no mundo, ou de fazer uma terra inteira de ouro e de diamantes, mas que não teria sido habitável. Se o homem tivesse sido todo olho ou todo orelha, ele não estaria adequado para se alimentar. Se Deus o tivesse feito sem paixões, ele o teria feito estúpido; e se tivesse querido fazê-lo sem erro, precisaria privá-lo dos sentidos ou fazê-lo sentir de forma diversa àquela por órgãos, ou seja, não teria existido homem. Nosso sábio autor faz notar aqui uma opinião que [algumas] histórias sacras e profanas parecem ensinar, a saber, que os animais ferozes, as plantas venenosas e outras naturezas que nos são nocivas, foram armadas contra nós por conta do pecado. Mas como ele não pensa aqui senão segundo os princípios da razão, deixa de lado aquilo que a revelação pode ensinar. Ele acredita, todavia, que Adão não teria sido privado dos males naturais (se tivesse sido obediente) exceto em virtude da graça divina e de um pacto feito com Deus; e que Moisés só indica expressamente cerca de sete efeitos do primeiro pecado. Estes efeitos são:

1. A revogação do dom da imortalidade dado pela graça.
2. A esterilidade da terra, que não devia mais ser fértil por ela mesma, mas [fértil] em ervas ruins ou pouco úteis.
3. O trabalho rude que precisaria empregar para se alimentar.
4. A submissão da mulher à vontade do marido.
5. As dores do parto.
6. A inimizade entre o homem e a serpente.
7. A expulsão do homem do delicioso lugar onde Deus o tinha colocado.

Mas ele crê que muitos dos nossos males surgem da necessidade da matéria, sobretudo a partir da subtração da graça; além de parecer ao autor que, depois do nosso exílio, a imortalidade estaria sob nossa responsabilidade, e que talvez seja mais para nosso bem do que para nos punir que a árvore da vida se tornou inacessível para nós. Em alguns lugares há alguma coisa a ser dita, mas a base do discurso do autor sobre a origem dos males está cheia de boas e sólidas reflexões, as quais eu julguei com a intenção de aproveitá-las. Agora será preciso chegar ao assunto em que há controvérsia entre nós, isto é, a explicação da natureza da liberdade.[731]

12. O sábio autor desta obra sobre a origem do mal se propondo, no quinto capítulo, que constitui a metade de todo o livro, a explicar a [origem] do mal moral acredita que ela é inteiramente diferente da do mal físico, que consiste na imperfeição inevitável das criaturas; pois, como veremos em breve, parece-lhe que o mal moral surge preferivelmente daquilo que ele denomina uma perfeição e que a criatura tem de comum, segundo ele, com o Criador, ou seja, [consiste] no poder de escolher sem motivo algum e sem qualquer causa final ou impulsiva. É um paradoxo bem grande o de sustentar que a maior imperfeição, quer dizer, o pecado, surja da própria perfeição; mas não é um paradoxo menor o fazer passar por uma perfeição a coisa menos racional do mundo, cuja vantagem seria a de ser privilegiada contra a razão. E no fundo, bem longe disso significar que se mostra a fonte do mal moral, isso significa querer que nenhuma exista; pois se a vontade se determina

[731] Cf. § 7, do presente texto.

sem que nada exista, nem na pessoa que escolhe, nem no objeto que é escolhido, que possa levar à escolha, não haverá causa nem razão alguma desta escolha; e como o mal moral consiste na má escolha, isto é reconhecer que o mal moral não tem qualquer fonte. Portanto, a partir das regras da boa metafísica, seria preciso que não houvesse mal moral na natureza; e também, pela mesma razão, tampouco haveria bem moral, e toda moralidade seria destruída. Mas é preciso escutar nosso hábil autor, a quem a sutileza de uma opinião sustentada por célebres filósofos da escola, e os ornamentos que ele próprio acrescentou a isso por seu espírito e por sua eloquência, ocultaram os grandes inconvenientes que ela encerra. Ao explicar o estado da questão, ele divide os autores em duas partes: uns, diz ele, se contentam em afirmar que a liberdade da vontade é isenta de coação externa, e os outros sustentam que ela é também isenta de necessidade interna. Mas esta explicação não é suficiente, a menos que se distinga a necessidade absoluta e contrária à moralidade da necessidade hipotética ou da necessidade moral, como já o explicamos em diversos lugares.[732]

13. A seção primeira deste capítulo deve dar a conhecer a natureza das escolhas. O autor expõe primeiramente a opinião daqueles que acreditam que a vontade, pelo julgamento do entendimento ou pelas inclinações anteriores dos apetites, é levada a se decidir pela escolha que faz. Mas confunde estes autores com aqueles que sustentam que a vontade é levada à decisão mediante uma necessidade absoluta, e que afirmam que a pessoa que quer não tem poder algum sobre suas volições, ou seja, ele confunde um tomista com um espinosano. Ele se serve das confissões e das declarações odiosas do Sr. Hobbes e dos [que defendem opinião] semelhante à dele para atacar aqueles que são extremamente distantes delas e que têm grande cuidado em refutá-los, e ele os ataca por isso, porque acreditam, como o Sr. Hobbes e como todo mundo (exceto alguns doutores que se embaralham nas suas próprias sutilizas), que a vontade se move graças à representação do bem e do mal; a partir do que ele lhes atribui que, então, não existe contingência, e que tudo está ligado por uma necessidade absoluta. Isto é ir

[732] No *Resumo da controvérsia*, III objeção, Leibniz explicita melhor o que quer dizer, cf. nota 701.

rápido demais no raciocínio; no entanto, ele acrescenta ainda que, propriamente falando, não haverá má vontade, já que, deste modo, tudo aquilo que se poderia encontrar aí, para dizer ainda uma vez, seria o mal que ela pode causar; o que, diz ele, é distante da noção comum, o mundo censura os maus, não porque prejudicam, mas porque prejudicam sem necessidade. Deste modo, ele assume que os maus apenas seriam sem sorte, mas nunca culpados; que não existiria diferença entre o mal físico e o mal moral, pois o próprio homem não seria a verdadeira causa de uma ação que ele não podia evitar; que os malfeitores não seriam repreendidos nem maltratados porque eles o merecem, mas porque aquilo pode desviar as pessoas do mal, e que seria apenas por esta razão que se reprovaria um ladrão, e não um enfermo, porque as repreensões e as reprovações podem corrigir um mas não podem curar o outro; que, conforme esta doutrina, os castigos não teriam por objetivo senão o impedimento do mal futuro, sem o quê a tão só consideração do mal que já foi feito não bastaria para punir; e que do mesmo modo o reconhecimento teria por objetivo único propiciar um benefício novo, sem o quê a tão só consideração do benefício passado não forneceria para isso uma razão suficiente. Enfim, o autor acredita que se esta doutrina, que deriva a decisão da vontade da representação do bem e do mal, fosse verdadeira, seria preciso perder a esperança da felicidade humana, já que ela não estaria em nosso poder e dependeria das coisas que são exteriores a nós. Acontece que não há porque esperar que as coisas externas se regulem e entrem em acordo conforme nossos desejos; sempre nos faltará algo, e sempre existirá algo a mais. Todas estas consequências também têm lugar, segundo ele, contra aqueles que acreditam que a vontade se determina segundo o último julgamento do entendimento; opinião que ele acredita privar a vontade de seu direito e tornar a alma completamente passiva. E esta acusação vai contra uma infinidade de autores sérios e que têm aprovação, que são colocados aqui na mesma classe do Sr. Hobbes e do Sr. Espinosa, e com alguns autores reprováveis, cuja doutrina é considerada odiosa e insuportável.

Por mim, não obrigo a vontade a seguir sempre o julgamento do entendimento, porque distingo este julgamento dos motivos que surgem das percepções e inclinações insensíveis. Mas defendo que a vontade sempre segue a representação mais vantajosa, distinta ou confusa, do bem e do mal, que resulta das razões, paixões e inclinações, embora ela também possa encontrar motivos para suspender seu julgamento. Mas é sempre a partir de motivos que ela age.

14. Será preciso responder a estas objeções contra nossa opinião, antes de estabelecer a do autor.[733] A origem do menosprezo dos adversários surge porque se confunde uma consequência necessária com a necessidade absoluta, da qual o contrário implica contradição, com uma consequência que não é fundada senão sobre verdades de conveniência, e que não deixa de ter efeito, isto é, que se confunde aquilo que depende do princípio de contradição, que faz as verdades necessárias e indispensáveis, com aquilo que depende do princípio de razão suficiente, que também tem lugar nas verdades contingentes. Em outro momento, eu já apresentei esta observação – que é uma das mais importantes da Filosofia – ao fazer considerar que existem dois grandes princípios, a saber: aquele dos *idênticos* ou da contradição, que sustenta que de duas enunciações contraditórias uma é verdadeira e a outra falsa; e aquele da *razão suficiente*, que sustenta que não existe enunciação verdadeira da qual aquele que tivesse todo o conhecimento necessário para entendê-la perfeitamente, não poderia ver a [sua] razão. Ambos os princípios devem ter lugar, não apenas nas verdades necessárias, mas também nas contingentes, e mesmo é necessário que aquilo que não tem razão suficiente não exista; pois se pode dizer, de alguma maneira, que estes dois princípios estão compreendidos na definição do verdadeiro e do falso. Todavia, quando ao fazer a análise da verdade proposta, vemos que ela depende das verdades cujo contrário implica contradição, podemos dizer que ela é absolutamente necessária; mas quando, forçando a análise o tanto que te agradar, não soubéssemos jamais atingir tais elementos da verdade dada, seria preciso dizer que ela é contingente, e que tem sua origem em uma razão predominante que inclina sem obrigar

[733] Leibniz divide as objeções em seis tipos, elas são consideradas nos §§ 15 (1 e 2), 16 (3 e 4), 17 (5) e 18 (6).

(*nécessiter*). Posto isso, vê-se como nós podemos dizer, com vários filósofos e teólogos célebres, que a substância que pensa é levada à sua decisão por meio da representação predominante do bem e do mal, e isso certa e infalivelmente, mas não necessariamente, quer dizer, por razões que a inclinam sem obrigá-la (*nécessiter*). Portanto, os futuros contingentes, previstos tanto em si mesmos quanto por suas razões, permanecem contingentes; e Deus foi levado infalivelmente a partir de sua sabedoria e de sua bondade a criar o mundo mediante seu poder, e a lhe dar a melhor forma possível; mas não foi levado a isso necessariamente, e tudo ocorreu sem diminuição alguma de sua liberdade perfeita e soberana. E sem esta consideração que acabamos de fazer, eu não sei se seria fácil desatar o nó górdio da contingência e da liberdade.

15. Esta explicação faz desaparecer todas as objeções do nosso hábil adversário. 1º, vê-se que a contingência subsiste com a liberdade; 2º as vontades más são más, não apenas porque prejudicam, mas ainda porque elas são uma fonte de coisas nocivas, ou de males físicos; um espírito maldoso sendo, na esfera de sua atividade, aquilo que o príncipe mal dos maniqueístas seria no Universo. O autor também observou, cap. 4, seção 4, § 8, que a sabedoria divina impediu ordinariamente ações que causariam incômodos, ou seja, males físicos. Concordamos que aquele que por necessidade causa o mal não é culpado; mas não há legislador algum nem jurisconsulto que queira dizer com esta necessidade a força das razões do bem e do mal, verdadeiro ou aparente, que levaram o homem a fazer o mal; do contrário, aquele que furta uma grande soma de dinheiro, ou que mata um homem poderoso para obter um cargo elevado, seria menos merecedor de punição do que aquele que roubasse alguns soldos para beber [uma caneca de] chope, ou que matasse o cachorro do seu vizinho intencionalmente, porque estes últimos foram menos tentados. Mas é totalmente o contrário na administração da justiça autorizada no [nosso] mundo, e quanto mais a tentação de pecar é grande, mais ela precisa ser reprimida pelo temor de um grande castigo. Além disso, quanto mais descobrimos [o emprego de] raciocínio no desígnio de um malfeitor, mais descobrirmos que sua maldade foi deliberada, e mais julgamos que ela é

grande e merecedora de punição. Pois é desta forma que uma fraude muito artificiosa causa o crime agravante denominado *estelionato*, e que um trapaceiro se torna falsário quando ele possui a sutileza de solapar os próprios alicerces da nossa segurança nos atos por escrito. Mas se terá mais indulgência quanto a uma grande paixão, porque ela se aproxima mais da demência. E os romanos puniram com um suplício dos mais rigorosos os padres do deus Ápis[734], que tinham violado a castidade de uma dama distinta [em favor] de um cavaleiro que a amava perdidamente, fazendo-o passar pelo seu deus; e contentaram-se em banir o amante. Mas se alguém tinha feito más ações sem razão aparente e sem a aparência de paixão, o juiz seria tentado a considerá-lo como um louco, especialmente se acreditasse que este estava frequentemente sujeito a cometer tais extravagâncias; o que poderia levar à diminuição da pena, bem longe de fornecer a verdadeira razão da maldade e da punição. A tal ponto os princípios dos nossos adversários estão distantes da prática dos tribunais e do sentimento comum dos homens.

16. 3° A distinção entre o mal físico e o mal moral sempre subsistirá, ainda que haja esta outra coisa de comum, que eles têm suas razões e causas. E por que forjar novas dificuldades no tocante à origem do mal moral, já que o princípio da decisão daquelas que os males naturais fizeram nascer basta também para dar a razão dos males voluntários? Isto é, basta mostrar que não se podia impedir que os homens estivessem sujeitos a cometer faltas, sem mudar a constituição do melhor dos sistemas, ou sem empregar milagres a todo instante. É verdade que o pecado constitui uma grande parte da miséria humana, e mesmo a maior; mas isso não impede que não se possa dizer que os homens são maus e merecedores de punição; do contrário, seria preciso dizer que os pecados atuais dos não-regenerados são escusáveis, porque vêm do princípio de nossa miséria, que é o pecado original. 4° Ao dizer que a alma se torna passiva, e que o homem não é a verdadeira causa do pecado, se ele é levado a suas ações voluntárias pelos objetos, como o autor o pretende em muitos lugares, e particularmente no cap. 5, seção 1, subseção 3, § 18, é elaborar novas noções dos termos. Quando

[734] Deus Ápis: touro sagrado que encarnava a divindade para os egípcios.

os antigos falaram daquilo que é ἐφ'ἡμῖν[735], ou quando nós falamos daquilo que depende de nós, da espontaneidade, do princípio interno de nossas ações, nós não excluímos a representação das coisas externas; pois estas representações também se encontram em nossas almas; elas constituem uma parte das modificações deste princípio ativo que está em nós. Não há ator que possa agir sem estar predisposto ao que a ação solicita; e as razões ou inclinações tiradas do bem ou do mal são as disposições que fazem com que a alma possa se determinar entre vários partidos. Pretende-se que a vontade seja apenas ativa e soberana, e acostumou-se a concebê-la como uma rainha sentada em seu trono, cujo entendimento é o ministro de Estado, e cujas paixões são os cortesãos ou as damas (*demoiselles*)[736] favoritas, que por sua influência frequentemente prevalecem sobre o conselho do ministério. Deseja-se que o entendimento não se pronuncie senão por ordem desta rainha; que ela possa vacilar entre as razões do ministro e as sugestões dos favoritos, e até repelir ambos, enfim que os faça calar ou falar, e lhes dê audiência ou não, como bem lhe pareça. Mas esta é uma prosopopeia ou ficção um pouco mal entendida. Se a vontade deve julgar, ou tomar conhecimento das razões e das inclinações que o entendimento ou os sentidos lhe apresentam, ser-lhe-á preciso um outro entendimento nela mesma para entender aquilo que se lhe apresenta. A verdade é que a alma ou a substância que pensa entende as razões e sente as inclinações, e se determina segundo o predomínio das representações que modificam sua força ativa para especificar a ação. Eu não necessito empregar aqui meu sistema da harmonia preestabelecida, que coloca nossa independência no seu esplendor e que nos isenta da influência física dos objetos; pois o que acabo de dizer basta para resolver a objeção. E nosso autor, ainda que admita com o comum esta influência física dos objetos sobre nós, observa muito engenhosamente, no entanto, que o corpo ou os objetos dos sentidos não nos oferecem ideias, e ainda

[735] Expressão utilizada principalmente por Aristóteles na *Ética a Nicômaco* (liv. III, cap. 3, 1111 a 21), para indicar as ações livres, ações que estão "em nosso poder" fazer ou não fazer; cf. também *Teodiceia*, §§ 290 e 301.

[736] Moça nobre que exercia uma função junto às rainhas e princesas.

menos a força ativa da alma, e servem somente para desenvolver o que está em nós; quase como o Sr. Descartes[737] acreditou que a alma não podendo dar força ao corpo, lhe dava ao menos alguma direção. É um meio [termo] entre ambos os lados, entre a influência física e a harmonia preestabelecida.

17. 5º Objeta-se que, para nós, o pecado não seria repreendido nem punido porque o merece, mas porque a repreensão e o castigo servem para impedi-lo [de acontecer] uma outra vez. Por outro lado, os homens pedem algo mais, isto é, uma satisfação pelo crime, ainda que ela não servisse para correção nem para o exemplo. Exatamente como os homens pedem com razão que a verdadeira gratidão venha de um verdadeiro reconhecimento do benefício passado, e não da visão interessada em se apropriar de um novo benefício. Esta objeção contém belas e boas reflexões, mas elas não nos impressionam. Nós pedimos que [o homem] seja virtuoso, agradecido (*reconnaissant*), justo, não apenas por interesse, por esperança ou por temor; mas ainda pelo prazer que se deve encontrar nas boas ações; do contrário, não se alcançou ainda o nível da virtude o qual é necessário se esforçar para atingir. É isto que damos a entender quando dizemos que é preciso amar a justiça e a virtude por elas mesmas; e também é isso que expliquei ao considerar o amor desinteressado[738], um pouco antes do surgimento da controvérsia que causou tanto barulho. E do mesmo modo nós julgamos que a maldade vem a ser maior quando ela se torna prazer, como quando um ladrão com larga experiência, depois de ter matado alguns homens porque resistiram, ou porque teme sua vingança, torna-se, por fim, cruel, e tem prazer em matá-los, e mesmo em fazê-los sofrer antes disso. E este grau

[737] Trata-se da direção que a alma pode conferir aos espíritos animais que mantém em suspenso a glândula pineal, a qual ao se mover sob influência da alma para um lado ou para outro faz com que eles se dirijam a determinadas cavidades do cérebro o que constitui os movimentos livres. Cf. nota 237.

[738] No prefácio de seu *Codex juris gentium* (Código do direito das nações), de 1693, Leibniz tinha definido o amor neste termos: "Amar, é descobrir prazer no bem, na perfeição, na alegria de outrem." Quando se deu entre Fenelon e Bossuet a querela do amor puro, nos anos de 1697 a 1699, Leibniz pensou que esta definição permitia resolver os problemas que ela levantava; por isso ele a repetiu a seus correspondentes em todas as intervenções que fez a esse respeito.

de maldade é considerado diabólico, ainda que o homem acometido por ele encontre nesta maldita volúpia uma razão mais forte para os seus homicídios, o qual não tinha quando matava apenas por esperança ou por medo. Eu também observei, ao responder às dificuldades do Sr. Bayle, que, segundo o célebre Sr. Conring[739], a justiça que pune por penas medicinais, por assim dizer, isto é, para emendar o criminoso, ou ao menos para dar exemplo aos outros, poderia ter lugar no sentimento daqueles que destroem a liberdade, isenta da necessidade; mas que a verdadeira justiça vingativa, que vai além da [punição] medicinal, supõe algo a mais, ou seja, a inteligência e a liberdade daquele que peca, porque a harmonia das coisas exige uma satisfação, um mal de paixão, que faça sentir sua falta ao espírito depois do mal da ação voluntária para a qual ele deu sua aprovação. Também o Sr. Hobbes, que fez cair a liberdade, rejeitou a justiça vingativa, como fazem os socinianos, refutados por nossos doutores, ainda que os autores daquele partido tenham o costume de exagerar a noção da liberdade.

18. 6º Objeta-se enfim que os homens não podem esperar a felicidade, se a vontade só puder ser movida pela representação do bem e do mal. Mas esta objeção parece-me nula, totalmente nula, e acredito que teria bastante trabalho para adivinhar qual cor se lhe pôde dar. Também, para este efeito se raciocina da maneira mais surpreendente do mundo: nossa felicidade depende das coisas externas, se é verdade que ela depende da representação do bem ou do mal. Ela não está, então, em nosso poder, dizem, pois nós não temos motivo algum para esperar que as coisas externas se ajustem para nos agradar. Este argumento manca dos pés: "Não existe força na consequência; poder-se-ia admitir a conclusão, o argumento pode ser objetado contra o autor." Comecemos por esta *objeção*, que é fácil. Pois os homens são mais felizes ou mais independentes dos acidentes da sorte por este meio, ou porque se lhes atribui a vantagem de escolher sem motivo? Eles sofrem menos as dores corporais? Eles têm menos inclinação para os bens verdadeiros ou aparentes, menos medo dos males verdadeiros ou

[739] Cf. nota 245.

imaginários? Eles são menos escravos da volúpia, da ambição, da avareza? Menos medrosos? Menos invejosos? Sim, dirá nosso hábil autor: o provaria por uma espécie de conta ou de estimativa. Eu teria preferido que ele o tivesse provado pela experiência; mas vejamos esta conta. Supondo que, por minha escolha, que faz com que eu atribua bondade, com relação a mim, àquilo que escolhi, atribuo ao objeto escolhido seis graus de bondade, e que antes disso existissem dois graus de mal no meu estado: me tornaria contente de repente e sem me preocupar; pois eu teria quatro graus de bom espírito (*revenant*), ou de pureza (*bien franc*). Veja que isso é belo, sem dúvida; mas que, infelizmente, é impossível. Pois de que maneira conferir estes seis graus de bondade ao objeto? Para isso nos seria necessário o poder de mudar o nosso gosto ou as coisas conforme achemos bom. Isto seria mais ou menos como se eu pudesse dizer de modo eficaz ao chumbo: você será ouro; ao pedregulho: você será diamante; ou pelo menos: você me causará o mesmo efeito. Ou seria como é explicado na passagem de Moisés que parece dizer que o maná do deserto tinha o gosto que os israelitas lhe queriam dar. Eles apenas tinham que dizer ao seu gomor: você será um capão, você será uma perdiz.[740] Mas, se sou livre para dar estes seis graus de bondade ao objeto, não me é permitido lhe dar mais? Eu penso que sim. Mas se é assim, por que nós não daríamos ao objeto toda a bondade imaginável: por que não iríamos a vinte e quatro quilates de bondade?[741] E por este meio eis que nos encontraríamos plenamente felizes, apesar dos acidentes da sorte; que vente, que chova granizo, que neve, nós não nos preocuparemos; graças a este belo segredo, nós sempre estaremos ao abrigo destes casos fortuitos. E o autor concorda, nesta 1ª seção do 5º cap., subsec. 3, § 12, que esta capacidade ultrapassa todos os apetites naturais, e não pode ser ultrapassada por nenhum deles: e a considera (§§ 20, 21, 22) como o mais sólido fundamento da felicidade. De fato, como não há nada que possa limitar uma capacidade tão indeterminada

[740] Leibniz se refere ao evento narrado nas Sagradas Escrituras, em Êx 16: 1-36; a palavra *gomor*, ou *ômer*, se refere a uma unidade de medida, duas quartas, ou uma décima parte do *efá*, cerca de 2,2 litros.

[741] Leibniz lembra a quantidade "quilate", corresponde a 1/24 da liga, tendo o ouro puro, portanto, 24 quilates.

quanto aquela de escolher sem motivo e de conferir bondade ao objeto pela escolha, é preciso ou que esta bondade ultrapasse de maneira extrema aquela que os apetites naturais buscam nos objetos – já que estes apetites e estes objetos são limitados, enquanto esta capacidade é independente –, ou, pelo menos, é preciso que esta bondade, que a vontade dá ao objeto escolhido, seja arbitrária e o tanto quanto ela o queira. Pois de que lugar se tomaria a razão dos limites, se o objeto é possível, se ele está ao alcance daquele que quer e se a vontade lhe pode dar a bondade que ele quiser, independentemente da realidade e das aparências? Parece-me que isso pode ser suficiente para derrubar uma hipótese tão precária, em que há algo de semelhante aos contos de fadas: "*Optantis ista sunt, non invenientis*".[742] Então, só resta ser muito verdadeiro que esta bela ficção não poderia nos tornar mais isentos de males; e veremos mais abaixo que quando os homens se colocam acima de certos apetites ou de certas aversões, o fazem a partir de outros apetites, que sempre têm seu fundamento na representação do bem e do mal. Eu disse também que se podia aceitar a conclusão do argumento, que considera que não depende absolutamente de nós sermos felizes, ao menos no presente estado da vida humana; pois quem duvida que não estamos sujeitos a incontáveis acidentes que a prudência humana não poderia evitar? Como poderia me impedir, por exemplo, de ser engolido por um tremor de terra, com uma cidade na qual habito, se tal é a ordem das coisas? Mas, enfim, ainda posso negar a consequência do argumento que considera que, se a vontade não é movida senão pela representação do bem e do mal, não depende de nós sermos felizes. A consequência seria boa se não houvesse Deus, se tudo fosse governado por causas brutas; mas Deus faz com que para ser feliz baste ser virtuoso. Portanto, se a alma segue a razão e as ordens que lhe foram dadas por Deus, eis então segura de sua alegria, ainda que não possa ser encontrada o suficiente nesta vida.

19. Após ter se empenhado em mostrar os inconvenientes de nossa hipótese, o hábil autor expõe as vantagens da sua. Ele acredita então que é a única capaz de salvar nossa liberdade, que ela

[742] "Coisas que são escolhidas, não que se inventa".

causa toda nossa felicidade, que aumenta nossos bens e diminui nossos males, e que um agente que possui esta capacidade nisso é mais perfeito. Quase todas estas vantagens já fizeram sua aparição. Nós mostramos que para ser livre basta que as representações dos bens e dos males, e outras disposições internas ou externas, nos inclinem sem nos obrigar (*nécessiter*). Não se vê também como a pura indiferença possa contribuir para a felicidade: ao contrário, [quanto] mais formos indiferentes, mais seremos insensíveis e menos capazes de apreciar os bens. Além do fato que a hipótese causa efeito demais. Pois se uma capacidade indiferente pudesse dar o sentimento do bem, poderia dar o contentamento mais perfeito, como já foi mostrado. E é manifesto que não há nada que lhe conferiria limites, já que os limites fariam-na sair desta indiferença pura, e da qual se pretende que ela não saia senão por si mesma, ou, antes, na qual ela jamais esteve. Enfim, não se vê em que consiste a perfeição da pura indiferença: ao contrário, não há nada de mais imperfeito; ela tornaria o conhecimento (*science*) e a bondade inúteis, e reduziria tudo ao acaso, sem que houvesse regras ou medidas a tomar. Entretanto, há ainda algumas vantagens que nosso autor alega não terem sido debatidas. Parece-lhe, então, que não é senão por esta capacidade que nós somos a verdadeira causa de nossas ações, a quem elas podem ser imputadas, pois, de outro modo, seríamos forçados pelos objetos externos; e que é também apenas por causa desta capacidade que se pode atribuir o mérito de sua própria felicidade, e se comprazer consigo mesmo. Mas é completamente o contrário; pois, quando se é levado à ação por um movimento absolutamente indiferente, e não em consequência destas boas ou más qualidades, não é o mesmo que ser levado a isso cegamente, por acaso ou por sorte? Por que, então, vangloriar-se de uma boa ação, ou por que ser censurado por uma má, se é preciso agradecer ou acusar a fortuna (*fortune*) ou a sorte (*sort*)? Eu penso que se é mais louvável quando se deve a ação às suas boas qualidades, e mais culpado à medida que nos dispomos a isso a partir de nossas más qualidades. Querer estimar as ações sem pesar as qualidades das quais elas nascem é jogar palavras ao vento e colocar um *não-sei-quê* imaginário no lugar das causas.

Portanto, se este acaso ou este *não-sei-quê*[743] fosse a causa de nossas ações, para a exclusão de nossas qualidades naturais ou adquiridas, de nossas inclinações, de nossos hábitos, não haveria meio de se prometer alguma coisa conforme a decisão de outrem, já que não haveria meio de fixar um indefinido e de pensar em qual baía será lançado o navio da vontade, por conta da tempestade incerta de uma extravagante indiferença.

20. Mas colocando as vantagens e as desvantagens à parte, vejamos como nosso sábio autor estabeleceu esta hipótese da qual promete tanta utilidade. Ele concebe que somente Deus e as criaturas livres são verdadeiramente ativas, e que para ser ativo não se deve ser determinado senão por si mesmo. Acontece que, o que é determinado por si mesmo não deve ser determinado pelos objetos e, consequentemente, é preciso que a substância livre, enquanto livre, seja indiferente quanto aos objetos, e não saia desta indiferença senão por sua escolha que tornará o objeto agradável para ela. Mas quase todos os passos deste raciocínio estão sujeitos a obstáculos. Não apenas as criaturas livres, mas também todas as outras substâncias e naturezas compostas de substâncias são ativas. Os animais irracionais não são livres e, todavia, não deixam de ter almas ativas; exceto se acreditamos com os cartesianos que são puras máquinas. Também não é necessário ser determinado apenas por si mesmo para ser ativo, já que uma coisa pode receber uma direção sem receber uma força. É deste modo que o cavalo é governado pelo cavaleiro, e que o navio é dirigido pelo leme; e o Sr. Descartes estava convencido que o nosso corpo, mantendo sua força, recebe da alma apenas alguma direção.[744] Deste modo, uma coisa ativa pode receber do exterior alguma determinação ou direção capaz de mudar a que ela teria dela mesma. Por fim, ainda que uma substância ativa não seja determinada senão por si mesma, não se dá que ela não seja movida pelos objetos; pois, é a representação do objeto que está nela mesma que contribui para a determinação; a qual, portanto, não vem do exterior e, consequentemente, a

[743] Cf. também o apêndice *Reflexões sobre a obra que o Sr. Hobbes publicou em inglês*, § 12.

[744] Novamente, como no final do § 16, Leibniz lembra as afirmações feitas por Descartes no *Tratado do homem* e nas *Paixões da alma*. Cf. notas 237, 660 e 737.

espontaneidade está aí inteiramente. Os objetos não agem sobre as substâncias inteligentes como causas eficientes e físicas, mas como causas finais e morais. Quando Deus age conforme sua sabedoria, se regula a partir das ideias dos possíveis que são seus objetos, mas que antes da sua criação atual não têm realidade alguma fora dele. Deste modo, esta espécie de movimento espiritual e moral não é contrária à atividade da substância nem à espontaneidade de sua ação. Enfim, quando a capacidade livre não fosse determinada pelos objetos, no entanto, ela jamais poderia ser indiferente à ação quando está a ponto de agir; já que é muito necessário que a ação aí surja de uma disposição para agir; de outro modo, se fará tudo a partir de tudo, *quidvis ex quovis*[745], e não haverá nada bastante absurdo que não se possa supor. Mas esta disposição já terá quebrado os encantos da pura indiferença; e se a alma se dá esta disposição, é preciso uma outra predisposição para este ato de dá-la; e, consequentemente, embora busquemos seu princípio, não se chegará jamais a uma pura indiferença na alma quanto às ações que ela deve exercer. É verdade que estas disposições a inclinam sem obrigá-la; pois, elas se ligam comumente aos objetos; mas também há aqueles que vêm de um outro modo, *a subjecto*[746] ou da própria alma, e que fazem com que um objeto seja mais apreciado que outro, ou que o mesmo seja apreciado de outro modo em um outro tempo.

21. Nosso autor sempre insiste em nos assegurar que sua hipótese é real, e ele pretende fazer ver que esta capacidade indiferente se encontra efetivamente em Deus, e mesmo que devemos atribuí-la a ele necessariamente. Pois, diz ele, [para Deus] nada é bom nem mal nas criaturas. Não há apetite natural que se encontre preenchido pelo prazer (*fruition*) de alguma coisa fora dele: ele é, então, absolutamente indiferente a todas as coisas externas, já que quanto a isso nem poderia ser auxiliado nem incomodado; e é necessário que se determine e se faça quase um apetite ao escolher. E depois de ter escolhido, precisará manter sua escolha, a tal ponto como se tivesse sido levado a isso por uma inclinação natural. Portanto, a divina vontade será a causa da bondade nos seres. Ou

---

745 "Qualquer coisa a partir de qualquer coisa".

746 "Pelo sujeito, a partir do sujeito".

seja, haverá bondade nos objetos, não por sua natureza, mas pela vontade de Deus, a qual sendo colocada à parte, não se poderia encontrar nem bem nem mal nas coisas. É difícil conceber como autores de mérito puderam chegar a uma opinião tão estranha; pois a razão que parecem alegar aqui não tem força alguma. Parece que se quer provar a opinião segundo a qual todas as criaturas têm todo seu ser de Deus e que, então, elas não podem agir sobre ele nem o determinar. Mas isto é assumir visivelmente a mudança (mas isso é visivelmente assumir o contrário?). Quando nós dizemos que uma substância inteligente é movida pela bondade de seu objeto, nós não pretendemos que este objeto seja necessariamente um ser que exista fora dela, e nos é suficiente que ele seja concebível; pois é a sua representação que age na substância, ou, de preferência, a substância age sobre ela mesma na medida em que ela é disposta e afetada por esta representação. Em Deus, é manifesto que seu entendimento contém as ideias de todas as coisas possíveis; e é por este motivo que tudo nele o é eminentemente. Estas ideias lhe representam o bem e o mal, a perfeição e a imperfeição, a ordem e a desordem, a concordância e a discordância (*congruité et l'incongruité*) dos possíveis; e sua bondade extrema o faz escolher o mais vantajoso. Então, Deus se determina por ele mesmo; sua vontade é ativa em virtude da bondade, mas é pelo entendimento pleno de sabedoria que ela se especifica e se dirige na ação. E como seu entendimento é perfeito, seus pensamentos sempre distintos, suas inclinações sempre boas, ele jamais deixa de fazer o melhor; enquanto nós podemos ser enganados pelas falsas aparências do verdadeiro e do bom. Mas como é possível que se possa dizer que não há bem ou mal nas ideias antes da vontade de Deus? A vontade de Deus forma as ideias que estão no seu entendimento? Eu não ouso atribuir ao nosso sábio autor uma opinião tão estranha, que confundiria entendimento e vontade, e destruiria totalmente o uso dessas noções. Acontece que, se as ideias são independentes da vontade, a perfeição ou a imperfeição que aí está representada o será também. Com efeito, é pela vontade de Deus, por exemplo, ou de preferência não é graças à natureza dos números que certos números são mais capazes que outros de receber diversas divisões exatas? Que uns são mais adequados que outros para alcançar [determinadas] formações, para compor polígonos e outras figuras regulares? Que o número seis tem a vantagem de ser o menor de todos os números que se denominam perfeitos? Que em um plano, seis círculos iguais podem tocar um sétimo? Que de todos os corpos iguais, a esfera tem a menor superfície? Que algumas linhas são incomensuráveis e, consequentemente, pouco adequadas à harmonia? Não se vê que todas estas vantagens ou desvantagens vêm da ideia da coisa, e que o contrário implicaria contradição? Pensa-se também que a dor e o incômodo das criaturas [portadoras] de sensibilidade, sobretudo a felicidade e a infelicidade das substâncias inteligentes, são indiferentes a Deus? E o que será dito de sua justiça? É também algo de arbitrário e teria ele feito sabiamente e justamente se tivesse resolvido levar inocentes a danação? Eu sei que há autores suficientemente desavisados a ponto de sustentar um sentimento tão perigoso e tão capaz de destruir a piedade. Mas estou seguro que nosso célebre autor está bem distante disso. No entanto, parece que esta hipótese conduz a isso, se não há nada nos objetos que seja indiferente à vontade divina antes de sua escolha. É verdade que Deus não tem necessidade de nada; mas o próprio autor mostrou muito bem que sua bondade e não sua necessidade o levou a produzir criaturas. Havia nele, então, uma razão anterior à decisão e, como eu já disse tantas vezes, não é nem por acaso ou sem motivo, nem também por necessidade que Deus criou este mundo, mas é a partir da inclinação que ele se decidiu, e sua inclinação sempre o leva para o melhor. Portanto, é surpreendente que nosso autor sustente aqui, cap. 5, sec. I, subsec. 4, § 5, que não existe razão que pudesse levar Deus, absolutamente perfeito e feliz em si mesmo, a criar alguma coisa fora de si; ele mesmo tendo mostrado antes disso, cap. 1, sec. 3, §§ 8, 9, que Deus age para um fim, e que sua meta é comunicar sua bondade. Então, não lhe era absolutamente indiferente criar ou não criar e, apesar disso, a criação é um ato livre. Tampouco lhe era indiferente criar tal ou tal mundo, criar um caos perpétuo ou criar um sistema pleno de ordem. Portanto, as qualidades dos objetos, compreendidas nas suas ideias, constituíram a razão de sua escolha.

22. Nosso autor, que acima tinha dito tão boas coisas sobre a beleza e sobre a comodidade das obras de Deus, procurou um modo de conciliá-las com sua hipótese que parece tirar de Deus todos os cuidados para o bem, para a comodidade das criaturas. A indiferença de Deus, diz ele, não tem lugar senão nas suas primeiras escolhas; mas no momento mesmo que Deus escolheu alguma coisa, escolheu virtualmente ao mesmo tempo tudo aquilo que está ligado necessariamente com ela. Havia uma infinidade de homens possíveis igualmente perfeitos: a escolha de alguns dentre eles é puramente arbitrária, segundo nosso autor. Mas Deus, os tendo escolhido, não podia querer aquilo que fosse contrário à natureza humana. Até aqui o autor fala conforme a sua hipótese; mas o que se segue vai mais longe, pois adianta que quando Deus resolveu produzir certas criaturas, resolveu ao mesmo tempo, em virtude de sua bondade infinita, dar-lhes toda a comodidade possível. Não existe nada de tão racional, com efeito; mas também não há nada de tão contrário à hipótese que ele propôs, e tem razão em preferir destruí-la ao invés de deixá-la subsistir repleta de inconvenientes contrários à bondade e à sabedoria de Deus. Eis aqui, como se verá manifestadamente, que ela não poderia entrar em acordo com aquilo que acaba de ser dito. A primeira questão será: Deus criará alguma coisa ou não, e por quê?[747] O autor respondeu que ele criará alguma coisa para comunicar sua bondade. Não lhe é indiferente, então, criar ou não criar. Depois disso, se pergunta: Deus criará tal coisa ou uma outra, e por quê? Para falar de maneira consequente, seria preciso responder que a mesma bondade o faz escolher o melhor; e, com efeito, na sequência o autor cai novamente; pois, de acordo com sua hipótese, responde que ele criará tal coisa, mas que não há porquê, desde que Deus é absolutamente indiferente às criaturas que não têm sua bondade senão de sua escolha. É verdade que a este respeito nosso autor varia um pouco, pois diz, v. 12, cap. 5, sec. 5, subsec. 4, que é indiferente a Deus escolher entre homens iguais em perfeição ou entre espécies igualmente perfeitas de criaturas racionais. Portanto, conforme esta expressão, ele escolheria de preferência a espécie mais perfeita; e como espécies igualmente

[747] Cf. o § 7 dos *Princípios da natureza e da graça.*

perfeitas entram em acordo mais ou menos com outras, Deus escolherá as que se acomodam melhor; não haverá, então, indiferença pura e absoluta, e o autor retorna, deste modo, aos nossos princípios. Mas falemos como ele fala segundo sua hipótese e estabeleçamos com ele que Deus escolheu certas criaturas, embora elas lhe sejam absolutamente indiferentes. Ele escolherá, então, nesse mesmo momento criaturas irregulares, mal formadas, malfeitoras, descontentes, caos perpétuos, monstros por toda parte, somente celerados [como] habitantes da Terra, diabos preenchendo todo o Universo, ao invés de belos sistemas, espécies bem feitas, pessoas de bem, bons anjos. Não, dirá o autor; Deus tendo decidido criar homens, decidiu lhes dar, ao mesmo tempo, todas as comodidades de que o mundo fosse capaz; e o mesmo acontece em relação às outras espécies. Eu respondo que se esta comodidade fosse ligada necessariamente a sua natureza, o autor falaria conforme sua hipótese; mas isso não ocorrendo, é preciso que ele admita que é por uma nova escolha, independente daquela que levou Deus a fazer homens, que Deus resolveu dar toda a comodidade possível aos homens. Mas de onde vem esta nova escolha? Ela vem também de uma pura indiferença? Se isso ocorre, nada leva Deus a buscar o bem dos homens, e se isso ocorre algumas vezes, é por acaso. Mas o autor pretende que Deus tenha sido levado a isso por sua bondade; logo, o bem e o mal das criaturas não lhe é indiferente; e há nele escolhas primitivas em que ele é levado pela bondade do objeto. Ele escolheu não apenas criar homens, mas ainda criar homens tão felizes quanto é possível neste sistema. Depois disso, não restará mesmo qualquer indiferença pura; pois nós podemos pensar sobre o mundo inteiro, como nós pensamos sobre o gênero humano. Deus resolveu criar um mundo; mas sua bondade o obrigou a fazer com que escolhesse ao mesmo tempo de modo que tivesse ordem, regularidade, virtude, felicidade o mais que fosse possível. Pois não vejo qualquer evidência para dizer que Deus seja levado por sua bondade a tornar os homens que ele resolveu criar tão perfeitos quanto é possível neste sistema, e que não haja a mesma boa intenção para com o Universo inteiro. Eis então que voltamos à bondade dos objetos; e a pura indiferença, onde Deus agiria sem motivo, é absolutamente destruída pelo próprio procedimento do nosso hábil autor para quem a força da verdade, quando foi preciso dar conta do fato, prevaleceu sobre uma hipótese especulativa que não poderia alcançar qualquer aplicação na realidade das coisas.

23. Nada sendo, então, absolutamente indiferente a Deus, que conhece todos os graus, todos os efeitos, todas as relações das coisas, e que penetra de um só golpe todas suas possíveis ligações; vejamos se ao menos a ignorância e a insensibilidade do homem pode torná-lo absolutamente indiferente à sua escolha. O autor nos brinda com esta indiferença pura como [se fosse] um belo presente. Eis as provas que disso ele dá: 1) Nós a sentimos em nós. 2) Nós experimentamos em nós suas marcas e propriedades. 3) Nós podemos fazer ver que outras causas que possam determinar nossa vontade são insuficientes. Quanto ao primeiro ponto, [ou seja, ao 1),] ele pretende que ao sentirmos em nós a liberdade, nós sentimos, ao mesmo tempo, a pura indiferença. Mas eu continuo não concordando que nós sentimos uma tal indiferença, nem que este suposto sentimento siga daquele da liberdade. Sentimos comumente em nós alguma coisa que nos inclina à nossa escolha; e quando acontece algumas vezes que não podemos dar a razão de todas nossas disposições, todavia, um pouco de atenção nos faz conhecer que a constituição do nosso corpo e dos corpos que o envolve, o assento presente ou precedente de nossa alma, e uma infinidade de pequenas coisas envolvidas nestes grandes mestres (*grands chefs*), podem contribuir para nos fazer mais ou menos experimentar (*goûter*) os objetos e para nos fazer formar sobre isso julgamentos diversos em diferentes tempos; sem que haja ninguém que atribua isso a uma pura indiferença, ou a uma não sei qual força da alma que faça nos objetos aquilo que se diz que as cores fazem no camaleão. Deste modo, o autor não tem motivo aqui para apelar ao julgamento do povo; ele o faz ao dizer que em muitas coisas o povo raciocina melhor que os filósofos. É verdade que certos filósofos foram levados a quimeras, e parece que a pura indiferença está entre as noções quiméricas. Mas quando alguém pretende que uma coisa não existe, porque o vulgo não se apercebe disso, o povo não poderia passar por um bom juiz, já que não se regula

senão pelos sentidos. Muitas pessoas acreditam que o ar não é nada quando não está agitado pelo vento. A maioria ignora os corpos imperceptíveis (*insensibles*), o fluído que provoca a gravitação (*la pesanteur*) ou a [contração da] mola, a matéria magnética; para não falar nada das almas e de outras substâncias indivisíveis. Nós diremos, então, que estas coisas não existem porque o vulgo as ignora? Neste caso, nós poderemos dizer também que a alma age algumas vezes sem qualquer disposição ou inclinação que contribua para fazê-la agir, porque há muitas disposições e inclinações que não são suficientemente apercebidas pelo vulgo, [por] falta de atenção e de meditação. [Com respeito ao] 2) [, ou seja,] quanto às marcas da capacidade em questão, eu já refutei a vantagem que lhe é conferida para fazer com que seja ativa e que seja a verdadeira causa de sua ação, que esteja sujeita à responder por algo e à moralidade; estas não são, então, bons sinais de sua existência. Assim, eis aqui uma que o autor alega também não ser: é que nós temos em nós o poder de nos opormos aos apetites naturais, ou seja, não somente aos sentidos, mas também à razão. Mas eu já o disse, nós nos opomos aos apetites naturais por meio de outros apetites naturais. Suportamos algumas vezes incômodos e fazemos isso com alegria; mas é por causa de alguma esperança ou de alguma satisfação que está associada ao mal e que o ultrapassa; contamos com um bem ou o encontramos. O autor pretende que é por este poder transformador das aparências, o qual ele fez surgir no [palco do] teatro, que tornamos agradável o que nos desagradava no começo; mas quem não vê que preferivelmente é porque a aplicação e a atenção ao objeto e ao costume mudam nossa disposição e, consequentemente, nossos apetites naturais? O acostumar-se também faz com que um [certo] grau de frio ou de calor bastante considerável não nos incomode mais como fazia anteriormente, e não existe ninguém que atribua este efeito ao nosso poder de escolha. Também é necessário tempo para chegar a esta insensibilidade (*endurcissement*), ou mesmo àqueles calos que fazem com que as mãos de certos operários resistam a um [certo] grau de calor que queimaria as nossas. O povo, que o autor cita, julga muito bem a causa deste efeito, ainda que faça algumas vezes aplicações ridículas disso. Duas serviçais estando perto do fogo da cozinha, uma diz à outra ao se queimar: – Oh minha querida, quem poderá suportar o fogo do purgatório? A outra lhe responde: – Você é louca, minha amiga, habitua-se a tudo.

24. Mas, dirá o autor, este poder maravilhoso que nos torna indiferentes a tudo ou inclinados a tudo, seguindo nosso puro arbítrio, prevalece ainda sobre a própria razão. E é esta sua terceira prova, [ou seja, item 3)], a saber, que não poderíamos explicar suficientemente nossas ações sem recorrer a este poder. Veem-se incontáveis pessoas que menosprezam as súplicas de seus amigos, os conselhos de seus próximos, as censuras da sua consciência, os incômodos, os suplícios, a morte, a cólera de Deus, o próprio inferno, para correr atrás de idiotices que não têm de bom e de suportável senão a sua pura e franca escolha. Tudo vai bem neste raciocínio, somente até às últimas palavras. Pois quando chegarmos a algum exemplo, descobriremos que havia razões ou causas que levaram o homem a sua escolha e que existem correntes bem fortes que o ligam a isso. Um namoro, por exemplo, jamais terá surgido de uma pura indiferença; a inclinação ou a paixão terá realizado aí o seu jogo: mas o acostumar-se e a obstinação poderão constituir algumas índoles (*naturels*) que não se arruinará mais do que se desligar disso. Eis um outro exemplo que o autor fornece: um ateu, um Lucilio Vanini[748], é assim que muitos o chamam, enquanto nas suas obras ele próprio adota o magnífico nome de Giulio Cesare Vanini, preferirá sofrer o martírio ridículo de sua quimera a renunciar à sua impiedade. O autor não se chama Vanini

[748] O filósofo naturalista italiano Giulio Cesare Vanini (1585-1619) foi queimado vivo pela inquisição em Tolouse, dentre outros motivos, por defender a ideia que o homem descendia dos macacos e colocar em dúvida a imortalidade da alma. Em 1615, em Lyon, ele havia feito publicar seu *Amphitheatrum aeternae Providentiae magicum-Divino*, onde o objetivo principal era se desculpar da acusação de ateísmo, um livro em grande parte irônico onde Vanini parecia esconder suas verdadeiras opiniões. Como não podia ser diferente, depois de sua segunda edição o livro foi condenado à fogueira, o que levou Vanini a se retirar para Toulose; lá ele passou a ser chamado de Poponio Uciglio e levava uma vida dupla, professor de dia e libertino de noite. Em 1618 é detido pela inquisição e em fevereiro de 1619 é condenado a ter a língua cortada, ser estrangulado e queimado, parece que foi nessa ocasião, aos gritos, que Vanini "confessou" seu ateismo. Vanini assumia sua filiação a autores como Scaliger e Cardano (cf. notas 107 e 477); suas ideias libertinas influenciaram muitos filósofos posteriores, foi um importante autor para os estudiosos da libertinagem erudita do seiscentos, a ponto de Voltaire o mencionar em seu *Dicionário filosófico*.

e a verdade é que este homem escondeu suas más opiniões até o momento em que se convenceu de ter sido o apóstolo do ateísmo e de ter dogmatizado. Quando lhe foi perguntado se ele tinha um Deus, ele arrancou a erva dizendo:

Et levis est cespes qui pobet esse Deus.[749]

Mas o procurador geral do parlamento de Toulouse, querendo contrariar o primeiro presidente (segundo o que se diz) ao qual Vanini tinha muito acesso, ensinando Filosofia aos filhos desse magistrado, se é que não era completamente seu serviçal, a inquisição tendo sido forçada com rigor, e Vanini vendo que não havia perdão, declarou ao morrer o que ele era, isto é, ateu, no que não há nada de muito extraordinário. Mas quando houvesse um ateu que se oferece ao suplício, a vaidade poderia ser uma razão bastante forte tanto quanto no gimnosofista Calanus[750] e no sofista do qual Luciano nos relata a morte voluntária pelo fogo. Mas o autor acredita que esta mesma vaidade, esta obstinação, estas outras maneiras extravagantes das pessoas que, aliás, parecem de muito bom senso, não poderiam ser explicadas pelos apetites que vêm da representação do bem e do mal, e que elas nos forçam a recorrer a este poder transcendente que transforma o bem em mal e o mal em bem, e o indiferente em bem ou em mal. Mas não temos necessidade de ir tão longe e as causas dos nossos erros não são senão muito visíveis. Com efeito, nós podemos realizar estas transformações; mas não é como nas fadas, por um simples ato de um poder mágico; mas porque obscurecemos e suprimimos no nosso espírito as representações das qualidades boas ou más, associadas naturalmente a certos objetos; e porque não consideramos senão aquelas que são conformes ao nosso gosto ou às nossas prevenções; ou mesmo porque se associa a isso, de tanto pensar nele, certas qualidades que não se encontram ligadas a isto senão por acidente, ou pelo nosso costume de considerá-las [assim]. Por exemplo, durante toda minha vida eu abominei uma boa alimentação, pois quando criança descobri

[749] "E leve é a erva para provar que Deus existe".

[750] Cf. nota 484.

algo de repugnante nisso, o que me causou uma grande impressão. Por outro lado, um certo defeito me agradou, porque isso revelou em mim alguma coisa da ideia de uma pessoa que estimava ou amava. Um rapaz terá ficado encantado com os grandes aplausos que se lhe deram depois de alguma ação pública feliz: a impressão deste grande prazer o terá tornado grandemente sensível à glória, dia e noite ele não pensará senão no que alimenta esta paixão, e aquilo lhe fará menosprezar até mesmo a morte para chegar ao seu objetivo. Pois, ainda que bem o saiba que não [poderá] sentir o que se dirá dele após sua morte, a representação antecipada que disso ele faz provoca um grande efeito sobre seu espírito. E há sempre razões semelhantes nas ações que parecem as mais vãs e as mais extravagantes aos que não examinam a fundo estas razões. Em uma palavra, uma impressão forte, ou frequentemente repetida, pode modificar consideravelmente nossos órgãos, nossa imaginação, nossa memória e mesmo nosso raciocínio. Acontece que um homem, de tanto ter contado uma mentira que possivelmente inventou, chega ele próprio a acreditar nela. E como frequentemente imaginamos o que agrada, tornamos isso fácil de ser concebido e acreditamos que isso é fácil de ser executado; é a partir disso que nós nos persuadimos facilmente daquilo que desejamos:

Et qui amant ipsi sibi somnia fingunt.[751]

25. Então, absolutamente falando, os erros jamais são voluntários ainda que com bastante frequência a vontade contribua para isso de uma maneira indireta, por causa do prazer que temos ao nos abandonarmos a certos pensamentos, ou por causa da aversão que sentimos por outros. A bela impressão de um livro contribuirá para a persuasão do leitor. A aparência e as maneiras daquele que fala conquistarão o o auditório. Seremos levados a menosprezar doutrinas que vêm de um homem que menosprezamos ou que odiamos, ou de um outro que se lhe assemelhe em qualquer coisa que nos impressione. Eu já disse por que nos dispomos facilmente a acreditar naquilo que é útil ou agradável; e conheci pessoas que a

[751] "E aqueles que amam, para si mesmos inventam sonhos". (Virgílio, *Bucólicas*, VIII, 108).

princípio tinham mudado de religião por conta de considerações mundanas, mas que foram persuadidas, e bem persuadidas, a partir do momento que fizeram a boa escolha. Vemos também que a obstinação não é simplesmente uma má escolha que persevera, mas também uma disposição para nisso perseverar, que vem de algum bem que aí imaginamos, ou de algum mal que imaginamos se mudarmos. A primeira escolha talvez tenha sido feita por imprudência (*légèreté*); mas o propósito de mantê-la vem de algumas razões ou impressões mais fortes. Há mesmo alguns autores [que versam sobre] a moral que ensinam que se deve manter sua escolha, para não ser inconstante, ou para não o parecer. Entretanto, uma perseverança é má quando menosprezamos os conselhos da razão, sobretudo quando o assunto é importante a ponto de ser examinado com cuidado; mas quando o pensamento de mudarmos é desagradável, facilmente desviamos nossa atenção; e é por este motivo, muito frequentemente, que nos tornamos obstinados. O autor, que quis apresentar a obstinação a partir de sua suposta indiferença pura, podia considerar que era preciso outra coisa ligada a uma escolha além da própria escolha, ou além de uma indiferença pura, sobretudo se esta escolha for feita levianamente; e tanto mais leviana quanto for feita com mais indiferença; em tal caso chegar-se-á facilmente a desfazê-la, a menos que a vaidade, o acostumar-se, o interesse ou alguma outra razão faça perseverar nisso. Também não é preciso acreditar que a vingança agrada sem motivo. As pessoas cujo sentimento é vivo pensam nela dia e noite, e lhes é difícil apagar a imagem do mal ou da ofensa que eles receberam. Acreditam em um prazer muito grande para estarem libertos da ideia do menosprezo que os atinge a todo momento, e que faz com que existam [indivíduos] para quem a vingança é mais doce do que a vida:

> *Quis vindicta bonum vita jucundius ipsa.*[752]

O autor queria nos persuadir que comumente, quando nosso desejo ou nossa aversão se dirige a algum objeto que não merece o

[752] "Para quem a vingança é um bem mais doce do que a própria vida." Juvenal, *Sátira* XIII, 180.

suficiente, lhe conferimos o excedente de bem ou de mal pelo qual somos atingidos, a partir da suposta capacidade de escolha, que faz as coisas boas ou más aparecerem como desejamos. Tínhamos dois graus de mal natural, e nos damos seis graus de bem artificial, por meio da capacidade de poder escolher sem motivo: deste modo teremos quatro graus de pureza (cap. 5, sec. 2, § 7). Iríamos longe se isso fosse possível de praticar; como eu disse acima. Ele acredita que a ambição, a avareza, o vício do jogo, e outras paixões frívolas emprestam todo o seu poder desta capacidade (cap. 5, sec. 5, subsec. 6); mas, além disso, há tantas falsas aparências nas coisas, tantas imaginações capazes de aumentar ou diminuir os objetos, tantas ligações mal fundadas nos raciocínios que não temos necessidade desta pequena fada, isto é, desta capacidade interna que opera como por mágica, e a quem o autor atribui todas estas desordens. Por fim, já disse diversas vezes que, quando nos decidimos por algum partido contrário a uma razão reconhecida, somos levados a isso por uma outra razão aparentemente mais forte, como é, por exemplo, o prazer de aparentarmos ser independentes e de realizarmos uma ação extraordinária. Existiu em um passado longínquo, na corte de Osnabrück, um preceptor de alguns pajens que, como um outro Mucius Scævola[753], colocou o braço no fogo e pensou adquirir uma gangrena para mostrar que a força de seu espírito era superior a uma dor muito aguda. Poucas pessoas o imitarão, penso eu; e de fato não sei se facilmente encontraríamos um autor que, após ter sustentado um poder [que nos torna] capazes de escolher sem motivo, ou mesmo contra a razão, queira provar [a verdade de] seu livro com seu próprio exemplo, renunciando a algum benefício bom ou a alguma responsabilidade bela, exclusivamente para mostrar esta superioridade da vontade sobre a razão. Mas apesar disso eu estou seguro que um homem não o faria, que ele logo se aperceberia que seu sacrifício se tornaria inútil, ao lhe mostrar novamente que só teria imitado Heliodoro, bispo de Larisse, a quem seu livro sobre *Theagenes* e soibre *Chariclea*[754] se tornou, ao que se diz, mais

[753] Cf. nota 459.

[754] Com os termos *Théagène* e *Chariclée* Leibniz faz lembrar o romance *Aethiopica* escrito pelo grego Heliodoro de Emes, escritor grego do século III d.C. (seu título de bispo é apenas uma

caro que o seu bispado; o que é facilmente possível quando um homem tem como se abster de sua responsabilidade, e quando é muito sensível à glória. Também se encontra todos os dias pessoas que sacrificam suas vantagens por seus caprichos, isto é, bens reais por bens aparentes.

26. Se quisesse seguir passo a passo os raciocínios do nosso autor, que retorna frequentemente àquilo que já examinamos, mas que retorna geralmente com alguma adição elegante e bem torneada, eu seria obrigado a ir mais longe: mas espero poder me dispensar disso após ter satisfeito, ao que parece, todas as suas razões. O melhor é que, a seu ver, a prática corrige e retifica ordinariamente a teoria. Depois de ter adiantado na segunda edição deste capítulo quinto que nós nos aproximamos de Deus graças ao poder de escolher sem razão; e que esta capacidade sendo a mais nobre, seu exercício é o mais capaz de tornar feliz; coisas as mais paradoxais do mundo, já que nós imitamos Deus sobretudo pela razão, e que nossa felicidade consiste em segui-la; depois disso, digo, o autor fornece para isso um excelente corretivo, pois diz muito bem no § 5 que, para sermos felizes, devemos acomodar nossas escolhas às coisas, visto que as coisas não estão nem um pouco dispostas a se acomodarem a nós; e que isto é, com efeito, se acomodar à vontade divina. Isso está bem dito, sem dúvida; mas é dizer ao mesmo tempo que é preciso que nossa vontade se regule, tanto quanto é possível, com a realidade dos objetos e com as verdadeiras representações do bem e do mal; e, por conseguinte, que os motivos do bem e do mal não são contrários à liberdade, e que a capacidade de escolher sem motivo, bem longe de servir para nossa felicidade, é inútil, e mesmo muito prejudicial. Felizmente, acontece também que ela não subsiste em parte alguma, e que é um *ser da razão pensante*, como alguns escolásticos denominam as ficções que não são de fato possíveis. Quanto a mim, eu teria preferido denominá-los *seres da razão não pensante*. Deste modo, penso que a terceira seção (a das escolhas indevidas) pode ser deixada de lado, já que diz que não se deve escolher coisas impossíveis, inconsistentes, nocivas,

---

lenda), que em 10 livros narra a história da princesa da Etiópia Chariclea e, posto a prova muitas vezes, seu amor por Theagenes, um nobre da Tessália.

contrárias à vontade divina, [questões] preocupantes para outros. E o autor observa muito bem que ao desrespeitar sem necessidade a felicidade de outrem, viola-se a vontade divina, que quer que todos sejam felizes tanto quanto seja possível. Eu direi o mesmo da quarta seção, onde se fala da fonte das escolhas indevidas, que constituem o erro ou a ignorância, a negligência, a imprudência de mudar muito facilmente, a obstinação para não mudar a tempo, e os maus hábitos; enfim, a impertinência dos apetites que com frequência nos lançam inoportunamente na direção das coisas externas. A quinta seção é feita para conciliar as más escolhas ou os pecados com o poder e a bondade de Deus; e como esta seção é prolixa, ela se encontra dividida em subseções. O próprio autor se encarregou, sem necessidade, de uma grande objeção; pois sustenta que sem a capacidade de escolher, absolutamente indiferente à escolha, não haveria pecado. Acontece que era muito fácil para Deus recusar às criaturas um poder tão pouco racional; bastava que fossem movidos pelas representações dos bens e dos males; então, era fácil para Deus impedir o pecado, conforme a hipótese do autor. Ele não encontra outro recurso para sair desta dificuldade exceto o de dizer que esta capacidade sendo retirada das coisas, o mundo seria apenas uma máquina puramente passiva. Mas é isso o que suficientemente recusamos. Se esta capacidade faltava ao mundo, como de fato falta, não se lamentaria nem um pouco por isso. As almas se contentarão muito bem com as representações dos bens ou dos males para fazer suas escolhas, e o mundo permanecerá tão belo quanto é. O autor retorna àquilo que tinha adiantado acima, que, sem esta capacidade, não haveria felicidade; mas, quanto a isso, já respondemos suficientemente e não há a menor evidência nesta asserção e em alguns outros paradoxos que ele adianta aqui para sustentar seu paradoxo principal.

27. É necessário uma pequena digressão sobre as preces (subsec. 4); também se diz que aqueles que rogam a Deus, esperam uma mudança da ordem natural; mas parece que se enganam, segundo a sua opinião. No fundo, os homens se contentariam em serem satisfeitos sem se preocuparem se o curso da natureza for modificado a seu favor, ou não. E são ajudados graças à assistência dos

bons anjos, e não haverá mudança na ordem geral das coisas. Também é uma opinião muito racional do nosso autor a de que existe um sistema de substâncias espirituais, tanto quanto existe um de [substâncias] corporais, e que como os corpos as substâncias espirituais realizam trocas entre si. Deus se serve do ministério dos anjos para governar os homens, sem que a ordem da natureza sofra por isso. No entanto, é mais fácil avançar estas coisas do que explicá-las, salvo se se recorrer ao meu sistema da harmonia. Mas o autor vai um pouco mais longe. Ele crê que a missão do Espírito Santo no começo era um grande milagre, mas que agora suas operações em nós são naturais. Eu lhe deixo o cuidado de explicar sua opinião e de concordar com outros teólogos. No entanto, observo que ele coloca o uso natural das preces na força que têm de tornar a alma melhor, de superar as paixões e de atrair para si um determinado grau de [uma] nova graça. Nós podemos dizer quase as mesmas coisas a partir da nossa hipótese, que faz com que a vontade não aja senão seguindo motivos; e ficamos isentos das dificuldades, à quais o autor se encontra filiado por sua capacidade de escolher sem motivo. Ele ainda se encontra bem embaraçado com a presciência de Deus; pois se a alma é perfeitamente indiferente na sua escolha, como é possível prever esta escolha, e qual razão suficiente se poderia encontrar do conhecimento de uma coisa, se não existe aí nada do seu ser? O autor remete a um outro lugar para a solução desta dificuldade, que demandaria, segundo ele, uma obra inteira. Além do mais, diz algumas boas coisas sobre o mal moral, e bastante conformes aos nossos princípios; por exemplo, quando diz (subsec. 6), que os vícios e os crimes não diminuem a beleza do Universo e, de preferência, a aumentam; como certas dissonâncias incomodariam o ouvido pela sua duração, se fossem escutadas sozinhas, e não deixam de tornar a harmonia mais agradável quando misturas. Ele também constata diversos bens compreendidos nos males; por exemplo, a utilidade da fartura nos ricos e da avareza nos pobres: com efeito, isso serve para fazer florescer as artes. Em seguida, ele faz também considerar que nós não devemos julgar o Universo a partir da pequenez do nosso planeta e de tudo aquilo que nos é conhecido, cujas imperfeições e defeitos podem ser tão úteis para marcar a beleza do restante, assim como as pintas artificiais, que por elas mesmas não têm nada de belo, são consideradas pelo sexo frágil adequadas para embelezar o rosto inteiro, enfeando, todavia, as partes que elas cobrem. Cotta, em Cícero[755], tinha comparado a Providência, quando ela confere a razão aos homens, com um médico que concede o vinho a um enfermo, ainda que preveja o abuso que aquele fará dele em detrimento de sua vida. O autor responde que a Providência faz aquilo que a sabedoria e a bondade exigem, e que o bem que disso resulta é maior que o mal. Se Deus não tivesse dado a razão ao homem, não haveria homem de modo algum, e Deus seria como um médico que mata alguém para impedi-lo de se tornar doente. Pode-se acrescentar que não é a razão em si que é nociva, mas a ausência da razão; e quando a razão é mal empregada, raciocina-se bem sobre os meios; mas não se raciocina o suficiente sobre o objetivo ou sobre o mau objetivo que nos propomos. Deste modo, é sempre por falta (*faute*) de razão que se faz uma má ação. Ele propõe também a objeção de Epicuro extraída de Lactâncio no seu livro sobre *A cólera de Deus*[756], do qual eis aqui mais ou menos os termos: ou Deus quer retirar os males, e não pode sair vitorioso, em tal caso ele seria fraco; ou pode retirá-los, mas não o quer, o que atestaria a maldade nele; ou mesmo carece de poder e de vontade ao mesmo tempo, o que o faria parecer fraco e invejoso conjuntamente; ou enfim pode e quer, mas neste caso se perguntará por que não o faz, se ele existe. O autor responde que Deus não pode retirar os males, e que tampouco o quer, e que, todavia, não é malvado, nem fraco. Eu preferiria dizer que ele pode retirá-los, mas que absolutamente não o quer, e que é com razão; porque ele retiraria ao mesmo tempo os bens, e que ele retiraria mais de bem do que de mal. Por fim, nosso autor tendo terminado sua sábia obra, acrescenta um *apêndice*, no qual fala das leis divinas. Ele distingue muito bem estas leis em naturais e positivas. Ele observa que as leis particulares referentes à natureza dos animais devem ceder às leis gerais dos corpos; que Deus não fica

[755] Cícero, *De natura deorum*, III, XXVII, 69. Cotta, que faz lembrar seu amigo Aurélio Cotta, é o porta-voz da Academia contra o providencialismo estoico.

[756] Cap. XIII. Sobre Lactâncio, cf. nota 371; e sobre Epicuro, cf. nota 700.

propriamente em cólera quando suas leis são violadas, mas que a ordem quis que aquele que peca atraísse para si um mal e que, por sua vez, aquele que causa violência aos outros sofra. Mas antes ele julga que as leis positivas de Deus indicam e predizem o mal que elas o fazem infligir. E isso lhe dá ocasião para falar da danação eterna dos maus, que não serve mais de correção, nem de exemplo, e que não deixa de satisfazer à justiça vingativa de Deus, ainda que eles tenham chamado para si sua própria infelicidade. Ele supõe, entretanto, que estas penas dos maus tragam alguma utilidade para as pessoas de bem, e pergunta ainda se não vale mais estar em danação do que nada ser, já que seria possível que os danados fossem pessoas insensatas, capazes de se obstinar a permanecerem na sua miséria, por uma certa falha de espírito, a partir do fato, segundo ele, que eles se regozijam nos seus maus julgamentos em meio a sua miséria, e se deleitam em controlar a vontade de Deus. Pois vemos todos os dias pessoas tristes, más, invejosas, que têm prazer quando pensam em seus males, e buscam se afligir a si próprios. Estes pensamentos não devem ser menosprezados, e algumas vezes eu tive semelhantes; mas tomo o cuidado para não julgar isso decisivamente. Narrei, no § 271 dos *Ensaios* [*de Teodiceia*] objetados ao Sr. Bayle, a fábula do diabo que recusa o perdão que um eremita lhe oferece da parte de Deus. O barão André Taifel, senhor austríaco, *cavallerizzo maggior*[757] de Ferdinando, arquiduque da Áustria, desde então imperador [Ferdinando] II, fazendo alusão ao seu nome (que parece querer dizer diabo em alemão) tomou por símbolo um diabo ou um sátiro[758] com esta expressão espanhola, *mas perdido, y menos arrepentido*, mais perdido, e menos arrependido; o que assinala uma paixão sem esperança, e da qual não é possível se desligar. E esta divisa (*devise*)[759] foi repetida desde então pelo conde

[757] Cavalariço é um termo antigo usado para designar aquele que chefiava as cavalariças reais.

[758] De grego *sáturos, ou*, "sátiro" era primitivamente um semideus campestre, dotado de orelhas grandes e pontiagudas, nariz achatado, chifres pequenos, com rabo e pernas de cabra; posteriormente passa a caracterizar o companheiro de Dioniso. "Taifel" evoca *Teufel*, que significa diabo em alemão.

[759] Conforme o dicionário Furetière, de 1690, o termo francês *divise* se refere à combinação de uma imagem (no caso o sátiro ou diabo) e uma sentença (no caso "mas perdido y menos arrepentido"), que constituiriam, respectivamente, o "corpo" e a "alma" da *divisa*.

espanhol de Villamediana quando se dizia apaixonado pela rainha. Chegando à questão por que frequentemente acontece o mal aos bons e o bem aos maus; nosso ilustre autor acredita que se satisfez a isso o suficiente e que não restam escrúpulos quanto a isso. Ele observa, entretanto, que frequentemente podemos duvidar se os bons que estão na miséria não se tornaram maus pela infelicidade deles mesmos, e se os maus [que estão] felizes não foram talvez prejudicados pela prosperidade. Ele acrescenta que somos maus juízes quando se trata de reconhecer, não somente um homem de bem, mas também um homem feliz. Honra-se frequentemente um hipócrita, mas menospreza-se um autor cuja sólida virtude é sem afetação. Conhecemos pouco também da felicidade, e com frequência a felicidade é incompreendida quando sob os trapos de um pobre contente, enquanto a procuramos em vão nos palácios de indivíduos poderosos. Por fim, o autor observa que neste mundo a maior felicidade consiste na esperança da felicidade futura, e que deste modo se pode dizer que não acontece nada aos maus que não sirva para a correção ou para o castigo, e que não acontece nada aos bons que não sirva para o seu maior bem. Estas conclusões equivalem inteiramente à minha opinião, e nada se poderia dizer de mais adequado para terminar a obra.

pólen soft 80 gr/m2
tipologia garamond
impresso no outono de 2022